O DIREITO DAS OBRIGAÇÕES NA CONTEMPORANEIDADE

Estudos em homenagem ao
Ministro Ruy Rosado de Aguiar Júnior

Conselho Editorial
André Luís Callegari
Carlos Alberto Molinaro
Daniel Francisco Mitidiero
Darci Guimarães Ribeiro
Draiton Gonzaga de Souza
Elaine Harzheim Macedo
Eugênio Facchini Neto
Giovani Agostini Saavedra
Ingo Wolfgang Sarlet
Jose Luis Bolzan de Morais
José Maria Rosa Tesheiner
Leandro Paulsen
Lenio Luiz Streck
Paulo Antônio Caliendo Velloso da Silveira
Rodrigo Wasem Galia

D598 O direito das obrigações na contemporaneidade : estudos em homenagem ao ministro Ruy Rosado de Aguiar Júnior / Plínio Melgaré (organizador); Adalberto Pasqualotto ... [et al.]. – Porto Alegre: Livraria do Advogado Editora, 2014.

423 p. ; 25 cm.

Inclui bibliografia.

ISBN 978-85-7348-925-5

1. Direito. 2. Obrigações (Direito). 3. Defesa do consumidor. 4. Responsabilidade (Direito). I. Melgaré, Plínio. II. Pasqualotto, Adalberto.

CDU 347.4
CDD 342.14

Índice para catálogo sistemático:
1. Direito: Obrigações   347.4

(Bibliotecária responsável: Sabrina Leal Araujo – CRB 10/1507)

Plínio Melgaré
(Organizador)

O DIREITO DAS OBRIGAÇÕES NA CONTEMPORANEIDADE

Estudos em homenagem ao Ministro Ruy Rosado de Aguiar Júnior

Adalberto Pasqualotto
Anderson Schreiber
André Perin Schmidt Neto
Carlos Alberto Ghersi
Caroline Vaz
Celia Weingarten
Cláudio Luiz Bueno de Godoy
Daniela Courtes Lutzky
Eugênio Facchini Neto
Fabiano Menke
Felipe Kirchner
Flávia do Canto Pereira
Gerson Luiz Carlos Branco
José Bráulio Petry Fonseca
Luis Renato Ferreira da Silva
Luiz Edson Fachin
Marcos Rafael Rutzen
Maria Celina Bodin de Moraes
Maria Cláudia Cachapuz
Mauro Fiterman
Plínio Melgaré
Renan Lotufo
Ruy Rosado de Aguiar Júnior
Sérgio Cavalieri Filho
Sílvio de Salvo Venosa

Porto Alegre, 2014

© dos autores, 2014

Capa, projeto gráfico e diagramação
Livraria do Advogado Editora

Revisão
Rosane Marques Borba

Direitos desta edição reservados por
Livraria do Advogado Editora Ltda.
Rua Riachuelo, 1300
90010-273 Porto Alegre RS
Fone/fax: 0800-51-7522
editora@livrariadoadvogado.com.br
www.doadvogado.com.br

Impresso no Brasil / Printed in Brazil

O Ministro Ruy Rosado de Aguiar Júnior

Nasceu em Iraí, Estado do Rio Grande do Sul, em 30 de abril de 1938. É casado com Diva Andrade de Aguiar, tem quatro filhos, Alice, Vera Lúcia, Ruy e Ana Lúcia, e quatro netos: Rafael, Martina, Vasco e Inácio.

Ruy Rosado de Aguiar Júnior possui graduação em Ciências Jurídicas e Sociais pela Faculdade de Direito da Universidade Federal do Rio Grande do Sul (1961), Especialização em Direito Penal e Mestrado em Direito Civil pela mesma instituição (UFRGS, 1990).

Foi Promotor e Procurador de Justiça do Ministério Público do Estado do Rio Grande do Sul, de 1963 a 1980.

Magistrado do Tribunal de Alçada do Rio Grande do Sul, entre os anos de 1980 e 1985, e Desembargador do Tribunal de Justiça do Rio Grande do Sul, de 1985 a 1994. Assumiu o cargo de Ministro do Superior Tribunal de Justiça em 1994, no qual se aposentou em 2003. Foi Coordenador da Justiça Federal, Diretor do Centro de Estudos Judiciários da Justiça Federal e Corregedor-Geral de Justiça do Estado do Rio Grande do Sul. Participou da criação dos Juizados Especiais Cíveis e Criminais, da Justiça Estadual, da qual foi Supervisor, e da Justiça Federal.

Ruy Rosado foi professor universitário, da Unisinos e da UFRGS, na qual se aposentou em 1994. Desempenhou as funções de Diretor da Escola Nacional da Magistratura (ENM) e Diretor da Escola Superior da Magistratura da AJURIS.

Tem sido um dos organizadores da Jornada de Direito Civil e da Jornada de Direito Comercial, eventos promovidos pelo Centro de Estudos Judiciários (CEJ), órgão do Conselho da Justiça Federal (CJF), destinados a discutir a interpretação e a propor enunciados sobre a melhor aplicação do Código Civil de 2002, que servem como referência para a elaboração de decisões, peças processuais, estudos e publicações relativas ao Direito Civil e ao Direito Privado.

Participou de arbitragens instauradas perante a Câmara de Comércio Internacional de Paris (CCI), da Câmara de Comércio Brasil-Canadá, em São Paulo (CCBC), sendo árbitro da Câmara de Arbitragem, Mediação e Conciliação do CIERGS/FIERGS, em Porto Alegre (CAMERS). Escreveu livros e artigos publicados em periódicos, no Brasil e no exterior, com destaque para os Comentários ao novo Código Civil: volume 6, tomo 2: extinção dos contratos (2011), Editora Forense, *Extinção do contrato por incumprimento do devedor: resolução* (2004), *Os contratos bancários e a jurisprudência do Superior Tribunal de Justiça* (2003) e *Aplicação da pena* (2013).

Desde sua aposentadoria no STJ, é advogado parecerista fundador do escritório Ruy Rosado de Aguiar Advogados Associados (2003 até o presente).

Porto Alegre, março de 2014.

Sumário

Apresentação – *Plinio Melgaré* 9

1. **O Direito das Obrigações na contemporaneidade**
   Ruy Rosado de Aguiar Júnior 11

2. **Ruy Rosado e o Direito do Consumidor**
   Adalberto Pasqualotto 19

3. **Contratos eletrônicos no Direito brasileiro – formação dos contratos eletrônicos e direito de arrependimento**
   Anderson Schreiber 41

4. **O superendividamento ativo na sociedade de consumo pelo prisma da filosofia**
   André Perin Schmidt Neto 61

5. **Los derechos de los usuarios en los servicios masivos**
   Celia Weingarten e Carlos Alberto Ghersi 79

6. **A responsabilidade civil e o direito à informação dos consumidores na sociedade de consumo**
   Caroline Vaz 97

7. **Código Civil e Código de Defesa do Consumidor: convergência de princípios e distinção de sua modulação. Um paralelo entre os deveres que criam**
   Claudio Luiz Bueno de Godoy 109

8. **Os fundamentos jurídicos da responsabilidade civil, a erosão dos filtros culpa e nexo causal e a relevância do dano**
   Daniela Courtes Lutzky 135

9. **A Responsabilidade Civil no Direito brasileiro: contribuições do Ministro Ruy Rosado**
   Eugênio Facchini Neto 185

10. **O mercado de capitais e a prática de *churning***
    Fabiano Menke, José Bráulio Petry Fonseca e Marcos Rafael Rutzen 211

11. **A renegociação e a ruptura do vínculo contratual em razão da impossibilidade material subjetiva: cooperação e solidariedade voltadas à extinção da ruína do superendividado**
    Felipe Kirchner 237

12. **Da efetividade dos Órgãos de Defesa do Consumidor**
    Flávia do Canto Pereira 275

13. **O salário em garantia de obrigações no âmbito do Sistema Financeiro Nacional**
    Gerson Luiz Carlos Branco 289

14. **O inadimplemento contratual na visão de Ruy Rosado: juiz e doutrinador**
    Luis Renato Ferreira da Silva 303

15. **Codificação e consumo: dos elementos aos fundamentos. Breves apontamentos**
    Luiz Edson Fachin 315

16. A causa do contrato
    Maria Celina Bodin de Moraes..331
17. Tratamento à informação sobre (in)adimplemento e bancos de cadastro positivo: registro, esquecimento e ilicitude
    Maria Cláudia Cachapuz..351
18. O princípio da exatidão no contexto da relação jurídica obrigacional complexa
    Mauro Fiterman...367
19. A autonomia privada e a equivalência material do contrato: a lesão e a revisão contratual
    Plínio Melgaré...377
20. Uma nova fonte de obrigação?
    Renan Lotufo...393
21. A equidade no Código do Consumidor
    Sergio Cavalieri Filho..407
22. Novos paradigmas da responsabilidade civil. Cláusulas limitativas e de exclusão da responsabilidade
    Sílvio de Salvo Venosa...413

Apresentação

Em setembro do ano de 2013, o Departamento de Direito Privado da Faculdade de Direito da Pontifícia Universidade Católica do Rio Grande do Sul (PUCRS), com o apoio da Direção da Faculdade, na pessoa de seu Diretor, Doutor Fabrício Dreyer de Ávila Pozzebon, realizou um ciclo de palestras em homenagem ao Ministro Ruy Rosado de Aguiar Júnior. As palestras foram proferidas pelos juristas Adalberto Pasqualotto, Cláudia Lima Marques, Eugênio Facchini Neto, Luís Renato Ferreira da Silva e Paulo de Tarso Vieira Sanseverino. Nomes do mais alto relevo da cultura jurídica que participaram da homenagem, reconhecendo a valiosa contribuição ofertada pelo Ministro Ruy Rosado de Aguiar Júnior ao estudo e à práxis jurídica.

Contudo, a homenagem não faria *jus* à figura do Homenageado se ficasse limitada ao público que compareceu às mencionadas palestras. Assim, publica-se essa obra. E aqui uma palavra de agradecimento a todos os insignes colaboradores que a ilustram e que foram sensíveis à justiça da homenagem. Igualmente, um agradecimento especial aos Professores da Faculdade de Direito da PUCRS que, de modo expressivo, participam dessa homenagem, densificando-a com os seus respectivos artigos.

Ao fim e ao cabo, uma palavra de agradecimento ao Ministro Ruy Rosado. Em razão de sua exemplar contribuição para a afirmação de um direito privado que, superando a frieza do texto legal, se legitima pela correção e justeza encontrada nos princípios que fundamentam a normatividade jurídica. E, se como disse o poeta António Machado, não há caminhos, senão que o caminho se faz ao andar, pretendemos, junto com os nossos alunos, andar pelos caminhos abertos pelo seu pensamento e pela sua prática na direção de um direito que se preocupe com os valores que afirmam concretamente a dignidade da pessoa humana.

Porto Alegre, fevereiro de 2014.

Plínio Melgaré
Coordenador do Departamento de Direito Privado
da Faculdade de Direito – PUC/RS

— 1 —

O Direito das Obrigações na contemporaneidade[1]

RUY ROSADO DE AGUIAR JÚNIOR

1. A distinção que me confere a Faculdade de Direito da Pontifícia Universidade Católica do Rio Grande do Sul é honra que está muito além do que poderia pensar ou esperar, e muito além do razoável, considerando a diferença que existe entre a importância da homenagem e a desimportância do homenageado.

Estou em um dos maiores centros de ensino e pesquisa do país, prestigiado no exterior e orgulho da nossa terra.

Sou extremamente grato por esta oportunidade, especialmente considerando que não pertenço ao quadro docente da Faculdade, embora aqui tenha participado de cursos e palestras.

Agradeço a generosidade do Prof. Plinio Melgaré, ilustre Coordenador do Departamento de Direito Privado, que teve a gentileza de me formular pessoalmente o convite, e bem percebo que, na origem deste evento, também está a figura do jurista maior da nossa magistratura, o Prof. Eugênio Facchini Neto.

Lembro e agradeço a disponibilidade dos eminentes Professores que abrilhantarão o encontro com suas palestras, Min. Paulo de Tarso Vieira Sanseverino, Adalberto de Souza Pasqualotto, Claudia Lima Marques e Luis Renato Ferreira da Silva, e a todos peço escusas por ser a causa do encargo que assumiram: eles que são luminares da nossa ciência, ocupados com seus trabalhos e com esplêndida produção intelectual.

2. Reservaram um espaço para minha fala. Em princípio, penso que tudo poderia se resumir no agradecimento que fiz.

Porém, não posso deixar de dizer algumas palavras a respeito do tema: o direito das obrigações na contemporaneidade.

3. Entre os anos 1980 e 2000, isto é, no curto espaço de vinte anos, ocorreram no Brasil acontecimentos de profunda significação para a nossa ordem jurídica, tanto pública como privada: a Constituição de 1988 configurou um novo Estado e uma nova Sociedade; o Código de Defesa do Consumidor, em

---

[1] Texto de palestra proferida no Curso promovido pelo Departamento de Direito Privado da Faculdade de Direito da Pontifícia Universidade Católica do Rio Grande do Sul (PUC/RS), em 23 de setembro de 2013.

1990, reconheceu o direito do hipossuficiente; e o novo Código Civil de 2002 instituiu claramente um sistema aberto, com seus princípios éticos e suas cláusulas gerais.

4. Até o final dos anos 80, o nosso Direito Civil – naquilo que não era a continuidade das disposições das Ordenações do Reino e da Consolidação das Leis Civis de Teixeira de Freitas – expressava as ideias que nos vinham da Revolução Francesa e do conceitualismo germânico.

O homem, ser racional, livre e igual, podia ordenar a vida social pela lei, que deveria ser seguida na sua literalidade; o indivíduo poderia determinar a sua vida pessoal, assumindo deveres e obrigações por meio da manifestação da sua vontade, no âmbito da autonomia privada.

Produto da razão e da vontade, o contrato deveria ser cumprido.

Tinha-se que o sistema era fechado, suficiente em si, sem lacunas, a ser aplicado pelo método da subsunção, isto é, cabia simplesmente ao juiz verificar o fato e fazer incidir sobre ele uma regra legal.

5. A realidade social, política e econômica mudou profundamente desde o tempo em que fora pensado o nosso Direito Civil – no século XIX – ao tempo posterior à Segunda Grande Guerra. O positivismo mostrou-se insuficiente para resolver os litígios que surgiram. Não era mais aceitável o extremo patrimonialismo da velha ordem, mais preocupada com os bens do que com as pessoas; a liberdade meramente formal e a igualdade apenas jurídica consagravam situações de extrema injustiça; o arcabouço legal não se ajustava às necessidades do dinamismo da vida econômica. A família de duzentos anos atrás não era a família da pós-modernidade.

Aqueles grandes protagonistas do Código de 1916, a que se refere o Prof. Miguel Reale, o proprietário, que podia usar e abusar do bem, o empresário irresponsável pelas dívidas que contraía, o marido, de autoridade incontrastável, o testador, que podia impor restrições até mesmo à legítima, essas figuras estavam sendo contestadas.[2]

6. É nesse ambiente que foi promulgada a Constituição da República de 1988, que estabeleceu como princípio maior a dignidade da pessoa humana, definiu como objetivo fundamental da República a construção de uma sociedade livre, justa e solidária, protegeu o consumidor, redefiniu a família, deu à ordem econômica um viés social. Atribuiu ao Estado (isto é, à ordem jurídica) assegurar a todos existência digna, conforme os ditames da justiça social.

7. Surgiu então, no país, irresistível movimento dos aplicadores do direito de se voltarem para a Constituição, com o surgimento da Escola do Rio de Janeiro, capitaneada pelo Prof. Gustavo Tepedino, em Curitiba, pelo Prof. Luiz Edson Fachin, em Recife e pelo Prof. Paulo Luiz Neto Lôbo.

---

[2] REALE, Miguel. *O projeto de Código Civil*: situação atual e seus problemas fundamentais. São Paulo: Saraiva, 1986. p. 14.

Partindo da ideia de que os princípios constitucionais reguladores da vida privada não podem existir para o nada – como se fossem conceitos de conteúdo vazio a sobrepairar a uma realidade, para apenas regular o Estado, sua organização e suas relações com os particulares –, ao contrário disso, sustentou-se que a Constituição deveria ter aplicação direta e imediata, atingindo horizontalmente também as relações privadas, as familiares e as negociais.

Essa orientação enfrentou (e ainda enfrenta) um sério obstáculo de ordem jurídica: é que se tem a Constituição como uma ordem normativa cujos destinatários são o Estado, seus órgãos e os cidadãos, nas relações com o Estado. Com isso, seria inviável a incidência direta da Constituição à situação de ordem privada, sem a intermediação de uma lei ordinária, esta, sim, a ser elaborada de acordo com a Constituição e tendo por destinatários os particulares.

A questão se pôs inicialmente na Alemanha, perante a Corte Constitucional, que, em várias oportunidades, aplicou o princípio constitucional, sob o argumento, exposto por Canaris, de que, embora a Constituição tenha por destinatário o Estado e seus órgãos, estes têm o dever de tutelar os direitos fundamentais; quando isso não acontece, o juiz deve intervir para efetivar a proteção prometida pela Constituição.

O Prof. Pietro Perlingieri afirma categoricamente que não existem argumentos que contrastem a aplicação direta: a norma constitucional pode – também sozinha – ser a fonte da disciplina de uma relação de direito civil.[3]

No Brasil, em virtude daquela defasagem entre o sistema legislado e a realidade dos casos concretos, houve franca aceitação da incidência imediata.

8. O princípio da dignidade da pessoa, pelo qual se repersonalizou o nosso direito, é tão valioso e tão fecundo que fica sem sentido permitir que uma relação ofenda a dignidade humana, e não possa o juiz ou a autoridade pública atuar para proteger o direito violado ou ameaçado de violação apenas porque falta uma lei.

Sendo o direito uma criação da realidade, e não o contrário, o jurista não pode ser alheio ao mundo concreto.

Não podemos nos incluir naquele sonho de Ihering. Escreveu o grande pensador que, indo ao céu, dirigiu-se ao paraíso dos juristas, dos pandectistas. Lá encontrou os espíritos da boa-fé, da igualdade, da propriedade, da posse e de tudo o mais de que se necessita para a solução dos mais intrincados problemas da dogmática jurídica. Mas, para isso, seria necessário que o jurista bebesse da água do Rio Letes, a fim de esquecer toda a realidade vivida, o mundo concreto da vida humana. Ihering reparou que os grandes juristas estavam dispensados da bebida: eles não tinham o que esquecer.[4] Isto é, não conheceram a realidade.

---

[3] PERLINGIERI, Pietro. *Perfis do Direito Civil*: introdução ao direito civil constitucional. Rio de Janeiro: Renovar, 1999. p. 11.

[4] BODIN DE MORAES, Maria Celina (Coord.). *Princípios do Direito Civil Contemporâneo*. Rio de Janeiro: Renovar, 2006. Apresentação.

9. Quando menciono o princípio da dignidade da pessoa humana, fico a me perguntar a que estou me referindo.

Em primeiro lugar, o homem tem dignidade por ser racional. Para São Tomás, a natureza humana consiste no exercício da razão.

Em segundo, sendo racional, há igualdade entre todas as pessoas, porque todos os homens são dotados de razão. Mas essa igualdade não significa que os homens entre si sejam iguais. Entre si, todos são desiguais. Cabe à lei enfrentar essa desigualdade, seguindo a lição de Rui Barbosa na *Oração aos Moços*: tratar com desigualdade a iguais, ou a desiguais com igualdade, seria desigualdade flagrante, e não igualdade real.

Por último, para exercer a sua racionalidade, o homem deve viver em ambiente de liberdade. Quero dizer: o que ofender a racionalidade, a igualdade e a liberdade atinge de algum modo a dignidade da pessoa humana.

A doutrina – ainda refiro a lição da Profª. Maria Celina Bodin de Moraes[5] – tem incluído, no princípio da dignidade, o da integridade psicofísica, compreendendo neste diversos direitos da personalidade, tais como a vida, o nome, a imagem, a honra, a privacidade, a intimidade, o corpo, a identidade pessoal, tudo podendo ser resumido em um direito à saúde e direito à existência digna.

Lembro aqui precedente do Tribunal Constitucional alemão, ao afastar a validade de fiança que implicava excessiva onerosidade à família. E, nesse mesmo caminho, registro decisão do STJ, decretando a nulidade de cláusula de contrato de alienação fiduciária que autorizava cobrança de juros, de pequena dívida, em valores que absorveriam a renda total da devedora, até o final de sua vida provável. Nas duas situações, houve a aplicação direta do princípio da dignidade da pessoa humana, pois a execução daqueles contratos retirou da devedora a possibilidade de sua razoável sobrevivência.

A extensão desse conceito pode causar certa dificuldade de aceitação, mas a verdade é que ele está lá, no art. 1º da Constituição, e cabe a todos nós zelar pela sua estrita observância.

10. Evidentemente que para isso se exige do operador do direito o bom uso das cláusulas gerais, deixando de lado a simplicidade da subsunção (tão cômoda de ser aplicada), ciente de que o seu trabalho será tópico. Definirá, em primeiro lugar, o fato; depois, procurará compreendê-lo e valorá-lo de acordo com princípios aceitos, lugares comuns com os quais trabalhará, na tentativa de aproximação cada vez mais adequada, com idas e vindas, do fato aos princípios, e destes ao fato, até chegar a uma conclusão ajustada ao caso. Então elaborará uma norma jurídica concreta, que deverá ser explicada e fundamentada, com o que afastará o subjetivismo e a discricionariedade.

Certamente esse método é mais trabalhoso; onera sobremodo o juiz, que deverá encontrar a solução ajustada e fundamentá-la adequadamente; pesa também sobre os advogados, que deverão fornecer os elementos necessários ao julgamento em que será aplicada a cláusula geral.

---

[5] BODIN DE MORAES, Maria Celina (Coord.). *Princípios do Direito Civil Contemporâneo*. Rio de Janeiro: Renovar, 2006. p. 28.

Mas penso que é o único método aceitável para a plena eficácia do preceito da dignidade da pessoa humana.

Certamente esse método cria uma sensação de insegurança, que o método exegético procurava (era uma falácia) afastar no pressuposto de que a solução era desprovida de qualquer subjetivismo, meramente técnica, igual para todos, proferida por quem seria um "juiz de pedra". Mas o respeito e a aplicação dos princípios é a única via que permite a realização da Justiça material do caso.

O subjetivismo se afasta na medida em que a decisão é fundamentada e submetida à crítica das partes, dos advogados, da academia e dos doutrinadores.

11. Aquele impulso à Constituição, a que me referi no início, do qual resultaram trabalhos jurídicos que defendiam o que se chamou de "constitucionalização do direito civil", esse retorno à Constituição arrefeceu de algum modo a partir de 2003, quando entrou em vigor o novo Código Civil. Principalmente no que diz com as relações negociais.

É que a nova codificação veio com os ares de prestigiar a socialidade e a solidariedade. Tem princípios e cláusulas gerais que atendem às exigências básicas de uma sociedade que queira ser justa e solidária.

Enumero rapidamente essas normas.

(i) A principal delas é a da *boa-fé objetiva*, que exige de todos os que participar de relação intersubjetiva uma conduta leal e solidária. No contrato, deve ser obedecida na negociação prévia, na contratação, na execução e mesmo após seu cumprimento. É fonte de deveres e de obrigações. É o limite para o exercício dos direitos: quer dizer, ainda que exista norma concedendo ou reconhecendo um certo direito, esse somente poderá ser exercido nos limites da boa-fé. Caberá ao juiz definir, a cada caso, qual o comportamento que atenderia à exigência de boa-fé.

É princípio que hoje tem expressiva utilização no foro. Nos contratos das grandes companhias, já consta a obrigação de os contratantes agirem de boa-fé.

(ii) O contrato deve realizar a sua *finalidade social*. O contrato é emanação da vontade do indivíduo, mas se insere no contexto jurídico (de onde retira sua força) e na vida social (na qual produzirá efeitos). Logo, ele deve atender ao fim social para o qual existe, e não apenas para satisfazer o interesse da parte. Valendo-se desse fim social, entende-se que o contrato perdeu em muito a firmeza do princípio da relatividade, segundo o qual o contrato somente produz efeito entre as partes. Os seus efeitos, seguidamente, atingem terceiros.

Essa constatação permitiu ao prof. Luiz Edson Fachin afirmar que hoje não se contrata só com quem se contrata; e não se contrata só o que se contrata.[6]

O Prof. Jacques Ghestin há muitos anos sustenta que o contrato tem uma finalidade social: a de realizar o valor justiça. E conclui: o contrato só vale se for justo.

---

[6] FACHIN, Luiz Edson. *Questões do Direito Civil Brasileiro Contemporâneo*. Rio de Janeiro: Renovar, 2008. p. 3.

(iii) O princípio da *equivalência* deve ser respeitado nos contratos bilaterais. A relativa proporcionalidade entre as prestações deve estar presente na celebração do contrato. Se houver grave desproporção, com abuso da situação de premente necessidade da outra parte, há a figura da lesão, cuja cláusula deve ser afastada ou revisada.

(iv) Não se admite o *enriquecimento* sem causa.

(v) Os contratos existem para serem cumpridos, mas circunstâncias supervenientes podem tornar a obrigação excessivamente *onerosa* a uma das partes, não cabendo manter contrato que imponha sacrifício exagerado, o que levará à sua extinção ou revisão.

(vi) O *abuso de direito* se configura sempre que o seu exercício contrariar a boa-fé, os bons costumes, seu fim econômico ou seu fim social.

Penso que esta norma, que está no art. 187 do Código Civil, é a cláusula geral mais importante do sistema jurídico, pois permite o afastamento até mesmo do direito que a lei atribui às pessoas, a fim de resguardar os princípios éticos.

O Tribunal americano, em certa causa, contrariando a lei, foi obrigado a invocar a regra moral para impedir que o autor do homicídio recebesse a herança. Nós temos cláusula geral que, em situações tais, permite a realização da justiça, usando de instrumento e de fundamentação estritamente jurídicos, previstos no sistema. Isso permitiu que, certa vez, o STJ não atendesse a pretensão do pai, que se transferia do Rio de Janeiro para o Acre, e pretendia levar consigo a filha, criança de doze anos, por entender-se que, apesar da lei, melhor seria para a menina ficar como sempre esteve, na casa da avó, na proximidade da moradia da mãe. E me autorizou, em antigo acórdão aqui no TJRS, dizer que o juiz de família julga com a lei, se possível; sem a lei, se necessário.

12. Falei sobre os princípios que o Código Civil contém, e de como podem ser utilizados para a realização dos valores constitucionais.

Mas para isso é necessário fazer a releitura do nosso direito. Deixar de lado a visão do sistema fechado, abandonar o método simplista da subsunção, para buscar a verdadeira realização da justiça material.

É preciso, como disse Fernando Pessoa, desaprender, para aprender de novo.

13. Tive, de minha parte, a rara oportunidade de viver esse período de 1980 a 2003 no exercício da jurisdição civil, quinze anos no Tribunal de Justiça, dez anos no STJ, com a feliz coincidência de ter sido discípulo, no curso de Mestrado da UFRGS, de Clóvis do Couto e Silva, maior expressão da civilística moderna do Brasil, que abriu as portas da ciência jurídica para a sua moderna compreensão.

Atuei, assim, em um tempo de flexibilização de velhos e sedimentados conceitos. Certa vez, em congresso realizado na Argentina, abordei o tema das tendências atuais do Direito Privado e observei que o sistema jurídico, em constante dinamismo, evolui com movimentos de sístole e diástole, de abertura e fechamento. Assim na política, com liberalismo e totalitarismo, assim no direito das obrigações, com mais ou menos rigor na interpretação e execução dos contratos.

Ora o direito é o direito dos credores, ora é o direito dos devedores. Nenhuma das duas posições antagônicas é aceitável: nem o credor pode estabelecer cláusulas abusivas, especialmente não em contratos massificados de adesão em que figura como estipulante; nem o devedor deve subtrair-se das suas obrigações e deixar de efetuar a prestação, atendendo à justa expectativa da contraparte. Ambos devem contratar e agir de acordo com a boa-fé, que é um caminho de mão dupla.

O Código de Defesa do Consumidor e o Código Civil de 2002 são diplomas elaborados com esse espírito de abertura, ambos na tentativa de garantir, na medida do possível, o princípio da igualdade e da equivalência, ambos respeitando as exigências da dignidade da pessoa humana.

Os dois diplomas devem ser lidos – e o têm sido, na maioria da nossa experiência jurídica – à luz dos princípios constitucionais.

Para isso contribuíram intensa atividade doutrinária e favorável aplicação pelos tribunais, para o que destaco a participação qualificada do Min. Paulo de Tarso Vieira Sanseverino.

14. Mas aqueles diplomas não são suficientes nem completos, nem definitivos. Não atendem hoje à multiplicidade das situações que, a todo momento, a vida nos impõe.

Basta um exemplo: o CDC, lei moderna e muito acima da maioria da legislação consumerista de outros países, parte do pressuposto de que a relação de consumo se dá entre o fornecedor e o comprador. No entanto, já observou Guido Alpa, a maioria das operações de compra e venda de produtos, na relação de consumo, hoje se dá entre o comprador, o financiador e o fornecedor; não é mais uma relação bilateral, mas trilateral, com todas as implicações que daí decorrem para a definição de direitos, deveres e responsabilidades dos participantes do negócio.

E ainda na área de consumo, a nossa lei não regulou o comércio eletrônico, que hoje acontece em proporções gigantescas, inimagináveis na década de oitenta. Tanto que está exigindo sua reforma, com projeto de lei em tramitação no Congresso.

15. Com isso quero dizer que a vivência do direito, rente à vida, estando em constante mutação, exige de todos nós a permanente disposição de revisita, de releitura. Pressupõe a disponibilidade para aceitar fatos novos e vencer antigas convicções, especialmente daqueles operadores que foram formados – como eu – sob a ideia de que basta conhecer a lei para aplicar o direito, basta conhecer o texto, sem necessidade de usar a testa.

Nesse ponto, fundamental a participação da Universidade, cujo ensino deve estar voltado para a compreensão da realidade social – o direito é coexistência – e para a pesquisa bibliográfica e de campo, a fim de abrir novos horizontes e fornecer instrumental adequado ao profissional dos modernos tempos.

Já na estruturação do seu curso, a Universidade há de atender ao fato de que a distinção entre direito público e direito privado persiste apenas para fins didáticos, porque hoje a interpenetração de normas que regulam a vida das pessoas – o jardim e a praça – integram um único ordenamento, submetido integralmente aos valores éticos da Constituição, uma vez que o Estado moderno tem o compromisso de realizar o interesse de cada pessoa, nas suas relações com o Estado e nas suas relações com as outras pessoas.

16. Antes de concluir, gostaria de lembrar uma frase de um poema atribuído a Jorge Luis Borges, cuja autoria ele negou ferozmente: "Se pudiera vivir nuevamente mi vida, se pudiera volver atrás – trataría de tener solamente buenos momentos".

Como este.

Muito obrigado.

— 2 —

Ruy Rosado e o Direito do Consumidor

ADALBERTO PASQUALOTTO[1]

Sumário: Introdução; 1. A defesa do consumidor: uma perspectiva sistemática; 2. Proteção contratual; 2.1. Sistema financeiro; 2.2. Cadastros de devedores; 2.3. Termo inicial da vigência da cobertura securitária; 2.4. Planos de saúde; 2.5. Cláusula de decaimento; 2.6. Foro de eleição e privilégio de foro; 2.7. Eficácia relativa da hipoteca garantidora do financiamento da construtora; 2.8. Vinculatividade pela oferta e pela aparência nos consórcios; 2.9. Vinculatividade da oferta publicitária; 2.10. Devolução em dobro do indébito; 3. Responsabilidade civil do fornecedor; 3.1. Defeito do produto: extensão do conceito para a embalagem; 3.2. Responsabilidade solidária da agência de viagens por acidente com o hóspede na piscina do hotel; 3.3. Responsabilidade do laboratório por falso positivo; 3.4. Dano moral decorrente do disparo de alarme de furto na saída de supermercado; 3.5. Vícios do automóvel; 3.6. Evicção de veículo furtado; 3.7. Responsabilidade do produtor pela qualidade da obra; 3.8. Extravio de bagagem; 3.9. Responsabilidade pelo aponte de devedor com base em documento falso. 4. Outros temas; 4.1. Prescrição e decadência; 4.2. Prática abusiva em concurso promovido pela TV; 4.3. Proteção coletiva dos consumidores; 4.4. Inversão do ônus da prova; 4.5. Limite da multa pela mora; 4.6. Relação condominial; Conclusão.

Introdução

Falar de Ruy Rosado relativamente ao Direito do Consumidor é historiar um dos três grandes capítulos dessa ainda novel disciplina jurídica no Brasil. Os três capítulos a ela pertinentes são: a legislação e a grande inovação que ela trouxe ao nosso direito privado com o seu surgimento (não é apropriado falar de revolução, embora muitos o tenham feito para dimensionar o impacto havido); a doutrina, marcada por profusa produção e pela revelação de novos talentos; e a jurisprudência, responsável pela afirmação e respeito conquistado pelo Código de Defesa do Consumidor entre as disciplinas tradicionais, especialmente o Direito das Obrigações. Em cada um desses três capítulos despontaram nomes importantes, cabendo destacar: na legislação, Antônio Hermann Benjamin, mentor máximo do CDC, destacada figura da comissão de juristas encarregada da elaboração do anteprojeto de lei, presidida por Ada Pellegrini Grinover, e ainda recentemente inspirador e elaborador dos projetos de atualização do CDC em tramitação no Senado, líder inconteste do direito do consumidor brasileiro e que soube fazê-lo respeitar no exterior; na doutrina, Cláudia

---

[1] Professor titular de Direito do Consumidor na Pontifícia Universidade Católica do Rio Grande do Sul.

Lima Marques, hoje jurista consagrada, que no final dos anos 80, muito jovem ainda, retornando da Alemanha, onde fizera o Mestrado (Tübingen, e para onde voltaria nos anos 90 para o doutorado em Heidelberg), inaugurou com o vigor do seu talento uma nova dialética jurídica, inspirada pela fé e construída com a ciência; e na jurisprudência, Ruy Rosado de Aguiar Júnior, cujas virtudes pessoais transportou para a magistratura, revelando-se arrojado, mas sereno, profundo, mas objetivo, radicalmente justo.

Este trabalho apanha um pequeno recorte da atividade judicante do Ministro Ruy Rosado de Aguiar Júnior no Superior Tribunal de Justiça. Restrito ao objetivo expressado no título, foram examinados duzentos e vinte acórdãos da sua lavra, exclusivamente pertinentes ao Direito do Consumidor, e apenas aqueles em que atuou como Relator. Ficaram excluídos de apreciação, portanto, os julgamentos em que participou como vogal. Da produção doutrinária, foi destacada tão somente a referência a um trabalho para demonstrar a sua visão do Direito do Consumidor, em coerência com a qual pronunciou os seus votos.

O plano do trabalho, espelhado no resumo, estruturou-se basicamente sobre os dois ramos especiais do Direito das Obrigações que participam com mais intensidade das relações de consumo: os contratos e a responsabilidade civil. Um capítulo complementar reúne uma pequena coletânea de outros temas que compõem o leque de relações jurídicas regulado pelo CDC. Antecedendo a esses três capítulos temáticos, o ensaio é aberto com uma descrição da visão do homenageado sobre o Direito do Consumidor.

1. A defesa do consumidor: uma perspectiva sistemática

Antes de mais nada, cumpre declarar, tomando de empréstimo uma expressão processual, a insuspeição do Ministro Ruy Rosado em relação ao direito do consumidor. A sua formação jurídica, obviamente, precedeu ao advento do Código de Defesa do Consumidor e a projeção nacional do seu nome como jurista de escol ocorreu antes que o CDC se tornasse o ícone da renovação do direito privado brasileiro. A cronologia da sua trajetória afasta qualquer ilação que se pudesse fazer sobre uma preconcebida posição jurídico-ideológica ou escolha arbitrária em favor dos consumidores considerados como categoria social. Sua carreira pública começou no Ministério Público do Rio Grande do Sul, de onde saiu para ser Juiz no extinto Tribunal de Alçada, em 1980. Até então havia dedicado sua atenção de modo mais especial ao direito penal e ao processo civil. Concentrou-se no direito civil a partir do mestrado, que concluiu em 1990, na Universidade Federal do Rio Grande do Sul, sob a orientação de Clóvis do Couto e Silva. Na magistratura, especialmente como desembargador do Tribunal de Justiça, cargo que exerceu de 1985 a 1994, consolidou uma larga jurisprudência sobre a boa-fé, especialmente nos contratos. Foi como desembargador estadual que Ruy Rosado chamou a atenção do país. Em 1994, foi nomeado Ministro do STJ, onde abriu a mesma senda renovadora que já trilhara no tribunal gaúcho. A sua chegada ao STJ coincide com a subida dos primeiros recursos versando sobre a aplicação do Código de Defesa do Consumidor, que entrara em vigor em março de 1991, três anos antes da sua posse. As posições que veio a assumir no âmbito das relações de consumo resultaram da sua maturidade como julgador e da sua concepção de justiça, o que só valoriza os avanços que proporcionou à consolidação do CDC.

Atesta a racionalidade da sua análise do Código de Defesa do Consumidor uma passagem do trabalho que apresentou ao II Congresso Brasileiro de Direito do Consumidor, realizado em Brasília, em março de 1994, e publicado na revista *Direito do Consumidor* nº 14. O trabalho é intitulado "A boa-fé na relação de consumo". Nesse trecho, sua atenção se detém no art. 4º, inc. III, do CDC. Trata-se de dispositivo-chave para a interpretação e correta aplicação do CDC. O legislador inclui entre os princípios da Política Nacional das Relações de Consumo a harmonização dos interesses dos consumidores e dos fornecedores, com base na boa-fé e no equilíbrio de suas relações, compatibilizando a proteção do consumidor com a necessidade de desenvolvimento econômico e tecnológico, de modo a viabilizar a coexistência dos princípios da ordem econômica constitucional. Afirmava então o nosso homenageado de hoje:

> O princípio da boa-fé está mencionado no texto do art. 4º, III, como critério auxiliar para a viabilização dos ditames constitucionais sobre a ordem econômica (art. 170 da CF). Isso traz à tona aspecto nem sempre considerado na boa-fé, consistente na sua vinculação com os princípios socioeconômicos que presidem o ordenamento jurídico nacional, atuando operativamente no âmbito da economia do contrato. Isso quer dizer que a boa-fé não serve tão-só para a defesa do débil, mas também atua como fundamento para orientar interpretação garantidora da ordem econômica, compatibilizando interesses contraditórios, onde eventualmente poderá prevalecer o interesse ao do consumidor, ainda que a sacrifício deste, se o interesse prevalecente assim o determinar. Considerando dois parâmetros de avaliação: a natureza da operação econômica pretendida e o custo social decorrente desta operação, a solução recomendada pela boa-fé poderá não ser favorável ao consumidor. Assim, por exemplo, nos contratos de adesão de consórcio para aquisição de bens, a cláusula que limita a devolução do numerário (devidamente corrigido) somente para o final do plano deve ser preservada, apesar de não satisfazer ao interesse do consorciado em obter a imediata restituição do que pagou, porquanto o interesse social mais forte reside na conservação dos consórcios como instrumento útil para a economia de mercado, facilitando a comercialização das mercadorias, e estimulando a industrialização, finalidade esta que não deve ser desviada ou dificultada com o interesse imediatista do consumidor individual que se retira do grupo.[2]

A lucidez dessa posição é acolhida no próprio CDC, que no art. 2º, parágrafo único, equipara a consumidores a coletividade de pessoas, ainda que indeterminadas. Os consorciados constituem uma coletividade, cujo interesse não pode ser sobrepujado pela conveniência momentânea de um dos seus integrantes.

Essa mesma visão é compartilhada por um magistral doutrinador do direito do consumidor, José Reinaldo de Lima Lopes, que aponta a existência de "um grande princípio 'implícito'" no direito do consumidor, que é o seu caráter distributivo, em decorrência do qual "os consumidores e as relações de consumo não são tratados exclusivamente como indivíduos em relações

---

[2] AGUIAR JÚNIOR, Ruy Rosado. A boa-fé na relação de consumo. *Direito do Consumidor* vol. 14, abr.-jun. 1995, p. 20-27.

bilaterais. São também tratados como partes de um agregado, um todo, uma unidade indivisível: o mercado".[3]

José Reinaldo ilustra com um exemplo o que quer dizer: o desvirtuamento que se verificou no Sistema Financeiro da Habitação com a concessão de crédito para aquisição de casas de veraneio. Com isso, foram favorecidos os indivíduos adquirentes, que tiveram acesso a uma segunda moradia, puramente de lazer, mas foram prejudicados, pelo desvio dos recursos, os verdadeiros destinatários do programa, aqueles que não tinham casa própria.[4]

Pesquisando no *site* do STJ, usando como critérios a palavra "consumidor" e o nome do Ministro Ruy Rosado de Aguiar, o resultado são 220 acórdãos em que o nosso homenageado foi o relator em matéria de direito do consumidor. Trata-se de um eloquente testemunho da profícua passagem do Min. Ruy Rosado de Aguiar Júnior por aquela alta Corte e, especialmente, da sua decisiva contribuição para o desenvolvimento do direito do consumidor na jurisprudência brasileira.

2. Proteção contratual

Os tópicos a seguir arrolados dizem respeito não apenas a espécies de contratos (nesse aspecto, são ressaltados os contratos do sistema financeiro e dos planos de saúde), mas também a diversos aspectos da dinâmica contratual em geral, incluindo algumas práticas de mercado abusivas que foram suplantadas em virtude da força da jurisprudência, como por exemplo a cláusula de decaimento. Em outros casos, os problemas persistem, como se verifica frequentemente na abusividade da inscrição de devedores em cadastros de proteção ao crédito.

2.1. Sistema financeiro

Um capítulo de particular importância da passagem do Min. Ruy Rosado pelo STJ é o que trata de suas decisões em matéria de contratos bancários. Como é sabido, desde o início da vigência do CDC, o sistema bancário manifestou-se inconformado com a aplicação da nova lei às suas relações com os clientes. Essa inconformidade resultou no ajuizamento de Ação Direta de Inconstitucionalidade, que foi julgada improcedente pelo STF.[5] Todavia, precedendo a decisão do STF, foi no STJ que se formou jurisprudência maciça no sentido da

---

[3] LOPES, José Reinaldo de Lima. Direito civil e direito do consumidor: princípios. *Código de Defesa do Consumidor e o Código Civil de 2002: convergências e assimetrias*. Roberto A. C. Pfeiffer e Adalberto Pasqualotto, coordenadores. São Paulo: Revista dos Tribunais, 2005.

[4] LOPES, J. R. L., ob. cit.

[5] STF. Tribunal Pleno. ED na ADI 2.591-1, rel. Min. Eros Grau, 14/12/2006.: ART. 3º, § 2º, DO CDC. CÓDIGO DE DEFESA DO CONSUMIDOR. ART. 5º, XXXII, DA CB/88. ART. 170, V, DA CB/88. INSTITUIÇÕES FINANCEIRAS. SUJEIÇÃO DELAS AO CÓDIGO DE DEFESA DO CONSUMIDOR. AÇÃO DIRETA DE INSCONSTITUCIONALIDADE JULGADA IMPROCEDENTE. 1. As instituições financeiras estão, todas elas, alcançadas pela incidência das normas veiculadas pelo Código de Defesa do Consumidor. 2. "Consumidor", para o efeito do Código de Defesa do Consumidor, é toda pessoa física ou jurídica que utiliza, como destinatário final, atividade bancária, financeira e de crédito".

aplicabilidade do CDC às atividades bancárias, culminando com a edição da Súmula 297, que tem o seguinte teor: "O Código de Defesa do Consumidor é aplicável às instituições financeiras". As decisões do Min. Ruy Rosado tiveram grande importância como precedentes da Súmula e na sua posterior aplicação. No REsp 57.974-0-RS, o voto do Min. Ruy Rosado consignou:

> O recorrente [um banco comercial], como instituição bancária, está submetido às disposições do Código de Defesa do Consumidor, não porque ele seja fornecedor de um produto, mas porque presta um serviço consumido pelo cliente, que é consumidor final desses serviços, e seus direitos devem ser igualmente protegidos, como o de qualquer outro, especialmente porque nas relações bancárias há difusa utilização de contratos de massa e onde, com mais evidência, surge a desigualdade de forças e a vulnerabilidade do usuário.[6]

Entre os julgamentos mais significativos do Min. Ruy Rosado em matéria bancária estão aqueles em que foi reconhecida a existência de relação de consumo nos depósitos de cadernetas de poupança. Na época, discutia-se o índice de correção monetária aplicável aos depósitos de poupança. O IDEC – Instituto de Defesa do Consumidor, de São Paulo – ajuizou ação civil pública contra os bancos depositantes para obter o índice mais alto. No processo, foi questionada, preliminarmente, a legitimidade do IDEC, a qual tinha como pressuposto o reconhecimento da existência de relação de consumo entre o poupador e o banco. Ao relatar esses feitos, frisou o Min. Ruy Rosado:

> Costuma-se acentuar o fato de que a caderneta de poupança não é um serviço remunerado pelo poupador, mas sim pelo banco depositário, pelo que faltaria um dos elementos do art. 3º, § 2º, do CDC. O argumento é falaz, pois o numerário obtido com a caderneta de poupança serve ao banco para suas operações ativas, cujos juros são conhecidos, de 200 a mais de 1.000% ao ano, a significar que o juro pago pelo banco ao depositante tem sua fonte nas aplicações feitas com o numerário do poupador. Ao efetuar o depósito na caderneta de poupança, o depositante está dando ao banco condições para realizar operações ativas, e esse benefício auferido pela instituição de crédito, cujos números são reveladores da sua extensão, constitui em parte a vantagem patrimonial que o depositante permite ao depositário. Há, portanto, serviço indiretamente remunerado pelo depositário.
>
> Além disso, no contrato de depósito, o banco fornece produtos; o principal deles é o rendimento, e acessórios são as outras vantagens, benefícios e preferências que o estabelecimento concede a quem o escolhe para depositário. Essa escolha se dá em típica relação de consumo, na qual o cliente leva em consideração a segurança do negócio, o atendimento que lhe é dispensado, a qualidade da informação e outras vantagens oferecidas aos titulares das contas.
>
> Logo, no contrato de depósito bancário em caderneta de poupança, o banco presta o serviço próprio de quem é depositário de bens de terceiros – disso se beneficia na medida em que reúne recursos para suas operações ativas – e fornece produtos ao depositante, que é o destinatário final desses produtos e serviços, porquanto os utiliza para a satisfação dos seus interesses, caracterizando-se aí, em toda a sua extensão, relação de consumo.[7]

Um foco de permanente atenção da jurisprudência é a execução dos créditos bancários. Os bancos estipulam os contratos de financiamento, que são oferecidos por adesão, e controlam os fatores financeiros que sobre os mesmos

---

[6] REsp 57.974-0-RS, 25/04/95. A menos que haja indicações em contrário, todos os acórdãos citados a partir desta nota são da 4ª Turma do STJ, relatados pelo Min. Ruy Rosado de Aguiar e foram decididos por unanimidade.

[7] REsp's 226.921-SP, 19/04/2001; 175.746-SP, 26/11/2002.

incidem. Em proteção dos devedores, o STJ entendeu que falta liquidez ao título embasador da execução quando ele não é acompanhado de demonstrativo suficientemente esclarecedor da formação do débito.[8] Por outro lado, na ação de revisão do contrato, o juiz pode autorizar a inversão do ônus da prova, determinando ao banco que junte aos autos documentos necessários à instrução da causa, como cópia do contrato e extratos de conta corrente.[9] Em outra decisão, foi resolvido que a ação de revisão do contrato pode ser ajuizada mesmo depois de terem sido cumpridas todas as obrigações dele decorrentes.[10]

No sentido de escoimar de abusos na contabilidade dos créditos bancários, constou em acórdão de Recurso Especial da lavra do Min. Ruy Rosado:

> CRÉDITO BANCÁRIO. Contrato de abertura de crédito. Correção monetária. TBF. Comissão de permanência. Capitalização. Multa.
>
> A TBF (Taxa Básica Financeira) foi instituída para a remuneração do capital, não podendo ser usada para a correção dos débitos. MP 1.053/95.
>
> A comissão de permanência, calculada por índices fixados pelo credor, é exigência abusiva. Além disso, não ser cumulada com juros e correção monetária.
>
> A capitalização mensal só é permitida quando é prevista na lei, situação em que não se encontra o contrato de abertura de crédito.
>
> (...)[11]

A vedação de acúmulo da comissão de permanência com correção monetária vinha desde 1991, quando foi editada a Súmula 30. Em julgamentos posteriores, porém, o STJ permitiu a cobrança, em acúmulo, de juros remuneratórios, incidentes no período de regular execução do contrato, e de comissão de permanência, incidente posteriormente à inadimplência, ambos calculados pela taxa média do mercado. O Min. Ruy Rosado tinha posição contrária, mas, respeitando a maioria, fez ressalva do seu entendimento pessoal, afirmando que "o deferimento de comissão de permanência segundo a taxa média do mercado é a causa de débitos impagáveis", e citou vários exemplos de processos julgados pela Corte em que as dívidas subiram a valores astronômicos. Entre eles, o de um devedor, que contraíra uma dívida de 45 mil reais. Em um semestre, pagou aproximadamente 35 mil reais. Foi executado pelo saldo, perdeu o imóvel dado em garantia, que fora avaliado, quando da assinatura do contrato, pelo dobro do valor da dívida, cujo montante chegou a mais de um milhão de reais quando o Recurso Especial foi julgado.[12] Irresignado com si-

---

[8] REsp 126506-RS, 21/05/1998.
[9] REsp 264.083-SP, .29/05/2001.
[10] REsp 293.778-RS, 29/05/2001.
[11] REsp 252.940-MS, 28/07/2001.
[12] Em texto doutrinário, o Min. Ruy Rosado explicou como as dívidas bancárias vencidas podem chegar a cifras impagáveis. É que "depois do vencimento, o credor cobra a comissão de permanência em substituição aos juros remuneratórios, devidos desde o início da dívida até o vencimento. Essa comissão de permanência está sendo cobrada cumulativamente com juros moratórios; é calculada pela taxa média de mercado. A taxa média utilizada não é a que corresponderia ao custo da obtenção desses recursos no mercado financeiro, mas sim à vantagem que teria o credor se, dispondo do dinheiro, fizesse sua melhor aplicação no mercado financeiro, com os índices mais altos de juros (ordinariamente, os do cheque especial)". AGUIAR JÚNIOR, Ruy Rosado. Os juros na perspectiva do Código Civil. *Código de Defesa do Consumidor e o Código Civil de 2002: convergências e assimetrias*. Roberto A. C. Pfeiffer e Adalberto Pasqualotto, coordenadores. São Paulo: Revista dos Tribunais, 2005.

tuações desse tipo, disse o Min. Ruy Rosado em seu voto a propósito dos juros bancários:

> Todos sabemos que as taxas [de juros] praticadas no Brasil chegam a resultados muitas vezes absolutamente inaceitáveis do ponto de vista ético. É certo que a Escola de Chicago prega a "interpretação econômica do contrato", com absoluta submissão ao interesse do mercado, mas é inaceitável proibir ao juiz corrigir o evidente excesso presente no caso submetido a seu julgamento, apenas porque se trata de um abuso praticado massivamente contra todos.
>
> As taxas de mercado podem ser aceitas para os negócios em geral, quando houver efetiva concorrência, adequadamente fiscalizada pelo Estado, além da possibilidade real de escolha, o que de nenhum modo acontece. Quais as opções e o poder de negociar as cláusulas de contrato bancário que se permitem ao nosso pequeno agricultor, ou ao microempresário?[13]

Transcrevendo voto proferido em outro acórdão,[14] o Min. Ruy Rosado perguntava se podia o juiz interferir nas taxas praticadas pelos bancos para evitar abusos. E respondia:

> É certo que não cabe ao juiz interferir genericamente no mercado para estabelecer taxas, mas é seu dever intervir no contrato que está julgando, para reconhecer quando o princípio do equilíbrio contratual foi violado, a fim de preservar a equivalência entre a prestação oferecida pelo financiador e a contraprestação que está sendo exigida do mutuário. É função dele aplicar o dispositivo legal que proíbe cláusulas potestativas; é função dele verificar se no modo de execução do contrato não há perda substancial de justiça, com imposição de obrigação exagerada ou desproporcionada com a realidade econômica do contrato. Para isso, sequer necessita invocar o disposto no Código de Defesa do Consumidor, uma vez que o sistema do nosso Direito Civil é suficiente para permitir a devida adequação.

Infelizmente, a batalha dos juros não foi vencida.

Ainda no âmbito financeiro, algumas decisões a respeito de cartões de crédito e *leasing* merecem referência: a administradora de cartão de crédito tem o dever de prestar contas do exercício da cláusula mandato para obtenção de financiamento das compras do usuário,[15] assim como de informar esclarecidamente sobre as parcelas e respectivos valores que estava executando;[16] aos contratos de *leasing* foi aplicado o Código de Defesa do Consumidor.[17] Os contratos de *leasing* foram atingidos pela desvalorização cambial da moeda brasileira quando da criação do Plano Real, o que levou a dissenso jurisprudencial a respeito dos efeitos a serem aplicados aos contratos de arrendamento mercantil que se encontravam em vigor. Acabou prevalecendo a posição assumida pelo Min. Ruy Rosado, no sentido de distribuir por metade, entre arrendador e arrendatário, o ônus da desvalorização cambial.[18]

2.2. Cadastros de devedores

Um tema correlato aos contratos de financiamento é o do cadastro de devedores. A inscrição do nome do devedor inadimplente muitas vezes torna-se

---

[13] REsp 466.979-RS, 22/03/2003.
[14] 2ª Seção. REsp 271.214-RS, rel. para o acórdão o Min. Carlos Alberto Menezes Direito, 12/03/2003.
[15] REsp's 387.581-RS, 21/05/2002; 457.391-RS, 19/11/2002.
[16] REsp 438.700-RJ, 15/04/2003.
[17] REsp's 331.787-RS, 21/05/2002; 383.276-RJ, 18/06/2002.
[18] REsp's 432.599-SP, 11/02/2003 (maioria); 369.744-SC, 15/04/2003.

represália do credor à propositura de ação, objetivando a revisão das cláusulas contratuais. O STJ assentou que essa prática é abusiva e causa de dano moral.[19] Também decidiu que, sendo a ação ajuizada depois da inscrição do nome do devedor, a informação do registro deve ser suspensa, pois representa constrangimento vedado apelo art. 42, do CDC.[20]

Também devem ser sustados os efeitos dos registros e protestos feitos contra os devedores com base em contratos de dívida que estavam *sub judice*, segundo decisão do Min. Ruy Rosado.[21] Se a ação dos devedores pleiteia, com argumentação verossímil, o reconhecimento da nulidade do título, que teria sido preenchido com valores excessivos, o registro no cadastro de devedores pode ser cancelado.[22] Em outro acórdão, foi decidido que a administração do cadastro deve informar ao inscrito todo registro que dele faz. A omissão pode dar causa ao cancelamento do registro[23] e responsabilidade por dano moral,[24] assim como o aponte por dívida inexistente.[25] Por sua vez, o banco credor responde por dano moral se, embora requerendo a baixa do nome que indevidamente apontara como devedor, não diligenciou para assegurar-se de que a administração do cadastro efetivamente o fez. Nesse caso, embora haja a possibilidade de ação regressiva contra o cadastro, o credor é passivamente legitimado para a ação indenizatória movida pelo ofendido.[26] Também há responsabilidade do banco comercial ao devolver cheque pela simples constatação de que a conta corrente foi encerrada, acarretando, por isso, registro no cadastro de devedores. No caso em que essa decisão foi tomada, tratava-se de cheque furtado e não fora conferida a autenticidade da assinatura.[27]

2.3. Termo inicial da vigência da cobertura securitária

No contrato de seguro, é a aceitação da proposta, pela seguradora, que assinala o início da vigência da cobertura. Na prática do mercado, a apólice é remetida posteriormente, mas a eficácia do negócio já é plena, ainda mais quando já houve pagamento de parcelas do prêmio. Este foi o teor de decisão, em acórdão cuja ementa consignou:

> (...) A companhia de seguros que recebe parcelas do prêmio relativas a uma proposta de seguro, na qual está consignado que a data da vigência da cobertura corresponde à da assinatura da proposta, não pode deixar de pagar a indenização pelo sinistro ocorrido depois, alegando que o contrato somente se perfectibilizaria com a emissão da apólice, pois todo o seu comportamento foi no sentido de que o negócio já era obrigatório desde então. (...).[28]

---

[19] REsp 219.184-RJ, 26/10/1999.
[20] REsp 189.061-SP, 03/12/1998.
[21] REsp 213.580-RJ, 05/08/19999.
[22] REsp 168.934-MG, 24/06/1998.
[23] REsp 469.304-PR, 11/03/2203.
[24] REsp's 285.401-SP, 19/04/2001; 448.010-SP, 06/10/2003.
[25] REsp 273.250-CE, 07/12/2000.
[26] REsp 443.415-ES, 06/03/2003.
[27] REsp 494.370-RS, 17/06/2003.
[28] REsp 79.090-SP, 05/03/1996.

2.4. Planos de saúde

Outro campo de relevante atuação do Min. Ruy Rosado no STJ é o atinente aos planos de saúde. Precedendo à Súmula 302, editada em 2004, o Min. Ruy Rosado conduziu decisões no sentido de que "É inválida a cláusula do plano de saúde que limita o tempo de internação hospitalar"[29] ou particularmente em UTI.[30] Em determinadas situações, foi admitida a obrigação de reembolso de despesas, pelo plano de saúde, quando o associado teve que internar-se em hospital não conveniado.[31] No caso de seguro-saúde, foi considerada inoperante a cláusula contratual que eximia a seguradora de responder pelas despesas médico-hospitalares havidas com a internação do paciente, se a empresa fora omissa em efetuar prévio exame de admissão do segurado.[32]

2.5. Cláusula de decaimento

Um problema recorrente nos contratos de compra e venda ou promessa de compra e venda de imóveis durante muito tempo foi a chamada cláusula de decaimento, pela qual o vendedor ou promitente vendedor era autorizado a ficar com os valores pagos em caso de inadimplemento do comprador ou promissário. Cláusula desse teor foi considerada nula de pleno direito pelo art. 53, do CDC. Nos primeiros anos de vigência da nova lei, surgiu o problema intertemporal. A jurisprudência acabou se fixando em que não era aplicável o Código de Defesa do Consumidor aos contratos firmados antes da sua entrada em vigor. Não era esse o entendimento do Min. Ruy Rosado. Votando vencido no REsp 45.666-SP, ele fixou a sua posição:

> Os princípios fundamentais que regem os contratos deslocaram seu eixo do dogma da autonomia da vontade e do seu corolário da obrigatoriedade das cláusulas para considerar que a eficácia dos contratos depende da lei, a qual os sanciona porque são úteis, com a condição de serem justos (Ghestin, Traité de Droit Civil, LDGJ, 1988, 2/181). (...) O primado não é da vontade, é da justiça, mesmo porque o poder da vontade de uns é maior que o de outros e nos contratos de adesão (...) é mínimo o componente da vontade do aderente para estabelecer o conteúdo da avença.[33]

Firmando a base sobre a qual assentou o seu entendimento de prevalência do Código de Defesa do Consumidor, não só para a cláusula de decaimento, mas em geral quando se manifesta conflito das disposições contratuais com a lei, lembrou que o art. 1º define o CDC como

> (...) uma regra de ordem pública de proteção, não tão forte como as de direção, através das quais o Estado mais agudamente intervém na economia, mas igualmente indispensável para a obtenção de fins que não seriam atingidos se pudesse ser derrogada pela vontade dos contratantes.

Rebatendo argumento de que a aplicação do CDC a contratos firmados em data anterior à sua vigência feriria o princípio da irretroatividade da lei, afirmou:

---

[29] REsps 434.699-RS, 10/09/2002; 254.407-SP, 19/10/200.
[30] REsp 249.423-SP, 19/10/2000.
[31] REsp 267.530-SP, 14/12/2000.
[32] REsp's 229.078-SP, 09/11/199; 234.219-SP, 15/05/200.
[33] REsp 45.666-SP, rel. Min. Barros Monteiro, 17/05/1994.

Ocorre que, tanto agora como antes, não há como admitir um direito subjetivo fundado em cláusula iníqua, nem a validade de um ato negocial onde se manifesta o arbítrio de uma das partes, com exercício abusivo de direito.[34]

A solução alvitrada foi autorizar a retenção de apenas parte do preço pago a título de cláusula penal, parte essa fixada, geralmente, em apenas 10%, conforme, entre outros, os Recursos Especiais 45.511-1-SP,[35] 111.092-AM[36] e 238.011-RJ.[37] O restante do preço pago deveria ser devolvido ao devedor, acrescido de correção monetária, para evitar o enriquecimento injustificado do credor. A mesma solução, todavia, não prevaleceu para contratos repactuados já na vigência do CDC, aplicando-se, a esses casos, a plenitude da norma do art. 53. Assim, no REsp 57.813-2-SP.[38]

Em caso análogo, foi aplicado o Código de Defesa do Consumidor para proteger o promissório comprador na resolução da promessa de compra e venda de imóvel em loteamento, determinando ao promitente vendedor a devolução das parcelas mensais, em montante superior a um terço do preço, autorizada a retenção do sinal, equivalente a quinze por cento.[39]

2.6. Foro de eleição e privilégio de foro

Inicialmente, na 4ª Turma, o Min. Ruy Rosado enfrentou, nessa matéria, a resistência da maioria, que aplicava a Súmula 33, conforme a qual a incompetência relativa, nos casos da eleição de foro, só podia ser conhecida mediante reclamação do interessado.[40] Essa tendência perdurou até que a 2ª Seção decidisse o contrário.[41] Abriu-se então nova jurisprudência, que assim pode ser sintetizada:

> O juiz do foro escolhido em contrato de adesão pode declarar de ofício a nulidade da cláusula e declinar da sua competência para o juiz do foro do domicílio do réu. Prevalência da norma de ordem pública que define o consumidor como hipossuficiente e garante sua defesa em juízo.[42]

Além de declarar a prevalência da norma legal protetiva do consumidor, norma de ordem pública, sobre as disposições contratuais, via de regra um contrato de adesão, no qual a manifestação de vontade do consumidor-aderente se resume a anuir às cláusulas pré-elaboradas pela empresa, o acórdão refere com precisão técnica a hipossuficiência como razão de decidir não à vulnerabilidade. São frequentemente confundidos esses dois conceitos. A vulnerabilidade se refere à condição material do consumidor no mercado, enquanto que a hipossuficiência diz respeito a dificuldades de natureza processual. Tanto é

---

[34] Do mesmo acórdão citado na nota anterior.
[35] REsp 45.511-1-SP, 28/11/1994.
[36] REsp 111.092-AM, 04/03/1997.
[37] REsp 230.011-RJ, 29/02/2000.
[38] 4ª Turma, REsp 57.813-2-SP, 24/04/95.
[39] REsp 300.721-SP, 04/09/2001.
[40] REsp 108.968-SP, 20/02/1997.
[41] 2ª Seção. CC 17.735-CE, rel. Min. Carlos Alberto Menezes Direito, 13/05/1998.
[42] 2ª Seção. CC 21.540-MS, 27/05/1998; CC 19.301-MG, 11/11/1998.

assim que a hipossuficiência é razão da inversão do ônus da prova no art. 6°, inc. VIII. A hipossuficiência afeta o consumidor toda vez que há dificuldade de acesso à justiça, como ocorre no foro de eleição, ou de qualquer outra forma ele se vê prejudicado na possibilidade de defender os seus direitos.

Liderada pelo Min. Ruy Rosado, a 4ª Turma adotou essa nova orientação nos contratos bancários, admitindo que o juiz proclamasse de ofício a nulidade da cláusula de eleição de foro.[43] No mesmo sentido, deixou de ser válida a cláusula de foro estabelecida em contrato de promessa de compra e venda de imóvel que estava sendo construído no interior por empresa da Capital.[44]

Ainda na linha de facilitação do acesso ao judiciário, foi proclamada a possibilidade de ajuizamento no foro do domicílio do consumidor, conforme previsão do art. 101, I, do CDC, de ações de indenização por danos decorrentes de fatos diversos, tais como: prestação de serviço médico,[45] prestação de serviço de banco comercial, que deixou de creditar o índice devido de correção monetária em caderneta de poupança,[46] falta de pagamento de indenização securitária[47] e de perda de bagagem em voo internacional.[48]

2.7. Eficácia relativa da hipoteca garantidora do financiamento da construtora

Na área da construção civil, um problema se manifestava frequentemente em prejuízo dos adquirentes de apartamentos residenciais. No curso do pagamento das prestações do financiamento, o comprador era surpreendido pela penhora do imóvel, embora não estivesse em situação de inadimplência.

O que ocorria era que o construtor financiado, ao contrário do que previa a legislação, não repassava por cessão à instituição de crédito imobiliário que financiara a obra os direitos adquiridos sobre o contrato de alienação e que serviriam para quitar a sua dívida. Se assim fosse feito, o agente financeiro passaria a receber o seu crédito do terceiro adquirente.

Ao não ocorrer a cessão de direitos sobre o contrato de alienação, duas circunstâncias negativas se conjugavam: inicialmente, a negligência do agente financeiro credor, que não se manteve atento às alienações que a construtora por ele financiada ia realizando a terceiros e, com isso, não se investia na qualidade de cessionário dos créditos decorrentes das alienações; finalmente, a inadimplência da construtora, pois não tendo realizado a cessão, continuava na condição de devedora do agente financeiro. Como resultante desses fatores, era injustamente penalizado o adquirente, ao ser surpreendido com a penhora, na execução de uma hipoteca que não instituída como garantia de dívida sua. Alguns julgados do Min. Ruy Rosado se opuseram a essa situação de iniqui-

---

[43] REsp 201.195-SP, 07/12/2000.
[44] REsp 290.949-MG, 05/04/2001.
[45] REsp 80.276-SP, 12/02/1996.
[46] REsp 155.168-RJ, 07/04/1998.
[47] REsp 193.327-MT, 16/03/1999.
[48] REsp 247.724-SP, 25/04/2000.

dade, declarando a ineficácia da hipoteca incidente sobre o terreno construído e instituída em favor do financiador da obra quando tivesse havido alienação de unidade residencial e os pagamentos estivessem sendo feitos regularmente pelo adquirente.[49] Em 2005, a Súmula 308 veio a consolidar essa jurisprudência, com o seguinte enunciado: "A hipoteca firmada entre a construtora e o agente financeiro, anterior ou posterior à celebração da promessa de compra e venda, não tem eficácia perante os adquirentes do imóvel".[50]

2.8. Vinculatividade pela oferta e pela aparência nos consórcios

Com fundamento na teoria da aparência e no art. 30, do CDC, que estabelece a vinculação obrigacional pela oferta ou publicidade, foi assentada a responsabilidade civil da empresa que vendia quotas de consórcio para aquisição de automóvel, através de funcionários próprios, recebendo os clientes em sua loja, fazendo publicidade e imprimindo o contrato em papéis com o seu logotipo, embora a administração pertencesse a pessoa jurídica com registro distinto.[51]

2.9. Vinculatividade da oferta publicitária

"A fornecedora de refrigerante que lança no mercado campanha publicitária sob forma de concurso com tampinhas premiadas não se libera de sua obrigação ao fundamento de que a numeração é ilegível". Assim constou na ementa do acórdão que deu pela obrigatoriedade da empresa de pagar o prêmio correspondente, pois a vingar o argumento a vingar a escusa, "todos os números poderiam ser ilegíveis, a campanha publicitária seria um êxito e nenhum prêmio seria pago".[52]

2.10. Devolução em dobro do indébito

Cabe a restituição do indébito, com devolução em dobro do valor recebido, da quantia cobrada a mais em razão de cláusulas contratuais nulas, constantes de contrato de financiamento para aquisição de veículo com garantia de alienação fiduciária.[53]

3. Responsabilidade civil do fornecedor

Diversos são os julgados da lavra do Min. Ruy Rosado, recaindo sobre diferentes situações, que abriram caminho para estabelecer muitos parâmetros

---

[49] REsps 401.252-SP, 28/05/2002; 410.306-DF, 27/08/2002.
[50] Sobre a matéria: PASQUALOTTO, Adalberto. Cláusulas abusivas em contratos habitacionais. *Revista de Direito do Consumidor*, vol. 40, out.-dez. 2001, p. 21-34.
[51] REsp 113.012-MG, 18/03/1997.
[52] REsp 396.643-RJ, 02/05/2002.
[53] REsp 328.338-MG, 15/04/2003.

da responsabilidade civil do fornecedor. São listados abaixo alguns tópicos relativos a essa matéria.

3.1. Defeito do produto: extensão do conceito para a embalagem

O conceito de defeito do produto não se resume às qualidades intrínsecas da utilidade oferecida pelo fabricante, compreendendo tudo o que envolve a segurança do consumidor ao usá-lo. É ilustrativo o caso em que uma consumidora cortou o dedo ao abrir uma lata de massa de tomate. O fabricante foi condenado a indenizá-la, por danos materiais e morais, com fundamento no art. 12, do CDC. O voto rejeitou o argumento de que esse tipo de lata que abre por despressurização do interior contém um perigo latente, e que o dano decorre de mau uso. Segundo disse o Min. Ruy Rosado, ao relatar o julgado, esse argumento só é aplicável quando o perigo do produto é evidente, como na faca e na agulha. Também foi rejeitado o argumento de que o defeito não era do produto (massa de tomate), mas da embalagem, fabricada por outra empresa, uma vez que "o fabricante do produto colocado no mercado responde pela sua integral segurança, ainda que o dano tenha sua origem em um dos componentes que o integram".[54]

3.2. Responsabilidade solidária da agência de viagens por acidente com o hóspede na piscina do hotel

A responsabilidade solidária da operadora de viagens com os prestadores de serviços por ela contratados ficou assentada pela primeira vez em um acórdão de 2001. Um caso grave ocorreu com um hóspede que jogou-se na piscina de um hotel descendo pelo escorregador. A profundidade era rala. O hóspede bateu a cabeça no cimento e ficou tetraplégico. O hotel foi condenado a indenizar danos materiais e morais, porque omitiu-se de postar avisos sobre a profundidade da piscina e também porque a área em que o equipamento se situava estava mal iluminada, tendo o fato ocorrido à noite. Em atenção às circunstâncias, o acórdão admitiu a culpa concorrente da vítima para reduzir o valor da indenização. E, pioneiramente, o Ministro Ruy Rosado deu pela responsabilidade solidária da agência de viagem, que contratara o hotel no pacote de viagem vendido ao hóspede.[55]

No mesmo ano, em verdade no mês seguinte, o Ministro Ruy Rosado teve oportunidade de relatar outro caso semelhante. Um passeio de barco que se realizava com turistas no litoral da baía acabou tragicamente com o incêndio da embarcação, que não estava equipada com coletes salva-vidas. Os turistas foram obrigados a se lançar ao mar, sendo resgatados por outro barco que providencialmente passava pelo local. Pelo mesmo fundamento da solidariedade, a operadora de viagem que contrataram o barco para o passeio foi obrigada a indenizar o dano moral dos passageiros.

---

[54] REsp 234.964-SP, 16/12/1999.
[55] REsp 287.849-SP, 17/04/2001, maioria.

Nesses dois casos o que fundamentou a obrigação solidária da operadora de viagens foi a culpa *in eligendo*, presente na escolha de prestador de serviço que falhou em normas de segurança. Em relação aos prestadores de serviço foram analisados elementos de culpa *in omittendo* ou negligência: o hotel, por não avisar sobre a profundidade da piscina e não iluminar adequadamente o local; a empresa de navegação, por equipar o barco com coletes salva-vidas. Não obstante, o fundamento legal da condenação foi o art. 14, do CDC, que institui responsabilidade independente de culpa pelo fato do serviço (dispositivo que deve ser conjugado com o art. 7°, parágrafo único: tendo mais de um autor a ofensa, todos responderão solidariamente pela reparação dos danos). Isso demonstra que a constituição jurídica da responsabilidade subjetiva torna irrelevante a culpa para efeitos de imputação, mas a argumentação nem sempre pode prescindir da análise de elementos subjetivos, especialmente em fase de afirmação de um novo regime legal. O avanço da jurisprudência ocorre por meio de decisões como essas, capazes de extrair consequências das normas legais que um julgamento conservador não ousaria.[56]

3.3. Responsabilidade do laboratório por falso positivo

É responsável por dano moral o laboratório que informa falsamente ao paciente o resultado positivo de um exame indicativo de doença grave. Essa premissa defluiu do julgamento do pedido de reparação ajuizado por uma paciente, que recebeu o resultado de positivo para HIV, em exame repetido e confirmado, embora com a ressalva de que poderia ser necessário exame complementar. A ressalva permitiu a redução do valor reparatório, mas afastou a responsabilidade do laboratório, porque, como afirmado no acórdão, "[S]e não for assim, todo laboratório que inserir uma ressalva a respeito da veracidade das conclusões de seus laudos estaria isento de responder pelos erros de sua investigação".[57]

3.4. Dano moral decorrente do disparo de alarme de furto na saída de supermercado

O disparo de alarme de furto, causado por mau funcionamento do equipamento eletrônico, acarreta a responsabilidade civil do estabelecimento comercial por dano moral. O consumidor sofre constrangimento por ser abordado em público e submetendo-se à revista dos funcionários, ainda que estes se mostrem gentis e mantenham comportamento adequado para as circunstâncias. Segundo o acórdão,

> quando o sistema [eletrônico de segurança contra furto] funciona mal e lança – sem fundamento – a suspeita de conduta criminosa sobre o cliente, é preciso reconhecer a responsabilidade civil do estabelecimento pelo dano moral que produziu enquanto procurava proteger a sua propriedade. A Constituição protege a propriedade, mas também quer que seja respeitada a dignidade da pessoa.[58]

---

[56] Sobre a matéria, v. PASQUALOTTO, Adalberto. Causa e responsabilidade nos contratos de turismo. *Revista de Direito do Consumidor*, vol. 67, jul.-set. 2008, p. 9-33.
[57] REsp 401.592-DF, 16/05/2002.
[58] REsp 327.679-SP, 04/12/2001.

3.5. Vícios do automóvel

Examinados alguns casos à luz da jurisprudência que hoje é pacífica, constata-se quanto eram equivocados os julgamentos que se faziam anos atrás, desconhecendo direitos assegurados ao consumidor que vieram a se tornar indiscutíveis. É o caso de vícios constatados em automóvel novo. Em um caso julgado em 1998, o tribunal de apelação havia deferido à autora da ação apenas a desvalorização do veículo em razão dos vícios de qualidade que apresentara. O automóvel, meses depois da compra, passou a apresentar problemas de motor, de câmbio e na capota. Durante quatro meses, a proprietária entrou e saiu de concessionárias na tentativa de consertos. Finalmente, ingressou em juízo. Embora o tribunal estadual tivesse reconhecido que a proprietária se submetera a um "calvário", entendeu que os problemas não eram de molde a autorizar a substituição do veículo, uma vez que foram solucionados. O Min. Ruy Rosado deu provimento ao recurso da autora, condenando o fabricante a substituir o veículo. No voto, afirmou que deferir apenas a indenização correspondente à depreciação do veículo significava

> transferir para a compradora os ônus, desgastes e inconvenientes pela aquisição de um automóvel defeituoso (...) quando o objetivo da lei é o de colocar o consumidor na situação em que ele estaria se o produto vendido não sofresse dos vícios de qualidade que o obrigaram a percorrer o "calvário" a que se refere o r. acórdão.[59]

O recurso foi conhecido com fundamento no art. 18 do CDC.

Com o mesmo fundamento, não foi conhecido outro Especial, em que o veículo, logo nos primeiros dias de uso, apresentou mau funcionamento dos freios, do filtro de ventilação e barulhos na parte interna. A ação foi proposta contra a concessionária, que alegou a necessidade de intervenção no processo do fabricante. O fundamento da decisão foi a responsabilidade solidária da cadeia de fornecimento. Outro argumento rechaçado foi o da decadência, uma vez que as sucessivas reclamações sobre os vícios do automóvel interromperam o prazo a cada vez que se repetiram.[60]

3.6. Evicção de veículo furtado

Tem ação de indenização contra o vendedor o comprador que teve o veículo adquirido apreendido pela autoridade policial por se tratar de objeto de furto.[61]

3.7. Responsabilidade do produtor pela qualidade da obra

No caso de defeitos que afetem a solidez e a segurança da obra, é aplicável a regra especial de responsabilidade civil do construtor, ou seja, o prazo-garantia de cinco anos instituído no Código Civil, que constitui regra especial frente

---
[59] REsp 185.386-SP, 23/11/1998.
[60] REsp 286.202-RJ, 28/06/2001.
[61] REsp 162.163-SP, 16/04/1998.

ao Código de Defesa do Consumidor.[62] Portanto, não é o caso de decadência, mas de prescrição quinquenal, pois, na lição do acórdão, "trata-se sempre [nos casos de problemas com a solidez ou a segurança da construção] de uma pretensão indenizatória, sujeita a prescrição, e não de direito formativo, com prazo decadencial. Logo, não há nenhuma razão para que incida no caso dos autos [inundações periódicas que ocorriam no apartamento do autor da ação indenizatória] o disposto no art. 26, II, do CDC".[63]

3.8. Extravio de bagagem

No capítulo da responsabilidade civil do fornecedor, merece destaque a afirmação da responsabilidade das empresas aéreas pelo extravio de bagagens. Anteriormente ao CDC, essa matéria era regida pelo Código Brasileiro de Aeronáutica, que estabelecia limites tarifários, na esteira do que dispunham convenções internacionais. Essa tendência mudou, passando a ser o CDC o novo referencial na matéria, o qual, como se sabe, adota o princípio da reparação integral. O argumento que afinal acabou prevalecendo, defendido pelo Min. Ruy Rosado, foi a superação da causa que justificava a limitação tarifária. Essa causa era o risco especial existente no transporte aéreo, considerado excessivo, sendo, por isso, dividido entre as empresas e os passageiros.

Além da evolução da tecnologia aeronáutica ter modificado esse panorama, o chamado risco especial dizia respeito aos acidentes em voo, não estando presente nas operações de apoio logístico em terra, quando ocorre o extravio de bagagem. Por conseguinte, tornava-se inadmissível, à luz do CDC, cláusula contratual de limitação da responsabilidade civil do fornecedor.[64] Em alguns casos, foi reconhecida culpa grave da empresa aérea, sendo aplicada a presunção de culpa instituída no Dec. 2.681/1912, que regia o transporte ferroviário e, por analogia, os demais modais.[65] Em outros casos, à indenização material foi acrescida a compensação pelo dano moral.[66] As mesmas razões de decidir foram aplicadas ao extravio de carga.[67] Fechando o capítulo do transporte aéreo, foi imposta obrigação de reparar dano moral à empresa aérea pela prática de *overbooking*[68] e pelo atraso do voo.[69]

---

[62] A incidência de norma externa ao Código de Defesa do Consumidor é conforme ao seu art. 7º, "caput". A doutrina do diálogo das fontes, desenvolvida no Brasil por Cláudia Lima Marques, justifica a aplicação da regra mais favorável ao consumidor; m concurso normativo em que as normas concorrentes não derrogam, necessariamente, umas às outras. V. MARQUES, Cláudia Lima. Três tipos de diálogos entre o Código de Defesa do Consumidor e o Código Civil de 2002: superação das antinomias pelo 'diálogo das fontes'. In: *Código de Defesa do Consumidor e o Código Civil de 2002: convergências e assimetrias*. Roberto Pfeiffer e Adalberto Pasqualotto, coordenadores. São Paulo: Revista dos Tribunais, 2005.

[63] REsp 411.535-SP, 20/08/2002.

[64] Nesse sentido: REsp's 156.240-SP, 220.898-SP, 262.152-SP; estes julgados na mesma data; maioria, 23/11/2000; REsp 249.321-SP, 14/12/2000.

[65] REsp 235.678-SP, 02/12/1999; REsp's 161.691-SP e 244.995-SP, ambos julgados em 23/11/2000.

[66] REsp 173.526-SP, 23/11/2000.

[67] REsp 171.506-SP, 21/09/2000.

[68] REsp 481.931-MA, 17/06/2003.

[69] REsp 257.100-SP, 22/08/2000.

3.9. Responsabilidade pelo aponte de devedor com base em documento falso

A empresa que cadastra cliente com base em documento falso usado por ele ao solicitar crédito e depois promove a inscrição do nome que consta no documento no SPC por falta de pagamento, comete contra este dano moral e é responsável pela reparação. Não a isenta o fato de ter sido vítima de possível estelionato. Sua responsabilidade decorre "de ter incorrido no erro de aceitar a documentação falsificada e com base nela ordenar a inscrição do CPF do autor em banco de dados de devedores inadimplentes". E complementa o acórdão:

> A tese de que o vendedor somente responderia se não cuidasse de cancelar o registro mal feito não pode ser aceita, porque o isenta de toda a prática descuidada que possa praticar, permitindo-lhe tudo fazer, desde que depois peça o cancelamento. Mas essa providência posterior já é tardia, porque o mal está feito, e é precisamente esse mal que deve ser reparado.[70]

4. Outros temas

Neste tópicos são reunidos alguns temas gerais, eventualmente a não incidência do Código de Defesa do Consumidor.

4.1. Prescrição e decadência

Um voto esclarecedor sobre a diferença entre prescrição e decadência foi proferido por ocasião do julgamento de um recurso sobre o incêndio de uma máquina de lavar roupa. O produto inflamou na casa do consumidor ao ser usado. Na ação de indenização, o fabricante alegou a decadência, argumento rejeitado pelo Min. Ruy Rosado, que transcreveu trecho de um artigo de doutrina de sua autoria:

> A diferença entre uma e outra dessa figuras (arts. 26 e 27), para o que nos interessa, deve ser feita a partir da distinção entre Direito subjetivo propriamente dito (Direito formado, fundamental ou bastante em si), que contém poderes sobre bens da vida, permite ao seu titular dispor sobre eles, de acordo com a sua vontade e nos limites da lei, e está armado de pretensão dirigida contra quem se encontra no polo passivo da relação (devedor), para que efetue a prestação a que está obrigado (ex.: direito de propriedade, direito de crédito), e direito formativo (dito de configuração ou potestativo), que atribui ao seu titular, por ato unilateral, formar relação jurídica concreta, a cuja atividade a outra parte simplesmente se sujeita. Esse direito formativo é desarmado de pretensão, pois o seu titular não exige da contraparte que venha efetuar alguma prestação decorrente exclusivamente do direito formativo; apenas exerce diante dela o seu direito de configurar uma relação. O efeito do tempo sobre os direitos armados de pretensão atinge a pretensão, encobrindo-a, e a isso se chama de prescrição. Os direitos formativos, porque não têm pretensão, são afetados diretamente pelo tempo e extinguem-se é a decadência.
>
> A lei trata dessas duas situações. O direito à indenização, do qual é titular o consumidor lesado por defeito do produto ou do serviço com ofensa à sua segurança (arts. 12 e 14), é um direito subjetivo de crédito que pode ser exercido no prazo de 5 anos, mediante a propositura de ação através da qual o consumidor (credor) deduz sua pretensão dirigida contra o fornecedor para que efetue a prestação (pagamento da indenização). Portanto, se já ocorreu a ofensa à segurança do

---
[70] REsp 404.778-MG, 18/06/2002.

consumidor com incidência dos referidos arts. 12 e 14, houve o dano e cabe a ação indenizatória. É uma ação de condenação deferida a quem tem direito e pretensão de exigir a prestação pelo devedor. O efeito do tempo faz encobrir essa pretensão. É caso, portanto, de prescrição, assim como regulado no art. 27: "Prescreve em 5 a pretensão à reparação pelos danos causados por fato do produto ou do serviço (...)".

Se o produto ou serviço apresenta vício quanto à quantidade ou qualidade (arts. 18 e 20), sendo de algum modo impróprio ao uso e ao consumo (arts. 18, § 6º, e 20, § 2º), a lei concede ao consumidor o direito formativo de escolher entre as alternativas de substituição do produto, abatimento proporcional do preço, a reexecução do serviço, ou a resolução do contrato, com a restituição do preço (art. 18, § 2º, e incisos do art. 20). A lei cuida dessas situações como sendo um direito formativo do consumidor, a ser exercido dentro do prazo curto de 30 ou 90 dias, conforme se trata de bens não duráveis ou duráveis, respectivamente (art. 26, incs. I e II). O caso é de extinção do direito formativo e o prazo é decadência.[71]

Nem sempre essa sábia lição é observada. Quando há vício do produto, várias são as decisões que deferem incidentalmente indenização por dano moral e aplicam o prazo prescricional. O dano moral, quando é de ser reconhecido, deve ser considerado autonomamente, sendo certo que o efeito do tempo sobre a possibilidade de reparação é de prescrição. Isso em nada altera a decadência que atinge a possibilidade de reparar o vício. Outras vezes, não se trata de vício, mas de inadimplemento, e ainda assim é equivocadamente aplicado o art. 27, provavelmente com a intenção de favorecer o consumidor com prazo mais longo do que o da decadência. Trata-se de confusão conceitual, levando a erro técnico grave. Para o inadimplemento, o CDC não tem prazo prescricional específico, devendo aplicar-se o Código Civil, ou seja: prazo prescricional de dez anos para os casos gerais, na forma do art. 205.[72] Além de se tratar de solução tecnicamente correta, o prazo é maior do que o do art. 27, CDC, beneficiando o consumidor em medida maior do que resulta da equivocada aplicação aludida.

Já em matéria de seguro, sabe-se que o prazo para o segurado exercer pretensão contra a seguradora é de um ano, assim no Código Civil em vigor (art. 205, § 1º, II), assim como no anterior (art. 178, § 6º, II). Entretanto, tendo a seguradora feito um pagamento parcial do valor devido a título de indenização com fundamento no contrato de seguro, o prazo para o segurado exigir a complementação é o da prescrição atribuído pelo Código Civil para as pretensões decorrentes de direitos pessoais. Não incide, portanto, a prescrição ânua, aplicável somente "quando a seguradora tenha se negado a adimplir qualquer indenização por entender que a situação fática do contratante não se aplica às hipóteses previstas na apólice contratada entre as partes" (conforme o acórdão recorrido, oriundo do Tribunal de Alçada de Minas Gerais, transcrito no voto do Min. Ruy Rosado).[73]

---

[71] REsp 100.710-SP, 25/11/1996. V. AGUIAR JÚNIOR, Ruy Rosado de. Aspectos do Código de Defesa do Consumidor. *AJURIS*, vol. 52, jul. 1991, p. 167-187.

[72] O Projeto de Lei do Senado, em tramitação, institui norma idêntica no CCDC.

[73] REsp 453.221-MG, 23/05/2003. O voto vogal acompanhou o Relator, mas foi fundamentado no art. 27, do CDC por entender que o pagamento a menor do valor do seguro configurou defeito na prestação do serviço da seguradora. Com a devida vênia, de defeito não se trata, pois não houve ofensa à saúde e segurança do segurado. Verifica-se, mais uma vez, a confusão conceitual entre prescrição e decadência no CDC, acima comentada.

4.2. Prática abusiva em concurso promovido pela TV

O "Show do milhão", programa de televisão que incentivava a participação dos telespectadores em concurso de perguntas e respostas, foi objeto de julgamento em razão de prática considerada abusiva. Os interessados em participar do programa, desenvolvido ao vivo, deveriam adquirir uma revista que veiculava o cupom de inscrição. Não bastava, entretanto, preencher o formulário e remetê-lo à emissora de TV, como era divulgado. A emissora submetia os subscritores dos cupons selecionados a um teste por telefone, sem regras transparentes. O acórdão determinou a suspensão do teste pelo telefone, afirmando que a sua realização consumava a "venda de uma ilusão, em proveito de alguns e em prejuízo de quem acredita estar concorrendo efetivamente a um prêmio". Incidentalmente, foi reconhecido que "[A] emissora de televisão presta um serviço e como tal se subordina às regras do Código de Defesa do Consumidor", pois "se beneficia com a audiência e em razão da qual aufere renda".[74]

Note-se que nessa decisão, assim como naquela relativa às cadernetas de poupança, o raciocínio que serve de fundamento à afirmação da existência de relação de consumo é a remuneração indireta do serviço e a vantagem auferida pelo fornecedor.

4.3. Proteção coletiva dos consumidores

A respeito, em geral, da defesa coletiva dos interesses e direitos dos consumidores, a legitimidade do Ministério Público foi reconhecida para propor ação civil pública visando a correta fixação do valor das mensalidades escolares.[75] Assim também contra empresa de engenharia, visando a declaração de nulidade de cláusulas contratuais dispondo sobre correção monetária de prestações do preço de aquisição de imóveis.[76] A mesma legitimidade foi admitida para a promoção de ação civil pública com o objetivo de decretar a nulidade de cláusula de seguro inserida em contrato de *leasing*,[77] assim como de cláusulas de contratos bancários de adesão.[78] Ainda no capítulo da proteção coletiva, foi reconhecida a legitimidade de associação de consumidores em ação contra plano de consórcio para aquisição de automóveis, com a finalidade de propor a nulidade de cláusulas contratuais e pedir a restituição de importâncias indevidamente cobradas[79] ou a devolução com correção monetária das prestações pagas.[80] A legitimidade da associação não alcança apenas a defesa de direitos dos associados, mas igualmente a tantos quantos celebraram os mesmos con-

---

[74] REsp 436.135-SP, 17/06/2003.
[75] REsp's 38.176-2-MG, 13/02/1995; 94.810-MG, 17/06/1997.
[76] REsp 168.859-RJ, 06/05/1999.
[77] REsp 457.579-DF, 19/11/2002.
[78] REsp 175.645-RS, 07/12/2000.
[79] REsp 235.422-SP, 19/10/2000.
[80] REsp 299.386-RJ, 17/05/2001.

tratos com a administradora do consórcio, ainda que não tenham vínculo com a entidade.[81]

No âmbito dos planos de saúde, foi reconhecida a legitimidade do Ministério Público para promover ação coletiva em defesa de interesses individuais homogêneos dos participantes de plano de saúde que elevara as mensalidades acima do índice aplicável.[82]

Os idosos tiveram garantido o ingresso gratuito em estádios de futebol de Santa Catarina, em cumprimento a uma lei estadual. Ante o descumprimento de um clube de futebol, o Ministério Público daquele Estado ingresso com ação civil pública, que no STJ mereceu a seguinte ementa:

> (...) O Ministério Público tem legitimidade para promover ação civil pública em defesa de interesse coletivo dos aposentados que tiveram assegurado por lei estadual ingresso em estádio de futebol. O lazer do idoso tem relevância social e o interesse que dele decorre à categoria dos aposentados pode ser defendido em juízo pelo Ministério Público, na ação civil pública. (...).[83]

4.4. Inversão do ônus da prova

Além do caso já mencionado,[84] que tratava de contrato bancário, foi aplicada a inversão do ônus da prova, com fundamento no art. 6º, VIII, do CDC, em sorteio de telebingo. Ao organizador foi imputado o encargo de demonstrar que foram outros os números sorteados, diferentes dos alegados pelo jogador. A este cabe apenas comprovar a aquisição da cartela que habilita ao sorteio.[85]

A inversão do ônus da prova também serviu para assegurar o pagamento de custas periciais em processo relativo a contrato imobiliário do Sistema Financeiro da Habitação. Os autores da ação contra a instituição financeira, pessoas de baixa renda, não puderam pagar a perícia técnica considerada indispensável para a comprovação dos defeitos da construção. O acórdão do STJ determinou a renovação do julgamento da apelação, a fim de que o tribunal estadual apreciasse a existência dos pressupostos de fato para a inversão do ônus da prova, afirmando que

> O CDC assegura ao consumidor hipossuficiente o direito de exercer a sua defesa em juízo. As regras legais que procuram efetivar esse princípio não criam privilégio a seu favor, apenas procuram estabelecer alguma igualdade entre as partes.[86]

Também em ação revisional ajuizada contra administradora de cartão de crédito foi convalidada a inversão do ônus da prova para a verificação dos lançamentos contábeis na fatura. O acórdão afirmou que "não basta assegurar direitos, se não assegurados os meios adequados de prova". Justificou a decisão que os cálculos das obrigações pecuniárias, nesse tipo de contrato, se sucedem no tempo, variando conforme as circunstâncias e alterações do mercado, não

---

[81] REsp 302.192-RJ, 10/04/2001.
[82] REsp 177.965-PR, 18/05/1999.
[83] REsp 242.643-SC, 19/10/2000.
[84] REsp 264.083-SP, .29/05/2001.
[85] REsp 316.316-PR, 18/09/2001.
[86] REsp 347.632-SP, 24/06/2003.

tendo o leigo condições de saber quais foram os critérios adotados na apuração do débito e que influência tiveram diferentes fatores. Particularmente no contrato de cartão de crédito, acrescentou a decisão, existe uma cláusula-mandato, e o mandatário é obrigado a prestar contas do seu exercício.[87]

4.5. Limite da multa pela mora

Em recurso relativo a contrato de *leasing*, duas posições foram assumidas no julgamento: a aplicabilidade do CDC a esse tipo contratual e, por conseguinte, a limitação dos juros de mora em 2% sobre as parcelas em atraso, conforme estipula o art. 52, § 1º. Foi decidido ainda que "[É] abusiva a cláusula que impõe a obrigação de pagar honorários advocatícios independentemente do ajuizamento de ação".[88]

4.6. Relação condominial

Não é de consumo a relação contratual existente entre condôminos. Com efeito, trata-se de negócio jurídico multilateral, ausente, portanto, a bilateralidade entre os polos ocupados pelo fornecedor e pelo consumidor. Neste preciso sentido a decisão que consignou: "Não é relação de consumo a que se estabelece entre os condôminos, relativamente às despesas para manutenção e conservação do prédio e dos seus serviços".[89]

Conclusão

O tributo que ora se presta a Ruy Rosado de Aguiar Júnior tem a finalidade de registrar a grande contribuição que ele prestou ao direito brasileiro. Teve o presente trabalho a intenção de realçar o seu papel na interpretação e na aplicação do Código de Defesa do Consumidor no exercício do cargo de Ministro do Superior Tribunal de Justiça. Nessa condição, o homenageado liderou a jurisprudência nacional na consolidação de uma das leis marcantes da história legislativa do país. Nessa virada de século, houve uma feliz convergência de três fatores: no começo dos anos 90, em momento de defasagem do Código Civil de 1916, a entrada em vigor do CDC, lei profundamente inovadora e representativa das novas diretrizes constitucionais para as relações jurídicas privadas; a superveniência do novo Código Civil, em 2002; e a atuação de Ruy Rosado no STJ. Com o seu aguçado conhecimento, serena prudência e progressista visão, Ruy Rosado foi personagem de proa na modernização do direito privado nacional, fazendo do CDC um marco das mudanças que levaram o país a um estágio superior de autorreconhecimento da sua identidade jurídica.

---

[87] REsp 436.731-RJ, 26/11/2002.
[88] REsp 364.140-MG, 18/06/2002.
[89] REsp 187.502-SP, 18/02/1999.

— 3 —

Contratos eletrônicos no Direito brasileiro – formação dos contratos eletrônicos e direito de arrependimento

ANDERSON SCHREIBER[1]

Sumário: 1. Nota prévia; 2. O comércio eletrônico no Brasil; 3. Os chamados contratos eletrônicos e os desafios trazidos pela contratação via internet; 3.1. Quem contrata. Semianonimato virtual e o dever de identificação do fornecedor eletrônico; 3.2. Onde contrata. A transnacionalidade do contrato eletrônico e o problema da lei aplicável. *Stream of commerce* e as normas de ordem pública; 3.3. Quando contrata. Momento de formação do contrato eletrônico e o dever de confirmação de recebimento da aceitação à oferta; 3.4. Como contrata. A informalidade do contrato eletrônico e sua prova; 3.5. O que contrata. A paradoxal insuficiência da informação no ambiente eletrônico. Publicidade na internet e outras técnicas de incentivo ao consumo; 4. Direito de arrependimento. Tratamento da matéria no Direito brasileiro: Lei 8.078/1990 e Decreto 7.962/2013. Experiência estrangeira: Diretiva 2011/83/CE. Análise comparativa; 5. Conclusão.

"There is no spoon"
(*Matrix*, 1999)

1. Nota prévia

Aceitei, com honra e alegria, o convite para participar da obra em homenagem a Ruy Rosado de Aguiar Júnior. Sua influência sobre o Direito Civil brasileiro é imensa. Ruy Rosado capitaneou uma genuína revolução na jurisprudência do Superior Tribunal de Justiça, incorporando ao cotidiano da corte conceitos que ainda eram vistos com estranheza pela maioria de seus pares. Foi um precursor do direito do consumidor e da aplicação da boa-fé objetiva às relações privadas, em suas múltiplas manifestações. Quando escrevi, treze anos atrás, um livro sobre a proibição de comportamento contraditório (*venire contra factum proprium*), não havia praticamente nada no Brasil a citar, a não ser os acórdãos do então Ministro Ruy Rosado. Sob a sua batuta, o Superior Tribunal de Justiça doutrinava.

---
[1] Professor de Direito Civil da UERJ. Procurador do Estado do Rio de Janeiro. Doutor em Direito Privado Comparado pela *Università degli studi del Molise* (Itália). Mestre em Direito Civil pela UERJ. Autor dos livros *Direito Civil e Constituição* e *Novos Paradigmas da Responsabilidade Civil*, entre outros.

Não por acaso, Ruy Rosado foi o idealizador e coordenador científico das primeiras Jornadas de Direito Civil, que seguem, até os dias atuais, aprovando enunciados interpretativos do Código Civil de 2002. Sua permanente disposição para debater, com transparência e elegância, os temas mais polêmicos é um exemplo para toda a magistratura, para a sua própria geração e para as gerações seguintes. Pareceu-me, portanto, necessário escolher para esta homenagem um tema que fosse, a um só tempo, atual e controvertido. Optei pela temática dos contratos eletrônicos, para cuja "fragilidade jurídica" Ruy Rosado já alertava na virada do século, em entrevista ainda hoje disponível no arquivo do Superior Tribunal de Justiça.[2]

2. O comércio eletrônico no Brasil[3]

O comércio eletrônico ou *e-commerce* movimenta bilhões de reais por ano no Brasil. Embora sua parcela mais significativa, pelo prisma econômico, ainda seja representada por operações comerciais realizadas entre os próprios fornecedores, também chamadas relações B2B (sigla em inglês para a expressão *business to business*), o faturamento do varejo eletrônico ou B2C (*business to consumer*) tem crescido exponencialmente entre nós.[4] Um número cada vez maior de consumidores brasileiros adquire produtos e serviços por meio da internet. O Brasil representa, segundo diversas pesquisas, o maior e mais promissor mercado de *e-commerce* da América Latina, seguido por México e Chile.[5]

Teoricamente, o consumidor brasileiro deveria ter mais facilidade de exercer seus direitos no ambiente eletrônico. Sua comunicação com o fornecedor deveria ser mais ágil e célere, por força das tecnologias de comunicação a distância (*e-mail*) e interativa (*chat*). As informações sobre o produto ou serviço contratado deveriam ser, em tese, mais amplas e mais acessíveis, já que, ao contrário do que ocorre no comércio tradicional, não há limite físico-espacial para a exposição de dados sobre o objeto da compra. O mesmo vale para os termos contratuais, que podem ser disponibilizados na internet sem a necessidade de um suporte físico em papel e com o auxílio de realces visuais ou de simples mecanismos de busca que facilitem a identificação da informação específica buscada pelo consumidor. Em teoria, portanto, o consumidor deveria enfrentar menos percalços no comércio eletrônico que no comércio tradicional.

---

[2] *Ministro do STJ alerta para a fragilidade jurídica dos contratos eletrônicos*, 26.9.2000, disponível em <www.stj.gov.br>.

[3] O autor registra seu agradecimento ao acadêmico de Direito Robson Guimarães Filho, pelo imprescindível auxílio nas pesquisas relativas ao comércio eletrônico e ao tratamento atualmente dispensado à matéria pelos tribunais brasileiros.

[4] Segundo dados da Câmara Brasileira de Comércio Eletrônico, o setor B2C foi responsável por um faturamento de R$ 22,5 bilhões no ano de 2012, alcançando um total de 66,7 milhões de pedidos <www.camara-e.net>, 20.3.2013.

[5] Além disso, o Brasil possui, segundo estudo realizado em 2010, o melhor índice de *e-readiness* da América Latina. Tal índice procura refletir, por meio da combinação de uma série de variáveis (potencial de demanda, infraestrutura tecnológica, penetração dos diferentes meios de pagamento, etc.), a capacidade de cada país para a conversão da internet em um meio efetivo de comércio (relatório da *América Economia Intelligence*, disponível em www.ecommerceday.mx).

Na prática, todavia, o que se verifica é que os direitos do consumidor brasileiro têm sido frequentemente desrespeitados no *e-commerce*, cujos índices de reclamação chegam a superar, proporcionalmente, aqueles do comércio tradicional em algumas regiões do Brasil. Notícias recentes têm revelado um quadro de violações sistemáticas à legislação brasileira por parte de grandes fornecedores eletrônicos de produtos ou serviços. Tome-se como exemplo pesquisa recente realizada pelo Procon do Rio de Janeiro[6] que, analisando os *sites* de 25 fornecedores de produtos e serviços, em diferentes setores da economia, concluiu que nenhum deles respeitava integralmente a legislação brasileira em matéria de direitos do consumidor eletrônico.[7]

Fazer valer a legislação brasileira no *e-commerce* não é tarefa simples. A contratação virtual traz uma série de dificuldades e desafios no campo jurídico.

3. Os chamados contratos eletrônicos e os desafios trazidos pela contratação via internet

Nos manuais de direito civil e empresarial publicados no Brasil nos últimos anos, tornou-se comum encontrar referências aos "contratos eletrônicos", como um "novo" gênero de contratos que se afastaria das regras do direito contratual pátrio, constituindo uma espécie de setor de exceção ou de capítulo à parte dentro do direito privado, a exigir uma legislação própria.[8] Em oposição a esta abordagem, há quem sustente que os chamados contratos eletrônicos podem e devem ser tratados exatamente como qualquer outro contrato, afirmando que toda a celeuma criada em torno do tema se reduz ao problema da validade do documento eletrônico como meio de prova perante o Poder Judiciário.[9]

A razão, contudo, não se situa em nenhum dos dois extremos. Por um lado, o que se tem chamado de "contratos eletrônicos" nada mais são que contratos formados por meios eletrônicos de comunicação à distância, espe-

---

[6] No sistema brasileiro, os Procons são órgãos ou entidades estaduais ou municipais responsáveis pela proteção dos direitos e interesses do consumidor.

[7] *Procon Carioca notifica 25 sites de comércio eletrônico*, reportagem de Luiza Xavier, publicada no *O Globo Online*, em 7.8.2013. O relatório do Procon revela, por exemplo, que nenhuma das 25 empresas notificada exibia de forma clara o instrumento contratual.

[8] Cite-se, como exemplo desse entendimento, a passagem de Gustavo Testa Corrêa: "A economia está mudando. As transações de bens materiais continuam importantes, mas as transações de bens intangíveis, em um meio dessa mesma natureza, são os elementos centrais da dinâmica comercial contemporânea, do comércio eletrônico. A legislação deverá abraçar um novo entendimento: o de que as mudanças fundamentais resultantes de um novo tipo de transação requererão regras comerciais compatíveis com o comércio de bens via computadores e similares." (*Aspectos Jurídicos da Internet*, São Paulo: Saraiva, 2000, p. 38).

[9] É a posição de Carlos Gustavo Vianna Direito, para quem "muitas vezes o contrato que está sendo feito por intermédio de uma nova forma de comunicação não traz nenhuma novidade, sendo, pois, um contrato já regulado. A verdadeira questão dos contratos eletrônicos será a forma de prova destes perante o Poder Judiciário." (*Do Contrato – Teoria Geral*, Rio de Janeiro: Renovar, 2007, pp. 119-120). Ver, em sentido semelhante, Erica Aoki, para quem "contrato cibernético nada mais é do que aquele contrato firmado no espaço cibernético, e não difere de qualquer outro contrato. Ele apenas é firmado em um meio que não foi previsto quando a legislação contratual tradicional se desenvolveu." (*Comércio Eletrônico – Modalidades Contratuais*, Anais do 10º Seminário Internacional de Direito de Informática e Telecomunicações, Associação Brasileira de Direito de Informática e Telecomunicações, 1996, p. 4).

cialmente a internet, de tal modo que o mais correto talvez fosse se referir a contratação eletrônica ou contratação via internet, sem sugerir o surgimento de um novo gênero contratual. Por outro lado, parece hoje evidente que os desafios da matéria não se restringem à validade da prova da contratação por meio eletrônico – que, de resto, consiste em ponto superado no direito brasileiro –, mas envolvem diversos aspectos da teoria geral dos contratos que vêm sendo colocados em xeque por essa significativa transformação no modo de celebração dos contratos e no próprio desenvolvimento da relação jurídica entre os contratantes.

Com efeito, a contratação eletrônica veio abalar, de um só golpe, cinco referências fundamentais utilizadas pela disciplina jurídica do contrato: *quem* contrata, *onde* contrata, *quando* contrata, *como* contrata e *o que* contrata. Essas cinco questões eram respondidas de maneira relativamente segura nas contratações tradicionais e, por isso mesmo, eram tomadas como parâmetros pelo legislador e pelos tribunais para a determinação da solução jurídica aplicável. No campo dos contratos eletrônicos, responder essas cinco perguntas básicas tornou-se um verdadeiro calvário, como se passa a demonstrar.

3.1. Quem contrata. Semianonimato virtual e o dever de identificação do fornecedor eletrônico

Na contratação presencial entre pessoas naturais, há uma pronta identificação dos sujeitos contratantes. Essa identificação não é tão imediata quando a celebração do contrato envolve pessoa jurídica, já que, nessa hipótese, entram em jogo questões atinentes à legitimidade da representação (*rectius*: presentação). Ainda assim, há mecanismos jurídicos para a verificação da identidade dos contratantes e, mesmo na ausência de sua utilização, o direito prestigia, por meio da teoria da aparência e de outras construções doutrinárias e jurisprudenciais, a confiança depositada na identidade do contratante a partir dos dados físicos que compõem a situação aparente.[10] No comércio eletrônico, o problema da identificação do contratante é mais complexo.

São numerosos os *sites* de fornecedores de produtos ou serviços que sequer exibem o nome empresarial da pessoa jurídica responsável pelo fornecimento, limitando-se a exibir um nome fantasia. Muitos *sites* não trazem informações acerca de endereço físico ou mesmo de número telefônico para contato. O próprio domínio utilizado para hospedar o *site* (endereço do *site*) pouco revela, na medida em que seu registro pode ser feito sem a plena identificação do requerente, e a consulta pública ao sistema brasileiro de domínios não exibe o nome do titular, mas apenas o servidor DNS.[11]

O problema se torna ainda mais dramático quando o domínio não é brasileiro (.br), já que cada país possui regras distintas para o procedimento de

---

[10] Seja consentido remeter a Anderson Schreiber, *A Representação no Novo Código Civil*, in *Direito Civil e Constituição*, São Paulo: Atlas, 2013, pp. 61-78.

[11] O sistema de nome de domínio (DNS – *Domain Name System*) é um sistema que nomeia computadores e serviços de rede e é organizado de acordo com uma hierarquia de domínios. Para maiores detalhes, ver Núcleo de Informação e Coordenação do Ponto BR – NIC.BR <https://registro.br>.

registro de domínios, e a imensa maioria deles não revela publicamente quem são seus titulares. A figura do sujeito de direito se dissipa por completo na internet. O consumidor, confiando na "marca" exibida ou mesmo na "boa aparência" do *site*, realiza a contratação eletrônica e, somente diante do surgimento de defeitos posteriores, passa a buscar a identidade jurídica do fornecedor, que acaba, em muitos casos, por permanecer oculta. Tal circunstância compromete a efetividade das normas protetivas, na medida em que a ausência de um sujeito passivo plenamente identificado dificulta as comunicações formais entre as partes e impede a adoção de medidas judiciais ou extrajudiciais (notificações, etc.) por parte do consumidor lesado.

Com o propósito de combater essa e outras dificuldades inerentes ao comércio eletrônico, a Presidente Dilma Rousseff fez publicar, em 15 de março de 2013, o Decreto 7.962, cujo art. 2º determina:

> Art. 2º Os sítios eletrônicos ou demais meios eletrônicos utilizados para oferta ou conclusão de contrato de consumo devem disponibilizar, em local de destaque e de fácil visualização, as seguintes informações:
> I – nome empresarial e número de inscrição do fornecedor, quando houver, no Cadastro Nacional de Pessoas Físicas ou no Cadastro Nacional de Pessoas Jurídicas do Ministério da Fazenda;
> II – endereço físico e eletrônico, e demais informações necessárias para sua localização e contato; (...).[12]

Como revelou, todavia, a já citada pesquisa do Procon do Rio de Janeiro, numerosos fornecedores continuam descumprindo tais deveres, mantendo-se um cenário de semianonimato eletrônico no Brasil. Tal omissão está a exigir ulterior esforço de controle por parte dos órgão brasileiros, com a aplicação de sanções mais severas, uma vez que a identificação do fornecedor é imprescindível para a tutela adequada do consumidor no ambiente eletrônico e para a efetiva aplicação das normas de direito contratual.

Referido esforço não pode prescindir, contudo, de acordos e convênios internacionais que permitam e imponham a identificação fácil e precisa das sociedades empresárias por trás dos *sites* de vendas. Mesmo nos países que não contam com normas cogentes nesse sentido, é preciso que se desenvolvam "selos" de qualidade para os *sites* que cumpram padrões mínimos internacionalmente aceitos, facilitando o acesso do consumidor à pessoa jurídica estrangeira com quem contrata. Nesse passo, assume relevância um segundo aspecto da atividade contratual fortemente atingido pelo comércio eletrônico: o lugar da contratação.

3.2. Onde contrata. A transnacionalidade do contrato eletrônico e o problema da lei aplicável. Stream of commerce e as normas de ordem pública

A internet suprimiu a referência física, geográfica, ao lugar da contratação, noção que era tão cara ao raciocínio do direito civil e do direito internacional privado. Um consumidor brasileiro, em viagem pela Europa, pode

---
[12] O texto do Decreto foi fortemente influenciado pelo Projeto de Lei nº 439 de 2011 (Senado Federal), dedicado à atualização do Código de Defesa do Consumidor em matéria de comércio eletrônico.

visitar o *site* de uma livraria de Nova Iorque, hospedado em um provedor da Califórnia, para adquirir um livro escrito por um autor francês, produzido por uma editora do Canadá, que lhe será expedido por um distribuidor situado no México ou na Argentina. Tais contratos, como se vê, não são meramente internacionais, no sentido tradicional do termo, mas são verdadeiramente transnacionais, já que transcendem qualquer nacionalidade. A nacionalidade perde, em larga medida, sua importância. O "lugar da contratação" passa, com o comércio eletrônico, a ser uma espécie de abstração,[13] uma ficção que os juristas lutam com unhas e dentes para preservar, mas que se revela cada vez mais artificiosa e irreal.

Tamanha transformação – talvez a mais significativa dentre todas aquelas trazidas pelo advento da internet – causa profundas consequências no modo de aplicação do Direito, vinculado, desde a formação dos Estados Nacionais, ao território (*locus*) de exercício da soberania estatal. A comunidade jurídica brasileira parece não ter ainda despertado para a amplitude dessas consequências, que prometem afetar, em última análise, a própria metodologia de produção das normas jurídicas e suas formas tradicionais de aplicação. Em um plano mais específico e mais imediato, porém, a jurisprudência brasileira tem revelado sensibilidade ao examinar ao menos um subproduto dessa mudança: a discussão sobre a lei aplicável ao contrato.

A Lei de Introdução às Normas de Direito Brasileiro (Decreto-lei n. 4.657, de 4 de setembro de 1942) determina, em seu art. 9º, que as obrigações são regidas pela "lei do país em que se constituírem".[14] A regra é de fácil aplicação nos contratos celebrados entre presentes, em que a própria situação física dos contratantes já revela o país em que o contrato é celebrado e, portanto, a lei que se destina a regê-lo. Em relação aos contratos celebrados entre ausentes, tal critério afigura-se, porém, inaplicável, tendo o legislador brasileiro recorrido aí a um artifício legal, segundo o qual, na contratação entre ausentes, "a obrigação resultante do contrato reputa-se constituída no lugar em que residir o proponente".[15]

A aplicação literal destas regras ao comércio eletrônico resultaria em constante reenvio à lei do país do fornecedor, na medida em que os *sites* de varejo exibem propostas permanentes ao público que o consumidor simplesmente "aceita" mediante o pressionar de um botão do seu teclado ou mouse.[16] Dois problemas relevantes surgiriam. Primeiro, em um cenário em que, conforme já destacado, os *sites* muitas vezes omitem a própria identidade do fornecedor e também o seu endereço físico, o consumidor brasileiro acabaria por se sujeitar

---

[13] Pense-se, por exemplo, na possibilidade, hoje cada vez mais frequente, de que o contrato eletrônico seja celebrado por meio de um dispositivo móvel, como telefone celular, tablet ou leitor digital, por um usuário em trânsito.

[14] "Art. 9º. Para qualificar e reger as obrigações, aplicar-se-á a lei do país em que se constituírem."

[15] Lei de Introdução às Normas de Direito Brasileiro, art. 9º, § 2º.

[16] Essa a conclusão praticamente unânime da doutrina brasileira: "Assim, devemos ter em mente que a oferta feita via Web site é, em regra, *ad incertas personas*, não havendo como prever em que localidade poderá ser acessada. Portanto, o usuário que acessa o *site* deve ter em mente que está negociando sob as regras do local onde está o proponente, como esse estivesse negociando em viagem ao exterior" (Erica Brandini Barbagalo, *Contratos Eletrônicos*, São Paulo: Saraiva, 2001, p. 72).

à legislação de um país que, no ato da contratação, sequer sabe precisamente qual é, gerando uma situação de inequívoco desequilíbrio em seu desfavor. Segundo, haveria forte estímulo para que fornecedores de produtos ou serviços *on line* transferissem suas sedes para países com baixo grau de proteção normativa ao consumidor, replicando uma espécie de "manipulação" já adotada pelo mercado global em relação à legislação trabalhista, o que geraria prejuízos evidentes à economia brasileira.[17]

Por essas e outras razões, a jurisprudência brasileira tem caminhado no sentido de afirmar que o Código de Defesa do Consumidor se aplica às relações de consumo estabelecidas entre fornecedores eletrônicos estrangeiros e o consumidor brasileiro. Diferentes fundamentos têm sido utilizados para tanto. Invoca-se, de modo geral, a imperatividade do respeito às normas de ordem pública, ao lado de argumentos ligados à transnacionalidade das marcas comerciais em uma economia globalizada ou a uma importação algo abrangente da teoria do *stream of commerce*, segundo a qual quem direciona seu comércio aos consumidores de certos países assume o ônus de ter sua atividade disciplinada pelas respectivas leis nacionais.[18]

Tais soluções não exprimem, como se pode notar, um retorno ou um renovado compromisso com o "lugar da contratação". Muito ao contrário: exprimem novas formas de identificação da lei aplicável às relações contratuais, que deixam de estar atreladas à geografia da celebração para passarem a exprimir critérios *ratione personae*, fundados na pessoa do contratante (no caso, o consumidor brasileiro), ou critérios teleológicos, como aqueles fundados na finalidade de proteção do consumidor frente às práticas de mercado, sejam elas nacionais, internacionais ou transnacionais. Parece inegável que o celebrado "fim das fronteiras" promovido pela globalização econômica tem, no comércio eletrônico, servido preponderantemente ao interesse dos fornecedores, que parecem pretender escapar no mundo virtual dos custos e ônus inerentes não apenas ao processo econômico de disponibilização dos produtos e serviços, mas também às normas jurídicas que regulamentam sua relação com os consumidores. Impõe-se aqui a resistência do direito às conveniências do mercado, resistência que não deve repousar sobre conceitos como o "lugar da contratação", mas que deve recorrer abertamente à sua *ratio* fundamental neste campo: a proteção mais efetiva ao consumidor.

Pelo prisma estritamente jurídico, faz-se importante registrar que um dos pilares mais tradicionais do direito dos contratos – aquele que estabelecia uma relação quase "matemática" entre o local da contratação e a lei aplicável ao contrato – foi definitivamente rompido pelo comércio eletrônico, com uma série de consequências ainda não totalmente exploradas, quer no âmbito da teoria geral dos contratos, quer no âmbito do direito internacional privado.

---

[17] O Brasil, convém lembrar, é considerado um país de forte legislação consumerista.
[18] Ver Superior Tribunal de Justiça, Ação Rescisória 2.931/SP, 4.9.2003. Sobre a teoria do *stream of commerce*, ver A. Kimberley Dayton, *Personal Jurisdiction and the Stream of Commerce*, 7 Review of Litigation 239 (1987-88), William Mitchell College of Law.

3.3. Quando contrata. Momento de formação do contrato eletrônico e o dever de confirmação de recebimento da aceitação à oferta

A terceira referência basilar da disciplina contratual afetada pela contratação eletrônica diz respeito ao momento da contratação. Quando se reputa firmado o contrato? Exatamente como ocorre em relação ao lugar da contratação, inexiste, no direito brasileiro, uma regra específica que trate do tempo de formação dos contratos celebrados eletronicamente. Aplica-se, a rigor, a norma geral estabelecida no art. 434 do Código Civil, segundo a qual o contrato entre ausentes se forma, em regra, no momento em que a aceitação é expedida.[19]

Trata-se da chamada teoria da expedição mitigada, de longa tradição no direito civil brasileiro. Em um cenário de contratação física, a teoria da expedição traz certa segurança ao aceitante, o qual, no momento em que envia a aceitação, sabe já formado o vínculo contratual, sem que se faça necessária nova manifestação do proponente – o que, em um contexto epistolar, exigiria maior dispêndio de tempo e custo. O envio da aceitação deixa, ademais, vestígios físicos (registro do encaminhamento por correio) que, em uma eventual dúvida quanto à formação ou não do contrato, favorecem o aceitante. No ambiente eletrônico, todavia, essas vantagens desaparecem. O envio da aceitação ocorre, muitas vezes, por um mero "clique" do usuário e não deixa qualquer prova ou indício de que a operação foi concluída.

Para evitar insegurança quanto à realização ou não do negócio virtual, deixando o consumidor ao sabor da conveniência do fornecedor em cumprir ou não a ordem expedida, muitos autores têm defendido o afastamento da teoria da expedição mitigada no campo dos contratos eletrônicos. Nessa direção, o Enunciado 173 da Jornada de Direito Civil, organizada pelo Conselho da Justiça Federal, chega a afirmar: "A formação dos contratos realizados entre pessoas ausentes, por meio eletrônico, completa-se com a recepção da aceitação pelo proponente."

Tal enunciado, a nosso ver, merece reforma. A uma, porque contraria frontalmente a letra do art. 434, transcendendo o escopo interpretativo dos enunciados para instituir uma orientação antagônica ao texto legal. A duas, porque a adoção da teoria da recepção não resolve o problema da formação dos contratos eletrônicos, na medida em que o consumidor eletrônico continua sem saber se o seu pedido de compra foi recebido, questão que permanece inteiramente na esfera de poder do fornecedor. Em outras palavras, condicionar a formação do contrato ao recebimento da aceitação não diminui em nada a insegurança negocial no ambiente eletrônico.

Melhor rumo seguiu o Decreto 7.962, de 15 de março de 2013, que, em seu art. 4º, inciso III, instituiu o dever de confirmação para garantir o atendimento facilitado ao consumidor no comércio eletrônico. Não se trata, a rigor, de uma mudança no momento de formação do contrato, já que o contrato continua se

---

[19] "Art. 434. Os contratos entre ausentes tornam-se perfeitos desde que a aceitação é expedida, exceto: I - no caso do artigo antecedente (art. 432); II - se o proponente se houver comprometido a esperar resposta; III - se ela não chegar no prazo convencionado." O art. 433, por sua vez, considera "inexistente a aceitação, se antes dela ou com ela chegar ao proponente a retratação do aceitante".

formando independentemente da confirmação, mas sim de um dever legal: passa a incorrer em infração o fornecedor que deixa, nos termos do Decreto, de confirmar "imediatamente o recebimento da aceitação da oferta".[20] Com isso, a legislação brasileira passa a se alinhar, nesse particular, ao direito europeu, que, desde a Diretiva Europeia 2000/31/CE, já instituía o dever de confirmação no comércio eletrônico (art. 11).[21]

Embora não se trate de uma alteração da teoria aplicável à formação dos contratos, a verdade é que a instituição do dever de confirmar o recebimento da aceitação sujeita o fornecedor, ao menos em teoria, a sanções bem mais severas (multa, suspensão da atividade, etc.)[22] que a simples indiferença jurídica ao vínculo formado – o que, de resto, poderia acabar prejudicando o próprio consumidor. Ainda, portanto, que não se tenha ressalvado a aplicação do art. 434 no caso das contratações eletrônicas, a instituição do dever de confirmação modifica a própria abordagem jurídica do tempo de formação do contrato, transcendendo o clássico binômio proposta-aceitação e revelando a passagem de uma lógica puramente estrutural a uma lógica mais funcional e decididamente protetiva.

3.4. Como contrata. A informalidade do contrato eletrônico e sua prova

A forma do contrato desempenha historicamente uma dupla função: por um lado, alerta os contratantes para a seriedade do vínculo contratual, fazendo-os refletir sobre a contratação antes de concluí-la em definitivo.[23] Por outro lado, serve, perante os próprios contratantes e a sociedade, como meio de prova da formação do contrato e do seu conteúdo. Ambas as funções se dissipam na internet, onde a contratação é absolutamente informal, desprovida mesmo de qualquer suporte físico.

Em contraposição aos instrumentos escritos e assinados da contratação tradicional, a forma da contratação eletrônica resume-se frequentemente à exibição de uma tela ou página virtual que o consumidor pode, se cuidadoso, se dar ao trabalho de imprimir ou copiar para o seu próprio computador ou dispositivo móvel. Pode ainda dispor de um *e-mail* ou outra forma de aviso eletrônico, como uma breve mensagem ao seu aparelho de telefonia celular (*SMS*,

---

[20] "Art. 4º Para garantir o atendimento facilitado ao consumidor no comércio eletrônico, o fornecedor deverá: (...) III – confirmar imediatamente o recebimento da aceitação da oferta (...)".

[21] O mesmo caminho é seguido no Projeto de Lei nº 439 de 2011, que se propõe a atualizar o Código de Defesa do Consumidor com vistas à proteção do consumidor no âmbito do comércio eletrônico (art. 45-D, I).

[22] O art. 7º do mesmo Decreto determina que "a inobservância das condutas" nele descritas enseja a aplicação das sanções previstas no art. 56 do Código de Defesa do Consumidor, que traz o rol genérico de sanções administrativas aplicáveis às infrações da legislação consumerista, como multa, proibição de fabricação do produto, suspensão temporária da atividade, etc.

[23] Daí as complexas solenidades (fórmulas verbais, atos simbólicos, etc.) exigidas no âmbito do direito antigo para a celebração de contratos, algumas das quais deixaram vestígios no hábito dos povos europeus, como a entrega de uma moeda de baixo valor (*denier à Dieu*) ou a aplicação de uma palmada na face do vendedor, costume ainda utilizado em alguns mercados de gado na Europa central (*emptio non valet sine palmata*). Ver, sobre o tema, John Gilissen, *Introdução Histórica ao Direito*, Lisboa: Calouste Gulbenkian, 2001, 3ª ed., p. 734.

sigla de *Short Message Service*).[24] Em um passado recente, os juristas brasileiros (como, de resto, os juristas de todo o mundo) discutiam se tais impressões, cópias ou documentos digitais tinham ou não validade como meio de prova, constituíam ou não meros indícios e outras questões que o avanço maciço da cultura digital parece ter tornado um tanto folclóricas. Em que pese as dificuldades do sistema judiciário em lidar com documentos puramente eletrônicos e a suspeita quase instintiva que recaía, até pouco tempo, sobre cópias impressas de páginas virtuais e *e-mails*, não parece haver dúvida, atualmente, de que todos esses instrumentos devem ser admitidos como meios probatórios dos direitos discutidos em juízo. O Código Civil brasileiro, de 2002, posicionou-se claramente nesse sentido:

> Art. 225. As reproduções fotográficas, cinematográficas, os registros fonográficos e, em geral, quaisquer outras reproduções mecânicas ou eletrônicas de fatos ou de coisas fazem prova plena destes, se a parte, contra quem forem exibidos, não lhes impugnar a exatidão.

O Enunciado 398 da IV Jornada de Direito Civil, realizada em outubro de 2006, assegurou ainda maior clareza ao texto legal, ao concluir que "os arquivos eletrônicos incluem-se no conceito de 'reproduções eletrônicas de fatos ou de coisas', do art. 225 do Código Civil, aos quais deve ser aplicado o regime jurídico da prova documental." Em consonância com essa orientação, os tribunais brasileiros têm acolhido como meio válido de prova os arquivos digitais.[25] Em caso de impugnação da sua veracidade, exige-se perícia, o que, de resto, pode ocorrer também com documentos físicos. A questão meramente probatória parece, portanto, equacionada.[26]

O mesmo não se pode dizer em relação àquela outra função da forma contratual: a de alertar as partes para a importância e seriedade do vínculo. A contratação via internet realiza-se de modo cada vez mais veloz, sem a adequada pesquisa sobre as características do produto ou serviço contratado, sobre a qualidade do fornecedor ou sobre as próprias condições do contrato firmado por meio eletrônico. Por mais alarmante que possa parecer essa constatação, o fato é que o consumidor eletrônico não sabe muitas vezes o que está contratando.

---

[24] Embora seja possível a utilização de assinaturas eletrônicas e certificações digitais, seu emprego para fins de aquisição de produtos ou serviços pelo consumidor é muito raro. Sobre o tema das assinaturas eletrônicas e certificações digitais, ver Jorge José Lawand, *Teoria Geral dos Contratos Eletrônicos*, São Paulo: Juarez de Oliveira, 2003, pp. 141-146.

[25] Ver, por exemplo, acórdão proferido pelo Tribunal de Justiça de Minas Gerais, em que se concluiu que: "a despeito de o contrato de prestação de serviços não conter a assinatura da requerida, tal fato não é apto a invalidar o referido ajuste, tendo em vista que o contrato de prestação de serviços educacionais é informal e não exige forma prescrita em lei, podendo até ser firmado verbalmente. O contrato de prestação de serviços, juntado aos autos, ainda que desprovido de assinatura da ré, é suficiente para provar a realização do ajuste, visto que os documentos eletrônicos gozam de valor probante e o documento de fls. 06-09 demonstra que a requerida efetivamente aderiu ao aludido contrato, via internet." (TJMG, Apelação Cível 1.0024.06.986334-8/001, 17ª Câmara Cível, Rel. Des. Lucas Pereira, DJ 12.7.2007). No mesmo sentido, ver TJSP, Apelação Cível 0018518-77.2010.8.26.0005, 20ª Câmara de Direito Privado, Rel. Des. Maria Lucia Pizzotti, j. 27.8.2012; e TJMG, Apelação Cível 1.0024.07.691106-4/001, 17ª Câmara Cível, Rel. Des. Marcia de Paoli Balbino, j. 19.2.2009, entre outros.

[26] O mesmo vale para o cenário internacional em que um número cada vez maior de acordos, convenções e modelos normativos reconhecem expressamente a validade jurídica dos documentos eletrônicos. Cite-se, a título ilustrativo, o art. 5º da Lei Modelo da UNCITRAL sobre Comércio Eletrônico: "Não se negarão efeitos jurídicos, validade ou eficácia à informação apenas porque esteja na forma de mensagem eletrônica" (Organização das Nações Unidas, Nova Iorque, 1997).

3.5. O quê contrata. A paradoxal insuficiência da informação no ambiente eletrônico. Publicidade na internet e outras técnicas de incentivo ao consumo

Na contratação tradicional, o consumidor tem frequentemente a chance de manusear o produto, de verificar a sua embalagem, de testar seu funcionamento ou ainda de esclarecer dúvidas com um preposto do fabricante ou do comerciante no próprio estabelecimento comercial. Nos *sites* da internet, ao contrário, as informações são pré-dispostas; o produto é descrito por meio de imagens ou descrições técnicas padronizadas, aplicáveis muitas vezes ao gênero do produto, e não àquela espécie que está sendo efetivamente adquirida. O consumidor eletrônico não tem acesso físico ao bem.[27] É certo que poderia buscar, em outros *sites* da internet, informações, avaliações e depoimentos sobre a qualidade do produto e do fornecedor – alguns *sites* de compras, inclusive, já fornecem avaliações como parte da sua estratégia comercial –, mas tal conduta é, na prática, rara, seja porque tais informações, potencialmente infinitas, não se encontram ordenadas de modo a facilitar a pesquisa do consumidor, seja porque não são tidas como inteiramente confiáveis, diante das suspeitas de que se prolifera na internet a manipulação das ferramentas de avaliação por meio da contratação remunerada de usuários para que se manifestem sobre certos produtos e serviços (em uma forma oculta e deturpada de *marketing*, típica do ambiente virtual). O consumidor eletrônico acaba, assim, dispondo paradoxalmente de pouca informação sobre o objeto da sua contratação.

Quase sempre o consumidor eletrônico desconhece, também, os termos do contrato, ou seja, as condições contratuais, que são usualmente apresentados pelos fornecedores em um formato que desestimula a leitura, por meio de páginas inteiras de letras miúdas, que contrastam flagrantemente com os elevados investimentos em programação visual realizados nas páginas dedicadas à oferta de produtos. Na maioria dos *sites*, a passagem da página de ofertas à página que exibe os termos contratuais configura uma mudança abrupta de formatação, que salta aos olhos do usuário da internet, cada vez mais acostumado com gráficos e imagens de alta resolução. Muitos fornecedores sequer se dão ao trabalho de dividir os termos contratuais em tópicos, o que dificulta a localização pelo consumidor das informações consideradas relevantes para a celebração do contrato.

Por todas essas razões, embora, em tese, o consumidor pudesse dispor no ambiente eletrônico de maior tempo de reflexão e de mais instrumentos de busca para obter informações sobre o objeto e os termos da contratação, o certo é que, atualmente, a contratação via internet se faz de modo muito mais desinformado que a contratação física. Tentado pela facilidade de um clique, o consumidor eletrônico compra muitas vezes por mero impulso, sem a necessária reflexão. Técnicas de oferta de produtos impelem o usuário à aquisição, como

---

[27] Alguns autores especulam que, no futuro, essa "perda de aspectos do conhecimento da coisa ou serviço contratado" poderá vir a ser suprida em alguma medida pelo próprio "desenvolvimento tecnológico (vide 3D)" (Alberto Gosson Jorge Júnior, *Aspectos da Formação e Interpretação dos Contratos Eletrônicos*, in *Revista do Advogado*, ano 32, n. 115, 2012, p. 17).

no exemplo corriqueiro em que, tendo realizado a inserção em seu "carrinho de compras" virtual de um produto do qual realmente necessita, o consumidor se vê prontamente provocado pelo *site* a adquirir produtos acessórios àquele que foi selecionado, ou outros produtos daquele mesmo fabricante, ou, ainda, produtos adquiridos por outras pessoas que adquiriram aquele mesmo produto,[28] em um ciclo interminável de estímulos ao consumo imediato.

A publicidade também desempenha aí um papel relevante. Ao contrário do que ocorre no mundo físico – em que a publicidade se restringe a espaços e momentos relativamente delimitados –, no mundo virtual, a publicidade ocorre em uma espécie de fluxo permanente, que acompanha o usuário em qualquer momento da navegação. *Banners* surgem nos rodapés e cabeçalhos de páginas que aparentemente não tinham conteúdo comercial; *pop-ups* pipocam diante do usuário, impedindo-o de prosseguir navegando; *spams* abarrotam caixas de entrada de *e-mails*. Em *sites* de busca, *links* patrocinados se misturam a resultados relevantes, quando muito com uma sutil diferenciação em relação à cor das letras ou do pano de fundo. Vídeos aparentemente reais são postados em redes sociais, sem nenhum alerta acerca de seu cunho comercial, para servirem de *teasers* de futuras campanhas publicitárias.[29] Diversamente do espectador televisivo, que ainda tem a alternativa de mudar de canal durante o intervalo comercial, o usuário da internet sujeita-se todo o tempo ao bombardeamento publicitário, em um continuado e permanente incentivo ao consumo.

Resistir a tal incentivo torna-se tarefa ainda mais árdua na medida em que a publicidade eletrônica vai ganhando, a cada dia, um perfil mais e mais personalizado. A coleta de dados do usuário – por meio de *cookies* e outras técnicas de transparência reduzida e legalidade duvidosa – tem permitido o desenvolvimento de perfis de usuários que são utilizados pelos fornecedores para direcionar o conteúdo da mensagem publicitária e da oferta de produtos na internet. Se a personalização da oferta, por um lado, poupa tempo ao consumidor eletrônico (livrando-o do oferecimento de produtos que seriam, provavelmente, "indesejáveis"), torna, por outro lado, muito mais dificultosa a tarefa de refletir sobre a contratação, na medida em que dados pessoais obtidos sem autorização do usuário são usados para estimular de modo praticamente irresistível a aquisição dos produtos ou serviços de que supostamente necessitaria. A manobra associa-se não raro a ofertas de financiamentos, com disponibilidade imediata dos recursos econômicos exigidos para a aquisição, completando-se o ciclo do consumo compulsivo, resumido no bordão "compre o que você não precisa com o dinheiro que você não tem".

Todo esse novo arsenal de técnicas de *marketing* eletrônico exige posturas mais definidas por parte do sistema jurídico brasileiro, pouco preparado para

---

[28] Técnica que explora nitidamente os sentimentos humanos de identificação com o próximo e de pertencimento a grupos sociais, em estratégia que, embora não seja inédita no mundo comercial, assume no ambiente eletrônico dimensões nunca antes imaginadas.

[29] Exemplo recente foi o vídeo *Perdi meu amor na balada,* postado por um rapaz que pedia ajuda para encontrar o número de telefone de uma moça que conhecera na noite paulistana. Revelou-se mais tarde que o vídeo havia sido produzido por certo fabricante de celulares e integrava uma campanha publicitária que somente veio a público semanas depois. O caso rendeu procedimentos no Procon de São Paulo e no CONAR (Conselho de Autorregulamentação Publicitária).

lidar com essas questões. Em primeiro lugar, impõe-se a aprovação imediata de uma legislação que proteja efetivamente os dados pessoais. O Brasil não conta com um marco normativo claro nessa matéria, encontrando-se, já há alguns anos, no Ministério da Justiça, um projeto de lei de proteção de dados pessoais, que, após um período de debate público, parece aprisionado em um processo excessivamente lento de produção e aperfeiçoamento dentro do próprio Ministério – prisão da qual não foi capaz de se libertar nem mesmo na esteira do recente furor provocado pela descoberta de monitoramento da agência de segurança dos Estados Unidos sobre as comunicações da Presidente Dilma Rousseff.[30]

Além de uma política pública de proteção de dados pessoais impõe-se uma regulamentação mais efetiva da atividade publicitária no Brasil, ainda disciplinada de modo bastante lacônico pelo Código de Defesa do Consumidor, por meio de conceitos excessivamente genéricos (como a "publicidade abusiva" do art. 37, § 2°),[31] cuja aplicação acaba sendo controlada quase que exclusivamente pelo Conselho de Autorregulamentação Publicitária. Em que pese o esforço do referido Conselho, suas decisões acabam sendo guiadas pelo subjetivismo inerente à aplicação daqueles conceitos abertos, sem a formulação de *standards* de comportamento, resultando em um conjunto de precedentes que não dão maior segurança nem ao consumidor, nem ao mercado publicitário.

Por fim, cumpre amparar e desenvolver, no campo das contratações eletrônicas, mecanismos de "saída" ou reversão, voltados a tutelar o direito de reflexão do consumidor no ambiente virtual. Esse é o ponto que tem maior relação com a temática geral desse estudo e aqui o ordenamento brasileiro já tem dado alguns passos, especialmente no tocante ao chamado "direito de arrependimento". Convém examinar o tema em separado.

4. Direito de arrependimento. Tratamento da matéria no Direito brasileiro: Lei 8.078/1990 e Decreto 7.962/2013. Experiência estrangeira: diretiva 2011/83/CE. Análise comparativa

O direito de arrependimento, também chamado direito de reflexão, foi instituído pelo art. 49 do Código de Defesa do Consumidor (Lei 8.078/1990), em que se lê:

Art. 49. O consumidor pode desistir do contrato, no prazo de 7 dias a contar de sua assinatura ou do ato de recebimento do produto ou serviço, sempre que a contratação de fornecimento de

---

[30] Uma das muitas repercussões do chamado caso Edward Snowden, a revelação do monitoramento gerou a exigência de explicações por parte do Governo brasileiro, respondidas pela administração Barack Obama com o argumento de que a legislação interna brasileira não veda as condutas adotadas. Ver, entre outras notícias, reportagem de Glenn Greenwald, Roberto Kaz e José Casado, *EUA espionaram milhões de e-mails e ligações de brasileiros*, publicada no jornal O Globo Online em 6.7.2013.

[31] O Código de Defesa do Consumidor, a rigor, não define a publicidade abusiva, mas apenas a exemplifica, deixando ampla margem à interpretação do conceito: "Art. 37. (...) §2°. É abusiva, dentre outras a publicidade discriminatória de qualquer natureza, a que incite à violência, explore o medo ou a superstição, se aproveite da deficiência de julgamento e experiência da criança, desrespeita valores ambientais, ou que seja capaz de induzir o consumidor a se comportar de forma prejudicial ou perigosa à sua saúde ou segurança."

produtos e serviços ocorrer fora do estabelecimento comercial, especialmente por telefone ou a domicílio.

Parágrafo único. Se o consumidor exercitar o direito de arrependimento previsto neste artigo, os valores eventualmente pagos, a qualquer título, durante o prazo de reflexão, serão devolvidos, de imediato, monetariamente atualizados.

A norma já se aplicava, a toda evidência, às contratações eletrônicas, realizadas inegavelmente "fora do estabelecimento comercial".[32] Para afastar, porém, qualquer dúvida quanto ao ponto, o Decreto 7.962/2013 tratou expressamente do direito de arrependimento ao cuidar do comércio eletrônico:

Art. 5º O fornecedor deve informar, de forma clara e ostensiva, os meios adequados e eficazes para o exercício do direito de arrependimento pelo consumidor.

§ 1º O consumidor poderá exercer seu direito de arrependimento pela mesma ferramenta utilizada para a contratação, sem prejuízo de outros meios disponibilizados.

§ 2º O exercício do direito de arrependimento implica a rescisão dos contratos acessórios, sem qualquer ônus para o consumidor.

§ 3º O exercício do direito de arrependimento será comunicado imediatamente pelo fornecedor à instituição financeira ou à administradora do cartão de crédito ou similar, para que:

I – a transação não seja lançada na fatura do consumidor; ou

II – seja efetivado o estorno do valor, caso o lançamento na fatura já tenha sido realizado.

§ 4º O fornecedor deve enviar ao consumidor confirmação imediata do recebimento da manifestação de arrependimento.

O decreto presidencial vai, como se vê, além do que já dispunha o art. 49 do código consumerista, contemplando alguns aspectos adicionais do tema, como a facilitação da comunicação do exercício do direito de arrependimento pelo consumidor eletrônico e o dever do fornecedor de confirmar imediatamente o recebimento da manifestação de arrependimento, além dos efeitos do arrependimento sobre contratos acessórios. O Projeto de Lei 439/2011, que trata do comércio eletrônico e se encontra atualmente em tramitação no Congresso Nacional, dispõe sobre o tema no mesmo sentido. Sua aprovação continua a se fazer necessária para evitar qualquer discussão jurídica quanto à possibilidade de regulamentação do tema por meio de decreto.

O art. 5º do Decreto 7.962 representa, sem dúvida, um avanço, na medida em que, para além de reiterar a aplicabilidade do direito de arrependimento ao comércio eletrônico, aborda mais dois ou três aspectos do tema. Nada obstante, é certo que a legislação brasileira poderia ter ido muito além. Uma incursão pelo cenário europeu revela não apenas níveis de proteção mais elevados nessa matéria, mas também uma abordagem de natureza distinta, que contribui

---

[32] Como registrava, aliás, Ruy Rosado de Aguiar Júnior, ao afirmar, em 2000, que o direito de arrependimento (art. 49, CDC) "é perfeitamente aplicável aos negócios realizados através da rede mundial de computadores" (*Ministro do STJ alerta para a fragilidade jurídica dos contratos eletrônicos*, 26.9.2000, disponível em www.stj.gov.br). Em sentido contrário, doutrina minoritária invoca o conceito de estabelecimento comercial virtual para sustentar que a compra realizada via internet não se dá fora do estabelecimento comercial. Acrescenta que o consumidor eletrônico é quem tem a iniciativa da compra, razão pela qual teria tempo de sobra para reflexão. Sobre o tema, com detalhes sobre os dois posicionamentos, ver Caio Rogério da Costa Brandão, *O Direito de Arrependimento nos Contratos Eletrônicos*, in *Juris Plenum*, ano III, n. 13, 2007, pp. 16-17.

para a efetividade do direito de arrependimento no comércio eletrônico daquele continente.

Com efeito, a Diretiva 2011/83/CE ocupa-se de modo bastante detalhado do direito de arrependimento, a que denomina "direito de retractação" (na versão oficial em língua portuguesa).[33] O artigo 9º da referida Diretiva institui o prazo de 14 dias para a retratação do contrato celebrado a distância ou fora do estabelecimento comercial – o dobro, portanto, do prazo previsto na legislação brasileira. Registra, ainda, expressamente a desnecessidade de indicação de qualquer motivo para o exercício da retratação. O artigo 10 determina que, se o fornecedor deixar de informar ao consumidor sobre a possibilidade, as condições, o prazo e o procedimento de retratação,[34] o prazo se estende adicionalmente por 12 meses após o término do prazo original de 14 dias. Ao contrário, portanto, da legislação brasileira, que impõe o dever de informação sobre o direito de arrependimento sem uma sanção específica,[35] a Diretiva europeia estabelece uma significativa extensão do prazo aplicável em caso de descumprimento.

A Diretiva 2011/83/CE regula, ainda, minuciosamente nos inúmeros subitens dos seus artigos 13 e 14 os custos envolvidos no procedimento de retratação – diferentemente da legislação brasileira que não traz quaisquer considerações específicas sobre o assunto. De acordo com a Diretiva, o consumidor europeu está, em regra, isento de custos e tem direito ao reembolso de suas despesas, mas o artigo 13 prevê algumas situações de imunidade do fornecedor, como na hipótese em que o consumidor opta livremente por uma modalidade mais onerosa de envio que a modalidade padrão (artigo 13, item 2). A Diretiva assegura, ainda, ao consumidor o direito de receber o reembolso das suas despesas pelo "mesmo meio de pagamento que o consumidor usou na transação inicial", aspecto não regulado no direito brasileiro e que tem gerado, entre nós, numerosos abusos no momento de exercício do direito de arrependimento, como a famigerada prática de substituir o reembolso efetivo do consumidor por um "crédito" junto ao fornecedor.

A Diretiva europeia enfrenta, ainda, os dois principais aspectos que têm sido invocados pelos fornecedores brasileiros em oposição ao direito de arrependimento. São eles: (i) a questão da depreciação do produto já entregue ao consumidor; e (ii) a inaplicabilidade do direito de arrependimento em casos envolvendo o fornecimento de produtos e serviços de fruição imediata, especialmente conteúdo digital oferecido via internet. Quanto ao primeiro aspecto,

---

[33] Em inglês, *right of withdrawal* e, em espanhol, *derecho de desistimiento*.

[34] Conforme impõe o artigo 6º, item 1, alínea h, da mesma Diretiva, que prevê ainda a disponibilização de um modelo de formulário para o exercício do direito de retratação, sem prejuízo da possibilidade de outros meios de comunicação do referido exercício (artigo 11, item 1, alínea b).

[35] O art. 5º do Decreto 7.962 impõe o dever de informar "de forma clara e ostensiva" os meios adequados e eficazes para o exercício do direito de arrependimento, mas não contém qualquer sanção específica para o descumprimento desse dever. O art. 7º do mesmo Decreto determina que "a inobservância das condutas" nele descritas enseja a aplicação das sanções previstas no art. 56 do Código de Defesa do Consumidor, que traz o rol genérico de sanções administrativas aplicáveis às infrações da legislação consumerista, como multa, suspensão da atividade, etc. Não há, todavia, menção à extensão de prazo, o que afasta tal possibilidade no ordenamento brasileiro, diante do princípio da prévia estipulação legal da pena.

a Diretiva 2011/83/CE atribui ao consumidor responsabilidade pela depreciação "que decorra de uma manipulação dos bens que exceda o necessário para verificar a natureza, as características e o funcionamento dos bens" (artigo 14, item 2).[36] O consumidor europeu não é, como se vê, isento de responsabilidade, devendo ter cautela no recebimento do produto adquirido a distância. A instituição de norma semelhante é possível e recomendável no direito brasileiro, pois, além do desestímulo a eventuais abusos episódicos, ajudaria a afastar em definitivo argumentos ligados a uma certa "infantilização" do consumidor brasileiro e à instituição de ônus insuportáveis sobre os fornecedores no cenário nacional.

Em relação ao segundo aspecto, que diz respeito aos casos de inaplicabilidade do direito de arrependimento, a Diretiva europeia trata do tema no seu artigo 16. Em treze alíneas prevê exceções à incidência do direito de arrependimento, como, por exemplo, os "contratos celebrados em hasta pública", o "fornecimento de bens susceptíveis de se deteriorarem ou de ficarem rapidamente fora do prazo", o fornecimento de bens ou serviços "cujo preço depende de flutuações do mercado financeiro que o profissional não possa controlar e que possam ocorrer durante o prazo de retractação", o fornecimento de "gravações de áudio ou vídeo seladas ou de programas informáticos selados a que tenha sido retirado o selo após a entrega" e o fornecimento de "conteúdos digitais que não sejam fornecidos num suporte material, se a execução tiver início com o consentimento prévio e expresso do consumidor e o seu reconhecimento de que deste modo perde o direito de retractação", entre outros.

Ao contrário do que poderia parecer em uma primeira leitura, tais exceções não representam um decréscimo no nível de proteção ao consumidor europeu. A incidência do direito de arrependimento já não seria reconhecida pelos tribunais dos países europeus na imensa maioria dessas situações, muitas delas de clareza intuitiva. A previsão explícita de tais situações traz, contudo, a necessária segurança ao mercado e contribui para a instituição de cuidados recíprocos, como a obtenção do expresso reconhecimento pelo consumidor da perda do direito de arrependimento como etapa prévia do início da fruição de conteúdos digitais. Previne, ademais, o prolongamento de discussões tautológicas – às vezes, puramente acadêmicas – que têm servido de entrave, entre nós, para uma tutela mais efetiva do direito de arrependimento.

De modo geral, pode-se dizer que o movimento consumerista brasileiro, após um momento inaugural altamente profícuo e feliz – representado pela edição da Lei 8.078, em 1990, e pela sua consolidação na jurisprudência nacional ao longo da década seguinte –, tornou-se cauteloso, talvez excessivamente cauteloso. Os Projetos de Lei apresentados no âmbito da chamada atualização do Código de Defesa do Consumidor trazem inovações importantes (cujos efeitos transcendem, aliás, a própria esfera do direito do consumidor), mas se restringem, essencialmente, a consagrar cláusulas gerais ou normas abertas. Receosos talvez de retrocessos na proteção do consumidor e cuidadosamente

---

[36] Também aqui a falta de informação sobre o direito de arrependimento sujeita o fornecedor a um ônus agravado, dispondo a parte final do referido item 2 que "o consumidor não é, em caso algum, responsável pela depreciação dos bens quando o profissional não o tiver informado do seu direito de retractação".

elaborados com vistas à facilitação da chancela do Congresso Nacional, tais projetos evitaram o detalhamento e a especificação procedimental que poderiam afastar perigos imaginários e contribuir para a elevação do nível do debate desses temas no espaço público brasileiro.

Se a postura adotada afigura-se adequada ou não, só o tempo dirá. O que parece insólito é que uma norma infralegal, como o Decreto 7.962, tenha se limitado ao mesmo formato, disciplinando em termos vagos e genéricos aquilo que poderia ter disciplinado em termos mais específicos, como é o caso do direito de arrependimento. Ao lado da Diretiva europeia – que já é bem mais genérica que as leis nacionais dos países europeus –, o Decreto 7.962 soa como norma programática, sem embargo das melhorias gerais que trouxe ao campo da contratação eletrônica.

O que mais assusta, nesse exemplo recente, é a olímpica indiferença à experiência estrangeira, especialmente a experiência europeia que, nesse campo, guarda íntima proximidade com as bases do consumerismo brasileiro.[37] Não se trata apenas de observar a Diretiva 2011/83/CE; o comércio eletrônico europeu não é, obviamente, regulado por uma norma única, mas por um complexo tecido normativo, composto de diferentes Diretivas (Diretivas 2000/31/CE, 2002/65/CE, 2008/48/CE, entre outras), às quais se somam diferentes leis nacionais que procuram incorporar as orientações contidas nas Diretivas, mas não raro vão além, instituindo normas tipicamente locais. Há nesse rico arcabouço uma série de normas que poderiam ter servido de inspiração ao legislador brasileiro, mas que acabaram não refletidas nem no Decreto 7.962, nem no Projeto de Lei 439/2011, como o chamado "conteúdo mínimo" dos contratos eletrônicos e a transparência na informação dos preços envolvidos na contratação à distância (sendo certo que, no Brasil, tais preços são mal informados ao consumidor eletrônico, surpreendido, não raro, com o acréscimo de fretes, comissões, taxas privadas e tributos para cuja existência não é alertado no momento oportuno).

Essas e outras questões vêm sendo deixadas para o futuro pelo Poder Legislativo brasileiro, prolongando um desnecessário desnível entre o tratamento dispensado pelos mesmos conglomerados transnacionais aos consumidores brasileiros e europeus, em flagrante desfavor dos primeiros e em assimetria injustificável num mercado que se pretende global.

5. Conclusão

Os chamados contratos eletrônicos não representam um mundo à parte, estranho ao direito dos contratos ou governado por regras próprias. Não se trata de uma dimensão paralela que somente aparenta similaridade com a realidade tradicional, como uma espécie de *Matrix*, lembrada na epígrafe a este

---

[37] Para muitos autores, a abordagem norte-americana, especialmente em relação ao consumo via internet, é considerada mais próxima de uma ótica de *laissez faire* ou de autorregulação, refletindo talvez um maior entusiasmo norte-americano pelas novas tecnologias, em oposição a uma postura mais ambivalente e cautelosa da União Europeia (Jane Kaufman Winn e Jens Haubold, *Electronic Promises: Contract Law Reform and E-Commerce in a Comparative Perspective*, disponível em www.law.washington.edu, p. 3).

artigo.[38] A contratação eletrônica traz inúmeras questões novas, mas se insere no tratamento sistemático dos contratos no direito brasileiro. Seus pontos de dissonância com a teoria geral tradicional representam frequentemente oportunidades para rever dogmas rígidos que já não se justificam mais, nem mesmo fora do ambiente eletrônico (como se viu na discussão pertinente à prova do contrato). Noutros casos, trata-se de instituir novos mecanismos jurídicos de proteção contra novos riscos que surgem especialmente – mas nem sempre de modo exclusivo – no ambiente eletrônico.

Foi o que se viu no tocante ao direito de arrependimento. A importância da sua efetividade cresce exponencialmente com a ampliação do comércio eletrônico e da contratação de produtos e serviços via internet. Nem por isso se trata de um instituto exclusivamente eletrônico. Sua aplicação estende-se à toda contratação celebrada a distância ou fora do estabelecimento comercial. Sua inspiração radica na ideia da falta de reflexão adequada do consumidor sobre a contratação do produto ou serviço. Se é certo, por um lado, que essa falta de reflexão se torna especialmente perceptível no ambiente eletrônico, devido às notáveis técnicas de impulsão ao consumo virtual, situação muito semelhante verifica-se com quem contrata por telefone ou por correspondência. Nem se deve excluir sua aplicabilidade a contratações realizadas em determinadas circunstâncias dentro do próprio estabelecimento comercial.

Embora essa última hipótese não seja reconhecida pela legislação brasileira (nem pelas diretivas europeias, registre-se), pode-se defender a aplicação do direito de arrependimento por analogia àquelas situações em que o contratante, embora dentro do estabelecimento, é conduzido à contratação por circunstâncias que o impedem de refletir. É o que ocorre diante de algumas estratégias agressivas de *marketing*, voltadas a produzir artificialmente um cenário de contratação inevitável, como nos casos de fornecedores que, para obter a venda de unidades imobiliárias em grandes complexos residenciais, oferecem passeios a toda família do consumidor para, logo em seguida, conduzir todo o grupo ao estabelecimento para fins de assinatura do instrumento contratual. Veja-se ainda o caso dos estabelecimentos comerciais multifuncionais, em que não raro se misturam ofertas de serviços de lazer com a possibilidade de contratações imediatas, calcadas justamente na impossibilidade de reflexão prolongada pelo consumidor (como no exemplo do restaurante que contém loja de vinhos ou no clube noturno que, próximo ao balcão de bebidas e coquetéis, oferece a venda de passagens aéreas *last minute* para destinos exóticos).

Como se vê, o tema do direito de arrependimento – como tantos outros aspectos que são discutidos sob a rubrica geral da contratação eletrônica – não consiste em exclusividade do ambiente virtual. A contratação eletrônica representa, antes, uma oportunidade para identificar o problema bem mais profundo da contratação irrefletida e do estímulo ao consumo compulsivo. Um

---

[38] *Matrix* foi uma produção cinematográfica de 1999, dirigida pelos irmãos Wachowski. Relata a história de um mundo simulado criado por máquinas inteligentes para manter os seres humanos conectados a uma rede de geração de bioenergia. Foi considerada, ainda em 1999, uma típica produção de estética pós-moderna, por promover uma espécie de bricolagem de elementos de ficção científica, histórias em quadrinho, *animes*, religião messiânica, ecologia e filosofia.

tratamento jurídico adequado não pode, portanto, estar restrito ao *locus* onde a questão se coloca com maior frequência, mas deve se inserir no sistema jurídico como um todo. Regras específicas podem e devem ser editadas para o comércio eletrônico (como, por exemplo, as que dizem respeito à identificação clara e precisa do fornecedor nos *sites* de ofertas), mas isso não faz da contratação virtual um mundo apartado do sistema jurídico, sujeito a conclusões de ocasião.

— 4 —

O superendividamento ativo na sociedade de consumo pelo prisma da filosofia

ANDRÉ PERIN SCHMIDT NETO[1]

Sumário: Introdução; I – Sociedade de Consumo; II – Filosofia e comportamento do consumidor; Conclusão; Bibliografia.

Introdução

O superendividamento é um fenômeno multifacetário. Economicamente, corresponde à impossibilidade financeira de o indivíduo saldar seus débitos. Juridicamente, é a incapacidade do sujeito de quitar as dívidas assumidas de boa-fé com o patrimônio que dispõe, sem comprometer o mínimo existencial que assegure a sua dignidade.

Na precisa definição da professora Cláudia Lima Marques, superendividamento é: "(...) a impossibilidade global de o devedor pessoa física, consumidor, leigo e de boa-fé, pagar todas suas dívidas atuais e futuras de consumo".[2]

Fica claro, portanto, que somente receberá auxílio na recuperação financeira aquele que se superendividou de boa-fé. No mesmo sentido, Maria Manuel Leitão Marques afirma que o superendividamento se caracteriza "pela impossibilidade manifesta de o devedor de boa-fé fazer face ao conjunto da suas dívidas não profissionais vencidas ou vincendas".[3]

Isso porque há casos em que se percebe que o intuito do devedor, ao assumir a dívida, era ludibriar o credor. Em tais situações, a análise da movimen-

---

[1] Doutorando e mestre pela UFRGS, bolsista CAPES, especialista em Direito do Consumidor e Direitos Fundamentais pela mesma universidade, possui graduação em Ciências Jurídicas e Sociais pela PUC/RS. Atualmente é professor da graduação da UNISINOS e da PUC e da Pós-Graduação *Lato Sensu* Especialização em Direito do Consumidor e Direitos Fundamentais da UFRGS e Pós-Graduação em Direito Civil na URI e IMED, bem como atua no Centro de Pesquisa da Escola Superior da Magistratura, do qual é pós-graduado, além de advogar em Porto Alegre. Autor da obra *Revisão dos contratos com base no superendividamento*.

[2] MARQUES, Cláudia Lima. Sugestões para uma Lei sobre o Tratamento do Superendividamento de Pessoas Físicas em Contratos de Créditos de Consumo: proposições com base em pesquisa empírica de 100 casos no Rio Grande do Sul. *In*: MARQUES, Cláudia Lima, CAVALLAZZI, Rosângela Lunardelli (coord.) *Direitos do Consumidor Endividado*: Superendividamento e Crédito. São Paulo: Revista dos Tribunais, 2006, p. 256.

[3] MARQUES, Maria Manuel Leitão; NEVES, Vitór; FRADE Catarina; LOBO, Flora; PINTO, Paula; CRUZ, Cristina. *O Endividamento dos Consumidores*. Coimbra: Almedina, 2000, p. 235.

tação financeira prévia permite concluir que o devedor premeditou a condição de superendividado no intuito de frustrar futura cobrança e não poderá se valer do procedimento de recuperação financeira.

Por outro lado, há também casos de superendividados que sofreram os chamados acidentes da vida que alteraram de súbito a condição financeira, impedindo o sujeito de boa-fé de saldar suas dívidas. Em tais situações, não se pode negar acesso a programas de recuperação do crédito. É a hipótese do chamado superendividado passivo, conforme classificação de Maria Manuel Leitão Marques,[4] que sofreu com um evento alterador das circunstâncias fáticas, tal como desemprego, divórcio, doença ou morte na família, alta das taxas de juros, etc., a merecer proteção do Estado na renegociação das dívidas com seus credores.

Há também, de acordo com a classificação da professora Leitão Marques, o chamado superendividado ativo inconsciente. Este, diferentemente do consciente, age de boa-fé, mas ao contrário do passivo, não foi acometido por um viés, tendo sido imprudente ao gerir a vida financeira. Ainda assim a doutrina nacional e estrangeira, bem como as legislações alienígenas, são uníssonas em afirmar que este superendividado deve receber todo o apoio do Estado.

Isso permite dizer que somente o dolo do superendividado de má-fé descaracteriza a condição e afasta o referido apoio estatal. A questão gira em torno da discussão acerca da "culpa" na responsabilidade contratual[5] e, neste caso, indaga-se: o superendividado que "voluntariamente" (por imprevidência) coloca-se nesta condição deve arcar com mais encargos?

Para tratar deste ponto é preciso analisar a sociedade de consumo e o modo como consumidores são induzidos às compras irrefletidas. De fato, falar em voluntariedade na contratação de massas promovida pelo mercado globalizado é tratar de um assunto atual com uma ciência do passado. A adoção da *open credit society* demanda uma mudança cultural no trato com o consumidor a crédito. Sabendo-se que isso reflete a cultura dominante de um país, cabe perguntar até que ponto esta ótica moralista, que ignora o assédio de consumo na sociedade capitalista e tecnológica de massas, combate o superendividamento.

I – Sociedade de Consumo

É sabido que a sociedade atual, extremamente hedonista, induz ao comportamento irracional de indivíduos levados a adquirir serviços e produtos pelo simples prazer. Compra-se "a partir de um impulso incontrolado do desejo e não por uma vontade verdadeira. O consumidor é comandado pelo prazer e não pela razão".[6] A procura incessante pela satisfação imediata se foca nos

---

[4] MARQUES, Maria Manuel Leitão; NEVES, Vitór; FRADE Catarina; LOBO, Flora; PINTO, Paula; CRUZ, Cristina. *O Endividamento dos Consumidores*. Coimbra: Almedina, 2000, p. 2.
[5] CATALAN, Marcos. *A morte da culpa na responsabilidade contratual*. São Paulo: Revista dos Tribunais, 2013.
[6] "à partir d'une implusion incontrôlée du désir et non par une volonté véritable. Le consommateur est commandé par le plaisir et non par la raison". (Tradução livre) CHARDIN, Nicole. *Le contrat de consommation de crédit et l'autonomie de la volonté*. Paris: LGDJ, 1988, p. 36.

bens de consumo criando uma contradição entre prazer e razão por conta da atitude impulsiva do consumidor que recorre ao crédito e, em muitos casos, o faz "para satisfazer despesas supérfluas, obedecendo ao princípio do prazer imediato [...]".[7] Mas o que é supérfluo?[8] Árduo identificar quais são, hoje, as necessidades primárias (básicas à sobrevivência do ser humano) e quais são meras atitudes de reprodução de consumos enquanto apropriações do significado simbólico dos objetos pela identificação e por atividades alienantes. Citando Shakespeare, Jean Baudrillard adverte: "'Oh, não discutam a 'necessidade'! O mais pobre dos mendigos possui ainda algo de supérfluo na mais miserável coisa. Reduzam a natureza às necessidades da natureza e o homem ficará reduzido ao animal: a sua vida deixará de ter valor. Compreendes por acaso que necessitamos de um pequeno excesso para existir' – diz Shakespeare no Rei Lear".[9]

Realmente, dentre as situações que promovem o conforto, e não apenas a sobrevivência digna, resta difícil estabelecer o que é um bem voluptuário e o que é necessário para um mínimo de qualidade de vida. Um ar-condicionado em um escritório pode ser supérfluo no Rio Grande do Sul, mas não o será no Piauí. Também o tempo influencia nesta definição diante da sofisticação do mercado. "Quem pode negar que a televisão, hoje, faz parte do conjunto de necessidades primeiras do cidadão? Há 20 anos atrás tal seria considerado um luxo só acessível à classes mais abastadas".[10]

Deste modo, pode-se afirmar que o consumo possui tanto a função de satisfação das necessidades, quanto de realização de desejos,[11] mas a valorização destas necessidades e desejos será ditada de acordo com o meio. E este meio, não podemos esquecer, comporta-se de acordo com os ditames da mídia de massa, que "cria, frequentemente, novos hábitos, despertando ou mantendo o interesse da coletividade que assimila e adere às mensagens, inserindo ou conservando-se no elenco de seus clientes; com isso, sucessivos impulsos de compra são gerados, em todas as partes, aumentando-se o contingente consumidor da população terrestre".[12]

Os próprios objetivos e necessidades perseguidos pelos indivíduos correspondem àquelas socialmente recomendadas no espaço público, veiculadas por interesses particulares e retransmitidos como se universais fossem. Com isso, o pensamento particular e o poder crítico da razão individual dão lugar às ideias socialmente consideradas positivas, tornando o indivíduo submisso ao coletivo, na medida em que não mais tem convicções próprias. Consome

---

[7] MARQUES, Maria Manuel Leitão; NEVES, Vitór; FRADE Catarina; LOBO, Flora; PINTO, Paula; CRUZ, Cristina. *O Endividamento dos Consumidores*. Coimbra: Almedina, 2000, p. 19.

[8] Idem, p. 19. Nota 11.

[9] BAUDRILLARD, Jean. *A sociedade de consumo*. Lisboa: Edições 70, 2007, p. 39.

[10] BENJAMIN, Antônio Herman V. O conceito jurídico de consumidor. *Revista dos Tribunais*, São Paulo, v. 628, fev. 1988, p. 72.

[11] FRADE, Catarina, MAGALHÃES, Sara. Sobreendividamento, a outra face do crédito. In: MARQUES, Cláudia Lima, CAVALLAZZI, Rosângela Lunardelli (coord.) *Direitos do Consumidor Endividado*: Superendividamento e Crédito. São Paulo: Revista dos Tribunais, 2006, p. 24.

[12] BITTAR, Carlos Alberto. *Direitos do consumidor*: código de defesa do consumidor (Lei 8.078 de 11 de setembro de 1990). Rio de Janeiro: Forense Universitária, 1990, p. 2.

naquele restaurante porque todos consomem, ouve aquela música porque todos ouvem, compra porque todos compram. E embora se comporte conforme a massa, ao mesmo tempo quer fazer crer ser único. Paradoxalmente, o indivíduo moderno, embora se comporte de modo a ser aceito pelo grupo, quer ser único, produto do narcisismo e avidez por juventude[13] do mundo contemporâneo. Assim, a estética invade o mundo do útil e serviços e objetos antes tidos por supérfluos passam a ser de primeira necessidade.

Contraditoriamente, ao mesmo tempo em que há uma homogeneização da cultura fruto da influência da globalização, da internet e da mídia de massa, em que as pessoas do mundo todo consomem os mesmos produtos de prestígio internacional,[14] há ânsia pelo produto personalizado,[15] desejo de individualidade em um mundo padronizado. Para suprir este desejo, o *marketing* criou o chamado *marketing* personalizado, *micromarketing*, *marketing* individualizado ou, ainda, *marketing one-to-one*.[16]

Todo esse avanço do consumismo se dá porque o ato de consumir tornou-se premissa indispensável à expansão da produção. Para estimular o consumo, o sistema passou a identificá-lo com prazer, sonho ou desejo celebrado, valores típicos de uma sociedade niilista, associando o ato de consumir com a felicidade.

Segundo Jean Baudrillard: "Todo discurso sobre necessidades assenta numa antropologia ingênua: a da propensão natural para a felicidade. Inscrita em caracteres de fogo por detrás da menor publicidade para as Canárias ou para os sais de banho, a felicidade constitui a referência absoluta da sociedade de consumo, revelando-se como o equivalente autêntico da salvação".[17]

Neste sentido, a partir do pensamento de Marx, a mercadoria seduz, provoca, mascara o processo de exploração. Ignorando isso, a sociedade criou o hábito de considerar que o consumo pode conferir prestígio, *status*, etc., ao marcar distâncias e posições sociais. Este hábito gera uma adesão conformada dos indivíduos em comunidade que passam a não mais questionar o sistema, mas sim tentar de todas as formas fazer parte dele, se integrar à sociedade. Sem perceber, veem-se seduzidos pela eterna primavera reproduzida nos centros comerciais que remetem a uma ausência de limites.

Os símbolos criados pelo *marketing* seduzem de maneira alienante o consumidor que segue os comandos daquele. Em célebre frase, disse William Shakespeare: "O que é algo a não ser o valor que se dá a ele?". E o *marketing*,

---

[13] Quando trata do corpo como objeto de consumo, Jean Baudrillard diz: "[...] na publicidade, na moda e na cultura das massas – o culto higiênico, dietético e terapêutico com que se rodeia a obsessão pela juventude, elegância, virilidade/feminilidade, cuidados, regimes, práticas sacrificiais que com ele se conectam, o Mito do Prazer que o circunda – tudo hoje testemunha que o corpo se tornou objeto de salvação". BAUDRILLARD, Jean. *A sociedade de consumo*. Lisboa: Edições 70, 2007. p. 136.

[14] BASTA, Darci *et al*. *Fundamentos de marketing*. Rio de Janeiro: Editora FGV, 2007, p. 31.

[15] O que Jean Baudrillard chama de Menor Diferença Marginal (M.D.M.) BAUDRILLARD, Jean. *A sociedade de consumo*. Lisboa: Edições 70, 2007, p. 87 e 99.

[16] "Um bom exemplo do marketing individualizado é a empresa japonesa NB, que oferece 11.232 variações possíveis de bicicletas". BASTA, Darci et al. *Fundamentos de marketing*. Série Gestão empresarial (FGV Manegment). – Rio de Janeiro: Editora FGV, 2007, p. 19.

[17] BAUDRILLARD, Jean. *A sociedade de consumo*. Lisboa: Edições 70, 2007, p. 47.

percebendo isso, cria e destrói valores que são seguidos pelos indivíduos influenciáveis pela mídia.

Este modo como o mercado globalizado reorganiza a produção e o consumo provoca desigualdades sociais e desrespeito às diferenças culturais na medida em que hierarquiza cidadãos a partir da abundância do consumo.

Buscando obter – ou aparentar – uma condição social superior a que verdadeiramente detém – já que os bens materiais perdem os seus valores intrínsecos passando a ser vistos como objetos de ostentação –, o consumidor vive acima de suas condições, sobrecarregando sua renda a fim de alcançar a sonhada realização pessoal. Para tanto, recorre ao crédito. Contudo, mesmo que ascenda socialmente, alcançando a posição que desejava, buscará mais, tornando-se um eterno insatisfeito, até não mais poder sustentar seus desejos e cair na armadilha do superendividamento.

Esta insatisfação decorre de padrões de interação no meio social. Os valores de cada grupo social ditam o que é necessidade e o que é supérfluo. Ocorre que para alguns a sensação de aceitação no grupo é necessidade básica, ainda que esta aceitação decorra da prática de atos que não sejam razoáveis. O indivíduo simplesmente pratica aquilo que o identifica com determinado grupo a que quer fazer parte para que, quando da comparação, assuma a posição social que almeja. Por isso não se pode confundir necessidade com necessidade orgânica. A última é aquela que é tida como essencial por todo ser humano para uma vida digna; já, a primeira pode ser considerada elementar por um grupo, mas não por outro, dependendo dos valores que são tidos como centrais por aquela coletividade específica. O indivíduo seleciona e se apropria dos bens que ele considera publicamente valiosos, interagindo com os indivíduos que também comungam dos mesmos valores.

Desta forma, buscam a felicidade, pautando-se pela quantidade e qualidade dos bens de consumo adquiridos e moldando seu estado de espírito de acordo com o *marketing*,[18] sem perceber que é uma felicidade fugaz, gerada pelos objetos e pelos seus signos, cuja esperança alimenta a banalidade quotidiana definida pela simples resolução de tensões e que se reduz a mera acumulação compulsiva de significados.

Nesta perspectiva, alcançar o direito ao desperdício é alcançar a ventura.

Só que o desperdício é prerrogativa de poucos. Aparentemente, o crédito iguala as oportunidades de compra entre ricos e pobres, mas o resultado, para os ricos, é o desperdício; para os mais pobres, o superendividamento.

O alerta é novamente de Jean Baudrillard:

> Todas as sociedades desperdiçaram, dilapidaram, gastaram e consumiram sempre além do estrito necessário, pela simples razão de que é no consumo do excedente e do supérfluo que, tanto o indivíduo como a sociedade, se sentem não só existir, mas viver. [...] A noção de utilidade, de origem racionalista e economista, tem portanto de rever-se segundo uma lógica social muito mais geral em que o desperdício, longe de figurar como resíduo irracional, recebe uma função positiva,

---

[18] BERTONCELLO, Karen Rick Danilevicz. *Superendividamento e Dever de Renegociação*, Dissertação de Mestrado (Livre Docência) – Programa de Pós Graduação em Direito, Universidade Federal do Rio Grande do Sul (UFRGS), Porto Alegre, 2006, p. 7.

[...] tornando-se o aumento da despesa, o supérfluo, a inutilidade ritual do 'gasto para nada', o lugar de produção de valores, das diferenças e do sentido [...]

Este "sobreexcedente", pelo qual se afirma o valor, pode tornar-se "algo de próprio". A lei do valor simbólico, que faz que o essencial esteja sempre além do indispensável, ilustra-se o melhor possível na despesa e na perda, podendo igualmente verificar-se na apropriação, contanto que esta possua a função diferencial do aumento e do "sobreexcedente".[19]

Assim, embora racionalmente diga-se que *"status é comprar uma coisa que você não quer, com um dinheiro que você não tem, para mostrar pra gente que você não gosta, uma pessoa que você não é"*, na prática o desejo de aceitação e reconhecimento no grupo confunde e induz a um comportamento imaturo.

A aglomeração urbana, por estimular a comparação e a competição, promover a acessibilidade aos mais diversos produtos e serviços que proporcionam variadas formas de bem-estar, bem como reforçar o incentivo do *marketing* e a pressão social, acaba por criar necessidades que antes não existiam. Acrescente-se a esse quadro o fenômeno da "obsolescência programada" dos bens de consumo,[20] mediante o lançamento sazonal de modo planejado pelos fornecedores para manter os indivíduos como consumidores, prendendo-os através do desejo de incrementar seu antigo bem, acrescentando-lhe funções, *designs* ou qualquer outra novidade que aparente otimização do produto. Tudo é efêmero porque tem que acompanhar a velocidade da moda e do moderno.

Sobre o que chama de "obsolência calculada", diz Jean Baudrillard:

Bastaria isto para pôr em questão os postulados "racionalistas" de toda a ciência económica acerca da utilidade, das necessidades, etc. Sabe-se ainda que a ordem da produção não sobrevive a não ser ao preço de semelhante extermínio, de perpétuo "suicídio" calculado do parque dos objectos, de diminuir o seu valor/tempo sujeitando-se ao valor/moeda e à renovação acelerada.[21]

E complementa mais adiante, citando Grvasi, na mesma obra:

Assim, Grvasi diz: "O crescimento é acompanhado pela introdução constante de novos produtos à medida que a elevação dos rendimentos alarga as possibilidades de consumo". "A tendência ascendente dos rendimentos suscita não só uma corrente de bens novos, mas também a proliferação de qualidades do mesmo bem".[22]

Esta técnica é extremamente eficaz graças a uma combinação de características presentes em uma sociedade na qual a posição social se mede pelo poder de compra. Há um desejo por tudo o que é novo, moderno e *fashion*, e o crédito está disponível a todos.[23]

---

[19] BAUDRILLARD, Jean. *A sociedade de consumo*. Lisboa: Edições 70, 2007, p. 38 a 40.

[20] BAUDRILLARD, Jean. *O sistema dos objetos*. Trad. Zulmira R. Tavares. São Paulo: Perspectiva, 2002, p. 168. Apud PEREIRA, Wellerson Miranda. Superendividamento e crédito ao consumidor: reflexões sob uma perspectiva de direito comparado. *In:* MARQUES, Cláudia Lima, CAVALLAZZI, Rosângela Lunardelli (coord.). *Direitos do Consumidor Endividado*: Superendividamento e Crédito. São Paulo: Revista dos Tribunais, 2006, p. 162.

[21] BAUDRILLARD, Jean. *A sociedade de consumo*. Lisboa: Edições 70, 2007, p. 42.

[22] Idem, p. 61.

[23] RAMSAY, Iain. *Comparative Consumer Bankruptcy* – Symposium: Consumer bankruptcy and credit in the wake of the 2005 act. In: University of Illinois Law Review, 2007. Disponível em <http://www.westlaw.com>, p. 12.

O indivíduo busca a inclusão em um círculo social, a fim de obter um bem-estar psicológico.[24] Para tanto, não mede esforços, podendo pagar valores altíssimos por bens que possuem um custo de produção baixo, se comparado ao custo final. Este indivíduo está comprando o que Karl Marx chamou de "fetiche de mercadoria".[25]

II – Filosofia e comportamento do consumidor

Em um esboço editado como apêndice das "Teorias da Mais-Valia", obra que Marx pretendia que compusesse o Livro Quarto de "O Capital" – ideia que não chegou a se concretizar – o ilustre pensador alemão abordou o "fetichismo de capital", tema que tratou também nos demais livros, notadamente no Livro Terceiro, capítulo LXVIII.

Já os pensadores da Economia Política clássica, como Adam Smith e Ricardo, nunca se preocuparam em analisar o valor dado às mercadorias. Ao tratá-lo como algo indiferente ou externo à natureza dos produtos, ignoraram aspecto relevante para o estudo da economia, que envolve mensuração do valor de troca.[26]

Quando aborda o tema, Marx esclarece que o fetichismo da mercadoria[27] seria uma espécie de alienação que desenvolve poderes e vida própria às mercadorias.[28]

Nas palavras de Jacob Gorender, que faz brilhante apresentação à principal obra de Marx, "a teoria marxiana conduz à desmistificação do fetichismo da mercadoria e do capital. Desvenda-se o caráter alienado de um mundo em que as coisas se movem como pessoas e as pessoas são dominadas pelas coisas que elas próprias criaram".[29] O mesmo estudioso acrescenta que esta "entidade" faria parte do segredo da acumulação originária do próprio capital, que, para Marx, decorria do desenvolvimento das forças produtivas que geraram uma divisão social do trabalho e a consequente exploração dos assalariados.[30]

---

[24] CAVALLAZZI, Rosangela Lunardelli. MELLO, Heloisa Carpena Vieira de. Superendividamento: propostas para um estudo empírico e perspectiva de regulação. In: MARQUES, Cláudia Lima, CAVALLAZZI, Rosângela Lunardelli (coord.). *Direitos do Consumidor Endividado*: Superendividamento e Crédito. São Paulo: Revista dos Tribunais, 2006, p. 313.

[25] MARX, Karl. *O capital*: crítica da economia política. apresentação de Jacob Gorender; coordenação e revisão de Paul Singer; tradução de Regis Barbosa e Flávio R. Kothe. – São Paulo: Abril Cultural, 1983, p. XXXVII.

[26] Idem, p. 76. Nota 32.

[27] DALMÁS, Giovana. Ideologia e direitos humanos. In: ANDRADE, Jair; REDIN, Giuliana (Orgs.). *Múltiplos olhares sobre os direitos humanos*. Passo Fundo: IMED, 2008, p. 241.

[28] MARX, Karl. *Para a crítica da economia política; Salário, preço e lucro; O rendimento e suas fontes*: a economia vulgar. introdução de Jacob Gorender; traduções de Edgard Malagodi [et al.]. São Paulo: Abril Cultural, 1982, p. XXI e XXII.

[29] MARX, Karl. *O capital*: crítica da economia política. apresentação de Jacob Gorender; coordenação e revisão de Paul Singer; tradução de Regis Barbosa e Flávio R. Kothe. São Paulo: Abril Cultural, 1983, p. XXXVII.

[30] Na mesma apresentação, o autor ainda apresenta as explicações de Nassau Senior, Weber e Schumpeter. MARX, Karl. *O capital*: crítica da economia política. apresentação de Jacob Gorender; coordenação e revisão de Paul Singer; tradução de Regis Barbosa e Flávio R. Kothe. São Paulo: Abril Cultural, 1983, p. XXXVIII.

Independentemente de encarar o fetiche de capital desta forma, não se pode negar que ele existe e merece menção quando se analisa o consumismo da atualidade.

Marx afirma que, embora pareça uma coisa trivial, a mercadoria é algo extremamente complexo. Não como "valor de uso", onde "não há nada de misterioso", mas como caráter enigmático do produto do trabalho. A mística que envolve uma mercadoria decorreria do fato de que ela reflete as características sociais do produto e, com isso, das relações sociais entre as coisas. Para ele, os objetos se relacionam com os homens e entre si face às suas significações.

Neste sentido, Marx recorre a uma analogia com a religião, onde os produtos do cérebro tomam vida própria como figuras autônomas.[31]

Isto produz uma divisão do produto que só ocorre na prática entre coisa útil e coisa de valor. No que toca ao segundo, o valor que é dado à mercadoria seria um "hieróglifo social", isto é, um símbolo que se traduz em um significado. Estas formas constituiriam as categorias da chamada "economia burguesa". Porque estas formas de pensamento são socialmente admitidas como válidas na forma de produção capitalista, elas se mantêm. Assim, Marx afirma que para que se supere este tipo de "misticismo do mundo das mercadorias, toda a magia e fantasmagoria que enevoa os produtos de trabalho",[32] far-se-ia necessário alterar a forma de produção e passar a ficar sob o controle consciente e planejado de homens livremente socializados.[33]

Assim como a linguagem[34] e os gestos, as mercadorias também são produto social e transmitem uma mensagem. Estes recados enviados em signos, sob a forma de "um código social de valores",[35] a partir das mercadorias que o indivíduo tem, faz com que ele seja reconhecido e aceito pelos grupos, não de modo expresso, mas como um inconsciente coletivo.[36] Aqueles que não possuem recursos para alcançar este bem-estar psicológico recorrem ao crédito no intuito de atingir o reconhecimento social.[37]

Daí por que o crédito e o endividamento têm contornos multidisciplinares, envolvendo conhecimentos jurídicos, econômicos, sociológicos, psicológicos, históricos, etc.[38] No campo jurídico, mesclam-se conhecimentos sobre

---

[31] MARX, Karl. *O capital*: crítica da economia política. apresentação de Jacob Gorender; coordenação e revisão de Paul Singer; tradução de Regis Barbosa e Flávio R. Kothe. – São Paulo: Abril Cultural, 1983, p. 70 e 71.

[32] Idem, p. 73.

[33] idem, p. 71 a 78.

[34] Idem, p. 72. BAUDRILLARD, Jean. *A sociedade de consumo*. Lisboa: Edições 70, 2007, p. 79.

[35] BAUDRILLARD, Jean. *A sociedade de consumo*. Lisboa: Edições 70, 2007, p. 78.

[36] Tanto assim o é que somente não são atingidos pela sedução do *marketing* aqueles que não têm pretensões de ascender do modo capitalista de ser, fundamentando a própria identidade em outros valores, como os ambientalistas ou religiosos. CICERONE, Paola Emilia. Loucos por compras. *Mente e Cérebro*, São Paulo, n. 176, p. 44-49, set. 2007. Edição de aniversário. p. 47.

[37] FRADE, Catarina, MAGALHÃES, Sara. Sobreendividamento, a outra face do crédito. In: MARQUES, Cláudia Lima, CAVALLAZZI, Rosângela Lunardelli (coord.). *Direitos do Consumidor Endividado*: Superendividamento e Crédito. São Paulo: Revista dos Tribunais, 2006, p. 25 e 26.

[38] PEREIRA, Wellerson Miranda. Superendividamento e crédito ao consumidor: reflexões sob uma perspectiva de direito comparado. In: MARQUES, Cláudia Lima, CAVALLAZZI, Rosângela Lunardelli (coord.). *Direitos do Consumidor Endividado*: Superendividamento e Crédito. São Paulo: Revista dos Tribunais, 2006. p. 160.

direito civil, do consumidor, constitucional e sociologia jurídica.[39] Esta multidisciplinaridade é mais forte na relação de consumo porque, de acordo com a teoria da decisão (*théorie de la decision*), o próprio ato de decidir do consumidor é multidisciplinar.[40] Vale notar que o próprio direito tem assumido uma posição mais de ciência social, e não apenas de ciência normativa, como era costumeiramente encarada.[41]

Mas se Karl Marx é relevante para compreender o consumismo capitalista moderno, não se pode esquecer dos ensinamentos daquele que teve enorme influência em seu pensamento, Georg Wilhelm Friedrich Hegel, de quem foi seguidor embora opondo-se a alguns de seus trabalhos,[42] notadamente quanto à concepção de Estado – já que inicialmente Marx queria analisar toda a filosofia hegeliana, mas só concluiu a parte em que o filósofo tratava da concepção de Estado –, contrapondo-se à ideia central da dialética hegeliana de que a razão (ideia) transforma as relações materiais e as condições históricas, dizendo que as relações de produção é que transformam as ideias através dos processos sociais materiais, ou seja, as relações formam a consciência, e não o contrário.

Se para Hegel a abstração desenvolve a humanidade, para Marx, assim como Engels, a essência do ser humano está nas relações sociais que produzem. Em síntese, Hegel parte da ideia para o mundo, e Marx, do mundo para as ideias.[43]

O fato é que, apesar destas críticas, Marx foi influenciado em muito por Hegel, chamado por alguns, inclusive, de discípulo deste.[44]

Hegel baseava seus estudos a partir da relação entre história e filosofia,[45] afirmando que, ao longo do desenvolvimento da humanidade, a consciência

---

RAMSAY, Iain. *Comparative Consumer Bankruptcy* – Symposium: Consumer bankruptcy and credit in the wake of the 2005 act. In: University of Illinois Law Review, 2007. Disponível em <http://www.westlaw.com>. p. 13.

[39] CAVALLAZZI, Rosangela Lunardelli. MELLO, Heloisa Carpena Vieira de. Superendividamento: propostas para um estudo empírico e perspectiva de regulação. *In:* MARQUES, Cláudia Lima, CAVALLAZZI, Rosângela Lunardelli (coord.). *Direitos do Consumidor Endividado*: Superendividamento e Crédito. São Paulo: Revista dos Tribunais, 2006. p. 321.

[40] "(...) il s'est formé ces dernières années toute une théorie de la volonté, ou plus précisément de la décision, théorie interdisciplinaire qui oblige à une étude en coupe de la psychologie, de l'economie et du droit". (no original) "Nestes últimos anos, está se formando toda uma teoria da vontade, ou mais precisamnte da decisão, teoria interdisciplinar que obriga a um estudo em corte da psicologia, da economia e do direito". (tradução livre) CHARDIN, Nicole. *Le contrat de consommation de crédit et l'autonomie de la volonté*. Paris: LGDJ, 1988, p. 58.

[41] CAVALLAZZI, Rosangela Lunardelli. MELLO, Heloisa Carpena Vieira de. Superendividamento: propostas para um estudo empírico e perspectiva de regulação. *In:* MARQUES, Cláudia Lima, CAVALLAZZI, Rosângela Lunardelli (coord.). *Direitos do Consumidor Endividado*: Superendividamento e Crédito. São Paulo: Revista dos Tribunais, 2006, p. 316.

[42] MARX, Karl. *Crítica da filosofia do direito de Hegel*. 2 ed. Lisboa: Editorial Presença, 1983.

[43] DALMÁS, Giovana. Ideologia e direitos humanos. In: ANDRADE, Jair (Org.); REDIN, Giuliana (Org.). *Múltiplos olhares sobre os direitos humanos*. Passo Fundo: IMED, 2008, p. 211 e 212.

[44] DALMÁS, Giovana. Ideologia e direitos humanos. In: ANDRADE, Jair (Org.); REDIN, Giuliana (Org.). *Múltiplos olhares sobre os direitos humanos*. Passo Fundo: IMED, 2008. p. 210. BENEDIKT, Michel. Ser genérico e espírito: observações sobre a socialização no primeiro Hegel e no jovem Marx. *In:* STEIN, Ernildo; BONI, Luís A. (Org.). *Dialética e liberdade*. Petrópolis, RJ: Vozes, 1993, p. 372.

[45] SCHMIED-KOWARZSIK, Wolfdietrich. Hegel: Plenitude e fim da primeira filosofia: um estudo sobre o conceito de história da Ética. *In:* STEIN, Ernildo; BONI, Luís A. (Org.). *Dialética e liberdade*. Petrópolis, RJ: Vozes, 1993, p. 611-628.

vivia em constante batalha contra a alienação, e que o pensamento racional modificava o mundo exterior. Esta luta da razão *versus* alienação voltava-se a um objetivo final, ou seja, o momento em que o espírito venceria o desconhecimento, e a humanidade, por meio da razão, alcançaria o estágio final: o estado de vida ética, ou *Sittlichkeit*.

Assim, todas as oposições da modernidade, mesmo as mais trágicas, não representam somente catástrofes, mas estágios em direção ao conhecimento, "expressões dinâmicas da contínua luta que define a existência, determina a consciência humana e torna a história o processo no qual o espírito (ou a razão) realiza-se como o princípio subjacente da história".[46] Para ele, a história é uma trajetória sempre progressiva em direção à solução dos conflitos e o crescimento decorrente disso. Trata-se de uma marcha da humanidade em direção à consciência-de-si.

A partir dos ensinamentos de Hegel, o espírito humano estava em diferenciar-se de si próprio, ser objeto para si. O espírito como autoconsciência. Para desenvolver o espírito, é necessário que este saia e torne a si mesmo. Para tal, deve passar por estágios. O primeiro, da autoconsciência, em que o espírito ainda não tem consciência de si mesmo, apenas sonha. Esta fase é perceptível no comportamento infantil. Trata-se da tese no autoconhecimento. Desperto do estágio de sonho, passa a descobrir-se. O espírito analisa a si como algo estranho, questionando o que ele mesmo é. Este é o estágio da antítese. É na auto-observação que ocorre a alienação do Eu, a divisão entre observador e observado. Mas somente haverá uma autoconsciência plena quando o indivíduo descobrir que o que ele vê na observação é a si próprio. Assim o Eu se reconcilia consigo. Há aí, a síntese na autoconsciência. O espírito absoluto é, portanto, o ser igual a si que se converte em outro para se reconhecer como a si mesmo.[47]

Nos termos do bastante elucidativo texto de Thomas Kesselring, uma evidência desta evolução em direção ao reconhecimento é a capacidade de uma substância que é somente *em si* tornar-se *para si* ao ter autoconsciência:

> Um sinal do desenvolvimento espiritual segundo Hegel consiste em que aquilo que primeiro foi *em-si*, torna-se, numa etapa superior, *para-si*. Numa primeira aproximação pode-se dizer: algo é *para-si* quando *sabe de si*, quando tem *autoconsciência*. Ou, mais neutra e corretamente, algo é *para-si* (ou para a consciência), quando a consciência reflete sobre isso. Algo é *em-si*, quando não há saber nem consciência disso, quando não se reflete sobre isso. Exemplo como ilustração: uma substância inorgânica só é *em-si*. Homens (e eventualmente certas espécies superiores de animais) têm auto-consciência, são portanto *para-si*. Eles subsistem ao mesmo tempo como substância. Portanto, a substância adquiriu também, no homem, de certa maneira, a capacidade de *ser para-si*. *Ser para-si* implica, pois uma auto-relação cognitiva. Ora, o *ser-para-si* pode, por sua vez, tornar-se consciente, ele se potencia então num ser *para-si também para-si-mesmo* (Phän. Vorr. 24/28/25), num saber sobre a *autoconsciência*.[48]

---

[46] DOUZINAS, Costas. *O fim dos direitos humanos*; Tradução Luzia Araújo. São Leopoldo: Unisinos, 2009. (Coleção Díke), p. 271.

[47] WEISCHEDEL, Wilhelm. *A Escada dos Fundos da Filosofia*: A Vida Cotidiana e o Pensamento de 34 Grandes Filósofos. Tradução Edson Dognaldo Gil. 3. ed. São Paulo: Angra, 2001, p. 243 e 244.

[48] KESSELRING, Thomas. Reconstrução racional de dialética no sentido de Hegel. *In*: STEIN, Ernildo; BONI, Luís A. (Org.). *Dialética e liberdade*. Petrópolis, RJ: Vozes, 1993, p. 561 e 562.

Isso é a base do reconhecimento, mas também é possível compreendê-lo de modo reflexivo, isto é, mais do que como autoconhecimento, mas como compreensão do Outro. A constituição da personalidade é fruto do que reconhecemos como sendo a nós mesmos. E estas características decorrem do reconhecimento do Outro. Isto se dá ao se desejar o desejo do outro, isto é, na relação entre homem e coisa, desejar o conhecimento e entre homens o reconhecimento.

Enquanto Kant e Descartes analisaram a consciência de um prisma solitário, Hegel foca sua dialética na dimensão reflexiva do Eu e na dependência dos outros. Isso porque o ego descobre o mundo exterior por meio da percepção fruto da consciência e ao entrar em contato com ele, complementa esta contemplação através do desejo. Este desejo é que particulariza os indivíduos, pois são os meus desejos que me tornam únicos e diferentes dos objetos (o não Eu).

> O desejo por alimento, por exemplo, nega a alteridade do gênero alimentício e anula seu ser na medida em que o Eu o devora para saciar sua fome. O Eu assimila e transforma o objeto a fim de sobreviver, mas ao mesmo tempo, nega a sua independência e seu caráter dado em uma tentativa de sanar a ruptura entre sujeito e objeto. O desejo revela uma falta fundamental no sujeito, um vazio no Eu que deve ser preenchido por meio da dominação de objetos externos.[49]

E reconhecendo o Outro e seus desejos, o Eu passa a ver a si próprio refletido no Outro, reconhecendo-se mesmo nas diferenças, mas, ainda assim, a existência e a alteridade se mantêm. Eis a crítica a filosofia liberal que, ao glorificar o indivíduo, nega sua dependência do mundo, apagando a alteridade e imaginando o Eu como idêntico a si mesmo. Esta certeza não reflexiva, que ignora o Outro por não procurar a si mesmo nele, não admite o fato de que dependemos do Outro e somos determinados e induzidos pelo mundo exterior.[50]

Este reconhecimento deve ser mútuo, portanto Eu devo reconhecer alguém que me reconhece e assim assimilar as características do Outro. Antes do estágio da vida ética, este reconhecimento não é total e completo, muitas vezes não sendo recíproco.

Neste diapasão, o ser humano define quem ele é imitando as características dos outros que deseja possuir.[51] No estágio ideal da vida ética, tal é vantajoso, mas antes disso o mútuo reconhecimento tem pretensões egoístas e é praticado no intuito de buscar a superioridade de uns sobre outros.

Na sociedade como um todo, é necessário, para que nos reconheçam como pessoas detentoras de direitos, que o sistema jurídico nos impute o dever de reconhecer os Outros como sujeitos de direitos. "A partir dessa perspectiva aprendemos a respeitar aos outros tanto quanto a nós mesmos na qualidade de detentores de direitos, cujas reivindicações serão atendidas".[52]

---

[49] DOUZINAS, Costas. *O fim dos direitos humanos*; Tradução Luzia Araújo. São Leopoldo: Unisinos, 2009. (Coleção Díke), p. 275.

[50] Idem, p. 276 e 277.

[51] Explorando esta característica humana, é comum que publicitários promovam um produto associando-o a um personagem famoso, uma celebridade, ressaltando que "fulano" possui aquele produto e por isso, "você" também deve desejá-lo.

[52] DOUZINAS, Costas. *O fim dos direitos humanos*; Tradução Luzia Araújo. São Leopoldo: Unisinos, 2009. (Coleção Díke), p. 281.

Os pressupostos para o reconhecimento pela lei são: a moralidade; respeito à dignidade humana e, por fim, o respeito próprio, isto é, perceber que eu sou capaz de uma ação moral e que possuo direitos e deveres.[53]

O não reconhecimento de meus próprios direitos impede o correto reconhecimento por impedir o conflito na medida em que aquele que tem baixa autoestima e aceita o fato de ser reconhecido como inferior, promove um denegrecer de sua identidade. Desta forma, discursos preconceituosos pretendem que o alvo das ofensas questione sua própria identidade reconhecendo-se como somenos, o que consequentemente impedirá que busque um correto reconhecimento como ser humano igual aos outros pela falta de respeito próprio (autorreconhecimento).[54]

Talvez por isso os superendividados sempre tiveram dificuldade em ser reconhecidos como detentores de direitos básicos, como a manutenção de um mínimo existencial, pois os próprios devedores de boa-fé, quando veem sua vida financeira dilacerada, se autorreconhecem como fracassados e culpados pela falência pessoal, tentando quitar os débitos que superam seu ativo ainda que inutilmente, pois dificilmente reorganizarão seu orçamento familiar sem auxílio, e abrindo mão de sua dignidade por crer que não merecem os direitos fundamentais básicos.

A partir da obra "Fenomenologia do espírito",[55] Hegel passou a basear seus estudos em uma "consciência teórica", deixando de lado a estrutura do "reconhecimento" em seu momento mais crucial, fazendo com que a inclusão da ética nas relações e nos direitos legais não evoluísse neste sentido. Assim, a ciência do direito se manteve no estágio deixado pela doutrina de Kant (*Rechtslebre*), já que a abordagem da pessoa feita por Hegel não é muito diferente daquela manifestada por Kant.[56]

No intuito de suprir esta lacuna, Honneth finaliza o pensamento iniciado por Hegel acrescentando um tipo de reconhecimento que permite que os integrantes de uma sociedade formulem sua personalidade baseados no reconhecimento do Outro: a solidariedade.

Afirma o autor alemão que aquele que baseia sua personalidade na solidariedade reúne todos os elementos para o reconhecimento hegeliano e ainda desfruta de uma grande estima social, isto é, o reconhecimento pelo grupo que reproduzirá este comportamento. "Uma sociedade baseada em solidariedade introduz direitos econômicos e sociais na lei e tenta mitigar o formalismo jurídico ao dirigir-se a necessidades sociais e histórias de vida reais".[57] Assim, se o amor gera o reconhecimento nos pequenos grupos, a solidariedade gera nos grandes.

---

[53] DOUZINAS, Costas. *O fim dos direitos humanos*; Tradução Luzia Araújo. São Leopoldo: Unisinos, 2009. (Coleção Díke), p. 281.
[54] Idem, p. 300.
[55] HEGEL, G. W. F. *Fenomenologia do espírito*. Tradução de Paulo Menezes. Petrópolis: Vozes, 1992.
[56] DOUZINAS, Costas. *O fim dos direitos humanos*; Tradução Luzia Araújo. São Leopoldo: Unisinos, 2009. (Coleção Díke), p. 284 e 285.
[57] Idem, p. 285.

Fazer uma leitura do reconhecimento como sendo também um reconhecer a si no Outro com o fim de compreender a situação alheia, faz com que se busque e se difunda, além de um direito baseado na solidariedade, uma sociedade fundada na compaixão e tolerância. Mas o mundo hodierno não estimula este tipo de comportamento.

Conforme Douzinas, o pensamento norte-americano crê que a sujeitificação estaria resolvida com o controle, a posse e a alienação dos objetos. Marx, Lacan e Hegel desde há muito já alertam que este é apenas um estágio para o reconhecimento.[58]

Partindo desta exaltação da propriedade, algumas distorções foram feitas à dialética hegeliana e levaram a afirmações errôneas no sentido de ideal de reconhecimento, mas que na prática parecem estar sendo levadas em conta por muitas sociedades.

Jeanne Shröeder[59] diz que o conceito principal para o reconhecimento é a propriedade, já que a posse e o desfrute desta permitem que a personalidade abstrata passe a contar com características próprias. Nossa dependência dos objetos externos e a apropriação destes pelo Eu particulariza o sujeito.

Portanto, a posse e o desfrute de bens identificam o sujeito para que o Outro reconheça esta pessoa abstrata como um indivíduo por meio de um terceiro elemento essencial: a alienação. Como bem afirma Douzinas analisando a obra da referida autora, para ela: "O contrato de propriedade simboliza o nascimento do sujeito. (...) Nós desejamos objetos não por eles próprios, mas como um meio para o desejo de outras pessoas. A subjetividade é, portanto, construída simbolicamente (...)".[60] Por mais materialista que possa parecer esta teoria, é o que se tem percebido no comportamento da sociedade contemporânea.

O perigo está nas falácias decorrentes da crença de que este é o pensamento correto, a ser seguido: "Assim, a lei, ao reconhecer direitos, confere à pessoa dignidade, e ao ratificar contratos, a torna livre".[61] Este raciocínio ignora a noção de equilíbrio contratual defendida pelo próprio Hegel: "77 – Porque no contrato real cada contratante conserva a mesma idêntica propriedade no que adquire e no que cede, (...)".[62] Vale ainda registrar outra passagem na qual o filósofo alemão rebate o individualismo diante de um conflito:

86 – Para cada uma das partes, o reconhecimento do direito está ligado ao interesse e à opinião particular que se encontra em conflito. Diante desta aparência, e no interior dela (§ 85°), manifesta-se ao mesmo tempo o direito como dever-ser, pois a vontade ainda não se mostra capaz de libertar-se da imediateidade do interesse e de marcar como seu fim, seu enquanto vontade par-

---

[58] DOUZINAS, Costas. *O fim dos direitos humanos*; Tradução Luzia Araújo. São Leopoldo: Unisinos, 2009. (Coleção Díke), p. 290.
[59] SCHRÖEDER, Jeanne. *The Vestal and the Fasces*: Psychoanalytical and Philosophical Perspectives on the Feminine and Property, Berkeley: University of California Press, 1998. *Apud* DOUZINAS, Costas. *O fim dos direitos humanos*; Tradução Luzia Araújo. São Leopoldo: Unisinos, 2009. (Coleção Díke).
[60] DOUZINAS, Costas. *O fim dos direitos humanos*; Tradução Luzia Araújo. São Leopoldo: Unisinos, 2009. (Coleção Díke), p. 287.
[61] Idem, p. 287.
[62] HEGEL, G. W. F. *Princípios da Filosofia do Direito*. Tradução Orlando Vitorino. São Paulo: Martins Fontes, 1997, p. 73.

ticular, a vontade geral; esta ainda aqui se encontra determinada como uma realidade perante a qual as partes reconhecem que têm de abstrair das suas ambições e interesses particulares.[63]

Em outras palavras, este pensamento materialista afirma que um indivíduo deve ser reconhecido pelo que tem, não pelo que é, porque ele é o que o significado do que ele tem demonstra que é. Conclusão: ele é reconhecido pelo que possui.

Nas palavras de Marx, nos tempos modernos, "O ser concreto do homem separa-o de si mesmo como ser puramente externo, material; não considera o conteúdo do homem como sua verdadeira realidade".[64]

Em uma sociedade capitalista, é bastante vantajoso disseminar tal forma de pensamento, pois isto leva ao consumo não somente como forma de suprir as necessidades, mas como símbolo de personalidade. E não se pode negar que é verdadeira a principal afirmação de Shröeder de que a propriedade está no domínio simbólico. Ocorre que a exaltação da propriedade a ponto de dizer que o objeto (não Eu) é que forma o sujeito (Eu), é pior do que a coisificação do ser humano é a inferioridade do ser humano frente às coisas.

A verdade é que, teorias que veem na propriedade a única forma de formar o sujeito, são fruto da comemoração capitalista de sua vitória frente ao comunismo. Trata-se de uma exaltação exagerada da propriedade como forma de anunciar o triunfo capitalista. Ocorre que isto vem sendo quase que inconscientemente seguido pelo consumidor moderno que move e sustenta o mercado mundial, do contrário não haveria consumidores dispostos a pagar pelo "fetiche de mercadoria" proclamado por Marx, isto é, despender fortunas por objetos de valor real baixíssimo.

O que a sociedade precisa para obter o reconhecimento não é somente da propriedade, mas das características pessoais ideais. A escolha de determinados bens como objetos que queremos que façam parte de nossa propriedade serve somente como símbolo externo de nossas características pessoais a serem reconhecidas pelos Outros.[65] Embora um indivíduo seja reconhecido como portador de um característica tal por utilizar determinado produto, este indivíduo somente será reconhecido em termos hegelianos como portador desta característica quando conhecido a fundo. A superficialidade da sociedade contemporânea que julga a personalidade dos indivíduos pelos elementos externos simbólicos que este manifesta, faz com que se dê uma exagerada importância a estes, o que inclui a propriedade. Se determinado indivíduo pratica atos de rebeldia, há um indício de uma personalidade rebelde, mas nem por isso os atos praticados em uma determinada situação são a única coisa que determina a personalidade, pois é possível que aquela atitude não seja habitual e

---

[63] HEGEL, G. W. F. *Princípios da Filosofia do Direito*. Tradução Orlando Vitorino. São Paulo: Martins Fontes, 1997, p. 82.

[64] MARX, Karl. *Crítica da filosofia do direito de Hegel*. 2. ed. Lisboa: Editorial Presença, 1983, p. 126.

[65] Embora afirme em sua obra que a propriedade seja o elemento-chave para a formação da personalidade, a própria Shröeder chega a fazer certa crítica à utilização da propriedade como única forma de determinação da condição social na sociedade norte-americana. SHRÖEDER, Jeanne. *The Vestal and the Fasces*: Psychoanalytical and Philosophical Perspectives on the Feminine and Property, Berkeley: University of California Press, 1998, p. 282. *Apud* DOUZINAS, Costas. *O fim dos direitos humanos*; Tradução Luzia Araújo. São Leopoldo: Unisinos, 2009. (Coleção Díke), p. 288, Nota 41.

que em nada se assemelhe com a personalidade daquele indivíduo, tendo sido apenas um ato impensado. Da mesma forma a propriedade de bens materiais. O fato de possuir um objeto que simboliza rebeldia pode ser um indício desta característica, mas não é o fator determinante da minha personalidade. O que formará minha personalidade são todos os elementos externos a mim que, por meu livre-arbítrio reconhecerei e assimilarei. A propriedade somente espelha os valores que minha personalidade entende como relevantes e não, a propriedade é que formará o meu Eu. Esta personalidade será externada por diversos meios e será reconhecida pelos Outros.

> Queremos ser reconhecidos como uma pessoa com tais e tais talentos, habilidades, características e realizações e não simplesmente como o proprietário de um Porsche ou de um Rolex, ou, de fato, de nada exceto nossas roupas esfarrapadas, como os refugiados ruandeses ou kosovares.[66]

Hegel, na obra *Princípios da filosofia do direito*, afirma as razões para a "desigualdade das fortunas e aptidões individuais".[67] Ao tratar do assunto, o filósofo afirma que tanto a vontade como as circunstâncias exteriores podem levar o indivíduo à pobreza.

Mas é principalmente nos direitos humanos que se funda a defesa do auxílio aos falidos para o cumprimento digno de suas prestações, e essa leitura que se está fazendo do reconhecimento também permite compreender os próprios direitos fundamentais, na medida em que reconhecer todos como iguais "democratiza" a autodeterminação, permitindo que todos possam concretizar a plena personalidade.

> Uma vez que conhecer é poder, o desenvolvimento do conhecimento como aumento da precisão das técnicas de manipulação e controle indicam a permanência da angustia mítica que moveu ancestralmente os seres humanos em seu ímpeto por conhecer. Conhecer como sinônimo de dominar é indício da manutenção de uma relação patologizada pelo medo com diferença ao idêntico, seja ele um indivíduo ou uma cultura.[68]

Assim a opressão pode se dar pelo mau uso do conhecimento, impedindo o reconhecimento do Outro como sujeito de direitos.

> Seguindo a definição de Marion Young, a opressão, como uma negação do autodesenvolvimento, adquire várias formas: as mais evidentes são a exploração econômica, a marginalização social, a inutilidade cultural a violência. O reconhecimento mútuo dos cidadãos como agentes autodeterminantes decorre da livre participação no processo democrático de tomada de decisões e da sua ampliação da política para outras áreas da vida social.[69]

---

[66] DOUZINAS, Costas. *O fim dos direitos humanos*; Tradução Luzia Araújo. São Leopoldo: Unisinos, 2009. (Coleção Díke). p. 288.

[67] "200 – A possibilidade de participação na riqueza universal, ou riqueza particular, está desde logo condicionada por uma base imediata adequada (o capital); está depois condicionada pela aptidão e também pelas circunstâncias contingentes em cuja diversidade está a origem das diferenças de desenvolvimento dos dons corporais e espirituais já por natureza desiguais. Neste domínio da particularidade, tal diversidade verifica-se em todos os sentidos e em todos os graus e associada a todas as causas contingentes e arbitrárias que porventura surjam. Consequência necessária é a desigualdade das fortunas e das aptidões individuais". HEGEL, G. W. F. *Princípios da Filosofia do Direito*; Tradução Orlando Vitorino. São Paulo: Martins Fontes, 1997, p. 179.

[68] DALMÁS, Giovana. Ideologia e direitos humanos. In: ANDRADE, Jair (Org.); REDIN, Giuliana (Org.). *Múltiplos olhares sobre os direitos humanos*. Passo Fundo: IMED, 2008, p. 230.

[69] DOUZINAS, Costas. *O fim dos direitos humanos*; Tradução Luzia Araújo. São Leopoldo: Unisinos, 2009. (Coleção Díke), p. 294.

Em função desta opressão, nega-se às pessoas a possibilidade de escolher seu projeto de vida, pois este se adaptará às oportunidades que lhe forem postas. Não se permite que estes indivíduos concretizem suas aspirações, obtenham aquilo que desejam, nem que desenvolvam seus potenciais.

> A exploração econômica dos pobres metropolitanos, a partir de desemprego, salários no limite da pobreza, saúde precária e trabalho ocasional, ou do mundo em desenvolvimento, a partir de comércio desigual e dívida excessiva, mina e finalmente destrói qualquer possibilidade de autodesenvolvimento. Quando a sobrevivência diária é a ordem do dia, todas as aspirações à ascensão social ou à expressão cultural são extintas. A divisão de trabalho nacional e internacional voltada ao lucro cria as precondições estruturais e institucionais para a privação material e isso, por sua vez, leva a vidas oprimidas. Os oprimidos não conseguem desfrutar ou até mesmo aspirar ao *eu zein* aristotélico, a vida boa e plena que permite à personalidade deles florescer.[70]

Nos termos de Young, ao contrário da "dominação" que pretende negar direitos políticos, a "opressão" nega o reconhecimento aos seus direitos singulares, ou seja, as suas capacidades, aspirações e desejos individuais. "Nessa vida ética hegeliana pós-moderna, a formalidade da dignidade se mesclaria com o calor do amor pessoal e do cuidado comum".[71] Portanto, a solidariedade, fruto do reconhecimento como compreensão da situação alheia, permite que as pessoas resolvam seus conflitos. Esta influência é que vem atingindo o direito contratual moderno, revalorizado pela influência dos direitos fundamentais.

Conclusão

Somos levados ao consumo por técnicas de *marketing* e publicidade que se pautam em estudos detalhados do comportamento humano. O consumidor está vulnerável a estas técnicas de indução que buscam atingir o subconsciente incutindo necessidades. Somente um Direito atento a isso pode proteger os indivíduos mais frágeis desta relação, aplicando a isonomia e resgatando o ideal de justo comutativo. Mas o Direito é cultura e somente a divulgação das consequências deste fenômeno nefasto para os cidadãos e suas famílias pode criar um ambiente capaz de proteger e auxiliar quem, de maneira imprevidente, se colocou nesta dramática condição.

Os direitos nada mais são do que o resultado de uma luta por reconhecimento.[72] Assim, ir a fundo nos motivos do endividamento excessivo e reconhecer o superendividado como indivíduo de boa-fé, possuidor de direitos fundamentais, e não em tom pejorativo como alguém que voluntariamente se furta a pagar suas dívidas, é essencial para o combate ao superendividamento.

---

[70] DOUZINAS, Costas. *O fim dos direitos humanos*; Tradução Luzia Araújo. São Leopoldo: Unisinos, 2009. (Coleção Díke), p. 296.
[71] Idem, p. 297.
[72] Idem, p. 300.

Bibliografia

BASTA, Darci et al. *Fundamentos de marketing*. Rio de Janeiro: Editora FGV, 2007.

BAUDRILLARD, Jean. *A sociedade de consumo*. Lisboa: Edições 70, 2007.

BENEDIKT, Michel. Ser genérico e espírito: observações sobre a socialização no primeiro Hegel e no jovem Marx. In: STEIN, Ernildo; BONI, Luís A. (Org.). *Dialética e liberdade*. Petrópolis, RJ: Vozes, 1993. p. 370-393.

BENJAMIN, Antônio Herman V. O conceito jurídico de consumidor. *Revista dos Tribunais*, São Paulo, v. 628, fev. 1988.

BERTONCELLO, Karen Rick Danilevicz. *Superendividamento e Dever de Renegociação*, Dissertação de Mestrado (Livre Docência) – Programa de Pós-Graduação em Direito, Universidade Federal do Rio Grande do Sul (UFRGS), Porto Alegre, 2006.

BITTAR, Carlos Alberto. *Direitos do consumidor*: código de defesa do consumidor (Lei 8.078 de 11 de setembro de 1990). – Rio de Janeiro: Forense Universitária, 1990.

CATALAN, Marcos. *A morte da culpa na responsabilidade contratual*. São Paulo: Revista dos Tribunais, 2013.

CAVALLAZZI, Rosangela Lunardelli. MELLO, Heloisa Carpena Vieira de. Superendividamento: propostas para um estudo empírico e perspectiva de regulação. *In*: MARQUES, Cláudia Lima, CAVALLAZZI, Rosângela Lunardelli (coord.) *Direitos do Consumidor Endividado*: Superendividamento e Crédito. São Paulo: Revista dos Tribunais, 2006.

CHARDIN, Nicole. *Le contrat de consommation de crédit et l'autonomie de la volonté*. Paris: LGDJ, 1988.

CICERONE, Paola Emilia. Loucos por compras. *Mente e Cérebro*, São Paulo, n. 176, p. 44-49, set. 2007. Edição de aniversário.

DALMÁS, Giovana. Ideologia e direitos humanos. *In*: ANDRADE, Jair (Org.); REDIN, Giuliana (Org.). *Múltiplos olhares sobre os direitos humanos*. Passo Fundo: IMED, 2008. p. 207-259.

DOUZINAS, Costas. *O fim dos direitos humanos*; Tradução Luzia Araújo. São Leopoldo: Unisinos, 2009. (Coleção Díke).

FRADE, Catarina, MAGALHÃES, Sara. Sobreendividamento, a outra face do crédito. *In* MARQUES, Cláudia Lima, CAVALLAZZI, Rosângela Lunardelli (coord.) *Direitos do Consumidor Endividado*: Superendividamento e Crédito. São Paulo: Revista dos Tribunais, 2006.

GARAUDY, Roger. *O pensamento de Hegel*. Lisboa: Moraes, 1971.

HEGEL, G. W. F. *Fenomenologia do espírito*. Tradução de Paulo Menezes. Petrópolis: Vozes, 1992.

KESSELRING, Thomas. Reconstrução racional de dialética no sentido de Hegel. *In*: STEIN, Ernildo; BONI, Luís A. (Org.). *Dialética e liberdade*. Petrópolis, RJ: Vozes, 1993. p. 556-588.

MARQUES, Cláudia Lima. Sugestões para uma Lei sobre o Tratamento do Superendividamento de Pessoas Físicas em Contratos de Créditos de Consumo: proposições com base em pesquisa empírica de 100 casos no Rio Grande do Sul. *In:* MARQUES, Cláudia Lima, CAVALLAZZI, Rosângela Lunardelli (coord.) *Direitos do Consumidor Endividado*: Superendividamento e Crédito. São Paulo: Revista dos Tribunais, 2006.

MARQUES, Maria Manuel Leitão; NEVES, Vitór; FRADE Catarina; LOBO, Flora; PINTO, Paula; CRUZ, Cristina. *O Endividamento dos Consumidores*. Coimbra: Almedina, 2000.

MARTON, Scarlett. Nietzsche e Hegel, leitores de Heráclito ou a propósito de uma fala de Zaratustra: Da superação de si. In: STEIN, Ernildo; BONI, Luís A. (Org.). *Dialética e liberdade*. Petrópolis, RJ: Vozes, 1993. p. 522-538.

MARX, Karl. *Crítica da filosofia do direito de Hegel*. 2 ed. Lisboa: Editorial Presença, 1983.

———. *O capital*: crítica da economia política. apresentação de Jacob Gorender; coordenação e revisão de Paul Singer; tradução de Regis Barbosa e Flávio R. Kothe. São Paulo: Abril Cultural, 1983.

———. *Para a crítica da economia política; Salário, preço e lucro; O rendimento e suas fontes*: a economia vulgar. introdução de Jacob Gorender; traduções de Edgard Malagodi [*et al.*]. São Paulo: Abril Cultural, 1982.

PEREIRA, Wellerson Miranda. Superendividamento e crédito ao consumidor: reflexões sob uma perspectiva de direito comparado. *In:* MARQUES, Cláudia Lima, CAVALLAZZI, Rosângela Lunardelli (coord.). *Direitos do Consumidor Endividado*: Superendividamento e Crédito. São Paulo: Revista dos Tribunais, 2006.

RAMSAY, Iain. *Comparative Consumer Bankruptcy* – Symposium: Consumer bankruptcy and credit in the wake of the 2005 act. In: University of Illinois Law Review, 2007. Disponível em <http://www.westlaw.com>.

SCHMIED-KOWARZSIK, Wolfdietrich. Hegel: Plenitude e fim da primeira filosofia: um estudo sobre o conceito de história da Ética. *In*: STEIN, Ernildo; BONI, Luís A. (Org.). *Dialética e liberdade*. Petrópolis, RJ: Vozes, 1993. p. 611-628.

WEISCHEDEL, Wilhelm. *A Escada dos Fundos da Filosofia*: A Vida Cotidiana e o Pensamento de 34 Grandes Filósofos. Tradução Edson Dognaldo Gil. 3. ed. São Paulo: Angra, 2001.

VOLPATO DUTRA, Delamar José. *Da função da sociedade civil em Hegel y Habermas*. Maracaibo – Venezuela: UPL, dic. 2006, vol.11, n. 35, p.55-65.

— 5 —

Los derechos de los usuarios en los servicios masivos[1]

CELIA WEINGARTEN[2]

CARLOS ALBERTO GHERSI[3]

Sumario: 1. Introducción; 2. La tercerización por el Estado de servicios; 3. La obligación esencial a cargo de las empresas; 3.1. El derecho de información eficiente y continua; 3.2. La seguridad como derecho a la prevención de riesgos / daños; 3.3. Las apariencia, confianza y marca como valor para el usuario; 3.3.1. La apariencia como creación empresarial; 3.3.2. La "marca" resguardo de los usuarios; 3.3.3. El valor confianza para los usuarios y consumidores; 4. La "seguridad" y sus múltiples aspectos para el usuario; 5. El "trato digno" como comportamiento empresarial; 6. El impedimento de "prácticas abusivas"; 7. No incorporar cláusulas abusivas; 8. La responsabilidad solidaria de los prestadores de servicios; 9. La presunción fáctica y de juris a favor del usuario; 10. La obligación empresarial de alegar y probar sus derechos; 11. El orden público a favor de usuarios y consumidores; 12. La protección del tercero dañado en las relaciones de servicio; 13. Conclusión.

1. Introducción

Las normas de derechos del consumidor y usuarios de servicios (LDC. 24.240, 24.999 y 26.361) han asumido en la sociedad una notoria importancia por la amplitud de situaciones reguladas de relaciones de consumo y el haber unificado los ámbitos contractual y extracontractual a través de los derechos, las responsabilidades y los daños de las empresas y consumidores.

Esta amplitud e importancia han generado una constante y uniforme jurisprudencia que la acreditan como "ciudadana de nuestros Tribunales" especialmente la Corte Suprema de Justicia Nacional; las Cámaras Nacionales Comercial y Civil, así como Altos Tribunales de las Provincias, lo cual dado el tiempo transcurrido es una nota positiva en este aspecto de los derechos humanos.[4]

---

[1] Queremos agradecer profundamente la invitación de poder participar en este merecido homenaje al Profesor Ruy Rosado Aguiar.

[2] Doctora en Derecho UBA. Profesora titular por concurso Contratos Civiles y Comerciales Facultad de Derecho. UBA Profesora titular Derecho del Consumo. UBA. Profesora titular Derecho de daños, Facultad de Derecho UCES. Directora de Postgrado UBA- UCES.

[3] Doctor en Jurisprudencia. USAL. Especialista en historia de la economía y políticas económicas. UBA. Profesor titular por concurso Contratos Civiles y Comerciales Facultad de Derecho. UBA Profesor titular Economía. Facultad de Derecho UCES. Director de Postgrado UBA – UCES.

[4] Dworkin, Ronald. Los derechos en serio, p. 234. Ed. Planeta – Agostini. Mexico. 1977; Bourdieu, Pierre y Teubner, Gunther. La fuerza del derecho, p. 110. Siglo del Hombre Editores. Bogotá. 1987; Alexy, Robert.

Es nuestra intención señalar y analizar algunos *derechos esenciales*[5] de los usuarios, respecto de la *prestación de servicios masivos*: domiciliarios (luz; gas; telefonía y agua); de transportación de personas (subterráneos; trenes; auto motores; aéreo de cabotaje y fluviales); de financiamiento y garantías (bancos y seguros); sistemas de prefinanciamientos (autoahorro; medicina prepaga: fideicomisos inmobiliarios); servicios de intermediación (inmobiliarias); turismo; espectáculos públicos, etc., tratando de sentar las bases de un "sistema" socioeconómico, cultural y jurídico de protección a los usuarios.[6]

2. La tercerización por el Estado de servicios

La construcción de los Estados latinoamericanos consolidaron en sus constituciones la prestación de servicios masivos (educación, salud; seguridad y Juris dicción, además de agua, luz, teléfono y gas) como parte de la organización de la sociedad, lo que se consolido con la incorporación de los Tratados Internacionales, sin embargo en la realidad instalado el neoliberalismo que dejaba de invertir en los servicios masivos esenciales y que afecta ron la calidad de vida de la población especialmente los mas humildes asumió tercerizar aquello servicios.

Debemos distinguir dos situaciones en cuanto al *rol y funciones del Estado*: la primera, cuando actúa como "concedente de servicios masivos" y la según da, cuando efectúa el control de los concesionarios.[7]

El neoliberalismo de los años 70 y 90 genero en post del achicamiento del Estado las "concesiones" (como forma de tercerización) no solo para trasladar económicamente a los consumidores los costos de los servicios,[8] sino evadir la responsabilidad de los daños que se pudieren generar, acorde con la doctrina de la CSJN en el sentido que la omisión en la prestación de servicios no genera responsabilidad, salvo que se pruebe la "relación de causalidad directa", con lo cual existe un escaso margen de atribuibilidad al Estado de la inmensa canti-

---

Derecho y razón práctica. Fontamara. México, 1993; Calsamiglia, Albert. Racionalidad y eficiencia en el derecho. Fonatanmara. México, 1993.

[5] Mans Puigarnau, Jaime. Los principios generales del derecho. Pag. XXVII. Los principios generales del derecho son los fundamentos abstractos y apriorísticos que constituyen el comienzo, embrión o núcleo originario del derecho y el punto de partida de la deducción del conjunto de sus normas, también han de estimarse como resultado obtenido a posteriori y cristalizado en formulas concretas de la síntesis o recapitulaciones de los preceptos jurídicos preexistentes. Son pues la causa y el fin, el origen y el termino, el alfa y el omega del derecho. Ed. Bosch. Barcelona, 1979.

[6] Luhmann, Niklas. Sociología del riesgo, p. 49. "El mundo exterior como tal no conoce riesgos, puesto que no conoce diferenciaciones, expectativas, evaluaciones ni probabilidades, excepto como resultado propio de sistemas observantes en el universo de otros sistemas". Ed. Universidad de Guadalajara. México. 1981.

[7] Velázquez, Guillermo. Calidad de vida en la Argentina. En Otero, Hérnan. (Copilador) El Mosaico Argentino. Modelos y representaciones del espacio y de la población siglo XIX y XX, p. 173. [calidad de vida es una medida de logro res pecto del nivel establecido como óptimo teniendo en cuenta dimensiones socioeconómicas y ambientales dependientes de la escala de valores prevaleciente en la so ciedad y que varían en función de las expectativas de progreso histórico]. Ed. Siglo XXI. Buenos Aires, 2004.

[8] Hay una diferencia de "costo" para el usuario, cuado presta los servicios el Estado y cuando los presta una concesionaria privada [empresa], de tal forma que el "usuario" asume la tasa de beneficio de las empresas como "plusvalía" que las concesionarias extraen de los usuarios y acumulan, sin riesgos financieros, ya que todos estos "sistemas de servicios" son pre o financiados por los usuarios.

dad de daños individuales, colectivos y sociales que éste causa con su omisión. (salud; educación; seguridad; pobreza: marginación, etc.).

En este sentido la jurisprudencia ha señalado: "la explotación del servicio público la hace el concesionario a su propia costa y riesgo, y ello significa que le corresponde toda la responsabilidad que derive de hechos que concreten el ejercicio de la concesión, además, la regla imperante es que, en principio, el Estado no debe responder, ni aun en forma subsidiaria, por los perjuicios ocasionados por aquellos sujetos genéricamente denominados 'colaboradores externos de la Administración', tales como los contratistas, los notarios y, por supuesto, los prestado res de servicios públicos, cual quiera sea el título habilitante que ostenten" y continua en la misma dirección teleológica completando la idea: "en tanto el sujeto prestador de un servicio público no está integrado a la organización estatal, sino que constituye una persona jurídica distinta que actúa por su cuenta y a riesgo, ya que dentro del riesgo de la concesión se encuentran los eventuales perjuicios a indemnizar".[9]

No coincidimos con esta tendencia jurisprudencial pues se esta vulnerando en relación a los usuarios dos fundamentos: el primero, que el "dueño" de los insumos que se prestan y la función de prestarlos es atribución constitucional del Esta do y en consecuencia el Estado continua siendo el "dueño" que solo los da en concesión, con lo cual se ha dejado de lado la aplicación del articulo 1113 del Código Civil y en segundo lugar, se prescinde de la aplicación de los arts. 1 LDC "... toda persona jurídica de naturaleza pública o privada ..." y del 40, en cuanto alude a toda la cadena de manufacturación y comercialización de los servicios, sin perjuicio de repetición del Estado sobre los concesionarios.[10]

Existe un tercer argumento, el Estado cuando concede mantiene el "poder de policía" con la finalidad de "controlar" que se cumplan las condiciones de la concesión y/o se apliquen las sanciones correspondientes, incluida la rescisión de la concesión cuando el incumplimiento es esencial que afecta la prestación del ser vicio a los consumidores.[11]

En este sentido la jurisprudencia ha señalado que: *cuando un hecho o acto se produce con habitualidad, deja de ser eximente de responsabilidad* (como caso fortuito o conducta de un tercero por la cual no debe responder), precisamente si la omisión del control es sobre un hecho accidental no habrá relación de causalidad directa (será una simple omisión) sin embargo si se produce: "con

---

[9] Sierra Raúl Ernesto c/ Transportes Metropolitanos Gral. San Martín y otro s/ daños y perjuicios. Tribunal: Cámara Nacional de Apelaciones en lo Civil Sala: H (16/11/2009) MJJ52649

[10] "Lo que sanciona la ley del consumidor es la omisión o el incumplimiento de los deberes u obligaciones a cargo de los prestadores de bienes o servicios que fueron impuestos como forma de equilibrar la relación prestatario consumidor. Se trata de infracciones formales donde la verificación de tales hechos hace nacer por sí la responsabilidad del infractor". C. N. Fed. Ct. Adm. San Nicolás, Sala I. O. Marta Beatriz c/ Mutual del personal del Centro Industrial Acindar. Defensa del Consumidor. Ghersi Weingarten (directores), p. 40. Nova Tesis. Rosario. 2005.

[11] T, R, del V. c/ Transportes Metropolitanos General San Martín y otro. Cámara Nacional en lo Civil. Sala a (14/ 6/ 2005); igual sentido Sala F. Greco, Gabriel c/ Camino del Atlántico (13/3/2000); Sala G. Mariño, Sergio c / Damián Cillo y otro (5/5/2008). (consultar estos precedentes en Tratado Jurisprudencial y Doctrinario. Vol. I, p. 73 y sgtes. Ed. La Ley).

habitualidad"[12] entonces existe una situación que se convierte en "omisión de causalidad directa de omisión del poder de policía" es decir, que sabiendo que se produce ese hecho con habitualidad no puede ignorarlo, sino por el contrario prevenirlo y/o si no lo hace, asumir su responsabilidad, incluso bajo la doctrina de los propios actos o la figura del "stoppel" ingles,[13] "nadie puede ir o volver validamente sobre los propios actos", cuando existe un hecho habitual o reiterado, el Estado, no lo puede desconocerlo y si no lo puede desconocer, debe arbitrar los medios e instrumentos para que no vuelva a ocurrir.

3. La obligación esencial a cargo de las empresas[14]

Es nuestra intención señalar y analizar las principales obligaciones de las empresas y por consiguiente los esenciales derechos de los consumidores.

3.1. El derecho de información eficiente y continua

La *información* de cómo *situarse el usuario* frente al concesionario y demás prestadores de servicios (bancos, seguros) esta a cargo del Estado, así por me dio de los organismos de control o disponiendo oficinas de asesoramiento e incluso con campañas de concientización para evitar el consumismo. (sobre dimensionamiento de deudas bancarias, etc.).[15]

En cambio la información respecto del *contenido la prestación* y *uso del servicio* es obligación del concesionario hacia el usuario, conforme a un "estándar medio" de entendimiento tal como lo exige el art. 4 de la LDC.[16]

El art. 4 expresa: "Información. El proveedor esta obligado a suministrar al consumidor [usuario] en forma cierta, clara y detallada las características esenciales de servicios... La información debe ser ... proporcionada con claridad necesaria que permita su comprensión".

Existen dos cuestiones que son esenciales: el *contenido* de la información que apunta fundamentalmente en el sector servicios a los *riesgos ponderables* que usualmente suceden siguiendo el curso normal y ordinario de las cosas (art. 901 C. C.). y lo atinente al "lenguaje medio" de los receptores, como instrumento de viabilización simbológico de la información.[17]

---

[12] Sofontás, P. M. Doctrina de los propios actos Revista Jus. nº 5 1964, p. 28.

[13] Irisarri, Gilberto c/ Provincia de Buenos Aires. S. C. Provincia de Bs. As. (14/3/2001).

[14] Ossola, Vallespinos. La obligación de informar. Ed. Advocatus. Córdoba. 2001.

[15] Bauman, Zygmunt. Vida de consumo, p. 45. Consumo vs/Consumismo. Ed. F. C. E. Buenos Aires 2007.

[16] La jurisprudencia inglesa y norteamericana utilizan para el abuso en el ejercicio de los derechos *estándares*. En Inglaterra, los derecho han de ejercerse en función a sus fines económico – sociales, a todo ello coadyuvan los standards y las directrices jurídicas que configuran la jurisprudencia en este último ámbito como en el del *restraint of trade*. En el derecho norteamericano también la jurisprudencia nos habla de standards jurídicos al ceñir los derecho individuales a exigencia sociales, como esta de manifiesto en estos términos: *reasonably, materially, honestly*, etc. Consult. Rubistein, Ronald. Iniciación al Derecho Inglés. Ed. Bosch. Barceloan.1956; Allan Farnsworth, E. Introducción al sistema legal de los Estados Unidos. Ed. Zavalia. Bs. As. 1990.

[17] Bourdieu, Pierre. Campo del Poder y campo intelectual, p. 57. La lengua común no solo es una reserva infinita de formas abiertas sino también una forma de percibir el mundo social comunes a todos. Ed. Folio Ediciones. Buenos Aires 1983.

La *información* es un *deber dinámico* de las empresas prestadoras de ser vicios, que tiene distintas finalidades: previo a la formación del contrato de uso, precio, inclusiones y exclusiones (siempre que no sean abusivas) para que complete el conocimiento de contenido de proyecto negocial; en lo concerniente a la ejecución del servicio, todo lo atinente a la forma y limites del uso y con posterioridad lo concerniente a la desvinculación sin riesgo ni daños para el usuario.

En este sentido la jurisprudencia ha sido uniforme: "La finalidad perseguida por la norma es la búsqueda de la voluntad real conciente e informada del usuario respecto a las ventajas y desventajas del servicio que contratan".[18]

Con la información se trata de evitar la contradicción o la no correspondencia entre la voluntad –ignorante y el hecho material de la declaración o aceptación de lo que se desconoce, lo que tradicionalmente se conoce como el error esencial negocial.[19]

3.2. *La seguridad como derecho a la prevención de riesgos / daños*

El concepto de *riesgo*, tal como lo conocemos como factor de atribución se construyó a partir de la máquina y el industrialismo, en relación con el daño a las trabajadores y peatones; en la modernidad el riesgo estaba ligado con las reacciones atómicas y hoy en la postmodernidad con la contaminación ambiental, etc., es claro que la idea de riesgo, relaciona las *condiciones* y el *contexto* de cada época, así como con el valor preponderante surgido del consenso o impuesto.

En este sentido, en el ámbito del derecho y especialmente en las relaciones de consumo, el art. 40 de la Ley 24.240, opera de la misma forma que el art. 1113 del Cód. Civil, como principio protectivo, en el ámbito del derecho de daños y en el ámbito contractual el logro alcanzado con la protección al minusválido. (art. 954 del Cód. Civil).

Esta concepción de preservación del ser humano, su vida y dignidad e incluso generar un mundo terrenal para las personas, fue efímera frente al maquinismo y la tecnología salvaje, que se fue adueñando de todos los espacios de poder y haciendo de la rentabilidad y del agravamiento de riesgos, un credo, que siempre justifican con la idea de progreso indefinido, aún cuando esto solo sea para unos pocos y mas de tres cuartas partes de los continentes viven en la pobreza o indigentemente.

El maquinismo, la tecnología y la robótica, son las empresas que usufructúan sus beneficios económicos y ello debería implicar afrontar económicamente la prevención de riesgos y los daños que se puedan producir, lo cual desde lo micro y macroeconómico, se constituye en una reducción de la tasa de beneficio o perder estatus en el grupo dominante, etc. de allí su constante resistencia.

---

[18] Dinners Club Arg. S. C. A. c/ Secretaria de Comercio. C. Contencioso Administrativo. Sal II. (4 /11/97). Abremática 107-488.

[19] Consult. Pietrobon, Vitorino. El error en la doctrina del negocio jurídico. Ed. EDERSA. Madrid. 1971.

Entonces existe una obligación primigenia de prestador del servicios (Estado o empresa) de establecer conforme a su *profesionalidad* las medidas necesarias y adecuadas en la forma mas eficientemente posible como "prevención" de riesgos, con forme al art. 42 de la Constitución Nacional.[20]

Así lo ha establecido la jurisprudencia: "el contrato de concesión, la seguridad del servicio, la de los pasajeros y terceros y la del propio personal del concesionario es un *objetivo* del concedente al que deberá contribuir aquél, *disponiendo los medios apropiados en su organización y previendo en sus presupuestos anuales* los recursos necesarios para dar cumplimiento a la legislación vigente".[21]

Es claro que la organización empresarial es un ámbito propio de la empresa pero que no puede trasladar una reducción de costos con riesgos hacia el usuario de los servicios.

Por otro lado la prevención de riesgos es lo que mercado necesita como premisa para evitar "la competencia desleal",[22] ya que aquellas empresas que no invierten sobre prevención de riesgos seguramente poseen una relación de costo menor con las que si invierten y pueden presentarse al mercado con un precio menor en apariencia mas competitivo.

3.3. Las apariencia, confianza y marca como valor para el usuario

Es necesario realizar un análisis secuencial de estos tres términos que son de un ponderable valor en el derecho de los usuarios.

3.3.1. La apariencia como creación empresarial

Las empresas conforme al art. 14 de la Constitución Nacional tiene el derecho de participar en el mercado y puede mediante publicidad, *marketing*, *pakaching*, etc. generar una *apariencia* de eficiencia, idoneidad, ética, etc. que se le atribuye (luego) simbólicamente a la marca, la cual posee el rol y función de capital intangible.[23]

Las empresas de este modo "aparecen" en el escenario del mercado es decir se manifiestan, cobran existencia y generan un estado de animo en el receptor que implica "la presentación" de aquellas, de tal forma que esa "exteriorización" es la que penetra por los sentidos, es decir se vuelva sensible, habitual y genera una especie de representación del "bien" como conocido, por contradicción al mal, por lo desconocido.

---

[20] Clark, W. Magnitud del riesgo. La gestión del riesgo es una cuestión *exclusivamente estatal*, pues de él depende la capacidad de una gestión eficaz del peligro (antecedente del riesgo) y la gestión de seguridad, esto condiciona la actitud de las personas. Brookings Institution,1977.

[21] Sierra Raúl Ernesto c/ Transportes Metropolitanos Gral. San Martín y otro s/ daños y perjuicios. Tribunal: Cámara Nacional de Apelaciones en lo Civil Sala: H (16/11/2009). MJJ52649.

[22] Lovece Graciela. Comentario y jurisprudencia a la competencia desleal. Código de Comercio Comentado. Vol. III. Ed. Nova Tesis.

[23] Ghersi, Carlos. Análisis socioeconómico de los derechos personalísimos, p. 79. Ed. Cáthedra. Buenos Aires 2007.

En realidad la "apariencia" es un fenómeno –producto por excelencia que se genera a través de "instrumentos" materiales (televisión; afiches) e inmateriales de la cultura (psicología, sociología, simbología, etc.).[24]

En este sentido la jurisprudencia ha señalado: "la teoría de la apariencia indica que quien genera en los terceros que contratan la sensación legítima, deben asumir las consecuencias que tal apariencia produce. Es una emanación del principio de buena fe que debe imperar en las relaciones contractuales como de la doctrina de los propios actos".[25]

De esta forma generada como producto de mercado la apariencia, logra una autotitulación que se diferencia del resto de las empresas (presentes y pasadas) y genera su propia temporalidad y que sirve de premisa para confirmar la marca y generar la confianza.

La apariencia en estos términos es un factor de atribución autónomo de responsabilidad objetiva.

En este sentido la CSJN, ha señalado: "La prestación de servicios masivos ... no puede soslayarse que el fortalecimiento de la apariencia es esencial para el sistema y que no podría subsistir sin ella".[26]

La empresa construye un "sistema distintivo", simultáneamente autorreferencial (apariencia) y referencial. (marca y confianza).

3.3.2. La "marca" resguardo de los usuarios

Aquella apariencia señalada en el epígrafe anterior construye la imagen de la empresa que se expresa sintéticamente en una "marca", cuya finalidad esencial es distinguir directamente a la empresa sobre sus competidores e indirecta mente se constituye en una "situación diferenciadora" para acrecentar y consolidar el servicio ante la demanda.

Indica a los usuarios al mismos tiempo una constancia en el nivel de calidad, eficiencia y seguridad y otros atributos, generando una mayor confiabilidad y eficacia en el mercado, ya que el usuario es inducido a considerar que el servicio con esa marca supone la misma calidad.

Los negocios dependen cada vez mas del posicionamiento que Constrya en el mercado la empresa a través de la marca y ello es una fuente de incentivación e inducción a la adquisición de servicios "de marca", se trata de un plus que posee el servicio.

Para las empresas es una "capital intangible" que agrega valor no solo a sus servicios, sino que le permite crear nuevos servicios con "marca valorada

---

[24] Mastrini, Guillermo y Bolaño, Cesar. Globalización y monopolio en la comunicación en América Latina, p. 52 El bien cultural presenta una doble dimensión como bien patrimonial, forma parte del stock cultural a disposición de la sociedad; se convierte en un bien privado a partir del momento que es introducido al mercado. Ed. Biblos. Buenos Aires 1999.
[25] C. E. O. c/ V y C.P. y otros s/ daños y perjuicios. Cámara de Apelaciones de Esquel (6/7/2007). MJJ16.776.
[26] Uriarte, Martínez Héctor c/ Transportes Metropolitanos Gral Roca. CSJN. (9/3/2010).

en el mercado" y también asignar una valor "goodwill" al precio final de mercado de la empresas.

De esta forma ese valor para la empresa representa en el usuario un plus de seguridad y eficiencia que al verse frustrado constituye un factor de responsabilidad objetiva para la empresa.[27]

La CSJN. Ha dicho al respecto que La prestación de servicios masivos presente un grado de complejidad y anonimato que resultan abrumadores para quienes los reciben. No se puede soslayar que el fortalecimiento de la apariencia jurídica y la confianza son esenciales para estos sistemas que no podrían subsistir tanto si se negara la protección jurídica a las *marcas*.[28]

3.3.3. El valor confianza para los usuarios y consumidores

Niklas Luhmann en su obra sobre el poder ha establecido una discripción conceptual de la confianza: "la *confianza* gira en torno a toda interacción y a la forma que alguien se presenta, es el medio por el cual se logran las decisiones acerca de él, además el lenguaje que normalmente garantiza la comprensión intersubjetiva, si también como los medios de comunicación tiene una función de incentivo porque in citan a la aceptación de las selecciones de otras personas o empresas y por lo general hacen de esa aceptación el objeto de la expectativas".[29]

La Dra. Noemí Nicolau establece el *concepto de la confianza* como: "todo aquel que con sus conductas o sus manifestaciones de voluntad suscite en otro una razonable creencia con respecto a ellas, esta obligado a no defraudar esas expectativas y en caso contrario a resarcir los daños y perjuicios".[30]

La Corte Suprema de Justicia de la Nación ha señalado "a prestación de servicios masivos presenta un grado de complejidad y anonimato que resulta abrumadores para quines los reciben. No se puede soslayar que el fortalecimiento de la apariencia jurídica y de la *confianza* son esenciales para estos sistemas, que no podrían subsistir tanto si se negara protección jurídica a las marcas, como si se exigiera al consumidor que se comportara como un contratante experto que exigiera pruebas e información antes de usar el servicio".[31]

La mayoría de los servicios masivos se prestas a través de "organización de sistemas" y en general desde lo jurídico con "redes o contratos conexos" por lo cual el usuario no tiene otra posibilidad de "adherirse" a estos sistema y precisamente lo hace desde la confianza: "la observancia del principio de buena fe re quiere que en la relación jurídica la parte exhiba un comportamiento leal y adecuado a la *creencia y confianza despertadas en la otra*".[32]

---

[27] Ghersi, Weingarten. Tratado de daños reparables. Vol. I, p. 172 y sgtes. Ed. La Ley. Buenos Aires. 2009.
[28] Uriarte, Martínez Héctor c/ Transportes Metropolitanos Gral Roca. CSJN. (9/3/2010).
[29] Lhumann, Niklas. Poder, p. 77. Ed. Anthropos. Citado por la Dra. Celia Wein garten en su obra sobre La confianza en el sistema jurídico. Ed. Cuyo. Santiago de Chile. 2da edición.
[30] Nicolau, Noemí. Fundamentos del derecho contractual, p. 255. Ed. La Ley.
[31] Uriarte, M. H. c/ Trasportes Metropolitanos Gral. Roca. CSJN. 9/3/ 2010. MJJ46.411.
[32] C. Nac. En lo Civil. Sala L. Moscovich Aída c/ Wajngarten, León L. Ley 1997-D. 826.

La Cámara Comercial en el mismo sentido ha señalado: "Los bancos al ofrecer a sus clientes un nuevo modo de relacionarse comercialmente con él debe procurar responde a la *confianza* que brinda el medio empleado" aludiendo a los sistemas informáticos.[33]

Conforme a lo expresado, sostenemos, que la *violación a la confianza* como señala en la última parte de su concepto la Dra. Noemí Nicolau da lugar a la reparación de los daños que se ocasionen en los derechos económicos y extraeconómicos del usuario y sin perjuicio de ello, sostenemos que la sola violación o frustración de la con fianza da lugar a la reparación autónoma del daño moral.[34]

4. La "seguridad" y sus múltiples aspectos para el usuario

La Corte Suprema de Justicia de la Nación ha señalado respecto de la seguridad : "La interpretación de la extensión de la *obligación de seguridad* que tiene causa en lo previsto constitucionalmente para los consumidores y usuarios – art. 42, CN –, debiendo interpretarse la incorporación del vocablo 'seguridad' a la Carta Magna como una decisión valorativa que obliga a los prestadores de servicios públicos a desempeñar conductas encaminadas al cuidado de lo más valioso: la vida y la salud de sus habitantes, ricos o pobres, poderosos o débiles, ancianos o adolescentes, expertos o profanos".[35]

Referido a los *sistemas informáticos* la jurisprudencia ha señalado con claridad y en forma unánime: "Los bancos al ofrecer a sus clientes un nuevo modo de relacionarse comercialmente con él deben procurar brindarle igual *seguridad* que si tal operatoria la realizara personalmente".[36]

Consecuentemente el art. 5 de la LDC que los servicios deben ser suministrados en forma que usados en condiciones previsibles o normales de uso no presenten peligro para la salud o integridad física de los usuarios.

Consideramos que debe analizarse esta norma en distintos aspectos, ya que el concepto de seguridad posee "funciones diferenciadas".

En un primer sentido debemos señalar como una función de seguridad la prestación del servicio mismo en cuanto a su "contenido", así un servicio medico, bancario, seguros, etc. es decir, las reglas normativas incorporadas en la parte escrita del contrato o presuntos reglamentos no debe vulnerar los principios de identidad e integridad en la prestación (arts. 740 y 742 del C. C.) de tal forma que no presente riesgos o daños a la salud o integridad física del usuario.

Una segunda función tiene que ver con la función de seguridad del "lugar territorial" donde se presta el servicios, así por ejemplo las infecciones en clínicas y hospitales; los asaltos en bancos, cajeros automáticos, etc. Sostenemos

---
[33] C. Nac. De Comercial – Sala D. Bianiauskas, Carlos c/ Banco Ciudad de Buenos Aires. L. Ley 2008-D. 422.
[34] Uriarte, M. H. c/ Trasportes Metropolitanos Gral. Roca. CSJN. 9/3/ 2010. MJJ46.411.
[35] C. Nac. De Comercial – Sala D. Bianiauskas, Carlos c/ Banco Ciudad de Buenos Aires. L. Ley 2008-D. 422.
[36] Uriarte, M. H. c/ Transportes Metropolitanos Gral Roca. CSJN. (9/3/2010).

que además debe considerarse la "seguridad en las inmediaciones del lugar territorial" ya que el riesgo y daños se debe al servicio, es decir hay relación de causalidad. (salideras bancarias, arribo a estaciones de trenes, etc.).

La tercera función se trata de la "seguridad en los sistemas informáticos operativos" que las empresas de servicios establecen para la prestación total o parcial del mismo.

La cuarta función de seguridad esta en relación con la tercerización de las empresas (madre) en la prestación de determinados servicios así por ejemplo el pago en otras empresas dedicadas al cobro de cuotas o costos de servicios. (Pago facial, etc.)

Esto es lo que denominamos la "función integral e integradora de seguir dad en los servicios".

Así lo ha expresado la CSJN. : La noción de *seguridad* trata de impedir que el poder de dominación de una parte en dicha relación afecte a los derechos de quienes se encuentran en una situación de debilidad, es decir el consumidor y el usuario.[37]

5. El "trato digno" como comportamiento empresarial

La reforma a la Ley 24.240, mediante la Ley 26.361 ha incorporado en el art. 8 bis: Trato digno. Los proveedores deberán garantizar condiciones de atención y trato digno y equitativo a los consumidores y usuarios. Deberán abstenerse de desplegar conductas que coloquen a los consumidores en situación vergonzantes, vejatorias o intimidatorios.

La *dignidad* tiene dos aspectos como derecho personalísimo: el primero, toda persona por el hecho de su existencia (intrauterinamente) es digno y debe ser tratado con dignidad y en segundo término, cada persona construye su dignidad como valor particular.[38] Sostenemos que la norma alude al primer sentido.

Entendemos que este es el criterio que ha sostenido la CSJN: "El *trato digno* que los prestadores de servicios públicos deben brindar a los consumidores, en virtud del art. 42 de la CN, significa que se deben adoptar medidas para que éste sea atendido como una *persona humana con dignidad,* contemplando la situación de quienes tienen capacidades diferentes, o son menores, o no tienen la instrucción necesaria para comprender el funcionamiento de lo que se le ofrece...".[39]

Ahora bien la normativa añade algunos concepto que nos parece que ratifican esta idea: Deberán abstenerse de desplegar conductas que coloquen a los consumidores [usuarios] en situación vergonzantes, vejatorias o intimidatorios.

---

[37] Consult. Alelaf Neiva, Raimundo. Valor de mercado da empresa. Ed. Atlas. Sao Paulo. 1997.

[38] Uriarte, M. H. c/ Trasportes Metropolitanos Gral. Roca. CSJN. 9/3/ 2010. MJJ46.411.

[39] Marín Perez, Pascual. Estudios sobre el derecho privado y sus transformaciones actuales, p. 23. "El abuso del derecho, es el acto realizado usando de un derecho objetivamente legal, que causa daño a un interés no protegido especialmente por el ordenamiento jurídico y cuya inmoralidad o antisocialidad se manifiesta objetiva o subjetivamente según la adecuación del móvil con el espíritu de la institución". Ed. Bosch. Barcelona, 1959.

Los términos utilizados (vergonzantes, vejatorias o intimidatorios) señalan "calificantes" que aluden al maltrato con intención de turbar el ánimo y causar miedo en el usuario.

Se tratas de una situación de "intimidación o violencia" mezcla de los artículos 931 y 938 del C. C. en el trato hacia el usuario.

6. El impedimento de "prácticas abusivas"[40]

El art.8 bis establece la prohibición de prácticas abusiva que debemos diferenciarlas de las cláusulas abusivas.

En las XXII Jornadas Nacionales de Derecho Civil en opinión de las Dras. Frustagli y Fresneda se trata de practicas de comercialización que transgredan el derecho del consumidor a un trato equitativo y digno o afecten la libertad de elección o transgredan el principio de buena fe o el abuso del derecho constituyen practicas abusivas prohibidas por la ley.

Nos parece que podemos completar este concepto de la siguiente manera en primer lugar no se trata solo de practicas de comercialización sino todas las "prácticas empresariales" (así como la de costos, reclamos, etc.); en segundo lugar, debe remarcarse que las prácticas abusivas (al igual que las cláusulas) tratan de obtener una maximización de la tasa de beneficio o ganancia sin causa, vulnerando así la equidad económica, especialmente introducida en el art. 954 del C. C. como principio general de la contratación.

En lo que hace a la *prueba* de la practica abusiva, al ser un "hecho" puede probarse por cualquier medio de prueba, incluido testigos que será la prueba mas frecuente en cuanto a la "operatividad" de aquella y en cuanto al "contenido" de la práctica, puede inferirse del lenguaje; hechos; omisiones de atención, etc. debemos considerar dos cuestiones: la primera, la presunción pro consumidor, establecida en el art. 3, LDC y la segunda, la desvirtuación que puede efectuar la empresa conforme al art. 53, LDC (26.361) caso contrario queda firme la presunción a favor del usuario, por aplicación de la ley de orden público (art. 65, LDC).

7. No incorporar cláusulas abusivas[41]

El art. 37 de la ley 24.240 establece claramente que las cláusulas abusivas que enumera son ineficaces, y se tendrán por no convenidas.

---

[40] Ferri, Luigi. La autonomía privada, p. 361. "El exceso de poder, en su clásica configuración de desviación de poder, implica siempre en mi opinión, violación de la normativa juridica de finalidad, es decir trasgresión del deber jurídico de perseguir un fin ... el acto será invalido por vicio de finalidad". Ed. EDERSA. Madrid.1968.

[41] Es procedente la reparación del daño moral causado a un usuario por un corte en el suministro del servicio de energía eléctrica que tuvo una duración extraordinaria, en tanto dicha circunstancia generó molestias e incomodidades para su vida y la atención que dispensa a su familia, las que exceden aquellas que de ordinario debe soportar una de las partes del contrato ante la inejecución temporaria de las obligaciones por la otra. CFCC Sala I, 27-11-2001, Barrera, Sergio J. c/ Edesur, LL 2002 C, 851-103826.

En el segundo párrafo, contiene una *deducción de inmediatez,* como lógica de resolución de conflictos en la interpretación de cláusulas, propugnando la interpretación más favorable al consumidor y la menor gravosidad, – como decía Hegel – una conexión inseparable entre la inmediatez de las soluciones y la génesis del problema.

El párr. 3° plantea la superación del conflicto de *confianza mercatoria,* a favor del consumidor, aniquilando la diferencia ontológica. Se trata de una solución de autoexposición de los términos implicados que fueron generados a partir de una conducta empresarial, sumándole a ello el marco regulatorio universal (ley de competencia o de lealtad comercial).

El último apartado del párr. 3° norma expresamente una facultad que resultaba de los principios generales del derecho e, implícitamente, de los arts. 954, 1071 y 1198 del Cód. Civil: la integración del contrato por el juez como consecuencia de la nulidad de una cláusula.

Estas cláusulas, entonces, que los abogados denominamos *abusivas,* los economistas las denominan *maximizadoras de la* tasa de beneficio y los sociólogos, cláusulas *superadoras de crisis o para mantener de poder.*

El objetivo es claro: colocar a la empresa en mejor situación de poder, maximizar lo económico. En este doble sentido, aparecen como legítimas o legitima das,(desde lo económico y desde la sociología del poder, sin embargo generan para el usuario una "tasa de insatisfacción" por los contratiempos que le ocasiona para su reversión, lo que la normativa trata de evitar.

Las empresas tienen una *lógica microeconómica* acorde con el sistema económico capitalista: *maximizar constantemente la tasa de beneficio.*

La inercia del sistema necesita de esta lógica por tres razones: por un lado, es necesaria en las empresas una constante reinversión de parte de esas ganancias, para mantener el proceso tecnológico constantemente adecuado y ser competitivas respecto de las otras empresas en el mercado.

En una segunda razón debe realizarse el proceso de acumulación capita lista, que necesita consolidarse en cada acto económico (contrato individual) y en la sistemática de la empresa como un todo económico.

La tercera – es la que normalmente esgrimen las empresas – es buscar a través de las cláusulas la evitación de riesgos provocados por el usuario, así por ejemplo la falta de pago o mora en las cuotas, reclamos múltiples infundados, etc. en esta lógica cuanto mas exigente (extorsión) sea una cláusula mas se generara la conducta deseablehacia la empresa por el usuario (sobre todo que se trata de contratos de larga duración).

En este sentido sostenemos que una cláusula penal o penalidad puede ser disuasiva sin ser abusiva o extorsiva, cuando ello ocurre estamos en presencia del abuso del poder dominante (art. 1071, C. C.).

Los usuarios (como masa) procuran con su acción establecer una menor situación ponderativa de riesgo y los costos frente a la prestación de servicios.[42]

---

[42] Configura una cláusula abusiva en los términos del art. 37 de la Ley 24.240 aquella disposición inserta en un contrato de medicina prepaga por la cual se faculta a la empresa prestataria a rescindir el contrato en

Estas dos lógicas de la empresa y del consumidor desde una visión *macro económicas* (sistema) se trata de una tensión permanente, que el sistema jurídico y las empresas resuelven mediante la elaboración de los contratos de adhesión y de ciertas cláusulas que tienen como objetivo romper con esa situación de crisis (coyuntural-estructural) en su favor, y esto está entonces lo que la normativa del art. 37 trata de evitar, con la presunción a favor del consumidor, sin perjuicio de permitir a la empresa una prueba en contrario.

Podemos dividir a las cláusulas abusivas en: "directas", que son aquellas con las cuales en forma inmediata se solucionan los posibles conflictos a su favor, tales como la colocación del lugar de jurisdicción de imposible acceso para los consumidores, (tachada de abusiva por la CSJN) un interés exorbitante para la mora, la renuncia anticipada del consumidor a determinados derechos esenciales, etcétera.(desarrollan en la misma génesis del contrato)

Las segundad denominadas "indirectas" son aquellas con las cuales los objetivos favorables a la empresa se cumplen pero en forma de previsión mediata, por ejemplo, la facultad de modificación ulterior de servicios por razones de aparente fuerza mayor o estado de necesidad o la interpretación futura de cláusulas bajo condiciones extremadamente favorables para la empresa dada su ambiguedad, en el tramo de la ejección contractual del servicio. (se manifiestan en la dinámica de funcionamiento contractual del contrato).[43]

Sostenemos que en cualquiera de las dos situaciones por vía del art. 2499 C. C. o medidas anticipativas – en lo procesal – puede solicitarse se tanga por no escritas (sentencia declarativa) o la nulidad o modificación de la cláusula abusiva pues de esta forma el usuario puede adelantarse al daño que le generará en el momento de su aplicación, entendemos que este es el *sentido teleológico* de la normativa del art. 37 de la LDC.

Tal sería el caso del fallo "Barreiro" de la Cámara Comercial, con excelente voto de la Dra. Miguez – y luego confirmado por la CSJN que "declaró la nulidad de la cláusula particular inserta en el contrato de seguro contratado por un concesionario ferroviario en virtud de la cual se había dispuesto una franquicia, a cargo del asegurado. de trescientos mil dólares, limitando la misma al diez por ciento del monto de la indenización, ya que la mentada franquicia desnaturaliza el instituto del seguro e implica la afectación de los derechos de los damnificados por los accidentes, para quienes este cumple una función de garantía en la efectiva percepción de la indemnización por el daño causado".[44] Sin duda se trata con esta sentencia de beneficiar a miles de usuarios del ferrocarril.

---

forma unilateral e incausada ya que este tipo de cláusulas desnaturaliza las obligaciones al afectar la los contratos de larga duración. CAT. Sala II. Ciudad de Bunos Aires 2/3/2004. Asociación civil Hospital Alemán c/ CABA y otros s/ multa. LL. 2004 – E- 355-107.909).

[43] Barreiro, Jorga A. c/ Transportes Metropolitanos Belgrano Sur.. CSJN. (20/10/2009).

[44] Es procedente ordenar con carácter cautelar a las empresas prestatarias del servicio básico telefónico cumplan con las intimaciones dispuestas por las notas 1733 y 734 de la Comisión Nacional de Comunicaciones – ambas del 15 de octubre del 2002 –, ya que la facturación de rubros tarifarios que no se ajustan *prima facie* a la estructura general de tarifas vigente al momento del otorgamiento de las licencias de telefonía pública, según la resolución 14/2001 de la Secretaría de Comunicaciones, es susceptible de generar un perjuicio económico concreto y actual a la actora – licenciataria del servicio de telefonía pública –, que puede tornarse

Incluso como se trata de *intereses colectivos homogéneos* puede una asociación de usuarios de determinado servicios obtener una sentencia declarativa en tal sentido, para evitar el dispendio jurisdiccional y costos a los usuarios.[45]

Sostenemos que la mera incorporación de cláusulas abusivas constituye una "causa" de generación de daño moral autónomo que por ende debe ser reparado.[46]

8. La responsabilidad solidaria de los prestadores de servicios

El art. 40 de la Ley 24.240 alude concretamente a : ... el daño resulta de la ... prestación del servicio..., responderá el productor, el fabricante, el importador, el distribuidor, el proveedor, el vendedor y quien haya puesto la marca en servicio.

Si bien es discutible en lo atinente a bienes que el factor de atribución se la misma economía – obviamente no lo es para nosotros – en cuanto a servicios es bien claro, pues no se menciona o establece como *causa* el vicio o riesgo, sino simplemente y a secas: la prestación del servicio, es decir se alude claramente a una *función económica*.

La normativa se construye sobre el art. 1113 del C. C. conforme a la re forma del Profesor Borda y simultáneamente es un avance respecto de los legitimados pasivos, ya que involucra a todos los que intervienen en la cadena de manufacturación y comercialización del servicio. Así el propio prestador, el concedente, el concesionario, las empresas tercerizadas (empresa de seguridad privada), de tal forma de asumir la realidad de la configuración de los servicios mediante redes contractuales o contrato conexazos donde intervienen varias empresas dándole seguridad jurídica y económica al usuario.

Así lo ha determinado la jurisprudencia: "En la prestación del servicio de tarjeta de crédito han intervenido ambas codemandadas (Visa Argentina y Banco Bancosud) ello se advierte en la publicidad ofrecida al usuario".[47] "La concesionaria de automotores y el fabricante resultan solidariamente responsables por el cumplimiento de la garantía acordada al vehículo".[48]

9. La presunción fáctica y de juris a favor del usuario

Cuando los *portadores* de derechos,(usuarios y consumidores) en relaciones jurídicas se encuentran en una *situación asimétrica* (genética y dinámica) se considera que además de los principios generales del derecho y la construcción de una disciplina en particular (derecho de los usuarios y consumidores) debe

---

irreparable para su giro comercial por el transcurso del tiempo. CFCC Sala I, 3-9-2003, Telecentro. c/ Telecom Argentina Stet France y otro, LL 2004 B, 529-106935.

[45] Weingarten, Celia. Tratado de Daños reparables Vol. I, p.446. Ed. La Ley. Buenos Aires 2009.

[46] C. N. Com. Sala C. Buschiazzo, Juan c/ Banco Bancosud. (14/2/03) J. A. 7/1/2004.

[47] C. N. Com. Sala C. Helbling, Carlos C/ Sevitar (28/9/2001), RCyS 2002, II-188.

[48] Dworkin, Ronald. Los derechos en serio, p. 146 (Los casos difíciles) Ed. Planeta Agostini. Barcelona 1984.

asumirse un plus, que se genera en un *principio de protección especial* y ello se hace a través de dos herramientas que en la sistemática del derecho son universales: la declaración del principio de *interpretación pro usuario y consumidor*.[49]

De esta manera se cierra normológicamente el sistema.

La *característica* se constatan en la normativas de derecho del usuario y consumidor, precisamente por las categorización que comparten, es decir son *portadores homogéneos* (débiles desde distintos aspectos, económico, jurídico, etc.), de *relaciones jurídicas homogéneas*. (asimétricas y con el mismo contradichorio: la empresa).

Las *empresas*, en su dinámica capitalista (es decir corresponderse con la lógica del sistema) asumen una *política de agresión* en sentido de minimizar sus costos y de maximizar sus beneficios (esto es legitimo económicamente), en ese orden de cosas, los usuarios y consumidores sufren aquella agresión y ello se manifiesta en contraponerles la maximización de las obligaciones y la minimización de los derechos. (hijas de esta política son, las prácticas y cláusulas abusivas, etc.).

Es decir, el sistema social, por medio del subsistema económico, *presume* (porque es de la esencia del sistema de economía capitalista de acumulación privada y de su reproducción) que la empresas que producen y comercializan bienes y servicios, se comportan con esta agresión, que hasta podríamos caracterizarla como de *ejercicio abusivo de su derecho*[50] a participar en el mercado y ejercer toda actividad económica lícita (art. 14 de la Const. Nacional), lo cual muchas veces es muy difícil de determinar y probar acabadamente, pues lo tornan confuso y hábilmente dejan librado a la jurisdicción el tema individual y temas colectivos. (pero no se universaliza como conflicto real).

En el ambito colectivo de intereses colectivos homogéneos *ligas o asociaciones de consumidores,* exigen productos seguros, información eficiente, calidad en los bienes y servicios, etc.[51]

En cuanto a lo *individual*, el usuario posee a su disposición la Dirección del Consumidor, es decir, *vías administrativas*, para hacer valer sus derecho frente a su conflicto, incluso en el caso de consumidores, además la instancia previa de la mediación obligatoria en algunas jurisdicciones (Ciudad Autónoma de Buenos Aires).

En lo que hace al *acceso a la jurisdicción*, (como ultima herramienta del sistema para solucionar la crisis e incluso disciplinar sus elementos, las empresas y consumidores poseen aquella herramienta de protección extra (interpretación pro...), pero lo importante no es poseerla (tener el derecho reconocido) sino su *ejercicio concreto* y que los Magistrados realicen una *aplicación acorde* con aquello principios especiales.

---

[49] Elorduy Taubmann, Juan Manuel. Economía y empresa. Manual de eficacia, p.14 "Dicho de otro modo, no hay que emplear un capital excesivo porque los recursos suelen ser muy gravosos, incluso en el plano humano, es un principio de economía y de eficacia". Ed. Everest. León. 1998.

[50] Rodríguez Arias, Lino. El abuso del derecho, p. 103/116. Ed. Ediciones jurídicas Europa – América. Bs. As., 1971.

[51] Nasio, Ricardo. El Consumidor. Conflictos y soluciones. Ed Ediciones el país. Bs. As., 1999.

La jurisprudencia ha sostenido de forma unánime este criterio protectivo: "El contrato de formulario debe ser interpretado a la luz de las normas de la Ley 24.240 de protección del consumidor, esto es, en sentido mas favorables al consumidor en virtud del principio favor debitis".[52]

10. La obligación empresarial de alegar y probar sus derechos

El Art. 53 de la Ley 26.361 establece: Los proveedores deberán aportar al proceso todos los elementos de prueba que obren en su poder, conforme alas caracteres ticas del servicio, prestando la colaboración necesaria para el esclarecimiento de la cuestión debatida en el juicio.

Se trata de una verdadera imposición legal que esta acorde con las modernas doctrinas del derecho procesal en cuanto a las cargas probatorias dinámicas y simultáneamente como contrapartida del art. 3 (presunción a favor del usuario) de posibilitar a la empresa su defensa conforme al precepto constitucional.[53] y de esta forma quebrar la presunción a favor del consumidor.

Sin duda que el proveedor de servicios como organización empresarial esta en mejores condiciones de aportar pruebas, ya que es quien controla los sistemas informáticos (cajeros, bancos, seguros) o las formas de cómo se prestan los servicios y su medición (por medidores, luz, teléfono, agua); establece la calidad (medicinas prepagas y sus prestadores), frente al consumidor que como establecimos en parágrafos precedentes frente a la apariencia y la marca confía en los prestadores, pues no tiene otra alternativa o posibilidad.

La jurisprudencia ha señalado esta situación: "El art. 377 del CPCC pone en cabeza de los litigantes el deber de probar los presupuestos que se invocan como fundamento de su pretensión... de allí que quien se encuentre en mejores condiciones de probarlo debe hacerlo, en este caso la empresa constructora[54] o en el caso de ferrocarriles : En tanto el ferrocarril no probo la culpa del pasajero en el accidente, debe indemnizar los daños suidos por ser arrojado al exterior mientras viajaba parado junto con muchas otras personas, desbordando la capacidad reglamentaria que permitía el convoy".[55]

11. El orden público a favor de usuarios y consumidores

Ha señalado la jurisprudencia que la función jurisdiccional es esencial en la defensa de los derechos de los mas débiles, pero fundamentalmente como "valor moral" en el sistema: "Las leyes deben ser interpretadas armónicamente conformando el ordenamiento jurídico un todo sistémico. En éste, el Magis-

---

[52] C. Civil y Comercial mar del Plata. Sala I. González c/ Persa. (1/4/97). La Ley, p. 15. Ghersi, Weingarten. Ley de defensa del consumidor. 24 240. Comentada Anotada y Actualizada, 2009.

[53] Consult. Ghersi (director) La prueba en el derecho de daños. Ed. Nova Tesis. Rosario, 2009.

[54] Pantín, Daniel Jorge c/ Inicio S. R. L. y otros. Cámara Nac. En lo Comercial. Sala. A. (30 / 4 / 2009). La Ley 28/1/2010.

[55] C. Nac. En lo Civil. Sala J. Chaparro, Roberto c/ Empresa de ferrocarriles argentinos. (2/7/2009). J. A. 4/11/2009.

trado tiene como ineludible misión, la de ser el ordenador del proceso, no solo cumpliendo en dicho rol una función organisista, sino también asegurando la *moral* en el mismo. Dentro de esta construcción, no debe dejarse de considerar que el abogado litigante no cumple un papel superfluo dentro de la administración de justicia, sino que es un colaborador del Juez y que en orden a ello, cumple con una mar cada *función social*, acorde con lo *deontológicamente correcto*.

El usuario como sujeto débil frente a las empresas suscribe sistemáticamente una serie de contratos (simples y conexazos, autoahorro, tarjeta de crédito, etc.) con un sin número de cláusulas abusivas directas (que el art. 37 de la Ley 24.240, las fulmina de nulas y no escritas) y otras abusivas indirectas, que se redactan en formas confusas (de ex profeso por las empresas) o practicas abusivas (como *modus operandi*) de tal forma que el Magistrado *debe* actuar con elasticidad y precisamente interpretar conforme a la ley de orden publico.

En general las empresas como demandadas niegan toda la versión y fijan su posición en el libre consentimiento del usuario.

El *documento formalmente*, hace fe, en cuanto a personas, identidades, repetición d normas, etc. en cambio, sobre *el contenido del acto y la posición interna de los sujetos*, no puede aseverar absolutamente nada, ya que es apenas parte del contrato y la relación de consumo.

El *proceso judicial* prevé ciertos modos y medios (limitados, como las reglas de un juego) para probar los hechos sobre los cuales se asientan los derechos y en esto también hay una situación de *asimetría*, (asimetría procesal) pues los usuarios no siempre son contundentes, sino que precisamente acumulan una serie de indicios (testimonio fragmentado, algunas pruebas documentales parciales, etc.) de tal forma que el Magistrado *debe* adoptar una posición mas flexibles y precisamente hacer jugar la valoración de las pruebas, conforme al art. 53 LDC.

El usuario suscribe un contrato de adhesión (ya que no solo no puede negociar, sino que no puede mutar el contenido del instrumento) y luego en la dinámica de la ejecución solicita la revisión de las cláusulas en su contenido (nulidad absoluta) o en su aplicación (morigeración), conforme a los art. 954; 1071 y 1198 del Cod. Civil y art. 4; 7; 8 y 37 de la Ley 24.240.

Es aquí donde hacer valer la formulación de orden público marca la diferencia hacia el usuario.

12. La protección del tercero dañado en las relaciones de servicio

La prestación de servicios masivos puede dar lugar a dañar a terceras personas que se encuentran ocasionalmente en situación de "relaciones de uso" como señala el art. 1 "se considera asimismo consumidor o usuario a quien sin ser parte de una relación de consumo, como consecuencia u ocasión de ella adquiere o utiliza bines o servicios como destinatario final, en beneficio propio, o de su grupo familiar o social y a quien de cualquier manera esta expuesto ana relación de consumo [uso]".

Se trata de personas que como consecuencia de la prestación de un ser vicio (Estatal o de empresa privada) se encuentran expuesto al mismo sin ser usuarios y se les ocasiona por el servicio un daño, así por ejemplo en un acto escolar una pariente que va a presenciar un acto de un familiar y sufre un daño; un peatón que transpone una vía del ferrocarril para llegar a su domicilio; una persona que va a visitar a un amigo internado en una clínica y sufre un daño: una persona que se le electriza por caer un cable colgante de electricidad que lleva el servicio a un pueblo, etc.

Todos estos supuesto estaban bajo la orbita de los arts. 1113 del C. C. o del 1198 C. C. como obligación tacita de indemnidad y hoy quedan atrapados en la LDC en los arts. 1; 5 y 40.

Es importante porque gozan de la gratuidad art. 53 LDC. 26.361. Aún cuando la Cámara Comercial arbitrariamente la haya reducido solo a la tasa de justicia.

13. Conclusión

Los derechos esenciales señalados ut supra constituyen un "catalogo mínimo y esencial" para el usuario de servicios masivos que conforme a nuevas aplicaciones jurisprudenciales, deberá ir ampliándose logrando un "estatuto propio" del usuarios similar al del consumidor, pero con distinciones que hacen a la prestación continua de un servicio y la adquisición de un bien por el consumidor como una situación mas acotada temporalmente.

— 6 —

A responsabilidade civil e o direito à informação dos consumidores na sociedade de consumo

CAROLINE VAZ[1]

Sumário: 1. Introdução; 2. A sociedade de consumo do século XXI; 3. O direito à informação dos consumidores e a boa-fé objetiva; 4. A responsabilidade civil e o direito à informação na sociedade de consumo; 5. Considerações finais; Referências.

1. Introdução

Em que pese o tema "sociedade de consumo" esteja relacionado ao Direito em virtude da ampliação de defesa dos interesses dos consumidores[2] e da necessidade cada vez maior de se disciplinar as relações que envolvem estes, tanto individual como coletivamente, não se pode perder de vista que o tema é interdisciplinar.

Por essa razão, antes de se abordar a repercussão da denominada sociedade de consumo no tratamento do direito das obrigações, mais precisamente na responsabilidade civil, é necessário contextualizar a temática ao século XXI.

Para tanto, recorre-se ao entendimento dos sociólogos que definem o fenômeno, bem como às diretrizes dadas por estes para que se possa delimitar adequadamente o direito aplicável. Compreendendo tal alcance, relaciona-se a sociedade de consumo ao direito dos consumidores, especificamente quanto ao direito à informação destes, já que inseridos numa sociedade de risco[3]

---

[1] Professora da Faculdade de Direito da PUCRS, Doutora em Direito pela Universidade de Zaragoza, Mestre em Direito pela PUCRS e Promotora de Justiça do Estado do Rio Grande do Sul

[2] Importante destacar os conceitos básicos do Código de Defesa dos Consumidores, Lei nº 8.078/90, para a melhor compreensão do tema: Art. 2º Consumidor é toda pessoa física ou jurídica que adquire ou utiliza produto ou serviço como destinatário final. Parágrafo único. Equipara-se a consumidor a coletividade de pessoas, ainda que indetermináveis, que haja intervindo nas relações de consumo. Art. 3º Fornecedor é toda pessoa física ou jurídica, pública ou privada, nacional ou estrangeira, bem como os entes despersonalizados, que desenvolvem atividade de produção, montagem, criação, construção, transformação, importação, exportação, distribuição ou comercialização de produtos ou prestação de serviços. § 1º Produto é qualquer bem, móvel ou imóvel, material ou imaterial.§ 2º Serviço é qualquer atividade fornecida no mercado de consumo, mediante remuneração, inclusive as de natureza bancária, financeira, de crédito e securitária, salvo as decorrentes das relações de caráter trabalhista.

[3] Para Ulrich Beck, Risco é o enfoque moderno da previsão e controle das consequências futuras da ação humana, as diversas consequências não desejadas da modernização radicalizada". *La sociedad del riesgo: hacia una nueva modernidad.* Barcelona: Paidós, 1998, p. 13.

muitas vezes não percebem os efeitos da modernidade reflexiva. Ou seja, se a modernidade permitiu aos homens uma vida mais segura e com infindáveis possibilidades de desenvolvimento tecnológico, permitiu também um potencial destrutivo de alguns bens e valores.

Nesse sentido, Anthony Giddens refere que "o mundo moderno vive um paradoxo, pois para ter uma vida com prazer e segurança a sociedade é, contraditoriamente, desafiada por novos riscos que se desdobram da capacidade tecnológica a qual anuncia uma suposta *máxima qualidade* para as vidas humanas".[4]

Emerge daí a necessidade de se utilizar o direito à informação como importante instrumento de proteção dos consumidores, reconhecido dever anexo à boa-fé, notadamente em seu viés objetivo, como *standard* de conduta, tema sobre o qual precursoramente se ocupou o eminente jurista Ruy Rosado de Aguiar Júnior em nosso país.

2. A sociedade de consumo do século XXI

As relações sociais estão cada vez mais efêmeras e permeadas por valores cambiantes, muitos deles ligados a possuir determinados bens patrimoniais, por vezes geradores de conflitos, que levam à necessidade de intervenção do Direito para a promoção da almejada pacificação social.

Colin Campbell questiona em seu artigo "Eu compro, logo sei que existo: as bases metafísicas do consumo moderno": – "por que as atividades geralmente associadas ao termo consumo, como procura, compra, e utilização de bens e serviços que atendam a nossas necessidades ou satisfaçam nossos desejos são consideradas tão importantes?" Ao que responde: "Porque parece-me óbvio que, em geral e com algumas exceções significativas, é exatamente assim que elas são consideradas pela maioria das pessoas na sociedade contemporânea, como especialmente importante ou, até mesmo, como centro de suas vidas".[5]

Tal realidade não foi sempre assim, mas hodiernamente o desejo por determinados bens e serviços parece mesmo mexer com as emoções humanas, e a satisfação gerada pela aquisição desses gêneros quiçá substitua muitas outras emoções ausentes nas relações interprivadas. O fato é que o consumo identifica pessoas, denota o modo de vida e as escolhas de cada um. O consumo seria, assim, um elemento criador de vínculos entre indivíduos na sociedade,[6] definido por Grant McCracken como "o processo pelo qual os bens e os serviços de consumo são criados, comprados e usados".[7]

Baumann, por outro lado, entende que o consumo se configura como uma atividade solitária, sem "vínculos duradouros", substituindo o que era inter-

---

[4] GIDDENS, Anthony. *A reinvenção da política*: rumo a uma teoria da modernização reflexiva. 1997, p. 13.

[5] CAMPBELL, Colin. Eu compro, logo sei que existo: as bases metafísicas do consumo moderno. *In*: *Cultura, Consumo e Identidade*. Rio de Janeiro: Editora FGV, 2012, p. 48.

[6] MCCRACKEN, Grant. Cultura e consumo: novas abordagens ao caráter simbólico dos bens e das atividades de consumo. Rio de Janeiro: Mauad, 2003, p. 21.

[7] Idem, p. 21.

pretado como valor (o investimento no futuro) nas sociedades de produtores, para o gasto rápido nas sociedades dos consumidores. Segundo ele, "a sociedade de consumidores representa o tipo de sociedade que promove, encoraja ou reforça a escolha de um estilo de vida e uma estratégia existencial consumista, e rejeita todas as opções culturais alternativas".[8]

Dessa forma, sem perceber, o ser humano fica submerso num verdadeiro bombardeio de ofertas instigantes as quais o leva a querer cada vez novos produtos ou serviços, de modo que tão logo os adquiram já se tornam obsoletos e novos desejos surjam em substituição. Por essa razão, Campbell relaciona o tema à metafísica, aduzindo que:

> O consumismo moderno tem mais a ver com sentimentos e emoções (na forma de desejos) do que com razão e calculismo, na medida em que é claramente individualista em vez de público, em sua natureza. Essas são as duas características que fornecem uma conexão explícita com a cultura, assim como proporcionam a base para as declarações de que o consumismo moderno se baseia em hipóteses metafísicas.[9]

Diversas, portanto, são as concepções, passando pela consideração de que a metafísica interfere nesse comportamento, até a conclusão de que se trata de uma opção cultural, com a qual se concorda, vislumbrando daí a interface com o direito, pois conforme preleciona Miguel Reale, mais do que uma ciência jurídico-social, o direito é uma espécie de experiência cultural, aduzindo que:

> Nesse universo cultural dinâmico, processual, integrativo, e interdisciplinar, o direito é uma espécie de experiência cultural, uma realidade de que resulta da natureza histórica e social do homem, apresentando-se sempre como uma síntese ou integração do ser e do dever-ser, de fatos e de valores, quer em experiências particulares, quer na experiência global dos ordenamentos objetivados na história.[10]

Considerando-se esta última concepção, portanto, percebe-se que a sociedade de consumo acarreta o reconhecimento da vulnerabilidade do consumidor, já que este não possui conhecimentos específicos sobre os produtos e/ou serviços que está adquirindo e fica sujeito aos imperativos do mercado, tendo como único aparato a confiança na boa-fé da outra parte.[11]

Nesse contexto, foram elevados a direitos básicos dos consumidores alguns essenciais para evitar lesão a bens patrimoniais, mas principalmente personalíssimos, como o direito à informação adequada, previsto no artigo 6º, inciso III, do Código de Defesa do Consumidor – Lei nº 8078/90 –, o qual somente pode ser compreendido e efetivado se for considerada a vulnerabilidade dos consumidores e se interpretado à luz da boa-fé objetiva.

---

[8] BAUMANN, Zygmunt. *Vida para consumo*: a transformação das pessoas em mercadoria. Rio de Janeiro: Zahar, 2008, p. 71.

[9] CAMPBELL 2012, p.49.

[10] REALE, Miguel. *O direito como experiência*. apud MARTINS-COSTA, Judith. Os direitos fundamentais e a opção culturalista do novo Código Civil. In: SARLET, Ingo Wolfgang (Org.). *Constituição, direitos fundamentais e direito privado*. Porto Alegre: Livraria do Advogado, 2003, p 74.

[11] Segundo a doutrina de Paulo Valério Dal Pai Moraes a vulnerabilidade pode ser classificada de acordo com distintos aspectos, tratando essa falta de conhecimento específico sobre produtos e/ou serviços como vulnerabilidade técnica. *In*: MORAES, Paulo Valério Dal Pai. *Código de defesa do consumidor*: o princípio da vulnerabilidade no contrato, na publicidade, nas demais práticas comerciais. Porto Alegre: Síntese, 1999, p. 10.

3. O Direito à informação dos consumidores e a boa-fé objetiva

De um modo geral, as relações interprivadas se dão com base na autonomia da vontade. Contudo, desde o reconhecimento dos novos paradigmas hermenêuticos constitucionais aplicáveis a elas, como a solidariedade social e a dignidade humana, alguns vetores surgiram na ordem jurídica infraconstitucional.

Nesse sentido, na década de 90 foi positivada a boa-fé objetiva no artigo 4º, inciso III, do Código de Defesa do Consumidor, princípio geral da política nacional das relações de consumo, passando a atuar como limitadora dos direitos subjetivos de forma a impedir a ocorrência do abuso de direito.

Conforme Ruy Rosado de Aguiar Júnior, "a boa-fé significa a aceitação da interferência de elementos externos na intimidade da relação obrigacional, com poder limitador da autonomia contratual, pois através dela pode ser regulada a extensão e o exercício do direito subjetivo",[12] sendo essa limitação ao exercício de um direito subjetivo necessária para afastar eventual abuso de direito.

Assim, da boa-fé objetiva surgem deveres que precisam ser respeitados na sociedade de consumo, a fim de que o ser humano não venha a atuar em seu próprio prejuízo quando isto passa a ser "o centro de sua vida", segundo Colin Campbel. Deveres estes que se fazem presentes mesmo antes da formação de contratos os quais viabilizam o trânsito jurídico das relações consumeristas e que podem, portanto, levar à responsabilidade civil por sua afronta, merecendo especial relevância o dever de informação e de proteção à confiança.

Aguiar Junior foi, dentre os civilistas brasileiros, o primeiro a se aprofundar no estudo e aplicação da boa-fé no Código de Defesa do Consumidor:

> (...) nas relações de consumo, muitos dos deveres que no Direito dos Contratos, têm sua fonte na boa-fé, já encontram aqui previsão legal específica, a remeter a fundamentação da sentença diretamente à lei. Podemos enumerar, a título de exemplo, os enunciados sobre a oferta (art. 30), sobre o dever de informação (arts. 9º, 12, 14, 31 e 52), sobre os deveres de lealdade e de probidade na publicidade (arts. 36 e 37). Como estes fatos podem ocorrer ainda antes da celebração da avença, os deveres atribuídos aos seus figurantes não são referenciados ao contrato, que inexiste, mas ao simples contato social, que é o suporte de fato suficiente para fazer nascer os deveres decorrentes da boa-fé.[13]

Por essa razão, quando o fornecedor presta informação de forma inadequada, ou seja, insuficiente ou incorreta, já está lesando a boa-fé objetiva, demonstrando indiferença para com a confiança que os consumidores depositam intuitivamente na relação, e, consequentemente, sua conduta já pode ensejar reparação civil aos consumidores.

Isto porque não se pode perder de vista que o direito à informação na sociedade de consumo, onde o ser humano se percebe vulnerável frente a tantas ofertas e publicidades sedutoras, também deve ser utilizado como

---

[12] AGUIAR JÚNIOR, Ruy Rosado de. A Boa-Fé na Relação de Consumo. *Revista de Direito do Consumidor*. São Paulo: Revista dos Tribunais, n. 14, abr./jun. 1995, p. 20-27.

[13] Idem, p. 20-27.

instrumento para a precaução do risco à sua integridade física e mental, o que é cada vez mais perceptível em razão das diversas demandas envolvendo a responsabilidade civil pelo fato do produto que chegam ao Poder Judiciário diuturnamente.[14]

Daí o entendimento, inclusive, no sentido de que esse direito à informação somente será efetivo e atingirá seus fins se respeitar a confiança dos consumidores quanto às suas expectativas em relação a algum produto ou serviço e, principalmente, se essa aquisição não lhes gerar qualquer prejuízo econômico, muito menos físico, o que acarretaria a responsabilização do fornecedor. Portanto, como decorrência da boa-fé, a sociedade de consumo precisa ter assegurados todos os deveres anexos a esta, como a lealdade, honestidade, a cooperação,[15] e nesse sentido a informação dos consumidores precisa ver sua tutela como de direito fundamental. Para Paulo Lôbo,

> o direito à informação, no âmbito exclusivo do direito do consumidor, é direito à prestação positiva oponível a todo aquele que fornece produtos e serviços no mercado de consumo. Assim, não se dirige negativamente ao poder político, mas positivamente ao agente de atividade econômica. Esse segundo sentido, próprio do direito do consumidor, cobra explicação de seu enquadramento como espécie do gênero direitos fundamentais.[16]

O autor define a concretização desse direito que reconhece como fundamental, em virtude dos bens jurídicos que assegura, mencionando a sua origem na boa-fé objetiva. Para Paulo Lôbo,

> o direito fundamental à informação resta assegurado ao consumidor se o corespectivo dever de informar, por parte do fornecedor, estiver cumprido. O dever de informar tem raiz no tradicional princípio da boa fé objetiva, significante da representação que um comportamento provoca no outro, de conduta matrizada na lealdade, na correção, na probidade, na confiança, na ausência de intenção lesiva ou prejudicial. A boa fé objetiva é regra de conduta dos indivíduos nas relações jurídicas obrigacionais. Interessam as repercussões de certos comportamentos na confiança que as pessoas normalmente neles depositam.[17]

Nesse diapasão, portanto, não se pode deixar de reconhecer, como afirmado por Ruy Rosado de Aguiar Júnior, a possibilidade de responsabilizar civilmente quem age na produção e fornecimento de produtos sem observância da boa-fé objetiva, não informando adequadamente sobre os componentes de um produto, por exemplo, gerador de risco à pessoa, já que a responsabilidade é gerada pelo simples "contato social" e reconhecida, no Código de Defesa do Consumidor, como decorrência lógica dos prejuízos advindos do fato do produto antes mencionado.

---

[14] A definição de fato do produto está no artigo 12 da Lei nº 8.078/90, Código de Defesa do Consumidor. "Art. 12. O fabricante, o produtor, o construtor, nacional ou estrangeiro, e o importador respondem, independentemente da existência de culpa, pela reparação dos danos causados aos consumidores por defeitos decorrentes de projeto, fabricação, construção, montagem, fórmulas, manipulação, apresentação ou acondicionamento de seus produtos, bem como por informações insuficientes ou inadequadas sobre sua utilização e riscos".

[15] AGUIAR JÚNIOR, 1995, p. 20 A 27.

[16] LÔBO, Paulo Luiz Netto. A informação como direito fundamental do consumidor. *Revista de Direito do Consumidor*, São Paulo, v. 37, p. 59-61, jan./mar. 2001.

[17] Ibidem.

4. A responsabilidade civil e o direito à informação na sociedade de consumo

Desde o reconhecimento da boa-fé objetiva no sistema jurídico brasileiro, independentemente de sua positivação pelo Código de Defesa do Consumidor, Ruy Rosado de Aguiar Júnior traz esse princípio como vetor de interpretação das relações privadas capaz de limitar a autonomia nas relações obrigacionais.

Certamente não imaginava, quando do julgamento do paradigmático "Caso dos Tomates",[18] a repercussão que essa decisão teria, onde evidenciado o desrespeito à confiança, ao direito à informação, à lealdade, enfim à boa-fé e suas decorrências, e a expansão que o princípio alcançaria no sistema jurídico brasileiro. De lá para cá passaram-se mais de 20 anos e *paripassu* com o desenvolvimento da sociedade de consumo, também se alargou o número de demandas envolvendo responsabilização civil por danos aos consumidores decorrentes da inobservância da boa-fé objetiva.

Chama a atenção, contudo, o crescente número de situações envolvendo não só danos concretos à esfera econômica dos consumidores, mas principalmente à integridade física destes, em decorrência da falta de informação adequada nas embalagens dos produtos. Nesses casos, propondo-se uma reflexão a fim de que o direito possa atuar de forma preventiva, salvaguardando os interesses mais relevantes do ordenamento jurídico, entende-se possível a responsabilização civil do fornecedor mesmo antes do dano concreto aos consumidores pela lesão, retomando-se a lição do mestre de que a boa-fé objetiva deva atuar mesmo antes da formação contratual, mas pelo simples contato social e, pode-se acrescer, o clássico princípio do *neminen laedere* consistente no dever geral de não prejudicar ninguém.

No próprio Tribunal de Justiça Gaúcho são diversos os precedentes relacionados às indenizações aos consumidores pela falta de informação adequada nos produtos, já que mesmo pelo uso normal acarretam lesões à saúde e à própria vida destes, demonstrando a invisibilidade do risco de que Beck fala quando aborda a temática da sociedade de risco. Estes danos expõem a vulnerabilidade dos consumidores, que em última análise somos todos nós, seres humanos que fazem parte da sociedade hodierna, denotando a indiferença dos fornecedores para com os valores mais relevantes desta.

Nesse sentido, vale colacionar os exemplos da soda cáustica em produto de limpeza, bem como dos traços de lactose em bolacha infantil e hidratan-

---

[18] O "Caso dos Tomates", como chamado pela doutrina civilista, traz a aplicação paradigmática, por parte do então Desembargador Ruy Rosado de Aguiar Júnior, no TJRS, do princípio da boa-fé objetiva às relações privadas como decorrência co contato social. *Ementa*: Contrato. tratativas. *Culpa in contrahendo*. Responsabilidade civil. responsabilidade da empresa alimentícia, industrializadora de tomates, que distribui sementes, no tempo do plantio, e então manifesta a intenção de adquirir o produto, mas depois resolve, por sua conveniência, não mais industrializá-lo, naquele ano, assim causando prejuízo ao agricultor, que sofre a frustração da expectativa de venda da safra, uma vez que o produto ficou sem possibilidade de colocação. Provimento em parte do apelo, para reduzir a indenização à metade da produção, pois uma parte da colheita foi absorvida por empresa congênere, às instâncias dA RE. Voto vencido, Julgando improcedente a ação. (Apelação Cível nº 591028295, Quinta Câmara Cível, Tribunal de Justiça do RS, Relator: Ruy Rosado de Aguiar Júnior, Julgado em 06/06/1991). Disponível em <www.tjrs.jus.br>. Último acesso em 10 de setembro de 2013.

te facial que causou alergia, sem qualquer menção à possibilidade de alergia, tampouco quanto às orientações para remediar os efeitos desta.

Apelação Cível. Responsabilidade civil. Acidente de consumo. Fato do produto. Responsabilidade objetiva do fabricante. Removedor de cera. Informações insuficientes quanto aos riscos do produto. Queimaduras de terceiro grau nos joelhos. Culpa exclusiva do consumidor não verificada. Configuração do dever de indenizar.[19]

Apelação Cível. Responsabilidade civil. Responsabilidade objetiva. Preliminar contrarrecursal. Aplicabilidade do código de defesa do consumidor. Dever de informar. Segurança do produto. Informações falhas no rótulo da embalagem. Bolacha recheada contendo lactose. Ingestão por menor com alergia à proteína do leite de vaca. Nexo causal demonstrado. Dano moral configurado. Valor da indenização mantido.[20]

Apelação civil. Responsabilidade civil. Ação de indenização por danos morais. Cosmético. Hidratante facial. Reação química. Falha no dever de informação. Danos morais. *Quantum* indenizatório.[21]

---

[19] Vale colacionar o inteiro teor da ementa para a maior compreensão do *decisum*: "(...) Caso dos autos em que o coautor Luis Fernando, ao aplicar o removedor de cera produzido pela demandada, postado de joelhos, sofreu queimaduras de terceiro grau nos membros inferiores, necessitando de atendimento médico-hospitalar e internação para realização de cirurgia para colocação de enxerto de pele. À luz das disposições do Código de Defesa do Consumidor, é objetiva a *responsabilidade* do fabricante por dano decorrente de *fato do produto*, bem como é dever do fabricante informar acerca dos riscos do *produto* à saúde e segurança dos consumidores, especialmente quando o uso do *produto* pode causar graves danos. Prova dos autos que demonstra a falta de informações adequadas quanto aos riscos do *produto*, notadamente o *fato* de ser composto de 1,5% de soda cáustica, elemento corrosivo e deveras nocivo quando em contato com a pele. Ausência de comprovação da excludente de *responsabilidade* prevista no § 3º do art. 12 do CDC. Culpa exclusiva do consumidor não verificada. Configuração do dever de indenizar. Danos morais in re ipsa. *Quantum indenizatório*. Critérios. Majoração. A indenização deve ser fixada em valor consentâneo com a gravidade das lesões, observados os princípios da proporcionalidade e da razoabilidade, de modo que com a indenização traga uma satisfação para o ofendido, sem configurar enriquecimento sem causa, e, ainda, uma sanção para o ofensor. Valor da indenização em favor do coautor Luis Fernando majorado (R$ 15.000,00) (...). Apelo da demandada desprovido. Apelo dos autores parcialmente provido. Unânime. (Apelação Cível nº 70055905731, Nona Câmara Cível, Tribunal de Justiça do RS, Relator: Tasso Caubi Soares Delabary, Julgado em 25/09/2013) Disponível em <www.tjrs.jus.br>. Último acesso em 20 de setembro de 2013.

[20] Colaciona-se inteiro teor da ementa para a melhor compreensão: (...)1.Preenchidos os requisitos do art. 514 do CPC, não há falar em ausência de fundamentação do recurso de apelação. Preliminar rejeitada. 2. Na forma do art. 12, § 1º, II, do Código de Processo Civil o produto é defeituoso quando não oferece a segurança que dele se espera. Embora na época dos fatos não existisse nenhuma regulamentação específica quanto a necessidade de constar expressamente a existência de produtos alergênicos, falhou a ré com o seu dever de informar, pois o consumidor confiou nas informações constantes no rótulo para adquirir o produto para o consumo. Era dever da ré informar fidedignamente as substâncias que compõe o alimento vendido, justamente para oferecer a segurança esperada ao consumidor. 3. Falhou a requerida com o seu dever, restando demonstrado o nexo causal a partir das provas documental e testemunhal produzidas. 4. Dano moral reconhecido em virtude da falta do dever de informar e na falha na segurança do produto vendido ao consumidor, que acabou por expor a sua saúde. 5. Valor da indenização adequado às nuances do caso concreto, considerando, inclusive, o caráter preventivo e punitivo da condenação. 6. Honorários advocatícios fixados em consonância com o art. 20, § 3º, do CPC. Recursos de apelação desprovidos. (Apelação Cível nº 70046666319, Sexta Câmara Cível, Tribunal de Justiça do RS, Relator: Artur Arnildo Ludwig, Julgado em 13/09/2012) Disponível em: www.tjrs.jus.br Último acesso em 20 de setembro de 2013.

[21] Inteiro teor da Ementa: "Trata-se de típico acidente de consumo, tendo sido suficientemente demonstrado o nexo causal entre o uso do cosmético de fabrico da ré e a reação alérgica apresentada pela autora. A disciplina legal aplicável é o Código do Consumidor, donde advém a *responsabilidade* objetiva da ré pelos eventos decorrentes da utilização de produto, notadamente no caso dos autos, em que nenhuma informação continha o rótulo a respeito de possibilidade de reações alérgicas, e como se conduzir frente a ocorrências da espécie. Mais ainda, contatado o *site* de atendimento ao consumidor, manifestou-se o atendimento precário e ineficiente, já que além de indicação inadequada para a solução do problema, somente retornou o contato vários dias após o aparecimento das lesões, quando a autora já vinha tendo atendimento médico, buscado por sua iniciativa. Importe indenizatório ajustado aos comemorativos do caso, pelo que vai reduzido de molde a acompanhar precedentes da Corte. Correção monetária e juros de mora legais incidentes a contar do arbitramento. Apelação da ré parcialmente provida. Apelo da autora prejudicado. (Apelação Cível nº

Percebe-se, portanto, que o direito das obrigações na atualidade, com a responsabilização civil de alguns fornecedores não está conseguido impedir a conduta de quem coloca em risco a integridade física e moral dos consumidores, o que ocorre com maior intensidade, proporcionalmente ao desenvolvimento científico e tecnológico que expõe a risco as pessoas que desconhecem os efeitos desses produtos para o organismo humano, sem qualquer chance de conhecê-los, haja vista a falta de informações adequadas nos rótulos e embalagens de um modo geral.

Daí a afinidade dos fenômenos sociedade de consumo e sociedade de risco, onde a boa-fé objetiva merece protagonismo como princípio vinculado a precaução desses riscos e norteador de condutas.

Entretanto, se as clássicas funções da responsabilidade civil, indenizar e compensar danos patrimoniais e extrapatrimoniais, outrora eram suficientes para restabelecer o *status quo* e pacificar as relações interprivadas, neste quadrante histórico o mesmo não se vislumbra.

Os deveres de proteção à confiança, de lealdade, honestidade nem sempre observados quando da colocação dos produtos em circulação para consumo impõem o desafio aos juristas de buscar um direito antecipatório a esses danos acima mencionados, precavendo-se o risco de lesão a direitos personalíssimos como a saúde e a própria vida.

Analisando-se as decisões acima transcritas, percebe-se em todas a menção a esses princípios, considerados deveres anexos à boa-fé objetiva, e o desrespeito a este. Contudo, a exemplo do que significou o avanço preconizado por Ruy Rosado de Aguiar Júnior ao reconhecer na boa-fé objetiva um limitador da autonomia da vontade visando a evitar o abuso de direito, urge a necessidade de se buscar institutos capazes de conter de forma mais contundente as práticas ilícitas abusivas, geradoras de efeitos negativos à própria vida humana.

Nesse sentido, propõe-se uma vez mais a reflexão sobre novas funções à responsabilidade civil para evitar que essas situações se repitam. Ainda remanesce, pelo que se percebe da reiteração de práticas semelhantes, que a condenação a valores a título de indenização por danos materiais e compensação pelos extrapatrimoniais não são suficientes como exemplo para os demais fornecedores adotarem postura preventiva, e internalizarem nos custos da produção valores condizentes à segurança do produtos disponibilizados aos consumidores da forma mais ampla e eficaz possível. Seja com mais pesquisas quando da elaboração destes, seja com rótulos adequados com as informações necessárias para tal precaução. A inquietação com a vítima, que é a tônica da responsabilidade civil, diferentemente da responsabilidade penal, a que incumbe se ocupar com o agente, como refere Facchini,[22] deve ser efetiva e inspiradora ao Direito quanto à busca de novos horizontes.

70047064464, Nona Câmara Cível, Tribunal de Justiça do RS, Relator: Marilene Bonzanini Bernardi, Julgado em 25/04/2012). Disponível em <www.tjrs.jus.br>. Último acesso em 10 de setembro de 2013.

[22] Segundo Eugênio Facchini Neto, "cabe ao Direito Penal a preocupação com o agente, disciplinando os casos em que deva ser criminalmente responsabilizado. Ao Direito Civil, contrariamente, compete inquietar-se com a vítima". FACCHINI NETO, Eugênio. Da responsabilidade civil no novo código. In: SARLET, Ingo Wolfgang (Org.). *O novo código civil e a constituição*. Porto Alegre: Livraria do Advogado, 2003. p. 155.

Assim, apesar de rechaçada por grande parte da doutrina, a teoria do desestímulo, a qual nos países da *Common Law* se denomina *punitive damages*,[23] deve ser repensada pelos juristas contemporâneos e merecedora da atenção. Nesse sentido, a intenção é utilizar essas funções da responsabilidade civil para punir civilmente o causador do prejuízo concreto ou abstrato (mas provável) à saúde e vida humanas pela falta de informação adequada quanto aos componentes dos produtos nas embalagens. E, ainda, dissuadir o mesmo e outros produtores, fornecedores e até mesmo comerciantes de repetirem tal conduta.

Pertinente reiterar que as principais funções da responsabilidade civil continuam sendo a reparatória e a compensatória. Todavia, busca-se instigar a investigação sobre a possibilidade de, em casos excepcionais, quando diga respeito ao direito fundamental à informação de forma a proteger a saúde e a vida dos consumidores serem vislumbradas outras funções a esse ramo do direito para, acima de tudo, mudar a cultura dos produtores de atuar gerando riscos à sociedade em geral.

Apenas a título ilustrativo, constata-se que em algumas decisões os julgadores atribuem aos danos morais tais funções, como ocorreu no precedente acima citado das bolachas recheadas contendo traços de lactose, no qual o Magistrado reconheceu o "valor da indenização adequado às *nuances* do caso concreto, considerando, inclusive, o caráter preventivo e punitivo da condenação".[24] Entretanto, existindo instituto próprio no direito comparado, entende-se que o uso dessa funções deva seguir os fundamentos do instituto. Por essa razão, às funções punitiva e/ou dissuasória deveria ser atribuído um terceiro valor pelo Magistrado na fixação da sentença. Contudo, em vez de este ser destinado à vítima, poderia ser destinado a um Fundo de Defesa dos Consumidores ou a órgão relacionado à proteção desses interesses, desde que previamente cadastrado ao Judiciário ou ao Poder Público.

A falta de previsão para essas funções restaria superada pelo uso da hermenêutica dos direitos fundamentais, concretizando-se o direito fundamental à informação para criação de uma cultura de observância da boa-fé objetiva nas relações consumeristas e, principalmente, para precaver riscos à saúde e à vida humana.

5. Considerações finais

A sociedade contemporânea vem passando por grandes transformações como decorrência do avanço científico e tecnológico que deságuam na fabricação cada vez maior de novos bens de consumo os quais prometem uma eficiência ou beleza sempre maior que o anterior inventado. Assim, com um excessivo volume de ofertas lançadas pelos meios de comunicação, o ser humano

---

[23] Mais informações sobre os punitive damages (danos punitivos ou prestações punitivas), vide VAZ, Caroline. *Funções da responsabilidade civil*: da reparação à punição e dissuasão. Os punitive damages no Direito Comparado e Brasileiro. Porto Alegre, Livraria do Advogado, 2009.

[24] Vide nota 19.

depara-se com fenômeno que traça um perfil cultural denominado sociedade de consumo.

Inseridas nessa sociedade, as pessoas não percebem os riscos que a modernidade reflexiva por vezes acarreta, já que notoriamente vulneráveis ante o desconhecimento sobre os produtos e/ou serviços que está adquirindo, sujeito aos imperativos do mercado.

Assim, surge no Brasil, especialmente no final do século passado, a boa-fé objetiva como princípio jurídico paradigmático especialmente nas relações de consumo, o qual teve como precursor de sua aplicação no país o eminente Jurista Ruy Rosado de Aguiar Júnior, o qual avaliava que haveria uma mitigação à autonomia da vontade pelo uso deste, visando a evitar o abuso econômico nas relações interprivadas.Tal previsão confirmou-se, especialmente nas relações de consumo, quando se passou a perceber que os fornecedores de produtos e serviços muitas vezes são indiferentes para com prejuízos até mesmo físicos e morais que acarretam aos consumidores pela inobservância do que se passou a chamar deveres anexo à boa-fé objetiva, quais sejam, dever de informar, de proteção à confiança, lealdade, honestidade, dentre outros.

Nesse contexto, a falta de informação acerca dos riscos que determinados produtos podem acarretar ao ser humano pelos denominados acidentes de consumo levam ao crescimento de demandas ao Poder Judiciário que não tem conseguido, com a aplicação de condenações ao pagamento de indenizações e compensações em dinheiro às vítimas, evitar que as práticas se repitam. Nesse sentido, importante que o direito à informação dos consumidores assuma um papel de direito fundamental, visando exatamente a concretizar a boa-fé objetiva e, acima de tudo, a precaução ao risco à integridade física e mental dos consumidores.

Daí a proposta acerca de uma reflexão sobre o uso da teoria do desestímulo, tão conhecida na *Common Law* e fortemente rechaçada nos países de cultura romano-germânica, principalmente para se buscar uma mudança de cultura da sociedade, ora denominada de consumo. Isto porque é necessário que os fornecedores, os quais impõem seus produtos ao mercado, sintam a necessidade de internalizar eventuais custos relacionados à segurança dos produtos, informando ao consumidor o que este está adquirindo de forma veraz e mais completa possível, permitindo que este não se coloque em risco. Contudo, em não havendo essa postura, como tem ocorrido reiteradamente, deveriam arcar com pagamento de prestação outra, não para indenizar ou compensar danos patrimoniais e extrapatrimoniais à vítima, mas para punir e/ou dissuadir tais fornecedores de continuarem praticando essas condutas altamente reprováveis, destinando-se os valores à órgãos públicos ou particulares com atuação vinculada à defesa dos interesses dos consumidores.

O estudo mais aprofundado e a aplicação da boa-fé objetiva no direito das obrigações por parte de Ruy Rosado de Aguiar Júnior é o paradigma da inovação e dedicação permanente que os juristas devem ter na sociedade contemporânea, quando novos e complexos conflitos surgem desafiando as ciências jurídicas e sociais a buscarem rumos em comum, capazes de manterem o equilíbrio e a paz social tão almejados.

Referências

AGUIAR JÚNIOR, Ruy Rosado de. A Boa-Fé na Relação de Consumo. *Revista de Direito do Consumidor*. São Paulo: Revista dos Tribunais, n. 14, abr./jun. 1995, p. 20-27

BAUMANN, Zygmunt. *Vida para consumo: a transformação das pessoas em mercadoria*. Rio de Janeiro: Zahar, 2008.

BECK, Ulrich.*La sociedad del riesgo: hacia una nueva modernidad*. Barcelona: Paidós, 1998.

CAMPBELL, Colin. *Eu compro, logo sei que existo: as bases metafísicas do consumo moderno*. In: Cultura, Consumo e Identidade. Rio de Janeiro: Editora FGV, 2012.

FACCHINI NETO, Eugênio. *Da responsabilidade civil no novo código*. In: SARLET, Ingo Wolfgang (Org.). *O novo código civil e a constituição*. Porto Alegre: Livraria do Advogado, 2003.

GIDDENS, Anthony. *A reinvenção da política: rumo a uma teoria da modernização reflexiva*. 1997.

LÔBO, Paulo Luiz Netto. *A informação como direito fundamental do consumidor*. Revista de Direito do Consumidor, São Paulo, v. 37, p. 59-61, jan./mar. 2001.

MARTINS-COSTA, Judith. Os direitos fundamentais e a opção culturalista do novo Código Civil. In: SARLET, Ingo Wolfgang (Org.). *Constituição, direitos fundamentais e direito privado*. Porto Alegre: Livraria do Advogado, 2003.

MCCRACKEN, Grant. *Cultura e consumo: novas abordagens ao caráter simbólico dos bens e das atividades de consumo*. Rio de Janeiro: Mauad, 2003.

MORAES, Paulo Valério Dal Pai. *Código de defesa do consumidor: o princípio da vulnerabilidade no contrato, na publicidade, nas demais práticas comerciais*. Porto Alegre: Síntese, 1999.

VAZ, Caroline. *Funções da responsabilidade civil*: da reparação à punição e dissuasão. Os punitive damages no Direito Comparado e Brasileiro. Porto Alegre: Livraria do Advogado, 2009.

— 7 —

Código Civil e Código de Defesa do Consumidor: convergência de princípios e distinção de sua modulação. Um paralelo entre os deveres que criam

CLAUDIO LUIZ BUENO DE GODOY[1]

Sumário: 1. A proposição do tema; 2. A fragmentação típica da pós-modernidade. A hipercomplexidade e a pluralidade de fontes normativas. Sua revelação no direito privado; 3. A convivência entre o Código Civil e o Código de Defesa do Consumidor; 4. Os princípios gerais do CC e do CDC: um caso de convergência, mas de distinção de intensidade. A modulação de sua incidência; 5. Os princípios contratuais e os deveres que criam: a transparência, a confiança, a informação e a segurança nas relações paritárias e de consumo. Ainda um caso, em geral, de modulação, com particulares distinções; 5.1. A transparência e a confiança. Um paralelo no campo da formação contratual; 5.2. Informação: mais uma hipótese de modulação; 5.3. Dever de segurança. O nexo de imputação da responsabilidade civil nos dois sistemas; 6. Conclusão.

1. A proposição do tema

O objetivo deste estudo, primeiro, é o de demonstrar que, em boa medida, Código Civil e Código de Defesa do Consumidor se escoram em princípios que são convergentes. Mas o que, à evidência, não torna as duas leis indistintamente aplicáveis às mais variadas situações da vida, particularmente no campo obrigacional, como se os seus propósitos fossem comuns. Impende, assim, diferenciar seu âmbito de incidência, tanto quanto, a um só tempo, os espaços de recíproca influência ou, se se preferir, a interface que entre elas se abre.

Claro que, dados os limites do trabalho, nem todas as distinções, em especial no âmbito das regras, serão enfrentadas. O intento, portanto, é o de permanecer na esfera mais ampla dos princípios, mesmo dos princípios contratuais, laborando-se um paralelo, como consequência, entre os deveres básicos deles emanados e que permeiam a relação obrigacional.

Pretende-se estabelecer uma distinção entre estes princípios que está, não na sua essência, mas na modulação de sua incidência, na intensidade com que ordenam e interferem nos vínculos obrigacionais. Pretende-se, ainda, apontar

---
[1] Professor Livre-Docente do Departamento de Direito Civil da Faculdade de Direito da Universidade de São Paulo. Juiz de Direito.

espaços em que sua realidade ontológica comum mesmo assim não afasta diferenças, porque diferentes os objetivos das duas leis nas quais contemplados; como, ao contrário, hipóteses de recíproca influência e interpenetração. Isto tanto mais diante de cláusula de abertura do sistema consumerista, como há cláusulas de abertura do CC, mas em que, não raro, se contém normas de mais extensa proteção e tutela do consumidor, a qual se impõe por comando constitucional.

2. A fragmentação típica da pós-modernidade. A hipercomplexidade e a pluralidade de fontes normativas. Sua revelação no direito privado

Em tempos ditos pós-modernos, e dentre as suas várias características,[2] fragmenta-se o sistema jurídico, que passa a se caracterizar por uma multiplicidade de fontes normativas que convivem e, às vezes, conflitam.[3] Neste contexto se põe a necessidade de trabalhar com um direito hipercomplexo, como hipercomplexas são as relações ditas pós-modernas que constituem o seu objeto.

Diante de uma renovada racionalidade jurídica, para muitos de real desconstrução,[4] de toda sorte em que soluções tópicas não podem ser olvidadas,[5] impõe-se, com força, repensar os instrumentos comuns de análise das mais diversas fontes normativas.

Sem descer ao mérito de sua conveniência, o fato objetivo é que, em uma sociedade cada vez mais especializada e setorizada, erige-se, no mesmo sentido, uma legislação cada vez mais especial e específica, voltada a regulamentar os mais diversos e particulares campos em que as relações humanas se desenvolvem. Ainda que sob o influxo direto da Constituição Federal, e mesmo não se tenha abandonado o Código Civil como o eixo central das relações privadas, ocupa-se o ordenamento com relações específicas, editando-se, com isso, normatizações particularizadas e com princípios próprios, bem ao sabor da noção de microssistemas.

---

[2] Para uma visão geral e histórica do que se considera ser mesmo uma *estética* da pós-modernidade, ver: HESPANHA. António Manuel. *Panorama histórico da cultura jurídica europeia*. 2ª ed. Lisboa: Publicações Europa-América, 1998, p. 249-259.

[3] TEPEDINO, Gustavo. O direito civil e suas perspectivas atuais. In: *Direito civil contemporâneo*. Gustavo Tepedino (org.). São Paulo: Atlas, 2008, p. 356-371.

[4] Sobre o que reputa traduzir-se numa oposição à razão totalizadora em tempos pós-modernos, conferir: AMARAL, Francisco. O direito civil na pós-modernidade. In: *Direito civil. Atualidades*. Coord.: Cesar Fiúza; Maria de Fátima Freire de Sá; Bruno Torquato de Oliveira Naves. Belo Horizonte: Del Rey, 2003. p. 74. Nas palavras do autor, *"a época atual já não é própria para a sistematização e as grandes sínteses, mas sim para a análise crítica e a desconstrução dos sistemas vigentes, sob a égide dos princípios jurídicos que dão maior eficácia, garantia e legitimidade à matéria privada"*. (*Op. cit.*, p. 63)

[5] Ressalvando serem próprias, justamente, de um sistema valorativo, e não axiomático, as soluções tópicas: MENEZES CORDEIRO, António. Os dilemas da ciência do direito no final do século XX. Introdução à edição portuguesa de: CANARIS, Claus-Wilhelm. *Pensamento sistemático e conceito de sistema na ciência do direito*. 2ª ed. Lisboa: Fundação Calouste Gulbenkian. p. XLIII. Sobre o tema, ver ainda: ZANITELLI, Leandro Martins. Tópica e pensamento sistemático: convergência ou ruptura? In: *A reconstrução do direito privado*. Judith Martins-Costa (org.). São Paulo: Revista dos Tribunais, 2002, p. 121-144.

De fato, pulveriza-se o tratamento legal, para ficar no campo do direito privado – e não porque tais legislações especiais não contemplem também regras penais e/ou administrativas em seu corpo sistemático –, das locações, das parcerias agrícolas, do regime das águas, das incorporações imobiliárias, da criança e do adolescente, dentre tantos outros exemplos.

Pois nesta senda se coloca a legislação especial de proteção ao consumidor, lei subjetivamente especial editada por imperativo constitucional, cujo conteúdo vai bem mais longe do que apenas regrar os contratos consumeristas, para, realmente, estabelecer princípios regentes do mercado de consumo, das práticas do fornecedor e da exposição, a estas práticas, não só de consumidores diretos, mas de outros equiparados, ademais das disposições de índole penal e administrativa que apresenta.

Tem-se um sistema consumerista que, porém, para muitos, se funda em princípios dotados de real vocação expansionista, dada a expressão direta de valores constitucionais que neles se conteriam,[6] mormente quando ainda vigia normatização civil antecedente à Constituição. Mas certo que foi apanhado, depois, pela superveniência de um novo Código Civil que, muito embora projetado vários anos antes, acabou edificado sobre diretrizes em grande medida marcadas por uma zona de intersecção com a lei especial de defesa do consumidor.

O mesmo, aliás, aconteceu com o CC em relação a inúmeras outras leis especiais, sobre contratos (pense-se no transporte, na corretagem, na representação comercial), sobre propriedade e vizinhança (lembre-se do Estatuto da Cidade, do Código de Águas, do condomínio especial), apenas para dar alguns exemplos. É dizer: não é exclusiva da inter-relação entre o CC e o CDC, mas antes uma característica contemporânea, a convivência de diplomas normativos múltiplos acaso aplicáveis a uma mesma situação da vida.

O desafio, com efeito, está em identificar quais os critérios mediante os quais, no sistema, conviverão – ou não – estas mais diferentes fontes, não raro com extensas áreas de recíproca interferência. E ao que, já se adianta, parecem hoje insuficientes os critérios comuns da hierarquia, especialidade e cronologia. Se, de um lado, por vezes o Código Civil também disciplina relações e situações especiais (contratos em espécie, condomínio edilício, por exemplo), de outro toda a legislação ordinária, geral e especial, há de se reconduzir ao influxo valorativo da Constituição Federal, o que não é demasiado relembrar. Tudo sem contar outras ocasiões em que a própria lei geral estabelece a sua primazia (v.g. art. 732, CC).

No caso particular do Código de Defesa do Consumidor, e de sua relação com o Código Civil, é preciso definir se há campos estanques de aplicação, máxime quando a própria Lei 8.078/90 não exclui, antes remete a outras fontes normativas (art. 7º); ou em que termos ela haverá de se harmonizar ou ocasionalmente até ceder a previsões contidas no CC/02.

---

[6] TEPEDINO, Gustavo. As relações de consumo e a nova teoria contratual. In: *Temas de direito civil*. 4ª ed. Rio de Janeiro: Renovar, 2008, p. 233.

A propósito, imperioso verificar como trabalhar com um sistema de proteção ao consumidor diante de disposições do Código Civil que não raro lhe são mais favoráveis, a despeito, portanto, da existência de regra expressa no CDC. A questão, destarte, aparece como ligada ao método de se enxergarem os elos conexivos do sistema, no seu todo, de modo a manter sua coerência e, ao mesmo tempo, atender ao comando axiológico dimanado, antes de tudo, insista-se, da própria Constituição Federal.

3. A convivência entre o Código Civil e o Código de Defesa do Consumidor

É verdade que Código Civil e Código de Defesa do Consumidor possuem objetivos próprios, de que decorre uma incidência apriorística específica. Comum afirmar-se que o CC/02 é uma lei para regrar a relação entre iguais (paritárias), enquanto o CDC se volta a relações desiguais (não paritárias) e, por isso mesmo, animado pelo propósito de efetivar, como salienta Cláudia Lima Marques, *"os direitos do diferente, do mais fraco, do consumidor no mercado atual"*.[7]

Sucede que também o Código Civil se ocupou, de um lado, mercê das diretrizes que orientaram a sua elaboração, no quanto aqui importa particularmente as da socialidade e da eticidade,[8] de estabelecer normas de preservação do equilíbrio e da lealdade nas relações, mesmo que não entre consumidores. Mais, não descurou de institutos bem conformados a situações jurídicas, repita-se, mesmo que não de consumo, mas forjadas entre indivíduos desiguais. Ou seja, não desconheceu a disciplina, também, de relações concretamente desequilibradas.

Tome-se, por exemplo, e no campo dos contratos, a figura da adesão. Do mesmo modo que no CDC se tipificaram e regulamentaram os contratos de adesão (art. 54), o CC destinou regras também a disciplinar esta modalidade de ajuste, na essência desequilibrado (arts. 423 e 424). Na mesma senda, não desconheceu o CC mecanismos de preservação do equilíbrio negocial, por isso que disciplinando a ocorrência de lesão ou alteração das circunstâncias, igualmente tal qual se contém no CDC (art. 6º, V). Ou, ainda, no âmbito da responsabilidade civil, objetiva no CDC (art. 12 e 14), o Código Civil igualmente previu cláusula geral de responsabilidade pelo risco da atividade (art. 927, parágrafo único), incluindo a prestação de serviços, tanto quanto a responsabilidade pelo fato do produto (art. 931), posto não destinado a um consumidor final, porém e ocasionalmente (conforme a interpretação que se lhe dê, e que adiante, no último item, se enfrentará), de modo inclusive (ou aparentemente) mais rigoroso do que ao fornecedor no mercado de consumo.

---

[7] MARQUES, Cláudia Lima. Diálogo entre o Código de Defesa do Consumidor e o novo Código Civil: o "Diálogo das Fontes". Introdução a: *Comentários ao CDC*. MARQUES, Claudia Lima; BENJAMIN, Antônio Herman V.; MIRAGEM, Bruno. São Paulo: Revista dos Tribunais, 2003, p. 41. Para a autora, tem-se no CDC tratamento legal tópico voltado ao diferente, não ao igual geral, como expressão da equidade (*Idem, ibidem*).

[8] Sobre os princípios cardeais que iluminaram a elaboração do atual CC, conferir: REALE, Miguel. *História do novo Código Civil*. Série: Biblioteca de Direito Civil. Estudos em homenagem ao Professor Miguel Reale. v. 1. São Paulo: Revista dos Tribunais, 2005, p. 37-42.

Quer-se é dizer que a correta separação entre os campos de incidência e, antes até, dos objetivos das duas legislações nem sempre é assim tão clara e simples. Como, da mesma forma, nem sempre a sua coordenação se fará, *tout court*, com socorro ao caráter especial da legislação consumerista. Seja dado reiterar, não parece bastante apenas dizer que há uma lei especial, e para desiguais, além de outra, geral, para os iguais.

Não é só. Se é verdade que o CDC realiza e efetiva comandos constitucionais também gerais, identicamente será possível – e importa aferir em que medida – que ele próprio se estenda a relações paritárias, inclusive mercê de válvulas como a do seu artigo 29 e de pontes abertas pela lei comum (por ex., art. 421).[9] Ou seja, não se cuida apenas de trazer eventualmente o CC à incidência nas relações consumeristas como, igualmente, levar o CDC às relações paritárias. Repita-se, isto a despeito da pertinência de cada qual a campos próprios de atuação, ou da sua pertinência a relações jurídicas diferentes e diferenciadas.

No confronto entre o CC e o CDC, bem possível que apenas se tenha de colher de um, ou de outro, no que Cláudia Lima Marques chama de *diálogo sistemático de coerência*,[10] bases conceituais a institutos comuns. Os exemplos da autora são os da definição de pessoa jurídica, nulidade, prova, decadência entre outros.[11] Certo, porém, que, nesses casos, trata-se de manter a unidade ontológica, essencial, de mesmos institutos, posto que dispostos em leis diversas.

A questão mais séria, parece, diz com as situações em que, além de conceituais, se imponha uma coordenação sistemática, que leve até mesmo à hipótese de se cogitar de uma real *mistura* do sistema comum e do microssistema consumerista. É, como visto, não só a expansão de um ao outro como, ainda, a fragmentação com que acaso se admita esta espécie de *diálogo*, trazendo-se *partes* de um sistema ao outro.

A tradução mais simples do problema que se coloca é verificar, em última análise, qual a lei aplicável a uma dada situação fática, considerada a recíproca influência que CC e CDC podem ter um sobre o outro, a despeito do campo próprio de incidência que, em princípio, se reconhece a cada qual. É trazer o CC ao CDC, o CDC ao CC, ou ainda verificar, insista-se, a eventual possibilidade de *mistura* de seus regimes.

Na procura de critérios para a solução desta questão, opõe-se a doutrina ora sustentando o chamado *favor debilis (princípio do maior favorecimento)*, inclusive na esteira da previsão do artigo 7º do CDC, ora, ao contrário, salientando

---

[9] V., a propósito deste papel integrativo do princípio da função social do contrato, o que tive oportunidade de expender em: *Função social do contrato*. 4ª ed. São Paulo: Saraiva, 2012, p. 171-172.

[10] Diálogo entre o Código de Defesa do Consumidor e o novo Código Civil: o "Diálogo das Fontes". cit. p. 28. Para a autora, ainda possíveis o diálogo sistemático de complementaridade e subsidiariedade em antinomias aparentes e reais, como, por exemplo, com as cláusulas gerais de uma lei, que podem encontrar uso complementar ou subsidiário na outra, ou o diálogo de coordenação e adaptação sistemática, de recíproca influência dos sistemas comuns e especiais, por exemplo, na definição ampliada de consumidor equiparado, ao que bem pode acudir a influência finalística do CC (Idem, p. 28-29).

[11] Idem, ibidem.

que o CDC não se pode afastar diante da verificação da concreta situação ou relação de consumo que se apresenta.

No primeiro caso, defende-se que, como o próprio Código de Defesa do Consumidor não exclui outros direitos encontráveis em diversas fontes normativas, mesmo de legislação interna ordinária (art. 7º), caberia socorro ao Código Civil, a despeito de encerrar lei para iguais, mas quando contemplativo de prerrogativas mais favoráveis à parte débil, assim em uma relação consumerista. Pondera-se, afinal, e se o princípio constitucional é o da mais ampla tutela do consumidor, que não faria sentido deferir-lhe proteção menos extensa do que aquela contida em previsão, posto que comum, estabelecida para relações paritárias, não consumeristas. Por outra, ainda, inadmitir-se-ia tutelar de modo mais extenso o indivíduo comum do que aquele presumidamente vulnerável, justamente a quem reservada particular proteção.[12]

Porém, certo que críticas não faltam a este primeiro critério. Em palavras textuais, pondera Gustavo Tepedino que "tal posicionamento acaba por tornar discricionária a aplicação da norma à espécie, obstando a construção de padrão seguro de interpretação".[13] Comum observar-se, a propósito, não só a insegurança gerada, mesmo ao consumidor, sobre qual a regra aplicável à sua relação, como, ainda, a quebra sistemática que haveria, máxime por não se imaginar que regras de um ou outro sistema pudessem ser importadas de modo isolado, por isso que trazido o conjunto do ordenamento sobre dado instituto, no que há de melhor e pior para o consumidor.

Daí também sustentar-se, em posição que se pode dizer intermediária, a aplicação primária do CDC quando se trate de relação de consumo, apenas autorizada a remessa ao Código Civil havendo lacuna no sistema especial, assim desde que preenchidos os requisitos próprios da analogia, *legis* ou *juris*, e desde que não haja conflito com os princípios reguladores das relações de consumo.[14] Preservar-se-ia, por esta tese, a incidência do CDC e do sistema nele erigido mesmo que, em sua inteireza, não assegurasse situação mais vantajosa ao consumidor, quando confrontado com o sistema comum. Seria, por exemplo, para o regime da responsabilidade pelo fato ou vício do produto ou do serviço, tal como está no CDC, aplicá-lo por inteiro, no que de melhor e pior para o consumidor, portanto compreendidos os prazos prescricionais e decadenciais, posto que mais reduzidos, além do prazo de reparo previsto no artigo 18, § 1º, do CDC.[15]

---

[12] Por todos: FACCHINI NETO, Eugênio. A revitalização do direito privado brasileiro a partir do Código de Defesa do Consumidor. In: *20 anos do CDC: conquistas, desafios e perspectivas*. Renan Lotufo e Fernando Rodrigues Martins (coords.). São Paulo: Saraiva, 2011, p. 47.

[13] TEPEDINO, Gustavo. A aplicabilidade do Código Civil nas relações de consumo: diálogos entre o Código Civil e o Código de Defesa do Consumidor. In: *20 anos do CDC: conquistas, desafios e perspectivas*. Renan Lotufo e Fernando Rodrigues Martins (coords.). São Paulo: Saraiva, 2011, p. 73.

[14] NERY Jr. Nélson. Os princípios gerais do Código Brasileiro de Defesa do Consumidor. In: *Revista de Direito do Consumidor*. n. 3. setembro/dezembro de 1992, p. 58.

[15] V. o quanto a propósito decidido pelo STJ, recusando a aplicação de prazo prescricional, posto que maior, do CC quando se tratar de relação de consumo: STJ, Resp. n. 489.895/SP, rel. Min. Fernando Gonçalves, j. 10.03.2010; Resp. n. 1.281.090/SP, rel. Min. Luís Felipe Salomão, j. 07.02.2012. E isto a despeito de posição contrária que alhures se defende. V.g.: MARQUES, Cláudia Lima. *Contratos no CDC*. 6ª ed. São Paulo: Re-

Há mesmo quem defenda, acrescente-se, de acordo com a concreta aferição da relação consumerista e, em especial, da particular condição das partes, a abertura do artigo 7º do CDC não apenas em favor dos direitos do consumidor, mas igual e ocasionalmente do fornecedor, por exemplo, quando se trate de buscar no direito comum a aplicação de institutos como o dos direitos da personalidade ou do enriquecimento sem causa para a sua tutela. E ao pressuposto de que a situação jurídica concreta pode reclamar integração hermenêutica específica, acaso com incidência e institutos do direito comum, repita-se, ainda que pela via do artigo 7º do próprio CDC.[16]

A despeito de todas estas divergências, tem-se que alguns pontos devam ser assentados e devam nortear a atividade de coordenação e harmonização, a bem do sistema, como um todo, da aplicação do CC e do CDC.

Em primeiro lugar, considera-se de rigor preservar o que se pode chamar de *coerência sistemática*. É preciso compreender o sistema jurídico de modo unitário, observadas as conexões múltiplas nele contidas, interpretando-se as suas previsões de modo a manter sua coerência interna.[17] Em outras palavras, é interpretar e operacionalizar os mecanismos sistemáticos de tal arte a se chegar a um resultado inteligente[18] e, no caso, que prestigie as escolhas valorativas erigidas em especial em um sistema axiológico, não mais axiomático.

Por isso mesmo, importa ainda respeitar esta que agora se denomina de uma *coerência valorativa*. Aí o segundo ponto a realçar. Impende na situação concreta verificar qual o princípio em jogo, lembrando-se que há no CC e no CDC princípios comuns (por exemplo, a boa-fé objetiva, a função social, de resto como se verá a seguir) – a despeito de que, já se adianta, modulados nem sempre na mesma intensidade –, mas como há outros específicos (facilitação da defesa do consumidor, por exemplo), a determinar a exata exegese da sua força normativa para a relação examinada. Quer dizer, a máxima eficácia do princípio a observar há de atrair regramento próprio para a hipótese da vida a disciplinar.

Porém, esta determinação não pode ser arbitrária. Impõe-se procurar o que se considera sejam *pontos de aproximação*. De uma perspectiva fática, tal a situação de eventual e concreta vulnerabilidade, além de real iniquidade e, assim, desigualdade na relação *sub examen*. São fatores de aproximação dos sistemas comum e consumerista.

E não é só. Ainda para que a escolha do intérprete sobre a norma a aplicar não seja discricionária, arbitrária mesmo – e tanto mais porque ao legislador é dado erigir as regras próprias que, a seu ver, darão conta de efetivar os valores e princípios orientadores do sistema – deve-se verificar a existência de disposições de abertura, verdadeiros escapes para integração do Código de Defesa

---

vista dos Tribunais, 2011, p. 480; SANSEVERINO, Paulo de Tarso Vieira. *Responsabilidade civil no Código do Consumidor e a defesa do fornecedor*. 3ª ed. São Paulo: Saraiva, 2010, p. 329-330

[16] Neste sentido: NANNI, Giovanni Ettore. Relação de consumo: uma situação jurídica em interação entre o Código de Defesa do Consumidor e o Código Civil. In: *20 anos do CDC: conquistas, desafios e perspectivas*. Coord.: Renan Lotufo e Fernando Rodrigues Martins. São Paulo: Saraiva, 2011, p. 132-155.

[17] CANARIS, Claus-Wilhelm. *Pensamento sistemático e conceito de sistema na ciência do direito*. cit., p. 207.

[18] MAXIMILIANO, Carlos. *Hermenêutica e aplicação do direito*. 16ª ed. Rio de Janeiro: Forense, 1997, p. 166.

do Consumidor pelo Código Civil (v. art. 7º da Lei 8.078/90, por exemplo), ou mesmo o inverso (v., por exemplo, art. 421 do CC, conforme logo acima se mencionou).

São verdadeiras *pontes* que levam de um sistema a outro, conforme, na situação fática, se encontrem aqueles *fatores de aproximação*, sempre, porém, mantida a coerência interna do sistema – assim sem quebras injustificáveis – e, neste sentido, mantida ainda a coerência valorativa que lhe dá conteúdo.

Pois, seguindo a proposição do tema, o primeiro e relevante – porque atinente a elementos que são propriamente ordenadores dos respectivos sistemas, portanto um pressuposto ao exame de todos os demais pontos de contato – exemplo operativo deste mecanismo de inter-relacionamento das legislações (insista-se, sendo que a tanto se reduzirá este estudo, por seus limites, malgrado sem deslembrar que outros tantos haveria e em outra sede se examinarão) é o dos princípios gerais do CC e do CDC, além dos princípios contratuais e de sua manifestação nos deveres básicos de conduta que criam. Trata-se, de um lado, da material revelação da interpenetração dos dois sistemas e, ao mesmo tempo, da operação de diálogo entre eles, à luz dos critérios identificados.

4. Os princípios gerais do CC e do CDC: um caso de convergência, mas de distinção de intensidade. A modulação de sua incidência

Sobrevindo ao Código Civil de 1916 e já moldado à luz dos valores dispostos na Constituição de 1988, o Código de Defesa do Consumidor foi construído sobre princípios, em geral, diversos daqueles que, então, se continham na legislação comum. E, justamente pela direta expressão, de que estes princípios eram e são veículo, dos valores constitucionais, especialmente da dignidade da pessoa humana, do solidarismo e justiça das relações, foi muito comum afirmar-se, como se viu no item anterior, uma *vocação expansionista* da normatização consumerista.

Sucede que, também como já se disse, em 2002, editou-se o atual Código Civil. E, diferente do anterior, veio erigido sobre princípios que o aproximaram, em boa medida, e conforme a matéria, do CDC, tanto mais porque, afinal, afeiçoado aos imperativos axiológicos da Constituição. Quer dizer, a legislação comum igualmente não descurou – e nem poderia – da tutela da pessoa humana, mesmo nas relações de índole econômico-patrimonial, recebendo a tendência comum de repersonalização do direito civil.

Claro que isto não significa absoluta coincidência de princípios ou mesmo comunidade de objetivos que animam ambos os corpos normativos. Mas significa, o que é importante ao tema do estudo presente, uma certa *convergência principiológica*, no dizer da doutrina.[19] É uma convergência que se estabelece

---

[19] FACCHINI NETO, Eugênio. A revitalização do direito privado a partir do Código de Defesa do Consumidor. cit., p. 45.

sobre o imperativo de harmonia nas relações privadas e na ocupação básica de tutela do ser humano.[20]

Vejamos os princípios cardeais de cada qual das legislações.

Hauridos, basicamente, da enumeração do artigo 4º da Lei 8.078/90, mesmo assim variam os autores na identificação dos princípios gerais do Código de Defesa do Consumidor. Tomando o elenco a que procede, por exemplo, Roberto Senise Lisboa,[21] o CDC vem orientado pelos princípios da vulnerabilidade, hipossuficiência, acesso à Justiça, facilitação da defesa, defesa individual e coletiva, aplicação subsidiária das normas comuns, transparência, boa-fé, equilíbrio, proteção dos direitos patrimoniais e extrapatrimoniais do consumidor e reparação integral. Já para Bruno Miragem, os princípios são os da vulnerabilidade, da solidariedade, da boa-fé, do equilíbrio, da intervenção do Estado, da efetividade e da harmonia das relações de consumo.[22]

De toda sorte, básico, em primeiro lugar, o *princípio da vulnerabilidade*, a rigor sobre o qual se apoia o CDC desde que editado por comando constitucional de tutela do consumidor (art. 5º, XXXII, e art. 48 do ADCT). Porém, não há olvidar que tal previsão não se afasta de um contexto mais amplo em que se põe a tutela da pessoa e o equilíbrio das relações em que se envolva, do ponto de vista material. Ou seja, típico corolário da igualdade material. O que, convenha-se, e como se verá, não é estranho à normatização comum.

Bem verdade que, na legislação especial, a vulnerabilidade do consumidor (fática, técnica ou jurídica, para outros sendo de se acrescentar a política ou legislativa, biológica ou psíquica e ambiental)[23] é presumida de maneira absoluta, enquanto na lei civil ela precisa ser demonstrada. Todavia, e de um lado, já se defende que o consumidor, conforme a sua condição e o bem consumido, deva ter uma tutela diferenciada, destarte em respeito à particular situação jurídica em que se encontre, até de sorte a efetivar-se de maneira mais adequada a sua proteção;[24] de outro, não é indiferente ao CC a situação de desigualdade da relação, conforme os mecanismos de correção nele previstos (pense-se, por exemplo, no contrato de adesão, na abusividade da cláusula penal, na lesão, na imprevisão, sem contar a incidência dos princípios respectivos, para ficar no âmbito dos contratos).

Nesta esteira, justificável a consideração, já expendida nos itens anteriores, de que a vulnerabilidade seja costumeiramente um fator de interpenetração ou um ponto de aproximação possível, conforme o caso, entre o Código de Defesa do Consumidor e o Código Civil.

---

[20] MARQUES, Cláudia Lima. Diálogo entre o Código de Defesa do Consumidor e o novo Código Civil: o "Diálogo das Fontes". cit., p. 30.

[21] LISBOA, Roberto Senise. *Responsabilidade civil nas relações de consumo*. São Paulo: Revista dos Tribunais, 2001, p. 77-112.

[22] MIRAGEM, Bruno. *Direito do consumidor*. São Paulo: Revista dos Tribunais, 2008, p. 61-78.

[23] A respeito, vide a remissão a que procede: MIRAGEM, Bruno. *Direito do consumidor*. cit., p. 64.

[24] TEPEDINO, Gustavo. O direito civil constitucional e suas perspectivas atuais. In: *Direito civil contemporâneo. Novos problemas à luz da legalidade constitucional*. Coord.: Gustavo Tepedino. São Paulo: Atlas, 2008, p. 366-367.

Já a *hipossuficiência*, por sua vez, e mesmo que habitualmente associada a uma desigualdade socioeconômica, importa na espécie desde que, ao contrário de encerrar uma condição genérica e universal do consumidor, deve ser avaliada em concreto. Assim, ainda que se tenha todo o consumidor como vulnerável, nem todos serão hipossuficientes. De qualquer maneira, tem-se uma avaliação particularizada que igualmente se há de fazer, conforme o caso, mesmo se a relação não é de consumo, aqui sendo de se lembrar da observação inicial de que a hipercomplexidade dos vínculos impõe análise e incidência normativa a tanto amoldada.

O *princípio da boa-fé objetiva*, de seu turno, perpassa toda a legislação consumerista, exigindo-se que paute a generalidade das relações de consumo (art. 4º, III, do CDC), com o que, a rigor, se cumpre escolha valorativa constitucional de solidarismo (art. 3º, I). Tal o que justifica, na Lei 8.078/90, a exigência de *transparência* que se põe na base das regras sobre a formação dos contratos (arts. 30 e seguintes) ou sobre a publicidade do produto ou serviço oferecido no mercado de consumo (arts. 36 e seguintes); e é também o que suporta os deveres de *segurança* e *confiança* tão caros ao regime da responsabilidade pelos defeitos e da garantia convencional.

Mas não é menos verdade que o mesmo princípio hoje se positivou no Código Civil. E isto tanto em sua função interpretativa (art. 113) e limitativa do exercício de direitos (art. 187), quanto em sua função supletiva (art. 422). Certo já se ter sustentado que, nas relações paritárias, não se há de reconhecer ao princípio uma quarta função, dita corretiva, que atua como instrumento reequilíbrio das relações de consumo.[25] Mas não é menos certo que o CC, ele próprio, contém instrumentos que a tanto se prestam, como o da lesão ou da onerosidade excessiva, tal qual se vem de acentuar.

E assim porque o *equilíbrio*, *equidade* ou *justiça* das relações sociais, dentre as quais a jurídica, também decorre de um imperativo constitucional (art. 3º, I). Ou seja, posto se possa manifestar esta exigência, no CC e no CDC, mediante requisitos (ou regras) específicos e diversos, ele permeia toda a legislação infraconstitucional de maneira obrigatória. No Código de Defesa do Consumidor, diga-se, é também um princípio logo disposto no elenco do artigo 4º, particularmente contido no inciso III, ao lado da boa-fé objetiva.

Pense-se, ainda, na *reparação integral*. Compreendida, no CDC, como direito básico do consumidor à indenização completa, sejam os danos materiais ou morais, alcança ainda uma finalidade preventiva, de proteção à integridade de quem exposto às práticas de consumo (art. 6º, I e VI, do CDC). Mas note-se ser esta, afinal, igualmente uma perspectiva da responsabilidade civil comum, hoje ocupada não apenas com um viés reparatório, porém ainda preventivo.[26] E se, ao dar cabo desta previsão de reparação integral, o CDC disponibiliza mecanismo como o da desconsideração da personalidade jurídica, por exemplo (art. 28), do mesmo modo o CC o contempla (art. 50). E, de novo aqui, ain-

---

[25] TEPEDINO, Gustavo. A aplicabilidade do Código Civil nas relações de consumo. cit., p. 84.
[26] Por todos: TUNC, André. *La responsabilité civile*. Paris: Économica, 1981. p. 122-129; NORONHA, Fernando. Desenvolvimento contemporâneo da responsabilidade civil. In: *Revista dos Tribunais*. v. 761. março de 1999, p. 41.

da não sejam exatamente os mesmos seus respectivos requisitos de incidência. De outra parte, se no Código Civil se encontra previsão de proporcionalização da indenização quando haja culpa concorrente da vítima, igual efeito se há de reconhecer no âmbito das relações de consumo.[27] Em última análise, na Constituição Federal é que se encontra a garantia de tutela dos direitos, diante de lesão ou ameaça de lesão, e quer do ponto de vista material, quer moral (art. 5º, incisos V, X, XXXV).

Certo, como já se disse, que alguns princípios são muito próprios do sistema especial. Lembre-se do *acesso à Justiça* por associações representativas (art. 4º, II, *b*), dos órgãos especializados (art. 5º); ou da *facilitação da defesa em Juízo*, de que são instrumentos específicos, por exemplo, a inversão do ônus probatório (art. 6º, VIII), o foro privilegiado (art. 101, I), a vedação da intervenção de terceiros (art. 88), ou a defesa coletiva (art. 91 e seg.).

Mas isto não exclui a identificação daquela citada *convergência* de princípios básicos, mormente se tomados os princípios ditos cardeais de elaboração do Código Civil atual, na explanação de seus próprios autores e conforme se viu no item anterior. Seja como for, não é ocioso repetir, ademais da *operabilidade*, voltada à elaboração de uma lei pragmática, destinado ao homem situado, concreto, não ao jurista, de que são exemplo a forma com que estabelecido o regime da prescrição e da decadência, ou a transformação de "sobrenome" em termo técnico, a *socialidade* e a *eticidade* dão bem a exata noção daquela convergência.

Afinal, pelo primeiro destes dois princípios revela-se a preocupação do legislador, justamente, com o contexto social em que se concebem e se inserem os direitos subjetivos, portanto funcionalizados não somente ao atendimento de um interesse individual, mas ao mesmo tempo de um interesse social. Nesta senda se erigem o abuso do direito (art. 187), a função social do contrato (art. 421) ou a função social da propriedade (art. 1.228), decerto que não exclusivos das relações comuns, paritárias. Bem um propósito, note-se, de preservação da harmonia das relações jurídicas, tomadas em sua projeção ao tecido social como um todo. Toma-se a especial preocupação com o bem comum, com a preservação dos interesses e bens da sociedade, por exemplo, do espaço ambiental, mesmo desiderato que, vale realçar, norteou a previsão do artigo 51, XIV, do CDC, proibindo cláusula contratual que lhe fosse lesiva. Mais, o conteúdo desta diretriz do Código Civil bem se amolda, ainda em outro exemplo, ao que Bruno Miragem considera ser, em larga medida, a expressão do princípio da solidariedade no CDC.[28]

Pelo segundo dos princípios referidos, o da *eticidade*, manifesta-se a preocupação do legislador civil com padrão ético-moral diferenciado nas relações jurídicas. Pois justamente em seus lindes se colocam a boa-fé objetiva, o equi-

---

[27] Vale, a propósito, a advertência de Calvão da Silva no sentido de que significaria real *venire* admitir que o consumidor pudesse se beneficiar de uma indenização completa decorrente de evento a cuja eclosão, afinal, concorreu (CALVÃO DA SILVA, João. *Responsabilidade civil do produtor*. Coimbra: Almedina, 1999. p. 731-732). Na jurisprudência, sufragando a mesma tese, conferir: STJ, Resp. n. 287.848-SP, 4ª T., rel. Min. Ruy Rosado, j. 17.04.2001.

[28] MIRAGEM, Bruno. *Direito do consumidor*. cit., p. 68-71.

líbrio das relações, tal qual se acentuou, pautas comuns a ambas as normatizações, geral e especial, se assim se quer.

Portanto, embora não se excluam objetivos próprios de cada qual das legislações, a consumerista destinada à disciplina do mercado de consumo e das específicas relações que em seu meio se estabelecem, de modo a tutelar figura que nela se ostenta vulnerável, não há substancial diferença na conformação dos princípios mais gerais que as orientam. Daí se ter cunhado a expressão *convergência principiológica* ou *de princípios*,[29] a denotá-lo.

Mas se a distinção fundamental não está, essencialmente, nesta previsão de princípios comuns, está, sim, na modulação, na intensidade, na extensão de sua incidência. Quando não na definição de regras deles dimanadas e que podem se apresentar sob diversificado matiz.

Para ficar nos princípios, tome-se o caso do princípio do equilíbrio, por exemplo. Não se há de imaginar que os parâmetros de justiça comutativa de um contrato de consumo sejam os mesmos de um contrato paritário. O mesmo se pode dizer quanto à boa-fé objetiva. Padrão de comportamento reto, leal, cooperativo, é exigência que a qualquer relação se impõe. Mas não na mesma extensão quando as partes são iguais, materialmente equiparadas. Tal a que se tornará adiante.

Por ora, quer-se é dizer que a harmonia das relações, malgrado traduzindo uma exigência geral, não se pode pôr nas mesmas bases conforme a relação seja ou não paritária. A distinção se há de colocar na calibração, na intensidade com que incidem os princípios nas relações estabelecidas entre as pessoas. Pensando-se, seja dado de novo exemplificar, na intervenção judicial no domínio dos contratos, não se pode conceber a mesma extensão para as relações desiguais e para aquelas forjadas entre iguais. Tal o que deve iluminar a atividade judicial de correção.

Oliveira Ascensão, mencionando o fenômeno da iniquidade, real desequilíbrio, acentua que a abertura do CC para instrumentos corretivos não é a mesma do CDC, muito embora erija mecanismos de resposta a situações deste teor.[30] É bem a revelação da diversidade de modulação, antes que de conformação. Se se preferir, como salienta Cláudia Lima Marques, é a *incidência mais forte* no CDC dos imperativos de harmonia ou de equilíbrio. Nas suas palavras, *"a proteção do desigual concedida pelo CDC é mais forte que a boa-fé normal das relações entre iguais"*.[31]

---

[29] Cf.: MARQUES, Cláudia Lima. Diálogo entre o Código de Defesa do Consumidor e o novo Código Civil: o "Diálogo das Fontes". cit., p. 30-31.

[30] OLIVEIRA ASCENSÃO, José de. As pautas de valoração do conteúdo dos contratos no Código de Defesa do Consumidor e no Código Civil. In: *20 anos do CDC: conquistas, desafios e perspectivas*. Renan Lotufo e Fernando Rodrigues Martins (coords.). São Paulo: Saraiva, 2011, p. 232.

[31] MARQUES, Cláudia Lima. Superação das antinomias pelo Diálogo das Fontes: o modelo brasileiro de coexistência entre o Código de Defesa do Consumidor e o Código Civil de 2002. In: *Princípios do novo Código Civil brasileiro e outros temas. Homenagem a Tullio Ascarelli*. Antônio Junqueira Azevedo; Heleno Taveira Torres e Paolo Carbone (coords.). São Paulo: Quartier Latin, 2008, p. 156.

5. Os princípios contratuais e os deveres que criam: a transparência, a confiança, a informação e a segurança nas relações paritárias e de consumo. Ainda um caso, em geral, de modulação, com particulares distinções

Os princípios dos contratos são agora colacionados no intuito, mais uma vez, de demonstrar e reforçar as conclusões acima expendidas. Servem bem a denotar, especialmente pela remodelagem do regime contratual da legislação civil, quando confrontado com o do CC anterior, a proximidade valorativa com a disciplina do CDC e a indicar que, então, a distinção se põe mais na intensidade com que devem incidir, assim, de novo, na sua modulação.

Com efeito, se o regime dos contratos no Código Civil de 1916, bem ao sabor do modelo de Estado Liberal em cujo contexto se inseria, próprio das codificações do século XIX, a partir do *Code* de 1804, estatuía-se sobre os princípios da autonomia da vontade (hoje autonomia privada), da força obrigatória e da relatividade dos efeitos, enfim cuja ideologia era a de preservar um espaço de não interferência ou intervenção no desenvolvimento das relações negociais entre os indivíduos, ao pressuposto de que dotados de igual liberdade – posto que formal –, a verdade é que ele se alterou substancialmente com o atual Código Civil e a diferente principiologia que o inspirou. Disso dá conta a coexistência dos princípios tradicionais, agora, com novos princípios que lhe determinam, inclusive, uma releitura, uma compreensão em renovados moldes. Explicita-se no Código Civil o princípio da função social do contrato (art. 421) e da boa-fé objetiva (art. 422), além do princípio do equilíbrio contratual, este revelado em regramento específico como, por exemplo, o da lesão e da onerosidade excessiva.

Não é o caso, neste estudo, de detalhar o exato conteúdo de cada qual destes princípios. Para tanto se há de remeter a estudos monográficos que dão cabo desta tarefa.[32] O que parece interessante é confrontá-los com o que se sustenta sejam princípios específicos dos contratos de consumo.

Pois tome-se, para esta demonstração, por exemplo, o quanto expendido por Cláudia Lima Marques acerca da incidência, muito especialmente na formação dos contratos de consumo, dos princípios da transparência e da boa-fé; ou, na execução, do princípio do equilíbrio e da confiança.[33]

Ora, sabido que *transparência* e *confiança*, de resto tanto quanto *informação* e *segurança*, igualmente fundamentais no regime do CDC, são bem pauta éticas que se podem reconduzir a um espectro mais amplo do princípio da boa-fé objetiva, em especial na sua função supletiva, que dota o vínculo obrigacional de especiais deveres, chamados laterais ou anexos, de conduta leal, solidária.[34]

---

[32] Por todos: NORONHA, Fernando. *O direito dos contratos e seus princípios fundamentais*. São Paulo: Saraiva, 1994.

[33] MARQUES, Cláudia Lima. *Contratos no Código de Defesa do Consumidor*. cit., p. 739-1319.

[34] Tratei do tema e mesmo do que se supõe ser uma renovada função da boa-fé no atual CC em: O princípio da boa-fé objetiva. In: *Principais controvérsias no novo Código Civil*. Débora Gozzo; José Carlos Moreira Alves; Miguel Reale (coords.). São Paulo: Saraiva, 2006, p. 55-72.

Certo que, no regime do CDC, estes deveres, como o de informação, por exemplo, não raro se elevam à condição de dever principal (pense-se no defeito de informação ou vício de disparidade informativa). Mas, em essência, não se há de defender que não se os exijam nas relações paritárias.

Parece, destarte, que a questão, ainda uma vez, seja outra. Informação, transparência, segurança são deveres que, diante de um vulnerável, se evidenciam de maneira muito mais forte, mais ampla, mais vertical. A exigência há de ser mais rigorosa, portanto assim também a intervenção judicial que reclamem, sem o mesmo espaço de autonomia sobre como eles serão tomados na relação concreta. Eis aí a distinção que se está a referir: de intensidade. Uma questão, insista-se, de modulação, de calibragem da incidência.

Não é, portanto, o caso de sustentar que contratos comuns, mesmo empresariais, se furtem à incidência de princípios como o da boa-fé objetiva, tanto mais porque a impõe o próprio Código Civil (art. 422). Do mesmo modo com relação ao equilíbrio ou à função social, esta última identicamente explicitada (art. 421). Apenas que – ademais das regras próprias a que se podem subsumir, como no exemplo da lesão ou onerosidade excessiva – a autonomia das partes e a interferência corretiva que eventualmente se faça necessária não se apresentam na mesma extensão. Aliás, basta lembrar que a vontade do consumidor se limita a seu próprio benefício, para sua própria proteção.[35]

5.1. A transparência e a confiança.
Um paralelo no campo da formação contratual

Retome-se, ainda a fim de demonstrar toda esta tese que se vem desenvolvendo, o caso da *transparência*, e mesmo da *confiança*, bem assim, para evidenciar um reflexo concreto das respectivas consequências, de sua especial atuação na fase da formação dos contratos.

Verdade que, tratada a formação contratual, no Código Civil, tanto no atual quanto no anterior, por recurso, via de regra, ao sistema tradicional de proposta e aceitação, individualmente tomadas, sua previsão não acode ao espectro protetivo mais amplo que se contém na contratação consumerista. Dito de outro modo, se específico o propósito do CDC de assegurar ao consumidor manifestação de vontade de contratar o mais esclarecida possível, preservando-se a sua confiança, afinal de alguém vulnerável, portanto particularmente considerada esta sua posição de vulnerabilidade, máxime diante dos meios massivos de convencimento, com isso não se compadece o esquema clássico de formação dos contratos comuns, paritários.

Mas, nem por isso, há uma distinção ontológica entre a situação da proposta à contratação num e noutro regime. Conforme acentua Cláudia Lima Marques, *"apesar das finalidades e dos campos de aplicação subjetivos diferentes, possuem o mesmo princípio (da confiança) e tratam – materialmente – de temas semelhantes"*.[36] Não é dizer, destarte, que ao Código Civil seja estranha uma preocupação

---
[35] MIRAGEM, Bruno. *Direito do consumidor.* cit., p. 77.
[36] MARQUES, Cláudia Lima. *Contratos no CDC.* cit., p. 721-722.

com a transparência e, muito especialmente, com a confiança despertada, em última análise, por qualquer declaração negocial. Convém, a respeito, lembrar a distinção fundamental, quando confrontado o atual com o anterior CC, que marca a disciplina do negócio jurídico em geral, de todo modo podendo-se recorrer ao exemplo, para citar um só, da disciplina do erro e da exigência, a que seja invalidante, justamente da cognoscibilidade pelo declaratário (art. 138), bem a revelar a preocupação da legislação civil, seja como for, com a preservação da confiança despertada a terceiros pela declaração de vontade.[37] Na realidade, antes que essenciais, as distinções se podem e se traduzem nas regras próprias a cada sistema, no CDC cuidando-se de impor um regime *mais forte* para a oferta feita pelo fornecedor.[38]

A propósito, cabe não olvidar que a oferta, no mercado de consumo, não apenas se faz a alguém vulnerável, mas, além disso, volta-se a um público indistinto. Tem-se uma proposta a um universo anônimo de quem se veja exposto ao fornecimento em massa e que pretenda adquirir produto ou serviço. Neste contexto, amplia-se o conteúdo do que, na normatização consumerista, se considera uma proposta, vinculativa ao fornecedor. Assim que ela decorre não só de uma declaração própria como, ainda, de qualquer informação ou mensagem publicitária suficientemente clara, precisa, por isso que exigível pelo consumidor (arts. 30 e 35 do CDC). Note-se que o propósito está em tutelar a confiança do público-alvo, essencialmente vulnerável às técnicas cada vez mais apuradas de convencimento, garantindo-se mesmo a própria confiança no mercado de consumo. E, mais, vinculando-se o fornecedor ao quanto, de qualquer modo, anuncie, com isso evitando-se a exposição do consumidor à chamada *publicidade-chamariz*, quer dizer, veiculada apenas para atraí-lo ao consumo, ao fornecedor, enfim a produto ou serviço acaso dissonantes do quanto deles se anunciou.[39]

Por outro lado, tomada a proposta do Código Civil como negócio jurídico unilateral receptício, lá mais estrita a sua compreensão e configuração. Ao contrário de se conter em qualquer manifestação do policitante, do ofertante, tem-se manifestação de vontade socialmente compreendida e voltada, de modo particular, a propor certa e específica contratação. Daí a exigência de que contenha todos os requisitos e elementos do contrato, a permitir que a mera aceitação sirva a consumá-lo (evidente que ressalvados os ajustes formais).

Bem se vê, então, contenta-se o CDC com menos para definir o que seja uma oferta vinculativa ao fornecedor.[40] Basta que haja suficiente precisão em qualquer comunicação do fornecedor, sobre o produto ou serviço, para que se vincule ao quanto comunicado. Mesmo que seja, como adverte Cláudia Lima

---

[37] Desenvolvi a tema em: Dos fatos jurídicos e do negócio jurídico. In: *Teoria geral do direito civil*. Coord.: Renan Lotufo e Giovanni Ettore Nanni. São Paulo: Atlas, 2008. p. 384-408. De toda sorte, não é nova a ponderação de Cariota Ferrara sobre a autorresponsabilidade que há de nortear o tratamento legal do negócio jurídico, assim sobre a responsabilidade de quem declara a vontade e a situação de confiança que cria a terceiros (CARIOTA FERRARA, Luigi. *Il negozio giuridico nel diritto privato* italiano. Napoli: A. Morano Ed., s.d., p. 75.

[38] MARQUES, Cláudia Lima. *Contratos no CDC*. cit., p. 723.

[39] Idem, p. 756.

[40] Neste mesmo sentido, ver: MIRAGEM, Bruno. *Direito do consumidor*. cit., p. 154.

Marques, apenas sobre a qualidade de um ou outro, assim ausentes outros elementos de determinação da contratação ofertada.[41]

Neste panorama comparativo, algumas são as resultantes cujo realce se considera de efetuar. Uma, a diferença do entendimento sobre o que, numa relação paritária ou consumerista, seja ainda fase de tratativas, de negociações preliminares (*pour parler*). Sem dúvida, aquilo que na disciplina do Código Civil ainda não encerra uma proposta poderá, todavia, sê-lo no âmbito das relações de consumo. Pense-se, por exemplo, em escritos prévios que, no CDC, conforme seu artigo 48, vinculam o fornecedor e, por isso, não se reduzem às consequências de natureza pré-contratual, apenas, extraíveis na seara civil. Justamente a ideia de um regime *mais forte* para as relações consumeristas.

Da mesma maneira, a questão se reflete na distinção entre a oferta, propriamente, e o convite a ofertar. Se, como se viu, a oferta, nas relações de consumo, vincula o fornecedor desde que haja suficiente precisão sobre o que se oferece, assim posto ausente completa indicação dos elementos da contratação, que se podem definir depois, se, enfim, a proposta consumerista não se exige tão detida quanto a civil, então o que, nas relações comuns, pode ser considerado mero convite a ofertar, no CDC há de ser ocasionalmente tomado como real oferta, desde que a tanto suficiente, nos termos do artigo 30. Relevante a distinção se se lembrar que, no convite a ofertar, a oferta parte de quem é o destinatário da *invitatio ad offerendum*. Este, destarte, é quem se vincula ao que oferta. Nas relações entre iguais, mesmo em que se comunica a um público indistinto, a intenção de vender (pense-se em anúncios públicos de automóveis, por exemplo), diversa a consequência vinculativa a quem diz tencionar alienar um carro, tão somente, e a quem especifica a pretensão de alienar veículo individualizado, por valor igualmente determinado. Daí a importância, insista-se, de distinguir a oferta do convite a ofertar e de ressaltar os termos mais restritos do CDC à compreensão do que seja apenas a *invitatio*, e já não uma oferta, afinal porque, à sua configuração, exigido menos que à proposta comum, nos exatos termos do artigo 30, citado, da Lei 8.078/90.

Também a forma de manifestação da vontade de contratar difere num e noutro campo legislativo. Verdade que, mercê da sua ocorrência muito comum nas relações de massa, expandida a ideia geral da manifestação tácita de vontade, aquela revelada por um comportamento concludente (negócios de atuação).[42] Isto malgrado já não se a desconhecesse, é certo, nas relações comuns, bastando lembrar a aceitação tácita do contrato de doação e sem olvidar, ainda, que a forma tácita pode ser também ativa, não só passiva.[43] Mas, para ficar ainda no exemplo da doação, em seu regramento já se previa até mesmo o silêncio como manifestação de vontade, quando, tratando-se de liberalidade pura, se estabelecesse prazo à aceitação do donatário (art. 1.166 do CC/16; art. 539 do CC/02). De mais a mais, como é sabido, agora se estipulou, no artigo 111 do

---

[41] MARQUES, Cláudia Lima. *Contratos no CDC*. cit., p. 778-779.

[42] Ver, a respeito: MOTA PINTO, Paulo. *Declaração tácita e comportamento concludente no negócio jurídico*. Coimbra: Almedina, 1995.

[43] Por todos: AZEVEDO, Antônio Junqueira de. *Negócio jurídico. Existência, validade e eficácia*. 4ª ed. 5ª tir. São Paulo: Saraiva, 2007, p. 127.

CC/02, que o silêncio, excepcionalmente, pode ser considerado com força jurígena sempre que as partes o ajustem, quando a lei o determinar ou quando os costumes ou circunstâncias do caso o indicarem (*silêncio circunstanciado*).

Todavia, esta mesma situação há de ser tomada *in rebus* nas relações consumeristas. Remetendo à previsão dos artigos 30 e 39, III e parágrafo único, do CDC, bem assim à corporificação de seu princípio na Portaria n. 3 da Secretaria de Direito Econômico do Ministério da Justiça, sempre no intuito de proteger o consumidor, ressalta-se a própria vedação de se o reconhecer vinculado tão somente pelo silêncio, por isso que, a propósito, nem subsidiariamente aplicável à formação do trato consumerista a regra do artigo 111 do CC e, pelo contrário, sancionando-se o fornecedor que efetua remessa sem pedido, reputando amostra grátis os produtos assim entregues ou os serviços assim prestados.[44]

Porém, isto decerto não significa admitir que o silêncio não se possa tomar, conforme o caso, em desfavor do consumidor. Por exemplo, não há qualquer incompatibilidade, com o CDC, da regra do artigo 769 do CC, prevendo que o silêncio intencional do segurado – posto consumidor – sobre o agravamento do risco determina a perda da cobertura.[45] Lembre-se, a respeito, de que a lealdade da conduta, quando impõe o dever de falar, justamente uma das hipóteses em que ao silêncio se reserva relevância jurídica,[46] constitui conduta também exigível do consumidor, dado que o padrão de comportamento ético em que se consubstancia o princípio da boa-fé objetiva a ambos os integrantes do negócio de consumo se atribui.[47] E ainda que, de novo aqui, as circunstâncias deste dever de falar se apreciem sem abstrair a situação de vulnerabilidade do consumidor, assim sem o mesmo rigor das relações paritárias, mesmo no tocante à exata aptidão para a compreensão dos fatos que o determinam.

Seguindo na questão da forma da declaração negocial, deve-se reconhecer que, nas relações de consumo, a solenidade, que já não é a regra nas relações comuns, menor espaço ocupará, tanto mais visto que, como antes se disse, meros escritos prévios e particulares são suficientes a suscitar execução específica (art. 48 do CDC), e o que se há de aplicar mesmo às aquisições imobiliárias, frequentemente ocorridas no mercado de consumo, assim, neste campo, flexibilizada a exigência formal do artigo 1.417 do CC, aplicável às negociações paritárias.[48] É dizer que as vendas imobiliárias consumeristas se podem provar e o cumprimento coativo exigir sem o mesmo rigor formal da promessa paritária. Documentos que não traduzam, exatamente, um contrato preliminar, mas que, antes, indiquem a aquisição (pense-se em recibos, reservas de unidades e assim por diante), servem, no campo consumerista, a comprová-la e autorizam a execução específica. E assim mesmo quando provenientes de quem se

---

[44] Por todos: MARQUES, Cláudia Lima; BENJAMIN, Antônio Herman V.; MIRAGEM, Bruno. *Comentários*. cit., p. 514-515.

[45] Sobre as condições a que este efeito se opere, vide o que escrevi em: *Código civil comentado*. Coord.: Min. Cezar Peluso. 7ª ed. São Paulo: Manole, 2013, p. 772-774.

[46] V., neste sentido: AZEVEDO, Antônio Junqueira de. *Negócio jurídico*. cit., p. 129-130.

[47] AGUIAR Jr, Ruy Rosado de. A boa-fé na relação de consumo. In: *Revista de Direito do Consumidor*. v. 14. abril/junho de 1995, p. 21-22.

[48] A respeito: MARQUES, Cláudia Lima; BENJAMIN, Antônio Herman V.; MIRAGEM, Bruno. *Comentários*. cit., p. 593.

possa considerar, nos termos do art. 34 do CDC, representante ou preposto do fornecedor.[49]

No tocante a ressalvas ou ao arrependimento da oferta, identicamente há distinção a laborar. A bem dizer, no âmbito das relações de consumo, a oferta não se há de sujeitar às ressalvas do artigo 428 do CC, quanto à desvinculação do proponente, inclusive sempre que, efetuada a proposta sem prazo, a pessoa presente, não haja imediata aceitação do oblato (art. 428, I). Lembre-se que o fornecedor se encontra em estado de oferta pública permanente, se não se trata de campanha específica com prazo certo devidamente informado. Destarte, não se podem trazer ao campo consumerista mecanismos próprios das policitações individualizadas.

É verdade, e aí outro ponto a realçar, que o Código Civil atual, diferentemente do anterior, reservou dispositivo concernente também a uma oferta pública, tal como naturalmente se apresenta nas relações consumeristas, e ainda que aplicável apenas entre iguais. É a regra do artigo 429. E nela se permitiu, conforme as condições lá dispostas, ressalva e arrependimento. Com efeito, previu-se a vinculatividade, tomada a oferta como real proposta se encerrar os requisitos próprios do contrato, mas somente se o contrário não resultar das circunstâncias ou do uso, bem assim a possibilidade de o ofertante se retratar se a ressalva constar de seus termos e se a faculdade se exercer pela mesma via da divulgação (parágrafo único).

Pois, a respeito, algumas observações comparativas com o sistema consumerista se impõem. A primeira retoma as ponderações já acima efetuadas sobre o conteúdo da proposta, sempre de exigência mais completa nas relações comuns e, de outra parte, que pode se revelar de forma mais variada nas relações de consumo. A segunda está em que, mesmo que se admitam ressalvas inerentes à oferta pública consumerista, resultantes das circunstâncias do caso, elas devem ser explicitadas, como imperativo axiológico de uma transparência mais intensa. Basta pensar no exemplo corriqueiro do anúncio da promoção de venda de veículos por uma concessionária, decerto que limitada ao estoque, porém, cujo número de unidades deve ser informado. Por fim, em terceiro lugar, impende analisar a questão da revogabilidade da oferta, de possibilidade expressa no CC e de cabimento, quando menos, duvidoso no CDC.

Comum sustentar-se que a oferta do CDC, mercê do contido em seus artigos 30 e 35, seja irrevogável, isto é, impassível de retratação pelo fornecedor. Acentua Sérgio Cavalieri, inclusive, que a distinção básica entre os regimes está justamente na maior força da vinculatividade inerente à oferta consumerista, quando confrontada com a proposta comum, porque nesta, assim não naquela, se admitem limites e condições, de tal arte a que, nas suas palavras, com isso *"o proponente pode esquivar-se da oferta"*.[50] Cláudia Lima Marques assenta, de maneira enfática, que *"uma cláusula incluída na publicidade ou na oferta de consumo (por e-mail, prospecto, carta comercial, etc.), que permitisse ao fornecedor*

---

[49] Neste sentido, inclusive lembrando a atuação dos corretores contratados pelos fornecedores imobiliários: MARQUES, Cláudia Lima. *Contratos no CDC*. cit., p. 792-793.
[50] CAVALIERI FILHO, Sérgio. *Programa de direito do consumidor*. São Paulo: Atlas, 2008, p. 123.

não cumprir com o prometido unilateralmente é uma cláusula abusiva e não pode ter efeito de transferir este risco profissional (art. 51, I e IV, do CDC), como ensina o STJ no Resp. 396.943. Assim, os asteriscos ou limites incluídos na própria oferta, permitindo ao fornecedor revogar a confiança na oferta ao público (se de consumo), contra o que expressamente dispõe o art. 30 e que é direito do consumidor, seria uma cláusula abusiva ex vi art. 51, I, c/c art. 25 do CDC e pode ser propaganda enganosa do art. 37 do CDC".[51] Para Bruno Miragem, porém, obrigatoriedade ou vinculatividade não se devem confundir com revogabilidade, para ele possível, ainda que, todavia, com a ressalva do campo mais restrito de ocorrência, preservada a confiança do consumidor, a devida informação que a ele se dê, pelo mesmo modo com que efetuada a oferta, ademais de situações de alteração das circunstâncias ou mesmo de retificação do que se ofertou que justificam, também, a revogação.[52] Pois ainda assim se queira posto o problema, o exame da revogação decerto que se haveria de proceder, de toda sorte, de maneira muito mais rigorosa quando confrontada com a proposta individualizada do regime comum, mormente diante da fundada expectativa despertada no consumidor pela oferta revogada. Seja como for, portanto, uma limitação à manifestação potestativa de revogação de oferta pública consumerista, assim sem causa que a justifique e frustrando a justa expectativa do consumidor.

Por fim, a vinculatividade da oferta permite ao consumidor, no regime do CDC, medidas de coativa satisfação do prometido inclusive pela via da obtenção de resultado prático equivalente, na espécie consistente na entrega de produto ou serviço equivalente (art. 35, II). E se não se explicitou igual regra no regime comum foi, por certo, pela presunção de que, nas relações individualizadas, não há produtos ou serviços equivalentes na disponibilidade do alienante ou prestador. Porém, havendo, até nos moldes da previsão do artigo 461 do CPC, não se vê óbice a postulação de igual teor.

5.2. Informação: mais uma hipótese de modulação

Examine-se, agora, tal como se fez com relação à transparência e à confiança, o paralelo que entre o regime comum e o especial se há de laborar no quanto concerne à *informação*. Pois também aqui, e do mesmo modo, há distinções em ambos os regimes, mas, de novo, não porque, na essência, se cuide de um fenômeno distinto. A rigor, tem-se, mais uma vez, questão de intensidade, de modulação, desde que o papel desempenhado pelo dever de informar, ontologicamente um só, não é exatamente de mesma extensão num e noutro sistema.

Com efeito, sabido e mesmo já antes referido que o dever de informar encerra manifestação básica da boa-fé objetiva em sua função supletiva. Isto é, tem-se o enriquecimento do vínculo obrigacional com o gravitar, em torno da prestação principal, de deveres, por isso chamados anexos ou laterais, que são

---

[51] MARQUES, Cláudia Lima. Superação das antinomias pelo Diálogo das Fontes. cit. p. 166. V, ainda, o quanto pela autora expendido, exatamente para pontuar a diferença entre a oferta, revogável no CC, não no CDC, em: *Contratos no CDC*. cit., p. 721.

[52] MIRAGEM, Bruno. *Direito do consumidor*. cit., p. 155.

imperativos de comportamento leal, cooperativo, no desenvolvimento da relação obrigacional. Fazem da obrigação uma relação complexa, desde que atuam de parte a parte, são recíprocos. Tornam-na um real processo, incidindo não raro desde antes e até depois da extinção da prestação principal.[53]

Pois este dever lateral de informação no campo consumerista assume posição de maior relevo, guindado à condição de dever principal. Suficiente relembrar que o defeito do produto ou de serviço, mesmo de todo prestáveis aos fins destinados, pode ser de disparidade informativa. Mais, na disciplina da formação contratual consumerista, a informação, dependendo de seu conteúdo, como no item anterior se analisou, se suficientemente precisa sobre as condições do produto ou serviço, pode mesmo consubstanciar uma oferta, vinculativa à contratação. Diferente, portanto, do que ocorre nas relações comuns.

Ainda o conteúdo da informação é distinto conforme ela seja prestada a alguém vulnerável ou em uma relação paritária. Veja-se a especificidade das exigências contidas no artigo 31 do CDC. E não é só. No campo das relações consumeristas, a informação a se prestar não é apenas sobre o produto ou serviço ofertados, mas, também, sobre o conteúdo do contrato, porquanto normalmente de adesão, predisposto pelo fornecedor. E isto sob pena de o ajuste não obrigar o consumidor (art. 46 do CDC).

Claro que nada disto afasta a consideração palmar de que também nas relações paritárias o dever de informação se imponha. Tal o imperativo decorrente, para ficar no âmbito dos contratos, da previsão expressa do princípio da boa-fé objetiva (art. 422 do CC). A diferença básica se estabelece em relação à extensão da exigência e o nível de detalhamento da informação que se presta, conforme o seja a alguém vulnerável ou a alguém igual.

Na justa observação de Cláudia Lima Marques, dada a proteção *mais forte* conferida pelo CDC ao vulnerável, igualmente mais amplo o dever de informar existente na relação consumerista quando comparado com o mesmo dever, mas numa relação entre iguais, não raro profissionais. Em suas palavras, *"a informação do expert em relação ao consumidor é um dever qualificado, há que se pressupor que ele é um leigo, há dever de esclarecer, aconselhar, explicar dados que seriam banais e pressupostos entre dois empresários, mas não entre um profissional e um leigo"*.[54] Eis aí distinção que é, mais uma vez, de intensidade, real modulação dos efeitos da incidência do dever de informar conforme se sê em relação consumerista ou paritária.

Também no campo da informação, impende examinar a questão do exagero sobre as qualidades do produto ou do serviço (*puffing*) ou mesmo do que, no regime comum, já se conhecia como sendo uma das duas manifestações possíveis do chamado *dolus bonus* (a outra se revela pelo fim lícito ou mesmo benéfico à vítima que, com a indução ao erro, se quer alcançar). O problema, nas relações de consumo, se levanta não só pela precisão exigida da informação,

---

[53] V., a propósito: COUTO E SILVA, Clóvis V. do. *A obrigação como processo*. São Paulo: José Bushatsky, 1976.

[54] MARQUES, Cláudia Lima. Superação das antinomias pelo Diálogo das Fontes. cit., p. 156.

mas, ainda, pela vedação da publicidade enganosa (aqui enganosidade por comissão). Por isso não faltam autores a sustentar ausente qualquer espaço a esta prática do *dolus bonus* no mercado de consumo.[55]

A respeito, porém, acede-se à ponderação de Antônio Herman Benjamin. Importa diferenciar, no caso do *puffing*, a simples vagueza da real ofensividade da mensagem, pela afirmação enganosa que nela se contenha. No seu exemplo, é diferente dizer que certo produto é um espetáculo, maravilhoso, assim sem qualquer possibilidade de medição objetiva, e dizer que ele é o melhor, sem qualquer dado comparativo ou indicativo seguro de levantamento que o indique.[56] E certo ainda que esta avaliação se há de fazer à consideração da vulnerabilidade do público consumidor, o que é bem diferente do *dolus bonus* com que se atue diante de alguém em situação paritária. Destarte, ainda aqui uma questão de modulação, como se vem insistindo.

5.3. Dever de segurança.
O nexo de imputação da responsabilidade civil nos dois sistemas

Resta, por fim, mas ainda no propósito de verificar, em concreto, a convergência de princípios e, ao mesmo tempo, a diferença de intensidade, quando não espaços próprios de aplicação, o exame da questão da *segurança*, já se adianta, tão cara ao sistema consumerista, quanto, todavia, a expandir-se também e fortemente para as relações civis.

Conforme se sabe, todo o regramento do fato do produto ou do serviço, no Código de Defesa do Consumidor, vem pautado pela exigência de preservação da confiança do consumidor na segurança razoavelmente esperada dos produtos ou dos serviços oferecidos em massa. A rigor, trata-se mesmo de assegurar a confiança no próprio mercado de consumo, aperfeiçoando-se o sistema comum de garantia dos produtos e serviços, olhos postos na posição de vulnerabilidade de quem exposto às práticas de fornecimento massivo, mormente em tempos pós-modernos, em que se prodigalizam novos fenômenos lesivos, muito especialmente nas relações de consumo. E neste contexto, justamente, em meio à necessidade de se garantir direito básico do consumidor à prevenção e reparação integral de danos sofridos (art. 6º, VI, do CDC), é que se erige modelo de responsabilização mais rigoroso, objetivo, independente da culpa, cujo papel de nexo de imputação passa a ser ocupado pelo defeito de segurança, forjando o chamado acidente de consumo.[57]

---

[55] Por todos: CAVALIERI FILHO, Sérgio. *Programa de direito do consumidor*, cit., p. 123. Em suas palavras: *"no regime dos contratos de consumo, não há mais espaço para o chamado ´dolus bonus`, tolerado pela doutrina civilista tradicional porque, em última instância, seria aumentar, enfatizar, exacerbar as qualidades de um produto ou serviço para incrementar o seu consumo. Nas relações de consumo não mais são permitidos tais excessos, porque a oferta está adstrita ao princípio da transparência"*.

[56] BENJAMIN, Antônio Herman de Vasconcelos e. *Código de Defesa do Consumidor comentado pelos autores do anteprojeto*. 10ª ed. Rio de Janeiro: Forense, 2011, p. 349-350.

[57] Para todas estas considerações conceituais, em maior detalhe, vide o quanto pude expender em: Responsabilidade pelo fato do produto e do serviço. In: *Responsabilidade civil nas relações de consumo*. Regina Beatriz Tavares da Silva (coord.). São Paulo: Saraiva/Série GVLaw, 2009, p. 133-142.

É, na lição de Herman Benjamin,[58] a imposição de um dever de qualidade ao fornecedor, no caso a garantir que o produto ou serviço se apresentem em conformidade com o padrão de segurança razoavelmente esperado e, deste modo, preservando a justa expectativa que a respeito se reconhece ao consumidor. Ausente esta relação de qualidade/segurança, evidencia-se o defeito próprio do fato do produto ou do serviço (tanto quanto, se faltar qualidade/adequação, configura-se o vício do produto ou do serviço).[59]

Em síntese, então, forma-se no CDC, salvo para os profissionais liberais (arts. 12, 14 e § 4º), um modelo objetivo, assim mais rigoroso que o modelo subjetivo tradicional, de responsabilidade civil por defeito de segurança do produto ou do serviço, independentemente de culpa. E daí o papel central que, nesta matéria, ocupa o dever de segurança.

Mas é fato que, de um lado, a própria disciplina da responsabilidade civil em geral supera a clássica adstrição exclusiva ou quase que exclusivamente à culpa enquanto critério de atribuição da obrigação de reparar o dano.[60] E foi seguindo esta tendência que, além da responsabilidade subjetiva tradicional, o Código Civil, ademais de hipóteses especiais, de resto já antes conhecidas, estabeleceu, agora, uma cláusula geral de responsabilidade objetiva pelo risco da atividade (art. 927, parágrafo único, segunda parte). Previu, ainda, uma igual responsabilidade sem culpa para o empresário ou para a empresa, pelo fato do produto (art. 931). De outro lado, vem-se reconhecendo crescente a importância do dever de segurança, ínsita, por isso, igualmente às relações civis em geral.

Neste sentido, e a tanto recorrendo para sustentar mesmo uma nova categoria de dano, o dano social, Antônio Junqueira de Azevedo salienta que a segurança é um valor básico para qualquer sociedade, de modo que, no seu dizer, *"quanto mais segurança, melhor a sociedade, quanto menos, pior"*.[61] Daí acentuar inclusive que, *"hoje, a obrigação de segurança é autônoma, está descontratualizada, de tal forma que, até mesmo sem contrato, qualquer pessoa que tenha algum poder físico sobre outra é responsável por sua segurança, tem dever de cuidado"*.[62]

Quer dizer, expande-se a exigência cada vez maior de cuidado e segurança para as relações em geral, tanto quanto se expandem os casos de obrigação ressarcitória ancorada em outros tantos critérios além da culpa, a bem dizer o que dá o tom da responsabilidade civil que se pode dizer contemporânea, em que são múltiplos os nexos de imputação da obrigação de indenizar.

E, neste cenário, põe-se mesmo a legislação comum, como se viu. Ademais, evidenciando-se um real campo de interpenetração, e recíproco, segundo

---

[58] BENJAMIN, Antônio Herman de Vasconcelos e. *Comentários ao Código de Proteção do Consumidor*. Coord.: Juarez de Oliveira. São Paulo: Saraiva, 1991, p. 38 e 40-43.

[59] Tratei do assunto em: *Vícios do produto e do serviço*. In: *20 anos do CDC: conquistas, desafios e perspectivas*. Renan Lotufo e Fernando Rodrigues Martins (coords.). São Paulo: Saraiva, 2011, p. 331-356.

[60] Sobre este quadro evolutivo da matéria relativa à responsabilidade civil, ver, por todos: CALVÃO DA SILVA, João. *Responsabilidade civil do produtor*. cit., p. 102-114.

[61] AZEVEDO, Antônio Junqueira de. Por uma nova categoria de dano na responsabilidade civil: o dano social. In: *Novos estudos e pareceres de direito privado*. São Paulo: Saraiva, 2009, p. 381.

[62] Idem, ibidem.

se crê, com o Código de Defesa do Consumidor, determinado, particularmente, pela previsão dos artigos 927, parágrafo único, e 931, logo antes citados, ambos do CC. Embora, é certo, e como ao início já se acentuou, não na extensão que acaso se lhe possa reconhecer.

Em primeiro lugar, mesmo que objetiva a responsabilidade consagrada na cláusula geral do artigo 927, parágrafo único, não se considera seja hipótese de causalidade pura ou, se se preferir, de risco integral (ainda, para outros, caso de responsabilidade objetiva agravada). De resto, o mesmo que se há de admitir para a responsabilidade objetiva do CDC, pelo fato do produto ou do serviço.

De fato, como se viu, mesmo em tese e em regra, assim que salvo para os profissionais liberais, objetiva a responsabilidade do fornecedor no regime consumerista, para sua concreta responsabilização não basta o nexo de causalidade entre sua atividade e o dano; ou, melhor, entre o fornecimento e consumo do produto ou serviço e o efeito lesivo daí decorrente. Esta ideia de causalidade pura ou de risco integral, ademais de se defender excepcional[63] – posto que não estranha ao sistema (basta pensar, por exemplo, nos casos de responsabilidade civil por dano atômico, dano ambiental, responsabilidade civil do Estado ao menos por atos comissivos) – de todo modo não foi aquela levada ao texto do Código de Defesa do Consumidor. À causalidade exigiu-se viesse agregado o que, nas palavras de Pietro Trimarchi,[64] se considera um *temperamento* ao risco integral, tornando-o, assim, mitigado. É dizer, um *elemento qualificativo* da causalidade. Se se preferir, um nexo da imputação da obrigação de ressarcir o dano: justamente, o defeito. Por isso que, à responsabilização do fornecedor, não basta a demonstração do nexo entre o fornecimento e o dano. É preciso que fique demonstrado, mesmo que independentemente de culpa, o defeito, no caso de segurança, quando não de adequação. Aí o preceito expresso dos artigos 12 e 14 do CDC.

Pois também na previsão do artigo 927, parágrafo único, do CC, não se entrevê hipótese de risco integral ou de causalidade pura. Fosse este o seu intento e a lei nada mais precisaria ter dito senão que quem exerce uma atividade, porquanto afinal sempre causa de algum risco, maior ou menor, aos direitos de outrem, responde, independentemente de culpa. Quando no preceito se alude ao risco normalmente criado aos direitos de outrem se especifica este mesmo risco, inclusive de modo a diferenciar, para os fins de responsabilização, como de rigor e por imperativo de equidade, iniciativas organizadas, mais ou menos estruturadas, que, assim, causem maior ou menor risco. Refuta-se a simples equiparação de toda e qualquer atividade, abstraída a mais ou menos ampla potencialidade danosa dela decorrente. Por isso sustentei, em outra sede,[65] que a cláusula geral em comento tem incidência nas hipóteses em que haja uma atividade, portanto uma sequência coordenada de atos voltados a um escopo último e comum, normalmente desempenhada, isto é, habitual, regular e sem

---

[63] V.g.: TRIMARCHI, Pietro. *Rischio e responsabilità oggettiva*. Milano: Giuffrè, 1961, p. 23-24; ALONSO, Paulo Sérgio Gomes Alonso. *Pressupostos da responsabilidade civil objetiva*. São Paulo: Saraiva. 2000, p. 57-58.

[64] TRIMARCHI, Pietro. *Rischio e responsabilità oggettiva*. cit., p. 23-34.

[65] *Responsabilidade civil pelo risco da atividade*. 2ª ed. São Paulo: Saraiva, 2010, p. 110-118.

defeito, mesmo assim foco da criação de risco especial, diferenciado, aos direitos de outrem, avaliado por critério científico, estatístico ou pelas máximas de experiência. E assim a tese se aprovou e levou ao texto do Enunciado n. 488 do CEJ.[66]

Destarte, não se considera, como alhures já se defendeu,[67] e sempre respeitada esta posição, que o CC tenha simplesmente trazido ao seu texto a mesma noção de defeito de segurança do CDC. Contenta-se com menos o Código Civil. Antes que, como ocorre no defeito de segurança,[68] uma periculosidade adquirida, anormal, exige um risco, posto que diferenciado, inerente à atividade desenvolvida.

Mas, frise-se desde logo, nem por isso se há de imaginar superada, pela previsão do artigo 927, parágrafo único, do CC, a disciplina da responsabilidade pelo fato do produto disposta no CDC. Com efeito, impende diferenciar o denominado *fato da atividade* do *fato do produto*, associado à verificação de defeito. Isto significa, necessária e forçosamente, distinguir o dano provocado diretamente pelo exercício em si da atividade do dano provocado pelo produto – que é seu resultado –, já quando colocado em circulação. Aliás, esta distinção, no Código Civil, veio laborada de maneira clara. *Fato da atividade* e *fato do produto* foram tratados em dispositivos próprios, distintos. O primeiro, no artigo 927, parágrafo único; o segundo, no artigo 931. E, já se acentua, igualmente sem que este último preceito, também ele, sirva a superar a previsão do artigo 12 do CDC, acaso porque nele ausente alusão à necessidade, para sua aplicação, da verificação de defeito de segurança.

Dito ainda de outro modo, nem o artigo 927, parágrafo único, nem o artigo 931, ambos do CC, se prestam a tornar supérflua a demonstração de defeito – ao menos do produto – para atrair o regime da responsabilidade consumerista, destarte como que a torná-lo ocioso, porque menos rigoroso e, assim, menos benéfico ao consumidor. Crê-se seja preciso, aqui, interpretar à luz da unidade e da coerência interna do sistema e ter presente a distinção, acima referida, entre o dano diretamente decorrente do exercício da atividade e o dano havido já quando o produto foi colocado em circulação. Não se concebe, tampouco à luz da previsão mais lacônica do artigo 931, a superação do defeito para responsabilização pelo fato do produto. O CC não erigiu uma hipótese de causalidade pura, ainda mais rigorosa que a do CDC, que é lei subjetivamente especial, de tutela do consumidor, já para quando o dano ocorre longe da esfera de controle e atuação da empresa, ao contrário do que ocorre na hipótese do artigo 927, parágrafo único, do CC, e nem ela própria, como se viu, representativa de situação de causalidade pura.

---

[66] Enunciado n. 488: *"A regra do artigo 927, parágrafo único, segunda parte, do CC, aplica-se sempre que a atividade normalmente desenvolvida, mesmo sem defeito, e não essencialmente perigosa, induza, por sua natureza, risco especial e diferenciado aos direitos de outrem. São critérios de avaliação desse risco, entre outros, a estatística, a prova técnica e as máximas de experiência".*

[67] V.g.: DIREITO, Carlos Alberto Menezes de; CAVALIERI FILHO, Sérgio. *Comentários ao novo Código Civil*. Sálvio de Figueiredo Teixeira (coord.). Rio de Janeiro: Forense, 2004. v. XIII, p. 150-155.

[68] V, neste sentido: BENJAMIN, Antônio Herman de Vasconcelos e. *Comentários ao Código de Defesa do Consumidor*. cit., p. 49-51.

Com efeito, toda esta questão envolve a necessidade, como salienta Larenz,[69] de delimitar o âmbito de imputação da responsabilidade, mais ou menos gravosa, conforme a esfera de dominação e controle do agente sobre o risco particular decorrente do exercício de sua atividade. Por isso é que, quando o dano se produz já posto o produto em circulação, exige-se, mais que a demonstração daquele risco especial, a existência de um defeito neste que é o resultado final da atividade, assim já a propósito exaurida. A rigor, o paralelo é o mesmo que se pode estabelecer, em certa medida, entre os artigos 2.050 e 2.051 do CC italiano. Isto ao menos para colher a observação de Marco Comporti[70] no sentido de que, no fato do produto, o dano decorre da sua circulação e de seu contato com a vítima, sem nenhuma ação do agente exatamente neste instante, no que considera ser um momento estático da ocorrência lesiva, ao contrário do fato da atividade, em que o dano se produz como consequência direta da ação do homem, assim no contexto dinâmico da atuação do agente, por isso a se diferenciarem os respectivos nexos de imputação.

Daí, e de um lado, não se aplicar o preceito do artigo 927, parágrafo único, do CC, ao fato do produto, seja ou não consumerista a relação. O dispositivo contempla o fato da atividade. De outro, o artigo 931, também do Código Civil, reclama à sua incidência, e por isso que sem aptidão a superar a sua disciplina, a mesma verificação de defeito que está no CDC, que, antes até, acode na determinação de qual seja o seu conteúdo, de como ele se configura, claro, adaptado a uma relação entre iguais e desta maneira compreendida a justa expectativa do adquirente, mesmo o uso e riscos razoavelmente esperados.

Na verdade, tão somente com relação aos serviços é que, em alguma medida, se pode entrever a extensão do artigo 927, parágrafo único, do CC, às relações de consumo, com socorro à cláusula de abertura do art. 7º do CDC, cuidando-se mesmo, ainda aqui, de dar cabo do imperativo principiológico de mais ampla preservação da indenidade e reparação do consumidor (art. 6º, VI, do CDC).

Em primeiro lugar, diferentemente do produto, no caso do fato do serviço o dano afinal se produz enquanto ainda na esfera do controle direto de quem o presta. Dito de outro modo, nestes casos a atividade e seu resultado final se esgotam e exaurem ainda no âmbito de atuação direta do agente, o que, então, pode atrair a aplicação do artigo 927, parágrafo único, ainda que a tanto não se reduza o seu campo de incidência, como se atividade e prestação de serviços fossem sinônimos, para os fins do preceito, tal qual já se defendeu.[71] Há mesmo uma relação de gênero e espécie. Se é certo que a prestação de serviços habitualmente prestada encerra uma atividade, o inverso nem sempre é verdadeiro. Basta pensar, para citar só um exemplo, na atividade de mineração, que não traduz prestação de serviços, mas que, mesmo assim, não se furta à aplicação da cláusula geral do risco da atividade, disposta no Código Civil.

---

[69] LARENZ, Karl. *Derecho de obligaciones*. Trad.: Santos Briz. Madrid: Revista de Derecho Privado, 1959. v. 2, p. 666.

[70] COMPORTI, Marco. *Esposizione al pericolo e responsabilità civile*. Napoli: Morano, 1965, p. 273-281.

[71] Por todos: DIREITO, Carlos Alberto Menezes de; CAVALIERI FILHO, Sérgio. *Comentários ao novo Código Civil*. cit., v. XIII, p. 150-155.

Em segundo lugar, não se há de equiparar a previsão do CC àquela do artigo 14 do CDC, como se também na normatização comum se exigisse demonstração de defeito. Insista-se na observação, a qual se vem de expender logo acima, de que o Código Civil, no artigo 927, parágrafo único, não tratou, necessariamente, de uma atividade revestida de periculosidade adquirida, anormal, fora do que seria previsível e a ela inerente. Previu, menos, um risco, malgrado especial, diferenciado. A distinção está em que, se no CDC se impede a configuração do defeito de segurança pela existência de uma periculosidade apenas inerente, e convenientemente informada, isto não afasta a incidência do artigo 927, parágrafo único, de seu turno a pressupor, portanto desde que se evidencie, um risco diferenciado com que se exerce a atividade da qual diretamente decorrente o dano havido.[72]

Tal o que se supõe significar a possibilidade de, se uma atividade de prestação de serviço, habitualmente e regularmente exercitada, portanto mesmo que sem defeito, for a causa direta da provocação de um dano ao consumidor, poder ele recorrer à previsão do artigo 927, parágrafo único, do CC. Destarte, haverá títulos de imputação diversos, alternativos, em favor da ampla reparação do consumidor, diante de uma prestação de serviços: o defeito do CDC, ou o risco especial do CC, aqui encampado pela cláusula de abertura do artigo 7º da normatização especial.

6. Conclusão

A rigor, ao cabo deste estudo, em si mesmo não exaustivo, entende-se evidenciada a existência de uma concorrência normativa aberta a espaços de interpenetração ditada, fundamentalmente, por fatores de aproximação que, de um lado, se reconduzem a uma convergência de princípios e, de outro, se viabilizam por pontes ou cláusulas de abertura encontráveis quer no Código Civil, quer no Código de Defesa do Consumidor.

Nem por isso, todavia, se reputa autorizada a conclusão de que se possam, aprioristicamente, definir as exatas bases de aplicação do CC a relações consumeristas ou, o inverso, do CDC às relações comuns. Não há, isto o que se quer dizer, um rol exauriente, previamente identificável e descritivo das situações que reclamam e da forma fechada e exata da extensão de um sistema a outro. Ademais, havida a recíproca interferência, tem-se inviável, na matéria, uma dicotomia do tipo *tudo ou nada*, isto é, ou incide ou não incide, e como um todo, quer o CC, quer o CDC, a uma dada situação da vida.

O certo, ao menos, é a identificação da vocação normativa de cada qual dos corpos legislativos e, por isso mesmo, ainda quando diante de pontos de aproximação, a devida modulação da incidência dos princípios, e regras consequentes, à hipótese concreta. São espaços até de coincidência, do ponto de vista principiológico, mas de intensidade, de calibração diferente das exigências valorativas acaso comuns que por estes princípios sejam vazadas.

---

[72] Ainda aqui se remete ao quanto sustentei em: *Responsabilidade civil pelo risco da atividade.* cit., p. 106-107.

— 8 —

Os fundamentos jurídicos da responsabilidade civil, a erosão dos filtros culpa e nexo causal e a relevância do dano

DANIELA COURTES LUTZKY[1]

Sumário: Introdução; 1. Análise dos fundamentos jurídicos da responsabilidade civil para a configuração da ação de reparação de danos, a erosão destes filtros e a relevância do dano; 1.1. Da erosão dos filtros tradicionais para a reparação de danos; 1.1.1. Da erosão do elemento culpa; 1.1.2. Da erosão do elemento nexo causal; 1.2. O dano imaterial como elemento de destaque na reparação de danos; Conclusão; Referências.

Introdução

No presente texto, serão analisados os fundamentos jurídicos da responsabilidade civil para a configuração da reparação de danos, a erosão da culpa e do nexo causal, e os danos em si, com ênfase nos imateriais, decorrentes justamente da erosão desses filtros. Imperioso é perceber que a erosão do elemento culpa e nexo causal, importantes eixos da responsabilidade civil, desgastados, dão ensejo a vários tipos de novos e ressarcíveis danos.

1. Análise dos fundamentos jurídicos da responsabilidade civil para a configuração da ação de reparação de danos, a erosão destes filtros e a relevância do dano

A teoria geral da responsabilidade civil[2] tem sido "a grande vedete do Direito Civil mundial",[3] sendo que a expressão "désigne, dans le langage juridi-

---
[1] Doutora em Direito pela Pontifícia Universidade Católica do Rio Grande do Sul, professora da PUC/RS e advogada.

[2] A responsabilidade civil pode ser entendida como o dever de indenizar o dano que é consequência ou do descumprimento de preceitos previstos em um contrato ou decorrentes da inobservância de normas legais. AZEVEDO, Álvaro Villaça. *Teoria Geral das Obrigações*. São Paulo: RT, 1997, p. 272. Já Rafael Valle Dresh caracteriza que há dois tipos de fundamentação para a responsabilidade civil: o formalismo e o funcionalismo. De acordo com o autor: "O formalismo, de maneira ideal, fundamenta a responsabilidade civil, na esteira do Direito Privado como um todo, na forma das relações jurídicas de Direito Privado que se estabelecem entre duas pessoas. A causa formal definida pelo formalismo estabelece um estudo da responsabilidade civil com base numa estrutura racional polarizada por um objetivo interno de reparação integral dos prejuízos

que actuel l'ensemble des règles qui obligent l'auteur d'un dommage causè à autrui à réparer ce préjudice en offrant à la victime une compensation".[4] A responsabilidade civil "prevede che al danneggiato venga concessa una somma di denaro, come conseguenza della violazione della norma giuridica generale che vieta di arrecare un determinato pregiudizio a terze persone".[5]

A utilização da responsabilidade civil como instrumento de proteção dos direitos fundamentais[6] foi resultado de uma batalha pacificada com a Constituição Federal de 1988, visto que o dano moral passou a ser expressamente previsto, facilitando a sua configuração para os lidadores do Direito. Cumpre enfatizar, no entanto, que "dificilmente haverá no Direito Civil matéria mais vasta, mais confusa e de mais difícil sistematização que a da responsabilidade civil".[7]

As transformações sofridas pela responsabilidade civil nos últimos tempos[8] acabaram fazendo com que os seus pressupostos tradicionais fossem mitigados – ou até mesmo descartados – e substituídos por outros critérios não suficientemente claros e sistemáticos. Isso representa, mais do que nunca, um contexto de crise. Deve-se recordar que a responsabilidade civil tradicional baseava-se exclusivamente na proteção da propriedade e de outros bens patrimoniais, porém hoje a dignidade da pessoa humana influencia, e muito, o dever de ressarcir.

O reconhecimento da erosão dos filtros tradicionais é incontestável: significa a mitigação ou até o desaparecimento dos parâmetros pelos quais, anti-

---

em cada ato lesivo que preserva a dignidade e igualdade das pessoas. Para aclarar tal forma nas relações jurídicas de Direito Privado, o formalismo utiliza o sentido da Justiça corretiva aristotélica e de elementos centrais da teoria de Kant sobre o Direito. (...) A outra concepção que fundamenta o Direito Privado na atualidade, aqui tratada como funcionalismo, entende que esse ramo do Direito fornece instrumentos a serem utilizados para alcançar, principalmente, fins econômicos e sociais desejáveis numa dada realidade social. A responsabilidade civil serviria para estabelecer uma distribuição eficiente de custos de acidentes, ou para implementar uma socialização dos riscos no mercado de consumo. O funcionalismo, por conseguinte, sacrifica a estrutura formal própria das relações de responsabilidade e direciona-se a objetivos (como punição, socialização de riscos ou distribuição de custos de acidentes) que a responsabilidade civil pode alcançar e, portanto, na utilidade que tal instituto pode ter numa dada sociedade". VALLE DRESH, 2009, op. cit., p. 136-137.

[3] JOSSERAND, Louis. Evolução da responsabilidade civil. *Revista Forense*, Rio de Janeiro, n. 454/456, v. 86, p. 548, abr./jun. 1941.

[4] VINEY, Geneviève. Introduction à la responsabilité. In: GHESTIN, Jacques (dir.). *Traité de Droit Civil*. 2. ed. Paris: L.G.D.J., 1995 ,p. 1.

[5] PONZANELLI, Giulio. *La responsabilità civile*. Profili di Diritto Comparato. Bologna: Il Mulino, 1992, p. 10.

[6] Caroline Vaz ressalta que: "Imprescindível, pois, que sejam buscadas, na sociedade civil, as influências, as expectativas, as objeções e as concepções comuns para a conformação do âmbito de proteção dos direitos fundamentais, dentro do contexto do momento histórico em que essa sociedade vive". VAZ, 2009, op. cit., p. 108.

[7] FACCHINI NETO, Eugênio. Da responsabilidade civil no novo Código. *Juris Plenun*, n. 18, ano III, p. 31, nov. 2007a.

[8] Sobre o assunto, Judith Martins-Costa acentua que: "para além do alargado campo da ilicitude, foram incorporados à responsabilidade civil, vários princípios dotados de elevada carga axiológica: exemplificativamente, o princípio da equidade, estabelecido no parágrafo único do art. 928, em caso de dano causado por incapaz; o princípio da proporcionalidade, contido no parágrafo único do art. 944; o princípio da gravidade da culpa concorrente da vítima, posto no art. 945, e ainda as regras especiais a certos tipos de dano dos arts. 948 a 954, além da importantíssima cláusula geral da responsabilidade objetiva pelo risco, a teor do parágrafo único do art. 927, assentada na noção de estrutura social". MARTINS-COSTA, 2003b, op. cit., p. 81.

gamente, selecionavam-se os danos passíveis de ressarcimento, causando, nos tempos atuais, uma incerteza do que é efetivamente necessário para uma devida indenização.

Está-se falando do ocaso da culpa[9] e do nexo causal, elementos até pouco tempo indispensáveis e palpáveis, mas que, com o número crescente de acidentes (resultado da complexificação social e da industrialização), estão ficando em segundo plano. A dificuldade da prova da culpa do agente (prova diabólica), aliada ao risco inerente a determinadas atividades, acabou acarretando a necessidade do uso de outros critérios de imputação. Nessa mesma linha de raciocínio, a preocupação com a identificação do procedimento utilizado para estabelecer onde há relação de causalidade para fins de efeitos jurídicos é igualmente relevante para a seleção dos danos ressarcíveis, sobretudo diante de uma responsabilidade objetiva. No entanto, culpa e nexo causal estão, sim, sofrendo uma visível erosão, causa de proliferação dos danos ressarcíveis.

A ampliação desmesurada da responsabilização é preocupação tanto do *Civil Law* como do *Common Law*, mas a busca, contudo, é unívoca a fim de se evitar a escalada progressiva do número de pedidos de indenização, pois tal situação conduziria a uma inundação de ações no Poder Judiciário.

1.1. Da erosão dos filtros tradicionais para a reparação de danos

A responsabilidade civil estava fundamentada em três pilares: a culpa, o dano e o nexo causal. Agostinho Alvim[10] assim já se manifestava, referindo que "os requisitos ou pressupostos da obrigação de indenizar são três: o prejuízo, a culpa e o nexo causal", sendo que a prova da culpa e do nexo causal chegaram a ser chamados de filtros da responsabilidade civil, pois eram tratados como óbices que tinham por objetivo promover a seleção das reparações que, efetivamente, mereciam acolhida jurisdicional, evitando-se, assim, uma enxurrada descabida de demandas. Hodiernamente, contudo, a responsabilidade civil vive um momento de erosão desses filtros, em razão da perda da importância da prova da culpa e do nexo causal. Igualmente, quando se trata de responsabilidade por atos ilícitos culposos, deve-se pensar, também, na voluntariedade e na ilicitude.[11]

---

[9] A culpa, nas palavras de Rabindranath de Souza, existirá: "quando o autor proceder sem aqueles elementos volitivos e intelectuais do dolo, mas com omissão de deveres de cuidado, previdência, perícia e diligência exigíveis para evitar a violação do direito ou bem de personalidade alheios, tanto quando o agente previu como possível o resultado ilícito mas por leviandade, precipitação, desleixo ou incúria crê na sua não verificação e só por isso não toma as providências necessárias para evitar tal resultado (culpa consciente), como quando o agente por imprevidência, descuido, imperícia ou inaptidão não teve consciência de que do acto poderia decorrer o resultado ilícito, embora objectivamente este fosse provável e portanto previsível, se o agente usasse da diligência devida (culpa inconsciente)". Na sequência, o autor trata das causas de escusa da culpa no Direito português, a saber, o medo essencial e invencível, o erro de fato, essencial e desculpável, e a não exigibilidade da omissão do comportamento devido por ocorrência de um motivo tão justo que seria desumano exigir ao lesante responsabilidade pelo seu não cumprimento. CAPELO DE SOUZA, 1995, op. cit., p. 457.

[10] ALVIM, 1980, op. cit., p. 194.

[11] CAPELO DE SOUZA, 1995, op. cit., p. 456.

Maria Celina Bodin de Moraes[12] ressalta que "ressarcíveis não são os danos causados, mas sim os danos sofridos,[13] e o olhar do Direito volta-se totalmente para a proteção da vítima".[14] Em outras palavras, "no afã de proteger a vítima, o Poder Judiciário dispensa, com facilidade, a prova da culpa e do nexo causal, interessando-se não em quem gerou o dano, mas sim em quem pode suportá-lo".[15]

1.1.1. Da erosão do elemento culpa

A culpa,[16] cuja prova configurava etapa dificílima a ser superada pelo autor da demanda,[17] hoje vem praticamente descartada, conservando um papel coadjuvante, sendo presumida ou aferida de modo facilitado, ao contrário do que ocorria há tempos atrás, quando era a estrela da responsabilidade civil.[18] Foi quando se reconheceu que a responsabilidade civil deveria voltar os seus olhos para a vítima, no afã de garantir a reparação de um dano injusto, que

---

[12] BODIN DE MORAES, Maria Celina. Deveres parentais e responsabilidade civil. *Revista Brasileira de Direito de Família*, v. 31, p. 55, 2005.

[13] E tanto é assim que, na Argentina, país com grande tradição na área da responsabilidade civil, costuma-se denominar, muitas vezes, a responsabilidade civil de *derecho de daños*, a indicar o acento no dano e não na figura do seu responsável.

[14] Convém ressaltar, no entanto, a chamada *vitimização do dano imaterial*, que é o reverso da moeda. Antônio Jeová da Silva Santos alerta que: "Pessoas que posam de vítima ou que provocam o fato para se tornarem ofendidos, criando, assim, condições para o pleito ressarcitório, por certo merecerão todo o repúdio do órgão jurisdicional. Enquanto o Direito brasileiro está vivendo nova fase quanto a efetiva proteção aos direitos de personalidade, é necessário que os cuidados sejam redobrados para evitar condenações de pessoas que foram vítimas de supostos ofendidos por danos morais. Nesse trabalho de joeirar, deve ser vasculhada a motivação do pedido. (...) A pessoa se predispõe a ser vítima. Aproveita-se de eventual erro para que seja criada a possibilidade da indenização. (...) Há de se pôr cobro a qualquer tentativa de lucro fácil. (...) Não raro em qualquer petição, embute-se pedido de indenização por dano moral, sem que exista a causa de pedir, ou fundamentos jurídicos do pedido. (...) O suposto dano é tão insignificante, aquilo representou tão pouco no espírito do ofendido, que não deveria estar no estrado judicial". SILVA SANTOS, 1999, op. cit., p. 126-127.

[15] SCHREIBER, 2007a, op. cit., p. 7.

[16] Planiol, Ripert e Boulanger definem o conceito de culpa como sendo a infração a uma obrigação preexistente. Neste sentido: "não se estaria em falta se não houvesse alguma obrigação. Ora a obrigação é precisada pela lei ou por um contrato; ora ela é dada pelos preceitos gerais da Moral e do Direito, que o Juiz deve fazer respeitar". PLANIOL, Marcel; RIPERT, Georges; BOULANGER, Jean. *Traité Élémentaire de Droit Civil*. t. 2. Paris: Générale de Droit et de Jurisprudence, 1947. p. 311. Já Pietro Trimarchi considera que a culpa é a: "possibilità di prevedere e di evitare il danno". TRIMARCHI, Pietro. *Rischio e responsabilità oggettiva*. Milano: Giuffrè Editore, 1961, p. 18.

[17] Alterini e Lopez Cabana apresentam o seguinte argumento: "La exigencia de culpabilidad para atribuir responsabilidad al sujeto de Derecho fue considerada el producto de una lenta evolución, a partir de la concepción de los pueblos primitivos que se desinteresaban de ella. En esa línea de ideas la exigencia de justicia sólo habría quedado concretada en cuanto pudiera suscitar una idea de reproche o censura, formulada sobre su comportamiento, que justificaran la sanción". ALTERINI, Atilio A.; LÓPEZ CABANA, Roberto M. Mecanismos alternativos de la responsabilidad civil. In: ——. (coords.). *Derecho de daños* (y otros estúdios). Buenos Aires: La Ley, 1992c. p. 213. Jorge S. Ballesteros indica: "en lo fundamental, se atacaba la concepción clásica de la culpa por la dificultad que presentaba la necesidad de su prueba". BALLESTEROS, Jorge Santos. *Instituciones de responsabilidad civil*. t. 1. Santafé de Bogotá: Universidad Javeriana. Facultad de Ciências Jurídicas, 1996. (Professores, n. 21), p. 17.

[18] Marcos Bernardes de Mello doutrina que: "A arraigada idéia de que a culpa seria um componente essencial da ilicitude levou a doutrina a adotar soluções técnicas para justificar a sua presença onde na realidade não existe". Marcos Bernardes de Mello referindo-se ao fato de que, como já demonstrado no presente estudo, nem todo o ilícito é culposo, mas a doutrina teima em fazê-lo. MELLO, Marcos Bernardes de. *Teoria do fato jurídico*. Plano da existência. São Paulo: Saraiva, 2003, p. 240.

os juristas contemporizaram a importância da culpa, passando esta a ser apenas um dos fundamentos usados para justificar a transferência do dano para o lesante; entretanto, na falta da culpa, houve a necessidade de se encontrar um outro fundamento que pudesse ser invocado para justificar a passagem do prejuízo da vítima para quem o causou, ou até mesmo para outras pessoas, físicas ou jurídicas, responsáveis por ato de terceiros, como no caso de pais e empregadores.[19]

O sistema de responsabilidade civil calcado na culpa tem por base o ilegítimo exercício da liberdade individual. Isso também ocorria na doutrina francesa em que o ponto nodal da responsabilidade civil consistia no "uso culpável da liberdade, que moralmente demanda uma sanção"[20] – tem-se, então, que a culpa tem uma forte conotação moral.

Para definir a culpa, muito autores, como Massimo Bianca,[21] valiam-se de elementos psicológicos ou anímicos, típicos de uma avaliação moral e subjetiva da conduta individual.[22] A conotação psicológica da culpa, aliada à exigência de sua demonstração, trouxe como resposta uma modelagem jurisprudencial e doutrinária, já que se tratava de um obstáculo sólido à reparação dos danos. A própria fórmula tríplice da negligência, imprudência e imperícia,[23] incorporada a tantas codificações e apresentada frequentemente como substitutivo à definição de culpa, revela o caráter moral e psicológico que reveste o conceito.

O caráter moral da noção de culpa repercutiu na construção do sistema moderno de responsabilidade, no sentido de assegurar uma justificativa ética ao dever de reparar danos, o que encontra respaldo também na lição de Ripert:[24] "como a obrigação moral de não causar prejuízo existe para com o próximo, a vítima é titular dum direito à reparação e é um direito subjetivo que figura no seu patrimônio e que pode transmitir em certas condições. Existe, de

---

[19] FACCHINI NETO, Eugênio. A função social do Direito Privado. *Revista da Ajuris*, n. 105, ano XXXIV, p. 188, mar. 2007b.

[20] Wunenburger afirmava que "toute faute résulte donc, à des degrés divers, d'un usage coupable de sa liberté qui mérite moralement une sanction". WUNENBURGER, Jean-Jacques. Le procès de la responsabilité. *Droits – Revue Française de Théorie Juridique*, Paris, n. 5, p. 95, 1985.

[21] Massimo Bianca apresenta o seguinte argumento: "alla nozione soggettiva continua tuttavia a fare riferimento una larga parte della dottrina privatistica, che definisce la colpa come l'elemento soggettivo o psicologico dell'illecito, ragione di un giudizio morale di condanna del soggeto". BIANCA, Massimo. *Diritto Civile*. v. 5. Milano: Giuffrè, 1994, p. 576.

[22] Cabe recordar o sentido da expressão *culpa objetiva*, que não se confunde com *responsabilidade objetiva*: "La concepción de culpa objetiva admite, en cambio, que pueda haber culpa aun sin voluntariedad, bastando la comparación de la conducta efectivamente obrada con la que habría sido diligente. Aunque sin confundirse con la denominada responsabilidad objetiva, puesto que mientras en ella rige la simple causalidad material – sin exigir que promedie algún descarrío de conducta –, en la idea de culpabilidad objetiva subyace la necesidad de una conducta irregular. Un perturbado mental que, por carecer de voluntad jurídica, no tiene aptitud de incurrir en culpa subjetiva, puede sin embargo obrar con culpa objetiva, y ser responsabilizado". ALTERINI; LOPEZ CABANA, 1992c, op. cit., p. 214-215.

[23] A respeito da origem desses conceitos, sugere-se: DE MARTINI, Demetrio. *I fatti produttivi di danno risarcibile*. Padova: Cedam, 1983. p. 62. Sobre o papel excessivamente relativo que podem os lidadores do direito assumir na avaliação da conduta individual, confira-se: ALTAVILLA, Enrico. *La colpa*. v. I. Torino: UTET, 1957. p. 42: "Ora parlare di negligenza, imprudenza, significa esprimere dei criteri estremamente relativi, che nella loro indeterminatezza possono inspirare i più contrastanti giudizzi. Lo stesso si dica dell'imperizia".

[24] RIPERT, Georges. *A regra moral nas obrigações civis*. Trad. de Osório de Oliveira. Campinas: Booksellers, 2000, p. 239.

fato, um poder próprio da vontade humana, é o poder de exigir o cumprimento do dever moral de reparação".

É inconteste que a prova da culpa exige dos julgadores um exercício de previsibilidade do dano e de análises psicológicas que são incompatíveis com os limites naturais da atividade judiciária – tarefa esta verdadeiramente hercúlea.[25]

Observa-se que, com o passar do tempo, com o desenvolvimento do capitalismo industrial e com a consequente proliferação de acidentes ligados às novas tecnologias, a dificuldade em se provar a culpa aumentou consideravelmente (prova diabólica), atraindo a intolerância social e a rejeição do Judiciário: o Legislador precisou encontrar alternativas para fins de responsabilização, chegando-se à responsabilidade objetiva.[26]

O princípio da responsabilidade civil historicamente esteve socialmente condicionado a ter que responder às incitações da realidade social em que está inserido, a ser determinado pelo curso da Economia e pelas relações de Poder de todas as índoles. Neste sentido, a teoria do risco não foi mais do que uma justa e equitativa resposta do ordenamento jurídico às situações de inequidade plantadas pela Revolução Industrial, impossível de se resolver com base no antigo esquema da culpa.[27]

Em tempos de contratos de massa e de uma sociedade tecnológica, poucos resultados surtem os mecanismos vindos da tradição romano-germânica. Um exemplo bastante significativo é o da responsabilidade civil calcada na culpa, porquanto os riscos sociais oriundos da atividade econômica exigem soluções objetivas e securitárias, preferencialmente preventivas, e não somente reparatórias, na busca de uma melhor qualidade de vida e da realização da personalidade das pessoas.[28]

É, pois, dever do Direito encontrar respostas satisfatórias para os problemas e para os desafios atuais da sociedade. Por conta do crescimento populacional e do aumento das atividades econômicas, as pessoas constantemente

---

[25] Além disso, vários são os argumentos em favor da responsabilidade objetiva: Alvino Lima os reúne e os expõe ordenadamente. Para mencionar alguns deles, de forma sintética: a responsabilidade objetiva está assentada nos mais lídimos princípios de Justiça e de equidade; a doutrina da culpa, ao considerar os casos em que estabelece presunções absolutas – como, por exemplo, no de culpa da guarda –, consagra pura e simplesmente o próprio risco; não há prova de que a doutrina do risco tenha afetado o desenvolvimento econômico; não há assimilação entre vingança privada e risco, pois este último apresenta como justificador um princípio de ordem moral; na doutrina do risco, não se alude a proveito em concreto, mas como finalidade da atividade criadora do risco; a noção de culpa é imprecisa, vaga e incerta. Deve-se atentar para o fato de que "não há princípio jurídico, por mais lógico nas suas conclusões, por mais primoroso no seu conceito, por mais preciso nos seus contornos, que possa abranger todos os casos que pretende regular". LIMA, Alvino. *Culpa e risco*. São Paulo: Revista dos Tribunais, 1999, p. 142.

[26] Os irmãos Mazeud não consideravam como uma evolução o surgimento da responsabilidade objetiva em razão do desenvolvimento social e econômico contemporâneo. Sustentavam que "inteligentemente tomado, o conceito da culpa satisfaz plenamente. A jurisprudência francesa o demonstrou, conseguindo atender a todas as necessidades práticas, sem jamais negar a necessidade da culpa", ainda que "jamais, porém, se servirão de semelhante noção para fundamentar decisões, jamais proclamarão que pode ser responsabilizado aquele que agir sem culpa". MAZEUD, Henri; MAZEUD, Leon; TUNC, André. *Traité théorique et pratique de la responsabilité civile délictuelle et contractuelle*. Paris: Montchrestien, 1965, p. 354-355.

[27] BALLESTEROS, 1996, op. cit., p. 20.

[28] TEPEDINO, 2006, op. cit., p. 13.

criam riscos para si, para os outros e para o meio ambiente – vive-se, pois, em uma "sociedade de risco". Assim, sendo os danos inevitáveis, o Direito tem de buscar meios de alcançar segurança jurídica para que todo o dano injusto (para o qual a vítima não deu causa) possa ser, na medida do possível, reparado. A responsabilidade civil igualmente tem uma função nesse particular, qual seja, livrar-se da imprescindibilidade da noção da culpa, fazendo uso de critérios mais objetivos de responsabilização, "pois sua função não é a de punir o ofensor (para o que seria exigível a culpa), mas sim procurar garantir o ressarcimento da vítima"; afinal, diz o autor, "se o agente não agiu com culpa, a vítima muitas vezes também não".[29]

Sobre o tema, Eugênio Facchini Neto[30] destaca que:

> Até o final do século XIX, o sistema da culpa funcionara satisfatoriamente. Os efeitos da Revolução Industrial e a introdução do maquinismo na vida cotidiana romperam o equilíbrio. A máquina trouxe consigo o aumento do número de acidentes, tornando cada vez mais difícil para a vítima identificar uma "culpa" na origem do dano e, por vezes, era difícil identificar o próprio causador do dano. Surgiu, então, o impasse: condenar uma pessoa não culpada a reparar os danos causados por sua atividade, ou deixar-se a vítima, ela também sem culpa, sem nenhuma indenização.
>
> Para resolver os casos em que não havia culpa de nenhum dos protagonistas, lançou-se a ideia de risco, descartando-se a necessidade de uma culpa subjetiva. Afastou-se, então, a pesquisa psicológica, do íntimo do agente, ou da possibilidade de previsão ou de diligência, para colocar a questão sob um aspecto até então não encarado devidamente, isto é, sob o ponto de vista exclusivo da reparação do dano. Percebe-se que o fim por atingir é exterior, objetivo, de simples reparação e não interior e subjetivo, como na imposição da pena.

Como o intuito deste texto não é diferenciar a responsabilidade subjetiva e a objetiva,[31] muito menos adentrar aprofundadamente nesses temas, viu-se por bem, para não ficar de todo silente, recordar alguns pontos relevantes.

Para fins de dar continuidade à explanação, cumpre ressaltar que a teoria da responsabilidade civil comporta, a bem da verdade, tanto a culpa como o risco, sendo que ambos devem ser encarados como "processos técnicos de que se pode lançar mão para assegurar às vítimas o direito à reparação dos danos injustamente sofridos"; assim, quando a teoria da culpa não conseguir explicar o direito à indenização, deve-se recorrer à teoria objetiva, porque a preocupação da responsabilidade civil é reparar o dano sofrido, sem preocupação, pelo menos em um primeiro momento, com a censura do lesante.[32]

---

[29] FACCHINI NETO, 2007b, op. cit., p. 187. Ressalta-se – embora de forma adiantada de acordo com o desenrolar da matéria em comento – que o autor defende, portanto, que, se a responsabilidade é objetiva, não cabe o caráter punitivo da reparação – discussão que remete o leitor para o ponto 4.1.2 desta tese. Outrossim, Facchini Neto salienta que, no caso de responsabilidade objetiva, em que se leva em conta a atividade de risco, "a periculosidade deve ser aferida objetivamente, pela sua própria natureza ou pela natureza dos meios empregados, e não em virtude do comportamento negligente ou imprudente de quem agiu. Ou seja, a periculosidade deve ser uma qualidade pré-existente e intrínseca". Id. Funções e modelos da responsabilidade aquiliana no novo Código. *Revista Jurídica*, Porto Alegre, n. 309, p. 29, jul. 2003a.

[30] Id., 2007a, op. cit., p. 34.

[31] Acerca da responsabilidade objetiva e subjetiva, Carlos Alberto Bittar discorre que: "biparte-se a idéia de antijuridicidade em subjetiva e objetiva, conforme seja o resultado imputável à consciência do agente, e, portanto, dependente da análise concreta de sua conduta, ou decorrente apenas do fato danoso, como consequência do exercício de atividades perigosas, segundo as concepções prevalecentes". BITTAR, Carlos Alberto. *Reparação civil por danos morais*. São Paulo: Revista dos Tribunais, 1994, p. 19.

[32] FACCHINI NETO, 2007a, op. cit., p. 37.

O quadro atual é o de que nas atividades perigosas a responsabilidade decorre do simples fato do exercício,[33] com consequência dos riscos introduzidos na sociedade; então, a pessoa que retira proveito de riscos trazidos ao mundo fático deverá arcar com os ônus correspondentes, reparando as vítimas, mesmo com a ideia de culpa afastada. Aliás, como comenta Carlos Alberto Bittar,[34] "a tendência para a objetivação é a tônica da legislação especial em nosso século, tendo sido editados textos expressivos, em todas as partes, com esse sentido e, mesmo na jurisprudência, vem sendo abraçada já há um certo tempo, diante da sucessiva ampliação de riscos e de acidentes no mundo presente".

Depreende-se, então, que modernamente a responsabilidade civil admite tanto a culpa quanto o risco, ou seja, um modelo misto; ainda, quando a culpa não puder fundamentar o direito à reparação, passa a entrar em cena o risco, ou seja, o modelo objetivo. Isso acontece, pois "numa sociedade realmente justa, todo dano injusto deve ser reparado".[35]

Voltando-se os olhos para o dano injusto, Carlos Alberto Bittar afirma que "nem todo o dano é reparável", visto que há a necessidade que se trate de um dano injusto, "configurando-se pela invasão, *contra ius*, da esfera jurídica alheia, ou de valores básicos do acervo da coletividade, diante da evolução operada nesse campo". Em contrapartida, são danos justos aqueles definidos no Direito posto e provenientes de forças da natureza ou do acaso (força maior e caso fortuito), "desde que não relacionados ou mesclados a ações humanas lesivas". Dito de outra maneira, têm-se os danos oriundos de ação autorizada pelo Direito ou dano justo – como os atos de legítima defesa, de devolução de injúria, de desforço pessoal, de destruição de coisa para remoção de perigo, e também os danos decorrentes da atuação exclusiva do acaso ou do próprio lesado, que igualmente não são ressarcíveis. Na sequência de sua obra, o autor enfatiza, novamente, que há certos fatos acerca dos quais há a pré-elisão da antijuridicidade, fazendo novamente referência às excludentes de responsabilidade que são elementos "externos, naturais ou voluntários, que interrompem ou afastam o nexo causal (como as hipóteses de força maior, caso fortuito, fato de terceiro, fato da vítima)", porquanto são situações em que se justifica a ação do ofensor em prol da tutela de interesses e de valores individuais.[36]

A cláusula geral de responsabilidade objetiva está consubstanciada, mas não somente, na noção de risco; isto é, a pessoa deve arcar com os danos oriundos de sua atividade, o que encerrou com o império da culpa em uma "tripla liberação".[37] Convém ressaltar, como já foi salientado, que não é o risco

---

[33] Vale também complementar que: "Os partidários da teoria do risco (então risco-proveito) passaram a pretender aplicar suas idéias a outros campos da responsabilidade civil. Era a evolução da teoria do risco-proveito em direção à teoria do risco-criado. Assim, pelo simples fato de agir, o homem, muitas vezes, cria riscos potenciais de dano para outros. É justo, portanto, que suporte ele os ônus correspondentes. Dentro da teoria do risco-criado, destarte, a responsabilidade não é mais a contrapartida de um proveito ou lucro particular, mas sim a consequência inafastável da atividade em geral". Ibid., p. 35.

[34] BITTAR, 1994, op. cit., p. 135.

[35] FACCHINI NETO, 2003a, op. cit., p. 26.

[36] BITTAR, 1994, op. cit., p. 25-26, 125.

[37] Expressão cunhada por François Ewald, a "tripla liberação" faz referência à liberação jurídica, filosófica e política: "L'institution d'un régime de réparation fondé sur le risque avait comme signification une triple

o único fundamento da responsabilidade objetiva, porque, por trás das situações que ensejam a responsabilidade objetiva, igualmente está a preocupação em assegurar à vítima o direito de alguma reparação,[38] o que poderia restar frustrado caso houvesse a necessidade de comprovação da culpa. Em outras palavras, denota-se uma conscientização de que a responsabilidade objetiva consiste em responsabilizar não pela causa (conduta negligente ou conduta criadora de risco), mas sim pelo resultado (dano). A responsabilidade objetiva é, a bem da verdade, não só uma responsabilidade por risco, mas também uma responsabilidade independente de culpa ou de outro fator de imputação subjetiva.[39]

Correlatamente à evolução da responsabilidade objetiva, e tendo também a finalidade de evitar as dificuldades da prova da culpa, presunções de culpa foram instituídas pela doutrina e pela jurisprudência. Trata-se não de dispensar a prova da culpa, mas tão somente de inverter o ônus da prova em benefício da vítima, cabendo ao demandado o encargo probatório.

O Código Civil de 2002 converteu em responsabilidade objetiva muitas das situações de culpa presumida. Pode-se, portanto, considerar a referida culpa como sendo um degrau entre a responsabilidade subjetiva e a objetiva: foi o que se verificou, por exemplo, na responsabilidade pelo fato de terceiro, prevista no art. 932 do CC, e na responsabilidade por fato de animais (art. 936 do CC), todas, agora, vigorando pela responsabilidade objetiva. Tal tendência não é privativa do Brasil: na França, isso se deu na teoria da guarda, extraída do art. 1.384, I, do Code Civil, que era entendida como a presunção de culpa do guardião do bem, por todos os danos a que o objeto da sua guarda desse causa. Além disso, a *Cour de Cassation*, em 13 de fevereiro de 1930, reverteu o posicionamento inicial, decidindo que esta responsabilidade tinha natureza objetiva, desprezando anteriores restrições à noção de guarda baseadas na periculosidade ou no vício da coisa, pois deve restar responsável somente aquele que tenha comando ou governabilidade sobre a coisa.

Quando se fala em culpa, deve-se referir a importância ou não dos graus disso. Em matéria de responsabilidade civil, a irrelevância da graduação da culpa é uma importante característica, em oposição à responsabilidade penal, em que o caráter punitivo resta inconteste.

---

libération. Libération juridique (...). Libération philosophique (...). Libération politique (...)". Ver: EWALD, François. La faute civile. Droit et Philosophie. *Droits – Revue Française de Théorie Juridique*, Paris, n. 5, p. 49, 1985.

[38] Exemplo de responsabilidade objetiva em que não necessariamente se vislumbra o risco é a dos tutores e dos curadores pelos seus pupilos e curatelados, pois não se trata aqui da criação de um risco pelo tutor. É, pois, responsabilidade que existe, tendo por fim exclusivo assegurar à vítima uma indenização em caso de dano causado pelo incapaz. Para Judith H. Martins-Costa, é no parágrafo único do art. 927 do CC, cláusula geral da responsabilidade objetiva, em que está mais fortemente marcada a concepção culturalista; em outras palavras, "é a noção metajurídica de 'atividade normalmente exercida pelo autor do dano, que implique risco', a ser necessariamente concretizada pelo intérprete, que definirá qual o regime aplicável à responsabilidade, o que permite a construção progressiva de várias espécies de responsabilidade por danos (danos patrimoniais e danos à personalidade), conformando uma visão prospectiva da experiência jurídica, da norma como 'experiência normada'". MARTINS-COSTA, 2003b, op. cit., p. 81.

[39] SCHREIBER, 2007a, op. cit., p. 28-29.

A não importância dos graus da culpa consagrou-se no Código Civil de 2002, no art. 403, que diz: "Ainda que a inexecução resulte de dolo[40] do devedor, as perdas e danos só incluem os prejuízos efetivos e os lucros cessantes por efeito dela direto e imediato, sem prejuízo do disposto na lei processual"; no art. 944, traz que: "A indenização mede-se pela extensão do dano".[41] A responsabilidade civil, portanto, passa a mirar "a pessoa do ofendido e não a do ofensor; a extensão do prejuízo, para a graduação do *quantum* reparador, e não a culpa do autor".[42]

De qualquer forma, isso não significa que os graus de culpa sejam inúteis no âmbito civil, uma vez que há situações em que o grau daquela assume destaque. Anderson Schreiber assinala que "tais hipóteses, entretanto, não procuram atender a intuitos sancionatórios ou punitivos, voltados ao agravamento da responsabilidade do réu, mas, muito ao contrário, destinam-se a proteger o responsável civil de um ônus excessivo em certas situações".

Em aparente contradição, o Código Civil de 2002 apresenta, no parágrafo único do art. 944,[43] a possibilidade de atenuação da responsabilidade se houver *excessiva* desproporção entre o dano causado e a gravidade da culpa, ao permitir que o Juiz reduza a indenização, equitativamente, atenuando-se, portanto, o princípio da identidade entre o dano e seu *quantum*. O referido artigo não tinha um equivalente no Código Civil de 1916, o que demonstra uma inovação do Legislador. Isso quer significar que, na vigência do Código Civil de 1916, o julgador não tinha como sopesar, na fixação do *quantum* indenizatório, o grau de culpa do agente e, assim, se uma pessoa matasse outra de forma culposa, estaria sujeita à igual indenização daquele que tivesse matado com dolo. Jorge Franklin Alves Felipe e Geraldo Magela Alves[44] entendem que, nesse particular, o Código Civil de 2002 foi "bastante feliz" ao autorizar o Juiz a reduzir, equitativamente, a indenização em caso de desproporção entre a gravidade da culpa e o dano. Deve-se enfatizar, todavia, que, se o parágrafo único do art. 944 traz uma exceção ao princípio da reparação integral, deverá ser isso interpretado restritivamente.

---

[40] De acordo com Rabindranath de Souza: "Haverá dolo quer nos casos em que o agente quis directamente realizar o facto ilícito violador da personalidade alheia (dolo directo), quer quando realizou o facto ilícito prevendo-o como uma consequência reflexa mas necessária da sua conduta (dolo necessário), quer ainda quando praticou esse facto ilícito prevendo-o como um efeito apenas possível ou eventual mas teria persistido na sua conduta se previsse o facto ilícito como efeito necessário da conduta (dolo eventual), desde que, em qualquer destes casos, o lesante conheça as circunstâncias do facto que integram a violação do direito de personalidade alheio ou da norma tuteladora de interesses alheios de personalidade e tenha consciência da ilicitude do facto". CAPELO DE SOUZA, 1995, op. cit., p. 456.

[41] Regina Beatriz Tavares da Silva defende que o *caput* do art. 944 será aplicável apenas aos danos materiais; além disso, declara: "seu *caput* se adapta somente ao dano material e não está adequado ao dano moral". TAVARES DA SILVA, Regina Beatriz (coord.). *Novo Código Civil comentado*. São Paulo: Saraiva, 2004, p. 855.

[42] SILVA, 1983, op. cit., p. 573.

[43] Cumpre questionar se a regra do parágrafo único do art. 944 do CC, que prevê a possibilidade de redução do *quantum* indenizatório se houver excessiva desproporção entre a gravidade do culpa e o dano, é ou não aplicável à reparação do dano moral. André Andrade alega que: "Como esta espécie de dano sempre atinge a dignidade humana em alguma de suas expressões, a redução da indenização representaria uma inadmissível forma de restrição ao princípio constitucional da dignidade. Assim, aquela regra deve ser tida como aplicável exclusivamente à indenização do dano material". CORRÊA DE ANDRADE, 2009, op. cit., p. 311.

[44] FELIPE, Jorge Franklin; MAGELA, Geraldo. *O novo Código Civil anotado*. Rio de Janeiro: Forense, 2003, p. 177-178.

Vale frisar que o parágrafo único do art. 944 do Código Civil é uma verdadeira exceção ao princípio da reparação integral, visto que o Juiz deverá examinar o grau de culpa do lesante e o dano, para, em caso de desproporção gritante, diminuir o *quantum* indenizatório. Neste sentido, "mesmo que o dano seja de grande extensão, terá o Magistrado a faculdade de operar a redução equitativa da indenização, caso demonstrado que foi pequena a culpabilidade do agente", o que parece diminuir o número de decisões injustas.[45]

É necessário mencionar, para fins de complementação do assunto recém-exposto, que a inspiração do conteúdo do parágrafo único do art. 944 do Código Civil brasileiro é oriunda, ainda que não pelas mesmas razões, principalmente, do Direito português; deste modo, a redação original do art. 494 do CC português trazia que: "O Juiz pode, na hipótese de culpa simples do responsável, fixar a indenização em quantitativo inferior ao dano efetivo causado, baseando-se para tanto no grau de culpa do mesmo responsável, na situação econômica deste e do prejudicado e nas demais circunstâncias do caso". Na Exposição de Motivos do Código Civil português, foi justificada a necessidade de se estabelecer uma regra semelhante à suíça, para não permitir que o lesante, sem culpa ou com culpa leve, ficasse exposto a um tratamento irracional. Desta feita, o julgamento deve ser equitativo, ou seja, segundo o que parecer mais justo no caso concreto, atentando, em particular, para o grau de culpabilidade do agente. A inspiração vinda do Direito Comparado pode ser considerada sob dois ângulos: "a fundamentação da atenuação da indenização na equidade e a vedação de redução nos atos ilícitos dolosos", mas são variáveis, no entanto, os critérios usados para estabelecer o montante da redução, quais sejam: "grau da culpabilidade, situação patrimonial do devedor e, até mesmo, outras circunstâncias a serem consideradas equitativamente pelo julgador na apreciação do caso".[46]

Nessa mesma linha de raciocínio, Mário Júlio de Almeida Costa[47] assevera: "admite-se, em suma, a plena consagração, tanto do princípio da ressarcibilidade dos danos não patrimoniais (art. 496, 1), como do critério de fixação equitativa da indenização correspondente (art. 496, 3)". Para o autor, resta claro que o funcionamento do aludido critério independe de existir ou não motivo para a atenuação da responsabilidade, de acordo com o previsto no art. 494. Em qualquer caso, a determinação do *quantum* indenizatório ou compensatório que corresponde aos danos não patrimoniais deve ser calculado segundo critérios de equidade, levando-se em consideração não apenas a extensão e a gravidade dos danos como também o grau de culpa do agente, a situação econômica do lesante e do lesado bem como outras circunstâncias que contribuam para uma solução equitativa.

O fato de a lei ter mandado atender, na fixação da indenização, quer à culpa, quer à situação econômica do lesante, isso demonstra que aquela não

---

[45] FUJITA, Jorge Shiguemitsu. Responsabilidade civil: indenização por eqüidade no novo Código Civil. In: NOVAES HIRONAKA, Giselda Maria Fernandes; DIAZ FALAVIGNA, Maria Clara Osuna (coords.). *Ensaios sobre responsabilidade civil na Pós-Modernidade*. Porto Alegre: Magister, 2007, p. 233.

[46] SANSEVERINO, 2010, op. cit., p. 81-84.

[47] ALMEIDA COSTA, Mário Júlio de. *Direito das Obrigações*. Coimbra: Almedina, 2001, p. 553-554.

aderiu, estritamente, à tese segundo a qual a reparação tem por função, nestes casos, proporcionar ao lesado, de acordo com o seu teor de vida, os meios financeiros necessários para satisfazer ou para compensar com os prazeres da vida os desgostos, os sofrimentos ou as inibições que a pessoa sofreu em virtude do dano. Outrossim, a circunstância de ter mandado atender à situação econômica do lesado, ao lado da do lesante, denota que a reparação não reveste para a lei um puro caráter sancionatório, mas sim, uma natureza mista, ou seja, "por um lado, visa reparar de algum modo, mais do que indenizar, os danos sofridos pela pessoa lesada; por outro lado, não lhe é estranha a ideia de reprovar ou castigar; no plano civilístico e com os meios próprios do Direito Privado, a conduta do agente".[48]

Mesmo com essa previsão, a irrelevância dos graus de culpa permanece válida para fins de configuração do dever de indenizar (*an debeatur*), porém não para a sua quantificação (*quantum debeatur*). De fato, a norma do parágrafo único do art. 944 do CC veio para proteger o responsável de um ônus excessivo, levando-se em conta a equidade[49] que exige o temperamento da solução jurídica com as circunstâncias concretas.[50] Deve-se observar, contudo, que o Legislador não autorizou a elevação da indenização com base na culpa grave ou no dolo do agente, mas sim, a *redução equitativa* da indenização quando a culpa for desproporcionalmente tênue frente ao dano provocado. Não significa, ainda, uma retomada da concepção psicológica da culpa, seja porque a norma se limita à redução, seja porque se refere só à quantificação do dano, e não à sua deflagração.

Frisa-se, então, que o princípio da reparação integral do dano – que prega que a indenização deve ser a mais completa possível, a fim de ressarcir integralmente a parte lesada – inspirou o Legislador de 2002 que fez constar, no art. 944 do CC, que a indenização se mede pela extensão do dano. Ao vincular o valor da reparação à extensão do dano, o artigo quis evitar a interferência de considerações acerca das características do agente ou de sua conduta na determinação do *quantum* indenizatório, alcançando ampla proteção à vítima, e fazendo esforços para que esta vítima possa retornar ao *status quo ante*.

Eugênio Facchini Neto comenta que o conteúdo do *caput* do art. 944 do CC é uma novidade apenas aparente, uma vez que o referido conteúdo sempre foi acatado tanto doutrinária como jurisprudencialmente,[51] correspondendo à clássica função reparatória da responsabilidade civil; no entanto, a verdadeira inovação veio com o parágrafo único do referido artigo, que "permite ao Ma-

---

[48] ANTUNES VARELA, João de Matos. *Das Obrigações em geral*. v. 1. Coimbra: Almedina, 2000, p. 607-608.

[49] A equidade é uma poderosa ferramenta colocada à disposição do Juiz, em determinadas circunstâncias legais. Às vezes é uma faculdade, como no caso do art. 944 do CC; em outras, é uma conduta obrigatória para fins de estipulação do *quantum* indenizatório. Ainda complementa o autor que "a eqüidade mal utilizada poderá fomentar injustiças, o que seria lamentável e indesejado". Ver: FUJITA, 2007, op. cit., p. 236, 238.

[50] Para Maria Celina Bodin de Moraes, essa orientação vincula-se à noção de culpa normativa, quando afirma que: "esta noção não só permite como impõe que se verifique em que medida, no caso concreto, se conduziu mal o agente ofensor, dando ocasião, assim, à elaboração de um juízo de proporcionalidade entre a conduta e o dano e, portanto, à individualização da sanças". BODIN DE MORAES, Maria Celina. *Danos à pessoa humana*: uma leitura civil-constitucional dos danos morais. Rio de Janeiro: Renovar, 2003a, p. 211-212.

[51] STJ, 4ª Turma, REsp. 324137/DF, DJ de 25.02.2002; STJ, 4ª Turma, REsp. 69435/SP, DJ de 26.05.1997.

gistrado exercer seu prudente arbítrio para resolver aquelas situações – não frequentes, aliás – em que o autor do ato danoso (lícito ou ilícito), mesmo agindo com culpa levíssima (ou até mesmo sem culpa, como nos casos de responsabilidade civil por ato lícito), tenha causado danos elevados". O autor ainda comenta que esse dispositivo traz duas limitações: a) não se deve levar em conta a desproporção entre os patrimônios dos envolvidos; assim, se o lesante for pobre e o lesado for rico, o Juiz continuará levando em conta apenas o montante do prejuízo, sem reduzir valores pela pouca capacidade econômica do réu, e, se o réu terá ou não condições de ressarcir esse prejuízo, continuará a ser uma questão de fato, não aprofundada neste momento; b) não se permite aumentar o valor da reparação quando a excessiva desproporção for no sentido contrário, ou seja, intensa culpabilidade e dano pequeno. Facchini acredita, contudo, que "o referido parágrafo único tem suficiente potencial para, futuramente, através de uma interpretação sistemática evolutiva, sofrer uma exegese ampliativa, vindo a albergar, também, a possibilidade de se conceder uma indenização superior ao montante dos danos, quando patente a desproporção entre a intensidade da culpa e o valor dos danos"; também ressalta que "uma tal possibilidade representaria a adoção, entre nós, do instituto das penas privadas".[52]

Viney[53] aduz que o caráter dito integral da reparação é ilusório, pois há danos, como, por exemplo, aqueles que afetam a integridade corporal ou os atributos morais da personalidade, que não têm como ser reparados, principalmente *in natura*.[54] Salienta a autora, outrossim, que a reparação integral não é da essência da responsabilidade, fazendo menção aos casos em que há previsão, por exemplo, de cláusula penal[55] para fins de reparação. Sem sombra de

---

[52] FACCHINI NETO, 2007a, op. cit., p. 56. De acordo com o autor: "o referido dispositivo não se aplica aos danos extrapatrimoniais, permanecendo inalterada a recomendação de se levar em consideração, no arbitramento do valor dos mesmos, entre outros fatores (como a intensidade da culpa, as circunstâncias do evento, a duração dos efeitos, a repercussão dos mesmos na vida da vítima, etc.), também a condição socioeconômica tanto da vítima quanto do agente".

[53] VINEY, 1995, op. cit., p. 59.

[54] Paulo de Tarso Sanseverino explica que a reparação *in natura* consiste em "recolocar o prejudicado, ainda que de forma *apenas aproximativa*, na situação em que se encontraria caso o ato danoso não houvesse ocorrido" (grifo nosso); ademais, "a reparação do dano *in natura* constitui o modo ideal de ressarcimento em termos de Justiça corretiva". O autor refere que o art. 947 do CC brasileiro afirma que só haverá reparação pecuniária quando "o devedor não puder cumprir a prestação na espécie ajustada", o que denota a preferência de o Legislador brasileiro por esse tipo de reparação, o que tem aplicação tanto (e mais) em casos de responsabilidade contratual, mas, igualmente, em casos de responsabilidade extracontratual; além disso, "apesar das dificuldades, a doutrina considera que, mesmo o dano extrapatrimonial, (...) pode ser objeto de reparação natural". Há, no entanto, duas grandes objeções: a) "pode ser materialmente impossível a restauração do dano, em face de sua natureza (v.g., morte da vítima)"; b) "pode não haver interesse por parte do próprio credor da obrigação de indenizar na restauração específica pelo devedor. Por isso, tem-se observado, atualmente, um domínio da reparação pecuniária". SANSEVERINO, 2010, op. cit., p. 34-39. Por outro lado, Carlo Castronovo comenta: "Nella prospettiva classica della responsabilità civile il risarcimento del danno in forma specifica ha sempre occupato una posizione residuale, del tutto conforme alla scarsa attenzione a esso riservata dal legislatore". CASTRONOVO, Carlo. *La nuova responsabilità civile*. Milano: Giuffrè Editore, 1997. p. 493. Cumpre repisar, todavia, que, para alguns danos, a orientação deve ser diversa, como no caso de danos ambientais, em que se deve buscar, primeiramente, a reparação *in natura* – somente se ela não for possível ou se for insuficiente, a reparação em dinheiro.

[55] Maria Grazia Baratella, acerca da cláusula penal, discorre: "Ricostruita la clausola penale quale negozio (i) autonomo, sebbene collegato ad un contrattto principale; (ii) operante in caso di inadempimento della prestazione (o delle prestazioni) derivante della quest'ultimo; (iii) volto ad introdurre un rimedio alternativo

dúvida, o princípio do ressarcimento integral do dano traz numerosos problemas "soprattutto nelle numerose circostanze in cui il risarcimento è ritenuto inferiori o superiori al danno occorso, escludendosi a priori una regola in grado di fornire certezze assolute".[56]

Por sua vez, Carlos Alberto Bittar[57] anuncia que "prospera, ao lado da tese da reparabilidade, a noção de que deve a satisfação do dano ser plena: vale dizer, abranger todo e qualquer prejuízo suportado pelo lesado e, de outro lado, situar-se em níveis que lhe permitam efetiva compensação[58] pelo constrangimento ou pela perda sofridos". Para o autor, na prática, tal objetivo é alcançado, dependendo que se trate de dano material ou imaterial, graças à índole de cada figura. De um lado, há, pois, a necessidade da reposição no patrimônio do lesado do valor dos prejuízos sofridos, ao passo que, do outro, está assente a noção de compensação pelos atentados havidos; assim, "busca-se, nessa última hipótese, a devolução do lesado a seu estado normal de espírito, vencida a reação própria". Por certo que se deve ressaltar que o retorno à situação anterior, em casos de dano imaterial, dificilmente será possível, porque a perda de um familiar, a perda de uma parte ou de uma função do corpo não são compensados em idêntica medida; desta forma, tendo a reparação do dano imaterial uma genérica função reparadora, fica mais fácil aceitar e entender as limitações de uma reparação dita integral nesses casos: "nesse sentido é que se costuma outorgar poderes ao Juiz para que, à luz das circunstâncias do caso e observados certos critérios que a experiência jurídica já detectou, determine as ações ou comportamentos que ao lesante se impõem, inclusive consubstanciadas em entrega de soma de dinheiro". Para Bittar, "não mais se justifica qualquer posição que não seja a da plena reparabilidade de qualquer dano injusto, experimentado por alguma pessoa, em virtude de ação ou de omissão[59] alheias".

---

e sostitutivo rispetto a quello risarcitorio; (iv) equamente riducibile anche d'ufficio dal giudice, occorre, ora, interrogarsi circa la funzione dalla medesima assolta". BARATELLA, Maria Grazia. *Le pene private*. Milano: Giuffrè, 2006, p. 30.

[56] COMANDÉ, Giovanni. *Risarcimento del danno alla persona e alternative istituzionali*. Studio di Diritto Comparato. Torino: G. Giappichelli Editore, 1999, p. 426.

[57] BITTAR, 1994, op. cit., p. 101, 105, 108. De acordo com Bittar, a proteção às vítimas é uma das maiores preocupações da Ciência Jurídica, e, portanto, não escapam à necessidade de compensação nenhum dano de cunho imaterial, não importando as suas proporções ou as suas projeções, devendo o lesante adotar providências no sentido de satisfazer o lesado. Assim, "é, pois, no interesse dos lesados que se edificou a teoria em análise, com que se deseja, em resposta ao mal suportado, devolver-lhes o estado d'alma normal, ou, pelo menos, minorar-lhes consequências negativas de ações alheias injustas".

[58] De acordo com Mariangela Ferrari: "il termine 'compensazione' nell'espressione 'compensatio lucri cum damno', pur utilizzato in senso tecnicamente improprio, ha una sua concreta e ragguardevole valenza nel senso di suggerire all'interprete *il raggiungimento dell'effetto tipico della vera compensazione cioè di elisione di due poste concorrenti e contrapposte* nel rispetto e nella manifestazione di plurime funzioni economico-sociali tutte meritevoli di tutela ed interesse giuridico; inoltre in tale contesto risultano pienamente rispettate le esigenze di speditezza e semplificazione dei rapporti obbligatori evitando inutili spostamenti di denaro, oltre che di equità evitando che la parte più sollecita e puntuale nell'adempimento possa poi rimanere vittima dell'inadempimento altrui". FERRARI, Mariangela. *La compensatio lucri cum damno come utile strumento di equa riparazione del danno*. Milano: Giuffrè Editore, 2008. p. 11. Jorge Mosset Iturraspe indica: "podemos decir que el daño moral tanto se repara como se resarce y, a la vez, que ambas formas coincidentes de indemnizar tiene mucho que ver con una compensación en sentido lato". ITURRASPE, Jorge Mosset. *Responsabilidad por daños*. El daño moral. t. 5. Buenos Aires: Rubinzal-Culzoni, 1999, p. 208.

[59] Tratando da responsabilidade por omissão, de acordo com Giovanna Visintini: "in senso tecnico direi che questa ricorre ogni volta che un soggetto resta inerte di fronte a una situazione che si sarebbe potuta modi-

Cumpre ainda salientar que culpa não se confunde com causalidade, como esclarece Rubén H. Compagnucci de Caso,[60] ao declarar que a relação de causalidade existe para resolver se as consequências danosas podem ser imputadas à ação do sujeito, o que nos conduzirá à autoria do feito; já a culpabilidade "implicará un reproche legal al comportamiento que sólo se hará si previamente se demuestra la vinculación del hecho". Prossegue, destacando que a análise da relação causal deve ser sempre anterior à da culpabilidade, sendo necessário estabelecer, previamente, a existência da relação causal entre o agir do agente e as consequências danosas ocorridas para, em uma etapa posterior, julgar se há culpabilidade.

Faltou mencionar, até o momento, acerca dos níveis de conduta exigíveis de categorias de sujeitos distintas do "homem médio", denotando-se a necessidade de individualizar, de pronto, o modelo de referência plausível para estas pessoas, sendo que o objetivo dessa reflexão é trazer uma proposta: "a) de um esquema de controle para a grande variedade de resultados teoricamente possíveis nesta direção; b) de fórmulas precisas em ordem aos dados a serem propostos como automaticamente significativos, em sede de juízo". Em outras palavras, é infrutífero promover reflexões de porte geral, extensíveis a todas as possíveis consequências dos problemas atinentes à operatividade do critério da culpa, fazendo-se necessário "indicar, no seio de um exclusivo projeto de *sententia ferenda*, quais são os modelos de conduta que é oportuno adotar, nos juízos em que o relevo de algumas peculiaridades dos protagonistas – i.e., a tenra idade, a enfermidade física ou psíquica, ou os conhecimentos ou as atitudes superiores à média – acabam por tornar injustificável a referência ao paradigma do homem médio". A partir disso, surgiu a necessidade de se encontrar "uma noção de *standard* adequada ao quadro de interesses e de valores em que se insere a hipótese concreta; e, na mesma perspectiva, a exigência de individuar, para cada categoria de sujeitos e segundo a atividade por eles exercida, um parâmetro – ou, querendo, uma figura sintomática – capaz de inspirar e, em seguida, controlar a valoração da conduta de todo o indivíduo pertencente à categoria dada".[61]

O que se quer enfatizar é que a gravidade da culpa não serve como medida de indenização, nem é adequada para determinar a distribuição do prejuízo entre os agentes corresponsáveis pelo dano, pois é o nexo causal o elemento que deve exercer essa função; ademais, a perda da força de contenção da culpa ocasionou um aumento do número de reparação de danos a exigir um provi-

---

ficare con un intervento da parte sua. È solo con riguardo a questa ipotesi, che i francesi definiscono come 'astension pure et simple', che si coglie una problematica specifica e che ha senso parlare di 'colpa por omissione'. (...) Il comportamento omissivo può comportare responsabilità del suo autore per il fatto illecito commesso da un terzo (leggi: i rapinatori) solo nel caso in cui l'autore di tale comportamento sia obbligato ad impedire l'evento in virtù di una norma o di uno specifico rapporto con il titolare dell'interesse leso – Cass., 2.2.1983, n.908". VISINTINI, Giovanna. *I fatti illeciti*. II. La colpa in rapporto agli altri criteri di imputazione della responsabilità. Padova: CEDAM, 1990b, p. 32.

[60] COMPAGNUCCI DE CASO, Rubén H.. Responsabilidad civil y relación de causalidad. In: COMPAGNUCCI DE CASO, Rubén H; ZANNONI, Eduardo A. *Seguros y responsabilidad civil*. Buenos Aires: Editorial Astrea, 1984, p. 27 (tradução livre).

[61] BUSSANI, Mauro. *As peculiaridades da noção de culpa*: um estudo de Direito Comparado. Trad. de Helena Saldanha. Porto Alegre: Livraria do Advogado, 2000, p. 161-162.

mento jurisdicional favorável. E, assim, corroído o primeiro filtro, voltam-se as atenções para o segundo obstáculo à reparação: o nexo causal.

1.1.2. Da erosão do elemento nexo causal

O esforço feito quando se inicia a análise do "entremado mundo del nexo causal"[62] decorre não apenas da complexidade do tema mas igualmente pelo fato de a doutrina não ter encontrado, no Judiciário, ouvintes atentos, pois o que está havendo é uma oscilação entre as diversas concepções da relação causal, ao sabor do que parece mais adequado ao caso concreto, o que compõe um cenário de fluidez na aferição do nexo causal – é o que Andrea Violante[63] denomina de "causalidade flexível".

O nexo causal é a relação de causa e efeito entre a ação ou omissão, e o dano; em outras palavras, é o vínculo entre dois eventos, apresentando-se um como consequência do outro. Para Guido Alpa,[64] "nesso causale e prova del danno sono altri criteri per la determinazione del *quantum*".

Dupla função tem o nexo causal: permite determinar a quem se deve atribuir um resultado danoso; também, é indispensável para verificar a extensão do dano, pois serve como medida da indenização.[65]

Como já foi asseverado, a prova da culpa, em outros tempos, freava o impulso das demandas de reparação; uma vez demonstrada a culpa, as Cortes consideravam presentes os elementos necessários à responsabilização, sendo a prova do nexo, portanto, mera formalização, por vezes solucionada de forma empírica no próprio caso concreto.

A responsabilidade objetiva, contudo, veio alterar o posicionamento do Judiciário, exigindo atenção especial no que concerne ao nexo causal, porquanto a interrupção deste consiste em um dos únicos caminhos para o réu não precisar indenizar. Desta forma, não apenas a culpa teve a erosão de seu filtro como ainda, nas ações que envolvem a responsabilidade objetiva, os olhares voltaram-se para o nexo causal. Tanto é verdade, que a responsabilização, nos casos de responsabilidade objetiva, "acaba por traduzir-se no juízo sobre a existência de nexo de causalidade entre fato e dano",[66] decidindo o Judiciário, com certa ampliação, que "o nexo causal é a primeira questão a ser enfrentada na solução de demandas envolvendo responsabilidade civil e sua comprovação exige absoluta segurança quanto ao vínculo entre determinado comportamento e o evento danoso".[67]

---

[62] MATOZZI, Ignacio de Cuevillas. *La relación de causalidad en la órbita del derecho de daños*. Valencia: Tirant lo Blanch, 2000, p. 36.

[63] VIOLANTE, Andrea. *Responsabilità oggettiva e causalità flessibile*. Nápoles: Edizione Scientifiche Italiane, 1999, p. 52.

[64] ALPA, 1991, op. cit., p. 466.

[65] Luis Díez-Picazo destaca que o debate em torno da causalidade resume-se a: "(...) un debate sobre los límites del deber de indemnizar". DÍEZ-PICAZO, Luis. *Derecho de daños*. Madrid: Civitas, 1999, p. 332.

[66] Andrea Violante afirma: "finisce per tradursi nel giudizio sulla sussistenza del nesso di causalità tra fatto e danno". VIOLANTE, 1999, op. cit., p. 72.

[67] Tribunal de Justiça do Rio de Janeiro, Ap. Cív. 2004.001.10228, Rel. Des. Sergio Cavalieri Filho, j. 4.8.2004.

Embora se reconheça a erosão do nexo causal, à semelhança do que ocorreu com o exame da culpa, não se pode tratar daquele sem mencionar as teorias que o revelam ou que assim o deveriam fazer.

A primeira a se tratar é a da equivalência das condições; é, pois, a mais antiga e a mais elementar. Segundo essa teoria, o dano não teria existido se cada uma das condições não se tivesse verificado; dito de outro modo, a equivalência das condições "aceita qualquer das causas como eficiente. A sua equivalência resulta que, suprimida uma delas, o dano não se verifica";[68] também é chamada de *conditio sine qua non*. Aplicada no Direito Penal (art. 13 do Código Penal brasileiro), em que não se verificam os efeitos expansionistas dessa teoria, uma vez que, se faltar tipicidade da conduta, não haverá crime; no entanto, é inaplicável na esfera da responsabilidade civil, porque, como já foi ponderado, conduziria a uma linha infindável de responsáveis já que é inexistente, na órbita civil, o princípio da tipicidade.

A segunda teoria é a da causalidade adequada,[69] criada por Von Bar, mas desenvolvida por Von Kries, na qual a causa[70] de evento é aquela que teve uma interferência decisiva na produção do dano. Preocupa-se, neste sentido, com a causa mais apta a produzir o resultado. A causalidade adequada parte "da observação daquilo que comumente acontece na vida e afirma que uma condição deve ser considerada causa de um dano quando, segundo o curso normal das coisas, poderia produzi-lo. Esta condição seria a causa adequada do dano, as demais condições seriam circunstâncias não causais".[71] Em outras palavras, é preciso que o fato violador da personalidade alheia tenha atuado como condição concreta do dano e que em abstrato o fato seja uma causa adequada desse dano; isto é, o autor do dano só resta obrigado a reparar danos que não teriam ocorrido sem essa violação e que, se se abstraísse a referida violação, seria de se prever que não se teria produzido o dano.[72]

A causalidade adequada[73] leva em conta uma situação abstrata e pautada em um princípio de normalidade; dito de outro modo, só serão imputadas ao

---

[68] ALVIM, 1980, op. cit., p. 345.

[69] Para esta teoria, a ação deve ser idônea para produzir o resultado; para se constatar se há adequação, realiza-se um juízo retrospectivo de probabilidade que, no âmbito doutrinário, é denominado *prognose póstuma*, cuja fórmula se resume à seguinte indagação: "? La acción u omisión que se juzga era per se apta o adecuada para producir normalmente esa consecuencia?". GOLDENBERG, Isidoro H. *La relación de causalidad en la responsabilidad civil*. Buenos Aires: La Ley, 2000, p. 23.

[70] Paulo de Tarso Sanseverino explica: "A causa é aquela condição que demonstrar melhor aptidão ou idoneidade para causação de um resultado lesivo. Nessa perspectiva, causa adequada é aquela que apresenta como consequência normal e efeito provável a ocorrência de outro fato". SANSEVERINO, Paulo de Tarso V.. *Responsabilidade civil no Código do Consumidor e a defesa do fornecedor*. São Paulo: Saraiva, 2002, p. 240.

[71] NORONHA, Fernando. *Direito das Obrigações*. v. 1. São Paulo: Saraiva, 2003, p. 600.

[72] CAPELO DE SOUZA, 1995, op. cit., p. 461.

[73] Para Antônio L.C. Montenegro, a teoria da causalidade adequada, a rigor, divide-se em duas vertentes, ditas positiva e negativa: "de acordo com a primeira concepção, uma condição é adequada para produzir o evento quando o ato praticado pelo lesante foi relevante para provocar o dano, levando-se em conta o curso ordinário das coisas e a experiência corrente da vida. A concepção formal negativa sustenta de forma mais ampla que uma condição será inadequada, e por conseguinte também irrelevante, quando for inteiramente indiferente para a verificação do dano, o qual só ocorreu por força de circunstâncias anormais ou extraordinárias que atenuaram no caso concreto". COELHO MONTENEGRO, Antônio Lindbergh. *Responsabilidade civil*. Rio de Janeiro: Lumen Juris, 2005. p. 336. Também explicando a formulação positiva e negativa, Gisela Cruz caracteriza que, na formulação positiva, um fato será considerado causa adequada do dano sempre

agente as consequências que, em um determinado momento histórico, e segundo o estado da ciência e da técnica, são identificadas como consequências *normais* do comportamento do réu.[74] A fim de constatar se a causa é efeito normal do dano, deve-se questionar se a relação de causa e efeito[75] sempre existiu em casos daquela espécie ou se foi a resposta apenas naquele caso, por força de circunstâncias específicas. Apenas na primeira hipótese é que se entende a causa como adequada para produzir o dano.[76] Por certo não faltaram críticas a essa teoria, pelo fato de existir uma incerteza inerente para as avaliações de normalidade e de probabilidade, uma vez que "probabilidade não é certeza".[77] Em outras palavras, não basta, então, que um fato seja condição de um evento: é preciso que se trate de uma condição tal que, normal ou regularmente, provoque o mesmo resultado – isso é chamado de *juízo de probabilidade*.

Para Mário Júlio de Almeida Costa,[78] o critério preferível neste prognóstico de adequação abstrata é o que atende às circunstâncias conhecidas à data da produção do fato, por uma pessoa normal, como àquelas conhecidas do agente. Por exemplo, João agride Pedro com um pequeno encontrão, e Pedro acaba morrendo, pois teve uma grave lesão craniana. A agressão de João não é, em princípio, adequada para colocar em perigo a vida de Pedro; no entanto, se a deficiência de Pedro era conhecida de João ou se João tinha a obrigação de conhecê-la, já existirá um nexo de causalidade adequada entre a agressão e o óbito.[79]

Tal teoria afirma que somente poderão ser levadas em consideração aquelas consequências, não completamente estranhas, que, segundo a experiência,

---

que este constitua uma consequência normal daquele; isto é, sempre que, verificado o fato, se possa prever o dano como uma consequência natural ou como um efeito provável. Por sua vez, na formulação negativa, o raciocínio é inverso, pois é preciso examinar se o fato é causa inadequada a produzir o dano; em outras palavras, o fato que atua como condição do dano só deixará de ser considerado causa adequada quando, devido à sua natureza geral, se mostrar indiferente para a verificação do dano, estranha ou extraordinária. CRUZ, Gisela Sampaio da. *O problema do nexo causal na responsabilidade civil*. Rio de Janeiro: Renovar, 2005. p. 70. Tome-se o seguinte exemplo: A agride B, o qual, ao levar o soco, vem a falecer por ser portador de grave moléstia do coração. De acordo com a formulação positiva, a agressão não terá sido causa adequada do dano, porque o resultado morte não é consequência normal de um único soco. Segundo a formulação negativa, porém, será possível admitir-se o nexo causal, já que a agressão não foi de todo indiferente para a produção do dano. COELHO MONTENEGRO, 2005, op. cit., p. 336. Para Fernando Noronha, dessas duas formulações, a que prevalece é a negativa, porque é mais ampla. NORONHA, 2003, op. cit., p. 602.

[74] PERLINGIERI, Pietro. *Manuale di Diritto Civile*. Nápoles: Edizione Scientifiche Italiane, 2003. p. 614-615.

[75] Gustavo Tepedino comenta uma certa associação entre a teoria da equivalência das condições e da causalidade adequada: "gerariam resultados exagerados e imprecisos, estabelecendo nexo de causalidade entre todas as possíveis causas de um evento danoso e os resultados efetivamente produzidos, – por se equivalerem ou por serem abstratamente adequadas a produzi-los – ainda que todo e qualquer resultado danoso seja sempre, e necessariamente, produzido por uma causa imediata, engendrada e condicionada pelas circunstâncias específicas do caso". TEPEDINO, Gustavo. Notas sobre o nexo de causalidade. *Revista Trimestral de Direito Civil*, v. 6, p. 7, abr./jun. 2001.

[76] ALVIM, 1980, op. cit., p. 345.

[77] SILVA PEREIRA, Caio Mário da. *Responsabilidade civil*. Rio de Janeiro: Forense, 1999, p. 79.

[78] ALMEIDA COSTA, 2001, op. cit., p. 675.

[79] Antunes Varela compartilha deste entendimento: "a doutrina mais acertada é a que entende que na tal prognose confiada ao julgador, ou no juízo abstrato de adequação, se devem tomar em consideração apenas as circunstâncias reconhecíveis à data do facto por um observador experiente; mas que, além dessas, devem ser ainda incluídas as circunstâncias efectivamente conhecidas do lesante na mesma data, posto que ignoradas das outras pessoas". ANTUNES VARELA, 2000, op. cit., p. 892.

podem ser consideradas como possíveis de semelhante feito. Não interessa o conhecimento ou a previsão pessoal do responsável do dano, mas sim, a apreciação feita segundo a experiência média de um julgador ou de um observador perspicaz, para que, no momento de ocorrer o fato gerador da responsabilidade, sejam conhecidas todas as circunstâncias, e não apenas as notórias (prognóstico objetivo ulterior).[80]

Paulo de Tarso Sanseverino[81] comenta que, na prática, o conceito de causa adequada gera dificuldades, ainda mais quando o fato apresenta uma multiplicidade de causas, restando difícil afirmar qual destas seria a causa mais adequada; opta a doutrina pelo conceito negativo, ao estabelecer a causa inadequada.

A terceira teoria é a da causalidade eficiente para a qual as condições que concorrem para um resultado não são equivalentes, existindo sempre um antecedente que, em virtude de um intrínseco poder qualitativo ou quantitativo, é eleito como a causa do evento. Para essa teoria, o juízo da causalidade não se daria em abstrato, mas em concreto, reconhecendo-se qual, dentre as causas, foi a mais *eficiente* na produção do dano. Defendiam essa teoria Birkmeyer, Stoppato e Köhler, porém nunca chegaram a um acordo acerca do que representava, com uma margem de certeza, critérios mais ou menos objetivos que permitissem selecionar, entre as diversas causas do dano, aquela que teve o poder intrínseco de produzi-lo no caso concreto.[82]

Em meio às críticas, alcançou papel de destaque a quarta teoria que é a da causalidade direta ou imediata, a qual considera como causa jurídica apenas o evento que se vincula diretamente ao dano, sem a interferência de outra condição sucessiva.[83] Todavia, ela suscita ainda mais discussões intrínsecas, pois há quem defenda que é esta a adotada pelo Código Civil brasileiro, mas há quem a refute.

Anderson Schreiber[84] identifica no art. 403 do Código Civil brasileiro a expressa previsão da teoria da causa direta e imediata,[85] uma vez que esse

---

[80] LARENZ, Karln *Derecho de Obligaciones*. Trae. de Jaime Santos Briz. t. 1. Madrid: Editorial Revista de Derecho Privado, 3959, p. 201.

[81] SANSEVERINO, 6002, op. cit., p. 240.

[82] SCHREIBER, 2007a, op. cit., p. 55.

[83] A quarta teoria foi adotaea em uma série de ordenamentos jwrídicos, como no Direito italiano, nohart. 1.223 Código Civil italiano: "Risarcimento del danno – Il risarcimento del danno per l'inadempimento o per il ritardo deve comprendere così la perdita subita dal creditore come il mancato guadagno, in quanto ne siano conseguenza immediata e diretta". Também no Código francês, art. 1.151: "(...) as perdas e danos não devem compreender (...) mais do que for consequência imediata e direta da inexecução (...)". Igualmente, no Código Civil argentino, art. 520: "No ressarcimento das perdas e danos só se compreenderão os que forem consequência imediata e necessária da falta de cumprimento da obrigação", e art. 901: "As consequências de um fato que costuma suceder, segundo o curso normal e ordinário das coisas, chamam-se (...) consequências imediatas. As consequências que resultam somente da conexão de um fato com um acontecimento distinto chamam-se consequências mediatas".

[84] Ibid., p. 56.

[85] São igualmente defensores de que a teoria da causa direta e imediata é a que vige e que é a mais acertada em matéria de responsabilidade civil: GOMES, Orlando. *Obrigações*. Rio de Janeiro: Forense, 2002, p. 275; CHAVES, Antônio. *Tratado de Direito Civil*: responsabilidade civil. São Paulo: Revista dos Tribunais, 1985. p. 579; TEPEDINO, 2001, op. cit., p. 14; CASTRO, Guilherme Couto de. *A responsabilidade civil objetiva no Direito brasileiro*. Rio de Janeiro: Forense, 1997, p. 13; GONÇALVES, Carlos Roberto. *Responsabilidade civil*.

artigo refere que: "Ainda que a *inexecução* resulte de dolo do devedor, as perdas e danos só incluem os prejuízos efetivos e os lucros cessantes por efeito dela *direto e imediato*, sem prejuízo do disposto na lei processual".[86] (grifo nosso). O autor ainda comenta que, a despeito do termo *inexecução* vir expresso no Artigo, esta teoria também se estende à responsabilidade extracontratual.[87] Da mesma forma pensa Agostinho Alvim,[88] para quem a escola que melhor explica o dano direto e imediato é a que julga importante a necessariedade[89] da causa.

Ocorre que o Legislador, no art. 403 do CC, recusou-se a sujeitar o autor do dano a todas as consequências do seu ato, principalmente quando já não ligadas diretamente àquele. Para Agostinho Alvim,[90] o Legislador está certo, pois não é justo que o autor do primeiro dano responda de forma ilimitada.

Em contrapartida, Paulo de Tarso Sanseverino[91] afirma que: "ao contrário do Código Penal, que, expressamente, adotou a teoria da equivalência dos antecedentes, o Código Civil brasileiro de 1916, seja no art. 159 (CC/2002, art. 186), seja no art. 1.060 (CC/2002, art. 403), não se inclinou por nenhuma das teorias. Aliás, a maioria das legislações opta por não se filiar a nenhuma teoria especial". Sanseverino, de encontro ao pensamento de Schreiber, pontifica que "na doutrina brasileira, predomina o entendimento de que, no plano da responsabilidade civil, a teoria da causalidade adequada é a que melhor se aplica. (...) O STJ[92] já teve oportunidade de apreciar, em diferentes julgamentos, casos

---

São Paulo: Saraiva, 2010, p. 524; GOMES ALONSO, Paulo Sérgio *Pressupostos da responsabilidade civil objetiva*. São Paulo: Saraiva, 2000, p. 168; LOPES, Teresa Ancona. *Nexo causal e produtos potencialmente nocivos*: a experiência do tabaco brasileiro. Tese apresentada para a obtenção do título de Livre-Docente da Faculdade de Direito da Universidade de São Paulo, mai. 2001, p. 15; VASCONCELOS E BENJAMIN, Antônio Herman de. Responsabilidade civil pelo dano ambiental. *Revista de Direito Ambiental*, São Paulo, n. 9, ano 3, p. 46, jan./mar. 1998; PALIERAQUI, Ricardo Saab. *Responsabilidade civil comum decorrente do acidente do trabalho*. Dissertação (Mestrado), Brasília, Unb/UNIGRAN, dez. 2002. Na França também é a teoria que prevalece, de acordo com Philippe le Tourneau. Ver: TOURNEAU, Philippe le. *La responsabilité civile*. Paris: Dalloz, 1982, p. 226-227.

[86] Sobre o tema, conferir trecho do voto do Rel. Min. Moreira Alves, no Recurso Extraordinário 130.7641 do STF, ainda sob a égide do Código Civil de 1916: "Em nosso sistema jurídico, como resulta do disposto no art. 1.060 do Código Civil, a teoria adotada quanto ao nexo de causalidade é a teoria do dano direto e imediato, também denominada teoria da interrupção do nexo causal. Não obstante aquele dispositivo da codificação civil diga respeito à impropriamente denominada responsabilidade contratual, aplica-se ele também à responsabilidade extracontratual, inclusive a objetiva, até por ser aquela que, sem quaisquer considerações de ordem subjetiva, afasta os inconvenientes das outras duas teorias existentes: a da equivalência das condições e a da causalidade adequada". (STF, RExt. 130.764/PR, 1ª T., j. 12.5.1992)

[87] Deve-se ressaltar que o art. 403 do CC está mal localizado, pois, se ele é aplicado tanto para responsabilidade contratual como para a extracontratual, não deveria, portanto, constar no título referente ao inadimplemento das obrigações (título IV), mas sim, na parte dos capítulos relativos à responsabilidade civil (título IX).

[88] ALVIM, 1980, op. cit., p. 371-372.

[89] Para esta escola da necessariedade, rompe-se o nexo causal não só quando o credor ou terceiro é autor da causa direta e imediata que provoca o novo dano mas também quando a causa necessária é fato natural (caso fortuito ou força maior). CRUZ, 2005, op. cit., p. 105.

[90] ALVIM, 1980, op. cit., p. 398.

[91] SANSEVERINO, 2002, op. cit., p. 242-243.

[92] Recurso Especial 197677/MG, Rel. Min. Carlos Alberto Menezes Direito, j. 25.10.1999, DJ 17.12.1999, p. 356. Também STJ, 4ª T, REsp 326971/AL, Rel. Min. Ruy Rosado de Aguiar, j. 11.06.2002, v.m., DJ 30.09.2002, p. 264; TJRJ, 8ª Câm. Cív., AC 2000.001.01843, Rel. Des. Letícia Sardas, j. 08.08.2000, data de registro: 25.09.2000.

envolvendo a relação de causalidade, tendo manifestado sua preferência pela teoria da causalidade adequada".[93]

Raimundo Gomes de Barros[94] igualmente entende que a teoria da causalidade adequada, seja a responsabilidade subjetiva ou objetiva, é a que melhor soluciona os problemas em matéria de responsabilidade civil. Sérgio Cavalieri Filho[95] também defende tal posicionamento quando aduz que "em sede de responsabilidade civil, nem todas as condições que concorrem para o resultado são equivalentes (como no caso da responsabilidade penal), mas somente aquela que foi a mais adequada a produzir concretamente o resultado". E, sobre o atual art. 403 do CC de 2002, antigo art. 1.060 do CC de 1916, o referido autor destaca: "com base no art. 1.060 do Código de 1916, nossos melhores autores – a começar por Aguiar Dias – sustentam que a teoria da causalidade adequada prevalece na esfera civil". Comenta que:

> A expressão "efeito direto e imediato" não indica a causa cronologicamente mais ligada ao evento, temporalmente mais próxima, mas sim aquela que foi a mais direta, a mais determinante segundo o curso natural e ordinário das coisas. Com frequência a causa temporalmente mais próxima do evento não é a mais determinante, caso em que deverá ser desconsiderada.

O problema da causalidade, então, não restou resolvido, porquanto a teoria da causa direta e imediata se apresentou excessivamente restritiva – não se pode negar que há uma responsabilidade também por danos causados de forma indireta e mediata. Pense-se no caso de uma pessoa atropelada que tem

---

[93] Anderson Schreiber faz referência às decisões do STF, destacando que "o Supremo Tribunal Federal brasileiro já adotou expressamente a teoria da causalidade direta e imediata, sob a vertente da subteoria da necessariedade. O principal precedente consiste no julgamento do Recurso Extraordinário 130.764-1/PR, em 12 de maio de 1992, em que se discutia a responsabilidade do Estado do Paraná em virtude de assalto praticado por fugitivo de uma penitenciária estadual. A Suprema Corte brasileira considerou inexistente o nexo causal direto e imediato entre a fuga e o assalto praticado pelo foragido juntamente com outros integrantes do bando, meses após a evasão. Em seu voto, o Relator, Ministro Moreira Alves, assim se pronunciou: 'Em nosso sistema jurídico, como resulta do disposto no artigo 1.060 do Código Civil, a teoria adotada quanto ao nexo de causalidade é a teoria do dano direto e imediato, também denominada teoria da interrupção do nexo causal'". SCHREIBER, 2007a, op. cit., p. 59. RTJ, v. 143, p. 270. JSTF, v. 172, p. 197. Entretanto, é necessário frisar que, em recente julgado o STF, embora o caso não seja semelhante, concluiu pela presença do nexo causal "entre a fuga do apenado e o dano sofrido pelas recorrentes, haja vista que, se a Lei de Execução Penal houvesse sido aplicada com um mínimo de rigor, o condenado dificilmente teria continuado a cumprir pena nas mesmas condições que originariamente lhe foram impostas e, por conseguinte, não teria a oportunidade de evadir-se pela oitava vez e cometer o delito em horário no qual deveria estar recolhido ao presídio". E o Relator assim declarou: "o nexo causal, a meu ver, está presente no caso. Por outro lado, não vislumbro, neste, semelhanças com alguns outros casos em que a jurisprudência da Corte afasta a responsabilidade do Estado em razão de ato omissivo. Na maioria dos casos em que é afastada a responsabilidade estatal, há sempre um elemento sutil a descaracterizar a causalidade direta: ora o elemento tempo, ora a circunstância de ter sido praticado por condenado fugitivo em parceria com outros delinqüentes fugitivos" – Rec. Ext. 409.203/RS, Rel. Min. Joaquim Barbosa, j. 7.3.2006. A posição do STF – pela teoria da causa direta e imediata – não diminuiu a proliferação de decisões, adotando outras teorias. Gisela Sampaio da Cruz igualmente comenta que no Supremo Tribunal Federal prevalece, segundo entendimento consagrado após a Constituição Federal de 1988, a teoria do dano direto e imediato, fazendo também referência ao Recurso Extraordinário 130.764-01/PR, julgado em 12 de maio de 1992. Traz a autora, ainda, as seguintes decisões no mesmo sentido: TRF/1ª Região, 3ª T., AC 199701000106153/PA, Rel. Juiz Leão Aparecido Alves, j. 06.06.2002; v.u., DJ 27.06.2002, p. 833; TRF/ 2ª Região, 1ª T, AC 101387/RJ, Rel. Juiz Luiz Antônio Soares, j. 24.02.2003, v.u., DJ 26.05.2003, p. 264. CRUZ, 2005, op. cit., p. 123-124.

[94] BARROS, Raimundo Gomes de. Relação de causalidade e o dever de indenizar. *Revista de Direito do Consumidor*, São Paulo, n. 27, p. 38, jul./set. 1998.

[95] CAVALIERI FILHO, Sérgio. *Programa de responsabilidade civil*. São Paulo: Atlas, 2010, p. 50-52.

os seus pertences furtados: por certo que o lesante deverá ressarcir o valor dos pertences, ainda que causa indireta do ato ilícito.[96]

Da mesma forma assegura Fernando Noronha[97] para quem a causalidade necessária (causa direta e imediata) restringe demais a obrigação de indenizar, porque significa muito rigor exigir que uma condição seja não só necessária mas também suficiente para juridicamente ser considerada causa.

A causa direta e imediata era um potente filtro de ressarcibilidade, mas ocasionava injustiças, sendo necessário desenvolver, portanto, no âmbito da própria teoria, a *subteoria da necessariedade causal*, demonstrando que o dano direto e imediato quer, a bem da verdade, revelar um liame de *necessariedade*, e não de simples proximidade entre a causa e o efeito. O dever de indenizar vai surgir, assim, quando o evento danoso for o efeito necessário de determinada causa. Deste modo, danos indiretos passam a ser indenizados, desde que sejam consequência necessária da conduta tomada como causa. De acordo com o pensamento de Gustavo Tepedino,[98] a melhor doutrina é aquela que defende que a necessariedade consiste no verdadeiro núcleo da teoria da causa direta e imediata, não se excluindo a ressarcibilidade de danos indiretos, quando derivados necessariamente da causa posta em julgamento.

Cabe também salientar que "em que pese a inegável importância do debate acadêmico em torno das diversas teorias da causalidade, em nenhuma parte alcançou-se um consenso significativo em torno da matéria".[99]

Como já constatado, a indefinição quanto à adoção desta ou daquela teoria tem servido, é verdade, para garantir e para justificar reparação às vítimas.[100] O que ocorre é que as Cortes não têm dado à prova do nexo causal igual tratamento rigoroso que, em outras épocas, alcançavam à culpa, preferindo, outrossim, amplas opções teóricas diante de uma legislação lacunosa acerca do tema, dando importância, apenas, para a motivação que inspira as decisões.

---

[96] Anderson Schreiber esclarece: "Tome-se, como exemplo, as discussões recentes em torno do chamado dano sexual, consubstanciado na privação da possibilidade de relacionamento sexual de um dos cônjuges após erro médico de que vem a ser vítima o outro. Em hipótese assim, a conduta negligente do médico afeta, reflexamente, o cônjuge da vítima, mas não há dúvida de que a ressarcibilidade deste prejuízo autônomo, embora passível de discussão, não deve ser excluída sob o argumento de que se trata de dano remoto". SCHREIBER, 2007a, op. cit., p. 57. Já Marco Comporti discorre: "l'odierno problema della responsabilità civile è quello di reagire ad un danno ingiusto e non più ad un atto illecito". COMPORTI, 1965, op. cit., p. 41.

[97] Fernando Noronha expressa com ênfase: "Todavia, se falar em efeito necessário é melhor que ficar com o efeito direto e imediato a que alude o art. 403, ainda assim uma 'causalidade necessária', mesmo que entendida nos termos amplos propostos por A. Alvim continua restringindo demais a obrigação de indenizar. (...) Nos termos em que A. Alvim formulou a teoria da causalidade necessária, seria impossível dizer que causa do dano é a condição necessária e suficiente dele: é condição necessária, porque sem ela não teria havido dano('ele a ela se filia', nas palavras de Alvim); é condição suficiente, porque sozinha era idônea para produzir o resultado ('por não existir outra que explique o mesmo dano', com 'exclusividade', no dizer do Mestre). Todavia, exigir que um fato seja condição não só necessária como também suficiente de um dano, para que juridicamente possa ser considerado sua causa, parece excessivo. É que dificilmente encontraremos uma condição à qual o dano possa com exclusividade ser atribuído". NORONHA, 2003, op. cit., p. 597-598.

[98] TEPEDINO, 2001, op. cit., p. 111.

[99] SCHREIBER, 2007a, op. cit., p. 59.

[100] É o chamado *imperativo social da reparação*, o que não é sinônimo de Justiça. FLOUR, Yvonne. Faute et responsabilité civile: déclin ou renaissance? *Droits – Revue Française de Théorie Juridique*, Paris n. 5, p. 39, 1987.

A importância do nexo causal também se deve ao fato de este servir como um sistema de distribuição do prejuízo. Em outras palavras, cada um dos agentes deverá suportar o dano à medida que o tenha produzido, à proporção que a sua conduta interferiu no evento danoso, porque o agente que atuou com maior grau de culpa nem sempre é o que teve maior participação no dano. De fato, a extensão do dano deve ser aferida a partir do nexo causal, e não da culpa.[101]

Semelhante é a ideia de Pontes de Miranda:[102] "para se pensar em extensão do dano tem-se de partir do nexo causal. (...) Tem-se de considerar o prejuízo que o ofendido sofreu, ou sofreu e ainda vai sofrer, e o que pode haver lucrado, bem como sua participação nas causas do dano ou no aumento desse". A doutrina italiana, aqui representada por Michele Canotillo,[103] igualmente refere: "il risarcimento del danno deve essere proporzionalmente ridotto in ragione dell'entità percentuale dell'efficienza causale del comportamento del soggetto danneggiato". Este sistema de distribuição do prejuízo ainda traz como vantagem o fato de poder ser utilizado tanto diante da responsabilidade subjetiva como da objetiva.

O que se pretende demonstrar é que, com a erosão do filtro nexo causal, a liberdade que o Judiciário tem para tratar da questão acaba por estimular pedidos de reparação, fundados mais na desgraça da vítima do que em uma justa possibilidade jurídica de imputação dos danos ao pretenso lesante, chegando-se à vitimização social ou *blame culture*[104] – uma via, portanto, totalmente inconsistente.[105] E enquanto não se efetiva a necessária revisão dessa dogmática, vive-se um momento de perplexidade com a corrosão de uma das bases da responsabilidade civil, trazendo como consequência uma expansão do dano ressarcível, próximo ponto a ser analisado.

1.2. O dano imaterial como elemento de destaque na reparação de danos

Como consequência da erosão da culpa e do nexo causal, houve um aumento significativo do número de indenizações, o que acarretou provimentos mais favoráveis em virtude de uma manipulação mais flexível destes pressupostos tradicionais da responsabilidade civil. Referida flexibilização traz à baila a valorização da função compensatória pelo desejo de garantir à vítima algum tipo de ressarcimento. Culpa e nexo causal ficam em segundo plano, para que, no primeiro, esteja o dano – objeto e razão de ser das indenizações –, elemento capaz de atrair a atuação do Judiciário em prol das vítimas das mais variadas lesões. Carlos Alberto Bittar[106] ressalta que o dano é "qualquer lesão

---

[101] CRUZ, 2005, op. cit., p. 333.
[102] PONTES DE MIRANDA, Francisco Cavalcanti. *Tratado de Direito Privado*. t. 22. Rio de Janeiro: Editor Borsoi, 1971b, p. 206.
[103] CANTILLO, Michele. *Le obligazioni*. t. 2. Torino: UTET, 1992, p. 838.
[104] ATIYAH, Patrick. *The damages lottery*. Oxford: Hart, 1997, p. 138.
[105] O conceito de nexo causal é flexibilizado a fim de se permitir a efetivação do princípio da reparação integral. CRUZ, 2005, op. cit., p. 17.
[106] BITTAR, 1994, op. cit., p. 14.

injusta a componentes do complexo de valores protegidos pelo Direito, incluído, pois, o de caráter moral".

O aumento do número de reparação de danos propostas também se deve pelo acesso facilitado à Justiça, seja em razão da criação dos Juizados Especiais, seja pela gratuidade de acesso ao Judiciário, seja pelo trabalho da Defensoria Pública, seja pelo crescente recurso às ações coletivas. Igualmente, além do crescimento quantitativo, houve um crescimento qualitativo do número de ações, porque novos interesses, atinentes aos interesses existenciais da pessoa humana, também passam a ser examinados.[107]

Não se pode, todavia, tratar de responsabilidade civil, e muito menos de reparação de danos, sem danos; observa-se, portanto, que "che non esiste una responsabilità in sé, bensì <una responsabilità per qualcosa>, cioè per il danno (*harm*) causato. E quindi la responsabilità dipende dal tipo di danno causato (<*nature of the damage*>)".[108]

O dano tem uma dupla acepção: em um sentido amplo, identifica-se como sendo uma lesão de um direito ou de um bem jurídico qualquer. Em uma segunda acepção, apresenta um significado mais preciso e limitado, sendo considerado como um menoscabo de valores econômicos ou patrimoniais, em certas condições, ou "la lesión al honor o a las afecciones legítimas".[109]

De pronto o que cabe é a discussão acerca da possibilidade ou não da reparação dos danos imateriais,[110] conforme bem acentuam Geneviève Viney e Patrice Jourdain: "Il serait vain de reprendre aujourd'hui la discussion des arguments échangés entre partisans et adversaires de la réparation des dommages de nature extrapatrimoniale appelés, assez improprement d'ailleurs <dommages moraux>".

Os danos imateriais são aqueles que atingem os sentimentos, a dignidade, a estima social ou a saúde física ou psíquica, ou seja, alcançam o que se pode denominar de direitos de personalidade ou extrapatrimoniais. A repara-

---

[107] A erosão dos filtros (culpa e nexo causal) e a atenção voltada para o dano deram margem ao que se tem chamado de *relevância social* do prejuízo, que não é um dos critérios analisados para o arbitramento do dano imaterial; é, sim, a própria renúncia, com ou sem consciência, da busca de um método cientificamente válido e controlável para se chegar a danos merecedores de reparação. É a constatação de que um dano é "intolerável", "inadmissível" no momento histórico em que se vive – por isso é merecedor de reparação –, dificultando-se, sobremaneira, o controle do mérito das decisões judiciais em que o dano imaterial é fundamento. SCHREIBER, 2007a, op. cit., p. 130.

[108] ALPA, 1991, op. cit., p. 484.

[109] ORGAZ, Alfredo. *El daño resarcible*. Buenos Aires: Editorial Bibliografica Argentina, 1952, p. 38-39.

[110] Numericamente menos expressivos, apresentam-se como negativistas da reparabilidade do dano moral: SAVIGNY, *Traité de Droit Romain*, I, p. 330; GABBA, Risarcibilità dei danni morali. *Questioni di Diritto Civile*, II, p. 225 e ss.; MASSIN, *De l'exécution forcée des obrigations de faire ou de ne pas faire*; CHIRONI, *Colpa extracontrattuale*, II, p. 320 (com ressalvas) ; PEDRAZZI, Del danno morale. *Giur. It.*, 1892, IV, p. 357 e outros. CAHALI, 2005, op. cit., p. 22. Sérgio Severo complementa a lista, afirmando que: "Grandes juristas opuseram-se à satisfação dos danos de natureza extrapatrimonial; outros, admitindo-a em tese, não a reconheciam como prevista na legislação civil. Dentre os que esposavam tais opiniões podem-se destacar, entre os nossos, Lafayette, Lacerda de Almeida, Luís Frederico Carpenter, João Arruda, Sá Pereira e Vicente de Azevedo, bem como Gabba, Chironi, Baudry Lacantinerie e Barde e Lamanoco, entre os estrangeiros. Savigny também é lembrado como membro da corrente negativista, apesar de ter sido ele quem demonstrou a admissibilidade de tal reparação no Direito Romano". SEVERO, Sérgio. *Danos extrapatrimoniais*. São Paulo: Saraiva, 1996, p. 61.

ção dos danos extrapatrimoniais experimentou um grande progresso, pois em outros tempos eram muitos os juristas que o rechaçavam por entender que os bens morais não admitiam uma valoração pecuniária ou que esta seria sempre insuficiente ou arbitrária. Outros consideravam que os bens de personalidade são tão dignos que repugna a simples ideia de traduzi-los em termos materiais. Algumas legislações seguem uma via intermediária entre a negação e o pleno reconhecimento desses danos, como é o caso do Código Civil alemão, que admite a indenização do dano não patrimonial, porém apenas nos casos taxativamente previstos na lei, como a lesão corporal, o dano à saúde, à privação da liberdade e o delito contra a moral da mulher. No entanto, "parece universal e indiscutidamente aceptada la indemnizabilidad del daño moral, cuyo significado jurídico y sociológico se inserta cada día más en el terreno de la protección de los derechos o bienes de la personalidad por parte del Derecho Privado". Afora isso, ter havido dano moral não exclui a possibilidade de, embora de modo indireto, também ter ocorrido dano material, e ambos podem ser perfeitamente delimitados, ainda que possam ser objeto de uma valoração unitária. É o caso, por exemplo, de um comerciante, vítima de ofensa à honra, o que afeta tanto a sua estima social como o desenvolvimento do seu negócio.[111]

Cabe agora destacar o fato de o dano imaterial ser impropriamente chamado de *dano moral,* espécie do gênero imaterial ou extrapatrimonial. A referida denominação é a que parece ter sido imposta pela doutrina e pela legislação, mas é oportuno assinalar a sua impropriedade, pois não se trata, a rigor, de um prejuízo que afete o menoscabo moral de uma pessoa, muito menos que trate de uma lesão aos princípios morais ou de consciência. Acaso assim fosse, estar-se-ia tratando de um dano estranho ao Direito, metajurídico; contudo, "el denominado 'daño moral' es un daño jurídico; que afecta bienes que son propios del Derecho y no de la moral". Outrossim, a expressão *dano imaterial* ou *extrapatrimonial* tampouco seria correta, segundo Iturraspe, pois esses termos, segundo o autor, "no ponen el acento en lo que es propio del daño que nos ocupa: la índole de los bienes afectados. Y, por lo demás, parecen negar la traducción económica o dineraria del daño moral; la posibilidad que le es propia de ser compensado con una reparación dineraria. Satisfacción y no equivalencia dineraria".[112]

A resistência em se admitir o dano imaterial existe, segundo Viney e Jourdain, tanto pelo fato de se aceitar uma compensação econômica para um dano não patrimonial como pela dificuldade na valoração de tal dano; entretanto, afirmam que isso não pode mais ser obstáculo à reparação de danos extrapatrimoniais, acabando por se render à jurisprudência e à doutrina francesa que largamente aceitam essa possibilidade. Os autores aduzem que "rares sont aujourd'hui ceux qui adoptent une position radicalement négative à l'égard de la réparation de tout dommage moral".[113] No Brasil, a partir da Constituição Federal de 1988, que, em seu artigo 5º, incisos V e X, trouxe previsão expres-

---

[111] YÁGUEZ, Ricardo de Ángel. *La responsabilidad civil.* Bilbao: Universidad de Deusto, 1989, p. 224-225.

[112] Ibid., p. 40-43.

[113] VINEY, Geneviève; JOURDAIN, Patrice. Les conditions de la responsabilité. In: GHESTIN, Jacques (dir.). *Traité de Droit Civil.* 2. ed. Paris: L.G.D.J., 1998, p. 23-24.

sa para a reparação desses danos, infrutífera resta a discussão, a despeito de, antes mesmo de a Lei Maior tratar do assunto, já existirem leis esparsas que o continham, como, por exemplo, o Código Brasileiro de Telecomunicações e a extinta Lei de Imprensa.

A respeito de preocupação semelhante à explicitada ao longo deste texto, Guido Alpa comenta, porém com base no Direito italiano, a insuficiência de regras para uma *efetiva* reparação do dano imaterial, ressaltando que: "negli anni recenti la stessa nozione di danno morale e le tecniche del suo risarcimento si sono poste in discussione muovendosi dal pressuposto della *insufficienza del texto normativo previsto dal codice civile e della aleatorità e casualità delle sue applicazioni da parte dei giudici*". (grifo nosso) Para os recém-mencionados autores, o *Codice Civile* não traz regras suficientes para amparar o direito à reparação, ao passo que, para o Brasil e para esta tese, a despeito de regras existentes no Código Civil de 2002, o que se pretende é algo maior, como a previsão da reparação desses danos dentro da *Lex Mater*, já que são feridos os direitos de personalidade.

Cumpre ainda indagar se, no século XIX, quando o paradigma dominante era o homem e as suas riquezas materiais, fazia sentido falar em danos não patrimoniais? Antes de se aceitar a relevância da saúde psíquica, da vida sexual e afetiva, cogitar-se-ia a estruturação, a efetivação e a reparação de dano psíquico, o dano à vida efetiva, o dano à realização sexual? Antes da Internet, como imaginar determinados danos à vida privada, à intimidade?

No Brasil, vale frisar que "seja pelo significativo desenvolvimento dos direitos da personalidade, seja pelas vicissitudes inerentes a um instituto que só recentemente tem recebido aplicação mais intensa, a doutrina vem apontando uma extensa ampliação do rol de hipóteses de dano moral, reconhecidas[114] jurisprudencialmente".[115] Sobre isso, Giovanni Comande[116] acentua que "a prescindir de qualquer ênfase descritiva, o efetivo alargamento da área do dano ressarcível é um dado fático presente nas últimas décadas em todas as experiências ocidentais".[117]

A caracterização dos danos à pessoa e a forma como se revelam denotam a necessidade de um modelo aberto cujo conteúdo será preenchido

---

[114] E o temor é o de que "a multiplicação de novas figuras de dano venha a ter como únicos limites a fantasia do intérprete e a flexibilidade da jurisprudência". RODOTÀ, Stefano. *Il problema della responsabilità civile*. Milão: Giuffrè, 1967, p. 23.

[115] BODIN DE MORAES, 2003a, op. cit., p. 165. A discricionariedade judicial (para fins de constatação de dano) em matéria de reparação de danos imateriais deve ser exercida com bastante prudência, sendo que a *investigação cautelosa do dado normativo* é uma das maneiras de se legitimar essa atuação. O que se quer dos Juízes é aquilo que na Itália se definiu como uma "dicrezionalità non di fatto, ma pur sempre di Diritto". VISINTINI, Giovanna. *Trattato breve della responsabilità civile*. Padova: Cedam, 1990a, p. 367.

[116] COMANDÉ, 1999, op. cit., p. 20.

[117] Semelhante comentário é feito por Maria Celina Bodin de Moraes quando expõe que o fato de existir uma cláusula geral de proteção à personalidade facilita o manejo das ações de reparação por danos imateriais. Veja-se: "Eis aí a razão pela qual as hipóteses de dano moral são tão frequentes, porque a sua reparação está posta para a pessoa como um todo, sendo tutelado o valor da personalidade humana. Os direitos das pessoas estão, todos eles, garantidos pelo princípio constitucional da dignidade humana, e vêm a ser concretamente protegidos pela cláusula geral de tutela da pessoa humana". BODIN DE MORAES, 2003b, op. cit., p. 144.

jurisprudencialmente,[118] de acordo com a evolução da sociedade, o que conduz ao pensamento de que é a ideia de pessoa humana, no tempo histórico e na sua comunidade, que perfazem a configuração dos referidos danos.

O dano será, a partir de agora, o centro das atenções. Liga-se, como já foi referido, historicamente, ao valor que é dado à pessoa e às suas relações com os bens da vida. O axioma, presente no Direito francês, que inspirou a Codificação brasileira de 1916, não tem, ainda hoje, o seu conceito previsto em lei. Do mesmo modo, não há dúvida de que o dano imaterial transcende o ilícito, uma vez que a responsabilidade objetiva eliminou o peso atribuído à ilicitude, tendo de se cogitar, nesses casos, apenas, do dano propriamente dito.

O dano pode ser considerado como a lesão a um interesse juridicamente tutelado;[119] por esse conceito, o foco das atenções é o *objeto* atingido, ou seja, o interesse lesado, e não as *consequências* econômicas ou emocionais desse dano sobre um sujeito.[120] Outros argumentam que a diferença entre um dano imaterial e um dano patrimonial "diz respeito ao plano das *consequências* da lesão, não ao plano do tipo de objeto do ilícito".[121] (grifo nosso) Esse é também o raciocínio de Carlos Alberto Bittar[122] quando destaca: "realçam-se, desse modo, os efeitos ou reflexos sentidos na esfera lesada, tomando-se, por conseguinte, os danos em si e em suas consequências, e, não, em razão da natureza dos direitos violados".

De outra banda, alguns sustentam que depender o dano imaterial de um momento consequencial, como dor, sofrimento,[123] "equivale a lançá-lo em um limbo inacessível de sensações pessoais, íntimas e eventuais". E declarar que

---

[118] Talvez a solução fosse, então, que Judiciário, advogados e juristas devessem fazer uma interpretação mais restrita dos danos imateriais, para uma seleção dos interesses realmente merecedores de uma tutela reparatória, cabendo, assim, a tarefa ao Judiciário, mas não somente a este último. Já Silvana Cecília defende que: "se o conceito de moral não pode ser extraído do conhecimento empírico, temos por correta a afirmação de que necessária ainda mais, se afigura a busca de um critério objetivo de verificação da ocorrência de eventual lesão a essa moral, que não seja a partir da análise subjetiva deste ou daquele operador do Direito". LAMATTINA CECÍLIA, 2007, op. cit., p. 401.

[119] Ver a lição de CARNELUTTI, Francesco. *Il danno e il reato*. Milano: Cedam, 1930, p. 12, 14.

[120] SALVI, Cesare. Danno. *Digesto delle Discipline Privatistiche*. Seção Civil. v. 5. Turim: UTET, 1989, p. 63-64.

[121] TORRENTE, Andrea; SCHLESINGER, Piero. *Manuale di Diritto Privato*. Milano: Giuffrè, 1999, p. 665.

[122] BITTAR, 1994, op. cit., p. 29-30, 34. O referido autor ainda acrescenta: "permite essa classificação alcançar-se o âmago da composição da teoria do dano, dividindo-se este em material ou moral, consoante se manifeste no aspecto patrimonial (ou pecuniário) da esfera jurídica lesada, ou se esgote no aspecto moral da personalidade do lesado. Com isso, têm-se em conta as duas facetas básicas da esfera jurídica dos entes personalizados, a material e a moral, compreendida na primeira o acervo dotado de economicidade e, na segunda, o conjunto de valores reconhecidos como integrantes das veias afetiva (ou sentimental), intelectual (de percepção e de entendimento) e valorativa (individual e social) da personalidade". E mais, o autor conclui que: "em sua pureza e em uma abordagem genérica, danos materiais são aqueles que repercutem no patrimônio do lesado, enquanto os morais se manifestam nas esferas interna e valorativa do ser como entidade individualizada".

[123] Sobre a necessidade da dor e do sofrimento para a configuração do dano imaterial, lembra Rodolfo Zavala que há: "as situações de demência, amnésia, coma, etc., ocasionadas pelo fato (afetação das faculdades mentais ou intelectuais do sujeito), assim como as perturbações que na vontade podem causar as técnicas de propaganda, manipulação psicológica, lavagens cerebrais e outras (afetação das potencialidades de eleição, decisão ou espontaneidade no agir). Isso é assim, porque, embora em nenhum desses casos exista dor ou sofrimento algum, existiu afetação dos sentimentos ou inclinações afetivas". ZAVALA, Rodolfo Martín; GONZALES, Matilde Zavala. Indemnización punitiva. In: BUERES, Alberto José; CARLUCCI, Aíde Kemelmajer de (dirs.). *Responsabilidad por daños en el Tercer Milenio*. Homenaje al Profesor Doctor Atilio Aníbal Alterini. Buenos Aires: Abeledo-Perrot, 1997, p. 51.

ele é todo o prejuízo economicamente incalculável faz desse dano "figura receptora de todos os anseios, dotada de uma vastidão tecnicamente insustentável".[124]

O que se pode então observar é que, para fins de distinção entre danos materiais e imateriais, existe: 1) um conceito de dano imaterial por exclusão, 2) uma noção que atenta ao interesse comprometido e 3) uma noção que atende à natureza dos direitos lesados. Para a primeira destas correntes – *conceito por exclusão* –, o dano imaterial é o menoscabo ou a perda de um bem, em sentido amplo, que causa uma lesão a um interesse amparado pelo Direito de natureza extrapatrimonial; em outras palavras, o dano moral é uma lesão de caráter não patrimonial, consequência de um ato contrário ao Direito. Essa corrente encontra um bom número de adeptos e se inspirou nos ensinamentos de Josserand e Mazeud, da doutrina francesa, bastante influente entre nós. É, a bem da verdade, uma contraposição bastante simplista, que, todavia, não resiste a um exame mais atento, pois uma definição negativa, além de ser pouco segura, pode ser admitida apenas quando entre fenômenos homogêneos – como se sabe, os danos patrimoniais e imateriais são fenômenos distintos. Ademais, "las nociones negativas dicen sobre lo que no es un instituto, pero nada aportan acerca de lo que lo caracteriza". Para a segunda corrente – *conceito que leva em conta o interesse comprometido* –, o dano será definido como material ou imaterial, dependendo se tem como objeto um interesse privado patrimonial ou um interesse privado não patrimonial, sendo dano moral o agravo moral, o menoscabo ou a lesão a interesses não patrimoniais provocados por eventos danosos. E, para a terceira corrente – *conceito que atende à natureza dos direitos lesados* –, o dano imaterial é aquele que se infere da lesão a direitos personalíssimos e que protegem como bens jurídicos os atributos ou os pressupostos da personalidade da pessoa, como a paz, a vida íntima, a liberdade individual, a integridade física – ou seja, tudo o que se pode resumir no conceito de segurança pessoal. Aqueles que defendem esta orientação falam de dano em sentido amplo e atentam, portanto, mais à *lesão* do direito do que às consequências ou aos efeitos desta lesão.[125]

Por este viés denota-se que nem todo o dano imaterial causa mal-estar, dor, sofrimento ou sentimento negativo, porquanto a necessidade de associar um dano imaterial a referidos sentimentos deixaria várias lesões a direitos de personalidade sem reparação. Deve-se levar em consideração, em especial, os doentes mentais e as pessoas em estado vegetativo ou comatoso; as crianças; o nascituro; as pessoas jurídicas; as situações de dano moral difuso ou coletivo; o chamado direito à paternidade de obras literárias, artísticas ou científicas, previsto no art. 24, incisos I e II, da Lei de Direito Autoral (Lei n. 9.610/98), sendo suficiente a violação do referido direito autoral; o direito ao inédito, previsto no art. 24, inciso III, da Lei de Direito Autoral, que prevê ser direito moral do autor "o de conservar a obra inédita" e que, se violado, caracterizado estará o dano moral independentemente de sofrimento ao autor; o fato de a Constituição Federal trazer, no art. 5º, inciso X, a inviolabilidade da intimida-

---

[124] SCHREIBER, 2007a, op. cit., p.101-102.
[125] ITURRASPE, 1999, op. cit., p. 113-117.

de e da vida privada que, se consumada, independentemente de sofrimento, acarretará a configuração de dano imaterial.[126] Constata-se, desta forma, que as reações íntimas ou internas não se confundem necessariamente com o dano imaterial, porque "a circunstância de que o dano moral não seja identificado com o 'sentir dor' permite que seja reclamado por incapazes, que antes não tinham essa possibilidade, ou a alternativa de que as pessoas jurídicas possam ter essa legitimação".[127]

Alfredo Orgaz,[128] por seu turno, ressalta que "la distinción no depende de la índole de los derechos que son materia del acto ilícito, sino de la repercusión que este acto tiene en el patrimonio"; assim, a lesão a um bem patrimonial pode causar não apenas danos materiais mas também danos imateriais, se, por exemplo, molestar a pessoa nos seus direitos de personalidade.

Anderson Schreiber[129] comenta que o dano não pode se identificar com uma lesão abstrata a um determinado interesse, pois, neste caso, estar-se-á diante de um conceito muito amplo, que era respaldado quando o dever de indenizar dependia da severa análise da culpa e do nexo causal – estes hoje bastante fragilizados –, como já se comentou aqui. Por isso, sugere-se conceituar dano como uma lesão concreta, isto é, como a violação de uma regra que, indo além da regulação abstrata de um interesse, estabeleça relações com outros interesses também tutelados.

Maria Celina Bodin de Moraes[130] ainda salienta que não é todo e qualquer sofrimento que dá ensejo a danos imateriais, porém somente situações tão graves[131] que terminem por afetar a dignidade.[132]

É imprescindível mencionar, ainda que não seja objeto deste estudo, que, se o destaque for a relação da pessoa com os seus bens da vida materiais, estar-se-á diante de danos patrimoniais, apreciáveis, quase que imediatamente, economicamente. Assim, todo aquele que sofre um dano no seu patrimônio tem

---

[126] CORRÊA DE ANDRADE, 2009, op. cit., p. 63.
[127] LORENZETTI, Ricardo Luis. *Fundamentos do Direito Privado*. São Paulo: Revista dos Tribunais, 1998, p. 457.
[128] ORGAZ, 1952, op. cit., p. 42.
[129] SCHREIBER, 2007a, op. cit., p. 182.
[130] BODIN DE MORAES, 2003a, op. cit., p. 188.
[131] Gabriel Stiglitz e Carlos Echevesti aduzem que: "diferente do que ocorre com o dano material, a alteração desvaliosa do bem-estar psicofísico do indivíduo deve apresentar certa magnitude para ser reconhecida como prejuízo moral. Um mal-estar trivial, de escassa importância, próprio do risco cotidiano da convivência ou da atividade que o indivíduo desenvolva, nunca o configurarão". STIGLITZ, Gabriel; ECHEVESTI, Carlos. El daño resarcible en casos particulares. In: ITURRASPE, Jorge Mosset (dir.). *Responsabilidad civil*. Buenos Aires: Hammurabi, 1992, p. 243.
[132] Schreiber exprime com ênfase que: "O que parece essencial, em outras palavras, não é refletir sobre tetos indenizatórios ou áreas imunes à responsabilidade civil, mas, sobre critérios que permitam a seleção dos interesses tutelados pela responsabilidade civil à luz dos valores constitucionais. A tarefa de selecionar os interesses dignos de tutela, embora relevantíssima, permanece, hoje, exclusivamente a cargo do Magistrado, que opera, à falta de subsídios da doutrina, uma seleção *in concreto*, muitas vezes sem referência a qualquer dado normativo, solução esta que, além de desconfortável em sistemas romano-germânicos, implica uma inevitável incoerência e insegurança no tratamento dos jurisdicionados, trazendo o risco, mais grave e cruel, de soluções que impliquem a restrição ou negação de tutela à pessoa humana". SCHREIBER, Anderson. Novas tendências da responsabilidade civil brasileira. In: ALVIM, Angélica Arruda; CAMBLER, Everaldo Augusto (coords.). *Atualidades do Direito Civil*. v. 2. Curitiba: Juruá, 2007b, p. 309.

direito à reparação. Por outro lado, se, no primeiro plano, está a pessoa humana, valorada por si só – pelo fato de ser uma pessoa, dotada de subjetividade e de dignidade –, e titular de bens e de interesses não mensuráveis – de pronto, economicamente –, está-se diante dos danos imateriais.

O critério predominante na distinção entre danos patrimoniais e imateriais é o da avaliabilidade ou não em dinheiro, sendo que os regimes jurídicos também são distintos, como distintas são as subespécies. Os direitos sobre coisas corpóreas são patrimoniais; já os direitos sobre coisas incorpóreas como "direitos que têm por objecto a obra na sua forma ideal, na sua concepção intelectual", que são o direito do autor e o direito de propriedade industrial, têm uma estrutura mais complexa. Devem-se distinguir, nesses casos, os direitos *morais* de autoria das obras artísticas, literárias, científicas, intelectuais, invenções, modelos, desenhos e marcas industriais, que são direitos de personalidade, dos direitos *patrimoniais* de autor ou dos direitos patrimoniais de propriedade industrial, que apresentam um valor patrimonial autônomo e que são direitos reais, embora sujeitos a regime especial.[133]

Do exposto constata-se que "deve considerarsi danno ogni modificazione *in peius* di un bene socialmente apprezzabile (...) il danno patrimoniale si commisura con i criteri offerti dal mercato, il danno non patrimoniale con il metodo equitativo".[134] E, para Aida Kemelmajer de Carlucci,[135] o dano (*el mal hecho*) à pessoa se justificava "en la supuesta existencia de un verdadero derecho del sujeto sobre el propio cuerpo, concebido a imagen y semejanza del derecho de propriedad".

De fato, o dano imaterial pode atingir a dignidade da pessoa. Salienta-se, como fez Bernard Edelman,[136] que, a despeito de o termo *dignidade* já ser conhecido há muito tempo – a ideia de uma dignidade própria ao homem remete à filosofia de Kant –, a noção de uma proteção jurídica dessa dignidade liga-se a um duplo fenômeno: à barbárie nazista (a ideia de crimes contra a Humanidade, no Tribunal de Nuremberg) e à Biomedicina. O problema é, no momento, que a dignidade da pessoa humana não se limita a interesses existenciais *comuns*, pois o seu conteúdo abraça os mais variados aspectos da pessoa humana que "vem se enriquecendo, articulando e diferenciando sempre mais";[137] abre-se, assim, o "grande mar" da existencialidade,[138] em um alcance tendencialmente infinito.

Com a Constituição Federal de 1988, de acordo com o já exposto ao longo deste texto, houve uma mudança importante no núcleo do sistema do Direito Civil, uma vez que a proteção da dignidade humana se tornou prioridade ab-

---

[133] CAPELO DE SOUZA, 1995, op. cit., p. 577-578.

[134] ALPA, 1991, op. cit., p. 535.

[135] CARLUCCI, Aida Kemelmajer de; BELLUSCIO; ZANNONI. (orgs.). *Codigo Civil y leyes complementarias. Comentado, anotado y concordado.* Buenos Aires: Astra, 1984, p. 34.

[136] EDELMAN, 1999, op. cit., p. 505.

[137] No original: "si sono venuti sempre più arricchendo, articolando e differenziando". TOMASINI, Raffaele. *Soggetti e area del danno risarcibile*: l'evoluzione del sistema. Turim: G. Giappichelli Editore, 2001, p. 4.

[138] Expressão de BUSNELLI, Francesco Donato. Il danno alla persona al giro di boa. *Danno e Responsabilità*, ano 8, p. 243, 2003.

soluta;[139] deste modo, a solução para os casos não podia mais ser encontrada, levando-se em conta apenas o dispositivo de lei que parecia resolvê-la, mas sim, todo o ordenamento jurídico e, em particular, os princípios fundamentais. As normas constitucionais passaram a ser estendidas às relações privadas, e o Código Civil foi perdendo a centralidade de outros tempos, o que, por certo, reforça a proposta do presente estudo, no sentido de, efetivamente, decorrer da Constituição Federal o direito à reparação de danos imateriais, uma vez que os assuntos ligados aos danos imateriais já estão sob a alçada da Lei Maior.

Dissiparam-se as resistências da incidência da Constituição nas relações de Direito Privado, não tendo mais os civilistas como negar a eficácia normativa da Lei Maior para, ao menos indiretamente, auxiliar a interpretação construtiva da norma infraconstitucional. Todavia, quatro são as objeções comuns à aplicação direta da Constituição nas relações de Direito Civil: a) diz respeito à vocação da Constituição para a organização dos Poderes estatais sendo normas destinadas ao Legislador e não a particulares, e "a regulação da autonomia privada, neste sentido, só poderia se dar por uma instância mais próxima da realidade dos negócios, no âmbito da legislação ordinária", e ao Juiz não caberia passar por cima do Legislador na definição de regras de conduta; b) quer significar a baixa densidade normativa dos princípios constitucionais, referindo que a aplicação direta às relações privadas acabaria por ocasionar uma excessiva discricionariedade do Juiz na solução de lides concretas; c) invoca a estabilidade milenar do Direito Civil que terminaria abalada pela instabilidade do jogo político, acaso as opções constitucionais não fossem mediadas pelo Legislador ordinário; d) refere que o controle axiológico das relações privadas acarretaria desmesurada ingerência na vida dos particulares; isto é, "reduziriam-se dessa forma, autoritariamente, os espaços de *liberdade* dos particulares. Afinal, a liberdade é inerente ao homem, anterior ao ordenamento jurídico que, no máximo, poderá limitá-la, estabelecendo os limites do ilícito" (grifo do autor). Cabe contrapor, no entanto, que "essas quatro críticas, embora respeitáveis, relacionam-se com uma realidade inteiramente obsoleta, pressupondo o cenário característico da codificação do século XIX, marcado por uma clara dicotomia entre o Direito Público e o Direito Privado, este destinado à sublimação da autonomia da vontade".[140]

O dano à pessoa humana[141] passa a ser, sem sombra de dúvida, reparável, e isso é o que assinala o civilista peruano Carlos Fernandez Sessariego,[142] um pioneiro na América Latina, por destacar a proteção jurídica à pessoa humana.

---

[139] A referida mudança de perspectiva rumo à proteção da dignidade da pessoa humana influenciou o critério de reparação que se baseia na condição pessoal da vítima. Aqui, remete-se o leitor para a sequência do texto, ainda dentro do ponto 3.2, em que se trata dos critérios para o arbitramento do dano imaterial.

[140] TEPEDINO, 2004, op. cit., p. 22.

[141] O dano imaterial pode ser objetivo – aquele que atinge a dimensão moral da pessoa no meio social em que vive, envolvendo a sua imagem – ou subjetivo – diz respeito ao mal sofrido pela pessoa em sua subjetividade, em sua intimidade psíquica, sujeita a dor ou a sofrimento intransferíveis. REALE, Miguel. O dano moral no Direito brasileiro. In: ——. *Temas de Direito Positivo*. São Paulo: Revista dos Tribunais, 1992, p. 23.

[142] SESSARIEGO, Carlos Fernandez. Protección a la persona humana. *Revista da Ajuris*, Porto Alegre, v. 56, p. 87-88, 1992.

Para o autor, "referirse a la protección de la persona humana supone, como cuestión previa, determinar que tipo de ente es ella, considerada en si misma, per se. Es decir, indagar por la naturaleza misma del ser sometido a protección jurídica". Prossegue, afirmando que é "la necesaria aproximación a la calidad ontológica del bien a tutelar nos permitiria precisar tanto los criterios como la técnica jurídica susceptibles de utilizar para lograr este primordial objetivo". Sessariego define os danos à pessoa como os incidentes em qualquer aspecto do ser humano, considerado em sua integridade psicossomática e existencial, abarcando o que tem sido chamado, em outros ordenamentos, de dano biológico,[143] dano à saúde, dano ao projeto de vida e dano moral em um aspecto estrito, podendo, todavia, ter reflexos na esfera patrimonial do sujeito.[144] Entrando no contexto e complementando o sentido, Josaphat Marinho[145] aduz que: "o homem, por suas qualidades essenciais, e não propriamente o dado econômico, torna-se o centro da ordem jurídica".

Abrindo espaço para que, embora de forma sucinta, se possa tratar do dano existencial, ainda pouco estudado no Brasil,[146] e oriundo da doutrina italiana, deve-se mencionar que se trata de um "illeciti di matrice non necessariamente biologica, estranei, per un verso o per'altro, a qualche offesa all'integrità personale (...) Ma soprattutto tale da imporre (ai congiunti) nuove realtà di fondo, differenti modalità organizzative". Dito de outra maneira, refere-se o autor a uma mudança muito grande na vida das pessoas, como noites em claro, sacrifícios, renúncias, pensionamento, fins de semana perdidos, diminuição do horizonte, entre outros tipos de consequência.[147]

---

[143] A respeito do dano biológico e do débito conjugal, na possibilidade de ser o dano biológico um terceiro gênero de dano, além do material e do imaterial, Guido Alpa explica que "una sentenza della Suprema Corte (Cass. 11.11.1986, n. 6607, *in* <Giust. civ.>, 1987, 570) si segnala per molteplici profili, dei quali conviene – in questa sede – evidenziare i più eclatanti: a) l'ammissibilità del risarcimento del danno risentito dal cônjuge, privato della possibilita di intrattenere normali rapporti sessuali con il partner danneggiato da terzi e reso quindi inabile alla copula; b) la qualificazione della conseguenza di tale lesione come <danno biologico>, con il corollario che esso configura un *tertium genus* di danno, né patrimoniale, né morale". ALPA, 1991, op. cit., p. 512. Jorge Mosset Iturraspe comenta que dentro do conceito de dano à pessoa pode-se distinguir o dano biológico e o dano à saúde, sendo que o primeiro "representa la faz estática del daño a la persona, que afecta la normal eficiencia psicosomática", e o segundo "representa el aspecto dinámico, un déficit en lo que atañe al bienestar integral". O autor também caracteriza o dano psíquico como aquele que se "configura como 'enfermedad del psiquismo', como una perturbación patológica del equilibrio psíquico, duradera y de magnitud", já o dano sexual como sendo "la pérdida o disminuicón de la función o del complejo de funciones de los órganos sexuales, en sus componentes endócrinicos y exocrínicos, cuya finalidad es: a) el desarrollo psicofísico del individuo, que se traduce en la madurez sexual; b) la reproducción, y c) el placer de la libido", sendo que o dano estético "alude a la pérdida de la 'armonía' o de la 'belezza' del cuerpo humano, a la cual toda persona, cualquiera sea su actividad o su edad, tiene derecho". ITURRASPE, 1998, op. cit., p. 281-283.

[144] Súmula n. 37 do STJ: "São cumuláveis as indenizações por dano material e moral oriundos do mesmo fato".

[145] MARINHO, Josaphat. Os Direitos da Personalidade no Projeto do novo Código Civil brasileiro. *Boletim da Faculdade de Direito da Universidade de Coimbra*, Coimbra, v. 40, 2000.

[146] Cumpre ressaltar a pertinente obra da autora brasileira, Flaviana Rampazzo Soares, que resolveu aclarar o tema, com base em suficiente e pertinente doutrina italiana, para fins de auxiliar o intérprete brasileiro, acenando com a novidade, no sentido de uma possível aplicação do dano existencial no ordenamento brasileiro. SOARES, Flaviana Rampazzo. *Responsabilidade civil por dano existencial*. Porto Alegre: Livraria do Advogado, 2009.

[147] CENDON, 2000, op. cit., p. 8-9.

Tratando do tema, Paolo Cendon[148] estabelece características do dano existencial, ensinando que:

> a) in primo luogo, un'identità non confondibile rispetto ai moduli del danno pratrimoniale. È quanto è stato appena constato: non già profili di beni economici distrutti, di spese di rimessione de affrontare, non conti in banca dimezzati, né guadagni compromessi per l'avvenire: piuttosto, una colloquialità differente con le persone e con le cose, un 'interfacciamento' meno ricco;
>
> b) in secondo luogo, si diceva, una fisionomia affatto distinta rispetto ai classici paradigmi del danno morale: non tanto questione di malinconie, di lamenti notturni, non già cuscini bagnati di lacrime; piuttosto una sequenza di dinamismi alterati, un diverso fare e dover fare (o non piu fare), un altro modo di rapportarsi al mondo esterno – città e dintorni, quartieri, condominio, trasporti, servizi, luoghi del tempo libero, etc.;
>
> c) in terzo luogo, guardando alla morfologia delle fonti dannose, una tendenziale estensione a 360º: l'intero campo delle lesioni della salute, e poi però – aggiuntivamente – le varie ipotesi extra-somatiche già esaminate, più altre che l'esperienza giurisprudenziale documenta, o i casi ulteriori che il diritto comparato segnala: l'intero universo dell'antigiuridicità (delle posizioni civilisticamente protette) quale area di riferimento tendenziale!
>
> d) in quarto luogo, scendendo allo spoglio dei danni-conseguenze, un'attenzione verso qualsiasi modalità realizzatrice della persona: eccezion fatta per gli intrattenimenti di natura illecita o immorale, nessuna esclusione di principio: – le occupazioni anche di tipo reddituale, allora, considerate per la misura in cui la loro compromissione appaia tale da implicare, aggiuntivamente, risvolti esistenziali negativi; – soprattutto, le attività extra-economiche in senso streto (non importa quanto nobili, frivole o innocenti: ad esempio pellegrinaggi, jogging, visite ai musei, giornalismo amatoriale, frequentazione di palestre, volontariato, tornei di bridge, partecipazione alla banda municipale, nouvelle cuisine, viaggi in aereo, giardinaggio, raduni patriottici, raccolte di funghi nei boschi, bocce, mercatini dell'usato, Internet, esercizi spirituali, discoteche, collezionismo, piccole invenzioni, erboristeria, shopping, università della terza età, concorsi di bellezza, speleologia, visite ai parenti, bricolage, cori religiosi, videoriprese, bode-building, filodrammatiche, preparazione di marmellate, gare di ballo, attività politica di quartiere, TV interativa, bird-watching, tenerezze, e così di seguito);
>
> e) in quinto luogo, una disciplina codicista affidata non già alle forche caudine dell'art. 2059, bensì alla *common law* dell'art. 2043, e norme successive-collegate: risarcibilità cioè di tipo ordinario, operante anche al di fuori dei casi di reato;
>
> f) sul piano contabile-processuale infine, quale corollario di tutto ciò, una cumulabilità di principio sia rispetto al ceppo del danno patrimoniale sia rispetto al danno morale puro; possibilità per la vittima di presentare insomma al convenuto, ricorrendone gli estremi, un conto finale a tre voci.

Não se confundindo nem com o dano material,[149] nem com o imaterial, o dano existencial é um dano a toda a gama de relações que fazem parte do desenvolvimento normal de uma pessoa, tanto pessoal como socialmente. É algo que a pessoa não pode mais fazer, porém era parte de sua rotina. Em outras palavras, é um "ter que agir de outra forma" ou um "não poder fazer mais como antes" tanto relativo a uma pessoa física como jurídica, abrangendo, inclusive, aquelas atividades que, razoavelmente, a pessoa poderia desenvolver,

---

[148] CENDON, 2000, op. cit., p. 10-11.

[149] O dano material é aquele que recai sobre o patrimônio, seja diretamente sobre coisas ou sobre bens que o compõe, seja indiretamente como consequência de um dano causado à pessoa, em seus direitos ou faculdades; assim, é dano material direto aquele que pesa sobre bens econômicos destruídos ou deteriorados, e dano patrimonial indireto, por exemplo, os gastos realizados (dano emergente) para a cura de lesões corporais bem como o lucro frustrado (lucro cessante) por efeito de uma incapacidade para o trabalho, temporária ou permanentemente. ORGAZ, 1952, op. cit., p. 38-39.

segundo regras de experiência. Diferenciando-o do dano moral puro, observa-se que o dano moral faz referência a um sentimento; o dano existencial diz respeito a um não conseguir mais viver como antes; outrossim, o dano moral normalmente ocorre junto com o evento lesivo; o dano existencial, em momento posterior, pois é decorrente de uma sequência de atos. São considerados como fatos potencialmente ensejadores de dano existencial: "a transmissão de doenças, barulhos intensos, a discriminação sexual ou religiosa, a incitação à prostituição, o abuso sexual, os acidentes de trabalho, a lesão ao direito de privacidade e à honra, desastres ambientais"; enfim, "os sacrifícios, as renúncias, a abnegação, a clausura, o exílio, o prejuízo do cotidiano, uma interação menos rica do lesado com outras pessoas, coisas e interesses, provisórias ou definitivas" – tudo isso são ingredientes que formam o dano existencial.[150]

Há, todavia, argumentos contrários à reparação do dano existencial, quais sejam: a) essa categoria de dano é um "modismo", não acrescentando nada de inovador ao dano imaterial já existente; b) pode ensejar reparações em valores bastante altos, com um representativo prejuízo e problema à sociedade; c) não existe um valor padrão, o que pode facilitar abusos; d) é difícil visualizá-lo, uma vez que cada pessoa tem um tipo de reação diferente para situações semelhantes; e) há o perigo do colapso da responsabilidade civil extracontratual, visto que dissabores podem permitir uma indenização, desprestigiando o instituto da reparação e ocasionando um aumento no número de ações propostas; f) se a responsabilidade civil está, em regra, baseada na culpa, responsabilizar uma pessoa sem que ela tenha podido prevenir ou evitar o dano, não teria cabimento.[151]

Acerca da prova do dano existencial deve-se, primeiramente, decidir qual é a sua natureza jurídica: se consequencialista ou se considerado dano evento. No primeiro caso, a prova do dano será a *efetiva alteração do quotidiano* do lesado, como fonte do ilícito tanto contratual como extracontratual, diferenciando-se, nesse particular, acerca do ônus da prova. Se considerado dano evento, basta a lesão a um bem constitucional, ou seja, deve-se provar o fato lesivo propriamente dito, sem importar a consequência.[152]

Voltando ao dano imaterial, a responsabilidade civil por danos imateriais vem regulada em diversos artigos, tais como: art. 1º, III e art. 5º, V e X, da CF/88; art. 6º, VI e VII, do CDC; art. 17, combinado com o art. 201, V, VIII e IX, do Estatuto da Criança e do Adolescente; art. 946 e art. 186 combinado com 927,[153] todos do Código Civil de 2002, como regras gerais; casuisticamente, os arts. 948, 949, 953, 954, todos do Código Civil de 2002.

---

[150] SOARES, 2009, op. cit., p. 44-47.
[151] SOARES, Flaviana Rampazzo. *Responsabilidade civil por dano existencial*. Porto Alegre: Livraria do Advogado, 2009, p. 62-63.
[152] CASSANO, Giuseppe. *La Giurisprudenza del danno esistenziale*. Piacenza: Casa Editrice La Tribuna, 2002, p. 86-87.
[153] Judith Martins-Costa enuncia: "O novo Código rompe com a construção que serviu de base para a elaboração da noção de ilicitude civil a partir de sua mais corriqueira consequência patrimonial – o nascimento do dever de indenizar. Essa ruptura está pontuada por dois traços: a) comparativamente ao art. 159 do Código Civil de 1916, o art. 186 não reproduz a sua verba final ('fica obrigado a reparar o dano'); b) tanto em relação ao art. 186 quanto ao art. 187, a obrigação de indenizar ganhou autonomia, sendo tratada em título

A preocupação é, pois, com a chamada "indústria do dano moral".[154] Esta acaba sendo estimulada pelo fato de: 1) o valor da causa em uma ação de reparação de danos pode ser o valor de alçada, isto é, pagam-se as custas com base neste valor; 2) a parte pode pleitear assistência judiciária gratuita, portanto, não terá gastos com o processo; 3) a Súmula 326 do STJ garante que não há sucumbência recíproca, ou seja, o autor só será o sucumbente quando o seu pedido for julgado improcedente, sendo óbvio, desta forma, que aquele que move ação de reparação por danos imateriais pode não ter nada a perder, vendo em qualquer situação a hipótese de pleito de dano imaterial.

Uma possível sugestão de solução para o recém-referido problema seria excluir a ressarcibilidade de muitas das *imaginadas* modalidades de dano, propagando-se a ideia de que o dano, para ser ressarcido, deve dizer respeito a interesses que realmente mereçam proteção e reparação. O que se pode constatar é que, com a erosão do filtro nexo causal, e, em se tratando de responsabilidade objetiva, o único filtro capaz de funcionar é o dano, por isso a preocupação com a sua constatação.

Schreiber[155] contempla como proposta para o desincentivo de demandas frívolas a *reparação não pecuniária* dos danos extrapatrimoniais, sugestão com a qual não se concorda, pois o sujeito só sente que fez algo errado quando é obrigado a dispender, mas que por uma questão de honestidade trazem-se os argumentos. O pagamento de uma soma em dinheiro, por danos não patrimoniais, faz crescer sentimentos mercenários,[156] e pode levar à conclusão de que a pessoa está autorizada a lesar, desde que tenha dinheiro para pagar, ou seja, desde que possa arcar com o "preço" correspondente. Sugere, também, a *retratação pública*,[157] não necessariamente para substituir ou para eliminar a compensação em dinheiro, mas para ser associado a ela. Comenta o autor que, nos ordenamentos do *Civil Law*, o valor das indenizações por dano imaterial tem-se mantido baixo,[158] e que esta insuficiência igualmente é frustrante para a vítima.

---

próprio (arts. 927 e ss.), distinto, na geografia do Código, do tratamento da ilicitude. (...) Por isso é que, para viabilizar uma adequada tutela à pessoa e aos direitos da personalidade, aos direitos difusos, coletivos e às obrigações duradouras, será importante perceber que o novo Código opera a separação (metodológica) entre ilicitude e dever de indenizar, o que abre ensejo: a) à visualização de novas formas de tutela, para além da obrigação de indenizar (como as previstas, por exemplo, na Constituição, no Código de Processo Civil, em formas penais ou mesmo, se for o caso, em regulamentos administrativos); e b)à compreensão de que pode haver ilicitude sem dano e dano reparável sem ilicitude". MARTINS-COSTA, Judith H. Conceito de ilicitude no novo Código Civil. *Revista Literária de Direito*, p. 25-26, ago./set. 2003c.

[154] A exemplo da expressão usada na doutrina e na jurisprudência, segue a decisão do Tribunal de Justiça do Rio Grande do Sul: "ausente aquela prova, inviável deferir-se a reparação, fato que só viria a estimular a crescente indústria do dano moral". (Apelação Cível 700115366263, de 7.6.2006).

[155] SCHREIBER, 2007a, op. cit., p. 187 e ss.

[156] MARELLA, Maria Rosaria. *La riparazione del danno in forma specifica*. Pádua: Cedam, 2000, p. 290.

[157] Aliás, a reparação *in natura* deve ser, sempre, a primeira opção; então, caluniou, há direito de retratação; desmatou, tem que replantar; estragou o carro, deve arrumá-lo. Importa recordar que, se o autor não fizer o pedido da reparação *in natura*, não caberá ao Juiz alcançá-la, sob pena de sentença *extra petita*.

[158] Giulio Ponzanelli, sobre o tema na Itália, pontifica que: "i dottori, da una parte, e la giurisprudenza, dall'altra, sono stati portati a quantificare poco e in modo non autonomo i pregiudizi non patrimoniali delle vittime". PONZANELLI, Giulio. Non c'è bisogno del danno esistenziale. *Danno e Responsabilità*, n. 5, p. 551, 2003.

Defendendo, também, a reparação *in natura*, Rabindranath de Souza[159] esclarece que "a obrigação da indenização deve, em princípio, revestir o modo de reconstituição natural ou de indenização em espécie, por ser esta a forma mais perfeita de reparação dos danos concretos ou reais e que melhor garante a integridade das pessoas e dos bens"; dito de outra maneira, o lesante deve restar obrigado a "reconstituir a situação que existiria se não se tivesse verificado o evento (violador da personalidade) que obriga à reparação". Desta forma, em caso de furto ou de detenção ilícita de manuscritos, deve-se devolvê-los; se alguém indevidamente gravou conversa alheia, deve destruir os registros; quem ofendeu outra pessoa deverá destruir a corporização da ofensa e retratar-se.

Em contrapartida, sustenta-se que o dano, mesmo imaterial, deve ser ressarcido de forma pecuniária, sem que isso traga consigo o caráter pejorativo da mercantilização. É, sim, uma visão utilitarista, mas ela está sempre presente nas mais diversas relações privadas – é inerente a estas relações. Igualmente, concorda-se que a retratação[160] ou o desagravo sejam formas *cumuláveis* com a soma a ser despendida pelo cometimento de um dano imaterial, porque nem todos que leram a notícia vexatória, por exemplo, vão ler o desagravo, sendo apenas este, desta forma, insuficiente. E sobre o argumento de os valores destas reparações serem baixos, a solução é efetivamente se alcançar um caráter punitivo ao dano, elevando-se, substancialmente, os valores a serem pagos às vítimas.

Observa-se, então, que a reparação *in natura*, como já foi salientado, traz consigo fortes limitações, havendo a necessidade, no mais das vezes, de complementá-la ou de substituí-la por dinheiro. Deve-se, pois, ter em mente que: 1) a reconstituição natural pode não mais ser possível ou ter-se tornado impossível, tanto material como juridicamente, como no caso da morte, no caso da destruição de manuscritos que não têm como ser recompostos; 2) a reconstituição pode não reparar integralmente os danos, devendo ser complementada com pagamentos em dinheiro, como no caso da injúria, em que só a retratação não repara, uma vez que nem todos que ouviram a injúria ouvirão as desculpas; 3) a reconstituição natural pode não ser exigível quando for excessivamente onerosa para o devedor, assim "se algumas cenas de um filme industrializado contiverem referências inexactas ou não verdadeiras acerca da identidade da personalidade de certa pessoa mas forem essenciais à compreensão da perspectiva fílmica do realizador, não haverá lugar à destruição do filme e respectivas cópias, nem ao corte das cenas", cabendo, eventualmente, uma indenização em dinheiro.[161]

Como no dano imaterial a dificuldade é o arbitramento do seu valor, tendo em vista o grau de subjetividade que permeia o assunto, há quem defen-

---

[159] CAPELO DE SOUZA, 1995, op. cit., p. 463.

[160] A despeito de a reparação específica, como a retratação, ser um desagravo – satisfazendo, em parte, o lesado –, cumpre aquela apenas uma função "parcialmente neutralizadora do prejuízo", não significando a reparação completa do dano. E continua a autora, asseverando que: "com efeito, a retratação não apaga a ofensa, nem significa que esta não tenha existido; portanto, não elimina os efeitos lesivos já produzidos no patrimônio ou no espírito do ofendido". GONZALES, Matilde Zavala. *Resarcimiento de daños*. Presupuestos y funciones del Derecho de Daños. v. 4. Buenos Aires: Hammurabi, 1999, p. 472-473.

[161] CAPELO DE SOUZA, 1995, op. cit., p. 464.

da[162] que o ideal seria estabelecer "grupos de casos típicos" de acordo com o interesse extrapatrimonial concretamente lesado. Assim, vão-se construindo, por meio da jurisprudência, alguns tópicos ou parâmetros que possam atuar, pela pesquisa do precedente, como "amarras à excessiva flutuação do entendimento jurisprudencial". Além disso, facilita, nesse entender, a pesquisa do precedente e a elaboração progressiva e aberta dos tópicos; ainda, obtém-se a "ressistematização das *fattispecies* já previstas", permitindo a incorporação de novas hipóteses, sem a necessidade de recorrer à pontual intervenção do Legislador.

Certamente, pode-se dizer que: "A reparação dos danos extrapatrimoniais, especialmente a quantificação da indenização, constitui o problema mais delicado da prática forense na atualidade, em face da dificuldade de fixação de critérios objetivos para o seu arbitramento".[163]

Cumpre observar, outrossim, que a jurisprudência[164] e a doutrina[165] já traçaram alguns requisitos a serem examinados pelo Julgador quando do momento do arbitramento do dano imaterial, sem, todavia, haver regras legais expressas[166] sobre o assunto.[167] O fato é que exigir do Legislador a elaboração

---

[162] MARTINS-COSTA, 2002, op. cit., p. 439.

[163] SANSEVERINO, 2010, op. cit., p. 275.

[164] Tribunal de Justiça do Rio de Janeiro, Apelação Cível 2007. 001.02811, j. 28.2.2007.

[165] Sérgio Cavalieri Filho defende que "não há, realmente, outro meio mais eficiente para se fixar o dano moral a não ser pelo arbitramento judicial. Cabe ao Juiz, de acordo com o seu prudente arbítrio, atentando para a repercussão do dano e a possibilidade econômica do ofensor, estimar a quantia a título de reparação pelo dano moral". CAVALIERI FILHO, 2010, op. cit., p. 96.

[166] Alguns Projetos de Lei chegaram a ser apresentados com a finalidade de estabelecer limites aos valores indenizatórios, como "o Projeto de Lei n. 7.124, de 2002, apresentado pelo Senador Pedro Simon, como substitutivo ao Projeto n. 150, do Senador Antônio Carlos Valadares, previu, entre outras coisas, graus de dano moral, indicando limites indenizatórios para cada um. Assim, para as ofensas de natureza leve, caberia indenização de até R$20.000,00; para as de natureza média, de R$20.000,00 a R$90.000,00; para as de natureza grave, de R$90.000,00 a R$180.000,00. O referido Projeto indicou critérios para a fixação do montante indenizatório, arrolando alguns de natureza claramente punitiva, como o grau de dolo ou a culpa do ofensor. Além disso, previu a possibilidade de elevação do valor da indenização ao triplo, em caso de reincidência do lesante. Já o Projeto n. 6.358, de 2002, de autoria do Deputado José Carlos Coutinho, que cuida do dano moral em caso de extravio ou de perda definitiva de bagagem, previu a fixação de indenização, por volume de bagagem, no montante correspondente: I) à décima parte do valor da passagem, por dia de atraso de entrega, até 10 (dez) dias; II) a um terço do valor da passagem, por dia de atraso na entrega, do décimo-primeiro ao trigésimo dia; III) ao décuplo do valor da passagem, por perda definitiva, deduzidos os valores já pagos, relativos aos itens anteriores. O Projeto n. 6.659, de 2002, elaborado pelo Deputado Darcísio Perondi, previu indenização por dano decorrente de má prática médica limitada a 100 (cem) salários mínimos ou, alternativamente, ao equivalente a 5 (cinco) vezes o valor pago pelo paciente. Ainda, o Projeto n. 1.443, de 2003, do Deputado Pastor Reinaldo, que previu que a indenização do dano moral será fixada em até duas vezes e meia os rendimentos do ofensor ao tempo do fato, desde que não exceda em dez vezes o valor dos rendimentos mensais do ofendido, que será considerado limite máximo; além disso, estabeleceu que, na ocorrência conjunta de dano material, o valor indenizatório do dano moral não poderá exceder a dez vezes o valor daquele apurado. A íntegra dos Projetos de Lei pode ser obtida em: <http://www.senado.gov.br/web/secsdefa/principa.shtm> e <http://www.camara.gov.br>. Acesso em: 08 nov. 2010. Dando exemplo de valores a título de danos puntivos, do Estado do Alaska, o autor lembra que: "A exemplo da legislação do Estado do Alaska (AS 09.17.020. *Punitive Damages*), que estabelece limites para os *punitive damages* correspondentes a três vezes o valor dos *compensatory damages* ou $500,000, exceto se demostrado que a conduta ilícita foi motivada por ganho financeiro, quando, então, os *punitive damages* poderão chegar a quatro vezes os *compensatory damages* fixados no processo, quatro vezes o ganho financeiro do lesante resultante do ato ilícito ou a soma de $7,000,000". CORRÊA DE ANDRADE, 2009, op. cit., p. 310, 312. Cumpre lembrar, ainda, que o Projeto de Lei n. 6.960/02, do Deputado Federal Ricardo Fiúza, visava à modificação de muitos artigos do Código Civil de 2002, dentre eles o art. 944, que passaria a prever, expressamente, uma das funções

dessas regras não traria, salvo melhor juízo, a Justiça esperada, porque, como cada caso é único, com as suas especificidades, melhor não há do que deixar ao prudente e razoável arbítrio do Juiz a decisão do valor no caso concreto,[168] embora tendo por base dados bastante subjetivos. Resta ao inconformado, no entanto, o seu direito de recorrer da decisão. Em sentido contrário, ou seja, entendendo que não se deve deixar ao arbítrio do Juiz, Jorge Mosset Iturraspe[169] comenta que: "El accionante debe hacer esa determinación económica, y, si entendiera que las circunstancias no lo possibilitan o que la evaluación dependiera de elementos aún no fijados definitivamente, puede al peticionar hacer la salvedad de que ej juez deberá estar a la prueba, a lo que en más o menos resulte de ella"; assim, ao menos como hipótese, o Juiz poderá alcançar ao lesado um valor maior do que o pedido na inicial.

Carlos Roberto Gonçalves[170] enumera um apanhado dos critérios a serem analisados pelo Juiz no momento do arbitramento: "a) a condição social, educacional, profissional e econômica do lesado; b) a intensidade de seu sofrimento; c) a situação econômica do ofensor e os benefícios que obteve com o ilícito; d) a intensidade do dolo ou o grau da culpa; e) a gravidade e a repercussão da ofensa; f) as peculiaridades e circunstâncias que envolveram o caso, atentando-se para o caráter anti-social da conduta lesiva".

Carlos Alberto Bittar[171] igualmente recorda que há fatores subjetivos e objetivos relacionados às pessoas e que acabam influindo no espírito do julgador, como, por exemplo, a análise do grau da culpa do lesante, a eventual participação do lesado na produção do dano, a situação patrimonial e pessoal das partes e o proveito obtido com o ilícito.

---

da responsabilidade civil, fazendo constar que: "Art. 944: A lesão mede-se pela extensão do dano. (...) §2º A reparação do dano moral deve constituir-se em compensação do lesado e adequado desestímulo ao lesante". Ainda, o Projeto de Lei do Senado n. 413/2007 traz as três funções (compensatória, punitiva e preventiva), mas ainda está para análise na Comissão de Constituição, Justiça e Cidadania do Senado, tendo como autor o Senador Renato Casagrande. VAZ, 2009, op. cit., p. 81.

[167] Montenegro doutrina que: "Outro critério em ascensão, depois da vigência da Constituição de 88, consiste em arbitrar o dano moral em valor nunca inferior àquele correspondente ao padrão econômico da relação negocial ensejadora da ofensa. Assim, numa hipótese de protesto indevido de um título de crédito, ou da inclusão injusta do cliente na relação do Serviço de Proteção ao Crédito, a reparação seria igual ao valor do título protestado ou da prestação reclamada. Como variante do critério acima enunciado, desenvolve-se tendência para fixar o dano moral em soma estimada segundo o valor da obrigação, multiplicada pelos dias de atraso, no seu adimplemento. A tese recebeu o placet da Suprema Corte {Rec. Extr. 172.720-9/RJ, j. 6.2.1996, COAD, n.10/96, p. 104}(...) Na aferição da ofensa moral, tem-se recorrido também à remuneração do ofendido, quando se tratar de autoridade. Aqui, o padrão da reparação seria atendido de acordo com o grau da autoridade ofendida, na sociedade em que exercesse o seu cargo {RDTJRJ, 18/142; 25/233}". COELHO MONTENEGRO, 2005, op. cit., p. 139.

[168] Américo da Silva discute o seguinte: "No que se refere à objeção fundada no fato de se conceder demasiado arbítrio ao Juiz, segundo José de Aguiar Dias, peca pela base, pois a faculdade é concedida ao Juiz em muitos casos e até no de danos patrimoniais; o nosso Código Civil de 2002 é muito claro em admitir avaliação do dano por ofício do Magistrado ('fixar, eqüitativamente'), como se vê do parágrafo único do seu art. 953 ['Se o ofendido não puder provar o prejuízo material, caberá ao Juiz fixar, eqüitativamente, o valor da indenização, na conformidade das circunstâncias do caso'], não servindo em contrário o argumento de que o arbitramento do 'valor da indenização, na conformidade das circunstâncias do caso' compete ao perito, porque o Juiz não está adstrito a ele e pode chamar a si integralmente a função de árbitro". MARTINS DA SILVA, Américo Luís. *O dano moral e sua reparação civil*. São Paulo: Revista dos Tribunais, 2005, p. 57.

[169] ITURRASPE, 1999, op. cit., p. 297.
[170] GONÇALVES, 2010, op. cit., p. 577.
[171] BITTAR, 1994, op. cit., p. 209.

Na mesma linha de pensamento, Guido Alpa[172] explica que "insorge il problema della quantificazione, intensa nel senso della determinazione dei criteri attraverso i quali si può arrivare alla individuazione della somma che deve essere offerta al danneggiato a titolo di risarcimento satisfattorio". O autor ressalta que não é um problema simples, nem de "mercificazione della persona", porém é uma situação de cunho moral, "soprattutto in un momento come quello presente in cui la persona è diventata uno dei valori fondamentali del nostro ordenamento". O referido autor, na sequência, menciona os elementos utilizados pela práxis judiciária: a) a gravidade do delito; b) a intensidade do sofrimento; c) a sensibilidade da pessoa ofendida; d) a condição econômica e social da parte ("questo parâmetro però è stato superato nelle pronunce più recenti perché contrasta con il sentimento umano e con il principio di eguaglianza"); e) o vínculo de convívio e de parentesco; f) se são parentes legítimos. E continua o autor, expondo que "la durata del dolore è posta in correlazione con l'età della persona sofferente; ci si rifiuta poi di applicare il principio dell'*arbitrium boni viri*".

Quanto ao Direito português, comenta Rabindranath de Souza que o valor dos danos imateriais será fixado equitativamente pelo Tribunal, devendo-se levar em conta o grau da culpabilidade do agente, a situação econômica do lesante e do lesado e as demais circunstâncias do caso; assim, se A mata ou injuria B, o Tribunal fixará equitativamente em dinheiro a compensação pelo dano morte ou pela violação da honra, tomando por conta a intensidade do dolo ou a mera culpa de A, a sua situação econômica e a de B, a idade e a saúde de B, em especial no caso de morte, a reputação social de B, a gravidade e a publicidade da ofensa caso se trate de injúria, e outras circunstâncias importantes para o caso em concreto.[173]

No Direito francês, há uma escala de critérios a fim de avaliar o dano sofrido: muito leve, leve, moderada, média, suficientemente importante, importante e muito importante. Essa qualificação é aproximativa, porém ajuda o médico responsável a enxergar a extensão do dano, cabendo ao Juiz determinar a conversão do dano em compensação, sem, repisa-se, valer-se de critérios objetivos. Já o prejuízo estético, compara o autor, pode ser facilmente verificável, mas se continua sem critérios para reparar esses danos – cada Juiz tem o arbítrio de achar a própria indenização. Fará o Juiz uma comparação daquilo que o lesado podia fazer antes do dano e do que ele pode fazer após o dano – apreciação, esta, extremamente subjetiva.[174]

Em sentido contrário, ou seja, criticando os referidos critérios, Anderson Schreiber[175] defende que "as Cortes empregam critérios equivocados como a prova da dor,[176] vexame, sofrimento ou humilhação – consequências eventuais e subjetivas do dano, que nada dizem com a sua ontologia –; ou ainda a gra-

---

[172] ALPA, 1991, op. cit., p. 501-502, 536.
[173] CAPELO DE SOUZA, 1995, op. cit., p. 466.
[174] VINEY, 1988, op. cit., p. 203.
[175] SCHREIBER, 2007a, op. cit., p. 6.
[176] É que a configuração da dor e do sofrimento é absolutamente subjetiva, mas deve-se saber trabalhar com isso.

vidade da ofensa – critério que, consagrado sob a fórmula de que 'o mero dissabor não pode ser alçado ao patamar do dano moral".[177] Alega o autor que a aplicação desses critérios é uma verdadeira inversão na axiologia constitucional, em que qualquer prejuízo suscita reparação;[178] ainda complementa, afirmando que "na já pressentida inadequação de tais critérios seletivos, muitos Tribunais renunciam à tarefa, caindo em uma reparação indiscriminada, guiada tão somente pela proteção à vítima".

Igualmente contrária ao uso dos critérios mencionados, Maria Celina Bodin de Moraes[179] pontua que estes não devem ser utilizados, pois são próprios do juízo de punição, como as condições econômicas do ofensor e a gravidade da culpa. A autora sustenta que tais elementos dizem respeito ao dano causado, e não ao dano sofrido, e que há outros critérios irrelevantes, pois também se referem à conduta propriamente dita, como a proporcionalidade entre a vantagem de quem praticou o dano e o prejuízo causado a terceiro, a presença ou a ausência de intenção, a previsibilidade ou a boa-fé, o interesse de quem causou o dano ou a intenção de prejudicar outrem.

A reparação do dano imaterial, conforme já foi referido, deve ser encarada não como um pagamento pela dor causada mas como uma compensação que se possa dar à vítima, com o objetivo de lhe alcançar um lenitivo[180] para o seu abalo. Fala-se, deste modo, não em *pretium doloris* (preço da dor), mas em *compensatio doloris* (compensação para a dor), com o que se concorda, sob o argumento de que é melhor isso a deixar a lesante sem repriménda.

Outra dificuldade do dano imaterial é a sua prova. De fato, a prova de um dano imaterial não tem como ser feita da mesma forma que a de um dano patrimonial, pois não se tem como provar dor, sofrimento, humilhação, por documentos ou testemunhas; deste modo, há quem defenda que o dano imaterial existe *in re ipsa*,[181] ou seja, ele é ínsito à própria ofensa, bastando a prova

---

[177] Superior Tribunal de Justiça, Recurso Especial 403.919/MG, j. 15.5.2003.

[178] Nesse ponto a razão se coloca ao lado de Fernando de Sandy Lopes Pessoa Jorge que defende que "mais imoral seria nem isso proporcionar ao lesado". PESSOA JORGE, Fernando de Sandy Lopes. *Ensaio sobre os pressupostos da responsabilidade civil*. Coimbra: Almedina, 1999, p. 375.

[179] BODIN DE MORAES, 2003a, op. cit., p. 332.

[180] Antônio da Silva Santos comenta que: "O dinheiro obtido como indenização não faz com que a vítima obtenha o mesmo bem objeto do agravo, mas permite-lhe refazer, na medida do possível, sua situação espiritual anterior à lesão que a perturbou, e seria evitado, enfim, aquela impunidade". SILVA SANTOS, 1999, op. cit., p. 56.

[181] O STJ cede ao argumento de que a prova do dano imaterial resta inerente à gravidade do ilícito: "como se trata de algo imaterial ou ideal, a prova do dano moral não pode ser feita através dos mesmos meios utilizados para a comprovação do dano material. Por outras palavras, o dano moral está ínsito na ilicitude do ato praticado, decorre da gravidade do ilícito em si, sendo desnecessária sua efetiva demonstração, ou seja, como já sublinhado: o dano moral existe *in re ipsa*". STJ, Recurso Especial 608918/RS, j. 10.5.2004. Contrariamente, Schreiber entende que o critério da gravidade do ilícito padece de consistência, pois não se pode confundir gravidade do dano com gravidade da conduta do ofensor, uma vez que condutas graves podem não dar causa a danos morais, e condutas levemente reprováveis podem ensejar esse dano. Por exemplo, um leve descuido de um motorista pode provocar lesão à integridade física de outrem, gerando danos imateriais; já o doloso inadimplemento de um contrato de mútuo pode não causar danos morais. "O que impede a configuração do dano moral é, nestes casos, a ausência de lesão a um interesse existencial constitucionalmente garantido, sem embargo da gravidade que se possa vislumbrar na conduta do ofensor ou nas consequências patrimoniais desta conduta". SCHREIBER, 2007a, op. cit., p. 122. Carlos Alberto Bittar defende que: "em conclusão, como categoria jurídica específica, danos morais são aqueles suportados na esfera dos

desta última para que se tenha aquele como existente. Por exemplo, no caso de alguém difamado em uma revista, basta a prova da notícia difamatória nessa revista para que dessa ofensa decorra uma presunção natural de dano, sentimento inerente a qualquer pessoa.

Carlos Alberto Bittar[182] igualmente expressa que, no que toca à constatação do dano, a responsabilidade do agente decorre, quanto aos danos imateriais, "do simples fato da violação, tornando-se, portanto, desnecessária a prova do reflexo no âmbito do lesado, ademais, nem sempre realizável"; dito de outra maneira, o sistema contenta-se com a simples causação, pela consciência que se tem de que alguns fatos afetam a moralidade tanto individual como coletiva, lesionando-a. Ressalva o autor que "não se cogita, mais, pois, de prova de prejuízo moral".

Sobre o tema, mas contestando essa forma consagrada, Anderson Schreiber disserta que "na impossibilidade de prova matemática do dano moral, concluem, *sem ulterior reflexão*, que 'não é preciso que se demonstre a existência do dano extrapatrimonial. Acha-se ele *in re ipsa*, ou seja, decorre dos próprios fatos que deram origem à propositura da ação'".[183] (grifo nosso) E continua o autor, afirmando, sem o acompanhamento de doutrina e de jurisprudência majoritárias, que a prova da dor deve ser dispensada, mas não porque é inerente à ofensa, e, sim, *porque o dano imaterial independe da dor*, consistindo este na própria lesão, e não nas suas consequências. Neste sentido, "como se vê, a pretendida dispensa da prova abarca tão somente as consequências da lesão sobre a sensibilidade da vítima, não já a lesão em si".[184] Para Schreiber, deve-se reconhecer no dano imaterial a lesão a um interesse não patrimonial concretamente, e não abstratamente, merecedor de tutela. Defende, portanto, que a lesão ocorre objetivamente e que a sua verificação deve dar-se de forma desvinculada da repercussão no estado de espírito da vítima.[185]

Outrossim, cumpre recordar que o STJ editou a Súmula 227 que preceitua: "a pessoa jurídica pode sofrer dano moral", até porque é forçoso concluir que a pessoa jurídica também titulariza alguns direitos especiais de personalidade, tais como o nome, a imagem, a reputação, o sigilo; ou seja, pessoa jurídica tem honra objetiva.

---

valores da moralidade pessoal ou social, e, como tais, reparáveis, em sua integralidade, no âmbito jurídico. *Perceptíveis pelo senso comum – porque ligados à natureza humana* – podem ser identificados, em concreto, pelo Juiz, à luz das circunstâncias fáticas e das peculiaridades da hipótese *sub litem*, respeitado o *critério básico da repercussão do dano na esfera do lesado*". (grifo nosso) BITTAR, 1994, op. cit., p. 38.

[182] BITTAR, 1994, op. cit., p. 199.

[183] Superior Tribunal de Justiça, Recurso Especial 880.035/PR, j. 21.11.2006.

[184] SCHREIBER, 2007a, op. cit., p. 6, 193, 195.

[185] O exemplo usado pelo autor é o caso da famosa atriz que teve negado o seu pedido de indenização por danos imateriais decorrentes do uso não autorizado de fotografias, sob o argumento de que "só mulher feia pode se sentir humilhada, constrangida, vexada em ver o seu corpo desnudo estampado em jornais ou em revistas. As bonitas, não". Esta decisão do Tribunal de Justiça do Rio de Janeiro foi reformada pelo STJ, que reconheceu, por maioria, que o dano existe pela lesão à imagem de uma pessoa, de forma não autorizada, e não com as consequências que possam decorrer. (Tribunal de Justiça do Rio de Janeiro, Embargos Infringentes 250/1999, de 29.9.1999; STJ, 3ª Turma, Recurso Especial 270.730, rel. Min. Nancy Andrighi, j. 19.12.2000). Ibid., p. 194.

O STJ, no recurso especial 60.033.2-MG, encampou essa tese, declarando que: "a honra objetiva da pessoa jurídica pode ser ofendida pelo protesto indevido de título cambial, cabendo indenização pelo dano extrapatrimonial daí decorrente". O desdobramento da honra, para fins de se tornar a pessoa jurídica sujeito passivo de dano imaterial, diz respeito ao conceito e ao crédito que ela desfruta na comunidade, em decorrência da eficiência de um mister ou da qualidade de um produto destinado ao público. Esta proteção refere-se às ofensas ao bom nome, cuja natureza é estendida às pessoas jurídicas, mas não sem críticas a isso.

Não se pode ainda esquecer que o Código de Defesa do Consumidor (Lei n. 8.078/90), no art. 6º, inciso VI, seguindo esta linha de raciocínio, previu a concessão de reparação destes danos à pessoa jurídica, tanto ao estatuir a reparação de danos patrimoniais e morais, individuais, coletivos e difusos como pelo fato de que no art. 2º conceitua consumidor como toda a pessoa física ou jurídica, deixando claro que tanto uma quanto outra pode sofrer danos imateriais.

A despeito desse entendimento, Maria Celina Bodin de Moraes[186] destaca, no entanto, que a pessoa jurídica não seria passível de reparação por dano moral: "a propósito, não se pode deixar de assinalar a enorme incongruência da jurisprudência nacional, seguida pela doutrina majoritária, no sentido, de um lado, de insistir que o dano moral deve ser definido como dor, vexame, tristeza e humilhação e, de outro lado, de defender a ideia de que as pessoas jurídicas são passíveis de sofrer dano moral".

Cumpre salientar, por outro lado, que há danos contra os quais as pessoas não são protegidas, pela simples razão de representarem o procedimento normal e necessário do exercício de um direito subjetivo determinado, como é o caso do direito à concorrência comercial (que é o poder dado a todo o empresário de atrair para si, por meios legais, a clientela de outro); a liberdade de crítica (que é o direito de emitir apreciações desfavoráveis sobre uma obra literária ou artística); o direito de greve (que é um cessar o trabalho de forma organizada e geral). Todos são exemplos de danos lícitos, ou seja, o desenvolver necessário e normal do exercício de um direito ou de uma liberdade, uma vez que o direito à segurança desaparece: a própria lei autoriza a execução do dano, caso em que não é o ato somente que é lícito – é o próprio dano que é autorizado. São, pois, casos em que a liberdade de ação ganha da segurança.

Há casos, ainda, em que o conteúdo dos direitos subjetivos ou das liberdades individuais é impreciso e variável de acordo com as circunstâncias de tempo, de espaço, de pessoa, como, por exemplo, o direito de exprimir o seu pensamento que pode causar danos à reputação. Em período eleitoral, ganha o direito de dizer a verdade, como também vence em caso de material de informações comerciais.[187] Contudo, em outras situações, haverá o dever de reparar pelo fato de se ter violado um direito fundamental da pessoa. Igualmente fa-

---

[186] BODIN DE MORAES, 2003a, op. cit., p. 192.
[187] STARCK, 1947, op. cit., p. 45.

zendo alusão à liberdade, Carlos Alberto Bittar[188] assinala que "a teoria da responsabilidade civil encontra suas raízes no princípio fundamental do *neminem laedere*, justificando-se diante da liberdade e da racionalidade humanas, como imposição, portanto, da própria natureza das coisas", e o autor ainda complementa que: "Ao escolher as vias pelas quais atua na sociedade, o homem assume os ônus correspondentes, apresentando-se a noção de responsabilidade como corolário de sua condição de ser inteligente e livre".

Constatados o desgaste dos filtros da reparação e o crescimento do papel do dano no cenário – sendo estes danos configurados pela lesão a algum direito de personalidade –, faz-se necessário, reunindo-se os três capítulos anteriores, chegar-se ao quarto capítulo para, aproximando todas as informações, poder-se construir, a partir das funções da responsabilidade civil – nem sempre respeitadas –, uma verdadeira proteção que possibilita a reparação de danos que atingem o aspecto subjetivo das pessoas, afetando o que o sujeito tem de mais valor, pelos meios que se passa a expor.

Conclusão

A prova da culpa e do nexo causal chegaram a ser chamados de filtros da responsabilidade civil, porque eram reconhecidos como óbices que tinham por objetivo promover a seleção das reparações que, efetivamente, mereciam acolhida jurisdicional, evitando-se, assim, uma enxurrada descabida de demandas. Nos tempos atuais, contudo, a responsabilidade civil testemunha a erosão desses filtros, em razão da perda da importância da prova da culpa e do nexo causal.

A erosão do filtro nexo causal acabou por estimular pedidos de reparação, fundados mais na desgraça da vítima do que em uma justa possibilidade jurídica de imputação dos danos ao pretenso lesante, chegando-se à vitimização social, uma via totalmente inconsistente. E enquanto não se efetiva a necessária revisão dessa dogmática, vive-se um momento de perplexidade com a corrosão de uma das bases da responsabilidade civil, trazendo como consequência uma extraordinária expansão do dano ressarcível.

Da violação da personalidade humana decorrem, direta e principalmente, danos não materiais; dito de outro modo, prejuízos de ordem biológica, espiritual, moral, que, por serem insuscetíveis de avaliação pecuniária, por não integrarem propriamente o patrimônio do lesado, podem ser compensados por uma obrigação pecuniária imposta ao lesante, e não exatamente indenizados. Não obstante, pelo menos indiretamente, podem resultar danos patrimoniais, isto é, prejuízos de ordem econômica que se refletem no patrimônio do lesado e são suscetíveis de avaliação pecuniária, podendo ser estritamente indenizados, a exemplo de tratamentos decorrentes de uma ofensa corporal causadora de doença ou incapacidade para o trabalho e diminuição de clientela por conta de uma injúria ou difamação.

---

[188] BITTAR, 1994, p. op. cit., 16.

O dano, mesmo imaterial, deve ser ressarcido de forma pecuniária, sem que isso traga consigo o caráter pejorativo da mercantilização. É, sim, uma visão utilitarista, mas ela está sempre presente nas mais diversas relações privadas sendo inerente a tais relações. Concorda-se, ainda, que a retratação ou o desagravo sejam formas *cumuláveis* com a soma a ser despendida pelo cometimento de um dano imaterial, pois nem todos que leram a notícia vexatória, por exemplo, vão ler o desagravo, sendo apenas este, desta forma, insuficiente. E sobre o argumento dos valores destas reparações serem baixos, a solução é efetivamente se alcançar um caráter punitivo ao dano, elevando-se, substancialmente, os valores a serem pagos às vítimas.

Salienta-se, ainda, que o princípio da reparação integral do dano, que prega que a indenização deve ser a mais completa possível, a fim de ressarcir integralmente a parte lesada, inspirou o Legislador de 2002, que fez constar, no art. 944 do CC, que a indenização se mede pela extensão do dano. Ao vincular o valor da reparação à extensão do dano, o artigo quis evitar a interferência de considerações acerca das características do agente ou de sua conduta na determinação do *quantum* indenizatório, alcançando ampla proteção à vítima, e fazendo esforços para ela retornar ao *status quo ante*, sempre que isso for possível, ou na medida do possível, ou seja, de maneira aproximativa.

O que se pode constatar, ainda, é que o princípio da dignidade da pessoa humana, matriz da Lei Maior, possui *eficácia vinculante* em relação ao próprio Poder Público e a seus órgãos e em relação aos particulares, objetivo que se almeja, também, para quando da violação dos direitos fundamentais, mais precisamente dos direitos de personalidade. Considera-se, portanto, a dignidade como um supraprincípio, ou seja, a chave de leitura e de interpretação tanto dos demais princípios como dos direitos e das garantias fundamentais da Lei Maior. Igualmente, a procura de uma eficaz proteção da dignidade da pessoa ainda não encontrou uma resposta suficientemente satisfatória, e é um permanente desafio para aqueles que com alguma seriedade e reflexão estudam o assunto.

Por certo que este estudo não tem o objetivo de exaurir o tema, mas tem por razão permitir um pensamento que rompa algumas barreiras, com o intuito de fazer pensar quem trabalha o Direito e com o Direito, em busca, sempre, da plena Justiça.

Referências

ALMEIDA COSTA, Mário Júlio de. *Direito das Obrigações*. Coimbra: Almedina, 2001.

ALPA, Guido. *Responsabilità civile e danno*. Lineamenti e questioni. Genova: Il Mulino, 1991.

ALTAVILLA, Enrico. *La colpa*. v. 1. Torino: UTET, 1957.

ALTERINI, Atilio A.; LOPEZ CABANA, Roberto M.. Responsabilidad contractual y extracontractual: de la diversidad a la unitad. In: ——. (coords.). *Derecho de Daños* (y otros estúdios). Buenos Aires: La Ley, 1992a.

——. Aspectos de la teoria de la culpa en el Derecho Argentino. In: ——. (coords.). *Derecho de daños* (y otros estúdios). Buenos Aires: La Ley, 1992b.

——. Mecanismos alternativos de la responsabilidad civil. In: ——. (coords.). *Derecho de daños* (y otros estúdios). Buenos Aires: La Ley, 1992c.

ALVIM, Agostinho. *Da inexecução das obrigações e suas consequências*. São Paulo: Saraiva, 1980.

AMARAL, Francisco. *Direito Civil*: introdução. Rio de Janeiro: Renovar, 2002.

ANDRADE, Fábio Siebeneichler de. Considerações sobre a tutela dos Direitos da Personalidade no Código Civil de 2002. In: SARLET, Ingo Wolfgang (org.). *O novo Código Civil e a Constituição*. Porto Alegre: Livraria do Advogado, 2006.

——. Considerações sobre o desenvolvimento dos Direitos da Personalidade e sua aplicação às relações do trabalho. *Direitos Fundamentais & Justiça*, n. 6, ano 3, p. 163, jan./mar. 2009.

——. *Da Codificação* – crônica de um conceito. Porto Alegre: Livraria do Advogado, 1997.

——. Responsabilidade civil por danos ao meio ambiente. *Revista dos Tribunais*, v. 808, ano 92, p. 116, fev. 2003.

——. Responsabilidade civil do advogado. *Revista da Ajuris*, Porto Alegre, n. 59, ano XX, p. 103, nov. 1993.

ANTUNES VARELA, João de Matos. *Das Obrigações em geral*. v. 1. Coimbra: Almedina, 2000.

ARAUJO, Vaneska Donato de. O lugar da culpa e os fundamentos da responsabilidade civil no Direito contemporâneo. In: NOVAES HIRONAKA, Giselda Maria Fernandes; DIAZ FALAVIGNA, Maria Clara Osuna (coords.). *Ensaios sobre responsabilidade civil na Pós-Modernidade*. Porto Alegre: Magister, 2007.

ASCENSÃO, José de Oliveira. *O Direito*. Introdução e Teoria Geral. Rio de Janeiro: Renovar, 2001.

——. *O Direito*: introdução e Teoria Geral. Lisboa: Fundação Calouste Gulbenkian, 1978.

——. Os Direitos de Personalidade no Código Civil brasileiro. *Revista Forense*, Rio de Janeiro, v. 342, p. 127, abr./jun. 1998.

——. Pessoa, Direitos Fundamentais e Direito da Personalidade. In: DELGADO, Mário Luiz; ALVES, Jones Figueirêdo (coords.). *Novo Código Civil*. Questões controvertidas – Parte Geral do Código Civil. v. 6. São Paulo: Método, 2007 (Grandes Temas de Direito Privado).

——. *Teoria Geral do Direito Civil*. Coimbra: Editora Coimbra, 1997.

AZEVEDO, Álvaro Villaça. *Teoria Geral das Obrigações*. São Paulo: RT, 1997.

AZEVEDO, Antônio Junqueira de. *Novos estudos e pareceres de Direito Privado*. São Paulo: Saraiva, 2009.

BALLESTEROS, Jorge Santos. *Instituciones de responsabilidad civil*. t. 1. Santafé de Bogotá: Universidad Javeriana. Facultad de Ciências Jurídicas, 1996. (Professores, n. 21).

BARATELLA, Maria Grazia. *Le pene private*. Milano: Giuffrè, 2006.

BARRERA TAPIAS, Carlos Darío; BALLESTEROS, Jorge Santos. *El daño justificado*. Bogotá: Universidad Javeriana, 1997.

BARROS, Raimundo Gomes de. Relação de causalidade e o dever de indenizar. *Revista de Direito do Consumidor*, São Paulo, n. 27, p. 38, jul./set. 1998.

BEVILÁQUA, Clóvis. *Teoria Geral do Direito Civil*. Rio de Janeiro: Ed. Rio, 1976.

BIANCA, C. Massimo. *Diritto civile*: il contratto. v. 1. Milano: Giuffrè, 1984.

——. *Diritto Civile*. v. 5. Milano: Giuffrè, 1994.

BILBAO UBILLOS, Juan María. *La eficacia de los Derechos Fundamentales frente a particulares*. Madrid: Centro de Estudios Políticos y Constitucionales. 1997.

BITTAR, Carlos Alberto. *Os Direitos da Personalidade*. Rio de Janeiro: Forense Universitária, 2003.

——. *Reparação civil por danos morais*. São Paulo: Revista dos Tribunais, 1994.

——. *Reparação do dano moral*. v. 1. São Paulo: Revista dos Tribunais, 1997.

——. Responsabilidade civil nas atividades perigosas. In: CAHALI, Yussef Said (coord). *Responsabilidade civil* – doutrina e jurisprudência. São Paulo: Saraiva, 1988.

——. Tutela judicial civil de Direitos Personalíssimos. *Revista dos Tribunais*, v. 718, ano 84, p. 13-15, ago. 1995.

BODIN DE MORAES, Maria Celina. A tutela do nome da pessoa humana. *Revista Forense*, Rio de Janeiro, n. 364, v. 98, p. 227-228, nov./dez. 2002.

——. *Danos à pessoa humana*: uma leitura civil-constitucional dos danos morais. Rio de Janeiro: Renovar, 2003a.

——. Deveres parentais e responsabilidade civil. *Revista Brasileira de Direito de Família*, v. 31, p. 55, 2005.

——. O conceito de dignidade humana: substrato axiológico e conteúdo normativo. In: SARLET, Ingo Wolfgang (org.). *Constituição, Direitos Fundamentais e Direito Privado*. Porto Alegre: Livraria do Advogado, 2003b.

——. *Punitive damages* em sistemas civilistas: problemas e perspectivas. *Revista Trimestral de Direito Civil*, ano 5, v. 18, p. 46, abr./ jun. 2004.

BONILINI, Giovanni. Pena privata e danno non patrimoniale. In: BUSNELLI, Francesco D.; SCALFI, Gianguido (orgs.). *Rivista Responsabilità Civile e Previdenza*. Milano: Giuffrè Editore, 1985.

BORDON, Raniero. *Il nesso di causalità*. Milano: UTET Giuridica, 2006.

BRAZIER, Margaret; MURPHY, John. *Street on Torts*. Londres: Butterworths, 1999.

BREBBIA, Roberto H. *El daño moral*. Córdoba: Orbir, 1967.

BUSNELLI, Francesco Donato. Il danno alla persona al giro di boa. *Danno e Responsabilità*, ano 8, 2003.

BUSSANI, Mauro. *As peculiaridades da noção de culpa*: um estudo de Direito Comparado. Trad. de Helena Saldanha. Porto Alegre: Livraria do Advogado, 2000.

CAHALI, Yussef Said. *Dano moral*. São Paulo: Revista dos Tribunais, 2005.

CANTILLO, Michele. *Le obligazioni*. t. 2. Torino: UTET, 1992.

CAPELO DE SOUZA, Rabindranath Valentino Aleixo. *O Direito Geral de Personalidade*. Coimbra: Coimbra Editora, 1995.

CARNELUTTI, Francesco. *Il danno e il reato*. Milano: Cedam, 1930.

CASSANO, Giuseppe. *La Giurisprudenza del danno esistenziale*. Piacenza: Casa Editrice La Tribuna, 2002.

CASTRO, Guilherme Couto de. *A responsabilidade civil objetiva no Direito brasileiro*. Rio de Janeiro: Forense, 1997.

CASTRONOVO, Carlo. *La nuova responsabilità civile*. Milano: Giuffrè Editore, 1997.

CAVALIERI FILHO, Sérgio. *Programa de responsabilidade civil*. São Paulo: Atlas, 2010.

CENDON, Paolo. Il danno esistenziale. In: CENDON, Paolo; ZIVIZ, Patrizia (orgs.). *Il danno esistenziale*. Una nuova categoria della responsabilità civile. Milano: Giuffrè Editore, 2000.

——. Responsabilità civile e pena privata. In: BUSNELLI, Francesco D.; SCALFI, Gianguido (orgs.). *Rivista Responsabilità Civile e Previdenza*. Milano: Giuffrè Editore, 1985.

CHABAS, François. *L'influence de la pluralité de causes sur le droit a réparation*. t. LXXVII. Paris: Librairie Générale de Droit et de Jurisprudence, 1967.

CHAVES, Antônio. *Tratado de Direito Civil*: responsabilidade civil. São Paulo: Revista dos Tribunais, 1985.

CHIRONI, *Colpa extracontrattuale*, II, p. 320

CHRISTANDL, Gregor. *La risarcibilità del danno esistenziale*. Milano: Giuffrè, 2007.

COELHO MONTENEGRO, Antônio Lindbergh. *Responsabilidade civil*. Rio de Janeiro: Lumen Juris, 2005.

COMANDÉ, Giovanni. *Risarcimento del danno alla persona e alternative istituzionali*. Studio di Diritto Comparato. Torino: G. Giappichelli Editore, 1999.

COMPAGNUCCI DE CASO, Rubén H.. Responsabilidad civil y relación de causalidad. In: COMPAGNUCCI DE CASO, Rubén H; ZANNONI, Eduardo A. *Seguros y responsabilidad civil*. Buenos Aires: Editorial Astrea, 1984.

COMPORTI, Marco. *Esposizione al pericolo e responsabilità civile*. Napoli: Morano Editore, 1965.

CORRÊA DE ANDRADE, André Gustavo. *Dano moral e indenização punitiva*: os *punitive damages* na experiência da *Common Law* e na perspectiva do Direito brasileiro. Rio de Janeiro: Forense, 2009.

COVIELLO, Nicola. *Doctrina General del Derecho Civil*, n. 9, p. 27, 1949.

CRUZ, Gisela Sampaio da. *O problema do nexo causal na responsabilidade civil*. Rio de Janeiro: Renovar, 2005.

DANTAS, San Tiago. *Programa de Direito Civil*. v. 1. Rio de Janeiro: Ed. Rio, 1979.

DE CUPIS, Adriano. Danno e risarcimento. In: BUSNELLI, Francesco D.; SCALFI, Gianguido (orgs.). *Rivista Responsabilità Civile e Previdenza*. Milano: Giuffrè Editore, 1985.

——. *Os Direitos da Personalidade*. Lisboa: Morais, 1961.

DE MARTINI, Demetrio. *I fatti produttivi di danno risarcibile*. Padova: Cedam, 1983.

DIAS, José de Aguiar. *Da responsabilidade civil*. Rio de Janeiro: Renovar, 2006.

DÍEZ-PICAZO, Luis. *Derecho de daños*. Madrid: Civitas, 1999.

EDELMAN, Bernard. La dignité de la personne humaine, un concept nouveau. In: *La personne en danger*. Paris: PUF, 1999.

FACCHINI NETO, Eugênio. Da responsabilidade civil no novo Código. *Juris Plenum*, n. 18, ano III, nov. 2007a.

——. A função social do Direito Privado. *Revista da Ajuris*, n. 105, ano XXXIV, p. 188, mar. 2007b.

——. O Poder Judiciário e sua independência – uma abordagem de Direito Comparado. *Direitos Fundamentais & Justiça*, Porto Alegre, ano 3, n. 8, p. 122, jul./set. 2009a.

——. O Judiciário no mundo contemporâneo. *Juris Plenum*, ano V, n. 26, p. 53, mar. 2009b.

——. Estrutura e funcionamento da Justiça norte-americana. *Revista da Ajuris*, n. 113, ano XXXVI, p. 147-148, mar. 2009c.

——. A outra Justiça – Ensaio de Direito Comparado sobre os meios alternativos de resolução de conflitos. *Revista da Ajuris*, n. 115, ano XXXVI, p. 113-114, set. 2009d.

——. Premissas para uma análise da contribuição do Juiz para a efetivação dos Direitos da Criança e do Adolescente. *Juizado da Infância e Juventude*. Tribunal de Justiça do Estado do Rio Grande do Sul, Corregedoria-Geral da Justiça, Porto Alegre, n. 2, p. 12-15, mar. 2004.

——. Funções e modelos da responsabilidade aquiliana no novo Código. *Revista Jurídica*, Porto Alegre, n. 309, p. 29, jul. 2003a.

——. Reflexões histórico-evolutivas sobre a constitucionalização do Direito Privado. In: SARLET, Ingo Wolfgang (org.). *Constituição, Direitos Fundamentais e Direito Privado*. Porto Alegre: Livraria do Advogado, 2003b.

FACHIN, Luiz Edson; RUZYK, Carlos Eduardo P. Direitos Fundamentais, dignidade da pessoa humana e o novo Código Civil: uma análise crítica. In: SARLET, Ingo Wolfgang (org.). *Constituição, Direitos Fundamentais e Direito Privado*. Porto Alegre: Livraria do Advogado, 2003.

FELIPE, Jorge Franklin; MAGELA, Geraldo. *O novo Código Civil anotado*. Rio de Janeiro: Forense, 2003.

FERRARI, Mariangela. *La compensatio lucri cum damno come utile strumento di equa riparazione del danno*. Milano: Giuffrè Editore, 2008.

FERRI, Giovanni B. Oggetto del Diritto della Personalità e danno non patrimoniale. In: BUSNELLI, Francesco D.; SCALFI, Gianguido (orgs.).*Rivista Responsabilità Civile e Previdenza*. Milano: Giuffrè Editore, 1985.

FRANÇA, Rubens Limongi. Direitos da Personalidade I(verbete). *Enciclopédia Saraiva do Direito*. v. 28. São Paulo: Saraiva. 1977-1982.

——. *Instituições de Direito Civil.* São Paulo: Saraiva, 1999.
FREITAS, Juarez. *A interpretação sistemática do Direito.* São Paulo: Malheiros, 2004.
——. *Controle sistemático das relações administrativas.* São Paulo: Malheiros, 2009.
FUJITA, Jorge Shiguemitsu. Responsabilidade civil: indenização por equidade no novo Código Civil. In: NOVAES HIRONAKA, Giselda Maria Fernandes; DIAZ FALAVIGNA, Maria Clara Osuna (coords.). *Ensaios sobre responsabilidade civil na Pós-Modernidade.* Porto Alegre: Magister, 2007.
GABBA, Risarcibilità dei danni morali. *Questioni di Diritto Civile,* II, p. 225 e ss.
GABURRI, Fernando. Da insuficiência da noção de culpa e de risco: da necessidade de um sistema geral objetivo de imputação de responsabilidade civil extracontratual. In: NOVAES HIRONAKA, Giselda Maria Fernandes; DIAZ FALAVIGNA, Maria Clara Osuna (coords.). *Ensaios sobre responsabilidade civil na Pós-Modernidade.* Porto Alegre: Magister, 2007.
GALLO, Paolo. *Pene private e responsabilità civile.* Milano: Giuffrè Editore, 1996.
GHERSI, Carlos A. *Teoría general de la reparación de daños.* Buenos Aires: Editorial Astrea, 1997.
——. *Reparación de daños.* Buenos Aires: Editorial Universidad, 1992.
GHESTIN, Jacques. L'utile et le juste dans les contrats. *Archives de Philosophie du Droit,* n. 26, p. 57, janv./déc. 1981.
——. Les donnés positives du Droit. *Revue Trimestrielle de Droit Civil,* Paris, n. 1, p. 20, jan./mars. 2002.
——. *Traité de Droit Civil.* Paris: L.G.D.J, 1977.
GOLDENBERG, Isidoro H. *La relación de causalidad en la responsabilidad civil.* Buenos Aires: La Ley, 2000.
GOMES, Orlando. Direitos de Personalidade. *Revista Forense,* n. 216, p. 6-7, 1966.
——. *Introdução ao Direito Civil.* Rio de Janeiro: Forense, 2003.
——. *Obrigações.* Rio de Janeiro: Forense, 2002.
GOMES ALONSO, Paulo Sérgio *Pressupostos da responsabilidade civil objetiva.* São Paulo: Saraiva, 2000.
GONÇALVES, Carlos Roberto. *Responsabilidade civil.* São Paulo: Saraiva, 2010.
GONZALES, Matilde Zavala. *Resarcimiento de daños.* Presupuestos y funciones del Derecho de Daños. v. 4. Buenos Aires: Hammurabi, 1999.
HOFMEISTER, Maria Alice. *O dano pessoal na sociedade de risco.* Rio de Janeiro: Renovar, 2002.
HOLMES, Stephen; SUNSTEIN, Cass R. *The cost of Rights:* why liberty depends on taxes. New York: W.W. Norton, 1999.
ITURRASPE, Jorge Mosset (dir.). *Responsabilidad civil.* Buenos Aires: Hammurabi, 1992.
——. El daño fundado en la dimensión del hombre en su concreta realidad. Daños a la persona. *Revista de Derecho Privado y Comunitario,* Buenos Aires, t. 1, 1995.
——. *Responsabilidad por daños.* El daño moral. t. 5. Buenos Aires: Rubinzal-Culzoni, 1999.
——. *Responsabilidad por daños.* Parte General. t. 1. Buenos Aires: Rubinzal-Culzoni, 1998.
JOSSERAND, Louis. Evolução da responsabilidade civil. *Revista Forense,* Rio de Janeiro, n. 454/456, v. 86, abr./jun. 1941.
JOURDAIN, Patrice. *Les principes de la responsabilité civile.* Paris: Dalloz, 1998.
LAMATTINA CECÍLIA, Silvana Louzada. A dignidade da pessoa humana como objeto da responsabilidade civil. In: NOVAES HIRONAKA, Giselda Maria Fernandes; DIAZ FALAVIGNA, Maria Clara Osuna (coords.). *Ensaios sobre responsabilidade civil na Pós-Modernidade.* Porto Alegre: Magister, 2007.
LARENZ, Karl. *Derecho Civil:* parte general. Trad. de Miguel Izquierdo y Macías-Picavea. Madrid: Editorial Revista de Derecho Privado/Edersa, 1978.
——. *Derecho de Obligaciones.* Trad. de Jaime Santos Briz. t. 1. Madrid: Editorial Revista de Derecho Privado, 1959.
——. *Metodologia da Ciência do Direito.* Trad. de José Lamego. 3. ed. Lisboa: Fundação Calouste Gulbenkian, 1997.
LEVI, Giulio. *Responsabilità civile e responsabilità oggettiva.* Milano: Giuffrè Editore, 1986.
LIMA, Alvino. *Culpa e risco.* São Paulo: Revista dos Tribunais, 1999.
LIMA, Ruy Cirne. Direito Público e Direito Privado. *Revista Jurídica,* Porto Alegre, n. 1, ano I, p. 12, jan./fev. 1953.
LOPES, Teresa Ancona. *Nexo causal e produtos potencialmente nocivos:* a experiência do tabaco brasileiro. Tese apresentada para a obtenção do título de Livre-Docente da Faculdade de Direito da Universidade de São Paulo, mai. 2001.
LOPEZ CABANA, Roberto M. Nuevos daños jurídicos. In: ALTERINI, Atilio A.; LOPEZ CABANA, Roberto M. (coords.). *Derecho de daños* (y otros estúdios). Buenos Aires: La Ley, 1992.
LORENZETTI, Ricardo Luis. *Fundamentos do Direito Privado.* São Paulo: Revista dos Tribunais, 1998.
LOUZADA BERNARDO, Wesley de Oliveira. *Dano moral:* critérios de fixação de valor. Rio de Janeiro: Renovar, 2005.
LUDWIG, Marcos de Campos. Direito Público e Direito Privado: a superação da dicotomia. In: MARTINS-COSTA, Judith H. (org.). *A reconstrução do Direito Privado.* São Paulo: Revista dos Tribunais, 2002a.
——. O direito ao livre desenvolvimento da personalidade na Alemanha e possibilidades de sua aplicação no Direito Privado brasileiro. In: MARTINS-COSTA, Judith H.(org.) *A reconstrução do Direito Privado.* São Paulo: Revista dos Tribunais, 2002b.
MARELLA, Maria Rosaria. *La riparazione del danno in forma specifica.* Pádua: Cedam, 2000.
MARMITT, Arnaldo. *Perdas e danos.* Rio de Janeiro: Aide, 1992.

MARTINS-COSTA, Judith H. Os danos à pessoa no Direito brasileiro e a natureza da sua reparação. In: ——. (org.). *A reconstrução do Direito Privado*. São Paulo: Revista dos Tribunais, 2002.

——. *Pessoa, Personalidade, Dignidade* – ensaio de uma qualificação. Tese de Livre Docência em Direito Civil apresentada à Congregação da Faculdade de Direito da Universidade de São Paulo. São Paulo, 2003a.

——. Os Direitos Fundamentais e a opção culturalista do novo Código Civil. In: SARLET, Ingo Wolfgang (org.). *Constituição, Direitos Fundamentais e Direito Privado*. Porto Alegre: Livraria do Advogado, 2003b.

——. Conceito de ilicitude no novo Código Civil. *Revista Literária de Direito*, p. 25-26, ago./set. 2003c.

——; PARGENDLER, Mariana. Usos e abusos da função punitiva. *Revista da Ajuris*, Porto Alegre, n.100, p. 236-237, dez. 2005.

MARTINS DA SILVA, Américo Luís. *O dano moral e sua reparação civil*. São Paulo: Revista dos Tribunais, 2005.

MATOZZI, Ignacio de Cuevillas. *La relación de causalidad en la órbita del derecho de daños*. Valencia: Tirant lo Blanch, 2000.

MAZZILLI, Hugo Nigro. *A defesa dos interesses difusos em juízo*. São Paulo: Saraiva, 2001.

MAZZOLA, Marcello Adriano. *Responsabilità civile da atti leciti dannosi*. Milano: Giuffrè Editore, 2007.

MINOZZI, Alfredo. *Studio sul danno non patrimoniale (danno morale)*. Milano: Società Editrice Libraria, 1917. p. 41; TUHR, Andreas Von. *Derecho Civil*. Teoria General del Derecho Civil alemán. v. 1, t. 2. Buenos Aires: Editorial Depalma, 1948.

MIRAGEM, Bruno. *Abuso de direito*: proteção da confiança e limite ao exercício das prerrogativas jurídicas no Direito Privado. Rio de Janeiro: Forense, 2009.

——. *Responsabilidade civil da imprensa por dano à honra*: o novo Código Civil e a Lei de Imprensa. Porto Alegre: Livraria do Advogado, 2005.

MORAES, Walter. Direito da personalidade. E*nciclopédia Saraiva do Direito*. v. 26. São Paulo: Saraiva, 1977-1982.

ORGAZ, Alfredo. *El daño resarcible*. Buenos Aires: Editorial Bibliografica Argentina, 1952.

PAIVA NETO, Vicente Ferrer. *Elementos de Direito Natural ou de Phillosophia de Direito*. Coimbra: Imprensa da Universidade de Coimbra, 1850.

PAJARDI, Daniela. *Danno biológico e danno psicologico*. Milano: Giuffrè Editore, 1990.

PALIERAQUI, Ricardo Saab. *Responsabilidade civil comum decorrente do acidente do trabalho*. Dissertação (Mestrado), Brasília, Unb/UNIGRAN, dez. 2002.

PEDRAZZI, Del danno morale. *Giur. It.*, 1892, IV.

PÉREZ, Jesus Gonzáles. *La dignidad de la persona*. Madrid: Civitas, 1986.

PERLINGIERI, Pietro. *La personalità umana nell'ordinamento giuridico*. Camerino: Jovene Editore, 1972.

——. *Manuale di Diritto Civile*. Nápoles: Edizione Scientifiche Italiane, 2003.

——. *Perfis do Direito Civil*: introdução ao Direito Civil Constitucional. Trad. de Maria Cristina de Cicco. Rio de Janeiro: Renovar, 1999.

PESSOA JORGE, Fernando de Sandy Lopes. *Ensaio sobre os pressupostos da responsabilidade civil*. Coimbra: Almedina, 1999.

PIZARRO, Ramón Daniel. *Daño moral*. Buenos Aires: Hammurabi, 2000.

——. Responsabilidad civil de los medios masivos de comunicación. In: ——. *Daños por noticias inexactas o agraviantes*. Buenos Aires: Hammurabi, 1999.

PONTES DE MIRANDA, Francisco Cavalcanti. *Tratado de Direito Privado*. Direito de Personalidade. Direito de Família. Rio de Janeiro: Borsoi, 1955.

——. *Comentários à Constituição de 1967* (com a Emenda n. 1, de 1969). v. 5. São Paulo: Revista dos Tribunais, 1970.

——. *Tratado de Direito Privado*. v. 7, t. 2. Rio de Janeiro: Borsoi, 1971a.

——. *Tratado de Direito Privado*. t. 22. Rio de Janeiro: Editor Borsoi, 1971b.

PONZANELLI, Giulio. *La responsabilità civile*. Profili di Diritto Comparato. Bologna: Il Mulino, 1992.

——. Non c'è bisogno del danno esistenziale. *Danno e Responsabilità*, n. 5, p. 551, 2003.

PSARO, Marcelo. Il danno esistenziale. In: CENDON, Paolo; ZIVIZ, Patrizia (orgs.). *Il danno esistenziale. Una nuova categoria della responsabilità civile*. Milano: Giuffrè Editore, 2000.

REALE, Miguel. *Estudos de Filosofia e Ciência do Direito*. São Paulo: Saraiva, 1978.

——. O dano moral no Direito brasileiro. In: ——. *Temas de Direito Positivo*. São Paulo: Revista dos Tribunais, 1992.

——. *O Projeto do novo Código Civil*. São Paulo: Saraiva, 1999.

REIS, Clayton. *Os novos rumos da indenização do dano moral*. Rio de Janeiro: Forense, 2000.

RIPERT, Georges. *A regra moral nas obrigações civis*. Trad. de Osório de Oliveira. Campinas: Booksellers, 2000.

RIZZATTO NUNES, Luiz Antonio. *O princípio constitucional da dignidade da pessoa humana*. São Paulo: Saraiva, 2002.

ROCA, Encarna. *Derecho de Daños*. Textos y Materiales. Valencia: Tirant lo Blanch, 2000.

RODOTÀ, Stefano. *Il problema della responsabilità civile*. Milão: Giuffrè, 1967.

RODRIGUES, Sílvio. *Direito Civil*. v. 1. São Paulo: Saraiva, 2002.

SANSEVERINO, Paulo de Tarso Vieira. *Princípio da reparação integral* – Indenização no Código Civil. São Paulo: Saraiva, 2010.

——. *Responsabilidade civil no Código do Consumidor e a defesa do fornecedor*. São Paulo: Saraiva, 2002.

SANTOS, Romualdo Baptista dos. Responsabilidade civil e dignidade da pessoa humana. In: NOVAES HIRONAKA, Giselda Maria Fernandes; DIAZ FALAVIGNA, Maria Clara Osuna (coords.). *Ensaios sobre responsabilidade civil na Pós-Modernidade*. Porto Alegre: Magister, 2007.

SARLET, Ingo W. *Dignidade da Pessoa Humana e Direitos Fundamentais na Constituição Federal de 1988*. Porto Alegre: Livraria do Advogado, 2010.

———. *A eficácia dos Direitos Fundamentais*. Porto Alegre: Livraria do Advogado, 2009.

———. A influência dos Direitos Fundamentais no Direito Privado: o caso brasileiro. In: MONTEIRO, Antônio Pinto; NEUNER, Jörg; SARLET, Ingo Wolfgang. (orgs.). *Direitos Fundamentais e Direito Privado* – uma perspectiva de Direito Comparado. Coimbra: Almedina, 2007.

———. Algumas considerações em torno do conteúdo, eficácia e efetividade do direito à saúde na Constituição de 1988. *Revista Interesse Público*, São Paulo, n. 12, p. 98, 2008.

———. As dimensões da dignidade da pessoa humana: construindo uma compreensão jurídico-constitucional necessária e possível. In: ———. (org.). *Dimensões da dignidade*: ensaios de Filosofia do Direito e Direito Constitucional. Trad. de Ingo Wolfgang Sarlet, Pedro Scherer de Mello Aleixo, Rita Dostal Zanini. Porto Alegre: Livraria do Advogado, 2005.

———. Os Direitos Fundamentais Sociais como cláusulas pétreas. *Revista da Ajuris*, n. 89, mar. 2003a.

———. Constituição e proporcionalidade: o Direito Penal e os Direitos Fundamentais entre proibição de excesso e de insuficiência. *Revista de Estudos Criminais*, n. 12, ano 3, p. 105, 2003b.

———. Direitos Fundamentais e Direito Privado: algumas considerações em torno da vinculação dos particulares aos Direitos Fundamentais. In: ———. (org.). *A Constituição concretizada*: construindo pontes com o público e o privado. Porto Alegre: Livraria do Advogado, 2000.

SCHLUETER, Linda; REDDEN, Keneth R. *Punitive damages*. v. 1. New York: Lexis, 2000.

SCHREIBER, Anderson. Arbitramento do dano moral no novo Código Civil. *Revista Trimestral de Direito Civil*, v.12, p. 3-24.

———. *Novos paradigmas da responsabilidade civil*. Da erosão dos filtros da reparação à diluição dos danos. São Paulo: Atlas, 2007a.

———. Novas tendências da responsabilidade civil brasileira. In: ALVIM, Angélica Arruda; CAMBLER, Everaldo Augusto (coords.). *Atualidades do Direito Civil*. v. 2. Curitiba: Juruá, 2007b.

SESSARIEGO, Carlos Fernandez. Protección a la persona humana. *Revista da Ajuris*, Porto Alegre, v. 56, p. 87-88, 1992.

SEVERO, Sérgio. *Danos extrapatrimoniais*. São Paulo: Saraiva, 1996.

SHARP JR., Ronald A. *Dano moral*. Rio de Janeiro: Destaque, 2001.

SILVA, Wilson Melo da. *O dano moral e sua reparação*. Rio de Janeiro: Forense, 1983.

SILVA PEREIRA, Caio Mário da. *Instituições de Direito Civil*. Rio de Janeiro: Forense, 2004.

———. *Responsabilidade civil*. Rio de Janeiro: Forense, 1999.

SILVA SANTOS, Antônio Jeová da. *Dano moral indenizável*. São Paulo: LEJUS, 1999.

SOARES, Flaviana Rampazzo. *Responsabilidade civil por dano existencial*. Porto Alegre: Livraria do Advogado, 2009.

STOCO, Rui. *Tratado de responsabilidade civil*: responsabilidade civil e sua interpretação doutrinária e jurisprudencial. São Paulo: Revista dos Tribunais, 2004.

———. Tutela antecipada nas ações de reparação de danos. *Informativo Jurídico Incijur*, p. 24-25, s.d.

SZANIAWSKI, Elimar. *Direitos de Personalidade e sua tutela*. 2. ed. São Paulo: Revista dos Tribunais, 2005.

———. O embrião excedente – O primado do direito à vida e de nascer. *Revista Trimestral de Direito Civil*, v. 8, p. 91, 2001.

TAVARES DA SILVA, Regina Beatriz (coord.). *Novo Código Civil comentado*. São Paulo: Saraiva, 2004.

TEPEDINO, Gustavo. A incorporação dos Direitos Fundamentais pelo ordenamento brasileiro: sua eficácia nas relações jurídicas privadas. *Revista Jurídica*, n. 341, ano 54, mar. 2006.

———. Notas sobre o nexo de causalidade. *Revista Trimestral de Direito Civil*, v. 6, abr./jun. 2001.

———. A tutela da personalidade no ordenamento civil-constitucional brasileiro. In: ———. (coord.). *Temas de Direito Civil*. Rio de Janeiro: Renovar, 1999a.

———. Premissas metodológicas para a constitucionalização do Direito Civil. In: ———. (coord.). *Temas de Direito Civil*. Rio de Janeiro: Renovar, 1999b.

———. Ainda há Juízes no Brasil. *Revista Jurídica Consulex*, ano XI, n. 248, 15 mai. 2007.

———. Cidadania e Direitos da Personalidade. *Revista Jurídica*, n. 309, p. 11, jul. 2003.

———. Crise de fontes normativas e técnica legislativa na Parte Geral do Código Civil de 2002. *Revista Forense*, Rio de Janeiro, v. 364, nov./dez. 2002.

———. O Direito Civil e a Legalidade Constitucional. *Revista Del Rey Jurídica*, Belo Horizonte, n. 13, 2004.

———; BARBOZA, Heloisa Helena; BODIN DE MORAES, Maria Celina. *Código Civil interpretado* – conforme a Constituição de República. Parte Geral e Obrigações (arts. 1º a 420º). v. 1. Rio de Janeiro: Renovar, 2007.

TOURNEAU, Philippe le. *La responsabilité civile*. Paris: Dalloz, 1982.

TRABUCCHI, Alberto. *Instituciones de Derecho Civil*. Trad. da 15. ed. italiana por Luis Martínez-Calcerrada. Madrid: Editorial Revista de Derecho Privado, 1967.

TRIMARCHI, Pietro. *Istituzioni di Diritto Privato.* 11. ed. Milano: Giuffrè Editore, 1996.

——. *Rischio e responsabilità oggettiva.* Milano: Giuffrè Editore, 1961.

TUNC, André. *La responsabilité civile.* Paris: Economica, 1989.

VALLE DRESH, Rafael de Freitas. *Fundamentos da responsabilidade civil*: pelo fato do produto e do serviço: um debate jurídico-filosófico entre o formalismo e o funcionalismo no Direito Privado. Porto Alegre: Livraria do Advogado, 2009.

VALLE, Christino Almeida do. *Dano moral.* Rio de Janeiro: Aide, 1993.

VAZ, Caroline. *Funções da responsabilidade civil* – da reparação à punição e dissuasão – os *punitive damages* no Direito Comparado e brasileiro. Porto Alegre: Livraria do Advogado, 2009.

VIDE, Carlos Rogel. *Derecho de la Persona.* Barcelona: Cálamo, 2002.

VINEY, Geneviève. De la Codification du Droit de la responsabilité civile: l'expérience française. *Actes du Colloque International de Droit Civil Compare* – Codification: Valeurs et Langage. Disponível em: < www.cslf.gouv.qc.ca>. Acesso em: 15 set. 2010.

——. De la responsabilité personnelle à la répartition des risques. *Archives de Philosophie du Droit. La responsabilité*, Paris, t. 22, p. 5, 6, 22, janv./déc. 1977.

——. Introduction à la responsabilité. In: GHESTIN, Jacques (dir.). *Traité de Droit Civil.* 2. ed. Paris: L.G.D.J., 1995.

——. Les obligations. La responsabilitè: conditions. In: GHESTIN, Jacques (dir.). *Traité de Droit Civil.* Paris: L.G.D.J., 1982.

——. Les obligations. La responsabilité: effets. In: GHESTIN, Jacques (dir.). *Traité de Droit Civil.* Paris: L.G.D.J., 1988.

VINEY, Geneviève; JOURDAIN, Patrice. Les conditions de la responsabilité. In: GHESTIN, Jacques (dir.). *Traité de Droit Civil.* 2. ed. Paris: L.G.D.J., 1998.

——. Les effets de la responsabilité. In: GHESTIN, Jacques (dir.). *Traité de Droit Civile.* Paris: L.G.D.J, 2001.

VIOLANTE, Andrea. *Responsabilità oggettiva e causalità flessibile.* Nápoles: Edizione Scientifiche Italiane, 1999.

VISINTINI, Giovanna. *I fatti illeciti.* I. Ingiustizia del danno. Padova: CEDAM, 1997.

——. *Trattato breve della responsabilità civile.* Padova: Cedam, 1990 a.

——. *I fatti illeciti.* II. La colpa in rapporto agli altri criteri di imputazione della responsabilità. Padova: CEDAM, 1990b.

WUNENBURGER, Jean-Jacques. Le procès de la responsabilité. *Droits – Revue Française de Théorie Juridique*, Paris, n. 5, p. 95, 1985.

YÁGUEZ, Ricardo de Ángel. *La responsabilidad civil.* Bilbao: Universidad de Deusto, 1989.

ZANNONI, Eduardo. *El daño en la responsabilidad civil.* Buenos Aires: Astrea, 1987.

ZAVALA, Rodolfo Martín; GONZALES, Matilde Zavala. Indemnización punitiva. In: BUERES, Alberto José; CARLUCCI, Aíde Kemelmajer de (dirs.). *Responsabilidad por daños en el Tercer Milenio.* Homenaje al Profesor Doctor Atilio Aníbal Alterini. Buenos Aires: Abeledo-Perrot, 1997.

— 9 —

A Responsabilidade Civil no Direito brasileiro: contribuições do Ministro Ruy Rosado

EUGÊNIO FACCHINI NETO[1]

Sumário: 1. Introdução; 2. Ruy Rosado doutrinador e a Responsabilidade Civil; 2.1. A Responsabilidade civil do Estado pela prestação jurisdicional defeituosa; 2.2. Responsabilidade política e social dos magistrados; 2.3. A responsabilidade civil médica; 2.3.1. O consentimento informado; 3. Ruy Rosado magistrado e a Responsabilidade Civil; 3.1. Danos existenciais; 3.2. *Loss of amenities of life (préjudice d'agrément)*; 3.3. Outras contribuições; 4. Considerações finais.

1. Introdução

É fácil escrever sobre Ruy Rosado de Aguiar Júnior, uma vez que ele se destacou em todas as áreas a que se dedicou, nelas deixando marcas importantes. Diante da abundância de suas contribuições, porém, o difícil é fazer um corte e escolher uma área específica sobre a qual discorrer.

De fato, após rápida passagem pela advocacia, inicia brilhante carreira no Ministério Público do Rio Grande do Sul em 1963. Em 1980, então Procurador de Justiça, Ruy Rosado ingressou no Judiciário gaúcho, pelo quinto constitucional, integrando inicialmente o Tribunal de Alçada do Rio Grande do Sul e, em 1985, seu Tribunal de Justiça. De 1994 a 2003, abrilhantou o Superior Tribunal de Justiça. Em todos esses tribunais deixou contribuições profundas, com acórdãos inovadores e vanguardeiros. Em razão de seu permanente contato com a Academia, tendo como um dos seus pontos altos o extraordinário ambiente de excelência existente nos cursos de pós-graduação da Faculdade de Direito da UFRGS, especialmente na época em que lá pontificava seu grande mestre, o Professor Clóvis do Couto e Silva, Ruy Rosado soube como poucos estabelecer uma ponte entre as novas ideias que transitavam no mundo acadêmico e a variedade dos fatos que lhe eram submetidos no âmbito da jurisdição. Seu contato intelectual com os grandes doutrinadores europeus e sua grande sensibilidade para o mundo dos fatos permitiu-lhe unir, como poucos, a

---

[1] Desembargador do TJ/RS. Doutor em Direito Comparado (Florença/Itália), Mestre em Direito Civil (USP). Professor Titular dos Cursos de Graduação, Mestrado e Doutorado em Direito da PUC/RS. Professor e ex-Diretor da Escola Superior da Magistratura/AJURIS.

teoria e a práxis, passando ao largo da "maldição" segundo a qual a teoria, sem a prática, é estéril, e a prática, sem a teoria, é burra.

Além de ter lecionado no interior do Estado, na época em que era Promotor de Justiça, Ruy Rosado permanece no panteão dos grandes professores que passaram pela Faculdade de Direito da UFRGS e pela Escola Superior da Magistratura/AJURIS, em Porto Alegre.

Em sua atuação administrativa, Ruy Rosado foi um dos primeiros diretores da Escola Superior da Magistratura/AJURIS (Associação dos Juízes do Rio Grande do Sul) e um dos seus maiores dirigentes de todos os tempos. No Tribunal de Justiça, foi Corregedor-Geral da Justiça, implementando projetos ousados, modernizando a justiça de primeiro grau, sendo o responsável pela implantação, em todas as Comarcas gaúchas, dos Juizados Especiais Cíveis, então em fase embrionária Brasil afora.

Mercê de sua notória capacidade de organização e senso prático, desde a primeira edição vem planejando e organizando as Jornadas de Direito Civil, organizadas pelo Centro de Estudos Judiciários, do Conselho de Justiça Federal, junto ao STJ, responsáveis, nesta última década, por importantes avanços do Direito Privado brasileiro.

Embora amplas tenham sido as contribuições doutrinárias e jurisprudenciais do Ministro Ruy Rosado, destacam-se entre elas aquelas pertinentes ao direito obrigacional. Do ponto de vista doutrinário, despontam suas obras relacionadas ao inadimplemento contratual e seus efeitos. Sua dissertação de Mestrado, posteriormente editada em forma comercial, sobre resolução do contrato por inadimplemento do devedor permanece ainda insuperada.[2] Seus comentários ao novo Código Civil,[3] sobre a parte relativa à extinção dos contratos, representa o que de melhor temos a respeito do tema no direito pátrio.

No campo jurisprudencial, destaca-se sua extraordinária contribuição para a difusão, compreensão e absorção do conceito de boa-fé objetiva, ainda antes de sua recepção pelo Código de Defesa do Consumidor. Até então noção puramente acadêmica, conhecida a poucos iniciados nos meandros do direito germânico, Ruy Rosado, em acórdãos até hoje citados, foi pioneiro no Tribunal de Justiça do Rio Grande do Sul e, posteriormente, junto ao Superior Tribunal de Justiça, na aplicação dos efeitos da boa-fé objetiva aos contratos, especialmente – mas não só – no âmbito dos contratos envolvendo relações de consumo.[4]

---

[2] AGUIAR JÚNIOR, Ruy Rosado. *Extinção dos contratos por incumprimento do devedor*. 2ª ed. Rio de Janeiro: Aide, 2003.

[3] AGUIAR JÚNIOR, Ruy Rosado. *Comentários ao novo Código Civil – Da extinção do contrato – arts. 472 a 480*. Vol. VI, Tomo II. Rio de Janeiro: Forense, 2011.

[4] Esse fato ilustra, na verdade, uma interessante forma de circulação de modelos. A boa-fé objetiva fora prevista no BGB (Código Civil alemão de 1896, em vigor a partir de 1900), mas permaneceu letra morta durante as primeiras duas décadas do século XX. Posteriormente, frente às graves perturbações econômicas subsequentes ao primeiro conflito bélico mundial, os juízes alemães passaram a aplicar, de forma empírica, casuística, intuitiva, a boa-fé objetiva aos mais variados casos. Ao longo das décadas seguintes, a doutrina alemã examinou com interesse tais soluções jurisprudenciais e agrupou-as por casos – *Fallgruppen* –, sistematizando suas aplicações (boa-fé objetiva como cânone hermenêutico-integrativo, como criadora de deveres anexos, laterais ou instrumentais de conduta, e como limitadora do exercício de posições jurídicas subjetivas), tornando-a mais operacional. Assim, num primeiro momento, a boa-fé objetiva, prevista legis-

Mas sobre a contribuição de Ruy Rosado para o direito obrigacional em geral, e a boa-fé em particular, outros estão escrevendo nessa coletânea em homenagem ao grande jurista.

Assim, escolhi para objeto dessa despretenciosa colaboração as inúmeras contribuições do Min. Ruy para a evolução da Responsabilidade Civil brasileira, quer como doutrinador, quer como magistrado.

E é sobre isso que passamos, agora, a tratar.

2. Ruy Rosado doutrinador e a Responsabilidade Civil

Como doutrinador, ao longo de sua carreira, Ruy Rosado publicou textos envolvendo temas de responsabilidade civil, sendo que alguns permanecem como obras de referência obrigatória para qualquer pesquisador que deseje saber o estado da arte da matéria.

2.1. A Responsabilidade Civil do Estado pela prestação jurisdicional defeituosa

É o caso, por exemplo, de seu excelente "A Responsabilidade Civil do Estado pelo Exercício da Função Jurisdicional no Brasil", publicado na *Revista da AJURIS*, n. 59, em 1993. Trata-se de um exaustivo e completo estudo histórico, comparativo e dogmático sobre o tema. Refere a posição clássica adotada há décadas pelo E. STF, afirmando a irresponsabilidade do Estado por danos decorrentes da prestação jurisdicional, como regra,[5] e mostra a evolução das

---

lativamente em forma lacônica (*Treu und Glauben*) e sem desdobramentos regulatórios, sofreu aplicação prática ampliativa, mas errática, pela jurisprudência, para, na sequência, ser lapidada e sistematizada pela doutrina alemã, tornando-se uma noção útil, manejável e operacional. A partir daí, paulatinamente, tal noção foi absorvida pela doutrina mais culta de vários outros países, através de doutrinadores em condições de acessar os grandes autores alemães (numa época em que a internet ainda não existia e em que a única forma de ter conhecimento do desenvolvimento do direito em outros países era através da leitura de obras doutrinárias impressas, normalmente no idioma original. No direito brasileiro, o grande Clóvis do Couto e Silva, profundo conhecedor do direito alemão, já na década de sessenta mostrava estar perfeitamente atualizado com o que havia de mais moderno no direito germânico. Sua obra seminal – Obrigação como Processo – foi apresentada em 1964, como tese à obtenção de Livre-Docência junto à Faculdade de Direito da UFRGS (e publicada em forma comercial, somente doze anos depois: *A obrigação como processo*. São Paulo: José Bushatsky Ed., 1976). Já ali ele tratava de várias questões relacionadas à importância e aos efeitos da incorporação da boa-fé objetiva ao direito das obrigações. Dentre os inúmeros discípulos que tiveram sua vida marcada pela grandeza daquele inigualável Mestre encontrava-se Ruy Rosado, na década de oitenta. Ruy Rosado, acadêmico, absorve tal noção; Ruy Rosado, magistrado, imediatamente a aplica aos casos que lhe chegavam às mãos no Tribunal de Justiça do Estado, ainda antes do acolhimento da noção pelo CDC. E assim se fecha o ciclo: o *Richterrecht* alemão influenciando a doutrina germânica, que por sua vez influencia um doutrinador brasileiro, que influencia um acadêmico/juiz, que, através dos casos por ele julgados, passa a influenciar notavelmente a jurisprudência e a doutrina pátrias.

[5] "O Estado não é civilmente responsável pelos atos do Poder Judiciário, a não ser nos casos expressamente declarados em lei, porquanto a administração da justiça é um dos privilégios da soberania", consoante afirmado pelo plenário do STF, em acórdão de 13.10.71, publicado na RTJ 64/689. Além da soberania, os outros dois obstáculos às ações de responsabilização do Estado derivariam da autoridade da coisa julgada (e sua importância para a segurança e estabilidade social) e a ameaça à independência do julgador (o que já havia sido apontado em anterior acórdão do E. STF, de 9.12.1958, onde se afirmou que "Domina, pois, nesse âmbito, o princípio da irresponsabilidade, não só em atenção à autoridade da coisa julgada como também à liberdade e independência dos magistrados, que se sentiriam tolhidos, a cada passo, na sua função de dizer

ideias a respeito do tema, apontando o "movimento vigoroso em favor da ampliação do conceito, por motivos de ordem política e razões de ordem jurídica. Do ponto de vista político, porque a marcha para a plena realização do estado de direito (...) impõe a gradual extinção da ideia da irresponsabilidade. (...) Juridicamente, porque o ato estatal praticado através do Juiz não se distingue ontologicamente das demais atividades do Estado, estas geradoras do dever de indenizar, uma vez presentes os requisitos". Aponta que "a necessidade de realizar a justiça material (...) não se satisfaz com o sacrifício individual injusto, mesmo quando consequência do ato jurisdicional" e faz uma completa pesquisa doutrinária a respeito do tema, apontando dezenas de doutrinadores que defendem a responsabilização do Estado por atos jurisdicionais, em determinadas situações. Analisa, na sequência, o estado da arte nos direitos italiano, inglês, francês e espanhol. Na segunda parte do seu artigo, o articulista passa em revista e refuta algumas das objeções à responsabilização do Estado, refere as normas constitucionais e legais vigentes a respeito do tema e indica sua correta exegese.

Assentada a "premissa da responsabilidade do Estado pelos atos dos Juízes, causadores de dano injusto", indica, então, as hipóteses em que isso ocorre. Afirma, de início, que "o princípio da responsabilidade objetiva (...) não pode ser aceito no âmbito dos atos judiciais porque sempre, ou quase sempre, da atuação do Juiz na jurisdição contenciosa resultará alguma perda para uma das partes. Se esse dano fosse indenizável, transferir-se-ia para o Estado, na mais absoluta socialização dos prejuízos, todos os efeitos das contendas entre os particulares. É por isso que a regra ampla do art. 37, § 6º, da Constituição, deve ser trazida para os limites indicados no seu art. 5º, LXXV, que admite a indenização quando o ato é falho (erro na sentença) ou quando falha o serviço (excesso de prisão). A partir daí, a legislação ordinária e complementar vale para delinear com mais precisão os contornos dessa responsabilidade. O Estado responde quando o Juiz age com dolo, fraude (art. 133, I, do CPC; art. 49, I, da LOMAN), ou culpa grave, esta revelada pela negligência manifesta (art. 133, II, do CPC; arts. 49, II, e 56, I, da LOMAN) ou pela incapacitação para o trabalho (art. 56, III, da LOMAN)". Quanto à culpa, ela somente acarretará a responsabilidade estatal por ato culposo do Juiz "em três modalidades: a) na recusa, omissão ou retardo da providência que deva ordenar (art. 133, II, do CPC); b) na negligência manifesta (art. 56, I, da LOMAN); c) na insuficiente capacitação para o desempenho da função (art. 56, III, da LOMAN)". Em seguida, afirma que "em todos os casos, a culpa deve ser grave, isto é, expressar irrecusável desatenção ao cumprimento do dever funcional".

Aprofunda a análise, na sequência, sobre o erro judiciário, reparável após o desfazimento da sentença, afirmando que o mesmo "ocorre por equivocada apreciação dos fatos ou do Direito aplicável, o que leva o Juiz a proferir sentença passível de revisão ou de rescisão. Pode decorrer de dolo ou culpa do

---

o direito ou resolver as graves questões administrativas que lhe são afetas, pelo temor de engendrar responsabilidade, para si e para o Estado que representam" – publicado na Revista Forense, 194/159). Em seu artigo, refere o pesquisador que tal entendimento também fora acolhido pela jurisprudência dos Estados, citando os acórdãos publicados na RDA 50/139 e 53/183, na RT 259/127 (no âmbito do TJSP), bem como na Revista da AJURIS 19/114 e RJTJRGS 113/367 (no TJRS).

Juiz, de falha do serviço ou, até mesmo, (citando Paul Duez) 'se produzir fora de qualquer falta do serviço público. É um risco inerente ao funcionamento do serviço da justiça. Apesar da diligência e da extrema atenção dos magistrados e de seus auxiliares, os erros judiciários podem surgir'".

No campo da jurisdição penal, inclui no âmbito da reparação civil "a prisão preventiva, quando ilegal, e a legal de quem veio a ser finalmente absolvido com fundamento na categórica negativa da existência do fato ou da autoria, ou pelo reconhecimento da licitude do comportamento" – afastada, em qualquer caso, a responsabilização estatal quando a absolvição decorrer de simples falta de provas.

Afirma que "a ação de reparação de danos pressupõe o esgotamento dos recursos ordinários, pois este é o caminho proposto pela própria lei para a retificação das irregularidades e equívocos que previsivelmente podem ocorrer durante o processado", concluindo que "havendo sentença com trânsito em julgado, é pressuposto do pedido indenizatório o prévio desfazimento daquele ato, a ser obtido através da rescisão, no juízo cível, e de revisão no juízo criminal".

Dentre as conclusões gerais que apresenta ao final de seu artigo, refere ser sempre direta a responsabilidade do Estado pelos danos decorrentes do exercício da função jurisdicional, quando o Juiz age com dolo, fraude ou culpa grave (ressalvada a ação regressiva contra o Juiz), bem como nos casos de erro judiciário e nos demais casos de mau funcionamento dos serviços da justiça, incluindo a falta anônima.

Em outro estudo – *Comentários ao art. 5º, LXXV, da Constituição Federal*[6] – o Min. Ruy volta ao tema, analisando longamente as hipóteses constitucionais de responsabilidade do Estado por erro judiciário, assim como em razão de quem ficar preso além do tempo fixado na sentença. Inicia seus comentários frisando que: "A norma do art. 5º, LXXV, não significa que a ação jurisdicional do Estado somente autoriza indenização nos casos de erro judiciário ou de excesso de prisão. A regra não é limitativa, apenas realça duas situações especialmente graves para considerá-las como ofensivas aos direitos fundamentais. Outros casos, que não se enquadrem nesses dois conceitos, podem caracterizar a responsabilização do Estado, segundo o regime geral do art. 37, § 6º". No caso de sentença criminal condenatória transitada em julgado, sempre é cabível a revisão criminal (que será deferida nas hipóteses previstas no art. 621 do CPP). Nesse caso, "procedente a ação, no mesmo julgamento há de ser reconhecido o direito à indenização; se não, mediante ação autônoma, mas sempre depois da revisão aceita". Todavia, citando entendimento doutrinário, ressalta que "a exigência de desconstituição do julgado como pré-condição, obviamente, só se refere à decisão de mérito. Casos poderão ocorrer em que o erro judicial fique desde logo evidenciado, tornando possível a imediata ação de indenização, como, por exemplo, o excesso de tempo de prisão por omissão, esquecimento ou equívoco; prisão da pessoa errada por homonímia; atos praticados com abuso de autoridade – prisão sem formalidades legais, não relaxamento de prisão ilegal, etc.".

---

[6] Em obra coordenada por J. J. Gomes Canotilho, Gilmar Mendes, Ingo W. Sarlet e Lenio Streck, recentemente lançada.

Aprofundando a análise do "erro judiciário", afirma que a Constituição, ao se referir a ele, "não o estendeu a todos os casos de atuação do juiz (atos judiciários), mas limitou-o ao caso de condenação, isto é, ao erro cometido no exercício da função jurisdicional em sentido estrito".

2.2. Responsabilidade política e social dos magistrados

Em magnífico trabalho sobre a "Responsabilidade Política e Social dos Juízes nas Democracias Modernas", apresentado no *V Congresso Internacional de Derecho de Daños*, em Buenos Aires, em 1997, e publicado na Revista da AJURIS, n. 70, naquele mesmo ano, nosso preclaro homenageado discorre sobre as várias espécies de responsabilidade do juiz – civil, penal, disciplinar, política e social –, no direito comparado e brasileiro, com foco especial nas duas últimas espécies. Aborda todas as formas pelas quais o juiz é politicamente responsável, no sentido de poder vir a perder seu cargo (os Ministros do STF, pela prática de crimes de responsabilidade previstos na Lei 1.079/50; os demais magistrados, como efeito de sentença criminal por crime funcional ou comum, ou em processo civil, em razão de casos de incompatibilidade para o exercício da função). Inclui nesse tipo de responsabilização o juiz que venha a ser condenado a pena privativa da liberdade por tempo igual ou superior a um ano, nos crimes praticados com abuso de poder ou violação de dever (crime funcional), ou superior a quatro anos, nos demais casos (crime comum), a teor do que prevê o art. 92, I, do CP.

Fora do âmbito penal, o magistrado poderá vir a perder o cargo por sentença proferida em ação ordinária cível, instaurada na primeira instância a pedido do Tribunal a que estiver vinculado o juiz, nos casos de incompatibilidade para o exercício da função, enumerados no art. 95, parágrafo único, da Constituição Federal (exercício de outro cargo ou função, salvo uma de magistério; recebimento de custas ou participação em processo; dedicação à atividade político-partidária).

Na busca da "independência individual", refere que é necessário que o juiz "seja imune à pressão externa, antes de tomar a decisão, e ainda imune à reação que se segue à sentença, pelos que tem seus interesses contrariados. É irresponsável politicamente, no sentido de que não sofrerá sanção jurídica por desagradar a políticas governamentais ou de grupos de poder".

Discorrendo sobre a "responsabilidade social", afirma que ela permite um "juízo ético de reprovação, fundamentado na expectativa de que o juiz exercerá do melhor modo possível as funções do seu cargo (...). Há para o juiz o dever de atender a tal expectativa, embora a esse dever de prestação não corresponda nenhuma responsabilidade jurídica, pois o descumprimento não ensejará aplicação de sanções jurídicas".

2.3. A responsabilidade civil médica

Dois anos antes da apresentação do trabalho anterior, Ruy Rosado já havia apresentado outro trabalho na Argentina, por ocasião do *IV Congres-*

so Internacional de Derecho de Daños, em 1995. A palestra então proferida foi posteriormente convertida em artigo doutrinário com o nome de "Responsabilidade Civil do Médico" e publicado no livro *Direito & Medicina – Aspectos jurídicos da Medicina*, coordenada pelo saudoso Ministro Sálvio de Figueiredo Teixeira.[7] Em tal obra, Ruy Rosado efetua completa análise do "estado da arte" doutrinário e jurisprudencial sobre a responsabilidade civil médica no Brasil, mostrando grande conhecimento sobre as discussões travadas no âmbito do direito comparado.

Situa, inicialmente, que a responsabilidade civil específica do médico, por ato próprio, pressupõe a prática de ato médico, com violação a um dever médico imposto pela lei, pelo costume ou pelo contrato, imputável a título de culpa,[8] causador de um dano injusto, patrimonial ou extrapatrimonial. Tal responsabilidade pode ser estendida para abranger o dever de reparar danos causados por ato de outro ou por fato das coisas que usa a seu serviço.

Discorre, na sequência, sobre as distintas responsabilidades contratual e extracontratual do médico, distingue obrigações de meio e de resultado e efetua ótima síntese dos deveres do médico, dando especial destaque ao *dever de informação*, a fim de obter do paciente o *consentimento esclarecido*.

Outro importante dever do médico, cuja relevância tem especial importância em processos judiciais, diz respeito ao "dever lateral de documentação", com exibição do prontuário que todo médico deve elaborar e a cujo acesso o paciente tem direito, segundo o próprio Código de Ética Médica. Cita autores portugueses (Figueiredo Dias e Jorge Monteiro) que vinculam tal dever ao princípio de boa-fé: "a boa-fé exige que o médico ou a instituição médica que contratou com o doente, mesmo *post contractum finitum*, ponha à sua disposição a documentação necessária para permitir averiguar se lhe foram prestados os 'melhores cuidados'".[9]

Pontua que a culpa do médico há de ser certa, mas não necessariamente grave; para sua identificação, há de se comparar a conduta em exame com os

---

[7] TEIXEIRA, Sálvio de Figueiredo (coord.). *Direito & Medicina – Aspectos Jurídicos da Medicina*. Belo Horizonte: Del Rey, 2000.

[8] Não há dúvidas de que, no direito brasileiro, a partir do disposto no art. 951 do CC e no art. 14, §4º, do CDC, a responsabilidade do médico possui natureza subjetiva. E assim também o é em todos os sistemas jurídicos estrangeiros, embora com algumas exceções que por vezes configuram situações próximas a uma responsabilidade objetiva, como em caso de configuração de obrigação de resultado, presunções de culpa de difícil reversão, etc. No direito espanhol, Luis Gonzáles Morán (*La responsabilidad civil del médico*. Barcelona: José Maria Bosch, 1990, p. 215/221) cita quatro casos em que a jurisprudência da Sala Primera do Tribunal Supremo daquele país vem julgando de forma a caracterizar, na prática, situações de responsabilidade objetiva: 1) em caso de inversão da carga probatória, em situações de utilização de meios perigosos, como equipamentos radioativos; 2) identificação de obrigação de fornecimento de medicamentos em bom estado: tratava-se de caso em que foi aplicado ao paciente um soro na fase pós-operatória, vindo o paciente a sofrer cegueira; 3) identificação de exigência de manter as instalações em bom estado e dispor de instrumental adequado – no caso julgado, houve problemas com o aparelho dispensador de oxigênio, vindo o paciente a entrar em óbito; 4) aplicação da ideia de "prueba de presunciones", segundo a qual "ante la existencia de unos determinados hechos, la producción de un daño solo se explica sobre la base de que exista una conducta culposa en el demandado, la que se presume; de ahí que deberá ser éste quien demuestre que empléo la diligencia debida y exigible". Apesar do autor agrupar tais situações como sendo praticamente de responsabilidade objetiva, talvez o mais correto fosse nelas identificar situações de presunção de culpa, com simples inversão de prova.

[9] DIAS, Figueiredo; MONTEIRO, Jorge. Responsabilidade médica em Portugal. *Revista Forense* n. 289/53.

padrões determinados pelos usos da ciência. Em suas palavras, "o juiz deve estabelecer quais os cuidados possíveis que ao profissional cabia dispensar ao doente, de acordo com os padrões determinados pelos usos da ciência, e confrontar essa norma concreta, fixada para o caso, com o comportamento efetivamente adotado pelo médico. Se ele não a observou, agiu com culpa".

Discorre sobre a *"carga probatória dinâmica"*, de origem argentina, mostrando sua plena compatibilidade com o direito brasileiro, baseado no fato de que "tendo as partes o dever de agir com boa-fé e de levar ao juiz o maior número de informações de fato para a melhor solução da causa, cada uma delas está obrigada a concorrer com os elementos de prova a seu alcance. Nas relações médico-paciente, é normalmente o médico quem dispõe de maior número e de melhores dados sobre o fato, daí o seu dever processual de levá-los ao processo, fazendo a prova da correção do seu comportamento". Esclarece, porém, que "tocando ao médico o ônus de provar que agiu sem culpa, não se lhe atribui a produção de prova negativa, apenas se exige dele a demonstração 'de como fez o diagnóstico, de haver empregado conhecimentos e técnicas aceitáveis, haver ministrado ou indicado a medicação adequada, haver efetuado a operação que correspondia em forma adequada, haver controlado devidamente o paciente, etc.".[10]

Discorre, também, sobre a *cirurgia estética*, referindo o entendimento amplamente majoritário no Brasil, no sentido de se tratar de uma obrigação de resultado. Critica, porém, tal posicionamento, a partir da evolução das ideias na França a respeito do tema, onde já se concluiu a passagem da ideia de uma obrigação de resultado para uma obrigação de meios, embora com intenso dever de informação. Refere que "a orientação hoje vigente na França, na doutrina e na jurisprudência, inclina-se por admitir que a obrigação a que está submetido o cirurgião plástico não é diferente daquela dos demais cirurgiões, pois corre os mesmos riscos e depende da mesma álea. Seria, portanto, como a dos médicos em geral, uma obrigação de meios. A particularidade residiria no recrudescimento dos deveres de informação, a qual deve ser exaustiva, e de consentimento, claramente manifestado, esclarecido, determinado". Cita decisões da Corte de Cassação francesa a respeito desse entendimento, lá consolidado, e cita doutrinadores franceses (Georges Durry, Jean Penneau e François Chabas) e o doutrinador uruguaio Luis Andorno em apoio ao seu convencimento. Flexibiliza um pouco o seu entendimento a respeito do tema, referindo que "na cirurgia estética, o dano pode consistir em não alcançar o resultado embelezador pretendido, com frustração da expectativa, ou em agravar os defeitos, piorando as condições do paciente. As duas situações devem ser resolvidas à luz dos princípios que regem a obrigação de meios, mas no segundo fica mais visível a imprudência ou a imperícia do médico que provoca a deformidade. O insucesso da operação, nesse último caso, caracteriza indício sério da culpa do profissional, a quem incumbe a contraprova de atuação correta".[11]

---

[10] Nesse aspecto, citando ANDORNO, Luis, La responsabilidad civil médica. *Revista da AJURIS*, 59, v. 20 (1993), p. 233.

[11] Além dos autores citados pelo Ministro Ruy Rosado, outros autores também ignoram a distinção entre cirurgia geral e a estética, para fins de identificação de obrigações de meios ou de resultado, como é o caso dos

Em item dedicado à "medicina coletiva", o ora homenageado analisa inúmeras situações em que a atividade do médico está interligada com outras atividades afins, seja de colegas que participam em atos cirúrgicos, de enfermeiros no âmbito hospitalar, etc. Em caso de equipe cirúrgica, afirma que "responde o chefe da equipe tanto pelos atos dos outros médicos, seus assistentes, como pelos serviços auxiliares de enfermagem (salvo quando estes constituem atos de enfermagem banais e comuns, pelos quais responde o hospital)".[12]

Refere que o hospital, em princípio, não responde pelos atos danosos praticados por médicos contratados diretamente pelo paciente, ainda que o ato médico tenha sido praticado no âmbito hospitalar. O nosocômio responderia, porém, por danos causados por médicos empregados seus, plantonistas, prepostos em geral.

Destaca a situação do anestesista, que, em princípio, pratica ato destacável e responde isoladamente pelos danos derivados diretamente do procedimento anestésico, salvo se o anestesista tiver sido escolhido pelo próprio cirurgião, e não pelo paciente ou imposto pelo hospital. Discorre sobre os possíveis erros do anestesista: *de diagnóstico* (avaliar mal o risco anestésico, a resistência do

---

professores uruguaios DORA SZAFIR e CELSO SILVA, in: *Error chirurgico inexcusable – A quien demandar*? (Rosário: Fundación de cultura universitária, 1998, p. 89): "Con relación a la profesión médica la obligación es de medios en la etapa de de tratamiento, diagnóstico y en materia de cirugía, sea ésta general o estética. Aún en la cirugía estética existen factores aleatorios y de riesgo que justifican la imposibilidad de prometer el resultado que espera el paciente. Por el contrario, las obligaciones de resultado se ubican en el área de la hospitalización, en especial en sede de infecciones intrahospitalarias y enfermedades nosocomiales, así como en la transmisión de enfermedades por sangre siempre referente a las actividades de los bancos de sangre o servicios de hemoterapia y a los laboratorios que efectúan las pruebas serológicas".

Na Argentina, entendem que mesmo o cirurgião plástico assume uma obrigação de meios: Roberto Vázquez Ferreyra, "Responsabilidad civil en la cirugía plástica y obstetricia", La ley, 1995-B-1238; Alicia Báez de Figuerola, "Responsabilidad civil de los cirujanos plásticos", in: Zeus, T.62 D-49; Jorge Patane y Carolina Patane Villalonga, "Cirugía estética. Obligación de médios", in: La Ley, 1996-E-938; Manuel Cornet, "El contrato de cirugía plástica", in: Obligaciones y contratos en los albores del siglo XXI, dirigido por Oscar J. Ameal, Buenos Aires: Abeledo-Perrot, 2001; Ricardo D. Rabinovich-Berkman, Responsabilidad del médico, Buenos Aires: Astrea, 1999, p. 485; Maria del Carmen García Sánchez, "Responsabilidad del cirujano estético", in: Responsabilidad profesional, n. 5, dirigido por Carlos A. Ghersi, Buenos Aires: Astrea, 1998, p. 47; Amílcar R. Urrutia e outros, Responsabilidad médico-legal de los cirujanos, Macchi, 1995, p. 453 e 109.

Em sentido contrário, porém, orienta-se majoritariamente a jurisprudência argentina, identificando na atividade dos cirurgiões estéticos uma verdadeira obrigação de resultado, como se vê da pesquisa jurisprudencial apresentada por Juan Manuel Pevot, *Responsabilidad Médica*. Paraná: Delta Editora, 2007, p. 95, e confirmada pela pesquisa feita por Oscar Ernesto Garay, em seu precioso Tratado de la Responsabilidad Civil en las Especialidades Médicas, Tomo I, páginas 572 e seguintes (Buenos Aires: Errepar, 2009). Esse mesmo autor elenca (op. cit., p. 569 seg.) os autores argentinos que adotam o entendimento de se tratar de obrigação de resultado: Alberto Bueres, Responsabilidad civil de los médicos, Buenos Aires: Ábaco, 1979, p. 373/374; Alfredo Mario Condomi, "Responsabilidad civil en la cirugía estética", in: Doctrina Judicial, 1997-2-191; Jorge Mosset Iturraspe, Responsabilidad Civil del Médico, Buenos Aires: Ástrea, 1985, p. 133/134). Outros autores, ainda, adotam uma posição intermediária, fazendo algumas distinções, como Roberto Angel Meneghini ("Enjundioso fallo sobre responsabilidad médica", Doctrina judicial, 2002-2-297); Graciela Loveece (Cirugía estética y responsabilidad médica. Eximentes: la discrecionalidad científica y culpa del paciente. El consumo estético". JA, 2001-IV-605); Jaime Fernández Madero ("El daño en intervenciones de cirugía plástica", La Ley, 2002-C-927); Ricardo Luis Lorenzetti (*Responsabilidad civil de los médicos*. T. II. Buenos Aires: Rubinzal-Culzoni, 1997, p. 289.

[12] Nesse sentido também se posiciona boa parte da doutrina, citando-se, exemplificativamente, o especialista francês JEAN PENNEAU, *La responsabilité du médecin* (Paris: Dalloz, 1992, p. 81), que afirma que quando o paciente contrata apenas o médico chefe da equipe, "la jurisprudence a considéré que le chef de l'équipe répond des fautes commises par le membre de l'équipe" (a jurisprudência tem considerado que o chefe da equipe responde pelas culpas cometidas pelo membro da equipe).

paciente), *terapêutico* (medicação pré-anestésica ineficaz, omissões durante a aplicação) e *de técnica* (uso de substância inadequada, oxigenação insuficiente, etc.). Critica a posição daqueles que sustentam vincular-se o anestesista a uma obrigação de resultado, afirmando que "a álea a que estão submetidos ao anestesista e seu paciente não é diferente das demais situações enfrentadas pela medicina, razão pela qual não deixa de ser uma obrigação de meios, ainda que se imponha ao profissional alguns cuidados especiais".

Aborda, também, o controvertido tema da responsabilidade do médico pelos danos derivados do *uso de instrumentos perigosos*, que seria uma espécie de responsabilidade pelo fato da coisa (guarda da coisa). Depois de citar escólio de Aguiar Dias a respeito da responsabilidade pelo fato da coisa, refere que "pela utilização de instrumentos perigosos que causem danos aos seus pacientes, responde o médico, tenha sido ele mesmo quem manipulou o instrumento ou o aparelho, tenha sido um não médico, seu empregado". Menciona o entendimento do jurista francês Jerome Huet[13] no sentido de que "há uma tendência legítima de fazer pesar sobre o profissional uma obrigação de resultado a partir do momento em que a prestação é de ordem material". Conclui o item afirmando que "a responsabilidade do médico, relativamente às coisas e instrumentos que utiliza, decorre do princípio geral da responsabilidade do dono ou detentor", nos mesmos moldes em que responde também o hospital nas mesmas circunstâncias – isso tudo sem afastar a responsabilidade do fabricante do instrumento, em caso de defeito de fabricação, nos termos da legislação consumerista.[14] [15]

---

[13] HUET, Jerome. In *Revue Trimestrielle de Droit Civil*, 1986, p. 763.

[14] Por ocasião da V Jornada de Direito Civil/STJ, inspirado nesse posicionamento, apresentei proposta de enunciado relativa ao art. 951 do Código Civil, tendo a proposta sido aprovada sob n. 460, com a seguinte redação: "Art. 951: A responsabilidade subjetiva do profissional da área da saúde, nos termos do art. 951 do Código Civil e do art. 14, § 4º, do Código de Defesa do Consumidor, não afasta a sua responsabilidade objetiva pelo fato da coisa da qual tem a guarda, em caso de uso de aparelhos ou instrumentos que, por eventual disfunção, venham a causar danos a pacientes, sem prejuízo do direito regressivo do profissional em relação ao fornecedor do aparelho e sem prejuízo da ação direta do paciente, na condição de consumidor, contra tal fornecedor". A justificativa que então apresentei foi a seguinte: "É incontroverso que a responsabilidade pessoal dos médicos, dentistas e demais profissionais da área da saúde, é subjetiva, nos expressos termos do art. 951 do CC e art. 14, § 4º, do CDC. Todavia, a responsabilidade de tais profissionais é objetiva, quando vierem a causar danos aos seus pacientes em razão de defeitos ou uso disfuncional de aparelhos ou instrumentos empregados em sua atividade profissional. Essa responsabilidade pelo fato da coisa verifica-se não em razão de danos derivados de errôneo manuseio do aparelho ou instrumento (que seria um comum erro médico), mas sim de danos causados por eventual disfuncionalidade do próprio aparelho, que não funcionou como deveria, apesar de nenhuma falha imputável ao operador. Seriam exemplos de tal disfuncionalidade: a excessiva emissão de radioatividade por um aparelho de raio-X que venha a causar danos ao paciente; a lesão à córnea do paciente, causada pelo aparelho medidor de pressão do globo ocular; lesões internas no aparelho digestivo do paciente, causadas pelo rompimento de uma peça do endoscópio, etc. Tal hipótese de responsabilidade objetiva não conflita com a reconhecida responsabilidade subjetiva dos médicos e dentistas, pois não se trata de responsabilidade por ato próprio, mas sim pelo fato da coisa. Protege-se, assim, a vítima inocente, que sofreu dano injusto (no sentido de que a ele não deu causa), devendo o risco ser assumido, num primeiro momento, por quem se utiliza do aparelho em suas atividades profissionais, sem prejuízo de posteriormente agir regressivamente contra o fornecedor do aparelho. Aliás, se assim o desejar, a própria vítima poderá, com base no CDC, na condição de consumidor equiparado, ajuizar uma ação direta contra o fabricante".

[15] É sabido que a chamada responsabilidade pelo fato das coisas ou pela guarda das coisas inanimadas tem origem na França (*responsabilité du fait des choses inanimées*), a partir de uma peculiar interpretação do § 1º do art. 1.384 do seu Código Civil ("*On est responsable non seulement du dommage que l'on cause par son propre fait, mais encore de celui qui est causé par le fait de personnes dont on doit répondre ou des choses que l'on a sous sa garde*").

Aborda, também, o tema da *responsabilidade civil dos hospitais públicos*, discorrendo sobre as correntes doutrinárias e jurisprudenciais existentes, concluindo que "não parece razoável impor ao Estado o dever de indenizar dano produzido por preposto de serviço público cuja ação, sem nenhuma falha, tenha sido praticada para beneficiar diretamente o usuário. (...) Na hipótese em que há o resultado danoso, apesar dos esforços do serviço público para o tratamento do doente, elimina-se a responsabilidade do Estado sempre que a administração pública demonstrar o procedimento regular dos seus serviços, atribuída a causa do resultado danoso a fato da natureza". E, mais adiante, reitera que "o Estado se exonera do dever de indenizar por danos decorrentes do exercício de sua atividade médico-hospitalar sempre que demonstrar que o médico a seu serviço não lhes deu causa, mas que esta adveio das condições próprias do paciente".

Referindo-se especificamente ao Instituto Nacional do Seguro Social (INSS), afirma que a autarquia previdenciária "pode prestar serviços hospitalares através de seus próprios hospitais, ou entidades conveniadas, e por médicos credenciados. Fazendo convênio com hospitais particulares, é dele a obrigação de fiscalizar a prestação desses serviços, e dele, portanto, a responsabilidade pelos danos causados em pacientes seus segurados", sendo que "também pelos atos dos médicos credenciados tem sido reconhecida a responsabilidade do Instituto", respondendo "os médicos diretamente, provada a sua culpa, e o Instituto, solidariamente".

Quanto às entidades privadas de assistência à saúde, que gerenciam planos de saúde, credenciando médicos, clínicas e hospitais, afirma que "tem responsabilidade solidária pela reparação dos danos decorrentes de serviços médicos ou hospitalares credenciados", salvo se se tratar de empresas que ape-

---

A evolução jurisprudencial ampliativa a respeito desse dispositivo artigo inicia em 1896, com o importante acórdão no *caso Teffaine*, no qual a Corte de Cassação francesa admitiu a responsabilidade do empregador pela morte de seu empregado, em razão de um defeito que causou a explosão da caldeira de um barco rebocador. Apesar da completa ausência de evidências de uma culpa do empregador – e o regime da culpa provada era até então um dogma – a mais alta corte de justiça ordinária francesa admitiu a responsabilidade civil daquele. O segundo passo importante da evolução deu-se em 1930, com o celebérrimo *caso Jand'heur*, envolvendo um acidente de trânsito. Entendeu-se, em resumo, que veículos são coisas intrinsecamente perigosas, reconhecendo-se uma *"présonmption de responsabilité"* do guardião da coisa, que só poderia ser afastada diante da prova de uma *"cause étrangère"*. A partir daí a responsabilidade pelo fato da coisa foi ganhando autonomia, aplicando-se a coisas móveis e imóveis e às mais diversas situações (eletricidade, elevadores, garrafas contendo líquidos impróprios, gás, etc., etc.). Sobre essa evolução histórica, seus desdobramentos e suas aplicações mais recentes, v. Patrice Jourdain, *Les principes de la responsabilité civile*. 7. éd. Paris: Dalloz, 2007, p. 81 e seg.

Diga-se, porém, a bem da verdade, que uma concepção semelhante – de responsabilidade pelo fato das coisas – pode ser identificada no célebre caso inglês *Rylands v. Fletcher*, julgado pela então *House of Lords* britânica (a mais alta corte de justiça inglesa), em 1868. Naquele caso, os senhores John Rylands e Jehu Horrocksl determinaram a construção de um pequeno açude no moinho de sua propriedade. Não sabiam eles, porém, que antigamente, abaixo daquela área onde o açude estava sendo construído, houvera uma mina, repleta de galerias subterrâneas, então há muito abandonadas. Quando começaram a represar água no açude, ela acabou se infiltrando e invadindo as galerias e através delas escorreu direção à área contígua, de propriedade do senhor Fletcher, invadindo as galerias das minas que ele ainda possuía e explorava no terreno vizinho. A mais alta corte britânica reconheceu, nesse caso, a responsabilidade objetiva dos proprietários do moinho pelos danos causados ao vizinho, aplicando a ideia de que se deve utilizar de seus próprios bens de forma a não prejudicar outrem. O acórdão pode ser lido na obra *Les grands arrêts de la common law – Volume 3 – La responsabilité civil délictuelle*, organizado por Jacques Vanderlinden. Bruxelles: Bruylant & Les éditions Yvon Blais Inc, 2000, p. 1 a 4.

nas reembolsam as despesas efetuadas pelo paciente segurado, tendo estes liberdade para escolher médico e hospital.

Outro tópico que é analisado pelo notável jurista é o da *pesquisa médica* e seus limites. Refere as regras elaboradas no cenário internacional, a partir do Tribunal de Nuremberg que deu conhecimento ao mundo sobre os horrores feitos com prisioneiros de campos de concentração, em termo de experimentação médica. Tais regras envolveriam a necessidade de se observar que o sujeito da pesquisa tivesse capacidade de consentir e dar seu consentimento livre de qualquer coação e plenamente esclarecido; a necessidade da experiência e a impossibilidade de realizar-se de outro modo; de ser precedida de experiências com animais; de evitar todo o sofrimento e dano não necessários; de se assegurar que os riscos não excedam o real valor da experiência; de que o sujeito deve poder interromper a experiência e o pesquisador deve estar pronto a interrompê-la em caso de perigo, sendo que em nenhuma hipótese se deve pressupor a possibilidade de ocorrência de morte ou a invalidez do sujeito, dentre outras.

Refere, na sequência, a regulação da matéria no Brasil, citando o Código de Ética Médica da época e a Resolução n. 1, de 13.06.88, do Conselho Nacional de Saúde.

2.3.1. O consentimento informado

Na época em que o Min. Ruy escreveu seu texto, a questão do *consentimento informado* do paciente já era conhecida doutrinariamente, disciplinada normativamente e aplicada jurisprudencialmente. Todavia, ainda não se dada ao tema, no âmbito jurídico, o real destaque que ela merece, não sendo devidamente realçado, na época, ser ela importante aspecto do respeito à autodeterminação do paciente. Daí a precoce importância da abordagem do vanguardeiro jurista, a fim de difundir os aspectos ligados a tão relevante tema.

Coerentemente com sua postura doutrinária, o magistrado Ruy Rosado, em acórdãos relativos ao tema, sempre realçou a importância de se obter o consentimento informado do paciente, sob pena de responsabilidade civil do prestador de serviços médico-hospitalares. Sirvam de exemplo dois acórdãos proferidos no âmbito do STJ, por ele relatados:

RESPONSABILIDADE CIVIL. Hospital. Santa Casa. Consentimento informado.
A Santa Casa, apesar de ser instituição sem fins lucrativos, responde solidariamente pelo erro do seu médico, que deixa de cumprir com a obrigação de obter *consentimento informado* a respeito de cirurgia de risco, da qual resultou a perda da visão da paciente. (REsp 467878, T4, j. em 05/12/2002)

RESPONSABILIDADE CIVIL. Médico. Consentimento informado.
A despreocupação do facultativo em obter do paciente seu consentimento informado pode significar – nos casos mais graves – negligência no exercício profissional. As exigências do princípio do *consentimento informado* devem ser atendidas com maior zelo na medida em que aumenta o risco, ou o dano. (REsp 436827 / SP, T4, j. em 01/10/2002)

Acrescentamos que, sobre esse tema, a legislação civil só veio a dele tomar conhecimento com a promulgação do Código Civil de 2002, prevendo-se, no seu art. 15, que: "Ninguém pode ser constrangido a submeter-se, com risco de vida, a tratamento médico ou a intervenção cirúrgica".[16]

Na verdade, a questão do consentimento informado está vinculada ao direito fundamental de autodeterminação do paciente (princípio ético da autonomia). Portanto, uma leitura constitucional do art. 15 demanda que o consentimento seja exigível em qualquer tipo de procedimento médico, e não somente naqueles que acarretem risco de vida.

Até o século XIX, o consentimento era visto como algo desejável para favorecer o tratamento, com atitudes colaborativas do doente. Atualmente, é visto como um direito fundamental do paciente-cidadão, vinculado à autodeterminação.

De fato, o fim principal do dever de esclarecimento é permitir que o paciente faça conscientemente a sua opção, com responsabilidade própria face à intervenção terapêutica, conhecendo os seus custos e consequências, bem como os seus riscos, assumindo-se assim o doente como senhor do seu próprio corpo.

Na literatura especializada, cita-se antigo precedente jurisprudencial inglês – caso *Slater v. Baker & Stapleton* (1767), no qual houve a responsabilização de dois médicos por estes, sem terem pedido previamente o consentimento do doente, terem-lhe quebrado um osso com vista a tratar uma fratura mal consolidada.

Precedente mais famoso ocorreu cento e cinquenta anos depois, do outro lado do Atlântico: refiro-me ao caso *Schloendorff v. Society of New York Hospital*,[17] julgado em 1914, no qual o Juiz Benjamin Cardozo, quando ainda atuava junto ao Tribunal de Justiça de Nova Iorque e antes de sua nomeação para a Suprema Corte norte-americana, afirmou que *"every human being of adult years and sound mind has a right to determine what shall be done with his own body"* (em tradução livre: "todo ser humano adulto e capaz tem o direito de determinar o que deverá ser feito com seu próprio corpo").

Na França, o precedente mais famoso é de 1961, da *Cour de Cassation*, quando se afirmou que o médico deve fornecer ao paciente "une information simple, approximative, intelligible et loyale pour lui permettre de prendre la décision qu'il estimait s'imposer" (uma informação simples, apropriada, inteligível e fidedigna que lhe permita tomar a decisão que ele pretenda se impor).

---

[16] Poderíamos indicar como textos precursores: 1. "Código de Nuremberg" (1947) – primeiro texto que explicita a exigência de consentimento (mas vinculado a experimentações médicas). 2. Declaração de Helsinque (1964), da Associação Médica Mundial – ainda vinculado a experimentações médicas. 3. Declaração de Lisboa (1981), também da Associação Médica Mundial – afirmou que "depois de ter sido informado sobre o tratamento proposto, o doente tem o direito de aceitar ou recusar". Atualmente, o tema é previsto em várias passagens do Novo Código de Ética Médica (Resolução CFM n. 1931/2009, DOU 24.09.2009): Capítulo I, n. XXI, Capítulo IV, 22; Capítulo V, arts. 31 e 34.

[17] No caso, tratava-se da extirpação de um tumor fibroide do abdômen de um paciente, durante uma laparotomia exploratória, programada para ser meramente diagnóstica, tendo o paciente previamente declarado que não queria ser operado.

A expressão *"informed consent"* foi introduzida em 1957 nos Estados Unidos, daí se espalhando para os demais países. Naquele ano, na decisão proferida no caso *Salgo v. Leland Stanford Jr University Board of Trustees*, o juiz Bray afirmou que "um médico viola as suas obrigações para com o paciente e sujeita-se a ser demandado se lhe oculta qualquer fato que possa ser necessário para fundamentar um consentimento informado e esclarecido do tratamento proposto. O médico não pode minimizar os riscos conhecidos de um procedimento ou operação para induzir ao consentimento do seu paciente".

Hoje, em todos os países civilizados, há leis, regulamentos ou "cartas de direito" que impõem a necessidade do consentimento prévio e esclarecido do paciente.

Costuma-se distinguir o *esclarecimento terapêutico* de noção afim, mas distinta, do *esclarecimento para a autodeterminação*.

O consentimento informado foi sendo edificado ao longo do século XX e tem em vista permitir a autodeterminação do indivíduo nos cuidados de saúde e não se confunde com o simples esclarecimento terapêutico. Este consiste em prestar todas as informações necessárias para que o paciente se prepare para uma intervenção diagnóstica ou curativa. Pode envolver aconselhamentos sobre medidas a tomar (fazer ginástica; movimentar o órgão, etc.); medidas a evitar (ex.: dirigir, levantar peso); alertas quanto à medicação, seus efeitos, etc. Tais orientações e esclarecimentos dizem respeito à *leges artis*, e tem em vista a tutela da integridade psicofísica do paciente.

Já no esclarecimento para a autodeterminação, estamos perante a informação que o médico deve dar previamente a qualquer intervenção médica, para possibilitar uma livre decisão do paciente, em cumprimento ao princípio da autonomia da pessoa humana. É deste que substancialmente se trata, quando se fala em consentimento informado ou esclarecido. O esclarecimento terapêutico possui um viés mais prático, ao passo que o esclarecimento para a autodeterminação encerra noção mais profunda, de natureza filosófica.

Outras distinções ainda podem ser feitas, o que evidencia as sutilezas que o tema suscita. A doutrina alemã, por exemplo, costuma distinguir entre *consentimento para a intervenção médica* (paciente aceita submeter-se à intervenção), *consentimento para o risco* (paciente aceita os riscos inerentes ao procedimento), *consentimento para investigar* (paciente autoriza que se investigue sua esfera íntima, com base em produto biológico previamente colhido) (ex.: análise de DNA a partir de seu material genético) e a verdadeira *escolha informada (informed choice)*, que abrangeria outros aspectos, tais como as consequências da recusa ou interrupção do tratamento, as alternativas terapêuticas, a escolha dos medicamentos, a escolha do estabelecimento de saúde, etc.

Atualmente vem sendo chamada a atenção para certa crise do consentimento, em razão das modernas características da medicina: existência de protocolos médicos, *guidelines* que limitam a liberdade do médico e do paciente, certas práticas de medicina defensiva (solicitação de inúmeros exames, etc.). Todavia, isso não afasta a imperiosidade de, em todos esses casos, ser do paciente a última palavra, ainda que o médico se sinta constrito, em casos muito peculiares, pelos fatores acima referidos, a indicar uma única terapia a seguir.[18]

No Brasil, a questão do consentimento informado é suscitada normalmente no âmbito do tratamento de testemunhas de Jeová, que se recusam a receber transfusão de sangue, em razão de uma particular interpretação bíblica. Houve um tempo, não mais de duas décadas atrás, em que, diante da recusa de tais crentes a se submeterem a uma transfusão de sangue – o que inviabilizaria a realização de uma cirurgia de certo porte que se reputasse imprescindível – o médico acionava mecanismos internos do hospital, formando-se uma comissão médica que avaliava o caso e, entendendo que a cirurgia era imprescindível para evitar a morte do paciente, sugeria que ela fosse feita com urgência. Com base nesse laudo, a assessoria jurídica do hospital costumava requerer "alvará judicial", buscando suprir o consentimento e determinando que a intervenção cirúrgica fosse realizada, em nome de uma pressuposta superioridade do direito à vida em face da liberdade de crença.

Hoje tais pedidos de suprimento de vontade só são excepcionalmente apresentados, normalmente em caso de menores e incapazes, já que os médicos absorveram a importância de se obter o consentimento prévio de seus pacientes ante qualquer procedimento terapêutico, como preconizado pelo seu Código de Ética Médica. Em caso de recusa, a providência prática a adotar, para afastar qualquer responsabilidade futura, seria realmente expor a situação ao paciente e seus familiares ou responsáveis, sinalizando sua gravidade, a imperiosidade da intervenção e a consequente necessidade de transfusão de sangue, bem como indicando os enormes riscos associados à ausência de intervenção. Se mesmo assim, devidamente esclarecidos, o paciente adulto e consciente, assistido por seus familiares, não quiser se submeter ao procedimento, nada mais restaria senão tomar por termo todo o ocorrido, colhendo-se a assinatura dos envolvidos, assumindo eles a responsabilidade pelas eventuais consequências, inclusive fatais.

Como pontua, a respeito, o professor Anderson Schreiber,[19] "é intolerável que uma Testemunha de Jeová seja compelida, contra a sua livre manifestação de vontade, a receber transfusão de sangue, com base na pretensa superioridade do direito à vida sobre a sua liberdade de crença. Note-se que a priorização da vida representa, ela própria, uma 'crença', apenas que da parte do médico, guiado, em sua conduta, por um entendimento que não deriva das normas jurídicas, mas das suas próprias convicções científicas e filosóficas. Normas profissionais emanadas do Conselho Federal de Medicina não podem ser invocadas para afastar a incidência da Constituição, que coloca a liberdade de religião e o direito à vida no mesmíssimo patamar".

O tema também tem conexões com o chamado *Living will* – testamento vital ou biológico,– instrumento por meio do qual a pessoa, lúcida, manifesta sua recusa a receber certos tratamentos médicos ou dá orientações sobre o

---

[18] As informações sobre a evolução histórica do consentimento informado e suas distinções dogmáticas foram baseadas substancialmente na monumental obra de ANDRÉ GONÇALO DIAS PEREIRA, *O consentimento informado na relação médico-paciente*. Coimbra: Coimbra Editora, 2004, esp. p. 56 a 77.

[19] SCHREIBER, Anderson. *Direitos da personalidade*. São Paulo: Atlas, 2011, p. 52.

que fazer com ela, caso ela venha a se encontrar em estado de inconsciência quando a situação se apresentar. Especialmente nos Estados Unidos, também são utilizados os chamados *health care proxies* (procurações para tratamento de saúde) – procuração pela qual se constitui um mandatário, previamente instruído sobre o que fazer, para que tome decisões por ele, quanto aos tratamentos sanitários, caso ele venha a perder a lucidez.

Quando Ruy Rosado trata da questão do dano indenizável na esfera médica, cita a frustração do *"projeto de vida"* da vítima como espécie de dano, noção que, na época em que o artigo fora escrito, era praticamente ignorada no Brasil.

Sobre esse tema, tivemos oportunidade de escrever[20] que segundo o notável jurista peruano Carlos Fernández Sessarego,[21] o mais grave dano que se pode causar a uma pessoa é aquele que repercute de modo radical em seu projeto de vida, quer dizer, aquele ato danoso que impede que o ser humano se realize existencialmente, em conformidade com dito projeto livremente escolhido, atendendo a uma vocação própria. A consequência mais grave do dano não patrimonial à pessoa é obrigá-la a uma mudança de seu projeto de vida, de sua atividade habitual e vocacional. (ex: lesões à mão de um artista plástico ou de um cirurgião, compelindo-os a alterarem seus projetos de vida profissional e de realização pessoal).

Eis como o eminente jurista fundamenta a importância do projeto de vida e a necessidade de reparar os danos decorrentes de sua violação:

> El ser humano, en cuanto ser libertad, es un constante, un continuo y permanente ser proyectante o proyectivo. El ser humano, el "ser ahí" heideggeriano es el que, "en cuanto tal, se ha proyectado en cada caso ya, y mientras es, es proyectante".[22] Como expresa Heidegger, el ser humano es un ser proyectante. O, como preferimos decirlo es, de suyo, proyectivo. Proyecto, como está dicho, significa libertad con vocación de convertirse en un acto de vida o una meta existencial a cumplirse por el ser humano. Se proyecta para vivir, para construir la cotidianidad y el futuro. Se vive proyectando en el tiempo, con los demás seres humanos y las cosas del mundo. Vivir a plenitud es cumplir un proyecto de vida en la realidad del diario existir.
>
> Entre la multiplicidad de proyectos que el ser humano forja continua y permanentemente en su existencia hay uno que es singular, único, irrepetible: el "proyecto de vida" de cada cual.
>
> El "proyecto de vida" es, de conformidad con una personal adhesión a una determinada escala de valores, aquello por lo cual cada ser humano considera valioso vivir, aquello que justifica su tránsito existencial. Significa, por ello, otorgarle un sentido, una razón de ser, a su existir. Es la misión que cada cual se propone realizar en el curso de su temporal existencia. Es un conjunto de ideales, de aspiraciones, de expectativas propias del ser existente. En suma, se trata, nada menos, que del destino personal, del rumbo que se quiere dar a la vida, las metas o realizaciones que el ser humano se propone alcanzar. Es la manera, el modo que se escoge para vivir el cual, de cumplirse en la realidad de la vida, colma la existencia, otorga plenitud de vida, realización

---

[20] FACCHINI NETO, Eugenio. A tutela aquiliana da pessoa humana: os interesses protegidos. Análise de direito comparado. *Revista THEMIS*, da Faculdade de Direito da Universidade Nova de Lisboa, ano XII, n. 22/23 (2012), p.. 67-102. O trecho citado está nas p. 82/84.

[21] SESSAREGO, Carlos Fernández. El 'proyecto de vida', merece protección jurídica?. Artigo a ser publicado brevemente no Brasil, gentilmente fornecido pelo autor.

[22] HEIDEGGER, Martín. *El ser y el tiempo*, ob. cit., p. 168.

personal, felicidad. Cumplir con el "proyecto de vida" significa que la persona ha hecho realidad el destino que se propuso alcanzar en su vivir, en su tiempo existencial.

El ser humano, en cuanto antológicamente libre, decide vivir de una o de otra manera. Elige vivenciar, preferentemente, ciertos valores, escoger una determinada actividad laboral, profesional, familiar, perseguir ciertos valiosos objetivos. Todo ello constituye el singular "proyecto de vida". El cumplimiento del proyecto es así el existir mismo del hombre, su realización en el mundo como ser libertad. De ahí que Sartre pueda decir, tal como se ha apuntado y con razón, que "el proyecto libre es fundamental, pues que es mí ser".[23]

El "proyecto de vida", como apunta Jaspers, es aquel que el hombre, consciente de su libertad, "quiere llegar a ser lo que puede y quiere ser".[24] Consideramos que todos los demás proyectos, directa o indirectamente, desde los más significativos a los de menor trascendencia, confluyen en el "proyecto de vida". Todo lo que el hombre proyecta en la vida está, directa o indirectamente, en función de su propio "proyecto de vida". Ello, de manera consciente o inconsciente. Todas sus decisiones y acciones se dirigen al cumplimiento de su misión, de su realización integral que se concreta en el cumplimiento, total o parcial, de su "proyecto de vida".

Também o professor argentino Jorge Mosset Iturraspe, na sua obra *El valor de la vida humana*,[25] refere-se ao dano ao projeto de vida, referindo que tal figura representa aquilo que o ser humano decide fazer com o dom de sua vida.

Há inúmeros casos julgados pela Corte Interamericana de Direitos Humanos, identificando tal dano e condenando os Estados-Membros a repará-los (quase todos envolvendo pessoas torturadas e presas ilegalmente durante anos, nos períodos mais sombrios das ditaduras militares latino-americanas, com enorme repercussão em suas vidas privadas posteriores): caso María Elena Loayza Tamayo, julgado em 1998; caso "Niños de la Calle", julgado em 1999; caso Luis Alberto Cantoral Benevides, julgado em 2001, caso Wilson Gutiérrez Soler, julgado em 2005, dentre outros.

Após acentuar a importância da questão probatória, no âmbito da responsabilidade civil médica, o Ministro Ruy refere – na época, de forma vanguardeira, pois se tratava de noção muito pouco difundida no Brasil – a teoria da *"perda de uma chance"*, referindo que num julgamento de 1965 a Corte de Cassação francesa admitiu a responsabilidade médica porque o erro de diagnóstico levou a tratamento errado, privando a vítima de uma chance de cura. Esclareceu que, "na verdade, de acordo com essa teoria, o juiz não está seguro de que o evento teria ocorrido pela ação do médico, mas a falta facilitou a superveniência do resultado". Mostrando-se ao corrente das discussões doutrinárias e aplicações jurisprudenciais que ocorria na França, naquele período, refere as críticas dos professores François Chabas e Jean Penneau à teoria, mas também cita seus defensores – Chammard e Monzein.[26]

---

[23] SARTRE, Jean Paul, El ser y la nada, ob. cit. tomo III, p. 76.

[24] JASPERS, Karl, La fe filosófica, ob. cit., p. 60.

[25] MOSSET ITURRASPE, Jorge, *El valor de la vida humana*. 4. ed. Buenos Aires: Rubinzal-Culzoni, 2002, p. 30-31.

[26] No âmbito da responsabilidade civil médica, um excelente trabalho de direito comparado, analisando o estado da arte no âmbito europeu contemporâneo, concluiu que é na Alemanha onde o paciente lesado tem a maior e mais eficiente proteção. No tópico intitulado *"Germany: Patient Protection on top!"*, após passar em revista as vantagens identificadas em cada país, em tema de responsabilidade civil médica, conclui que *"one country, however, notably Germany, seems to benefit the patients on all accounts. The German cases showed that the courts come to the help of victims by a reversal of the burden of proof, by accepting factual presumptions and by accepting proof of causation easily as well, which will inevitably easily lead to a finding of liability. In addition, Germany*

Se Ruy Rosado muito contribuiu com seus escritos doutrinários para o desenvolvimento da ciência da Responsabilidade Civil entre nós, o grande Mestre, na esfera jurisprudencial, continuou dando contribuições memoráveis para o avanço desse ramo jurídico. É o que veremos no tópico a seguir.

3. Ruy Rosado magistrado e a Responsabilidade Civil

O magistrado Ruy Rosado, coerentemente com sua sólida e atualizada formação acadêmica, também contribuiu enormemente, na jurisdição, para o avanço da responsabilidade civil. Mostrando estar ao par das novas ideias que circulavam em outros países, aproveitou os casos que se lhe apresentavam para julgamento para introduzir e difundir entre os operadores jurídicos noções das que somente poucos, na Academia, tinham conhecimento.

É o caso, por exemplo, do acórdão relatado perante o STJ, assim ementado:

RESPONSABILIDADE CIVIL. Olfato. Paladar. Indenização.
A perda do olfato e do paladar é causa de incapacidade que atinge gravemente a pessoa, prejudica sua *vida de relação*, impede-a de usufruir de alguns *prazeres da vida* e mesmo prejudica a defesa da sua saúde, o que exige indenização compatível. (REsp 404706 / SP, T4, j. 27/06/2002)

Nesse acórdão, o sempre vanguardeiro jurista aborda alguns dos chamados novos danos, há mais tempo conhecido no ambiente europeu e norte-americano, dentre os quais os danos à vida de relação, por vezes identificados com os *danos existenciais,* na Itália, e os *loss of amenities of life,* como é conhecido no cenário norte-americano, ou *préjudice d'agrément,* na teoria e prática francesa.[27]

3.1. Danos existenciais

Sobre os danos existenciais, já tive a ocasião de escrever[28] que se deve à chamada Escola Triestina (da Universidade de Trieste) a sua origem, em especial ao Prof. Paolo Cendon, secundado pela Prof.ª Patrizia Ziviz, que, analisando a jurisprudência sobre danos biológicos, identificaram vários casos que, na verdade, não poderiam, a rigor, serem decididos sob aquele rótulo. Em artigos doutrinários escritos para a *Rivista trimestrale di diritto e procedura civile,* nos anos de 1993 e 94, eles cunharam a expressão *danno esistenziale* para agrupá-los. Fundamental, também, foi o Congresso que ambos os professores organizaram em novembro de 1998, na Universidade de Trieste, tendo como tema específico os danos existenciais.

---

seemed to be at the top as well as far as the amounts for pain and suffering were concerned and as far as the rights of redress of social insurance carriers are concerned. This inevitably leads to the conclusion that in a European perspective, the German legal system seems to provide a very far reaching compensation of victims of medical malpractice" – Michael Faure, "Comparative Analysis", in: FAURE, Michael & KOZIOL, Helmut (editores), *Cases on Medical Malpractice in a Comparative Perspective.* Wien: Springer-Verlag, 2001, p. 293/294.

[27] Na Itália, por vezes são chamados também de danos hedonísticos – MARKESINIS, Basil; COESTER, Michael; ALPA, Guido & ULLSTEIN, Augustus. *Compensation for Personal Injury in English, German and Italian Law – A Comparative Outline.* Cambridge: Cambridge University Press, 2005, p. 85/86.

[28] FACCHINI NETO, Eugênio. A tutela aquiliana da pessoa humana: os interesses protegidos. Análise de direito comparado. *Revista da AJURIS,* vol. 127 (set. 2012), p. 169 seg.

Já a partir da metade da década de noventa, a jurisprudência italiana começou a adotar tal nomenclatura, abandonando a classificação tripartida dos danos indenizáveis, adotada pela Corte Constitucional italiana, na famosa decisão n. 184 de 1986, em que haviam sido identificados, no sistema italiano, três tipos de danos – danos patrimoniais, morais e biológicos –, para adotar uma classificação quádrupla, segundo a qual, ao lado dos danos patrimoniais haveria um gênero de danos não patrimoniais, que abrangeria as espécies de danos morais subjetivos, danos biológicos e danos existenciais.

A bem da verdade, já em 1988,[29] sob outra denominação, passou-se a reconhecer jurisprudencialmente a chamada *lesão da serenidade familiar*. Naquele julgamento, foi referido que "quem quer que altere em medida relevante o equilíbrio familiar, lesa um direito subjetivo reconhecido como tal a cada um dos componentes da formação social e familiar".[30] Naquele caso, uma criança, por falha imputável a outrem, havia nascido com lesões cerebrais permanentes, o que acarretaria uma necessidade diuturna de cuidados intensos por parte dos familiares.

Em sua já citada decisão n. 233, de 2003, a Corte Constitucional italiana identificou e distinguiu os três danos não patrimoniais da seguinte forma: "dano moral subjetivo seria a transitória perturbação do estado de ânimo da vítima; dano biológico em sentido estrito seria a lesão do interesse, constitucionalmente garantido, à integridade psíquica e física da pessoa, medicamente comprovada"; ao passo que o dano existencial seria o "dano derivado da lesão a outros interesses de natureza constitucional inerentes à pessoa".

Noção mais completa e descritiva de danos existenciais foi fornecida pela Corte de Cassação, na decisão n. 6572, proferida em 24.03.2006, pelo seu órgão máximo na jurisdição civil (*Sezione Unite*), onde se afirmou que "por dano existencial entende-se qualquer prejuízo que o ilícito (...) provoca sobre atividades não econômicas do sujeito, alterando seus hábitos de vida e sua maneira de viver socialmente, perturbando seriamente sua rotina diária e privando-o da possibilidade de exprimir e realizar sua personalidade no mundo externo. Por outro lado, o dano existencial funda-se sobre a natureza não meramente emotiva e interiorizada (própria do dano moral), mas objetivamente constatável do dano, através da prova de escolhas de vida diversas daquela que seriam feitas, caso não tivesse ocorrido o evento danoso".[31]

Além da distinção entre *dano moral subjetivo* (caracterizado pela presença da dor e sofrimento internos, sem reflexos externos na vida da pessoa) e *dano existencial* (caracterizado sempre pelas consequências *externas*, na vida da vítima, em razão da alteração – introdução de um *non facere*, ou de um *facere* – de seus hábitos de vida e forma de se relacionar com os outros, prejudicando sua realização pessoal e comprometendo sua capacidade de gozar plenamente sua

---

[29] Caso Sanna e D'Angelo c. Arbia, julgado pelo Tribunale di Milano, em 18.2.88, publicado na RCP, 1988, p. 454, e na NGCC, 1989, I, p. 152.
[30] MONATERI, Píer Giuseppe. *Trattato di Diritto Civile*. Rodolfo Sacco(org.). Le Fonti delle Obbligazioni. V. 3. La Responsabilità Civile. Torino: Utet, 1998, p. 496.
[31] Tradução livre da reprodução parcial do acórdão, colacionada por Gregor Christandl, na sua obra *La Risarcibilità del Danno Esistenziale*, Milano: Giuffrè, 2007, p. 326.

própria vida em todas as suas potencialidades), passou-se a restringir os *danos biológicos* à presença de uma lesão física ou psíquica ou um comprometimento da saúde, pericialmente identificados.

Um dos casos mais emblemáticos para identificação dos danos existenciais foi aquele julgado pela Corte de Cassação, numa das chamadas "sentenças gêmeas" proferidas em 2003. Trata-se da decisão n. 8827, julgada em 31.05.2003. Em razão de erro médico durante um parto cesáreo, a criança nasceu tetraplégica e com atrofia cerebral, destinada a viver irreversivelmente em estado vegetativo, sem a menor capacidade de movimento, de compreensão e de interação.

Facilmente identificáveis, nesse caso, os danos patrimoniais (o custo ingente dos cuidados especiais e permanentes que por toda a vida teriam que ser dedicados àquele ser, incapaz de viver de forma minimamente autônoma), sofridos pelos pais, e os danos biológicos que afetaram gravemente a vida do filho. Presentes, também, do lado dos genitores, os danos morais subjetivos, decorrentes da dor e intensa frustração das expectativas positivas que acompanharam toda a gestação de um ser humano esperado e amado por antecipação mas que, por falha médica, nasceu completamente paralisado, mentalmente prejudicado e sem possibilidade de interação afetiva.

Mas o que também foi reconhecido, no caso, foi a presença de sérios danos existenciais para o casal, pois além da dor intensa, mas transitória, decorrente do nascimento naquelas circunstâncias, o casal teve completamente alterada sua rotina de vida, tendo em vista a necessidade de cuidar permanentemente de um filho incapaz de vida autônoma e necessitado de cuidados diuturnos, sem descanso. Para quem não pode "pagar" terceiros com quem dividir tais tarefas, é facilmente imaginável como tal evento transtornou, de forma indelével, a rotina do casal, que, além de não terem o retorno da troca afetiva da interação pais-filho, tiveram que renunciar à maior parte de suas atividades sociais, culturais, de lazer, para poderem cuidar do filho.

Ou seja, além dos evidentes danos patrimoniais, dos danos biológicos do filho, e dos danos morais (dor e sofrimento internos), os pais sofreram um específico tipo de dano, denominado na Itália de danos existenciais.

Outro exemplo de danos existenciais poderia ser o da pessoa que fica privada da possibilidade de manter relações sexuais normais com seu cônjuge/companheiro, em razão de danos físicos (paraplegia ou tetraplegia, por exemplo) sofridos pelo seu parceiro, danos esses imputáveis a terceiros. Não há dúvidas de que o cônjuge vitimado pessoalmente sofreu danos biológicos, morais e existenciais também. Mas seu parceiro, que nada sofreu fisicamente, passou a ter alterada, para pior, uma de suas dimensões de vida, qual seja, a da sensualidade. Sofreu, portanto, danos existenciais também.

Uma série de outros casos poderia ser analisada por este prisma.

Não se desconhece a decisão da Corte de Cassação (n. 26.972), proferida em novembro de 2008, que trouxe novidades para o setor, pois tentou colocar um freio a uma desmesurada ampliação da noção de danos existenciais, acarretando o surgimento de uma série de demandas frívolas. Tal decisão restringe a extensão da noção de danos existenciais, ao afirmar que tal situação não configura um dano autônomo, mas sim uma espécie de dano moral, ressarcível sempre que violar um direito fundamental da pessoa. Ainda é cedo, porém, para se firmar uma posição sobre o que ocorrerá nos próximos anos, na Itália, a respeito do tema, pois os artigos doutrinários que surgiram comentando tal decisão, localizáveis na *web*, mostram que ainda não há o menor consenso sobre as modificações futuras no setor.

Em conhecido acórdão, por muitos citados, o Ministro Ruy aplica essas novas ideias, embora evitando o recurso a longas citações doutrinárias ou à vã demonstração de erudição. Trata-se do *caso do "mestre cervejeiro"* que, em razão de sua atividade profissional, acabou desenvolvendo alcoolismo, vindo a ser vítima de grave dano existencial, com danos à sua vida de relação:

ACIDENTE NO TRABALHO. Alcoolismo. *Mestre cervejeiro* (BRAHMA).

(...)

– Culpa da empresa de cervejas, que submeteu o seu mestre-cervejeiro a condições de trabalho que o levaram ao alcoolismo, sem adotar qualquer providência recomendável para evitar o dano à pessoa e a incapacidade funcional do empregado.

(...)

– O valor da pensão corresponde ao da perda decorrente da incapacidade para o exercício da profissão que desempenhou até aquela data. A possibilidade de desempenhar outro serviço, além de ser remota – considerando-se as condições pessoais do autor e da economia, com aumento da taxa de desemprego – não deve servir para diminuir a responsabilidade da empresa que causou o dano.

Recurso da empresa conhecido em parte e provido. Recurso do autor conhecido em parte e nessa parte provido. (REsp 242598 / RJ, T4, j. em 16/03/2000)

3.2. Loss of amenities of life (préjudice d'agrément)

Sobre o dano alhures denominados de *loss of amenities of life* (perda das amenidades da vida), conhecido no direito norte-americano e também no francês (sob o rótulo de *préjudice d'agrément* – dano ao prazer), igualmente já tive ocasião de escrever[32] que abrangem aquelas "hipóteses em que a ofensa sofrida impede a pessoa lesada de continuar a manter condutas, atitudes ou rotinas especialmente prazerosas para ela, tolhendo-lhe a possibilidade de continuar a desfrutar dos pequenos prazeres da vida, como a gastronomia e o esporte.

Os exemplos, nessa hipótese de dano, melhor ilustram a figura.

Todos nós conhecemos pessoas que dão especial valor aos prazeres gastronômicos. São aquelas pessoas que adoram pratos requintados, restaurantes de renomados chefes, fazem cursos de culinária, realizam viagens a Mendoza, Chile, França, para conhecer as melhores regiões produtoras de vinho do mundo. E também conhecemos outras pessoas para quem comida é simples sinônimo de alimento, que precisam ingerir para continuar vivendo, sem emprestar grande valor a isso. São pessoas que comem lendo jornal, conversando animadamente, assistindo televisão, sem propriamente degustar o prato.

---

[32] *Op. ult. cit.*, p. 175 seg.

Enquanto seres humanos, ambos os tipos têm o mesmo valor. Essa peculiaridade que as distingue não as torna uma melhor do que a outra, enquanto pessoas. São apenas diferentes. Pois bem. Imagine-se, agora, que esses dois conhecidos nossos, tão diferentes entre si quanto a esse aspecto, venham a sofrer lesões na boca que as impeçam, doravante, de sentir qualquer gosto das comidas ou bebidas ingeridas. Para aquele tipo humano que não agregava valor especial à gastronomia, tal lesão configuraria possivelmente um dano moral subjetivo e um dano biológico. No caso daquele outro tipo humano que dedicava boa parte de sua vida aos prazeres da mesa, o dano é incomensuravelmente maior, pois além do dano moral puro e do dano biológico, sofreu também um dano aos prazeres ou amenidades da vida, prazeres ou amenidades que podem ser pequenos para os outros, mas para ele tinha um valor excepcional.

O mesmo vale para situações desportivas, em que pessoas lesadas fiquem privadas de poder continuar a se dedicar a práticas esportivas que rotineiramente lhes deem especial satisfação e prazer.

Trata-se de uma espécie de dano que, num primeiro olhar, pode parecer fútil e superficial. No entanto, na medida em que se aprofunda a reflexão, percebe-se o valor "democrático" de tal espécie de dano. Explico-me. Parte-se de uma visão de mundo segundo a qual todos têm direito à busca da felicidade, tal como já proclamava a Declaração de Direitos de Virgínia, em 1776. Essa felicidade, porém, não passa necessariamente por amealhar grandes fortunas, galgar cargos políticos de relevo, ter sucesso em carreiras profissionais glamorosas, ou encontrar o par ideal. Esse tipo de felicidade é reservado a um restritíssimo círculo de alguns felizardos, dotados de grande inteligência, especial perseverança e competência, convenientes conexões pessoais, fortuna familiar, sem falar da sorte, pura e simples. Mas há outro tipo de felicidade que é acessível a todos, ricos e remediados, inteligentes ou medianos, "excepcionais" ou "normais": trata-se de uma felicidade mais simples, mas nem por isso menos verdadeira – a felicidade de se empolgar com pequenos projetos, de curtir intensamente pequenos hobbies e práticas desportivas, enfim, de se apaixonar por pequenas coisas ou atividades que tornem a vida mais gostosa, divertida ou prazerosa. Se, por fato imputável a outrem, alguém ficar irremediavelmente privado de continuar a curtir esses pequenos prazeres da vida, tal fato deve ser levado em consideração pelo Direito, como modalidade especial de dano.

É claro que, em tal hipótese, não bastaria alegar o dano. Uma prova consistente deveria aportar aos autos, demonstrando o valor excepcional que tal prazer tinha rotineiramente na vida daquela vítima, e por longo período de sua vida.

Na França, a concepção dos *prejudices d'agrément* ampliou-se, desde sua origem. Segundo relato de Philippe le Tourneau,[33] quando ela surgiu, abrangia apenas as pessoas que haviam sido privadas da possibilidade de continuar a exercer alguma atividade – cultural ou desportiva – na qual havia adquirido notoriedade: um grande esquiador, um notável pianista, etc. A vítima, impossibilitada de continuar a exercer tais atividades por fato imputável a outro,

---

[33] LE TOURNEAU, Philippe. *Droit de la responsabilité et des contrats*. 8. ed. Paris : Dalloz, 2010, p. 528-530.

deveria aportar a prova dessas circunstâncias. Tratava-se de uma concepção dita "elitista". Posteriormente, tal espécie de dano foi alargado para abranger também a *"perte des joies legitime que l'on peut attendre de l'existence em general"* (perda das alegrias legítimas que se pode esperar da existência em geral), ou a *"privation des agréments d'une vie normale"* (privação dos prazeres de uma vida normal), tais como: atividades de lazer (passeios, viagens), ou esportivas (envolve 38% dos casos jurisdicionais), ou culturais (possibilidade de ir a museus, teatros), ou mundanas (frequentar jantares, recepções, etc.), ou simples privação do olfato ou do paladar. A jurisprudência francesa, a respeito dessas duas concepções, sofreu uma evolução pendular. Inicialmente havia adotado a corrente dita "elitista", só reconhecendo tal espécie de dano quando se tratasse de pessoas que haviam se destacado em determinadas atividades. Posteriormente, importante decisão da *Assemblée Plénière* da *Cour de Cassation* (órgão especial da Corte de Cassação – instância máxima da jurisdição ordinária francesa), de 19 de dezembro de 2003,[34] definiu o *préjudice d'agrément* como *"le préjudice subjectif de caractere personnel résultant des troubles ressentis dans le conditions d'existence"* (em tradução livre: prejuízo subjetivo de caráter pessoal, resultante de problemas com repercussão na maneira de viver). Todavia, em 28 de maio de 2009, a Corte de Cassação novamente mudou sua orientação, tornando-a mais restritiva, ainda que não "elitista". A partir desse momento, a Corte de Cassação passou a adotar a seguinte orientação: *"la réparation du poste du préjudice personnel distinct dénommé préjudice d'agrément vise exclusivement l'indemnisation du préjudice lié à l'impossibilité pour la victime de pratiquer régulièrement une activité spécifique sportive ou de loisirs"*.[35] Ou seja, embora continue a não se exigir que a vítima seja uma pessoa que notoriamente tenha se destacado no âmbito de certa atividade, não basta a perda da capacidade genérica de gozar a vida: há que se demonstrar que aquela vítima regularmente desempenhava uma específica atividade desportiva, de lazer, ou outra, que não mais poderá desenvolver, em razão dos danos sofridos".

3.3. Outras contribuições

Em outros acórdãos, sempre mostrando o notável espírito prático que sempre o caracterizou, o Ministro Ruy mostrava toda sua sensibilidade às peculiaridades do caso, apresentando soluções que outros magistrados teriam dificuldade de extrair do ditado legal, como nos casos abaixo ementados.

RESPONSABILIDADE CIVIL. Indenização. Tratamentos e despesas futuras. Pagamento em liquidação.
– O pagamento das despesas indicadas pelo perito e incluídas na condenação, com trânsito em julgado nessa parte, não deve ficar condicionado ao prévio desembolso pelo autor, homem pobre e hoje absolutamente incapacitado para o trabalho, pois seria condição impossível. Também não é conveniente, pela natureza das despesas que se desdobrarão no tempo, que seja a ré obrigada a desde logo pagar o total dos valores indicados pelo perito, equivalentes a mais de 3.000 salários mínimos. Por isso, a melhor solução é determinar o pagamento das despesas no devido tempo

---

[34] Cass. Ass. Plén., 19 déc. 2003,n. 02-14.783, Bull. Ass. Plén., n. 8, D. 2004, 161.
[35] Cass. Civ., Segunda Câmara, acórdão n. 08-16.839, de 28.05.2009, publicado no Bull. Civ. II, n. 131.

> e na medida em que se fizerem necessárias, depois de homologado em juízo o respectivo orçamento. Arts.1538 e 1539 do CCivil. Recurso conhecido e provido em parte. (REsp 302940 / SP, T4, j. em 21/08/2001)
> RESPONSABILIDADE CIVIL. Acidente de trânsito. Atropelamento. Seguro. Ação direta contra seguradora.
> A ação do lesado pode ser intentada diretamente contra a seguradora que contratou com o proprietário do veículo causador do dano. Recurso conhecido e provido. (REsp 294057 / DF, T4, j. em 28/06/2001)
> RESPONSABILIDADE CIVIL. Dano pessoal. Atropelamento. Pensão mensal. Dano moral. Dano estético. Cirurgias reparadoras. Honorários. Indenização. Má-fé.
> (...)
> 4. A necessidade de cirurgias reparadoras durante alguns anos justifica o deferimento de verba para custear essas despesas, mas sem a imediata execução do valor para isso arbitrado, uma vez que o numerário necessário para cada operação deverá ser antecipado pela empresa-ré sempre que assim for determinado pelo juiz, de acordo com a exigência médica. A devedora constituirá um fundo para garantir a exigibilidade dessa parcela.
> Recurso conhecido em parte e provido. (REsp 347978 / RJ, T4, j. em 18.04.2002)

Em outro conhecido acórdão seu, da década de noventa, o Ministro Ruy reconhece o valor autônomo do direito à imagem, desvinculado da noção clássica de danos morais. Naquele caso, tratava-se do uso indevido de imagem alheia, que foram utilizadas em algum de figurinhas, sem a prévia autorização de alguns jogadores que integram a seleção brasileira vencedora do tricampeonato mundial de futebol. Considerações de grande atualidade e ainda hoje observadas são feitas no referido acórdão, que se encontra assim ementado:

> RESPONSABILIDADE CIVIL. Direito a imagem. Indenização. Juros. Álbum de figurinhas. "*Herois do tri*". O valor do dano sofrido pelo titular do direito, cuja imagem foi indevidamente incluída em publicação, não esta limitado ao lucro que uma das infratoras possa ter auferido, pois o dano do lesado não se confunde com o lucro do infrator, que inclusive pode ter sofrido prejuízo com o negocio. Os juros devidos na indenização por ilícito absoluto correm desde a data do fato. Recurso conhecido em parte e, nesta, provido. (REsp 100764 / RJ, T4, j. em 24/11/1997)

Em outro acórdão relativo aos mesmos fatos mas envolvendo outros autores, (REsp n. 46.420/SP), o Min. Ruy Rosado, apoiado em extensa doutrina que colaciona, referiu que o direito à imagem se configura como "direito autônomo, incidente sobre um objeto específico, cuja disponibilidade é inteira do seu titular e cuja violação se concretiza com o simples uso não consentido ou autorizado".[36]

---

[36] A valorização de interesses não patrimoniais, no âmbito da responsabilidade civil, é uma tendência moderna e universal. Sirva de exemplo o notável trabalho do *European Group on Tort Law*, um grupo de acadêmicos europeus que desde 1992 mantém encontros periódicos para discutir temas relacionados à responsabilidade civil. A partir de 2002, o grupo resolveu elaborar um conjunto de princípios básicos sobre a responsabilidade civil, que pudesse refletir o estado da arte da responsabilidade civil europeia, tal como visualizada pela mais especializada e aprofundada doutrina dos diversos países europeus (contando também com a participação do professor norte-americano Dan Dobbs). Em 2004 foram publicados os *Principles of European Tort Law*. Na parte que nos interessa nesse momento, ao tratar, no art. 2:102, dos "interesses protegidos", refere que "(1) A extensão da protecção de um interesse depende da sua natureza; quanto mais valioso e mais precisa a sua definição e notoriedade, mais ampla será a sua protecção; (2) A vida, a integridade física ou psíquica, a dignidade humana e a liberdade gozam da proteção mais extensa". A lista completa dos princípios, com comentários em inglês e traduções dos princípios em treze idiomas, pode ser lida em European Group on Tort Law, *Principles of European Tort Law – Text and Commentary*. Wien: Springer-Verlag, 2005. A tradução para o idioma português, feita pelos professores Jorge Ferreira Sinde Monteiro e André Gonçalo Dias Pereira, encontra-se às fls. 251 seg.

Acrescentamos que, efetivamente, o direito de imagem é um direito autônomo, desvinculado do direito à honra e de qualquer outro direito de personalidade. Trata-se de uma emanação da personalidade que de per si merece proteção jurídica. Aliás, a Constituição Federal garante uma tutela *forte* do direito à imagem, pois o art. 5º, inc. X, estabelece que *"são invioláveis* a intimidade, a vida privada, a honra e a *imagem* das pessoas, assegurado o direito a indenização pelo dano material ou moral decorrente de sua violação". Ou seja, a Constituição não refere que a imagem (e os demais direitos de personalidade ali indicados) seria protegida nos termos da lei ou nas condições que a lei viesse a estabelecer. A Constituição parte do princípio da inviolabilidade de tal direito. Por óbvio que, não havendo direitos absolutos – nem mesmo os de patamar constitucional – o direito à imagem poderia, eventualmente, sofrer a concorrência de outro direito fundamental que a ele se opusesse, caso em que, pelo jogo da ponderação, um deles deveria ceder topicamente ao outro.

Como emanação da pessoa, sua imagem não pode ser apropriada e utilizada por quem quer seja, pouco importando se o uso da imagem causa ou não desconforto, humilhação, vexame ou qualquer outro desconforto ao titular do direito. Se ninguém pode se utilizar de um bem alheio – mesmo que não o degrade, não o desgaste, não o desvalorize – sem o consentimento do seu titular, com muitíssimo mais razão ninguém pode se utilizar da imagem de uma pessoa, pois se trata de bem imaterial, de valor muito mais relevante do que um simples bem patrimonial. Trata-se de verdadeiro dano *in re ipsa*, que não necessita de provas de sua ocorrência, nem demonstração de que a divulgação da imagem tenha lhe trazido outros danos ou dissabores (pois, nesse caso, tratar-se-ia de outros danos, que não o da própria violação de seu direito de gestão da própria imagem).

De fato, como expõe Anderson Schreiber,[37] a respeito do direito à imagem:

> A tutela do direito à imagem independe da lesão à honra. Quem veicula a imagem alheia, sem autorização, pode até fazê-lo de modo elogioso ou com intenção de prestigiar o retratado. Nada disso afasta a prerrogativa que cada pessoa detém de impedir a divulgação de sua própria imagem, como manifestação exterior da sua personalidade.

Na França,

> decisões francesas identificaram no direito à imagem um direito de propriedade, considerando-se cada pessoa como proprietária de seu corpo. Mas a jurisprudência e a doutrina abandonaram esta ótica e atualmente não se contesta mais que o direito à imagem constitui um direito de personalidade, tanto autônomo, quanto formando um elemento do direito ao respeito da vida privada.[38]

Em obra destinada a analisar "Os direitos à honra e à imagem pelo Supremo Tribunal Federal",[39] os pesquisadores analisaram o RE n. 215.984-1, refe-

---

[37] SCHREIBER, Anderson. *Direitos da Personalidade*. São Paulo: Atlas, 2011, p. 101.
[38] MASSON, Jean-Pol. "Le Droit à L'Image", in: RENCHON, Jean-Louis (dir.). *Les droits de la personnalité*. Bruxelles : Bruylant, 2009, p. 237 – no original: *"Des décisions françaises ont vu dans le droit à l'image un droit de propriété, toute personne étant considérée comme propriétaire de son corps. Mais la jurisprudence et la doctrine ont abandonné cette optique et l'on ne conteste plus guère aujourd'hui que le droit à l'image constitue un droit de la personnallité, soit autonome, soit formant un élément du droit au respect de la vie privée »*.
[39] DUARTE, Fernanda; VIEIRA, José Ribas; CAMARGO, Margarida Maria Lacombe & GOMES, Maria Paulina. *Os direitos à honra e à imagem pelo Supremo Tribunal Federal*. Laboratório de Análise Jurisprudencial. Rio de Janeiro: Renovar, 2006, p. 304, n.r. 304.

rente ao emblemático caso Cássia Kiss, e concluíram que "O Supremo Tribunal Federal, no julgamento do recurso, entendeu que para haver a reparação civil do dano moral, quando há publicação de fotografia sem a anuência de seu titular, não há necessidade de se comprovar a ocorrência de ofensa à reputação do indivíduo. (...) (N)ecessário se faz, apenas, a reprodução não autorizada".

4. Considerações finais

Imperioso que se registre que as contribuições acima expostas não foram as únicas dadas pelo Ministro Ruy Rosado no âmbito da responsabilidade civil, especialmente na esfera jurisdicional, em que a variedade de casos que teve de enfrentar como julgador lhe permitiu unir, com maestria, uma enorme sensibilidade pessoal, um notável conhecimento teórico e um grande espírito prático. Da soma de tais dotes surgiram votos primorosos, soluções práticas vanguardeiras e abertura de veredas luminosas que até hoje servem de guia e modelo para quem, como doutrinador ou como juiz, está comprometido com a justiça enquanto ideia e enquanto práxis.

A esse grande jurista, só nos resta agradecer as imorredouras lições e o exemplo de uma vida digna e exemplar.

— 10 —

O mercado de capitais e a prática de *churning*

FABIANO MENKE[1]

JOSÉ BRÁULIO PETRY FONSECA[2]

MARCOS RAFAEL RUTZEN[3]

Sumário: 1. Introdução: a expansão do mercado de capitais brasileiro e o ingresso de novos investidores; 2. As sociedades corretoras de valores mobiliários; 3. Os agentes autônomos de investimento; 4. A prática do *churning* ou *overtrading*; 4.1. O controle das operações; 4.2. O *overtrading*: os índices de *turnover ratio* e *cost-equity ratio*; 5. A prática de *churning* e o seu enquadramento no Código de Defesa do Consumidor; 6. O *churning* e a violação da boa-fé objetiva; 7. Considerações finais; Referências.

> *Em geral, tudo o que cerca o mercado mobiliário constitui um grande mistério para a população, o que dificulta a difusão e solidificação do mercado nacional. Mesmo em programas de divulgação, que pretendem cativar o pequeno investidor, a linguagem utilizada é hermética para a maioria das pessoas e os conhecimentos transmitidos não partem do básico, por talvez, considerarem que aqueles que se interessam em investir já tem noções sobre o assunto, o que é um erro.*[4]

1. Introdução: a expansão do mercado de capitais brasileiro e o ingresso de novos investidores

O mercado de capitais foi prejudicado durante muitos anos por combinação de fatores negativos que conspirou em favor do desenvolvimento de outras formas de captação das poupanças populares.[5]

---

[1] Professor Adjunto do Departamento de Direito Privado e Processo Civil da Faculdade de Direito da Universidade Federal do Rio Grande do Sul. Doutor em Direito pela Universidade de Kassel, Alemanha. Mestre em Direito pela Universidade Federal do Rio Grande do Sul. Advogado em Porto Alegre.
[2] Mestrando em Direito Empresarial pela Universidade Federal do Rio Grande do Sul. Advogado em Porto Alegre.
[3] MBA/Pós-Graduado em Direito da Economia da Empresa, FGV. Advogado em Porto Alegre.
[4] BRUSCATO, Wilges. A proteção judicial aos investidores no mercado de valores mobiliários. *Revista de Direito Bancário e do Mercado de Capitais*. São Paulo: Revista dos Tribunais, n. 28, p. 124-145, abr/jun, 2005. p. 130.
[5] O mercado de capitais pode ser definido como "conjunto de operações, realizadas entre pessoas físicas e/ou jurídicas, que consistem na captação de capitais de forma direta entre os poupadores de recursos fi-

A primeira circunstância a ser listada é o modelo econômico nacional desenvolvimentista surgido após a Segunda Guerra Mundial no Brasil, época em que a poupança se concentrou no governo e nos bancos oficiais, que assumiram o papel de principais supridores de capital a prazos mais distanciados, abastecendo a iniciativa privada para a expansão de suas atividades econômicas.[6]

A alta volatilidade da economia figurava semelhantemente de modo negativo, com taxas crescentes de inflação que assolaram o país por décadas,[7] ocasionando crises periódicas de balanço de pagamentos, desvalorizações cambiais e controle de capitais, com impacto negativo nos resultados das empresas e, por conseguinte, no retorno esperado pelos acionistas investidores. Ainda, estavam disseminadas no mercado regras e práticas de desprestígio aos acionistas minoritários, todas plasmadas em baixo grau de fiscalização, controle e punição dos majoritários.[8]

Assim, diante das dificuldades do "selvagem" e pouco desbravado mercado de capitais, organizaram-se empresas com amparo no financiamento público, com o auxílio de bancos oficiais, recebendo crédito somente as empresas de maior porte, detentoras de históricos com bons resultados e garantias interessantes às instituições de crédito. Em resposta a esse mercado favorável a poucos conglomerados, preferiram os investidores afastarem-se do mercado de capitais. Principalmente em se tratando de pessoas naturais, cuja participação no volume diário transacionado em mercado, até 1994, estava abaixo de 10%.[9]

Por outro lado, nos últimos anos sobrevieram mudanças substanciais na ordem dos acontecimentos econômicos no Brasil, em particular na última década, com a priorização de políticas econômicas de estabilização da economia,

---

nanceiros e aqueles tomadores de capital, nas quais as entidades financeiras aparecem como intervenientes obrigatórias nos negócios realizados". Apresenta subdivisão básica em mercado primário e secundário. No primeiro, os agentes econômicos carentes de capital emitem valores mobiliários e os colocam à disposição do público em geral. Em tal momento, há verdadeira oferta pública. No mercado secundário, os valores mobiliários já emitidos são negociados, viabilizando a liquidação dos investimentos dos poupadores. Ou seja, quem aplicou seus recursos em determinado ativo, poderá desfazer-se dele no mercado secundário, que confere liquidez ao mercado de capitais. MOSQUERA, Roberto Quiroga. *Tributação no Mercado Financeiro e de Capitais*. São Paulo: Dialética, 1998, p. 20-22. Em sentido semelhante, confira: EIZIRIK, Nelson; GAAL, Ariádna B.; PARENTE, Flávia; HENRIQUES, Marcos de Freitas. *Mercado de Capitais: Regime jurídico*. 3ª ed. Rio de Janeiro: Renovar, 2011, p. 8.

[6] HADDAD, Claudio Luiz da Silva. Cultura de mercado de capitais e educação do investidor: o papel das escolas e universidades. *Revista de Direito Bancário e do Mercado de Capitais*. São Paulo: Revista dos Tribunais, n. 34, out./dez. 2006, p. 11.

[7] Sobre a inflação: "representa uma medida de gerenciamento e estabilidade macroeconômica de um país. Assim, quanto maior (menor) a taxa de inflação, maior (menor) a instabilidade macroeconômica (o que tende a elevar os riscos na atividade de intermediação financeira) e mais (menos) elevado deve ser o *spread* bancário". PIRES, Luiz F. *Determinantes macroeconômicos do spread bancário: uma análise preliminar para economias emergentes*. In: Paula, Luiz F.; OREIRO, José (Org.). Sistema Financeiro: uma análise do setor bancário. Rio de Janeiro: Elsevier, 2007, p. 173. Cabe consultar também KANDIR, Antônio. *A dinâmica da inflação: uma análise das relações entre inflação, fragilidade financeira do setor público, expectativas e margens de lucro*. São Paulo: Nobel, 1989.

[8] HADDAD, Claudio Luiz da Silva. Cultura de mercado de capitais e educação do investidor: o papel das escolas e universidades. *Revista de Direito Bancário e do Mercado de Capitais*. São Paulo: Revista dos Tribunais, n. 34, out./dez. 2006, p. 11.

[9] Idem, p. 12.

com eficiente controle do câmbio e da inflação, e que resultaram na redução da volatilidade da economia e, consequentemente, reforçaram os ideais de segurança econômica, aguardados tanto pelos investidores de maior porte, em grande parcela, estrangeiros, como pelos investidores de menor porte.

O volume de negócios diários na Bovespa cresceu em 2007 quase cinco vezes, com média anual de negócios aproximada de cinco bilhões de reais.[10] Uma das principais razões para o notável crescimento do mercado de capitais brasileiro em 2007 foi a liquidez internacional, com os investidores estrangeiros participando com quase 70% dos volumes aportados em ofertas públicas de ações,[11] atraídos pela estabilidade econômica e previsões favoráveis de retorno em relação aos investimentos aportados, com ênfase na alta das taxas de juros.

Da mesma maneira, aumentaram os investimentos realizados por categoria de investidores tradicionalmente mais conservadora, as pessoas naturais, afastadas do mercado de capitais por muito tempo em razão de receios sobre instabilidade e elevado risco, rumores comumente associados aos investimentos em renda variável, surgidos pelo pouco conhecimento sobre a forma como funcionam. A esse propósito, frisa-se que a participação de pessoas físicas que era de cerca de 10% em 1994, atingiu 25% em 2005,[12] tendo chegado aos 35% no ano de 2009.[13]

Nesses termos, abriu-se nova perspectiva de desenvolvimento econômico, com a participação de investidores menos familiarizados com o mercado de capitais e que se sentiram atraídos a operar com compra e venda de valores mobiliários, em contribuição com o crescimento do mercado de capitais e, mais diretamente, das empresas que dele se abastecem. Convém salientar que este ingresso de categorias de investidores mais conservadoras estava sendo aguardado desde longa data, sendo entendido como indispensável ao progresso e expansão da economia nacional.[14]

Por outro lado, a despeito da feição indiscutivelmente positiva do fenômeno, ele traz consigo o alerta em relação à proteção que deve ser dispensada a essa categoria de investidores menos habituados a operar com valores mobiliários, mormente ao recordar-se que a razão de ser da proteção reside em relevantes fundamentos que coexistem e interagem entre si, como, por exemplo,

---

[10] A média diária para o ano de 2010, segundo informações do website da BM&FBOVESPA, passou dos 06 bilhões de reais, segundo EIZIRIK *et. al. Mercado de Capitais: regime jurídico*. Rio de Janeiro: Renovar, 2011, introdução.

[11] EIZIRIK, Nelson; GAAL, Ariádna B.; PARENTE, Flávia; HENRIQUES, Marcos de Freitas. *Mercado de Capitais: Regime jurídico*. 3ª ed. Rio de Janeiro: Renovar, 201, introdução.

[12] HADDAD, Claudio Luiz da Silva. Cultura de mercado de capitais e educação do investidor: o papel das escolas e universidades. *Revista de Direito Bancário e do Mercado de Capitais*. São Paulo: Revista dos Tribunais, n.34, out./dez. 2006, p. 14.

[13] <http://brasileconomico.ig.com.br/noticias/participacao-de-pessoas-fisicas-na-bolsa-volta-ao-nivel-de-1999_136469.html>. Acesso em 02 de janeiro de 2014.

[14] "Embora exista discussão teórica sobre o assunto, diversos estudos vem demonstrando que existe uma relação de primeira ordem entre o desenvolvimento econômico e o desenvolvimento do mercado de capitais. Ademais, há indicações empíricas de um impacto positivo do mercado de capitais sobre a criação de empresas, o que pode ser interpretado como um estímulo à realização de novos empreendimentos" EIZIRIK, Nelson; GAAL, Ariádna B.; PARENTE, Flávia; HENRIQUES, Marcos de Freitas. *Mercado de Capitais: Regime jurídico*. 3ª ed. Rio de Janeiro: Renovar, 2011, p. 10.

interesse público,[15] segurança dos mercados,[16] preservação da igualdade[17] de condições de acesso e permanência dos investidores institucionais e não institucionais[18] e a proteção aos investidores enquanto consumidores.[19]

Nessa perspectiva de proteção aos investidores do mercado de capitais, a atividade de regulação e fiscalização exige a presença de normas estabelecendo condições de acesso, exercício, condutas a serem mantidas e, principalmente, informações prestadas ao público investidor,[20] sobretudo pelas sociedades corretoras, encarregadas de intermediar os investidores nas operações de compra e venda de valores mobiliários.

O presente trabalho abordará um dos problemas que se tornou mais evidente com a expansão do mercado de capitais, denominado de *churning* ou *overtrading*, que pode ser conceituado como a atuação do intermediário (corretora, diretamente ou por meio de seu agente autônomo de investimento) no seu exclusivo interesse e dissociado dos interesses do investidor. O intermediário realiza operações por conta de seu cliente-investidor com o único intuito de gerar taxas de corretagem, sem qualquer preocupação com o benefício do cliente.[21]

---

[15] Sofia Nascimento Rodrigues, especialista em assuntos ligados ao mercado de valores mobiliários de Portugal, refere que subjaz um *interesse público* ao funcionamento do sistema financeiro e ao do mercado de valores mobiliários que justifica a proteção dos investidores, o qual se traduz pela "necessidade de garantir a formação da poupança e a sua captação para aquele mercado. Foi a ideia de interesse público que, especialmente desde o crash bolsista de 1929, e em particular nos Estados Unidos, motivou o aparecimento de normas cujo objetivo fundamental é a proteção dos investidores e a adopção de políticas de actuação por parte das entidades reguladoras dos mercados". RODRIGUES, Sofia Nascimento. *A protecção dos investidores em valores mobiliários*. Coimbra: Almedina, 2001, p. 23 e ss.

[16] No que tange à *segurança dos mercados*, a autora aduz que: "Com efeito, as decisões de investimento ficam condicionadas pelo nível de segurança jurídica e econômica que cada investimento propicia e esta segurança jurídica e econômica que cada investimento propicia e esta segurança, por sua vez, depende da existência de uma adequada disciplina legal e regulamentar da protecção dos investidores. Essa protecção pressupõe que os investidores estão satisfeitos com a qualidade dos serviços que lhe são prestados pelos agentes do mercado mas também com o tratamento que os órgãos competentes para a composição dos conflitos derem às suas queixas, se a apresentação destas for necessária". Idem, p. 26.

[17] Sobre a *igualdade*, pondera a mesma autora que se torna "necessário tutelar os investidores perante a possibilidade de actuações prejudiciais de outros participantes no mercado mais qualificados. Isso significa, entre outras coisas, que a lei deve acautelar a ponderação dos interesses envolvidos, procurando suprimir desigualdades. Assim, por exemplo, a preocupação com a tendencial desigualdade informativa é, neste sentido, decorrência da necessidade de proteger os investidores e manifesta-se no tratamento conferido aos deveres de informação por parte dos diversos agentes de mercado". Idem, ibidem.

[18] "Os investidores institucionais são os profissionais da aplicação das poupanças de terceiros. Nessa categoria, estão incluídos os fundos mútuos de investimento em ações, as companhias seguradoras, as entidades fechadas de previdência privada, os chamados fundos de pensão, entre outros". Comissão de Valores Mobiliários. *Portal do Investidor*. <http://www.cvm.gov.br/port/protinv/caderno1(new).asp>. Acesso em 19 de setembro de 2013.

[19] No concernente à *proteção aos consumidores*, pondera a autora que "a razão de ser inerente à proteção dos consumidores se encontra preenchida no que toca à posição assumida, no mercado de valores mobiliários, pelos investidores. Se o consumidor de bens e serviços está necessitado de proteção legal, aquele que poupa e investe em valores mobiliários encontra-se perante dificuldades análogas, estando necessitado de idêntica protecção. Acresce dever sobrepor-se a singularidade que resulta dos bens objeto de consumo pelo investidor (valores mobiliários) à discussão em torno de saber se este é ou não um consumidor. É esta singularidade que determina um regime de proteção especial". RODRIGUES, Sofia Nascimento. *A protecção dos investidores em valores mobiliários*. Coimbra: Almedina. 2001, p. 32.

[20] EIZIRIK, Nelson. *Questões de direito societário e mercado de capitais*. Rio de Janeiro: Forense, 1987, p. 127.

[21] HEACOCK, Marian V.; HILL, Kendall P.; ANDERSONS, Seth C.. Churning: An Ethical Issue in Finance. In: *Business & Professional Ethics Journal*, ano 1987, v. 6, n. 1, p. 3.

Antes de focar especificamente no conceito e elementos do *churning*, e na sua qualificação jurídica no âmbito do direito do consumidor, o presente trabalho abordará o papel das corretoras de títulos e valores mobiliários e dos agentes autônomos de investimentos, que atuam na intermediação para operações envolvendo valores mobiliários.

2. As sociedades corretoras de valores mobiliários

As sociedades corretoras de valores mobiliários são instituições financeiras integrantes do sistema de distribuição de valores mobiliários, segundo previsão da Lei n. 6.385/76. São classificadas como instituições não bancárias por operarem com ativos não monetários e não disporem de capacidade de emitir moeda ou meios de pagamento.[22]

As sociedades corretoras têm sua constituição, organização e funcionamento regulamentados pela resolução do Conselho Monetário Nacional ("CMN") n. 1.655, de 26.10.1989. Nos moldes da citada resolução, a constituição e exercício das sociedades corretoras dependem de autorização do Banco Central do Brasil ("BACEN"), cabendo revestirem-se da forma legal de sociedade anônima ou sociedade limitada.[23]

O espectro de atividades das sociedades corretoras corresponde essencialmente à prestação de serviços ou oferecimento de produtos aos investidores. O CMN atribuiu-lhes as seguintes funções: operar em bolsas de valores, subscrever emissões de títulos e valores mobiliários no mercado; comprar e vender títulos e valores mobiliários por conta própria e de terceiros; encarregar-se da administração de carteiras e da custódia de títulos e valores mobiliários; exercer funções de agente fiduciário; instituir, organizar e administrar fundos e clubes de investimento; emitir certificados de depósito de ações e cédulas pignoratícias de debêntures; intermediar operações de câmbio; praticar operações no mercado de câmbio de taxas flutuantes; praticar operações de conta margem; realizar operações compromissadas; praticar operações de compra e venda de metais preciosos, no mercado físico, por conta própria e de terceiros; operar em bolsas de mercadorias e de futuros por conta própria e de terceiros.

Do elenco, sobressaem-se como atividades principais as atuações no mercado de títulos da dívida pública; de câmbio; e de capitais, neste último como intermediadoras na captação de recursos às companhias, emissoras de valores mobiliários (*underwriting*),[24] ou, de outra parte, como participantes em operações de bolsa ou mercado de balcão.

---

[22] RUY, Fernando Estevam Bravin. *Direito do Investidor:* Consumidor no Mercado de Capitais e nos Fundos de Investimento. Rio de Janeiro: Lumen Juris. 2010, p. 18.

[23] Segundo o art. 3º, II, e 8º, § 2º, da Lei n. 4.728/76; e art. 3º da Resolução CMN n. 1.655, de 1989, com redação dada pela Resolução nº 3.485, de 2007.

[24] EIZIRIK, Nelson; GAAL, Ariádna B.; PARENTE, Flávia; HENRIQUES, Marcos de Freitas. *Mercado de Capitais:* Regime jurídico. 3ª ed. Rio de Janeiro: Renovar, 2011, p. 179 e ss.

O campo de atuação predominante das sociedades corretoras é, à luz dessas considerações, o mercado de capitais, onde negociam visando à composição de carteira própria e, de outra ponta, intermediam[25] investidores interessados em negociar valores mobiliários, com ativos escriturados separadamente através de conta corrente não movimentável por cheque.

No âmbito das operações em bolsas de valores, as sociedades corretoras são responsáveis pelas respectivas liquidações;[26] pela legitimidade dos títulos ou valores mobiliários entregues; e pela autenticidade dos endossos em valores mobiliários e legitimidade de procuração ou documentos para a transferência de valores mobiliários.

Por outra via, é vedado às sociedades corretoras, dentre outras condutas, realizar operações que caracterizem a concessão de financiamentos, empréstimos ou adiantamentos a seus clientes, inclusive através da cessão de direitos, salvo as operações de conta margem e eventuais outras previstas em regulamentação em vigor; cobrar corretagem ou outra taxa referente a negociações durante o período de distribuição primária; realizar operações envolvendo clientes sem identificação cadastral na bolsa de valores, etc.

As atividades das sociedades corretoras são reguladas pelas normas expedidas pelo BACEN, pela Comissão de Valores Mobiliários ("CVM") e pelas próprias bolsas em que são inscritas e perante a qual prestam serviços aos investidores, na denominada autorregulação.[27]

As normas expedidas pelo BACEN visam à manutenção da estabilidade das sociedades corretoras sob o ponto de vista operacional, cuidando da constituição, funcionamento, administração, patrimônio, fiscalização, objeto social, arquivos informativos emitidos pelas instituições.[28] Por isso, afirma-se que o BACEN assumiu, mais marcadamente, posição de regulador prudencial e sistêmico das instituições financeiras brasileiras, dentre elas, as sociedades corretoras.[29]

---

[25] Lei 4.728/65, em seu art. 8°, assim dispõe: "A intermediação dos negócios nas Bôlsas de Valôres será exercida por sociedades corretoras membros da Bôlsa, cujo capital mínimo será fixado pelo Conselho Monetário Nacional". Na doutrina, confira-se EIZIRIK, Nelson. *Questões de direito societário e mercado de capitais*. Rio de Janeiro: Forense, 1987, p. 190-191. Em sentido análogo, MOSQUERA, Roberto Quiroga. *Tributação no Mercado Financeiro e de Capitais*. São Paulo: Dialética, 1998, p. 21.

[26] As corretoras são obrigadas a comunicar aos investidores quaisquer dificuldades especiais na execução das operações, assim como sua inviabilidade; e, se tomarem conhecimento de fatos ou circunstâncias não sujeitos a segredo profissional, suscetíveis de justificar a modificação ou revogação das ordens recebidas dos clientes, devendo informá-los de imediato sobre tais ocorrências, prestando informações que clarifiquem a tomada de decisão do investidor. Veja-se em: RODRIGUES, Sofia Nascimento. *A protecção dos investidores em valores mobiliários*. Coimbra: Almedina. 2001, p. 42.

[27] Ver sobre o assunto: CUSCIANO, Dalton; SANO, Flora Pinotti; CURY, Maria Fernanda Calado de Aguiar Ribeiro; PEREIRA, Roberto Codorniz Leite. *Auto-regulação e desenvolvimento do mercado de valores mobiliários brasileiro*. São Paulo: Saraiva, 2009.

[28] MOSQUERA, Roberto Quiroga. *Tributação no mercado financeiro e de capitais*. São Paulo: Dialética, 1998, p. 43.

[29] YAZBEK, Otavio. A regulamentação das bolsas de valores e das bolsas de mercadorias e futuros e as novas atribuições da comissão de valores mobiliários. *Revista de Direito Bancário e do Mercado de Capitais*. São Paulo, v.9, n.34, out./dez. 2006, p. 216.

A CVM, de seu turno, encarrega-se mais especificamente da regulação e fiscalização para manter a eficiência e confiabilidade[30] do mercado de valores mobiliários brasileiro, tendo amplos poderes para disciplinar, normalizar e fiscalizar (condutas negociais ou relações de mercado),[31] podendo instaurar processos administrativos e penalizá-los por eventuais irregularidades, aplicar multas, bem como suspender ou cancelar seus registros.[32]

No tocante às bolsas, são atualmente concebidas como "sistemas de negociação regularmente acessíveis"[33] ou "provedores de sistema de negociação",[34] organizando-se a rigor como estruturas corporativas com capital detido por acionistas,[35] tal como ocorre com a BM&F Bovespa[36], única instituição bursátil em atividade no Brasil. Ao lado do papel de formação de preços com a disponibilização de sistemas de negociação confiáveis e asseguradores de liquidez ao mercado secundário, as bolsas exercem atividades de natureza regulamentar e disciplinar, em auxílio à CVM. Trata-se da referida autorregulação, acometida, de uma parte, à realidade histórica marcada pela criação de instâncias administrativas dentro das bolsas à época em que ainda eram associações, e, de outra, ao fundamento de que o ente regulador bursátil teria maior acuidade, sensibi-

---

[30] Sobre os objetivos do exercício do poder regulatório da Comissão de Valores Mobiliários: "O exercício do poder regulatório da CVM no âmbito do mercado de valores mobiliários objetiva, primordialmente, a manutenção da sua eficiência e confiabilidade, condições essas consideradas fundamentais para assegurar e regular desenvolvimento desse mercado". SANTOS, Alexandre Pinheiro dos; WELLISCH, Julya Sotto Mayor; BARROS, José Eduardo Guimarães. Notas sobre o poder normativo da comissão de valores mobiliários: CVM na atualidade. *Revista de Direito Bancário e do Mercado de Capitais*. São Paulo: Revista dos Tribunais, n.28, out./dez. 2006, p. 79.

[31] YAZBEK, Otavio. A regulamentação das bolsas de valores e das bolsas de mercadorias e futuros e as novas atribuições da comissão de valores mobiliários. *Revista de Direito Bancário e do Mercado de Capitais*. São Paulo, v.9, n.34, out./dez. 2006, p. 216.

[32] SANTOS, Alexandre Pinheiro dos; OSÓRIO, Fábio Medina; WELLISCH, Julya Sotto Mayor. *Mercado de capitais: regime sancionador*. São Paulo: Saraiva, 2012, p. 183 e ss.

[33] Na íntegra: "um sistema de negociação regularmente acessível, com períodos curtos entre o fechamento e abertura para negociação, no qual se possibilita a conclusão de negócios entre os participantes do mercado sobre os objetos nele negociados, com uma fixação neutra e transparente do preço". KÜMPEL, Siegfried. *Direito do Mercado de Capitais – do ponto de vista do direito europeu, alemão e brasileiro – Uma introdução*. Rio de Janeiro: Renovar, 2007, p. 93.

[34] YAZBEK, Otávio. *Regulação do mercado financeiro e de capitais*. 2ª ed. Rio de Janeiro: Elsevier, 2009, p. 130.

[35] No Brasil, o regulamento anexo à resolução CMN 2.690/2000 já prevê, em seu art. 1º, a possibilidade de organização das bolsas como sociedades anônimas.

[36] Com o processo de *desmutualização* da Bolsa de Valores de São Paulo – processo de transformação de associações integradas pelos membros registrados nas bolsas para estruturas corporativas com capital detido por acionistas –, foi criada a BM&FBOVESPA S.A. – Bolsa de Valores Mercadorias e Futuros, a qual é "companhia que tem como principais objetivos administrar mercados organizados de títulos, valores mobiliários e contratos derivativos, além de prestar serviços de registro, compensação e liquidação, atuando, principalmente, como contraparte central garantidora da liquidação financeira das operações realizadas em seus ambientes. A Bolsa oferece ampla gama de produtos e serviços, tais como: negociação de ações, títulos de renda fixa, câmbio pronto e contratos derivativos referenciados em ações, ativos financeiros, índices, taxas, mercadorias, moedas, entre outros; listagem de empresas e outros emissores de valores mobiliários; depositária de ativos; empréstimo de títulos; e licença de softwares. A BM&FBOVESPA conta com um modelo de negócio diversificado e integrado, oferecendo sistema de custódia completo. As negociações são cursadas em meio exclusivamente eletrônico. A Bolsa possibilita a seus clientes a realização de operações destinadas à compra e venda de ações, transferência de riscos de mercado (hedge), arbitragem de preços entre mercados e/ou ativos, diversificação e alocação de investimentos e alavancagem de posições". Disponível em <http://ri.bmfbovespa.com.br/static/ptb/empresas-do-grupo.asp?idioma=ptb>. Acesso em 25 de agosto de 2013.

lidade e experiência[37] no entendimento do mercado que se encontra sob sua tutela.[38] No âmbito da BM&FBOVESPA, o órgão responsável é a BM&FBOVESPA Supervisão de Mercados – BSM ("BSM"), com poderes para instaurar processos administrativos disciplinares a averiguar irregularidades, punindo os responsáveis e impondo o ressarcimento de eventuais investidores lesados através do Mecanismo de Ressarcimento de Prejuízos – MRP ("MRP").[39]

Como se vê, a carga de regulação e fiscalização sobre as sociedades corretoras é bastante elevada, o que se explica por representarem o principal elo do sistema de distribuição e intermediação do mercado de capitais com os investidores e suas economias.[40]

Nessa perspectiva, o foco das atividades de regulação e fiscalização tem caráter dúplice, voltando-se, de um lado, às preocupações com a higidez econômica das sociedades corretoras (regulação prudencial) e, de outro, às rigorosas verificações de suas condutas negociais no mercado de capitais, sobretudo para garantir o bom desempenho da função básica de fidúcia, de que se revestem o aconselhamento e a intermediação de títulos e valores mobiliários aos clientes.[41]

3. Os agentes autônomos de investimento

Os agentes autônomos de investimento são pessoas naturais que obtêm registro na CVM para atuar sob a responsabilidade e como prepostos das sociedades corretoras de títulos e valores mobiliários, promovendo o desenvolvimento do mercado de capitais segundo a noção de capilaridade.[42]

---

[37] YAZBEK, Otavio. A regulamentação das bolsas de valores e das bolsas de mercadorias e futuros e as novas atribuições da comissão de valores mobiliários. *Revista de Direito Bancário e do Mercado de Capitais.* São Paulo, v.9, n.34, out./dez. 2006, p. 207.

[38] Enquanto entidades autorreguladoras, as bolsas fiscalizam o cumprimento das normas expedidas pelas autoridades monetárias e de valores mobiliários, e editam, em acréscimo, suas próprias regras para disciplinar os negócios realizados por seus participantes, a exemplo do Regulamento de Operações do Segmento Bovespa: Ações, Futuros e Derivativos de Ações, cujo capítulo XXIII destina-se a fixar direitos e obrigações às sociedades corretoras. O mencionado Regulamento encontra-se disponível no website da BM&FBovespa: <http://www.bmfbovespa.com.br/pt-r/regulacao/ download/0_manual_regula_completo.pdf>.

[39] A BM&FBOVESPA e o MRP por ela administrado têm patrimônios distintos, que não se confundem, tampouco se contaminam, constituindo o Mecanismo, portanto, patrimônio de afetação. Com efeito, o art. 77, da Instrução n.461/2007, da CVM, determina expressamente que os mecanismos de ressarcimento de prejuízos serão mantidos pelas bolsas a fim de assegurar aos investidores o ressarcimento de prejuízos decorrentes da atuação de administradores, empregados ou prepostos, em relação à intermediação de negociações realizadas na bolsa ou aos serviços de custódia. A entidade administradora de mercado de bolsa deve baixar regulamento específico disciplinando o funcionamento do mecanismo. O investidor poderá pleitear o ressarcimento, no prazo de 18 (dezoito) meses, contados da data de ocorrência da ação ou omissão que tenha originado o pedido. A indenização limitar-se-á a R$ 70.000,00 (setenta mil reais), segundo previsto pelo art. 80, parágrafo único da instrução normativa n. 461/2007, da CVM. Na doutrina: EIZIRIK, Nelson; GAAL, Ariádna B.; PARENTE, Flávia; HENRIQUES, Marcos de Freitas. *Mercado de Capitais: Regime jurídico.* 3ª ed. Rio de Janeiro: Renovar, 2011, pp. 238-242.

[40] RUY, Fernando Estevam Bravin. *Direito do Investidor: Consumidor no Mercado de Capitais e nos Fundos de Investimento.* Rio de Janeiro: Lumen Juris. 2010, p. 18.

[41] Sobre o cumprimento do dever das sociedades corretoras de informar os clientes de modo satisfatório, ver: KÜMPEL, Siegfried. *A proteção do consumidor no direito bancário e no direito do mercado de capitais.* Revista de Direito do Consumidor. São Paulo, Revista dos Tribunais, n. 52, out/dez, 2004., em especial p. 338 e ss.

[42] Os agentes autônomos representam e oferecem os serviços prestados pelas sociedades corretoras, provendo-lhes, dessa maneira, capilaridade, inclusive fora dos grandes centros urbanos. Em outras palavras, como

De acordo com a instrução normativa n. 497, da CVM, os agentes autônomos de investimento podem constituir sociedade ou atuar mediante firma individual, exclusivamente para o fim de distribuir os serviços dos integrantes do sistema de distribuição de valores mobiliários. Se constituída sociedade, também esta deverá registrar-se no ente regulador.

Contudo, é expressamente ressalvado pela normativa que a constituição de pessoa jurídica não elide as obrigações e responsabilidades estabelecidas aos agentes autônomos de investimento que a integram e, principalmente, tampouco afasta a responsabilização das sociedades corretoras que os contratam.[43]

Para exercer suas atividades, os agentes autônomos devem ser credenciados por entidades credenciadoras autorizadas pela CVM.[44] Essas entidades devem comprovar estrutura adequada e capacidade técnica, além de estrutura de autorregulação, adotando, por exemplo, código de conduta profissional para os agentes autônomos. Ademais, devem condicionar o credenciamento de novos agentes autônomos ao preenchimento de perfil mínimo exigido pela CVM.[45] [46]

---

têm o papel de contatar e oferecer os serviços das corretoras ao maior número possível de interessados, os agentes autônomos acabam atuando comercialmente em áreas geográficas ou perante círculos sociais que não seriam tão facilmente alcançados pelas sociedades corretoras caso se organizassem somente por estruturas diretas – *isto é, sem o auxílio de interpostos* – para prospecção de clientes.

[43] "Neste sentido, será mantida a linha originariamente adotada, de permissão de constituição de pessoas jurídicas e de exigência de seu registro, sem que persista, porém, a distinção entre agente autônomo pessoa natural e agente autônomo pessoa jurídica, hoje adotada. As responsabilidades permanecem, assim, nas pessoas naturais prestadoras dos serviços e, como se verá em outros pontos, nos intermediários". E, mais adiante: "Com efeito, o espírito da Minuta é o de realçar a responsabilidade do intermediário, a quem o cliente verdadeiramente pertence. Ainda que a relação mais direta e cotidiana possa ser com o agente autônomo, o intermediário deve não apenas acompanhar as atividades do cliente, como estabelecer outros mecanismos, inclusive de contato periódico". Por isso, a CVM "não reforçou a responsabilidade dos agentes autônomos pelos seus atos, por entender que, no âmbito da presente regulação, deve-se destacar a responsabilidade dos intermediários contratantes (que não elide a responsabilidade dos agentes autônomos estabelecida contratualmente ou mesmo decorrente de lei, que vigora entre as partes, não sendo oponível a reguladores, autorreguladores ou clientes)". Relatório da Audiência, n. 03/2010, elaborado pela Superintendência de Desenvolvimento de Mercado – SDM, da CVM, com origem nos debates públicos acerca do texto da instrução normativa n. 497/2011, da CVM, trazendo novo regramento à atividade de agente autônomo de investimento. Disponível em <http://www.cvm.gov.br/port/audi/encerradas_sdm.asp>. Acesso em 12 de dezembro de 2013.

[44] Atualmente, a instituição que realiza esse credenciamento é a ANCORD – Associação Nacional das Corretoras e Distribuidoras de Títulos e Valores Mobiliários, Câmbio e Mercadorias. Consulte-se: <http://www.ancord.org.br/Website_Ancord/index.html>.

[45] Os requisitos mínimos para o credenciamento de uma pessoa natural como agente autônomo de investimento encontram-se previstos no art. 7º da instrução normativa n. 497/2011, da CVM, dentre os quais se destacam: (i) conclusão do ensino médio no País ou equivalente no exterior; (ii) aprovação nos exames de qualificação técnica aplicados pela entidade credenciadora; (iii) adesão ao código de conduta profissional da entidade credenciadora; (iv) inexistência de inabilitação ou suspensão para o exercício de cargo em instituições financeiras e demais entidades autorizadas a funcionar pela CVM, pelo Banco Central do Brasil, pela Superintendência de Seguros Privados – SUSEP ou pela Superintendência Nacional de Previdência Complementar – PREVIC; (v) inexistência de condenação por crime falimentar, de prevaricação, suborno, concussão, peculato, "lavagem" de dinheiro ou ocultação de bens, direitos e valores, contra a economia popular, a ordem econômica, as relações de consumo, a fé pública ou a propriedade pública, o sistema financeiro nacional, ou a pena criminal que vede, ainda que temporariamente, o acesso a cargos públicos, por decisão transitada em julgado, ressalvada a hipótese de reabilitação; e (vi) inexistência de impedimento para administrar seus bens ou deles dispor em razão de decisão judicial.

[46] Por outro lado, o art. 8º da instrução normativa n. 497/2011, da CVM estabelece os requisitos aplicáveis à pessoa jurídica destinada ao desempenho das atividades de agente autônomo de investimento, quais sejam: (i) ter sede no Brasil; (ii) ter, como objeto social exclusivo, o exercício da atividade de agente autônomo; (iii) não eleger como objeto social a participação em outras sociedades; (iv) incluir, em sua denominação, a expressão "agente autônomo de investimentos"; e (v) ter em seu quadro de sócios somente pessoas naturais

A rotina de atividades dos agentes autônomos de investimento é comercial: como prepostos das sociedades corretoras, ofertam serviços de distribuição e intermediação de valores mobiliários; recebem e registram as ordens emanadas dos clientes, com posterior repasse às sociedades corretoras para execução nos sistemas de negociação ou registro cabíveis; e, por fim, prestam informações aos investidores sobre os serviços oferecidos pelas corretoras e a rotina de funcionamento do mercado de capitais.[47]

Por força das regras expedidas pela CVM, os agentes autônomos devem atuar sob a responsabilidade e vinculados a uma única instituição integrante do sistema de distribuição de valores mobiliários.[48] [49] Sua relação com as sociedades corretoras estabelece-se obrigatoriamente mediante contrato escrito.[50]

A rigor, as sociedades corretoras cobram dos investidores percentuais sobre o volume de recursos movimentados em operações com valores mobiliários no mercado, chamados taxas de corretagem. Por sua vez, os agentes autônomos recebem parte desses valores auferidos pelas sociedades corretoras, a partir dos clientes prospectados, sendo tal forma de remuneração popularmente chamada de "rebate".

Os agentes autônomos de investimento têm, portanto, papel diretamente ligado à expansão dos níveis de investimentos no mercado de capitais brasileiro, sobretudo através da disseminação de informações acerca do funcionamento deste último e da oferta dos serviços de intermediação e distribuição prestados pelas corretoras.

Não raro, os agentes autônomos de investimentos "personificam" o mercado de capitais e suas complexas estruturas para o cliente menos habituado a investir, acentuando-se com isso a importância de se exigir que esses profissionais tenham aptidão suficiente para esclarecer as principais dúvidas sobre o funcionamento do mercado e elevados padrões éticos, em respeito aos recursos aplicados pelos investidores, colaborando com a manutenção da *capacidade funcional* do mercado de capitais.[51]

---

qualificadas como agentes autônomos, que não poderão deter participação em outra sociedade ou firma individual, cujo objetivo seja o desenvolvimento das atividades de agentes autônomos.

[47] De acordo com o previsto no art. 1º da instrução normativa n. 497/2011, da CVM: "Agente autônomo de investimento é a pessoa natural, registrada na forma desta Instrução, para realizar, sob a responsabilidade e como preposto de instituição integrante do sistema de distribuição de valores mobiliários, as atividades de: I – prospecção e captação de clientes; II – recepção e registro de ordens e transmissão dessas ordens para os sistemas de negociação ou de registro cabíveis, na forma da regulamentação em vigor; e III – prestação de informações sobre os produtos oferecidos e sobre os serviços prestados pela instituição integrante do sistema de distribuição de valores mobiliários pela qual tenha sido contratado. Parágrafo único. A prestação de informações a que se refere o inciso III inclui as atividades de suporte e orientação inerentes à relação comercial com os clientes, observado o disposto no art. 10".

[48] Segundo o art. 13, II, da instrução normativa n. 497/2011, da CVM, é vedado ao agente autônomo de investimento ou à pessoa jurídica constituída manter contrato para a prestação dos serviços com mais de uma instituição integrante do sistema de distribuição de valores mobiliários.

[49] A obrigatoriedade de manutenção de vínculo contratual exclusivo com instituição intermediária não se aplica aos agentes autônomos que realizem exclusivamente a distribuição de cotas de fundo de investimento a investidores qualificados, como se vê no art. 13, § 2, da instrução normativa n. 497/2011, da CVM.

[50] Previsto no art. 13, I, da instrução normativa n. 497/2011, da CVM.

[51] A confiança no funcionamento do mercado, em especial na segurança dos procedimentos operacionais e na seriedade das instituições que o compõem, é fundamental para a expansão das bases de investidores

Sob essa perspectiva, a atuação dos agentes autônomos de investimento deve respeitar os limites impostos pela CVM e demais entes autorreguladores, em especial no sentido de não atuar em nome do cliente administrando carteiras de investimento; não dar recomendações sobre produtos, à semelhança de analistas de valores mobiliários;[52] não atuar como consultores de valores mobiliários; não emitir extratos contendo informações sobre as operações realizadas ou posições em aberto do investidor; tampouco utilizar senhas ou assinaturas eletrônicas, de caráter personalíssimo, ou operar, em nome dos clientes, nos sistemas disponibilizados pelas corretoras, chamados de *home-brokers*.

Em outras palavras, é o investidor quem deve tomar a decisão antes de qualquer ordem de compra ou venda de valores mobiliários em seu nome, cabendo ao agente autônomo apenas transmiti-la à sociedade corretora para sua execução junto à bolsa de valores. Como se verá a partir do próximo item, práticas em sentido diverso são incompatíveis com a ordem jurídica vigente, em particular quando ocorrida movimentação de recursos sem conhecimento do cliente, provocando perda do capital confiado pela oscilação em relação ao preço dos ativos indevidamente negociados, ou ainda pela cobrança de taxas de corretagem, devidas independentemente dos lucros ou prejuízos das operações executadas.

4. A prática do *churning* ou *overtrading*

Tem-se verificado ultimamente, no âmbito do mercado de capitais, a prática do *churning* ou *overtrading*. Considerável desenvolvimento doutriná-

---

e recursos disponíveis para captação. Nesse sentido, a regulamentação do Direito do Mercado de Capitais tem dois objetivos principais: a proteção da capacidade funcional do Mercado de Capitais e a proteção do investidor, por consequência. Segundo esclarece Siegfried Kümpel, "a proteção da capacidade funcional visa à eficiência das instituições ligadas ao Mercado de Capitais, bem como dos mecanismos de realização das operações com valores mobiliários. Ela também se refere à proteção da confiança dos investidores na capacidade funcional do mercado e na sua integridade. Esta proteção da confiança é necessária para a preservação e o aumento de capitais para investimento nas bolsas, por sua vez necessários para os investimentos na economia". KÜMPEL, Siegfried. *Direito do Mercado de Capitais – do ponto de vista do direito europeu, alemão e brasileiro – Uma introdução*. Rio de Janeiro: Renovar, 2007, pp. 21-22. Veja-se, em acréscimo, que a existência de regras a garantir a transparência na gestão, fornecimento de informações, retidão na condução empresarial e participação dos interessados, com supervisão do ente regulador, sobretudo da CVM, consubstanciam pilares à promoção de acesso e permanência no mercado de capitais e, por conseguinte, ao desenvolvimento da economia nacional. CEREZETTI, Sheila Christina Neder. *Regulação do Mercado de Capitais e Desenvolvimento*. In: Calixto Salomão Filho. (Org.). Regulação e Desenvolvimento Novos Temas de Direito. São Paulo: Malheiros, 2012, pp. 191-228.

[52] Como referido na nota 40, a CVM convocou audiência pública para submeter à avalição o texto da Instrução Normativa 497/2011, regulamentando a atividade de agente autônomo de investimento (Audiência nº 03/2010). Compareceram representantes de corretoras, agentes autônomos de investimento, e representantes das demais instituições que integram o mercado. Na página 07 do Relatório de Audiência, encontra-se ressalva acerca *do tipo de esclarecimentos* que devem ser prestados pelos agentes autônomos de investimentos aos investidores: "(...) dentro das atividades de venda, há espaço legítimo para o suporte ou a orientação por parte do vendedor (o agente autônomo). Tais atividades não se confundem com a consultoria propriamente dita, uma vez que elas não são feitas por mandato do cliente (ou diretamente remuneradas pelo cliente), mas sim com os agentes autônomos atuando como vendedores, na qualidade de prepostos dos intermediários que representam – ou seja, como partes interessadas. Em outras palavras, elas são parte do esforço de venda e devem ser tratadas como tal. Da mesma maneira, elas devem ser feitas em conformidade com as políticas de distribuição do intermediário". Confira-se o documento em questão, elaborado pela Superintendência de Desenvolvimento de Mercado – SDM, da CVM em <http://www.cvm.gov.br/port /audi/encerradas _sdm.asp>. Acesso em 12 de dezembro de 2013.

rio acerca deste fenômeno ocorreu na doutrina norte-americana a partir da década de 1980,[53] quando o *churning* começou a chamar a atenção dos investidores e órgãos reguladores daquele país. No Brasil, a BSM, que exerce atividades de autorregulação nos mercados de ações, de commodities e futuros da BM&FBOVESPA, divulgou, em julho de 2011, Relatório de Análise onde se debruçou sobre a prática do *churning*.[54] Recentemente, a ocorrência mereceu o destaque da grande mídia com a divulgação da *operação churning*, realizada pela Polícia Federal.[55] E na recente jurisprudência administrativa da CVM há importante precedente onde foram flagradas práticas de *churning*, tendo a corretora de valores sido condenada a ressarcir o investidor.[56]

O *churning* ou *overtrading* pode ser conceituado como a atuação do intermediário (corretora, diretamente, ou por meio de seu agente autônomo de investimento) no seu exclusivo interesse e dissociado dos interesses do investidor. O intermediário realiza operações por conta de seu cliente-investidor com o único intuito de gerar comissões de corretagem, sem qualquer preocupação com o benefício do cliente.[57] Um olhar mais atento sobre o *churning* permite que se possa superar a ideia corrente de que aqueles que investem em bolsa de valores nenhuma proteção merecem, pois adentram numa área de altíssimo risco. Com efeito, a compra e venda de ações representa um risco. Mas, da mesma forma que o risco está presente, ele pode ser consideravelmente agravado no caso de agentes autônomos de investimentos e corretoras de valores que atuem com o exclusivo propósito de gerar ganhos para si próprios, sem nenhuma consideração para com o seu cliente-investidor.

Marian Heacock, Kendall Hill e Seth Anderson citam exemplo que bem ilustra o *churning*.[58] Trata-se do caso da viúva Bertha, que em virtude do falecimento de seu marido recebeu uma carteira de ações de valor aproximado de U$533.000,00. Por conhecer muito pouco do mercado financeiro, Bertha se valeu da atuação profissional do agente Joe, que já prestava serviços ao seu marido. Durante o lapso temporal de sete anos, Joe realizou mais de 10.300 transações com os ativos de Bertha, gerando comissões no valor de U$ 189.000,00 além de outros custos de aproximadamente U$ 13.000,00. Enquanto Joe apenas lucrou com as operações realizadas, Bertha viu os seus investimentos minguarem para menos da metade. Demandado, Joe teve de indenizar Bertha no montante de U$ 375.000,00.

---

[53] Ver, sobre o assunto: HEACOCK, Marian V.; HILL, Kendall P.; ANDERSONS, Seth C.. Churning: An Ethical Issue in Finance. In: *Business & Professional Ethics Journal*, ano 1987, v. 6, n. 1, p. 3; BROWN, Stewart L.; Churning: Excessive Trading in Retail Securities Accounts. In: *Financial Services Review*, ano 1996, v. 5, n. 1, p. 43.

[54] Disponível em: <http://www.bsm-autorregulacao.com.br/instdownload/REL-GAE-01-2011-Churning.pdf>

[55] Ver a seguinte notícia, veiculada pela Polícia Federal no dia 10.09.2013: <http://www.dpf.gov.br/agencia/noticias/2013/09/pf-deflagra-operacao-churning-para-reprimir-fraudes-no-mercado-de-acoes>.

[56] COMISSÃO DE VALORES MOBILIÁRIOS. *Recurso em Processo de Mecanismo de Ressarcimento de Prejuízos*, Reg. Col. nº 8645/2013, Rel. Otavio Yazbek, disponível em: <http://www.cvm.gov.br/port/descol/respdecis.asp?File=8645-0.HTM>. Acesso em 02.01.2014.

[57] HEACOCK, Marian V.; HILL, Kendall P.; ANDERSONS, Seth C.. Churning: An Ethical Issue in Finance. In: *Business & Professional Ethics Journal*, ano 1987, v. 6, n. 1, p. 3.

[58] Idem, ibidem.

A prática, que é extremamente danosa aos interesses dos investidores, e, de um modo geral, aos do mercado de capitais, se funda na característica estrutural do modelo de remuneração dos intermediários, que se baseia na cobrança de comissões por cada transação efetuada. É fácil verificar que, neste modelo, quanto mais ativos forem comprados ou vendidos, maiores serão os ganhos com comissões de corretagem. Há, por assim dizer, um conflito de interesses inerente a esta modalidade de cobrança utilizada para remunerar os intermediários de bolsa de valores.[59] Segundo Stewart Brown:[60] *"pelo fato de a remuneração dos intermediários de bolsas de valores ser tradicionalmente baseada no volume, tamanho e tipo de transação, os clientes experimentam custos maiores e ganhos menores quando transações desnecessárias são realizadas. (...) As demandas de churning envolvem alegações de que o intermediário abusou sua posição, a partir da realização de transações com muita frequência com o intuito de gerar comissões"*.

Para atingir o objetivo de gerar comissões de corretagem, o intermediário realiza giro excessivo da carteira de investimentos do cliente, comprando e vendendo ativos, dando pouca ou nenhuma importância para o perfil de investimento do cliente e para o risco específico das operações realizadas. A maneira de viabilizar essa atuação passa, via de regra, pela não obtenção das ordens prévias do cliente, que são fundamentais para a legalidade da atuação dos intermediários.

Pode-se, assim, resumir os denominados elementos que configuram a prática do *churning* na presença do controle das operações do cliente, juntamente com o *overtrading*, que é a verificação objetiva do giro excessivo de carteira e a intenção do intermediário de lucrar com este giro. Nos subitens que seguem serão examinados os elementos que configuram o *churning*.

4.1. O controle das operações

A assunção do controle das operações do cliente pelo intermediário se dá, via de regra, pela realização das transações de forma direta, sem a obtenção das ordens prévias do investidor para comprar e vender ativos.[61] Em alguns casos, também pode ocorrer de o agente autônomo de investimentos pedir ao cliente para que assine documentos solicitando à corretora de valores para que toda a sua correspondência passe a ser direcionada ao endereço do agente autônomo. Por confiar no agente autônomo e por não ter conhecimento sobre o

---

[59] BROWN, Stewart L.; Churning: Excessive Trading in Retail Securities Accounts. In: *Financial Services Review*, ano 1996, v. 5, n. 1, p. 43; ver, também, LOSS, Louis; SELIGMAN, Joel. *Fundamentals of Securities Regulation*. 5ª ed. New York: Aspen, 2004, p. 1.097.

[60] BROWN, Stewart L.; Churning: Excessive Trading in Retail Securities Accounts. In: *Financial Services Review*, ano 1996, v. 5, n. 1, p. 43 (tradução livre dos autores).

[61] Ainda que não tenha caracterizado o controle que aqui se desenvolve, sobre a ausência de ordens do investidor, ver o exemplo do seguinte caso julgado pelo Tribunal de Justiça do Estado de São Paulo: "Ação de indenização por danos materiais e morais. Operação de compra de ações não autorizadas pelo autor. Gravação do suposto diálogo descartada pela ré. Instrução 387/03 da CVM, arts. 6°, §§ 2° e 3°, 12, § 1°. Ordem de compra não demonstrada pela ré. Ônus da sucumbência daquele que decaiu da maior parte do pedido. Sentença de parcial procedência mantida por seus próprios fundamentos, ora reproduzidos (art. 252 do R.I. TJSP). Precedentes do STJ e STF. Recurso não provido". (Apelação n° 0167476-79.2008.8.26.0100, 29ª Câmara de Direito Privado, julgado em 16.11.2011).

funcionamento do mercado de capitais, o cliente acaba perdendo o contato com a corretora, e fica ainda mais distante das informações sobre o que está ocorrendo com a sua carteira de investimentos.

Charles Mills[62] traça as características do denominado "controle fático" da movimentação dos ativos do cliente, que pressupõe a falta de conhecimento ou experiência do investidor para avaliar as recomendações do profissional do mercado de capitais.[63] De acordo com este autor,[64] os critérios utilizados pelas cortes norte-americanas para concluir se determinado intermediário de investimentos exerce controle sobre os ativos do cliente são os seguintes: a) idade, inteligência, educação e experiência de investimentos do cliente; b) se a relação entre agente e investidor era de distância ou muito próxima; c) conhecimento do investidor acerca de seus investimentos; d) a frequência das conversas entre agente e investidor sobre os investimentos; e) se o investidor autorizou cada operação.

Quanto à relação entre agente de investimentos e investidor, há que se fazer a observação de que em muitos casos, mesmo que exista proximidade entre as partes, esse fato não supre a ausência de ordens para as transações realizadas pelo agente sem a autorização do cliente. É comum que contatos frequentes ocorram sem que a real situação do investidor (muitas vezes uma posição negativa em sua conta corrente perante a corretora) lhe seja informada. Numa das ocorrências investigadas pela Polícia Federal,[65] alega-se que ex-gerentes de bancos passaram a atuar como agentes autônomos de investimentos e levaram consigo o cadastro dos clientes titulares de conta correntes e aplicações nos bancos, e passaram a assediá-los, valendo-se da credibilidade anteriormente conquistada enquanto gerentes de suas contas bancárias, para que os clientes redirecionassem os seus investimentos para o mercado de capitais. Ao mesmo tempo, e na continuidade do aproveitamento da confiança adquirida, em alguns casos são feitas falsas promessas de que o capital principal investido não será comprometido.[66]

Portanto, ao requisito da proximidade deve-se acrescentar o da transparência e da veracidade das informações que venham (ou não) a ser repassadas.

---

[62] MILLS, Charles R. *The Customer Relationship: Suitability, Unauthorized Trading, and Churning*, 2007, p. 15. Disponível em <www.klgates.com>, clicar em "stay informed" e posteriormente em "publications". Alternativamente procurar pela publicação a partir do título nas ferramentas de busca.

[63] Atentar que de acordo com a legislação da CVM é vedado ao agente autônomo de investimentos prestar qualquer tipo de consultoria ou análise de valores mobiliários, na forma do art. 13, IV, da IN 497/2011: "Art. 13. É vedado ao agente autônomo de investimento ou à pessoa jurídica constituída na forma do art. 2º: (...) IV – contratar com clientes ou realizar, ainda que a título gratuito, serviços de administração de carteira de valores mobiliários, consultoria ou análise de valores mobiliários;".

[64] Apresenta-se um resumo dos critérios aplicáveis à legislação brasileira. Alguns dos critérios apresentados pelo autor não são aplicáveis no Brasil, como o de se o investidor rejeitou recomendações de investimentos, pois de acordo com as regras brasileiras o agente autônomo de investimentos não pode sugerir operações.

[65] Ver, sobre o assunto: < http://zerohora.clicrbs.com.br/rs/economia/noticia/2013/09/fraude-com-acoes-teria-sido-armada-com-base-em-informacoes-bancarias-4275469.html>.

[66] É o que registra a CVM na reclamação formulada por investidor, no sentido de que a empresa corretora teria tranquilizado o investidor no sentido de que "o capital estaria sempre protegido, e que em média teria lucro de 3 a 5% ao mês". COMISSÃO DE VALORES MOBILIÁRIOS. *Recurso em Processo de Mecanismo de Ressarcimento de Prejuízos*, Reg. Col. nº 8645/2013, Rel. Otavio Yazbek, disponível em: <http://www.cvm.gov.br/port/descol/respdecis.asp?File=8645-0.HTM. Acesso em 02.01.2014>.

Ou seja, de nada adianta a proximidade entre agente e investidor, com contatos frequentes, se este não está sabendo da realidade do seus ativos. Para que não se configure o controle fático pelo agente de investimentos, há que estar presente efetivo conhecimento do investidor acerca da movimentação de seus ativos, conforme esclarecem Louis Loss e Joel Seligman: "Na ausência de acordo expresso, o controle pode ser inferido a partir da relação entre intermediário e cliente, quando o cliente carece de habilidade de gerenciar sua carteira e precisa assumir como verdadeiras as informações recebidas do intermediário para saber o que está ocorrendo".[67] Na maior parte das vezes, tamanho é o volume de negócios gerados, que os denominados Avisos de Negociação em Ativos (ANA), enviados pela BM&FBOVESPA diretamente para o investidor, não permitem que ele tenha a visão geral de seus investimentos. Vale dizer, pois, que o cliente deve ter o conhecimento de sua posição atual, global, sem ser iludido com números fictícios ou informações inverídicas que o estimulem a continuar a realizar operações, quando, na verdade, pode estar muito próximo da perda total dos valores investidos.

4.2. O overtrading: os índices de turnover ratio e cost-equity ratio

A característica do *overtrading*[68] consiste no diagnóstico do volume exagerado de transações, e deve ser obtido de maneira objetiva, a partir da utilização de dois indicadores básicos: o *turnover ratio* e o *cost-equity ratio*. O *turnover ratio* representa o giro da carteira do cliente, realizado ao longo de determinado período. Costuma-se utilizar uma fórmula matemática envolvendo as variáveis do total de compras, da carteira média e do número de meses em que ocorreram as transações, para a determinação do índice de *turnover ratio*.[69] A jurisprudência norte-americana acolheu a regra denominada "2-4-6", desenvolvida na literatura financeira, segundo a qual os índices de *turnover ratio* superiores a 2 seriam sugestivos de *churning*, os superiores a 4 o presumiriam e os superiores a 6 seriam conclusivos de sua ocorrência.[70] O paradigma de comparação utilizado é o da administração dos fundos de investimento norte-americanos, em que os fundos mais conservadores apresentam taxa de *turnover ratio* média abaixo de 0,60 e os mais agressivos apresentam taxa média de 1,18.[71]

---

[67] LOSS, Louis; SELIGMAN, Joel. *Fundamentals of Securities Regulation*. 5ª ed. New York: Aspen, 2004, p. 1.098-99. (tradução livre dos autores).

[68] Aqui é utilizado o termo *overtrading* em concepção estrita, pois, em sentido amplo, *overtrading* é sinônimo de *churning*, consoante definido acima. Neste sentido: o Relatório da BM&FBOVESPA, p. 6, disponível em: <http://www.bsm-autorregulacao.com.br/instdownload/REL-GAE-01-2011-Churning.pdf>.

[69] Ver, sobre o conceito de *turnover ratio*, o Relatório da BM&FBOVESPA, p. 6, disponível em: <http://www.bsm-autorregulacao.com.br/instdownload/REL-GAE-01-2011-Churning.pdf>.

[70] Ver, sobre as regras acolhidas pela jurisprudência norte-americana no que diz respeito ao *turnover ratio*, o Relatório da BM&FBOVESPA, p. 7, disponível em: <http://www.bsm-autorregulacao.com.br/ instdownload /REL-GAE-01-2011-Churning.pdf>.

[71] Relatório da BM&FBOVESPA, p. 7, disponível em: <http://www.bsm-utorregulacao.com.br/instdownload /REL-GAE-01-2011-Churning.pdf>.

Acerca da regra "2-4-6", calha destacar a observação de Stewart Brown, de que o índice de *turnover ratio* de "6" é indicativo de *churning* até mesmo para as contas com objetivos agressivos de investimentos.[72] Por outro lado, até mesmo o índice "2" pode ser considerado excessivo nos casos em que o perfil do investidor seja conservador. O ponto chama a atenção para a importância da determinação do perfil do investidor.

O *cost-equity ratio*, assim como o *turnover ratio*, é índice expresso em fórmula que indica o percentual de retorno necessário para cobrir as despesas geradas pela carteira do investidor em determinado período.[73] Em comparação com o *turnover ratio* substitui-se o total de compras pelo total de despesas. O índice foi criado com base na rentabilidade histórica do mercado acionário norte-americano, sendo aplicável regra similar à "2-4-6". Índices de *cost-equity ratio* superiores a 4% ao ano indicam a possibilidade de *churning*, enquanto índices superiores a 8% o presumem e os acima de 12% são conclusivos.[74]

O Relatório de Análise da BSM sugere que os indicadores de *turnover ratio* e *cost-equity ratio* mencionados sejam utilizados para a aferição da ocorrência de *churning*, tendo em vista o êxito obtido nos Estados Unidos, onde o desenvolvimento acerca do assunto é bastante considerável. Todavia, adaptações são necessárias, especialmente no que diz respeito à adoção de índices compatíveis com o mercado brasileiro.[75] Assim, quanto ao *turnover* é utilizado parâmetro baseado na atuação de gestores de fundos de investimento em ações que atuam nos mercados da BM&FBOVESPA. Quanto ao *cost-equity ratio*, utiliza-se, além da rentabilidade histórica dos fundos de investimento em ações, o indicador da rentabilidade histórica do IBOVESPA e os custos a que foi submetido nos últimos 15 anos.

5. A prática de *churning* e o seu enquadramento no Código de Defesa do Consumidor

Conforme referido no presente trabalho, o espectro de atividades das sociedades corretoras e de seus prepostos, os agentes autônomos de investimentos, corresponde essencialmente à prestação de serviços ou oferecimento de produtos aos investidores. As operações no mercado de capitais em geral ocorrem no âmbito das bolsas de valores e entidades de balcão organizado.

Como se viu, as sociedades corretoras integram o sistema de distribuição de valores mobiliários e constituem a via de acesso dos investidores interessa-

---

[72] BROWN, Stewart L.; Churning: Excessive Trading in Retail Securities Accounts. In: *Financial Services Review*, ano 1996, v. 5, n. 1, p. 47.

[73] Ver, sobre o conceito de *turnover ratio*, o Relatório da BM&FBOVESPA, p. 6, disponível em: <http://www.bsm-autorregulacao.com.br/instdownload/REL-GAE-01-2011-Churning.pdf>.

[74] Este percentual está de acordo com os estudos feitos nos Estados Unidos da América (p. 8 do Relatório da BM&FBOVESPA). Segundo a equipe da BSM, para o Brasil, sugere-se a adoção do percentual de 21% de *cost-equity ratio* (p. 8 do Relatório da BM&FBOVESPA).

[75] Sobre a questão, ver ps. 9-15 do Relatório da BM&FBOVESPA, disponível em: <http://www.bsm-autorregulacao.com.br/instdownload/REL-GAE-01-2011-Churning.pdf>.

dos em negociar valores mobiliários (intermediação obrigatória),[76] consoante se infere da combinação dos artigos 5º[77] e 16[78] da Lei 4.728/65.

Com suas atividades, as sociedades corretoras de valores mobiliários interligam, portanto, diferentes agentes econômicos (investidores, e, de outro lado, empreendedores deficitários, interessados em realizar empreendimentos econômicos), exercendo o principal elo de distribuição e intermediação do mercado de capitais, assumindo importante papel na prestação de serviços diretamente ao público investidor.[79] Neste contexto, como se apontou, os agentes autônomos de investimento desempenham importante função como prepostos das corretoras, responsáveis pela disseminação da oferta de seus serviços. Como abordado, em troca dos serviços de intermediação de valores mobiliários prestados, as sociedades corretoras e agentes autônomos de investimentos recebem taxas de corretagens, calculadas, via de regra, sobre o valor das operações intermediadas.

A questão a ser perquirida é se os agentes de intermediação do mercado de capitais podem ser enquadrados como fornecedores para os efeitos do Código de Defesa do Consumidor e se incidem, em sua atuação, os dispositivos da Lei n. 8.078/90, a começar pelo seu artigo 3º, que conceitua fornecedor.[80]

---

[76] Confira-se lição doutrinária acerca da *intermediação obrigatória nas operações com valores mobiliários*, compreendida essencialmente com base nos art. 5º e 16º, da Lei 4.728/65: "Utilizando outros termos, no mercado de capitais, em regra, a entidade financeira figura apenas como interveniente obrigatória na operação e não como parte na relação existente entre o financiador e o financiado. Pode-se afirmar que no mercado de valores mobiliários, os capitais transitam de forma direta entre o doador e o tomador dos recursos. Os negócios realizados neste mercado são negócios de participação, onde o investidor ou aplicador canaliza seus recursos para aquele que está carente deles, sem que se faça necessária a existência da instituição financeira assumindo o risco de crédito. Isso não quer dizer que a entidade financeira não esteja presente na consecução do negócio. Pelo contrário, sua presença é obrigatória, mas, agora, como mera interveniente na operação". MOSQUERA, Roberto Quiroga. *Tributação no mercado financeiro e de capitais*. São Paulo: Dialética, 1999, p. 21. Em semelhante sentido, ver EIZIRIK, Nelson. *Questões de Direito Societário e Mercado de Capitais*. Rio de Janeiro: Forense, 1987, p. 190 e ss.

[77] Art. 5º O sistema de distribuição de títulos ou valores mobiliários no mercado de capitais será constituído: I – das Bolsas de Valores e das sociedades corretoras que sejam seus membros;

[78] Art. 16. As emissões de títulos ou valores mobiliários somente poderão ser feitas nos mercados financeiro e de capitais através do sistema de distribuição previsto no art. 5º.

[79] RUY, Fernando Estavam Bravin. *Direito do Investidor: consumidor no mercado de capitais e nos fundos de investimentos*. Rio de Janeiro: Lumen Juris, 2010, pp. 84-85. "Mas as instituições que guardam uma relação constante e direta com o investidor do mercado de capitais são as auxiliares do mercado financeiro, como as sociedades corretoras de títulos de valores mobiliários, com o objetivo de operar a compra e venda e a distribuição de títulos e valores mobiliários por conta de terceiros; as sociedades distribuidoras de títulos e valores mobiliários, que objetivam intermediar a compra e venda de títulos e valores mobiliários de renda fixa e variável, operações no mercado aberto e a participação em lançamentos públicos de ações; e também os agentes autônomos de investimentos credenciados pelas instituições auxiliares como corretoras, bancos, financeiras, distribuidoras para colocarem os títulos e valores mobiliários e demais serviços financeiros no mercado. Os agentes prestadores de serviços do mercado de capitais estão representados por todas as instituições e eventualmente pessoas físicas que estejam envolvidas com a relação contratual, quando da comercialização de um valor mobiliário ou movimentação de derivativos, sem desconsiderar a relação de consultoria, por meio da função de analista de valores mobiliários, além da administração e a gestão de fundos de investimentos".

[80] Art. 3º Fornecedor é toda pessoa física ou jurídica, pública ou privada, nacional ou estrangeira, bem como os entes despersonalizados, que desenvolvem atividade de produção, montagem, criação, construção, transformação, importação, exportação, distribuição ou comercialização de produtos ou prestação de serviços. § 1º Produto é qualquer bem, móvel ou imóvel, material ou imaterial. § 2º Serviço é qualquer atividade fornecida no mercado de consumo, mediante remuneração, inclusive as de natureza bancária, financeira, de crédito e securitária, salvo as decorrentes das relações de caráter trabalhista.

Como se depreende do texto legal, a conceituação de serviço trazida pelo Código de Defesa do Consumidor procurou abarcar toda e qualquer atividade remunerada exercida no mercado de consumo, a exemplo da prestação de serviços de intermediação de valores mobiliários mediante cobrança de taxas de corretagem e outros custos operacionais, excepcionando-se as atividades de natureza trabalhista.

Dessa maneira, tendo em vista que as sociedades corretoras e os agentes autônomos de investimentos são agentes fornecedores de serviços desenvolvidos com base no funcionamento do mercado de capitais, prestando-se à intermediação de clientes em operações com valores mobiliários mediante remuneração consubstanciada em taxas de corretagem sobre cada operação que levam a cabo, sujeitam-se às normas do Código de Defesa do Consumidor.

Acresce assinalar que os instrumentos contratuais em que se assentam a prestação de serviços entre o investidor e a entidade que opera intermediação no mercado de capitais são de adesão, ou seja, apresentam cláusulas previamente concebidas e redigidas pela sociedade corretora e impostas aos clientes desejosos de aplicar recursos em valores mobiliários. Assim, o que pode variar de um contrato para o outro são os títulos e valores mobiliários que compõem o portfólio escolhido pelo investidor, contudo, no que se refere às cláusulas contratuais atinentes à forma da prestação de serviços de intermediação de valores mobiliários, estas são padronizadas e previamente impostas pelo prestador de serviços, pouco variando de um para outro. Além disso, o previsto nestes contratos não se enquadra perfeitamente em nenhum dos contratos tipificados no Código Civil.[81]

No tocante à definição de consumidor, a Lei n. 8.078/90 conceitua em seu art. 2º como consumidor, toda pessoa física ou jurídica que adquire ou utiliza produto ou serviço como destinatário final, equiparando a consumidor a coletividade de pessoas, ainda que indetermináveis, que haja intervindo nas relações de consumo. A interpretação que tem sido dada a este dispositivo do Código de Defesa do Consumidor pelo Superior Tribunal de Justiça assenta-se na teoria finalista aprofundada, segundo a qual recebe tutela a parte (pessoa física ou jurídica) que, embora não seja tecnicamente a destinatária final do produto ou serviço, se apresenta em situação de vulnerabilidade de ordem técnica, jurídica ou econômica.[82]

---

[81] O Tribunal de Justiça do Estado de São Paulo, na Apelação Cível n. 992.05.134283-8, 30ª Câmara de Direito Privado, j. u. 10.02.2010, DJ 22.02.2010, julgou caso relativo a prejuízos sofridos por cliente de corretora de valores mobiliários em virtude de atos praticados pelo agente autônomo de investimentos que teria realizado operações sem ordens. O enquadramento do acórdão à relação havida entre as partes foi no sentido de reconhecer a ocorrência de contrato de comissão, de que trata o artigo 693 e seguintes do Código Civil. Há que se atentar, todavia, que elemento essencial do suporte fático do contrato de comissão consoante o Código Civil (art. 693) é a realização do negócio no próprio nome do comissário, à conta do comitente. Na venda e aquisição de valores mobiliários, como regra geral, o intermediário não adquire ou vende o ativo em seu próprio nome. O papel da corretora é o de administrar as ordens de compra e venda de seu cliente.

[82] DIREITO CIVIL E PROCESSUAL CIVIL. CÓDIGO DE DEFESA DO CONSUMIDOR PARA PROTEÇÃO DE PESSOA JURÍDICA. TEORIA FINALISTA APROFUNDADA.REQUISITO DA VULNERABILIDADE NÃO CARACTERIZADO. EXIGIBILIDADE DE OBRIGAÇÃO ASSUMIDA EM MOEDA ESTRANGEIRA. FUNDAMENTO DO ACÓRDÃO NÃO ATACADO. 1.- A jurisprudência desta Corte tem mitigado os rigores da teoria finalista para autorizar a incidência do Código de Defesa do Consumidor nas hipóteses em que a parte (pessoa física ou jurídica), embora não seja tecnicamente a destinatária final do produto ou serviço,

Vale destacar a existência de uma complexidade ínsita ao mercado de capitais, ligada aos sofisticados conceitos financeiros e à variedade de serviços oferecidos ao público, que leva a maioria dos investidores a quadro de dificuldade de entendimento, isto é, vulnerabilidade técnica e quiçá jurídica em relação ao agente distribuidor e mediador credenciado a prestar serviços no mercado de capitais, impondo-se reconhecer sua posição mais fraca em relação à sociedade corretora, instituição financeira. Sobre a vulnerabilidade do público investidor em relação às sociedades corretoras, cumpre observar lição doutrinária que eleva à categoria de princípio a proteção ao investidor.[83]

Com efeito, inúmeras são as especificidades do mercado de capitais que podem facilmente gerar confusão ao público investidor. O próprio serviço de intermediação de valores mobiliários é exemplo, pois assentado em contratos de adesão imprecisos e repletos de informações técnicas e, logicamente, misteriosas para o público investidor, especialmente em relação às taxas recebidas pelos intermediários e outros custos operacionais, e no que diz respeito a práticas ilícitas como o *churning*.

Neste sentido, a CVM e o Departamento de Proteção e Defesa do Consumidor ("DPDC"), do Ministério da Justiça, lançaram em conjunto, em junho de 2011, documento intitulado Boletim de Proteção ao Consumidor-Investidor, com vistas a orientar os investidores-consumidores sobre seus direitos e garantias e alertá-los a buscar os serviços de empresas idôneas no mercado de capitais.[84] Como se

---

se apresenta em situação de vulnerabilidade. 2.- No caso dos autos, tendo o Acórdão recorrido afirmado que não se vislumbraria a vulnerabilidade que inspira e permeia o Código de Defesa do Consumidor, não há como reconhecer a existência de uma relação jurídica de consumo sem reexaminar fatos e provas, o que veda a Súmula 07/STJ. 3.- As razões do recurso especial não impugnaram todos os fundamento indicados pelo acórdão recorrido para admitir a exigibilidade da obrigação assumida em moeda estrangeira, atraindo, com relação a esse ponto, a incidência da Súmula 283/STF. 4.- Agravo Regimental a que se nega provimento. (AgRg no REsp 1149195/PR, Rel. Ministro SIDNEI BENETI, TERCEIRA TURMA, julgado em 25/06/2013, DJe 01/08/2013) EMBARGOS DE DECLARAÇÃO RECEBIDOS COMO AGRAVO REGIMENTAL. CÓDIGO DE DEFESA DO CONSUMIDOR. INCIDÊNCIA. TEORIA FINALISTA. DESTINATÁRIO FINAL. NÃO ENQUADRAMENTO. VULNERABILIDADE. AUSÊNCIA. REEXAME DE FATOS E PROVAS. RECURSO ESPECIAL. SÚMULA 7/STJ. 1. Embargos de declaração recebidos como agravo regimental em face do nítido caráter infringente das razões recursais. Aplicação dos princípios da fungibilidade e da economia processual. 2. Consoante jurisprudência desta Corte, o Código de Defesa do Consumidor não se aplica no caso em que o produto ou serviço é contratado para implementação de atividade econômica, já que não estaria configurado o destinatário final da relação de consumo (teoria finalista ou subjetiva). 3. Esta Corte tem mitigado a aplicação da teoria finalista quando ficar comprovada a condição de hipossuficiência técnica, jurídica ou econômica da pessoa jurídica. 4. Tendo o Tribunal de origem assentado que a parte agravante não é destinatária final do serviço, tampouco hipossuficiente, é inviável a pretensão deduzida no apelo especial, uma vez que demanda o reexame do conjunto fático-probatório dos autos, o que se sabe vedado em sede de recurso especial, a teor da Súmula 7 desta Corte. 5. Agravo regimental a que se nega provimento. (EDcl no Ag 1371143/PR, Rel. Ministro RAUL ARAÚJO, QUARTA TURMA, julgado em 07/03/2013, DJe 17/04/2013)

[83] RODRIGUES, Sofia Nascimento. *A proteção dos investidores em valores mobiliários*. Coimbra: Almedina. 2001, p. 30-31. "Para os autores que atendem a uma perspectiva mais jurídica do que económica da qualificação, o princípio da proteção dos investidores é um princípio fundamental do Direito dos Valores Mobiliários que se integra na defesa constitucional do consumidor compreendendo tanto bens como serviços, sem excluir bens e serviços financeiros. Assim, em relação aos investidores carecidos de preparação técnica relativamente ao funcionamento e às características do mercado de valores mobiliários, existiria uma aproximação muito grande aos consumidores sendo, por isso, recomendável o recurso ao Direito dos Consumidores com as especificidades que a óptica do investidor exige. Parece-nos possível do ponto de vista teórico e útil numa perspectiva prática considerar que o princípio da proteção do investidor constitui uma aplicação sectorial do princípio da proteção do consumidor (...)".

[84] Disponível em <http://www.cvm.gov.br/port/infos/Boletim_CVM_SENACON_4.pdf>.

vê, o principal órgão responsável pela guarda dos parâmetros de segurança e confiabilidade no âmbito do mercado de capitais, a CVM, já externou posição no sentido de enquadrar os investidores não institucionais como consumidores/ destinatários finais de serviços de intermediação de valores mobiliários.

Portanto, aquele que contrata serviços de corretora de títulos e valores mobiliários é considerado destinatário final, conforme dispõe o art. 2º do Código de Defesa do Consumidor dos serviços de intermediação de valores mobiliários prestados pelas sociedades corretoras (art. 3º, § 2º, do CDC), as quais se classificam segundo todos os fins como instituições financeiras.[85]

Assentado que se aplica o Código de Defesa do Consumidor nas relações estabelecidas entre cliente-investidor e agentes intermediários do mercado de capitais,[86] cabe, neste momento, propor o enquadramento jurídico da prática de churning no âmbito da Lei 8.078 de 1990.[87]

De acordo com o § 1º, incisos I e II, do art. 14 do Código de Defesa do Consumidor, "§ 1º O serviço é defeituoso quando nao fornece a segurança que o consumidor dele pode esperar, levando-se em consideração as circunstâncias relevantes, entre as quais: I – o modo de seu fornecimento; II – o resultado e os riscos que razoavelmente dele se esperam; (...)". Conforme se verificou neste trabalho, a prática de *churning* nada tem a ver com a margem de risco razoável e inerente aos investimentos em bolsa de valores, mas sim com ilegalidades praticadas por intermediários do mercado de capitais, que colocam o cliente-investidor em posição de risco exagerado com o exclusivo intuito de auferir comissões pelas transações realizadas.

Esta conduta pode ser enquadrada na aludida previsão do Código de Defesa do Consumidor que trata do serviço defeituoso. Este enquadramento vai além da noção de que a responsabilidade pelo fato do serviço trata exclusivamente dos denominados "acidentes de consumo", uma vez que a previsão legal de serviço defeituoso é consideravelmente abrangente.

---

[85] Ver, sobre a questão, ADIn 2.591, do STF, que assentou a aplicabilidade do Código de Defesa do Consumidor aos bancos e a Súmula 297, do STJ, esta última com a seguinte redação: "O Código de Defesa do Consumidor é aplicável às instituições financeiras".

[86] O Tribunal de Justiça do Estado do Rio de Janeiro, no Agravo de Instrumento n. 2008.002.35107, 13ª Câmara Cível, j. u. 14.01.2009, reformou decisão de primeiro grau que, nos autos de ação ordinária, rejeitou exceção de incompetência, afirmando a inaplicabilidade do Código de Defesa do Consumidor à relação entre sociedade corretora e investidor. A aplicabilidade do diploma consumerista foi reconhecida por unanimidade, pronunciando-se o Rel. Des. Nametala Jorge da seguinte maneira: "(...) Com efeito, não se vislumbram razões para subtrair a relação entre investidor e a corretora da seara consumerista, eis que a intermediação junto às bolsas de valores e o registro das operações que esta efetua configuram a prestação de serviço a que alude o CDC. Neste aspecto, é de se ressaltar que o investidor é manifestamente destinatário final do serviço, porquanto feito em seu nome, sem sofrer repasse. Por óbvio, a responsabilidade da corretora restringe-se ao serviço de intermediação, não respondendo, não respondendo, em linha de princípio, pelo resultado dos investimentos, uma vez que, fato notório, esse mercado se caracteriza pelo risco. No caso dos autos, contudo, verifica-se que a ação indenizatória foi proposta pelo fato de a agravante ter contratado pessoa não autorizada pela CVM para intermediação de negócios, assim como por ter atuado em desacordo com as regras editadas pela referida autarquia, dando margem à ocorrência de fraudes, que vieram a vitimar a agravada (...)".

[87] Apesar de o presente trabalho não se concentrar nas violações das normas administrativas da CVM, observe-se que o Relatório de Análise 001/2011 da BSM enquadra a prática de *churning* como quebra do dever de lealdade em razão da atuação contrária ao melhor interesse do investidor (infração ao artigo 4º, parágrafo único, da Instrução Normativa CVM nº 387/03) e como operação fraudulenta nos termos dos itens I e II, alínea "c" da Instrução Normativa CVM nº 8/79.

A pulverização do patrimônio do investidor a partir de giro excessivo de carteira não é risco ínsito ao mercado de capitais, mas sim risco criado pela conduta do agente de intermediação. Há que se fazer a ressalva de que "riscos comuns de bolsa" inegavelmente existem e a partir do momento em que o consumidor-investidor, munido de informação suficientemente clara e precisa (*o disclosure, aliás, é um dos princípios norteadores da regulação do mercado*), solicita a compra de determinado valor mobiliário, quando então conviverá com os riscos inerentes ao investimento realizado, nada havendo de antijurídico em tais riscos.[88] Em suma, sofrerá com a eventual desvalorização das ações adquiridas ou se beneficiará com a sua valorização.

Mas a prática de *churning* ocorre no âmbito de relação jurídica diversa, estabelecida entre a corretora e o investidor, em que a primeira atua como agente intermediador para a aquisição de valores mobiliários. O desenvolvimento desta relação, nos seus moldes normais, não pode implicar em prejuízos ao capital investido, pois se trata de mera prestação de serviços de cumprimento das ordens emanadas do cliente-investidor.

Em outras palavras, a relação ora posta em evidência e que reclama tutela efetiva segundo a sistemática consumerista é a da prestação de serviços de intermediação para compra e venda de valores mobiliários, exercida mediante remuneração contabilizada segundo o volume financeiro total movimentado.

O modo do fornecimento do serviço (art. 14, §1º, I, Lei 8.078/90) em que o agente de intermediação se afasta do perfil do investidor, girando excessivamente a carteira de ativos do cliente sem as respectivas ordens, afrontando a legislação específica, caracteriza o defeito. No que diz respeito ao resultado e aos riscos que se espera do serviço, verifica-se que jamais é o do sumiço integral do dinheiro do cliente. Na verdade, na prática de *churning*, o intermediário atrai o risco para o cliente, extravasando em muito a normalidade da álea do ato de investir na bolsa de valores. Os verdadeiros riscos, dessa maneira, restam por se localizar na forma de atuação do intermediário do mercado de capitais, e não propriamente nos ativos negociados.

6. O *churning* e a violação da boa-fé objetiva

Além de a prática do *churning* configurar serviço defeituoso pela incidência dos dispositivos mencionados, também poderá fazer incidir o disposto na parte final do *caput* do art. 14 do Código de Defesa do Consumidor, que de-

---

[88] Nessa perspectiva, são apropriadas as observações de Otávio Yazbek: "O mais típico instrumento de transferência de riscos por via negocial talvez seja o contrato de seguro, pelo qual o agente que originariamente assumiria algum risco pode transferi-lo para um terceiro especializado, o segurador, que é remunerado pelo pagamento de um prêmio. Outro importante exemplo reside no mercado acionário, em que os empresários (os sócios fundadores da companhia ou seus atuais controladores) tem a oportunidade de reduzir os riscos assumidos em razão de um empreendimento, compartilhando-os com terceiros (o público investidor). Ao adquirir as ações de uma companhia, tais investidores assumem, também, parte dos riscos inerentes às atividades desta. Da mesma maneira, no mercado acionário é possível negociar as participações detidas (que incorporam aqueles riscos do negócio), agora detentoras de uma certa liquidez. Por fim, nele também se pode diversificar investimentos, contrabalanceando as exposições ao risco de diversos setores". YAZBEK, Otávio. *Regulação do mercado financeiro e de capitais*. 2ª ed. Rio de Janeiro: Elsevier, 2009, p. 27-28.

termina a responsabilidade do fornecedor por *"informações insuficientes ou inadequadas" sobre a "fruição e riscos"* relacionadas ao serviços. É que, nos casos envolvendo *churning*, o investidor, via de regra, não é informado ou concorda que sejam feitas operações sem a sua ordem. Da mesma forma, não recebe esclarecimentos sobre o giro excessivo realizado com sua carteira de investimentos e que este giro pode implicar no pagamento de comissões excessivas e na pulverização do valor investido. Em suma, não há transparência com relação a todos estes pontos e o investidor não consegue visualizar que na verdade está adentrando num modelo de negócio arquitetado para remunerar os intermediários à base de comissões, às custas do patrimônio do cliente.

Portanto, além de as práticas dos intermediários serem passíveis de enquadramento como serviço defeituoso, infringem também a boa-fé objetiva. É verdade que a boa-fé objetiva, em muitos casos, tem sido até certo ponto mal utilizada, para acomodar qualquer intenção de revisão contratual ou de instabilizar a relação entre privados. Mas isso não parece ser o que se verifica no caso do *churning*. Aqui, ocorre a violação dos deveres que devem pautar a boa-fé objetiva, nos contornos conceituais fixados pela doutrina.[89]

Há violação da boa-fé objetiva na prática de *churning*, uma vez que os intermediários preocupam-se exclusivamente com suas comissões, sem informar nem alertar o cliente sobre o desenrolar do vínculo entre as partes, e pela não obtenção das ordens para a realização dos investimentos, configurando uma relação negocial não transparente e que trai a confiança do consumidor. Como se sabe, dos ditames da boa-fé objetiva decorrem deveres acessórios de conduta, como o de informar. Isso significa que pelo padrão de conduta exigido pela boa-fé, o contratante deve obrigatoriamente informar a outra parte acerca de todas as características e riscos envolvidos com o produto ou prestação de serviço, e, muito mais do que isso, e, especialmente nas relações versadas neste trabalho, o intermediário deve zelar pelo patrimônio do investidor e não pulverizá-lo.[90]

---

[89] Ver, por exemplo, a precisa conceituação de Cláudia Lima Marques acerca da boa-fé objetiva: "Como ensinam os doutrinadores europeus, fides significa o hábito de firmeza e de coerência de quem sabe honrar os compromissos assumidos, significa, mais além do compromisso expresso, a 'fidelidade' e coerência no cumprimento da expectativa alheia independentemente da palavra que haja sido dada, ou do acordo que tenha sido concluído; representando, sob este aspecto, a atitude de lealdade, de fidelidade, de cuidado que se costuma observar e que é legitimamente esperada nas relações entre homens honrados, no respeitoso cumprimento das expectativas reciprocamente confiadas. É o compromisso expresso ou implícito de 'fidelidade' e 'cooperação' nas relações contratuais, é uma visão mais ampla, menos textual do vínculo, é a concepção leal do vínculo, das expectativas que desperta (confiança). Boa-fé objetiva significa, portanto, uma atuação 'refletida, uma atuação refletindo, pensando no outro, no parceiro contratual, respeitando-o, respeitando seus interesses legítimos, suas expectativas razoáveis, seus direitos, agindo com lealdade, sem abuso, sem obstrução, sem causar lesão ou desvantagem excessiva, cooperando para atingir o bom fim das obrigações: o cumprimento do objetivo contratual e a realização dos interesses das partes". *Contratos no Código de Defesa do Consumidor – o novo regime das relações contratuais.* São Paulo: Revista dos Tribunais, 2002, p. 181-182.

[90] Chama-se a atenção, neste ponto, para os diversos deveres instrumentais, ou laterais, também denominados por Judith Martins-Costa de deveres acessórios de conduta, deveres de proteção ou deveres de tutela. A autora destaca os seguintes deveres de tutela: a) deveres de cuidado; b) deveres de aviso e esclarecimento; c) deveres de informação; d) dever de prestar contas; e) deveres de colaboração e cooperação; f) deveres de proteção e cuidado com a pessoa o patrimônio da contraparte; g) deveres de omissão e de segredo. MARTINS-COSTA, Judith. *A boa-fé no direito privado: sistema e tópica no processo obrigacional.* São Paulo: Revista dos Tribunais, 1999. p. 438-439.

No âmbito das relações de consumo, esse dever de informar é ainda mais intenso, é superdimensionado, e implica o dever de esclarecer.[91] Com efeito, o dever de informar é verdadeiro fio condutor do Código de Defesa do Consumidor,[92] e constitui, senão o mais fundamental, um dos mais importantes postulados de sua aplicação. Quem ilude o consumidor não o informa sobre riscos, agrava-os, gerindo seus investimentos sem autorização legal e de maneira temerária, afronta os mais basilares princípios de nosso ordenamento jurídico, dentre eles o da boa-fé objetiva.

A rigor, conforme as circunstâncias do caso, o *churning* pode ser qualificado até mesmo como de má-fé, pois os atos são muitas vezes praticados com omissão dolosa e ao arrepio da legislação da área, que exige a observância de regras de conduta pautadas pela fidúcia entre as partes. Basta mencionar que dispositivos como o da instrução normativa n. 505/2011, da CVM, determinam às corretoras, entre outros deveres, os de *"exercer suas atividades com boa fé, diligência e lealdade em relação a seus clientes"* sendo "vedado ao intermediário privilegiar seus próprios interesses ou de pessoas a ele vinculadas em detrimento dos interesses de clientes".

7. Considerações finais

Conforme abordado nas linhas precedentes, o mercado de capitais experimentou nos últimos anos um considerável incremento do número de investidores comuns, com perfil conservador e sem a devida compreensão de como funciona a comercialização de ativos financeiros. Neste contexto, as corretoras de valores mobiliários e os seus prepostos, os agentes autônomos de investimento, desempenham papel fundamental na relação de confiança que é estabelecida com os seus clientes, devendo atuar com estreita observância das regras a que estão submetidos.

Em que pese os mecanismos de regulação e de autorregulação existentes, tem-se verificado a prática de *churning* ou *overtrading*, que consiste na realização de operações pelo intermediário, por conta de seu cliente-investidor, com o único intuito de gerar taxas de corretagem e sem preocupação com o benefício do cliente e a manutenção de seu patrimônio.

O *churning* extrapola o normal risco de bolsa, uma vez que as corretoras agravam o risco do cliente a partir da compra e venda de ativos sem as ordens prévias do investidor e em volume extraordinário. Considerável desenvolvimento doutrinário acerca da prática de *churning* se verificou nos Estados Unidos a partir da década de 1980, e, aos poucos, este fenômeno vem despertando a atenção, no Brasil, das entidades reguladoras e até mesmo da Polícia Federal.

O *churning* pode ser enquadrado como defeito do serviço, no âmbito da Lei n. 8.078/90, haja vista a exposição ao risco a que é submetido o investidor

---

[91] Ver, por todos, na doutrina, BARBOSA, Fernanda Nunes. *Informação: direito e dever nas relações de consumo.* São Paulo: Revista dos Tribunais, 2008.

[92] Com previsão expressa nos seguintes dispositivos: arts. 6°, III, 8°, 9°, 10, 12, 14, 30, 31, 52, 54 §§ 3° e 4°.

pelo modo da atuação do intermediário (art. 14, §1º, I), que faz com que o consumidor não espere os resultados obtidos. Há, também, verdadeira frustração de expectativas, violando a boa-fé objetiva, em modelo de negócio estruturado para que apenas uma das partes com ele lucre: o intermediário.

Referências

BARBOSA, Fernanda Nunes. *Informação: direito e dever nas relações de consumo*. São Paulo: Revista dos Tribunais, 2008.

BROWN, Stewart L.; Churning: Excessive Trading in Retail Securities Accounts. In: *Financial Services Review*, ano 1996, v. 5, n. 1. p. 43-56.

BRUSCATO, Wilges. A proteção judicial aos investidores no mercado de valores mobiliários. *Revista de Direito Bancário e do Mercado de Capitais*. São Paulo: Revista dos Tribunais n. 28, abr/jun, 2005. p. 124-145.

BM&FBOVESPA. http://www.bsm-autorregulacao.com.br/instdownload/REL-GAE-01-2011-Churning.pdf

CEREZETTI, Sheila Christina Neder. Regulação do Mercado de Capitais e Desenvolvimento. In: SALOMÃO FILHO, Calixto. (Org.). *Regulação e Desenvolvimento: novos temas de direito*. São Paulo: Malheiros, 2012.

COMISSÃO DE VALORES MOBILIÁRIOS. *Portal do Investidor*. Disponível em <http://www.cvm.gov.br/port/protinv/ caderno1(new).asp>. Acesso em 19 de setembro de 2013.

COMISSÃO DE VALORES MOBILIÁRIOS. *Relatório da Audiência nº 03/2010*, elaborado pela Superintendência de Desenvolvimento de Mercado – SDM, da CVM em <http://www.cvm.gov.br/port/audi/ encerradas _sdm.asp>. Acesso em 12 de dezembro de 2013.

COMISSÃO DE VALORES MOBILIÁRIOS. *Recurso em Processo de Mecanismo de Ressarcimento de Prejuízos*, Reg. Col. nº 8645/2013, Rel. Otavio Yazbek. disponível em: http://www.cvm.gov.br/port/descol/respdecis.asp?File=8645-0. HTM. Acesso em 02.01.2014.

CUSCIANO, Dalton; SANO, Flora Pinotti; CURY, Maria Fernanda Calado de Aguiar Ribeiro; PEREIRA, Roberto Codorniz Leite. *Auto-regulação e desenvolvimento do mercado de valores mobiliários brasileiro*. São Paulo: Saraiva, 2009.

EIZIRIK, Nelson; GAAL, Ariádna B.; PARENTE, Flávia; HENRIQUES, Marcos de Freitas. *Mercado de Capitais: Regime jurídico*. 3ª ed. Rio de Janeiro: Renovar, 2011.

——. *Questões de direito societário e mercado de capitais*. Rio de Janeiro: Forense, 1987.

HADDAD, Claudio Luiz da Silva. Cultura de mercado de capitais e educação do investidor: o papel das escolas e universidades. *Revista de Direito Bancário e do Mercado de Capitais*. São Paulo: Revista dos Tribunais, n.34, out./dez. 2006. p.11-18.

HEACOCK, Marian V.; HILL, Kendall P.; ANDERSONS, Seth C.. Churning: An Ethical Issue in Finance. In: *Business & Professional Ethics Journal*, ano 1987, v. 6, n. 1.

KÜMPEL, Siegfried. *Direito do Mercado de Capitais – do ponto de vista do direito europeu, alemão e brasileiro – Uma introdução*. Rio de Janeiro: Renovar, 2007.

——. A proteção do consumidor no direito bancário e no direito do mercado de capitais. *Revista de Direito do Consumidor*. São Paulo, Revista dos Tribunais, n. 52, out/dez, 2004. p. 319-346.

LOSS, Louis; SELIGMAN, Joel. *Fundamentals of Securities Regulation*. 5ª ed. New York: Aspen, 2004.

MARQUES, Cláudia Lima. *Contratos no Código de Defesa do Consumidor – o novo regime das relações contratuais*. São Paulo: Revista dos Tribunais, 2002.

MARTINS-COSTA, Judith. *A boa-fé no direito privado: sistema e tópica no processo obrigacional*. São Paulo: Revista dos Tribunais, 1999.

McCANN, Craig. *Churning*. Disponível em http://www.slcg.com/pdf/workingpapers/McCann_on_Churning.pdf, acesso em 12.12.2013.

MILLS, Charles R. *The Customer Relationship: Suitability, Unauthorized Trading, and Churning*, 2007, Disponível em www.klgates.com, acesso em 12.12.2013.

MOSQUERA, Roberto Quiroga. *Tributação no Mercado Financeiro e de Capitais*. São Paulo: Dialética, 1998.

PIRES, Luiz F. *Determinantes macroeconômicos do spread bancário: uma análise preliminar para economias emergentes. In*: Paula, Luiz F.; OREIRO, José (Org.). Sistema Financeiro: uma análise do setor bancário. Rio de Janeiro: Elsevier, 2007.

POLÍCIA FEDERAL http://www.dpf.gov.br/agencia/noticias/2013/09/pf-deflagra-operacao-churning-para-reprimir-fraudes-no-mercado-de-acoes

RODRIGUES, Sofia Nascimento. *A protecção dos investidores em valores mobiliários*. Coimbra: Almedina, 2001.

RUY, Fernando Estevam Bravin. *Direito do Investidor: Consumidor no Mercado de Capitais e nos Fundos de Investimento*. Rio de Janeiro: Lumen Juris. 2010.

SANTOS, Alexandre Pinheiro dos; WELLISCH, Julya Sotto Mayor; BARROS, José Eduardo Guimarães. Notas sobre o poder normativo da comissão de valores mobiliários: CVM na atualidade. *Revista de Direito Bancário e do Mercado de Capitais*. São Paulo: Revista dos Tribunais, n.28, out./dez. 2006. p.68-84.

——; OSÓRIO, Fábio Medina; WELLISCH, Julya Sotto Mayor. *Mercado de capitais: regime sancionador*. São Paulo: Saraiva, 2012.

SUPERIOR TRIBUNAL DE JUSTIÇA. AgRg no REsp 1149195/PR, Rel. Ministro SIDNEI BENETI, TERCEIRA TURMA, julgado em 25/06/2013, DJe 01/08/2013.

——. EDcl no Ag 1371143/PR, Rel. Ministro RAUL ARAÚJO, QUARTA TURMA, julgado em 07/03/2013, DJe 17/04/2013.

TRIBUNAL DE JUSTIÇA DO ESTADO DE SÃO PAULO. Apelação n. 0167476-79.2008.8.26.0100, 29ª Câmara de Direito Privado, julgado em 16.11.2011, DJ 16/11/2011.

TRIBUNAL DE JUSTIÇA DO ESTADO DO RIO DE JANEIRO. Agravo de Instrumento n. 2008.002.35107, 13ª Câmara Cível, julgado em 14.01.2009.

YAZBEK, Otavio. A regulamentação das bolsas de valores e das bolsas de mercadorias e futuros e as novas atribuições da comissão de valores mobiliários. *Revista de Direito Bancário e do Mercado de Capitais*. São Paulo, v.9, n.34, out./dez. 2006. p. 198-218.

——. *Regulação do mercado financeiro e de capitais*. 2ª ed. Rio de Janeiro: Elsevier, 2009.

— 11 —

A renegociação e a ruptura do vínculo contratual em razão da impossibilidade material subjetiva: cooperação e solidariedade voltadas à extinção da ruína do superendividado

FELIPE KIRCHNER[1]

Sumário: Introdução; I – Posicionamento do problema; A – Configuração do endividamento, perfil do superendividado e pretensão subjetiva do hipervulnerável; B – Pressupostos da renegociação e da ruptura do vínculo contratual em razão da impossibilidade material subjetiva; II – Fatores teóricos de imputação da renegociação ou da ruptura do contrato; A – Dignidade da pessoa humana e garantia do mínimo existencial; B – Paradigma da essencialidade; C – Dever de cooperação e solidariedade social: princípios da boa-fé objetiva e da função social do contrato; D – Dever do credor em mitigar o próprio prejuízo; E – Paradigma do direito empresarial; F – Concessão responsável do crédito; G – Aplicação das regras do artigo 745-A do CPC e dos artigos 396 e 480 do CC/02; Conclusão; Referências bibliográficas.

Introdução

Inicialmente, cumpre posicionar o endividamento excessivo como um fenômeno econômico-social indissociável da sociedade de consumo, a qual apresenta os traços marcantes da economia de mercado, da cultura do consumo e, consequentemente, do endividamento.

Visando à proteção do sujeito econômico vulnerável, o presente ensaio objetiva investigar a possibilidade de readaptação e ruptura do vínculo em razão da impossibilidade material de um dos contratantes. Mais precisamente, o que interessa averiguar são as potencialidades e a viabilidade teórica da impossibilidade econômica como causa para a renegociação ou ruptura do pacto.

Tendo em vista as peculiaridades socioeconômicas e as (im)possibilidades atuais de nosso sistema jurídico, o presente estudo objetiva trazer a lume a discussão acerca da necessidade de criação de novos instrumentos para o trata-

---

[1] Professor Universitário na Pontifícia Universidade Católica do Rio Grande do Sul (PUCRS). Mestre em Direito Privado pela UFRGS. Subdefensor Público-Geral para Assuntos Jurídicos da Defensoria Pública do Estado do Rio Grande do Sul. Presidente do Conselho Estadual de Defesa do Consumidor do Estado do Rio Grande do Sul (CEDECON).

mento[2] do superendividamento de pessoas físicas,[3] enfocando especificamente o princípio geral ou dever de renegociação e a cooperação como soluções juridicamente viáveis à manutenção do mínimo existencial vital do ser humano endividado. Assim, como finalidade transversal, ao buscar uma práxis jurídica humanista, pretende-se contrariar a lógica comercial vigente, de elaboração de contratos de escravidão,[4] nos quais os credores lucram mais com um devedor morto economicamente,[5] esquecendo-se dos deveres de lealdade e de cooperação que derivam do princípio da boa-fé objetiva e transformam os contratantes em parceiros para a execução de um projeto em comum: o adimplemento da pactuação.

Preocupando-se com essa última linha de abordagem, sem descurar da verificação das regras existentes permissivas de um tratamento (embora ainda insuficiente),[6] aqui serão enfocados os novos fatores teóricos de imputação ao tratamento, a serem desvelados por meio de uma atitude hermenêutica ativa e construtiva por parte do operador, buscando a superação da determinação dos artigos 313 e 314 do CC.[7]

A reflexão subjacente e o desafio proposto são o de visualizar a dimensão ontológica do sujeito superendividado e trazer esta realidade ao debate jurídico, abandonando a visão simplista do ser humano como um dos abstratos pólos da relação jurídica ou objeto manipulável pelos interesses econômicos.

Embora o superendividamento se constitua em efeito colateral de nossa economia de mercado, na condição de consequência inerente da conjuntura de uma sociedade de consumo, não se pretende negar os inúmeros fatores positivos do crédito.[8] Como se sabe, as pessoas tomam crédito para terem aces-

---

[2] Dentre as formas possíveis de combate ao superendividamento existem ações que dizem com sua observação, prevenção e tratamento, cabendo ao presente estudo enfocar esta última vertente, que se dedica a correção do problema já consumado (MARQUES, Maria Manuel Leitão; NEVES, Vitór; FRADE Catarina; LOBO, Flora; PINTO, Paula; CRUZ, Cristina. O Endividamento dos Consumidores. Coimbra: Almedina, 2002, p. 193-194, 210-211 e 299; MARQUES, Cláudia Lima. Contratos no Código de Defesa do Consumidor. São Paulo: Revista dos Tribunais, 2002, p. 194; PEREIRA, Wellerson Miranda. *Serviços Bancários e Financeiros na Europa: as diretivas e normas aplicáveis*. Ensaio apresentado na Cadeira "Direito do Consumidor e Mercosul" no PPGDir UFRGS, 2005, p. 11; COSTA, Geraldo de Faria Martins da. *A Proteção do Consumidor de Crédito em Direito Comparado Brasileiro e Francês*. São Paulo: Revista dos Tribunais, 2002a, p. 111).

[3] A doutrina se utiliza de diversos termos para identificar o fenômeno: superendividamento (Brasil), falência de consumidores, insolvência de consumidores, sobreendividamento (Portugal), *over-indebtedness* (EUA, Reino Unido e Canadá), *surendettement* (França) e *Überschuldung* (Alemanha). MARQUES, Cláudia Lima; CAVALLAZZI, Rosângela Lunardelli. *Direitos do Consumidor Superendividado*: superendividamento e crédito. São Paulo: Revista dos Tribunais, 2006, p. 13-14.

[4] Expressão utilizada por Cláudia Lima Marques.

[5] MARQUES, Cláudia Lima. Sugestões para uma Lei sobre o Tratamento do Superendividamento de Pessoas Físicas em Contratos de Créditos de Consumo: proposições com base em pesquisa empírica de 100 casos no Rio Grande do Sul. *Revista de Direito do Consumidor*, n. 55, jul.-set. 2005b, p. 15 e 51.

[6] Sobre as tentativas de normatização da matéria, o seguinte artigo: BERTONCELLO, Karen Rick Danilevicz; LIMA, Clarissa Costa de. Adesão ao Projeto Conciliar é Legal – CNJ: Projeto Piloto: tratamento das situações de superendividamento do consumidor. *Revista de Direito do Consumidor*, n. 63, p. 173-201, jul.-set. 2007.

[7] Representativos do entendimento da aplicação da regra do artigo 314 como obstativa ao dever de renegociar, os seguintes julgados do TJRS: AC 70041042755, AC 70033945395 e AC 70040211666.

[8] DICKERSON, Mechele. *Superendividamento do Consumidor*: uma perspectiva norte-americana. Aula Magna proferida no Seminário Internacional *Repensando o Direito do Consumidor (MJ-PNUD): os desafios atuais no Brasil e nos EUA*. Salão Nobre da Faculdade de Direito da UFRGS, 02.10.2007. O crédito ao consumo é uma atividade legítima nas economias de mercado, estando associado ao desenvolvimento econômico

so a produtos e serviços essenciais (ex. moradia e educação) e que estão fora das suas possibilidades financeiras presentes, razão pela qual empenham suas rendas futuras, financiando a atividade econômica. O problema surge com a potencialização deste sistema (*open credit society*), que passa a ser apresentado como algo positivo, ou seja, que a inserção do indivíduo na ciranda creditícia se constitui em um "bom hábito de vida".[9]

Reconhecendo o crédito como algo positivo – do que se poderia falar em um direito ao acesso ao crédito concedido de forma responsável –, o estudo avalia e trata dos efeitos do processo de sua expansão exacerbada,[10] que implica a democratização de despesas excessivas, as quais não são acompanhadas pelo aumento de rendimentos dos consumidores.[11] A crise de liquidez e de solvabilidade gerada pelo consumismo induzido e inconsequente[12] resulta na

---

geral e também particular, quando contratado em situações de estabilidade financeira e laboral (FRADE, Catarina; MAGALHÃES, Sara. Sobreendividamento: a outra face do crédito. MARQUES, Cláudia Lima; CAVALLAZZI, Rosângela Lunardelli. Direitos do Consumidor Superendividado: superendividamento e crédito. São Paulo: Revista dos Tribunais, 2006, p. 25; KILBORN, Jason J. Comportamentos Econômicos, Superendividamento; estudo comparativo da insolvência do consumidor: buscando as causas e avaliando soluções. In: MARQUES, Cláudia Lima; CAVALLAZZI, Rosângela Lunardelli. Direitos do Consumidor Superendividado: superendividamento e crédito. São Paulo: Revista dos Tribunais, 2006, p. 68), pois a aquisição de bens duráveis a crédito (ex. imóveis) se constitui em uma espécie de poupança forçada por via transversa. Embora seja fator de exclusão social, também permite a inclusão de muitos indivíduos, especialmente na aquisição da casa própria e de bens essenciais ao desenvolvimento pessoal do consumidor e de seu conjunto familiar (*v.g.* crédito educativo), podendo-se falar, inclusive, na existência de uma espécie de direito social ao crédito (LIMA, Clarissa Costa de. BERTONCELLO, Karen Rick Danilevicz. Tratamento do Crédito ao Consumo na América Latina e Superendividamento. MARQUES, Cláudia Lima; CAVALLAZZI, Rosângela Lunardelli. Direitos do Consumidor Superendividado: superendividamento e crédito. São Paulo: Revista dos Tribunais, 2006, p. 193). Sobre esta questão, interessante mencionar que o que o prêmio Nobel da Paz de 2006 foi concedido ao banqueiro bengalês Muhammad Yunus e ao seu banco, o Grameen, que por intermédio da concessão planejada de microcrédito salvou mais de 12 milhões pessoas da pobreza em Bangladesh.

[9] COSTA, Geraldo de Faria Martins da. O Direito do Consumidor e a Técnica do Prazo de Reflexão. *Revista de Direito do Consumidor*, n. 43, p. 258-272, 2002b, p. 260. A economia de mercado detém a natureza de uma economia de endividamento, já que consumo e crédito são as duas faces de uma mesma moeda (MARQUES, 2005b, p. 11).

[10] MARQUES, Cláudia Lima. *Dezesseis Anos do Código de Defesa do Consumidor*. Palestra proferida no Meeting Jurídico Federasul, 23.08.2007. O problema do endividamento acompanha o desenvolvimento econômico de nossas sociedades, sendo tão antigo quanto o próprio direito, tanto que já figurou entre as preocupações do direito romano e do próprio legislador brasileiro, desde o Esboço de Teixeira de Freitas até a edição dos institutos da insolvência civil e da falência comercial (BATTELLO, Silvio Javier. A (In)Justiça dos Endividados Brasileiros: uma análise evolutiva. In: MARQUES, Cláudia Lima; CAVALLAZZI, Rosângela Lunardelli. *Direitos do Consumidor Superendividado*: superendividamento e crédito. São Paulo: Revista dos Tribunais, 2006, p. 211-220; PEREIRA, 2006, p. 161). Ocorre que no final dos anos 70 houve um processo de intensa democratização do crédito nos EUA e na Europa, ocasionando uma objetivação do aspecto econômico do consumo, mediante a mitigação do aspecto moral. Jason Kilborn apresenta interessante marco com a decisão de 1978 do caso Marquette National Bank of Minneapolis *vs.* First Omaha Serv. Corp., em que a Suprema Corte Norte-Americana aboliu a regulação do empréstimo ao consumidor (KILBORN, 2006, p. 70-71; PEREIRA, 2006, p. 170).

[11] MARQUES; NEVES; FRADE; LOBO, 2002, p. 7-8.

[12] MARQUES, Cláudia Lima. Novos Temas na Teoria dos Contratos: confiança e o conjunto contratual. *Revista da AJURIS*, ano XXXII, n. 100, dez. 2005a, p. 79; EFING, Antônio Carlos. Sistema Financeiro e o Código de Defesa do Consumidor. *Revista de Direito do Consumidor*, v. 17, jan.-mar. 1996b, p. 65; EFING, Antônio Carlos. O Dever do Banco Central do Brasil de Controlar a Atividade Bancária e Financeira: aplicando as sanções administrativas previstas no Sistema de Proteção do Consumidor. *Revista de Direito do Consumidor*, v. 26, abr.-jun. 1998, p. 18; EFING, Antônio Carlos. Responsabilidade Civil do Agente Bancário e Financeiro Segundo as Normas do Código de Defesa do Consumidor. *Revista de Direito do Consumidor*, v. 18, abr.-jun. 1996ª, p. 105-124.

exclusão do indivíduo do ambiente familiar, social e de mercado, criando uma nova espécie de morte civil, que é o falecimento do *homo economicus*.[13]

Sendo visível a necessidade de uma política que dê tratamento adequado ao problema econômico em exame, pretende-se transcender a esfera legiferante, propondo-se que os operadores jurídicos ajam na defesa dos consumidores de boa-fé afetados pelo superendividamento. Sem atitudes paternalistas,[14] deve ser aceita uma nova ótica sobre confiança e lealdade contratuais e no trato dos indivíduos nas relações sociais, não descuidando da proteção individual e do controle de mercado.

Destaca-se, ainda, que a temática aqui tratada envolve uma situação limite. Se o próprio estudo do direito do consumidor impõe a tutela de um sujeito hipossuficiente, no caso do consumidor superendividado (qualidade especial ao conceito de consumidor), está-se perante uma pessoa excluída socialmente (muitas vezes do próprio seio familiar) e desprovida dos meios de guarnecer o mínimo existencial para a manutenção de sua dignidade como ser humano. É este indivíduo e suas circunstâncias que dão margem e iluminam este estudo.

Em termos de recorte teórico, cumpre salientar que, embora a temática não se restrinja às relações consumeristas ou a alguma espécie determinada de contrato, é inegável que há um especial incremento da importância do estudo nos casos em que se evidencia o superendividamento das pessoas físicas, situação que gera manifesta impossibilidade material subjetiva de adimplemento do pactuado. Ainda delimitando o objeto de análise, ressalta-se que embora as hipóteses legais que embasam a revisão e a ruptura dos contratos sejam aqui tratadas, não se pretende esmiuçar tais institutos, pois não serão enfocadas categorias, mas sim a dinâmica das alterações necessárias ao resguardo das condições mínimas para uma existência digna.

Há de se verificar, desde logo, que o presente estudo não pretende apenas definir instrumentos de controle dos efeitos da ruptura do pacto, mas primariamente apresentar soluções que permitam uma renegociação substancial que vise ao adimplemento do pactuado, a qual não pode se traduzir em uma mera formalidade que anteceda os atos de execução da dívida ou uma forma de assegurar a perpetuação desta. O direito a renegociação não beneficia somente o devedor com a permissão da extinção do vínculo e o controle dos efeitos da mora, mas também o credor, que usufrui das vantagens de um contrato reequilibrado, especialmente por meio da maximização da possibilidade de satisfação de seu crédito, o que em muitos casos estaria sensivelmente comprometido com a própria configuração da mora, para além da sociedade em

---

[13] MARQUES, 2005b, p. 15. Nesse sentido: AC 2003.001.02181/03, Relator Des. Pimentel Marques, 15ª Câmara Cível, TJRJ, julgado em 25.06.2003. A decisão é paradigmática tanto pelo caso concreto, que demonstra a voracidade do sistema financeiro e a danosidade da concessão irresponsável do crédito, quanto pela sensibilidade humana do julgador na apreciação do superendividamento e pelo excelente manejo de um sistema jurídico por vezes inóspito em termos de possibilidades de enfrentamento do problema.

[14] BERTONCELLO, Karen Rick Danilevicz. Bancos de Dados e Superendividamento do Consumidor: cooperação, cuidado e informação. *Revista de Direito do Consumidor*, n. 50. 2004, p. 49.

si, que vê reduzidas as taxas de inadimplência e o fortalecimento de sua célula *mater*, que é a família.[15]

Por fim, cumpre destacar a importância do homenageado não apenas para a construção da base teórica aqui delineada, mas para a formação de uma jurisprudência humanista voltada à proteção do vulnerável. Com a aposentadoria do Ministro Ruy Rosado, perdeu a Corte – e por consequência o Poder Judiciário como um todo – parte de seu senso de direção,[16] o que é sentido de forma decisiva pelo jurisdicionado. O doutrinador e magistrado Ruy Rosado é paradigma do pensamento jurídico de vanguarda praticado na seara gaúcha, voltado a um fazer jurídico superador do enfoque patrimonialista ainda reinante na práxis do direito privado em nível nacional, buscando a concretização da primazia dos valores e dos interesses existenciais.

É no curso desta tradição – iniciada por Clóvis do Couto e Silva e consagrada nacionalmente por Ruy Rosado – que se insere o discurso apresentado por este ensaio, que reivindica apenas a liberdade de manifestação de um pensamento, cumprindo a missão que cabe ao pesquisador de dizer a verdade segundo sua ciência e convicção. Esta, mais uma lição apreendida com a conduta e a trajetória do Professor Ruy Rosado.

I – Posicionamento do problema

A – *Configuração do endividamento, perfil do superendividado e pretensão subjetiva do hipervulnerável*

Embora o objeto deste ensaio não se restrinja às relações consumeristas e aos casos de endividamento excessivo – posto que o referencial teórico compreende diversas fontes (*v.g.* direito empresarial) e pode ser aplicado nas mais diversas situações nas quais a impossibilidade material subjetiva se manifeste (ex. relações civis) –, é inegável a sua aplicação voltada ao superendividamento. Assim, o desenvolvimento desta investigação exige a pré-compreensão de parte do referencial teórico que conforma o tema do endividamento excessivo,[17]

---

[15] Embora os interesses do credor sejam tratados de maneira subsidiária (COSTA, Geraldo de Faria Martins da. Superendividamento: solidariedade e boa-fé. In: MARQUES, Cláudia Lima; CAVALLAZZI, Rosângela Lunardelli. *Direitos do Consumidor Superendividado*: superendividamento e crédito. São Paulo: Revista dos Tribunais, 2006, p. 251), o combate ao superendividamento não atende apenas aos interesses do devedor (MIRAGEM, Bruno. Diretrizes interpretativas da função social do contrato. *Revista de Direito do Consumidor*, n. 56. p. 22-45, out.-dez. 2005, p. 42 e 44; LIMA, Clarissa Costa de. A resolução do contrato na nova teoria contratual. *Revista de Direito do Consumidor*, n. 55, p. 85-105, jul.-set. 2005, p. 104-105).

[16] Como atestado pelo Ministro Hermann Benjamin, em expressa menção na Banca de Doutorado de Clarissa Costa de Lima, realizada em 30.08.2013, no Salão Nobre da Faculdade de Direito da Universidade Federal do Rio Grande do Sul (UFRGS).

[17] Contudo, aqui não será possível declinar com profundidade a teoria que fundamenta o tema, não apenas pelos estreitos limites deste ensaio, mas principalmente em razão de seu viés, a partir do qual se optou por enfocar as novas perspectivas de tratamento do superendividamento.

cujo horizonte hermenêutico depende de questões como o conceito do fenômeno,[18] seus requisitos[19] e os tipos de dívidas que o constituem.[20]

A fim de afastar parte dos preconceitos que permeiam o imaginário construtor do nomos[21] e da práxis do Direito[22] – os quais deixam os operadores jurídicos mergulhados em um senso comum teórico que leva à ignorância da realidade socioeconômica, importante verificar o perfil do superendividado. A lide forense demonstra que – talvez devido a nossa matriz sociocultural[23]

---

[18] Como não existe lei definindo o instituto e seus limites, o conceito de superendividamento se encontra pressuposto as especificidades de cada sistema legal, sendo a partir destas premissas que se extraem os requisitos para sua configuração e o permissivo para que o operador adote uma série de medidas tutelares. Partindo dos excertos doutrinários e da experiência legal francesa, o superendividamento pode ser definido como sendo a impossibilidade manifesta, durável e estrutural do consumidor de boa-fé adimplir o conjunto de suas dívidas não profissionais exigíveis e a vencer, considerando o montante do seu débito em relação à sua renda e patrimônio pessoais (MARQUES; NEVES; FRADE; MARQUES, 2005b, p. 12 e 50; PAISANT, Gilles. El Tratamiento del Sobreendeudamiento de los Consumidores em Derecho Francês. *Revista de Direito do Consumidor*, n. 42, abr.-jun. 2002, p. 13-15; PAISANT, Gilles. A Reforma do Procedimento de Tratamento do Superendividamento pela Lei de 29 de Julho de 1998, Relativa a Luta contra as Exclusões. *Revista de Direito do Consumidor*, n. 55, jul/set 2005b, p. 230; MARQUES; CAVALLAZZI, 2006, p. 14). Assim, o superendividamento não se confunde com a simples insolvência civil (artigos 748 e seguintes, do CPC), a qual se mostra insuficiente para abarcar a totalidade do fenômeno aqui delineado (BERTONCELLO; LIMA. 2007, p. 181).

[19] A partir do conceito de superendividamento é possível derivar os requisitos. Enfocando as condições relativas à pessoa do devedor, há duas exigências que merecem consideração. A primeira é a de que o consumidor superendividado seja pessoa física, o que exclui da configuração as pessoas jurídicas, restringindo o conceito do artigo 2º do CDC, tanto pelo caráter profissional de suas atividades (mesmo que estas possam adquirir produtos e serviços como consumidoras), quanto para evitar a concorrência de procedimentos concursais estabelecidos em lei (*v.g.* falência e recuperação judicial) (CARPENA, Heloisa. CAVALLAZZI, Rosangela Lunardelli. Superendividamento: propostas para um estudo empírico e perspectiva de regulação. *Revista de Direito do Consumidor*, n. 55, jul.-set. 2005, p. 135). Ademais, subsiste a necessidade de que o consumidor esteja agindo de boa-fé, cuja presunção de conduta somente poderia ser elidida por elementos concretos dentre aqueles submetidos à apreciação do operador (*v.g.* prestar declarações falsas para se aproveitar dos benefícios do procedimento, ocultar ou intentar ocultar seus ativos, agravar sua situação de superendividamento durante o procedimento sem autorização) (PAISANT, 2002, p. 13; BERTONCELLO, 2004, p. 48-49; COSTA, 2006, p. 246).

[20] A configuração do endividamento excessivo exige a manifesta incapacidade do devedor pagar suas dívidas. Para a configuração do valor devido consideram-se os débitos vencidos e vincendos, essenciais ou não (créditos consignados, contratos de crédito, contratos de prestação de serviços, etc.), inexistindo qualquer limitação acerca do valor dos débitos. O que importa é a consideração do montante do débito em relação à renda e patrimônio pessoais do consumidor. Contudo, na análise do passivo somente cabe o cômputo das dívidas não profissionais, restando excluídas da verificação os débitos alimentares, fiscais e decorrentes de indenização por ilícitos civis ou penais.

[21] COVER, Robert M. Nomos and Narrative. In: *Harvard Law Review*. v. 97, 1983.

[22] WARAT, Luiz Alberto. In: *Introdução Geral ao Direito*. v. 1, Porto Alegre: Sérgio Antonio Fabris, 1994, p. 22. Embora não se pretenda discutir neste ensaio esse *senso comum teórico*, cabe ressaltar que grande parte da doutrina e dos operadores jurídicos ainda não introjetaram a mudança de paradigma havida com a transformação social e econômica – especialmente na segunda metade do século XX – e normativa, com o advento da Constituição Federal de 1988, do Código Civil de 2002 e do Código de Defesa do Consumidor, diplomas galgados nos paradigmas da eticidade e da socialidade, o que rompe com a visão individualista e patrimonialista do Direito Privado. Não obstante esta virada, parte significativa dos operadores jurídicos brasileiros continuaram indelevelmente mergulhados em seus hábitos, num conjunto de crenças, práticas e pré-juízos arraigados a um paradigma oitocentista, como se tais fossem verdadeiros dogmas, fazendo com que permaneçam reféns da cotidianidade, que se traduz na expressão *como sempre o direito tem sido* (STRECK, Lenio Luiz. In: *Hermenêutica Jurídica e(m) Crise*: uma exploração hermenêutica da construção do direito. Porto Alegre: Livraria do Advogado, 2002, p. 38), o que resta por impedir a necessária releitura do fenômeno jurídico.

[23] É inequívoca a influência da cultura no direito – na condição de sistema normativo produto e produtor de cultura (REALE, Miguel. *Experiência e Cultura*. Campinas: Bookseller, 1999; REALE, Miguel. *Filosofia do Direito*. 20. ed. São Paulo: Saraiva, 2002; REALE, Miguel. *O Direito como Experiência*. São Paulo, 1968) –, assim como a conformação dos matizes culturais em outras searas do conhecimento humano. Aspecto interessante

– subsiste o pré-conceito de que o consumidor superendividado que busca o Poder Judiciário é ao menos culpado pela sua situação, senão quando se considera (em perspectivas mais radicais) que o endividado é um sujeito de má-fé, adjetivado muitas vezes com a pecha de "caloteiro" ou "criminoso".

A desmitificação do caráter pecaminoso do endividamento passa pela análise objetiva das espécies de superendividamento e do perfil da pretensão do consumidor superendividado.

O chamado *superendividamento ativo* ocorre quando o devedor contribui ativamente para se colocar em situação de impossibilidade de pagamento, gênero que se subdivide em duas espécies. O *deliberado, consciente* ou *de má-fé*, advém da conduta dolosa do devedor, que aproveita todas as oportunidades para consumir além de suas potencialidades, sem se preocupar com os encargos do pagamento. Já o *não deliberado, inconsciente* ou *de boa-fé*, se verifica quando o devedor superestima o seu rendimento por incapacidade de administrar seu orçamento ou por ceder as tentações do consumo e da publicidade,[24] na busca por um padrão de vida mais elevado, que ele próprio (psicológica e/ou socialmente) se impõe.[25] Desta feita, a configuração da má-fé não surge com a simples contribuição ativa do consumidor para a sua situação de superendividamento, sendo necessário verificar a vontade objetivada do agente.

---

se encontra na tese de Max Weber, sobre a vinculação do desenvolvimento econômico com a matriz religiosa da sociedade (WEBER, Max. A Ética Protestante e o Espírito do Capitalismo. São Paulo: Editora Martin Claret, 2002). Embora a questão extrapole os estreitos limites deste ensaio, cumpre delinear os sistemas de abordagem do fenômeno. Nos países anglo-saxônicos da *common law*, de índole protestante, prevalece o chamado *fresh start policy*, que considera o endividamento crônico como um risco associado à expansão do mercado financeiro, ou seja, como um mal necessário da sociedade de consumo (PEREIRA, 2006, p. 173). Assim, aposta na socialização do problema, adotando uma responsabilidade limitada para o consumidor, que tem suas dívidas perdoadas após a liquidação de seus bens, para que retorne livre ao mercado para consumir (pagamento das dívidas com o patrimônio atual, sem endividamento futuro). As influências deste modelo são: (i) dogmas protestantes; (ii) acesso generalizado ao crédito (*open credit society*); (ii) sociedade de imigrantes (que possuem a ideia do "começar de novo", sem que as falências sejam estigmatizadas); (iv) filosofia individualista do *self-made man*; (v) menor intervenção do Estado Social; (vi) visão do consumidor como agente econômico que deve ser rapidamente reintegrado ao mercado; (vii) superendividamento como consequência natural e calculada pelos credores (MARQUES, 2005, p. 43 e MARQUES; NEVES; FRADE; LOBO, 2002, p. 214-215). Na família *romano-germânica*, de viés católico, predomina o modelo europeu continental da *reeducação*, que tem a visão do superendividamento como uma falha do consumidor que, sendo também vítima do sistema, necessita ser instruído. Este regime impõem a administração do endividamento de maneira global, renegociando as dívidas e os encargos, perdoando os créditos apenas em última instância (pagamento das dívidas com o patrimônio atual e futuro, com consequente endividamento) (MARQUES, 2005b, p. 43 e MARQUES; NEVES; FRADE; LOBO, 2002, p. 216-217). A vantagem do primeiro modelo é permitir ao devedor reiniciar sua vida sem encargos do passado; a do segundo, responsabilizá-lo pelos compromissos assumidos, potencializando a prevenção. A desvantagem da primeira abordagem está em conceder perdão a devedores que poderiam pagar parte de suas dívidas (KILBORN, 2006, p. 85); a da segunda em não se adequar a muitos casos de superendividamento. Contudo, na prática os modelos tendem a se misturar (MARQUES; NEVES; FRADE; LOBO, 2002, p. 304; KILBORN, 2006, p. 87). A doutrina tem entendido pela necessidade de adoção de um modelo próprio no Brasil, sem as importações desmedidas que tanto atrapalham a tarefa do direito enquanto sistema normativo de regulamentação social. Nesse sentido as propostas de alteração do CDC e os reiterados trabalhos das juízas Clarissa Costa de Lima e Káren Rick Danilevicz Bertoncello.

[24] MARQUES; NEVES; FRADE; LOBO, 2002, p. 297.
[25] OLIBONI, Marcella Lopes de Carvalho Pessanha. O Superendividamento do Consumidor Brasileiro e o Papel da Defensoria Pública: criação da comissão de defesa do consumidor superendividado. *Revista de Direito do Consumidor*, n. 55, jul.-set. 2005, p. 170.

Já o *superendividamento passivo* advém de uma diminuição significativa dos recursos do consumidor devido aos chamados *acidentes da vida* – áleas e circunstâncias imprevisíveis como desemprego, doença, morte, divórcio, etc.[26] – ou quando os credores rompem com a justa expectativa do devedor e cometem atos ilícitos na busca por uma maior lucratividade (*v.g.* cláusulas abusivas e abuso de direito).[27]

Diferentemente do que poderíamos pensar, o superendividamento passivo varia de 80% a 84,5% dos casos no Rio Grande do Sul,[28] e configura 73% dos casos no Rio de Janeiro.[29] Esses percentuais não diferem da realidade latino-americana,[30] portuguesa[31] e norte-americana.[32]

As pesquisas desenvolvidas para a análise do superendividamento convergem no sentido de que é o superendividamento passivo a espécie que ocasiona o maior número de casos de endividamento excessivo. Desta feita, enquanto o nosso pré-conceito social crava a pecha de culpa no consumidor superendividado, a realidade socioeconômica indica indelevelmente que a imensa maioria dos casos se configuram em decorrência de um problema que não se encontra adstrito ao controle e ao agir do sujeito (desemprego, doença, morte, divórcio, etc.), que resta por gerar a situação limite de endividamento excessivo e, consequentemente, de impossibilidade material subjetiva. Segundo os mesmos dados estatísticos, o superendividado ativo de má-fé representa apenas 2 a 4% dos casos de endividamento excessivo. Assim, o imaginário coletivo, imerso em um mar de ignorância, faz da franca exceção a regra geral, prejudicando em muito o tratamento das pessoas afetadas por esta situação limite.

É em razão deste cenário que a questão ganha enorme relevância para o sistema de justiça. Interessante enfocar a parcela social atendida pela Defensoria Pública – que representa mais de 85% da população brasileira[33] –, uma vez que a Instituição representa um grupo de devedores desfavorecidos, em

---

[26] MARQUES; NEVES; FRADE; COSTA, 2002a, p. 109.

[27] CASADO, Márcio Mello. Os Princípios Fundamentais como Ponto de Partida para uma Primeira Análise do Sobreendividamento no Brasil. *Revista de Direito do Consumidor*, n. 33, jan-mar. 2000, p. 131

[28] BERTONCELLO; LIMA. 2007, p. 197; CONSALTER, Rafaela. *O Perfil do Superendividado no Estado do Rio Grande do Sul*. Disponível em: <http://www.adpergs.org.br/restrito/arq_artigos30.pdf> Acesso em: 09.05.2006b, p. 6.

[29] CAVALLAZZI, Rosângela Lunardelli. O Perfil do Suprendividamento: referências no Brasil. In: MARQUES, Cláudia Lima; CAVALLAZZI, Rosângela Lunardelli. *Direitos do Consumidor Superendividado*: superendividamento e crédito. São Paulo: Revista dos Tribunais, 2006, p. 390.

[30] LIMA; BERTONCELLO, 2006, p. 204.

[31] MARQUES; NEVES; FRADE; LOBO, 2002; Centro de Estudos Sociais da Faculdade de Economia da Universidade de Coimbra: Endividamento e Sobreendividamento das Famílias Conceitos e Estatísticas para a sua Avaliação e O Sobreendividamento em Portugal.

[32] DICKERSON, 2007.

[33] Esta conclusão deriva do cruzamento de dados. O III Diagnóstico da Defensoria Pública no Brasil indica que, não obstante a adoção crescente do paradigma da vulnerabilidade organizacional, há *"uma tendência a fixarem em até 3 salários mínimos o critério de renda para ser atendido pela Defensoria Pública"* (BRASIL. *III Diagnóstico da Defensoria Pública no Brasil*. Disponível em: <http://www.defensoria.sp.gov.br/dpesp/repositorio/0/III%20Diagn%C3%B3stico%20Defensoria%20P%C3%BAblica%20no%20Brasil.pdf> Acesso em: 11.09.2013, p. 179), não havendo número significativo de Instituições que fixam marco econômico menor. Já segundo dados do IBGE de 2009, a população brasileira com renda de até 3 salários mínimos corresponde a 89,9% (2,3% sem rendimento, 23,3% com até meio salário mínimo, 27,2% com mais de meio até um salário mínimo, 24,8% com mais de um a dois salários mínimos e 8,3% com mais de dois a três salários) (Brasil.

que os parâmetros de vulnerabilidade e de hipossuficiência restam enormemente potencializados, alcançando o que se denomina hipervulnerabilidade, principalmente no que respeita a configuração do superendividamento passivo.

A Instituição atende pelo Brasil afora milhares de consumidores que são devedores com altíssimo risco de superendividamento, pois (i) vivem no limiar da pobreza, (ii) não possuem nenhuma expectativa de aumento de rendimento pessoal e familiar e (iii) possuem altíssima probabilidade de serem acometidos por gravames de eventos extraordinários.[34] O assistido da Defensoria Pública não possui, financeiramente, nenhuma "gordura para queimar", sendo que qualquer evento (*v.g.* desemprego, doença, divórcio) – que para as classes mais abastadas economicamente já importaria em sérias dificuldades financeiras, impactando a possibilidade de adimplemento – torna-se verdadeiramente devastador. Para as classes mais pobres, qualquer alteração de rendimento é suscetível de colocar os esforços para pagamento das dívidas em patamares acima dos suportáveis.

E outra quebra de paradigma de nosso ideário merece ser posta: quiçá o entendimento majoritário reflita o equivocado entendimento de que os assistidos que procuram a Defensoria Pública tragam a pretensão de meramente protelar o pagamento de suas dívidas. Como testemunho do autor deste ensaio, que atua desde 2008 diretamente na proteção do consumidor,[35] os assistidos que procuram a Instituição não buscam sustentáculo jurídico para a inadimplência, mas anseiam pela possibilidade de uma renegociação de suas dívidas, a fim de que consigam arcar com todas as suas obrigações.

Cumpre reconhecer que a pretensão de buscar a renegociação, e não questionar os parâmetros contratuais por meio de uma revisional, está consoante com o atual contexto socioeconômico, onde se verifica um cenário de estabili-

---

IBGE. Disponível em: <http://seriesestatisticas.ibge.gov.br/series.aspx?vcodigo=IU30&t= rendimento-familiar-capita> Acesso em: 29.09.2013).

[34] Maria Manuel Leitão Marques oferece interessante proposição de modelos possíveis de endividamento e sua influência na configuração do superendividamento: (i) endividamento imobiliário: devedor possui apenas um crédito para financiamento da habitação própria, o qual geralmente está em consonância com os seus níveis de rendimento (embora possa dizer com parcela considerável deste), possuindo baixa probabilidade de acarretar superendividamento, pois a tomada de crédito é antecedida de planejamento e da formação de uma poupança familiar; (ii) endividamento creditício: devedor contrai financiamentos para a compra de produtos e serviços (essenciais ou não) à sua subsistência, possuindo considerável risco de gerar superendividamento quando o consumo passa a extrapolar, sistematicamente, os níveis de rendimento e a tomada de crédito se converte em um "modo de vida" ou em um "recurso de fim de mês"; (iii) multiendividamento: devedor possui mais de uma dívida, acumulando créditos de habitação com créditos ao consumo, possuindo grande probabilidade de acarretar o superendividamento, por aliar o invariável comprometimento de renda do crédito habitacional com a possibilidade de descontrole do crédito de consumo propriamente dito; (iv) grupo de endividados desfavorecidos: devedores que vivem no limiar da pobreza, sem expectativa de aumento de rendimento e com alta probabilidade de serem acometidos por gravames de eventos extraordinários, com altíssimo risco de superendividamento, pois qualquer alteração de rendimento é suscetível de colocar os esforços para pagamento das dívidas em patamares acima dos suportáveis. Estes últimos são os atendidos diuturnamente pela Defensoria Pública. MARQUES; NEVES; FRADE; LOBO, 2002, p. 154.

[35] Especialmente como membro e dirigente do Núcleo de Defesa do Consumidor e de Tutelas Coletivas da Defensoria Pública (NUDECONTU) e como Presidente do Conselho Estadual de Defesa do Consumidor do Rio Grande do Sul (CEDECON).

dade econômica e de baixa das taxas gerais dos juros.[36] Ademais, esta conduta dos consumidores demonstra a sua boa-fé, pois seria muito confortável para eles se manterem inertes à espera do prazo prescricional, considerando que a imensa maioria dos assistidos não possuem patrimônio penhorável e já contam com inscrições anteriores em órgãos de restrição creditícia.

B – Pressupostos da renegociação e da ruptura do vínculo contratual em razão da impossibilidade material subjetiva

A possibilidade de ruptura e readaptação do vínculo contratual em razão da ausência de condições materiais se caracteriza como hipótese de impossibilidade superveniente relativa de ordem econômica (*v.g.* endividamento excessivo),[37] a qual detém natureza subjetiva, ou seja, liga-se diretamente à impossibilidade para a pessoa do devedor.

Salienta Ruy Rosado que a simples dificuldade econômica da parte não exonera, mas a desproporcionalidade do custo para o cumprimento da prestação é equiparável à impossibilidade.[38] Merece destaque a lição de Von Tuhr:

> As prestações pessoais se reputam impossíveis quando levam um risco à vida ou à saúde do devedor, risco que exceda ao grau a que obriga seu posto ou sua profissão, ou quando o devedor se vê impedido de realizar a prestação por um imperativo de humanidade. (...) Quando o esforço e o desembolso exigíveis para cumprir a obrigação não guardam proporção razoável com o valor desta, a prestação se estima inexequível e o devedor fica isento de sua obrigação do mesmo modo como se fora um caso de impossibilidade.[39]

No mesmo sentido, o entendimento de Clóvis do Couto e Silva:

> Ainda que se trate de insolvência, desde que esta não tenha ocorrido por circunstância imputável ao devedor (culpa), não está ele em mora e, portanto, não responde. Essa afirmação outra coisa não significa senão a equiparação da impossibilidade relativa superveniente à absoluta. É que o art. 963[40] cobre toda a área da mora, todas as hipóteses de retardamento da prestação. Por este motivo, deve-se admitir que desse princípio decorra a equiparação da insolvência (impossibilidade relativa posterior) à absoluta.[41]

As causas que dão suporte a extinção ou readaptação do contrato por impossibilidade relativa são variadas e de diferentes ordens. Embora o ponto

---

[36] Não obstante se reconheça a baixa da taxa gerais dos juros, deve-se fazer duas considerações. A primeira de que algumas financeiras (geralmente de menor porte) continuam praticando taxas espoliativas e condutas abusivas (concessão irresponsável do crédito). Ademais, em alguns segmentos as taxas continuam sendo praticadas em patamares insustentáveis, como ocorre no caso dos cartões de crédito.

[37] O tema pode ser inserido nas espécies de *resolução por inexecução involuntária* (VENOSA, Sílvio de Salvo. *Direito civil*. v. 2, 5. ed. São Paulo: Atlas, 2005, p. 536), tal como ocorre no caso de impossibilidade absoluta e total da prestação por fato inimputável ao devedor. Já o seu enquadramento como hipótese de *ruptura sem descumprimento* depende de uma *tomada de posição* do operador quanto ao que seja considerado como inexecução perante o credor e as condições fáticas que permeiam a relação obrigacional.

[38] "A impossibilidade relativa não se confunde com a simples dificuldade econômica enfrentada pelo devedor para cumprir sua obrigação. A teoria do limite do sacrifício não tem acolhida" (AGUIAR JUNIOR, Ruy Rosado. *Extinção dos contratos por incumprimento do devedor*. 2. ed. Rio de Janeiro: AIDE, 2004, p. 99-100).

[39] VON TUHR, 1934, p. 81-82, *apud* AGUIAR JUNIOR, Ruy Rosado. *Extinção dos Contratos por Incumprimento do Devedor*. 2 ed. Rio de Janeiro: AIDE, 2004, p. 100.

[40] Atual artigo 396 do CC/02.

[41] SILVA, Clóvis Veríssimo do Couto e. *A obrigação como processo*. São Paulo: Bushatsky, 1976, p. 123-124.

de relevância seja sempre a condição pessoal do devedor, poder-se-ia falar em hipóteses internas de desequilíbrio financeiro (*v.g.* desemprego, doença, divórcio, etc.) ou externas (ex. desvalorização da moeda, implantação de planos econômicos ou critérios de atualização das dívidas que desequilibram o orçamento do devedor e o impedem de continuar cumprindo o contrato). Lembre-se, por relevante, que, como antes referido, as causas internas de desequilíbrio financeiro correspondem a imensa maioria dos casos de superendividamento.

Em um cenário árido, onde juridicamente inexistem instrumentos adequados ao tratamento do superendividamento, e onde socialmente a situação do endividamento excessivo é vista por uma lente obscurecida devido a uma série de preconceitos, este ensaio busca trazer à tona do debate jurídico uma possível solução, a qual diz com a possibilidade de imposição judicial da renegociação e da cooperação voltada à evitar a ruína do consumidor superendividado.

Levando em consideração o fato de que as opções jurídicas dependem de elementos técnicos, mas também de opções éticas do operador jurídico, na falta de lei expressa este ensaio procura apresentar e sistematizar os critérios que, com segurança, possibilitam a imposição judicial da renegociação, permitindo que os profissionais do Direito façam com tranquilidade jurídica a escolha por "estender a mão" a um sujeito em condição de hipervulnerabilidade.

Importante salientar que esta escolha – humanista e ética antes de jurídica, repita-se – atende ao interesse de todos os sujeitos envolvidos. O consumidor endividado e a sua família tem a sua situação econômica equacionada, livrando-os da situação de escravização à relação contratual e permitindo o acesso ao mínimo existencial, referente a bens sociais como alimentação, moradia, saúde, educação, lazer, etc. Já o credor vê as chances de adimplemento enormemente maximizadas, mormente no que tange a parcela de devedores que não possui patrimônio penhorável. Por fim, a sociedade alcança não apenas a baixa das taxas de inadimplemento (com consequências que seriam inequivocamente socializadas), mas principalmente a estabilização de sua célula *mater*, que é a família. O tratamento do superendividamento evita as consequências inexoráveis do fenômeno, que são a desestruturação da família, a baixa dos níveis de educação e de saúde de seus membros e o aumento da criminalidade adulta e infantil.

Cabe frisar passagem do voto do então Ministro Ruy Rosado de Aguiar Júnior no REsp 109.331:[42]

> O devedor inadimplente não tem, em princípio, o direito de pedir a resolução do contrato. Porém, se surgir fato superveniente, suficientemente forte para justificar aquele inadimplemento, a parte que sofreu o efeito dessa alteração objetiva da base em que foi celebrado o negócio pode vir a juízo para provocar a extinção do contrato. Aceita essa premissa, a jurisprudência tem reconhecido como fato suficiente para a resolução a posterior impossibilidade relativa de cumprir o contrato, por efeito da desvalorização da moeda e da implantação de planos econômicos e critérios de atualização das dívidas que desequilibram o orçamento do devedor e o impedem de continuar cumprindo o contrato. Nessa circunstância, pode o devedor tomar a iniciativa da propositura da ação de rescisão.

---

[42] REsp 109.331-SP, Min. Ruy Rosado de Aguiar Júnior, 4ª T., STJ, j. 24.02.1997, DJ 31.03.1997, p. 9.638, e JBCC, v. 181, p. 96.

No mesmo sentido: REsp 200.019, EDiv no REsp 59.870, AC 70014171185 (TJRS), AC 70002484178 (TJRS), AC 70001124114 (TJRS), AC 2.0000.00.434734-4/000(1) (TJMG), AC 2003.009940-9 (TJMS).[43]

Assim, cumpre ao intérprete avaliar, perante o caso concreto (análise tópica), a existência, ou não, da desproporcionalidade do custo para o cumprimento da prestação,[44] o que deve ser buscado por meio do exame da aplicabilidade de determinados fatores teóricos de imputação da renegociação ou ruptura do contrato, os quais se passa a examinar de forma discriminada.

II – Fatores teóricos de imputação da renegociação ou da ruptura do contrato

Antes do desenvolvimento deste tópico, cabe salientar a sua perspectiva metodológica, em ao menos três momentos. Primeiro, aqui é utilizada a teoria sistêmica,[45] pela qual se alcança a inseparabilidade das normas, em uma verdadeira coordenação das fontes normativas de nosso sistema jurídico.[46]

---

[43] REsp 200.019-SP, Min. Waldemar Zveiter, 3ª T., STJ, DJ 27.08.2001, p. 326; EDiv no REsp 59.870-SP, Min. Barros Monteiro, 2ª Seção, STJ, j. 10.04.2002, DJ 09.12.2002, p. 281 e no RSTJ, v. 171, p. 206; AC 70014171185, Des. José Aquino Flores de Camargo, 20ª Câm. Cív., TJRS, j. 22.02.2006; AC 70002484178, rel. Des. Elaine Harzheim Macedo, 17ª Câm. Cív., TJRS, j. 08.05.2001; AC 70001124114, rel. Des. Rubem Duarte, 20ª Câmara Cível, TJRS, j. 08.08.2001; AC 2.0000.00.434734-4/000(1), Des. Pedro Bernardes, TJMG, DO 23.10.2004; AC 2003.009940-9, 4ª Turma, TJMS, DO 04.03.2004. Outros julgados vão além, elencando a ruptura do contrato por impossibilidade material como sendo hipótese de resilição, cujo enquadramento pressupõe diversas consequências, dentre as quais destaca-se a potestatividade da pretensão do devedor. Nesse sentido: REsp 723.034, REsp 317.940 e EDiv no REsp 59.870. Inúmeros são os precedentes garantindo o direito do comprador, que sofre a impossibilidade material, promover ação visando receber a restituição das importâncias pagas. Nesse sentido: REsp 132.903-SP; REsp 109.960-RS; REsp 79.489-DF; AC 70009681313 (TJRS) e AC 599452125 (TJRS). Em termos de excertos jurisprudenciais estrangeiros, Joaquim de Souza Ribeiro apresenta interessante julgado do *Bundesverfassungsgericht*, que também moldou a jurisprudência da corte constitucional alemã (MARQUES, 2005, p. 33-34 e MARQUES, 2005, p. 75-76): "*(discutia-se a) validade da fiança prestada por uma filha de 21 anos, para garantia de uma dívida de 100000 DM, contraída pelo seu pai junto a uma instituição bancária. A fiadora não possuía patrimônio próprio de relevo, nem qualquer grau acadêmico ou preparação profissional, auferindo, como operária, o salário mensal de 1150 DM. A sua queixa teve sucesso, entendendo o Bundesverfassungsgericht que os tribunais ordinários, ao admitirem a eficácia da fiança, tinham violado o artigo 2.º, I, da Grundgesetz, norma que consagra aquele direito ao livre desenvolvimento da personalidade. Esse direito da fiadora era coarctado pela executoriedade de um encargo de tal monta e tão desproporcionado dos seus rendimentos que importaria a sua asfixia econômica para toda a vida. Na sua fundamentação, o Tribunal fixa como pressupostos de uma intervenção correctora, através, designadamente, da determinação da ineficácia do acto, a constatação de consequências vinculativas invulgarmente onerosas para uma das partes, em resultado de sua inferioridade estrutural*" (V. Juristenzeitung, 1994, 408 e s., apud RIBEIRO, Joaquim de Sousa. A Constitucionalização do Direito Civil. In: *Boletim da Faculdade de Direito*, Coimbra, v. LXXIV, p. 729-755, 1998, p. 749-750).

[44] Refere Pietro Perlingieri que, verificada a operatividade do princípio da proporcionalidade no sistema de livre mercado, é possível que venha a exercer influência em seu principal instrumento, que é o contrato (PERLINGIERI, Pietro. Equilíbrio Normativo e Principio di Proporzionalità nei Contratti. *Revista Trimestral de Direito Civil*, v. 12. Rio de Janeiro: PADMA, p. 131-151, out.-dez. 2002, p. 135).

[45] Embora historicamente a noção de sistema remeta às ideias de conjunto, ordem, coerência e unidade (MARTINS-COSTA, Judith. *A Boa-Fé no Direito Privado*. São Paulo: Revista dos Tribunais, 2000, p. 40), estas são as principais características do pensamento sistemático: (i) compreensão do objeto (ordenamento, contrato ou rede) na sua real condição de *totalidade axiológica*, vislumbrando o que se pode denominar de *inseparabilidade das normas* (solução interpretativa buscada na complexa inter-relação que os textos guardam uns com os outros); (ii) existência de uma *unidade interna* (relação de todos os elementos constitutivos do sistema com o seu núcleo fundamental, permitindo reconhecer o objeto como algo coeso do ponto de vista do sentido); (iii) verificação de uma *ordem hierárquica interna*, com o reconhecimento da supremacia de certos textos normativos (ex. Constituição); (iv) reconhecimento de uma *ordenação axiológica ou teleológica interna*, pois o direito não é norma, mas um conjunto coordenado de normas; (v) apreensão da (relativa) *abertura*

Para além desta opção, compreende-se o direito como essencialmente valorativo, pois este não se resume em seu produto que é a norma jurídica, ainda mais quando considerado que esta é sempre produto da valoração de fatos concretos.[47]

Ademais, compreende-se o caráter criativo, construtivo e produtivo da atividade hermenêutica,[48] entendendo-se que o operador jurídico – mormente

---

do sistema (LARENZ, Karl. *Metodologia da Ciência do Direito*. 2. ed. Lisboa: Calouste, 1989, p. 20, 531, 579 e 592; CANARIS, Claus-Wilhelm. *Pensamento Sistemático e Conceito de Sistema na Ciência do Direito*. Lisboa: Calouste, 1989, p. 12, 156; BOBBIO, Norberto. *Teoria do Ordenamento Jurídico*. 10 ed. Brasília: Universidade de Brasília, 1997, p. 19-21, 49; KELSEN, Hans. *Teoria Pura do Direito*. São Paulo: Martins Fontes, 1998, p. 247; REALE, 2000, p. 41, 43 e 220). É característica do chamado *pensamento sistemático* a compreensão do sistema jurídico na sua real condição de *totalidade axiológica*, donde se subsume que a interpretação não pode recair na mera análise isolada das normas, mas deve, antes, buscar a melhor solução interpretativa na complexa inter-relação que os textos positivos guardam uns com os outros (LARENZ, 1989, p. 531; CANARIS, 1989, p. 156; BOBBIO, 1997, p. 19-21 e MARTINS-COSTA, 2000, p. 41). Tamanha é a importância da unidade para o pensamento científico que Miguel Reale chega a referir que *"não existe ciência sem certa unidade sistemática, isto é, sem entrosamento lógico entre as suas partes componentes. O direito, por exemplo, como experiência humana, como fato social, (...) passou a ser objeto de ciência tão-somente (...) quando adquiriu unidade sistemática"* (REALE, 2002, p. 63). Norberto Bobbio refere que *"a complexidade do ordenamento (...) não exclui sua unidade. Não poderíamos falar de ordenamento jurídico se não o tivéssemos considerado algo de unitário"* (BOBBIO, 1997, p. 48). É a ideia de sistema que permite reconhecer o ordenamento como algo coeso do ponto de vista do sentido (LARENZ, 1989, p. 20 e FREITAS, Juarez. *A Interpretação Sistemática do Direito*. 3. ed. São Paulo: Malheiros, 2002, p. 154). Sob outro prisma, aduz Judith Martins-Costa que *"a noção de sistema implica também a de unidade (...) a qual pode ser vista, sob o aspecto negativo, pelo viés da não-identidade ou diferenciação com o que está fora do conjunto, os elementos externos, circundantes do sistema"* (MARTINS-COSTA, 2000, p. 41).

[46] A necessidade de conjugação das fontes normativas é inequívoca, tanto que Juarez Freitas chega a afirmar que *"a interpretação jurídica é sistemática ou não é interpretação"* (FREITAS, 2002, p. 174). Sobre o tema, sustenta Cláudia Lima Marques que no contexto da pós-modernidade se busca a harmonia, a coordenação e a coerência das normas no sistema jurídico, na busca de uma eficiência não somente hierárquica, mas também funcional (substituição da superação pela convivência de paradigmas), afastando-se do pensamento moderno que concebia o processo hermenêutico com as figuras da "tese" (lei antiga), "antítese" (lei nova) e "síntese" (revogação). Assim, o *diálogo das fontes* (*dialog der quellen* ou *dialogue de sources*) concebe que as normas possuem influências recíprocas, sendo possível a aplicação conjunta das mesmas ao mesmo caso concreto, seja de forma complementar ou subsidiária. Concebendo o CDC como lei especial e hierarquicamente superior em relação ao CC/02, em face do mandamento constitucional do artigo 5º, XXXII, a doutrinadora concebe três tipos de diálogos possíveis entre os diplomas: *diálogo sistemático de coerência, diálogo sistemático de complementaridade e subsidiariedade* e *diálogo de coordenação e adaptação sistemática*. MARQUES, Cláudia Lima. Diálogo entre o Código de Defesa do Consumidor e o Novo Código Civil: do "diálogo das fontes" no combate às cláusulas abusivas. *Revista de Direito do Consumidor*. n. 45, São Paulo: Revista dos Tribunais, jan/mar 2003, p. 72-79 e 84-85; JAYME, Eric. Direito internacional privado e cultura pós-moderna. In: *Cadernos do Programa de Pós-Graduação em Direito – PPGDir UFRGS*, Porto Alegre, v. 1, n. 1, p. 59-68, mar. 2003, p. 62; JAYME, Eric. Identité culturalle et intégration le droit internationale privé postmoderne. In: *Recueil des Cours de L´Académie de Droit International*. v. 2. Haye, 1995).

[47] Miguel Reale, em sua conhecida Teoria Tridimensional do Direito, compreende o direito como a totalidade da quantificação do fato, do valor e da norma (em uma circularidade perene), compreendendo ainda as perspectivas éticas, lógicas e histórico-culturais da sociedade regulada. Nesse sentido: REALE, 1999; REALE, 2002; REALE, 1968.

[48] A doutrina endossa a natureza da hermenêutica como sendo um processo sempre criativo, construtivo e produtivo, nunca reprodutivo, receptivo ou declaratório. O texto não tem um significado independente do evento que é compreendê-lo (LARENZ, 1989, p. 489-490), nem a compreensão é independente das circunstâncias concretas da vida (FERRARA, Francesco. *Interpretação e Aplicação das Leis*. 4. ed. Coimbra: Armênio Amado, 1987, p. 169). Nesse sentido: LARENZ, 1989, p. 296 e 444-445; REALE, 1999, p. 194 e 197-198; GRAU, Eros. *Ensaio e Discurso Sobre a Interpretação/Aplicação do Direito*. São Paulo: Malheiros, 2003, p. 22; HESSE, Konrad. *Elementos de Direito Constitucional da República Federal da Alemanha*. Porto Alegre: Sérgio Antonio Fabris, 1998, p. 61; HÄBERLE, Peter. *Hermenêutica Constitucional. A Sociedade Aberta dos Intérpretes da Constituição*: contribuição para a interpretação pluralista e "procedimental" da Constituição. Porto Alegre: Sérgio Antonio Fabris, 1997, p. 30; VIOLA, Francesco; ZACCARIA, Giuseppe. *Diritto e Interpretazione*: lineamenti di teoria ermeneutica del diritto. Roma: Laterza, 1999, p. 126-128, 133, 138 e 190; ZACCARIA, Giuseppe. *Questioni di Interpretazione*. Padova: Casa Editrice Dott. Antonio Milani (CEDAM), 1996, p. 145-147; GRONDIN, Jean.

o juiz, no ato de decidir, mas não apenas ele – é autor, e não só ator ou personagem do *Nomos Jurídico*,[49] pois como acertadamente afirma Miguel Reale, a relevância hermenêutica não está na norma, mas na *situação normada*.[50]

Feitas estas considerações, passa-se ao exame dos critérios que amparam a imposição judicial do dever de renegociação, em uma tentativa de superação da leitura literal e assistemática da determinação contida nos artigos 313 e 314 do CC.

A – Dignidade da pessoa humana e garantia do mínimo existencial

No presente capítulo vai se desenvolver a ideia de que o dever de renegociação é alcançado por meio dos seguintes preceitos constitucionalmente assegurados: a dignidade da pessoa humana – ou o direito ao desenvolvimento humano – e a garantia do mínimo existencial, o que diz com a tutela jurídica do patrimônio mínimo.

O combate ao fenômeno do superendividamento depende necessariamente da garantia ao devedor de um mínimo vital (*reste à vivre*),[51] determinando que parte dos seus recursos não pode ser afetada ao pagamento dos credores. Isso visa a garantir a conservação de recursos mínimos para a manutenção de necessidades pessoais e familiares básicas (*v.g.* moradia, saúde, lazer, educação, etc.).

Introdução à Hermenêutica Filosófica. São Leopoldo: Unisinos, 1999, p. 193; LAMEGO, José. *Hermenêutica e Jurisprudência*. Lisboa: Fragmentos, 1990, p. 195.

[49] Esta concepção abarca tanto a imprescindível interpenetração e complementação mútua dos pensamentos sistemático e tópico – que denota a necessidade do operador partir das peculiaridades do caso concreto, buscando a solução na sistematicidade construtiva do ordenamento jurídico (MARTINS-COSTA, 2000, p. 80 e 370-371; CANARIS, 1989, p. 272-273; FREITAS, 2002, p. 54) –, quanto os métodos da concreção jurídica (REALE, 1986, p. 6 e 13; MARTINS-COSTA, Judith. O Método da Concreção e a Interpretação dos Contratos: primeiras notas de uma leitura suscita pelo Código Civil. DELGADO, Mário Luiz; ALVES, Jones Figueirêdo (org.). *Novo Código Civil*: questões controvertidas. v. 4, São Paulo: Método, 2005b, p. 137 e 141) e realista de interpretação (DANZ, Erich. *La Interpretación de los Negocios Jurídicos*. 3 ed. Madrid: Editorial Revista de Derecho Privado, 1955, p. 35, 51 e 245), os quais determinam a utilização do postulado normativo das circunstâncias do caso (MARTINS-COSTA, 2005b, p. 141) como "filtro" para a verificação dos efeitos emanados de determinada relação jurídica. A resolução dos conflitos no campo objeto deste estudo depende, portanto, de uma análise que ultrapasse o texto normativo e atinja uma parcela da realidade social, o que implica na necessidade da incorporação de elementos e circunstâncias da realidade às categorias teóricas utilizadas na resolução de conflitos pelo direito. Em termos jurisprudenciais: RE 330834-MA, 1ª Turma, STF, Ministro Ilmar Galvão, DJ 22.11.2002 PP-00069 EMENT VOL-02092-05 PP-00994. Contudo, esta concepção compreende e reconhece as limitações do direito privado como elemento de substantivação da justiça distributiva e da igualdade material. NEGREIROS, 2006, p. 495 e 499-503.

[50] REALE, Miguel. *Teoria e Prática do Direito*: concubinato e sociedade concubinária. São Paulo: Saraiva, 1984, p. 54, 165, 175 e 201; REALE, Miguel. *O Projeto de Código Civil*: situação atual e seus problemas fundamentais. Saraiva, São Paulo, 1986, p. 112; REALE, 1999, p. 54, 60 e 114; REALE, 2002, p. 301.

[51] Tamanha é a importância da preservação de um mínimo existencial que todos os procedimentos legais específicos – e o procedimento francês é exemplo paradigmático – adotam esta garantia. Os patamares mínimos de recursos a ficarem disponibilizados estão delineados na lei francesa: não podem ser inferiores a parte não penhorável do salário (estabelecida no Código do Trabalho Francês) e ao recurso mínimo de inserção (*revenu minimun d'insertion*, que é de aproximadamente 2.700 FF ao mês). Contudo, o montante líquido somente é estabelecido após o parecer da Comissão responsável pelo procedimento, por meio do agente que detém experiência na área de economia social e familiar. PAISANT, 2005a, p. 224; BERTONCELLO; LIMA. 2007, p. 192.

Positivamente,[52] a garantia do mínimo existencial está vinculada (i) à cláusula do Estado Social de Direito,[53] que consagra a dignidade da pessoa humana (artigo 1º, inciso III, da CF/88), (ii) aos objetivos fundamentais da República, que dentre outros são a construção de uma sociedade livre, justa e solidária e a erradicação da pobreza e da marginalização (artigo 3º, incisos I e III, da CF/88), bem como (iii) ao respeito aos demais direitos humanos e aos direitos fundamentais consagrados constitucionalmente.[54]

No plano internacional, importante citar o artigo 25 da Declaração Universal dos Direitos do Homem, aprovada pela Assembleia Geral das Organizações das Nações Unidas (ONU), em 1948:

> Artigo XXV. 1. Toda pessoa tem direito a um padrão de vida capaz de assegurar a si e a sua família saúde e bem-estar, inclusive alimentação, vestuário, habitação, cuidados médicos e os serviços sociais indispensáveis, o direito à segurança, em caso de desemprego, doença, invalidez, viuvez, velhice ou outros casos de perda dos meios de subsistência em circunstâncias fora de seu controle.[55]

Ricardo Lobo Torres entende que embora o mínimo necessário à existência careça de conteúdo específico,[56] deve-se reconhecer que o mesmo se consti-

---

[52] Se na Constituição Federal inexiste dispositivo expresso acerca do mínimo existencial, em um escorço histórico, interessante frisar a redação do artigo 15, § 1º, da Constituição dos Estados Unidos do Brasil de 1946: "Art 15. – Compete à União decretar impostos sobre: (...) § 1º. São isentos do imposto de consumo os artigos que a lei classificar como o mínimo indispensável à habitação, vestuário, alimentação e tratamento médico das pessoas de restrita capacidade econômica". O Projeto de Lei 283/2012, que disciplina a oferta de crédito ao consumidor, determina a preservação do mínimo existencial, em seu artigo 52-A: "Art. 52-A. Nos contratos em que o modo de pagamento da dívida envolva autorização prévia do consumidor pessoa física para débito direto em conta corrente, consignação em folha de pagamento ou qualquer outro modo que implique cessão ou reserva de parte de sua remuneração, a soma das parcelas reservadas para pagamento de dívidas não poderá ser superior a trinta por cento da sua remuneração líquida, preservado o mínimo existencial".

[53] SARLET, Ingo Wolfgang. Direitos fundamentais sociais, mínimo existencial e direito privado: breves notas sobre alguns aspectos da possível eficácia dos direitos sociais nas relações entre particulares. In: SARMENTO, Galdino; GALDINO, Flávio (Org.). Direitos fundamentais. Rio de Janeiro: Renovar, 2006, p. 551-602, p. 566.

[54] TORRES, Ricardo Lobo. A Metamorfose dos Direitos Sociais em Mínimo Existencial. In SARLET, Ingo Wolfgang. Direitos Fundamentais Sociais: estudo de direito constitucional, internacional e comparado. Renovar: Rio de Janeiro, 2003, p. 29-30. A própria instituição do salário mínimo como direito de todos trabalhadores (artigo 7.º, IV, da CF/88) revela o compromisso constitucional com a satisfação das necessidades humanas fundamentais, cabendo citar ainda a instauração do regime da assistência jurídica integral e gratuita pela Defensoria Pública nos artigos 5º, LXXIV e 134, em clara adoção ao conceito de vulnerabilidade organizacional ou hipervulnerabilidade. Infraconstitucionalmente cabe mencionar a tutela do bem de família (Lei 8.009/90) (NEGREIROS, Teresa. Teoria do Contrato: novos paradigmas. Rio de Janeiro: Renovar, 2006, p. 404 e 460); a possibilidade de concessão de assistência judiciária gratuita aos necessitados (Lei 1.060/50); a garantia da obrigação alimentar; a vedação de incidência do imposto de renda sobre o mínimo necessário à sobrevivência do declarante ou sobre as quantias necessárias à subsistência de seus dependentes (TORRES, Ricardo Lobo. O mínimo existencial e os direitos fundamentais. Revista de Direito da Procuradoria Geral do Estado do Rio de Janeiro, n. 42, 1990, p. 69-78, p. 70-71); bem como as inúmeras legislações federais e estaduais que regulamentam limites mensais as consignações facultativas em folha de pagamento com referência a remuneração bruta do servidor, o que visa a "resguardar a natureza da verba alimentar, propiciando a subsistência digna do servidor e de sua família", vindo "ao encontro, e não poderia ser diferente, ao princípio constitucional da dignidade da pessoa humana" (MS 70013336359, rel. Des. Jaime Piterman, 2º Grupo Cível, TJRS, j. 09.06.2006).

[55] A teleologia desta regra foi incorporada na redação do artigo 25, da Constituição do Japão, o qual declara expressamente que "todos terão direito à manutenção de padrão mínimo de subsistência cultural e de saúde". NEGREIROS, 2006, p. 401.

[56] "Carece o mínimo existencial de conteúdo específico. (...) Não é mensurável, por envolver mais os aspectos de qualidade que de quantidade, o que torna difícil estremá-lo, em sua região periférica, do máximo de utilidade (maximum welfare, Nutzenmaximierung), que é o princípio ligado à idéia de justiça e de redistribuição da riqueza social" (TORRES,

tui em um direito pré-constitucional e fundamental.[57] Havendo um direito às condições mínimas de existência humana, que não pode ser alijada por ações estatais[58] – tanto em um viés negativo quanto positivo –,[59] e cuja violação enseja, necessariamente, um juízo de desproporcionalidade e inconstitucionalidade da medida,[60] também há uma vedação da agressão deste núcleo por disposições contratuais privadas, cuja ocorrência legitima prestações estatais positivas, também no âmbito judicial (*v.g.* imposição do dever de renegociação).

Assim, os parâmetros protetivos do mínimo existencial não se exaurem na seara das relações verticais (Estado-indivíduo), avançando suas fronteiras, de molde a resguardar as agressões por ato atribuível ao particular nas relações horizontais (indivíduo-indivíduo). Se a proteção nas relações privadas detém

---

Ricardo Lobo. O Mínimo Existencial e os Direitos Fundamentais. Revista de Direito da Procuradoria Geral do Estado do Rio de Janeiro. n. 42, p. 69-78, 1990, p. 29-30). Embora o delineamento do conteúdo necessário ao mínimo vital escape aos estreitos marcos deste estudo, como antes frisado, na esteira de Ingo Wolfgang Sarlet, salienta-se que *"o conteúdo do mínimo existencial para uma vida digna encontra-se condicionado pelas circunstâncias históricas, geográficas, sociais, econômicas e culturais em cada lugar e momento em que estiver em causa"* (SARLET, Ingo Wolfgang. A Eficácia do Direito Fundamental à Segurança Jurídica: dignidade da pessoa humana, direitos fundamentais e proibição de retrocesso social no direito constitucional brasileiro. Revista Trimestral de Direito Público, v. 39, p. 53-86. 2002, p. 53-86 p. 83), estando sujeito *"às flutuações, não apenas na esfera econômica e financeira, mas também das expectativas e necessidades vigentes"* (SARLET, 2006, p. 566), o que é corroborado por Robert Alexy (ALEXY, Robert. *Teoría de los derechos fundamentales*. Madrid: Centro de Estudios Constitucionales, 1997, p. 488) e por Fernando Facury Scaff, para quem *"o mínimo existencial não é uma categoria universal. Varia de lugar para lugar, mesmo dentro de um mesmo país. É a combinação de capacidades para o exercício de liberdades políticas, civis, econômicas e culturais que determinará este patamar de mínimo existencial. Não são apenas os aspectos econômicos os principais envolvidos"* (SCAFF, Fernando Facury. Reserva do possível, mínimo existencial e direitos humanos. *Revista Interesse Público*, n. 32, 2005, p. 213-226, p. 217). Ricardo Lobo Torres ainda adverte que *"a ONU, principalmente com base nos trabalhos de Amartya Sen, procura estabelecer índices de qualidade de vida, o que pode fornecer balizamentos para o mínimo existencial em diversos países"* (TORRES, 2003, p. 1-46, p. 30-31). Assentados estes pressupostos, merece novamente destaque o pensamento de Ingo Wolfgang Sarlet, no sentido de que a noção de mínimo existencial abrange *"o conjunto de prestações materiais que asseguram a cada indivíduo uma vida com dignidade, que necessariamente só poderá ser uma vida saudável, que corresponda a padrões qualitativos mínimos"*, o que *"abrange bem mais do que a garantia da mera sobrevivência física, não podendo ser restringido, portanto, à noção de um mínimo vital ou a uma noção estritamente liberal de um mínimo suficiente para assegurar o exercício das liberdades fundamentais"* (SARLET, 2002, p. 80), pois *"não deixar alguém sucumbir à fome certamente é o primeiro passo em termos da garantia de um mínimo existencial, mas não é – e muitas vezes não o é sequer de longe – o suficiente"* (SARLET, 2006, p. 567). Nesse sentido, o preceito perpassa diversas áreas do conhecimento jurídico e social, sendo que Michael Kloepfer chega a falar, por exemplo, na existência de um *"mínimo ecológico da existência"* (KLOEPFER, Michael. *Auf dem Weg zum Umweltstaat? Die Umgestaltung des politischen und wirtschaftlichen Systems der Bundesrepublik Deutschland durch den Umweltschutz insbesondere aus rechtswissenschaftlicher Sicht*. Umweltrecht. 3. Aufl. München: Verlag, 2004, p. 10).

[57] TORRES, 2003, p. 6-7.

[58] CANOTILHO, J. J. Gomes. *Direito constitucional e teoria da Constituição*. Coimbra: Almedina, 2001, p. 470; SCAFF, Fernando Facury. Reserva do Possível, Mínimo Existencial e Direitos Humanos. Revista Interesse Público, n. 32, p. 213-226, 2005; SCHULTE, Bernd. Direitos fundamentais, segurança social e proibição de retrocesso. *Revista da Associação dos Juízes do Estado do Rio Grande do Sul (AJURIS)*, n. 99, 2005, p. 262. Nesse sentido o julgamento da ADPF 45 (rel. Min. Celso de Mello, DJ 04.05.2004, n. 00012), onde o STF reconheceu a dimensão política da jurisdição constitucional e a possibilidade de controle judicial de políticas públicas, especialmente quando necessárias à implementação do mínimo existencial. No âmbito dos tribunais estaduais colacionam-se os seguintes precedentes: TJRS: ApCív 70008522393; ApCív 70009999384, AgIn 70011415361, AgIn 70013595269, RN 70009612458; TJMG: AgIn 1.0024.05.749634-1-002; TJRJ: ApCív 2005.001.12974, ApCív 2005.001.44186, ApCív 2005.001.12974, ApCív 2006.001.25393, ApCív 2006.001.32130, ApCív 2006.001.32534, ApCív 2006.001.36143, ApCív 2006.001.13561, AgIn 2006.002.09459, AgIn 2006.002.20363, RN 2005.009.00490.

[59] CANOTILHO, 2001, p. 470; SCAFF, 2005, p. 215; TIPKE, Klaus. *Moral tributaria del estado y de los contribuintes*. Madrid. Marcial Pons, 2002, p. 35 e 59; SCHULTE, 2005, p. 259-279, p. 262.

[60] SARLET, 2002, p. 80 e 82.

mandamento constitucional,[61] em termos de disposições supranacionais, cabe mencionar a Declaração sobre o Direito ao Desenvolvimento, aprovada pela Resolução 41/128 da Assembleia Geral das Nações Unidas, de 04.12.1986, que condiciona o respeito e o resguardo do mínimo existencial também pelos particulares:

> Art. 1º. 1. O direito ao desenvolvimento é um direito humano inalienável em virtude do qual toda pessoa humana e todos os povos estão habilitados a participar do desenvolvimento econômico, social, cultural e político, a ele contribuir e dele desfrutar, no qual todos os direitos humanos e liberdades fundamentais possam ser plenamente realizados; (...).
>
> Art. 2º. 1. A pessoa humana é o sujeito central do desenvolvimento e deveria ser participante ativo e beneficiário do direito ao desenvolvimento; 2. Todos os seres humanos têm responsabilidade pelo desenvolvimento, individual e coletivamente, levando-se em conta a necessidade de pleno respeito aos seus direitos humanos e liberdades fundamentais, bem como seus deveres para com a comunidade, que sozinhos podem assegurar a realização livre e completa do ser humano, e deveriam por isso promover e proteger uma ordem política, social e econômica apropriada para o desenvolvimento.

Ademais, eticamente, é inegável a necessidade dos particulares velarem ou (ao menos) respeitarem o mínimo existencial de seus semelhantes. Hoje é inequívoca a influência dos direitos fundamentais nas relações privadas (teoria da *Drittwirkung*),[62] tendo-se superado as teorias que negam uma vinculação das entidades privadas aos direitos fundamentais,[63] eis que se percebe quase como uma unanimidade doutrinária o reconhecimento deste liame. A jurisprudência vem reconhecendo a incidência do mínimo existencial nas relações privadas tanto por meio da teoria da eficácia imediata ou direta (*Unmittelbare Drittwirkung*)[64] – opção adotada pela 5ª Câmara Cível do TJRS nas decisões do AgIn 2005.002.18558,[65] do AgIn 2006.002.06063,[66] e da

---

[61] Nesse sentido, exemplificativamente, o resguardo mínimo de direitos nas relações empregatícias (artigo 7º), na garantia de defesa do consumidor (artigos 5º, XXXII, e 170, V) e na regra do artigo 170, *caput*, a qual determina que a finalidade da ordem econômica não é outra senão *"assegurar a todos existência digna, conforme os ditames da justiça social"*.

[62] Ingo Wolfgang Sarlet entende ser *"correto afirmar que entre os particulares existe um dever de respeito e consideração (portanto, de não violação) em relação à dignidade e direitos fundamentais de outras pessoas"* (SARLET, 2006, p. 581).

[63] SOMBRA, Thiago Luís Santos. *A Eficácia dos Direitos Fundamentais nas Relações Jurídico-Privadas*: a identificação do contrato como ponto de encontro dos direitos fundamentais. Porto Alegre: Sergio Antonio Fabris Editor, 2004, p. 73. Tamanha é a importância do tema que Ingo Wolfgang Sarlet chega a afirmar que *"a vinculação dos particulares e das entidades privadas em geral aos direitos fundamentais assume a condição de pressuposto para toda a discussão em torno da efetividade (efetividade social) da Constituição"* (SARLET, 2006, p. 580).

[64] A *teoria da eficácia imediata ou direta* (*Unmittelbare Drittwirkung*), formulada por Hans Carl Nipperdey e desenvolvida por Walter Leisner, está lastreada no princípio da supremacia constitucional e da unidade do sistema, apregoando a desnecessidade de quaisquer transformações ou pontes dogmáticas para a aplicação dos direitos fundamentais nas relações privadas, pois aqueles assumiriam diretamente a condição de elemento limitativo do tráfico jurídico-privado e de direitos de defesa oponíveis em desfavor de outros particulares. Assim, esta corrente defende a possibilidade do particular invocar direitos subjetivos fundamentais também perante seus semelhantes (eficácia horizontal), de maneira similar (mas não igual) àquela com que opunha estes preceitos perante o Estado (eficácia vertical).

[65] AgIn 2005.002.18558, rel. Des. Antônio Cesar Siqueira, 5ª Câm. Cív., TJRJ, j. 08.11.2005.

[66] AgIn 2006.002.06063, rel. Des. Antônio Cesar Siqueira, 5ª Câm. Cív. TJRJ, j. 11.07.2006. Neste julgado o Tribunal decidiu que a aplicação da teoria não está, sequer, subsumida a um juízo prévio de legalidade das disposições contratuais: "independentemente da legalidade ou ilegalidade das cláusulas contratuais, à instituição financeira não é possível proceder o desconto da integralidade dos vencimentos percebidos pelo correntista, sob pena de negar-lhe o mínimo para sua sobrevivência, em afronta aos princípios do mínimo existencial e da dignidade da pessoa humana".

ApCív 2006.001.40839[67] – quanto pela teoria da eficácia mediata ou indireta (*Mittelbare Drittwirkung*)[68] – adotada pelo 2º Grupo Cível do TJRS no MS 700013336359[69] e pela 3ª Câmara Cível da mesma corte no julgamento do AgIn 70017472754[70] e da ApCív 70015326994.[71] O STJ também vem reconhecendo a aplicação desta garantia, conforme o REsp. 1.191.195[72] e o AgRg no REsp 1.206.956,[73] onde expressamente mencionada, inclusive, a construção da *"preservação do mínimo existencial, em consonância com o princípio da dignidade humana"*, conforme o que aqui se defende.

Qualquer que seja a via adotada pelo operador jurídico,[74] a teoria é aplicada tanto quando o contrato é o elemento propulsor da ofensa ao mínimo existencial do contratante (momento genético; *v.g.* concessão irresponsável do crédito com sucessivas novações contratuais visando à quitação de uma dívida impagável frente às circunstâncias econômicas do aderente), como quando a simples execução do pacto passa a ofender o mínimo de existência condigna de um dos contraentes (momento funcional). Como refere André Perin, "assim como o devedor tem o dever de pagar, tem o direito de ter resguardada a sua vida digna, e o credor, que tem o direito de receber, tem também o dever de renegociar os créditos que possui com indivíduos falidos".[75]

Para além de sua inequívoca vinculação com a proteção da vida e da dignidade da pessoa humana,[76] cumpre frisar, ainda, que o direito ao mínimo

---

[67] ApCív 2006.001.40839, rel. Des. Antônio Cesar Siqueira, 5ª Câm. Cív., TJRJ, j. 22.08.2006.

[68] A *teoria da eficácia mediata ou indireta* (*Mittelbare Drittwirkung*), criada por Günter Dürig, defende que a vinculação dos particulares aos direitos fundamentais dar-se-ia por intermédio da interpretação e aplicação das cláusulas gerais (*generalklauseln*) e dos conceitos jurídicos indeterminados, a serem previstos no seio da legislação privada, sob a égide da axiologia constitucional, havendo, quando muito, vinculação direta apenas para o legislador jusprivatista. Desta feita, as posições jurídico-subjetivas, reconhecidas ao particular frente ao Estado, não poderiam ser transferidas de modo direto para as relações particulares, mas apenas através de um efeito irradiador mitigado, ou seja, as normas jusfundamentais não seriam diretamente oponíveis, como direitos subjetivos, nas relações entre particulares. Nesse sentido o enunciado n. 23, aprovado na I Jornada de Direito Civil, promovida pelo Centro de Estudos Judiciários do Conselho da Justiça Federal: "a função social do contrato, prevista no artigo 421 do CC/02, não elimina o princípio da autonomia contratual, mas atenua ou reduz o alcance desse princípio quando presentes interesses metaindividuais ou interesse individual relativo à dignidade da pessoa humana".

[69] MS 70013336359, rel. Des. Jaime Piterman, 2º Grupo de Câmaras Cíveis, TJRS, j. 09.06.2006.

[70] AgIn 70017472754, rel. Des. Paulo Vieira Sanseverino, 3ª Câm. Cív., TJRS, j. 31.10.2006.

[71] ApCív 70015326994, rel. Des. Paulo Vieira Sanseverino, 3ª Câm. Cív., TJRS, j. 03.08.2006.

[72] REsp. 1.191.195, Relatora Ministra Nancy Andrighi, Relator para Acordão Ministro Ricardo Villas Bôas Cueva, STJ, 3ª Turma, j. 13.03.2013.

[73] AgRg no REsp 1.206.956/RS, Relator Ministro Paulo de Tarso Sanseverino, STJ, 3ª Turma, julgado em 18/10/2012, DJe 22/10/2012.

[74] Wilson Steinmetz defende que *"a opção por uma ou por outra construção dogmática pode ser definida em cada caso pela funcionalidade em termos de fundamentação da decisão"* (STEINMETZ, Wilson. Direitos fundamentais e relações entre particulares: anotações sobre a teoria dos imperativos de tutela. Revista da Associação dos Juízes do Estado do Rio Grande do Sul (AJURIS), n. 103, set. 2006, p. 341-342). No mesmo sentido o entendimento de Ingo Wolfgang Sarlet, para quem se deve compreender *"o problema da eficácia dos direitos fundamentais no âmbito do Direito Privado (tanto em relação aos atos do Estado, quanto no que diz com os atos de atores privados) como um processo complexo, dialético e dinâmico, incompatível com uma metódica fechada e unilateral"* (SARLET, 2006, p. 582).

[75] SCHMIDT NETO, André Perin. *Revisão dos Contratos com Base no Superendividamento*: do código de defesa do consumidor ao código civil. Curitiba: Juruá, 2012.

[76] SARLET, 2006, p. 572; TORRES, 1990, p. 71-72. Parece inegável o alcance da proteção do mínimo existencial também no que respeita aos direitos sociais, conforme reconhecido pelo Tribunal Constitucional Portu-

existencial encontra fundamento filosófico e axiológico nas condições para o exercício da liberdade.[77] Como se sabe, a liberdade só é real e efetiva quando se possuem as condições para seu exercício, o que não se vincula apenas a um sistema econômico de mercado, mas também à possibilidade de efetivo exercício de liberdades públicas e, portanto, políticas.[78] Robert Alexy aponta com propriedade que *"a liberdade jurídica para fazer ou deixar de fazer algo, sem a existência de liberdade fática ou real, carece de qualquer valor"*,[79] razão pela qual a possibilidade de exercício de qualquer liberdade jurídica depende da possibilidade de exercício da liberdade real, o que é garantido por meio dos direitos fundamentais e de condições fáticas de exercício desta liberdade.[80] Dito de outra forma, o asfixia econômica advinda do superendividamento dilapida qualquer possibilidade de exercício da liberdade por parte do superendividado.[81]

---

guês (acórdão 509/2002, oriundo do processo 768/2002, j. 19.12.2002): *"no âmbito da concretização dos direitos sociais o legislador dispõe de ampla liberdade de conformação, podendo decidir a respeito dos instrumentos e sobre o montante dos benefícios sociais a serem prestados, sob pressuposto de que, em qualquer caso a escolha legislativa assegure, com um mínimo de eficácia jurídica, a garantia do direito a um mínimo de existência condigna para todos os casos"* (SARLET, 2002, p. 82). O próprio Ricardo Lobo Torres, que detém posição restritiva (TORRES, 1990, p. 70), acabou defendendo o enquadramento dos direitos sociais como fundamentais em se tratando de casos envolvendo o mínimo existencial do seres humanos: *"os direitos à alimentação, saúde e educação, embora não sejam originariamente fundamentais, adquirem o status daqueles no que concerne à parcela mínima sem a qual o homem não sobrevive"* (TORRES, 1995, p. 129). Cabe mencionar a lição de Ingo Wolfgang Sarlet: *"(...) este conjunto de prestações básicas não poderá ser suprimido ou reduzido (para aquém do seu conteúdo com dignidade da pessoa) nem mesmo mediante ressalva dos direitos adquiridos, já que afetar o cerne material da dignidade da pessoa (na sua dupla dimensão positiva e negativa) continuará sempre sendo uma violação injustificável do valor (e princípio) máximo da ordem jurídica e social. (...) não se poderá olvidar jamais que uma violação do mínimo existencial (mesmo em se cuidando do núcleo essencial legislativamente concretizado dos direitos sociais) significará sempre uma violação da dignidade da pessoa humana e por esta razão será sempre desproporcional e, portanto, inconstitucional"* (SARLET, 2002, p. 80 e 82)..

[77] TORRES, 2003, p. 6-7. Salienta Ricardo Lobo Torres que *"a liberdade de viver debaixo da ponte (...) não é liberdade"* (TORRES, 1990, p. 69) e Amartya Sen que "não comer por desejo de fazer jejum ou emagrecer é uma opção de quem pode comer; não comer por falta de alimento não decorre de uma opção da pessoa, mas de falta de capacidade (condições) de fazê-lo" (SEN, Amartya. *Desenvolvimento como liberdade*. 3. ed. São Paulo: Companhia das Letras, 2000, p. 10).

[78] SEN, 2000, p. 41-43.

[79] ALEXY, 1997, p. 486-487.

[80] SCAFF, 2005, p. 218.

[81] Deve-se reconhecer que o princípio da liberdade contratual é um direito fundamental implícito, em face da enumeração aberta do texto constitucional (artigo 5º, § 2º, da CF/88 (MIRANDA, Jorge. *Manual de direito constitucional*. v. 2, 2. ed. Coimbra: Coimbra, 1988, p. 152 e 216), e de sua representação por meio do princípio da livre iniciativa (artigo 1º da CF/88) e da liberdade econômica (artigo 170 da CF/88) (SILVA, Luis Renato Ferreira da. *Revisão dos contratos*: do Código Civil ao Código do Consumidor. Rio de Janeiro: Forense, 2001, p. 22). Isso traz à tona toda uma gama de possibilidades hermenêuticas, em face da colocação deste preceito basilar do direito contratual no diálogo de inter-relação das fontes axiológicas da Constituição. A interpretação e a verificação de validade e de comutatividade das disposições contratuais contemplaria limitações e diretrizes travadas e concebidas no diálogo das fontes da própria Constituição, e não somente nas regras de interpretação contidas na legislação privada ou na relação destas com as disposições do texto constitucional. Nesse contexto, uma pretensa violação aos direitos fundamentais (*v.g.* mínimo existencial) por uma determinada disposição contratual poderia ser concebida não apenas como uma violação direta aos preceitos de ordem fundamental, mas também como uma violação destes em face de sua prevalência no caso concreto, em detrimento do então princípio fundamental da liberdade contratual. Claudia Lima Marques, valendo-se dos ensinamentos de Schwabe, chega a afirmar ser o contrato um verdadeiro "ponto de encontro dos direitos fundamentais", defendendo que "a nova concepção mais social do contrato o visualizaria – ou revisitaria – como uma instituição jurídica flexível, que é hoje ponto de encontro de direitos constitucionais dos sujeitos envolvidos" (MARQUES, 2002, p. 210-211). Exemplo jurisprudencial bastante elucidativo é apresentado pelo Min. Joaquim Barbosa Gomes, da lavra do Conselho de Estado da França (*RDP* 1996/564), que interditou espetáculo que *promovia "um inusitado certame conhecido como 'arremesso de anão'* (lancer de nain), *consistente em transformar um indivíduo de pequena estatura (um anão) em projétil a ser arremessado pela platéia de um ponto a outro da casa de diversão"* por ofensa à dignidade da pessoa humana. Ainda nas palavras do Min. Joaquim

Não obstante o que aqui foi desenvolvido, grande contribuição do resguardo do mínimo existencial ainda surge quando enfocadas suas potencialidades hermenêuticas, o que se passa a declinar.

B – Paradigma da essencialidade

A Constituição Federal hierarquiza as necessidades humanas.[82] Buscando uma superação do enfoque patrimonialista do direito privado brasileiro pela primazia dos valores e interesses existenciais,[83] e considerando a unidade do sistema jurídico,[84] Teresa Negreiros entende que no direito civil seria aplicável uma classificação tripartida de bens em essenciais, úteis e supérfluos, conforme sua destinação em relação à pessoa.[85]

Efetuada essa classificação sob uma perspectiva civil-constitucional, cabe verificar a possibilidade de sua utilização como fator de diferenciação dos contratos e dos regimes jurídicos a estes aplicáveis, que tenham por objeto a aquisição e/ou utilização dos bens contratados,[86] pois como adverte Luiz Edson Fachin, *"o conceito de necessidade pode (e deve) migrar de uma conformação meramente formal para uma expressão econômica e social"*.[87]

Nessa perspectiva, compete ao operador diferenciar os pactos que contenham interesses extrapatrimoniais daqueles em que as obrigações assumidas sirvam unicamente para a satisfação de interesses patrimoniais. E mais. Cumpre distinguir as situações patrimoniais qualificadas em função da utilização

---

Barbosa, *"essa decisão caracteriza, em primeiro lugar, uma limitação clara à liberdade individual e à liberdade de iniciativa, mais conhecida naquele país como* 'liberté du commerce et de l'industrie'" (GOMES, Joaquim B. Barbosa. O poder de polícia e o princípio da dignidade da pessoa humana na jurisprudência francesa. Disponível em: <http://www.artnet.com.br/~lgm/down6.doc> Acesso em: 22.08.2006, [s.d.], p. 1-2 e 6).

[82] Exemplificativamente, menciona-se que a essencialidade de certos produtos é considerada parâmetro de tributação (artigos 153, IV, § 3º, I e 155, § 2º, III, da CF/88).

[83] Assim como a tutela da dignidade da pessoa humana não se contrapõe à tutela do patrimônio, salienta Teresa Negreiros que a hierarquia estabelecida entre situação existencial e patrimonial (com prevalência daquela) não pressupõe, necessariamente, uma relação dicotômica, tanto que certos bens patrimoniais integram o substrato da realização existencial, criando um campo de intersecção entre as esferas (NEGREIROS, 2006, p. 462). No mesmo sentido, Luiz Edson Fachin refere que *"a pessoa, e não o patrimônio, é o centro do sistema jurídico, de modo que se possibilite a mais ampla tutela da pessoa, em uma perspectiva solidarista que se afasta do individualismo que condena o homem à abstração"* (FACHIN, Luiz Edson. *Estatuto Jurídico do Patrimônio Mínimo*. Rio de Janeiro: Renovar, 2000, p. 42). A teoria proposta reflete não apenas uma tendência metodológica, mas também a preocupação com a construção de um sistema jurídico sensível aos problemas e desafios da sociedade contemporânea, entre os quais seguramente está o de *"dispor de um direito contratual que, além de estampar operações econômicas, seja primordialmente voltado à promoção da dignidade da pessoa humana"* (MATTIETTO, Leonardo. O Direito Civil Constitucional e a Nova Teoria dos Contratos. *In:* TEPEDINO; Gustavo (org.) *Problemas de Direito Civil-Constitucional*. São Paulo: Renovar, p. 163-186, 2000, p. 163-164).

[84] REALE, 2002, p. 63; BOBBIO, 1997, p. 48; FREITAS, 2002, p. 154; LARENZ, 1989, p. 20.

[85] Em face dos argumentos expedidos surge a seguinte questão: como hierarquizar as necessidades humanas, inexistindo um rol descritivo, por impossível uma lista exaustiva e imutável? Ruth Zimmerling propõe que as necessidades básicas se constituiriam em um instrumento para a satisfação de uma finalidade não contingente e que se explica por si mesma (não necessitando da pergunta e para que o sujeito "A" quer o bem "B"?), diferenciando, assim, as finalidades instrumentais das categóricas (que dizem com a dignidade da pessoa como tal). Enfocando o dano provocado pelo fato de não serem satisfeitas, Javier de Lucas e María José Añon entendem que são básicas as necessidades cujo não atendimento provoca graves danos à pessoa necessitada. NEGREIROS, 2006, p. 466-468.

[86] NEGREIROS, 2006, p. 406, 420-423 e 459-461.

[87] FACHIN, 2000, p. 187-188.

existencial do bem contratado, ou seja, em razão do grau de imprescindibilidade da sua aquisição ou utilização pessoal para a conservação de um padrão mínimo de dignidade de quem dele necessita, aumentando a intervenção legislativa e judicial (inferências estatais na autonomia privada e no domínio econômico), conforme o grau de utilidade existencial atribuído ao bem contratado.[88] Exatamente esta a questão afeta à proteção do superendividado.

Para além da tentativa de tornar o direito civil contratual mais permeável às discussões de cunho social, alçando o direito a uma vida digna à condição de necessário parâmetro de interpretação e de aplicação das normas privatistas e contratuais, a teoria ora enfrentada também serve para explicitar e sistematizar um fundamento decisório[89] que já vem sendo acolhido pelos tribunais pátrios, validando e dando mais previsibilidade e segurança aos julgados. Nesse sentido: Resp 635.871 e AgIn 70014424121.[90]

O paradigma da essencialidade também permite desvelar o poder negocial das partes contratantes,[91] pois o aumento da essencialidade do bem contratado inquestionavelmente alarga a capacidade de imposição do fornecedor (*machtposition*) e a vulnerabilidade do consumidor. Esta construção resta contemplada legislativamente quando o Código Civil reconhece a "necessidade" como elemento fundante de uma relação de poder nos institutos do estado de perigo (artigo 156 do CC/02) e da lesão (artigo 157 do CC/02), e quando o CDC estabelece o mesmo critério nos artigos 6º, VIII; 39, IV; e 51, § 1º, III.

Assim, os pactos subsumidos a condição de essencialidade e as situações de superendividamento estão sujeitos a uma disciplina legal de índole tutelar, mitigando os efeitos da mora e do inadimplemento por parte do consumidor, resguardando-o de cláusulas resolutivas tácitas (extinção do pacto somente após interpelação judicial) e da aplicação direta dos efeitos da teoria da *exceptio non adimplendi contractus* (artigo 476 do CC/02).[92]

Essa diferenciação de situações e sujeitos no contexto do superendividamento, por intermédio do arcabouço teórico aqui proposto, permite reconhe-

---

[88] NEGREIROS, 2006, p. 461-463.
[89] NEGREIROS, 2006, p. 503.
[90] REsp 635.871/SP, Relator Ministro Luiz Fux, 1ª Turma, STJ, DJ 27.09.2004, p. 271; AgIn 70014424121, Relator Des. Paulo de Tarso Vieira Sanseverino, 3ª Câm. Cív., TJRS, j. 27.04.2006.
[91] NEGREIROS, 2006, p. 463.
[92] NEGREIROS, 2006, p. 484-485. Como adverte Teresa Negreiros, a proposta não constitui alternativa a sistemática do Código de Defesa do Consumidor, pois longe de ser um limite, esta legislação constitui uma inspiração para o estabelecimento e aprofundamento do paradigma da essencialidade. Se em uma análise apressada a relevância desta teoria pareça restrita às hipóteses de inaplicabilidade do sistema de proteção consumerista, fundamentando a extensão do regime tutelar (ex. negócios efetuados pelo consumidor com seus pares que contribuem para o agravamento da situação de superendividamento), cabe frisar que existem inúmeras potencialidades no próprio âmbito das relações de consumo, desvelando a relevância jurídica de que se revestem certas diferenças existentes entre os consumidores, dando ênfase normativa aos particularismos surgidos da análise concreta da relação contratual em causa (NEGREIROS, 2006, p. 488-490). A autora segue referindo que *"acima de tudo, a relevância do paradigma da essencialidade está na função que lhe será eventualmente reservada no futuro. Referimo-nos, especificamente, à probabilidade de, num futuro mais ou menos próximo, se consolidarem os movimentos que, na esteira do liberalismo econômico, venham a revigorar o liberalismo jurídico. A classificação dos contratos em função da utilidade existencial do bem contratado poderá, nesta hipótese, servir como uma espécie de trincheira, atrás da qual sejam resguardadas as conquistas advindas da socialização do contrato em face das pressões liberalizantes trazidas pela retórica da globalização"* (NEGREIROS, 2006, p. 492-493).

cer com maior facilidade os problemas e a vulnerabilidade da parte no plano fático, criando uma linha de argumentação segura para o operador jurídico. Ao centrar as teorias aqui apresentadas na órbita do objeto de estudo, encontra-se uma proteção maximizada do consumidor superendividado, tanto pelo encontro de fundamentos teóricos capazes de alcançar a garantia do mínimo vital (*reste à vivre*),[93] quanto pela possibilidade de potencializar a proteção tutelar do CDC.

C – Dever de Cooperação e Solidariedade Social: princípios da boa-fé objetiva e da função social do contrato

Defende Claudia Lima Marques que o princípio da boa-fé objetiva leva à existência de um dever de cooperar dos fornecedores para evitar a ruína dos consumidores, sendo que a doutrina europeia manifesta-se pela incidência do princípio da igualdade no direito privado, estando construindo a existência de um dever geral de renegociação nos contratos de longa duração.[94] Esta possibilidade vem alicerçada tanto na concepção cooperativa do vínculo obrigacional, na qual a boa-fé objetiva é concebida como um dever de consideração para com os interesses do *alter*, significando uma atuação refletida e refletindo os interesses do parceiro contratual,[95] quanto nas atuais funções do preceito. Nesse sentido a noção do vínculo obrigacional como processo.[96]

Para além da concepção clássica da boa-fé objetiva como instrumento capaz de medir ou guiar a conduta das partes – quando o preceito se apresenta como cânone interpretativo (artigo 113 do CC/02), elemento limitador ao exercício de direitos subjetivos (*schranken bzw. kontrollfunktion*) (artigo 187 do CC/02) e fonte de deveres anexos (*pflichtenbegrundende funktion*) (artigo 422 do CC/02) –, a doutrina germânica contempla uma dupla função da norma, que assume o papel de instrumento de decisão e de valoração judicial (medida da decisão).

Nesse perspectiva a boa-fé apresenta como função potencializada a complementação ou concretização da relação (*ergänzungsfunktion*), que é mais do que a função interpretativa, pois permite ao julgador visualizar, por meio do preceito, quais são os direitos e deveres decorrentes da relação contratual intrinsecamente considerada. Ademais, esta perspectiva traduz a função de correção e adaptação em caso de mudança das circunstâncias (*korrenkturfunktion*),

---

[93] Embora a análise sempre dependa de um viés tópico e particularizado, em termos numéricos Rosângela Lunardelli Cavallazzi sugere o resguardo de no mínimo 20% da renda familiar. CAVALLAZZI, 2006, p. 389.
[94] MARQUES, 2002, p. 210-211 e MARQUES, 2005, p. 19-20.
[95] SILVA, 1976, p. 29 e MARQUES, 2002, p. 50.
[96] A concepção da *obrigação como processo*, que foi suscitada por Karl Larenz e desenvolvida nacionalmente por Clóvis do Couto e Silva, entende a relação obrigacional como um sistema de processos, cuja unidade não se esgota na soma dos elementos que a compõem, alcançando o conceito jurídico na condição de totalidade orgânica de cooperação, onde credor e devedor não ocupam mais posições antagônicas, e que se encadeia e se desdobra, temporariamente, em direção ao adimplemento (à satisfação dos interesses do credor), o que atrai e polariza a obrigação, abrangendo *"todos os direitos, inclusive os formativos, pretensões e ações, deveres (principais e secundários dependentes e independentes), obrigações, exceções, e ainda posições jurídicas"* (SILVA, 1976, p. 5).

permitindo ao julgador impor deveres de renegociação ou adaptar e modificar o conteúdo do contrato, visando a sua manutenção, apesar da eventual quebra da base objetiva do negócio.[97] Por fim, resta autorizado pela doutrina germânica a decisão por equidade (*ermächtigungsfunktion*), pois a concreção da cláusula geral passa pela participação ativa do julgador, que não pode escapar à tópica e à equidade contratual, originando um verdadeiro direito à equidade (*billigkeitsrecht*).[98] Esta perspectiva não é estranha à proteção do consumidor em nível nacional, posto que o CDC, contrariando a regra impeditiva do artigo 127 do CPC, expressamente permite o julgamento por equidade em seu artigo 7º.

Assim, sempre que exista a quebra da base objetiva do negócio (*wegfall der geschäftsgrundlage*) e a onerosidade daí resultante, haveria uma espécie de dever *ipso iure* – ou no mínimo um ônus (o *obligenheit* alemão ou o *incombance* suíço)[99] – de adaptação (*ipso jure anpassungspflicht*) ou de renegociação (*neuverhandlungspflicht*) do contrato.

Complementarmente se apresenta a ideia de solidariedade social, ínsita no princípio da função social dos contratos (artigos 421 e 2.035, parágrafo único, do CC/02), a qual surge não somente como preceito qualificador dos efeitos extraídos da boa-fé objetiva[100] – o que remete a uma distinção de intensidade quanto aos deveres já impostos pelo artigo 422 do CC/02 (*v.g.* aplicação de tais efeitos perante terceiros), especialmente nos contratos essenciais, de longa duração ou que apresentam uma maior relevância social (ex. massificados e de serviços públicos) –, mas principalmente como elemento fundante de novos deveres, independentes e autônomos.

Como salienta Judith Martins-Costa,[101] em uma perspectiva estrutural e funcional, a função social se apresenta, primeiramente, como *princípio geral do direito contratual*, que se encontra em constante relação de complementação e

---

[97] Este também parece ser o entendimento de Christoph Fabian quando o autor ressalva que a boa-fé possui a função de *"corrigir uma obrigação insuportável"*. FABIAN, Christoph. *O dever de informar no direito civil*. São Paulo: RT, 2002, p. 61.

[98] MARQUES, 2002, p. 54-58.

[99] Conforme adverte Vera Fradera, o termo *obligenheit* surgiu no direito alemão no âmbito do direito dos seguros, tendo o sentido de um dever de menor intensidade (FRADERA, Vera Maria Jacob de. Enunciado: o credor poder ser instando a mitigar o próprio prejuízo. In: AGUIAR JUNIOR, Ruy Rosado (Org.) *Jornada de direito civil*. Brasília: Conselho da Justiça Federal, p. 168-178, 2005, p. 163). Christoph Fabian acentua que a *obligenheit* é uma exigência derivada do interesse da pessoa, sendo característico que o sistema jurídico não preveja um direito à indenização, mas apenas uma sanção de natureza leve, como, por exemplo, a perda de uma posição jurídica favorável (*v.g.* perda da proteção securitária em razão da omissão de doenças preexistentes) (FABIAN, 2002, p. 53-54).

[100] Indubitável a necessidade de se diferenciar o campo de aplicação da função social dos contratos daquele ocupado pela boa-fé objetiva, a fim de que não se esvazie o conteúdo daquele preceito. Quando o legislador optou por positivar estes cânones em dispositivos diversos, indicou claramente a existência de disparidades no plano teórico e prático. Jorge Cesa Ferreira da Silva apresenta importante linha distintiva ao sustentar que enquanto a boa-fé objetiva detém uma normatividade endógena, o princípio da função social detém uma funcionalidade exógena (FERREIRA DA SILVA, Jorge Cesa. Princípios de direito das obrigações no novo Código Civil. In: SARLET, Ingo Wolfgang (org.). *O novo Código Civil e a Constituição*. Porto Alegre: Livraria do Advogado, 2003, p. 107-115).

[101] MARTINS-COSTA, Judith. Novas Reflexões Sobre o Princípio da Função Social dos Contratos. *Estudos de Direito do Consumidor*: separata. n. 7, Coimbra: Faculdade de Direito de Coimbra, 2005a., p. 53, 64, 74-75, 78-79 e 107.

restrição recíproca[102] com os demais preceitos, surgindo deste hipercomplexo amálgama axiológico[103] a necessidade de uma autonomia solidária[104] – exercida de forma ordenada, mas não subordinada, ao bem comum –, a qual acaba por sepultar a concepção voluntarista da autonomia da vontade[105] presente nos códigos oitocentistas. O preceito atua, ainda, como *limite (externo) a liberdade de contratar*, o que diz com a imposição de deveres negativos (além daqueles cominados na lei) e na repreensão de condutas que expressam a supremacia injustificada de poder (*machtposition*) capaz de desvirtuar a finalidade econômico-social do negócio. Ademais, age como *fundamento (interno) da liberdade de contratar*, integrando constitutivamente o modo de exercício do direito subjetivo e impondo o reconhecimento de que toda relação contratual possui tanto uma dimensão intersubjetiva quanto trans-subjetiva (p.ex. tutela externa do crédito,[106] interdependência funcional de contratos[107] e extensão da eficácia do

---

[102] CANARIS, 1989, p. 92-93; LARENZ, 1989, p. 200 e 413.

[103] Seguindo Antônio Junqueira de Azevedo, salienta Eugênio Facchini Neto existir uma hipercomplexidade axiológica no direito contratual moderno, pois os princípios clássicos (autonomia privada, obrigatoriedade do contrato e relatividade das convenções), galgados em uma concepção individualista e meramente formal dos valores liberdade e igualdade – paradigma kantiano da convivência da liberdade-responsabilidade, sendo esta decorrência daquela (SILVA, 2001, p. 11) –, passam a conviver com os princípios da boa-fé objetiva, da função social do contrato e do equilíbrio e da justiça contratual. Enquanto aqueles preceitos estão assentados no valor "liberdade", estes novos buscam resgatar a importância do valor "igualdade" por meio do seguinte paradoxo, que visa compatibilizar a existência individual do ser humano com a sua natureza essencialmente social: efetivação de limitações legais à liberdade (dirigismo) para restabelecer a real liberdade social de contratar, objetivando alcançar o binômio justiça-eficiência. (FACCHINI NETO, Eugênio. A função social do direito privado. *Revista Jurídica*, n. 349. Porto Alegre: Notadez, nov. 2006, p. 53-92, p. 61, 64-65 e 67).

[104] MARTINS-COSTA, 2005a, p. 58. Luis Renato Ferreira da Silva entende que quando o artigo 3.º, I, da CF/88, instituiu como objetivo fundamental da República a construção de uma sociedade livre, justa e solidária, colocou em xeque o dogma oitocentista da autonomia de vontade, impondo o reconhecimento de reflexos externos na relação contratual. Nesse viés, a função social se constituiria em uma forma de concretização do objetivo constitucional da solidariedade social, havendo uma relação substancial entre o artigo 421 do CC/02, e o artigo 3º, I, da CF/88 (SILVA, 2003, p. 129-132 e 148 e MARTINS-COSTA, 2005a, p. 51). Ricardo Lobo Torres entende que *"a solidariedade pode ser visualizada ao mesmo tempo como valor ético e como princípio positivado nas Constituições. É, sobretudo, uma obrigação moral ou um dever jurídico. Mas, em virtude da correspectividade entre deveres e direitos, informa e vincula a liberdade e a justiça"* (TORRES, 2003, p. 9-10). Nesse contexto, menciono a norma narrativa do artigo 5º do Decreto-Lei 4.657/42 (LICC): "Na aplicação da lei, o juiz atenderá aos fins sociais a que ela se dirige e às exigências do bem comum".

[105] Judith Martins-Costa e Jorge Cesa Ferreira da Silva distinguem as expressões "autonomia privada" e "autonomia da vontade". Enquanto nessa a ênfase se dá no termo "vontade", indicando a mais conspícua manifestação do voluntarismo voltado à subjetividade e a psicologia do consenso, naquela expressão o peso está no vocábulo "autonomia", dizendo com o poder jurídico de autodeterminação do indivíduo na ordem econômica e na concessão de força normativa as decisões individuais (o que não se restringe à atividade negocial) (MARTINS-COSTA, 2005a, p. 59-60; MARTINS-COSTA, 2005b, p. 131; FERREIRA DA SILVA, 2003, p. 110-111).

[106] Acerca da tutela externa do crédito vide: AZEVEDO, Antônio Junqueira de. Princípios do novo direito contratual e desregulamentação de mercado, direito nas relações contratuais de fornecimento, função social do contrato e responsabilidade aquiliana do terceiro que contribui para o inadimplemento contratual. *RT*, n. 750, abr. 1998, p. 113-120; SILVA, Luis Renato Ferreira da. A função social do contrato no novo Código Civil e sua conexão com a solidariedade social. In: SARLET, Ingo Wolfgang. *O novo Código Civil e a Constituição*. Porto Alegre: Livraria do Advogado, 2003; bem como MARTINS-COSTA, 2005a, p. 98-102, que traz o *leading case* Pennzoil vs. Texaco.

[107] Sobre o fenômeno das redes de contratos: ENNECCERUS, Ludwig; KIPP, Theodor; WOLFF, Martin. *Tratado de derecho civil*. Parte general. t. I, v. 2. Barcelona: Bosch, 1954; LORENZETTI, Ricardo Luis. Esquema de uma teoria sistemica del contrato. *Revista de Direito do Consumidor*, n. 33, São Paulo: Revista dos Tribunais, p. 51-77, jan.-mar. 2000; LORENZETTI, Ricardo Luis. Redes contractuales: conceptualización jurídica, relaciones internas de colaboracion, efectos frente a terceiros. *Revista de Direito do Consumidor*, n. 28, out.-dez. 1998,

pacto a terceiros não determinados),[108] o que impõe a incidência dos deveres de proteção (*Schutzpflichten* de Stoll) ou laterais (*Nebenpflicthen* de Esser).[109]

Assim, seu conteúdo implica a "mitigação" do princípio da relatividade dos pactos[110] (novo *status* ao terceiro que sofre as consequências do inadimplemento ou que contribui para a sua ocorrência) e, interpretativamente, impõe a amenização da ideia de vinculatividade dos contratos, determinando uma busca pela igualdade contratual e equilíbrio do pacto, bem como pela superação do sentido unilateral de proteção dos interesses do credor, instituindo novas hipóteses de revisão e renegociação e o surgimento de um direito subjetivo à manutenção dos contratos essenciais, impondo uma visão solidarista e cooperativa da relação contratual.[111] Nesse sentido, a lição de Bruno Miragem:

> (...) a função social do contrato ilumina o raciocínio e o procedimento de tomada de decisão do juiz no exame da conduta dos contratantes assim como seu resultado (adimplemento ou inadimplemento do contrato). Neste aspecto, a função social poderá informar o juiz, tanto na identificação da necessidade de conservação do contrato – e a partir disso determinar aos esforços de integração do juiz a finalidade de mantê-lo –, quanto na possibilidade de, em certos casos, promover a revisão dos termos do contrato.[112]
>
> Parece clara a tendência à funcionalização do instituto do contrato, pois o reconhecimento jurídico da validade do pacto depende do cumprimento de determinada função, detendo a autonomia privada, atualmente, uma natureza de verdadeiro poder-dever.[113] Nessa seara, defende Luis Renato

---

p. 22-58; LORENZETTI, Ricardo Luis. *Tratado de los contratos*. Buenos Aires: Rubinzal-Culzoni, 1999; MACEDO JÚNIOR, Ronaldo Porto. *Contratos Relacionais e Direito do Consumidor*. São Paulo: Max Limonad, 1999; MARQUES, 2002; MOSSET ITURRASPE, Jorge. *Contratos conexos*: grupos y redes de contratos. Buenos Aires: Rubinzal-Culzoni, 1999.

[108] Esta circunstância diz, exemplificativamente, com a defesa do meio ambiente (KLOEPFER, 2004) e a proteção da livre concorrência, em que são impostos deveres positivos de prevenção e de promoção dos bens que são tutelados constitucionalmente (MARTINS-COSTA, 2005, p. 104-105).

[109] Estas espécies não estão orientadas para o cumprimento do dever principal de prestação (como os deveres secundários ou acessórios), mas sim para a conservação dos bens patrimoniais ou pessoais que podem vir a ser afetados pela conexão com o contrato.

[110] Não obstante a expressão "mitigação" esteja consagrada na doutrina (FACCHINI NETO, 2006, p. 73), deve-se salientar, na esteira de Judith Martins-Costa, que uma correta conceituação dos campos de atuação dos princípios indica que a função social não atinge o preceito da relatividade dos contratos, o que é demonstrado com a distinção existente entre "deveres de prestação" e "deveres de proteção ou laterais" e entre "contrato" e "relação contratual". Enquanto essa diz com as normas derivadas do negócio jurídico concernente as partes contratantes, dizendo com os deveres de prestação, o "contrato" deve ser reconhecido como "fato social" que atinge não somente os contraentes, mas também terceiros, determinados ou não, impondo deveres laterais ou de proteção. *"Portanto, considerado o espaço que lhe é próprio, o princípio da relatividade não pode ser 'relativizado' seja para impor a terceiros deveres de prestação, seja para permitir que terceiros, que não são parte, realizem declarações com eficácia de vinculabilidade negocial"* (MARTINS-COSTA, 2005a, p. 79 e 81).

[111] SILVA, 2003, p. 138; MIRAGEM, 2005, p. 30-33. Luis Renato Ferreira da Silva sustenta que *"dentro da relação contratual (...) atua a idéia de cooperação por intermédio do princípio da boa-fé (...) já os reflexos externos das relações contratuais, ou seja, as relações contratuais enquanto fatos que se inserem no mundo de relações econômicas e sociais (...) impõe um comportamento solidário, cooperativo, que é atuado pela idéia de função social no exercício da liberdade contratual"* (SILVA, 2003, p. 133).

[112] MIRAGEM, 2005, p. 31.

[113] SILVA, 2003, p. 136-137. A noção de poder-função diz com o entendimento do instituto como uma prerrogativa que não está voltada apenas para os interesses individuais do titular, mas também para os interesses coletivos, cujos fins se impõe à vontade. O indivíduo perde como tal, mas ganha como membro da comunidade, pois se desvinculam os problemas de interpretação do domínio do dogma da vontade, passando a tratá-los como conflitos de valores entre a tutela do indivíduo e a proteção do tráfico jurídico (SILVA, 2001, p. 32). Refere Francisco dos Santos Amaral Neto que *"o exercício da autonomia privada é uma questão de exercício de poder, dentro dos limites e na esfera de competência que o ordenamento jurídico estabelece.*

Ferreira da Silva que o contrato cumpre a sua função quando permite a manutenção de trocas econômicas (circulação de riquezas) livremente estabelecidas,[114] o que importa conjugar o aspecto utilitarista (maximização das oportunidades econômicas) com um aspecto ético (comportamento médio de oportunidades e vantagens recíprocas). Nesse sentido, para o autor, somente haveria o cumprimento da função social quando ambas as partes (bilateralidade da relação) *"retirem vantagens em condições paritárias, ou seja, enquanto houver uma equação de utilidade e justiça nas relações contratuais"*. Importante a transcrição da lição de Luis Renato Ferreira da Silva:

No momento em que se perde a comutatividade que a relação contratual pressupõe para manter-se justa, faz-se mister uma revisão dos seus termos para que não se privilegie o desfazimento.

Quero dizer que, se um contrato ficar muito desproporcional na relação entre prestação e contraprestação, tornando-se excessivamente oneroso para alguma das partes, certamente ocorrerá o inadimplemento. Como não interessa, dada a inserção no meio econômico das relações contratuais, que haja a descontinuidade dos contratos, senão que se quer mantê-los (...), o caminho da revisão contratual se abre.

(...) a vinculatividade absoluta pode acarretar a inutilidade e/ou injustiça na relação contratual, fazendo-se necessário proceder à revisão do contrato para com isso propiciar a sua manutenção, finalidade também oriunda da função social, pois impõe aos contratantes pensarem na viabilidade do projeto contratual mais do que nas eventuais vantagens individuais excessivas que possam ter.[115]

O Ministro José Delgado afirma a potencialidade do preceito em exame como fator de imputação da renegociação ou ruptura do pacto ao sustentar que *"o juiz pode, em decorrência da aplicação do princípio da função social do contrato, emitir sentença: (...) reduzindo a prestação de uma das partes quando entender que, em razão de situação econômica comprovada, está exagerada ou desproporcional"*.[116]

Por outro prisma, aponta Bruno Miragem que a função social serviria como elemento maximizador das hipóteses legais que permitem a anulação do negócio ou a revisão do pactuado – flexibilizando e/ou atenuando expressões legais como "imprevisíveis e extraordinários" ou "fatos supervenientes" –, a partir de uma quantificação, pelo operador, da análise tópica do indivíduo situado, da necessidade de equilíbrio do pacto, da relevância social do contrato

---

Ora, o problema da autonomia privada, na sua existência e eficácia, é apenas um problema de limites" (AMARAL NETO, Francisco dos Santos. A autonomia privada como princípio fundamental da ordem jurídica: perspectivas estrutural e funcional. *Revista de Informação Legislativa*, n. 102. Brasília: Senado Federal, abr.-jun. 1989, p. 207-230, p. 215).

[114] Embora a conhecida construção de que o contrato se caracteriza como a veste jurídica de uma operação econômica, Enzo Roppo suscita, ainda, que *"falar de contrato significa sempre remeter – explícita ou implicitamente, direta ou mediatamente – para a idéia de operação econômica"* (ROPPO, Enzo. *O contrato*. Coimbra: Almedina, 1988, p. 8 e 23). Judith Martins-Costa indica que não são desconectadas as ideias de "função social" e "função econômica" dos contratos, pois embora a "causa função" (esta suscitada por Betti) não se confunda com o princípio da função social, é um de seus elementos de concreção (MARTINS-COSTA, 2005a, p. 50).

[115] SILVA, 2003, p. 145 e 149.

[116] DELGADO, José. O contrato no Código Civil e a sua função social. *Revista Jurídica*, n. 322, 2004, p. 27-28. Antônio Junqueira de Azevedo faz interessante observação que conjuga muitos dos tópicos traçados no presente estudo: *"a impossibilidade de obtenção do fim último visado pelo contrato constitui, a nosso ver, juntamente com a ofensa a interesses coletivos (meio ambiente, concorrência, etc.) e a lesão à dignidade da pessoa humana, os três casos em que a função social do contrato deve levar à ineficácia superveniente"* (AZEVEDO, Antônio Junqueira de. Natureza jurídica do contrato de consórcio. classificação dos atos jurídicos quanto ao número de partes e quanto aos efeitos. Os contratos relacionais. a boa-fé nos contratos relacionais. contratos de duração. alteração das circunstâncias e onerosidade excessiva. Sinalagma e resolução contratual. Resolução parcial do contrato. Função social do contrato. *Revista dos Tribunais*, n. 832, fev. 2005, p. 113-137, p. 133).

em exame e do dano social sofrido pela comunidade e pelos contratantes,[117] especialmente em face do superendividamento.

D – Dever do credor em mitigar o próprio prejuízo

A necessidade de readaptação e ruptura do vínculo contratual também resta albergada pelo dever do credor em mitigar o próprio prejuízo (*duty to mitigate the loss*). Adverte Véra Maria Jacob de Fradera que o artigo 422 do CC/02, impõe a ambos contratantes o resguardo da boa-fé, não sendo compatível com esta disposição que o credor se mantenha inerte frente ao descumprimento da obrigação.[118]

É controversa a natureza jurídica do instituto.[119] A supramencionada doutrinadora refere que, em nosso sistema, o dever do credor em mitigar o próprio prejuízo *"poderia ser considerado um dever acessório, derivado do princípio da boa-fé objetiva, pois nosso legislador, com apoio na doutrina anterior ao atual Código, adota uma concepção cooperativa de contrato"*.[120] Contudo, sob o influxo da jurisprudência francesa, sustenta-se que a recepção da teoria no Brasil também poderia se dar "pelos conceitos de *venire contra factum proprium* e o de abuso de direito".[121] Mister se faz colacionar o entendimento de Ronaldo Porto Macedo Júnior:

> Um novo princípio surge no sentido de diminuir o aspecto vinculante do princípio das expectativas. Trata-se da 'mitigação do dano'. De acordo com tal princípio, requer-se da parte prejudicada que realize medidas razoáveis para proteger os seus interesses quando o réu descumpre o contrato. Assim, ele somente terá direito aos danos pelas perdas advindas a expectativas que remanescem após a tomada destas precauções de proteção de seus interesses. É fácil perceber que o princípio de mitigação do dano muitas vezes vem acompanhado do princípio de cooperação, mencionado anteriormente. Neste sentido, o contratante tem o dever de cooperar e fazer o esforço razoável tanto para que o contrato se realize, como para que os danos decorrentes de sua inexecução sejam evitados.[122]

Importante mencionar o REsp 758.518,[123] julgado paradigma do STJ, onde consagrada a ideia de que "os contratantes devem tomar as medidas neces-

---

[117] MIRAGEM, 2005, p. 31-32 e 42-43.

[118] FRADERA, 2005, p. 169-170. Sobre a questão da inércia frente a projetos de composição extrajudicial dos conflitos, recorda-se a inexistência de motivação para renegociar (e para comparecer as sessões de composição extrajudicial dos conflitos) dos bancos públicos, das pequenas financeiras (onde as taxas aplicadas são mais expoliativas e onde se verificam piores índices de concessão responsável do crédito) e dos credores que possuem garantias (*v.g.* empréstimos consignados e descontos e contas correntes), desconsiderando os matizes da socialidade e da eticidade que regem atualmente o Direito Privado. Nesse sentido: MARTINS-COSTA, Judith. O Novo Código Civil Brasileiro: em busca da 'Ética da Situação'. *Revista da Faculdade de Direito da UFRGS*, Porto Alegre, v. 20, 2001.

[119] Há quem entenda que o *duty to mitigate the loss* não constitui uma obrigação *stricto sensu*, porquanto não poderia, caso descumprida, ser sancionada pela via da responsabilidade contratual, não dizendo, também, com obrigações de ordem moral ou natural. Nessa perspectiva, o dever em exame diria com as já mencionadas figuras do *obligenheit* alemão ou do *incombance* suíço.

[120] FRADERA, 200, p. 174-175.

[121] FRADERA, 2005, p. 176. Não obstante a opção do operador, a recepção da teoria restou reconhecida na III Jornada de Direito Civil, promovida pelo Conselho da Justiça Federal, por meio do seguinte enunciado ao artigo 422 do CC/02: *"O credor poderá ser instado a mitigar o próprio prejuízo".*

[122] MACEDO JÚNIOR, 1999, p. 219-220.

[123] REsp 758.518/PR, Relator Ministro Vasco Della Giustina, STJ, 3ª Turma, julgado em 17/06/2010, REPDJe 01/07/2010, DJe 28/06/2010.

sárias e possíveis para que o dano não seja agravado. A parte a que a perda aproveita não pode permanecer deliberadamente inerte diante do dano".[124] O TJRS também já entendeu que "é dever do credor mitigar suas próprias perdas, adotando providencias para facilitar o cumprimento da obrigação a fim de evitar o agravamento do prejuízo do devedor".[125]

Também por este viés se impede a inércia do credor frente ao inadimplemento para o cômputo dos encargos moratórios, se alcançando a necessidade de uma renegociação ativa, que não se constitua apenas em um ato formal que anteceda os atos de execução da dívida ou em uma forma de assegurar a perpetuação desta, por intermédio de instrumentos de novação que visam, não raras vezes, apenas a sedimentar as abusividades anteriormente cometidas.[126] Para além de embasar a necessidade de renegociação, este dever se apresenta como importante ferramenta dogmática no controle dos efeitos da ruptura do pacto, pois capaz de fundamentar a mitigação da incidência dos encargos moratórios.[127]

E – Paradigma do direito empresarial

Como se sabe, o direito empresarial é ramo galgado em duas grandes premissas, quais sejam, liberdade e igualdade.[128] No direito do consumidor estas vertentes são enormemente mitigadas (ao ponto de em algumas contratações sequer existirem), seja porque o consumidor consome mais por necessidade e desejo do que por vontade, seja porque a desigualdade das partes é inequívoca, impondo o regime tutelar constitucionalmente garantido e legalmente estabelecido pelo código consumerista.

Faz-se esta observação porque, no âmbito do direito empresarial, o dever de renegociação dos contratos é reconhecida em normas legais, estando presente nos princípios do Unidroit e na teoria da *law and economics*, estando também sedimentado nos costumes mercantis, razão porque previsto em todos os contratos de natureza comercial, onde inclusas cláusulas de readaptação nos contratos comerciais (*adjustment terms*).[129]

---

[124] Há decisões, inclusive, fixando dano moral resultante da situação criada pela instituição financeira ao não oportunizar ao consumidor a renegociação da sua dívida, conforme segue: AP 0000183-41.2008.8.05.0174, Relator Des. Clésio Rômulo Carrilho Rosa, TJBA, 2ª Câmara Cível, j. 15/05/2012; AC 811.512-8, Relator Shiroshi Yendo, TJPR, 16ª Câmara Cível, J. 26.10.2011.

[125] AC 70053435400, Relatora Des. Liege Puricelli Pires, TJRS, 17ª Câmara Cível, Julgado em 08/05/2013. Cabe citar interessante precedente: AC 70046205951, Relatora Des. Denise Oliveira Cezar, TJRS, 22ª Câmara Cível, Julgado em 23/02/2012,

[126] Sobre o tema, o STJ editou a Súmula 286: *"A renegociação de contrato bancário ou a confissão da dívida não impede a possibilidade de discussão sobre eventuais ilegalidades dos contratos anteriores"*.

[127] Nesse sentido, havendo a inércia do credor no ajuizamento de demanda que vise à cobrança das prestações contratuais, estaria o juiz autorizado a determinar a limitação da incidência dos encargos moratórios ou até mesmo desconsiderá-los, em face das peculiaridades do caso concreto.

[128] Sabe-se que estes preceitos não são absolutos, posto que até mesmo nas relações empresarias subsistem circunstâncias que desigualam materialmente as partes (*v.g.* poder econômico, circunstancialidades do mercado), o que aumenta a capacidade de imposição de uma das partes (*machtposition*).

[129] Os pactos passam a admitir a ocorrência de ajustamentos, tanto intrínseca (*adjustment terms*) quanto extrinsecamente. MACEDO JÚNIOR, 1999, p. 105-107, 116-117 e 125-131.

Em termos de direito internacional e comparado, diversas são as disposições que impõem o dever de renegociação e o resguardo da teoria do *duty to mitigate the loss*,[130] abordada no tópico precedente, tais como: (i) artigo 77 da Convenção de Viena de 1980 (*Convention of International Sales of Goods*);[131] (ii) artigo 88 da Convenção de Haia de 1964 (acerca da lei uniforme sobre a venda internacional de objetos móveis corpóreos);[132] (iii) artigo 7.4.8 dos Princípios do Unidroit (relativos aos contratos de comércio internacional) e o artigo 9: 505, do Código Europeu de Contratos;[133] (iv) princípios, regras e *standards* da *Lex Mercatoria*.[134]

Eugênio Facchini Neto traz à lume regra do *Uniform Comercial Code* norte-americano, onde consta [Article 2-615(a)] previsão expressa de liberação do devedor se a obrigação se tornar impraticável financeiramente ou se sua execução se tornar demasiadamente onerosa, ainda que fisicamente possível. Cabe citar o Comentário Oficial n. 3: "A lei concede ao devedor a exoneração de sua responsabilidade não só quando o inadimplemento tornou-se verdadeiramente impossível, mas também quando tornar-se impraticável comercialmente (financeiramente)".[135]

Assim, como a necessidade de readaptação e renegociação está a disposição de qualquer fornecedores em suas relações empresariais, há a necessidade de repetição deste direito nas convenções privadas, especialmente aquelas matizadas pelo direito do consumidor, não apenas como pressuposto da isonomia, mas principalmente como concretização da boa-fé objetiva e da diretriz da eticidade.

Os bons costumes, fonte secular do Direito Empresarial, são bons costumes em todas as áreas. Assim, o "bom costume" da renegociação, que impera na relação entre empresários, não pode ser negado na relação destes com os seus consumidores. Parece imperativo ético (derivado da eticidade que rege o Direito Privado) estender as garantias do direito dos iguais para o ramo protetivo dos vulneráveis.

F – Concessão responsável do crédito

A proteção do devedor superendividado e a imposição do dever de renegociar também pode ser alcançados com base na noção de empréstimo respon-

---

[130] FRADERA, 2005, p. 169 e 172.

[131] O artigo 77 da Convenção de Viena de 1980 (*Convention of International Sales of Goods*) assim estabelece: *"A parte que invoca a quebra do contrato deve tomar as medidas razoáveis, levando em consideração as circunstâncias, para limitar a perda, nela compreendido o prejuízo resultante da quebra. Se ela negligencia em tomar tais medidas, a parte faltosa pode pedir a redução das perdas e danos, em proporção igual ao montante da perda que poderia ter sido diminuída".*

[132] O artigo 88 da Convenção de Haia de 1964 assim determina: *"The party who relies on a breach of contract shall adopt all reasonable measures to mitigate the loss resulting from the breach. If he fails to adopt such measures, the party in breach may claim a reduction in dammages".*

[133] O artigo 7.4.8 dos Princípios do Unidroit (relativos aos contratos de comércio internacional) e o artigo 9: 505, do Código Europeu de Contratos, assim dispõem: (1) *"The non-performing party is not liable for harm suffered by the aggrieved party to the extent that the harm could have been reduced by the latter party's taking reasonable steps. (2) The aggrieved party is entitled to recover any expenses reasonably incurred in attempting to reduce the harm".*

[134] Os princípios, regras e *standards* da *Lex Mercatoria* institui: *"(63): A party who relies on a breach of contract must take such measures as are reasonable in the circumstances to mitigate the loss of profit, resulting from the breach. If it fails to take such measures, the party in breach may claim a reduction in the damages in the amount by which the loss should have mitigated".*

[135] FACCHINI NETO, 2006, p. 71.

sável galgada na conjugação entre dever de informação, princípio da boa-fé objetiva e instituto do abuso de direito, inserindo a discussão na avaliação da conduta das instituições financeiras.[136] O fornecedor que concede crédito à pessoa que não tem condições de cumprir o contrato excede manifestamente as finalidades econômicas e sociais de sua atividade,[137] nos termos do artigo 187 do CC/02, embora o contrato aparentemente se insira no âmbito da legalidade, por cumprir as diretrizes formais.

A questão é muitíssimo comum. Milhares são as ações judiciais que demandam a limitação dos débitos consignados, os quais, extrapolando o limite prudencial de 30% da renda pessoal, alcançam em muitos casos mais de 90% da renda do consumidor. Nestas situações, onde invariavelmente se verificam inúmeros credores, questiona-se: qual o grau de responsabilidade do credor que concede o crédito com garantia após o atingimento da margem de 30%? O que fazer quando se verifica a concessão irresponsável do crédito?

Heloísa Carpena Vieira de Mello bem explicita as potencialidades dogmáticas do instituto do abuso de direito, afirmando que esta figura põe em jogo o próprio conceito de direito subjetivo ao desvelar a funcionalidade e a relatividade de seu exercício. O fim socioeconômico de um determinado direito subjetivo não é estranho a sua estrutura, mas elemento condicionante de sua natureza, sendo que o abuso surge no interior do próprio direito em questão. Exercer legitimamente um direito não é apenas ater-se à sua estrutura formal, mas cumprir o fundamento axiológico-normativo que constitui esse mesmo direito, segundo o qual o operador deve aferir a validade do ato de exercício. O fundamento axiológico de um determinado direito subjetivo constitui seu limite, que é tão preciso quanto aquele determinado por sua estrutura formal.[138]

Em análise específica, adverte Semy Glanz que "o banco tem o dever de analisar a capacidade econômica e financeira do cliente; e, quando (...) a repercussão do crédito concedido, afetando a terceiros. (...) o banco não deve emprestar dinheiro a quem se apresenta como insolvente, ou, pelo menos, só deve emprestar nos limites das forças financeiras do cliente".[139] Assim, a responsabilidade do fornecedor de crédito contempla duas situações: a primeira relativa ao próprio tomador do empréstimo (indicando a necessidade de renegociação) e a segunda com relação a terceiros.

A perspectiva aqui exposta resta por responsabilizar o fornecedor pelas repercussões que a sua atividade provoca no mercado.[140] Não se desconhecem casos em que a falência econômica do sujeito é fruto de ato de credores que, rompendo com as justas expectativas dos devedores, cometem atos que extra-

---

[136] As exigências de garantia e de controle do endividamento por meio dos bancos de dados se constituem em importantes instrumentos de prevenção ao endividamento excessivo, pois obrigam o credor e o devedor a comparar o débito com o patrimônio e renda deste (devedor). CAVALLAZZI, 2006, p. 392.
[137] CARPENA; CAVALLAZZI, 2005, p. 142.
[138] MELLO, Heloísa Carpena Vieira de. A boa-fé como parâmetro de abusividade no direito contratual. *In* TEPEDINO; Gustavo (org.) *Problemas de Direito Civil-Constitucional*. São Paulo: Renovar, 2000, p. 314-315.
[139] GLANZ, Semy. Responsabilidade Civil das Instituições Financeiras pela Má Concessão de Crédito. *Revista da EMERJ*, n. 1-2, 1998, p. 105.
[140] CARPENA; CAVALLAZZI, 2005, p. 138-139.

polam as mais basilares regras deontológicas, a fim de obterem lucros cada vez maiores,[141] o que configura o superendividamento passivo.[142]

Se o dever de informação é fator preponderante no sistema consumerista, é possível alcançar, por intermédio da conjugação deste com o princípio da boa-fé objetiva, a obrigação de aconselhamento por parte das instituições financeiras, baseado na confiança necessária que o consumidor deposita no profissional que detém os conhecimentos técnicos da operação de crédito ofertada,[143] o que impõe tanto o alerta das vantagens e inconvenientes da aquisição do crédito (e de sua posterior renegociação), quanto a avaliação da modalidade contratual mais adequada às necessidades do consumidor.[144]

Em termos de direito comparado, cabe salientar que a Comunidade Europeia não ficou alheia a estas considerações. Wellerson Pereira refere que a Proposta de Diretiva sobre crédito ao consumo (COM 2002/0222) *"inaugura em âmbito comunitário a noção de 'empréstimo responsável', determinando que, ao concluir contratos de concessão de crédito ou ao aumentar o limite de um crédito em curso, deve o fornecedor se assegurar por todos os modos que o consumidor estará em condições de reembolsá-lo"*.[145]

G – Aplicação das regras do artigo 745-A do CPC e dos artigos 396 e 480 do CC/02

Muito embora já se tenha trabalhando inúmeras fontes normativas constitucionais e infraconstitucionais, a fim de evitar desconforto pela inexistência de regra expressa permitindo que o Poder Judiciário imponha o pagamento parcelado dos débitos, em superação do disposto nos artigos 313 e 314 do CC, cabe frisar, inicialmente, a norma do artigo 745-A do CPC, incluído pela Lei nº 11.382/06, *verbis*:

---

[141] CONSALTER, Rafaela. Novas Tendências da Atuação da Defensoria Pública na Defesa do Consumidor Necessitado. In: MARQUES, Cláudia Lima; CAVALLAZZI, 2006a, p. 358.

[142] A presente questão passa, também, pela invocação da boa-fé na condição de elemento limitador de direitos subjetivos. Conforme adverte Christoph Fabian, *"todo o direito é limitado pela boa-fé. Fora ou contra a boa-fé não existe nenhum direito subjetivo"* (FABIAN, 2002, p. 62). Ainda no plano legal, o tópico em exame remete a dicção do artigo 170, V, da CF/88, o qual determina que *"a ordem econômica, fundada na valorização do trabalho humano e na livre iniciativa, tem por fim assegurar a todos existência digna, conforme os ditames da justiça social, observados os seguintes princípios: (...) defesa do consumidor"*. Esta disposição garante a defesa do consumidor no exercício das práticas comerciais, vinculando esta proteção à dignidade da pessoa humana (artigo 1º, III, da CF/88). Ademais, conforme voto do Ministro Eros Roberto Grau na Ação Direta de Inconstitucionalidade n.º 2.591 (chamada "ADIN dos Bancos"), o artigo 170 ilumina toda normatização constitucional da ordem econômica e financeira, sendo aplicável também as diretrizes do Capítulo IV, do Título VII, da CF/88, que diz com o sistema financeiro nacional (artigos 192 e seguintes).

[143] COSTA, 2006, p. 239. Apoiada nos estudos sociológicos de Niklas Luhmann, Cláudia Lima Marques sustenta que é exatamente a confiança depositada no outro que motiva as agentes econômicos a saírem de seu ócio na busca da formação de um negócio jurídico (MARQUES, 2007).

[144] PEREIRA, 2006, p. 177. Se a doutrina brasileira não diferencia os deveres de informação e de aconselhamento, a doutrina francesa (onde existe norma específica) aponta que aquele diz com a transmissão de conhecimentos objetivos, enquanto o dever de conselho consiste em emitir um parecer visando guiar a ação do consumidor, estando a informação adaptada às necessidades subjetivas do destinatário, o que demanda uma análise da situação do parceiros contratual. Em verdade, o que há no dever de aconselhamento é uma personalização da informação às necessidades do consumidor. COSTA, 2006, p. 242 e 265; FABIAN, 2002, p. 62.

[145] PEREIRA, 2005, p. 25; PEREIRA, 2006, p. 177.

> Art. 745-A. No prazo para embargos, reconhecendo o crédito do exeqüente e comprovando o depósito de 30% (trinta por cento) do valor em execução, inclusive custas e honorários de advogado, poderá o executado requerer seja admitido a pagar o restante em até 6 (seis) parcelas mensais, acrescidas de correção monetária e juros de 1% (um por cento) ao mês.

Veja-se que o CPC[146] permite ao julgador impor o pagamento parcelado mesmo em um procedimento onde já existe a consolidação do débito, exigindo a boa-fé por parte do dever (aqui representada pelo depósito de 30% do valor em execução), em exata consonância com o paradigma até aqui desenvolvido.

Da mesma forma, incide na espécie a regra do artigo 480 do CC, que para além da resolução por onerosidade excessiva (artigo 478 do CC), permite a veiculação de pleito judicial tendente à redução da prestação ou alteração do modo de execução da obrigação, em uma clara disciplina que diz com a readequação do pacto.

Entende Ruy Rosado que o mencionado artigo 480 do CC aplica-se aos contratos unilaterais onerosos (*v.g.* mútuo), e quando se trata de "execução prolongada no tempo é possível que fatos supervenientes influam sobre a prestação do único obrigado", sendo que "também para os contratos unilaterais exige-se que o risco da parte obrigada se mantenha dentro do limite da normalidade. Se for agravado o sacrifício econômico do devedor, justifica-se a redução equitativa da prestação devida".[147]

Embora o autor refira tangencialmente a necessidade de ocorrência do fato antes do vencimento da prestação[148] – quando aqui se defende a possibilidade de aplicação quando já configurado o superendividamento e, consequentemente, a inadimplência –, em um contexto sistemático, recorda Clóvis do Couto e Silva que mesmo quando se trata de insolvência, desde que esta situação não tenha ocorrido por circunstância imputável culposamente ao devedor, este não pode ser considerado em mora, nos termos do artigo 396 do CC, o que resta por equiparar a impossibilidade relativa superveniente à absoluta.[149]

Assim, se em procedimentos mais gravosos (como é o caso da ação de execução) subsiste legalmente a possibilidade de imposição da renegociação, cabível a utilização desta premissa para o tratamento do superendividamento, por meio do princípio geral da cooperação ou de uma interpretação analógica, ambos critérios permitidos pela regra do artigo 7º do CDC e do artigo 4º da Lei de Introdução às Normas do Direito Brasileiro (Decreto-Lei 4.657/42).

---

[146] Em termos de direito comparado, Claudia Lima Marques salienta que o § 313, do BGB-Reformado, traz a figura da quebra da base do negócio, e o seu § 314 contempla um direito geral de rescisão em contratos cativos de longa duração, permitindo a readaptação do vínculo. MARQUES, 2005, p. 20-21.
[147] AGUIAR JUNIOR, Ruy Rosado. Comentários ao Novo Código Civil: da extinção do contrato. Vol. IV, Tomo II, Forense: São Paulo, 2011, p. 964-965.
[148] AGUIAR JUNIOR, 2011, p. 965.
[149] SILVA, 1976, p. 123-124.

Conclusão

Em nossa tradição o endividamento excessivo sempre foi visto como sendo um problema moral atrelado diretamente a uma falha pessoal do sujeito. Contudo, esta visão deixa de quantificar as peculiaridades da contemporaneidade pós-moderna, onde o sujeito tem acesso fácil ao crédito (por vezes de forma incompatível com sua situação econômica) e é constantemente estimulado a consumir por esta via, além de ignorar a ocorrência dos acidentes da vida que colocam os esforços do sujeito para pagamento das dívidas em patamares acima dos suportáveis. Além de todas as pesquisas indicarem que a grande maioria dos consumidores superendividados se encontram nessa situação de forma passiva, deve ser avaliado que em nossa realidade social a danosidade dessas áleas (*v.g.* desemprego, doença, morte e divórcio) é extremamente potencializada, eis que parcela significativa da população vive no limiar da pobreza, o que ocorre com o público assistido pela Defensoria Pública (mais de 85% da população brasileira).

É de todo visível a necessidade de uma política (ao menos judicial) que dê tratamento adequado aos sujeitos afetados pela impossibilidade de pagamento, ainda que advinda de uma causa subjetiva, a qual na imensa maioria das vezes não pode ser imputada subjetivamente ao devedor. Se o instrumental existente é deficitário quanto ao tratamento global do superendividamento – carecendo o ordenamento brasileiro de um procedimento especial que permita a investigação das causas pessoais e sociais que conduziram o indivíduo à bancarrota e a formulação de um esquema eficaz de renegociação dos débitos –, o presente estudo delineou hipóteses permissivas para sua imputação, alcançadas por meio de uma participação hermenêutica sistemático-construtiva (e comprometida) por parte do operador, permitindo a tutela de algumas situações que se apresentam.

O ensaio buscou uma superação do enfoque patrimonialista ainda presente na aplicação do Direito no Brasil. Os esforços de salvaguardar a dignidade do consumidor superendividado passam por uma nova compreensão do operador jurídico acerca da hipercomplexidade socioeconômica, bem como pela incorporação de elementos e circunstâncias da realidade às categorias teóricas utilizadas na resolução de conflitos pelo direito, alçando o direito a uma vida digna à condição de necessário parâmetro de interpretação e de aplicação das diretrizes normativas.

No entanto, para além da tentativa de tornar o direito mais permeável às discussões de cunho social, com a apresentação pontual de algumas construções teóricas este ensaio procurou explicitar e sistematizar alguns fundamentos decisórios possíveis na busca de um tratamento adequado ao fenômeno do superendividamento, validando e dando mais previsibilidade e seguranças aos julgados. Aqui não se pretendeu defender a adoção de atitudes paternalistas por parte do operador ou a propagação de um ativismo judicial, mas pugnou-se pela defesa da condição ontológica existencial do indivíduo frente aos interesses patrimoniais de seu parceiro contratual.

Este novo paradigma nada tem a ver com o caloroso debate acerca da *judicialização da política*, narrativa por meio da qual se alega estar o Judiciário praticando uma espécie de ativismo, em prol dos necessitados ou da busca pela formação de um *direito dos juízes* (*Richterrecht*), mas sim de se defender a aplicação da lei em consonância com os valores supremos da Constituição. Aqui se buscou consagrar um imperativo ético, posto que o contrato não pode servir de instrumento de escravização do ser humano, detentor de uma dignidade intrínseca.[150] Não se pode permitir, jurídica e moralmente, o sacrifício dos bens existenciais do indivíduo para a maximização dos bens patrimoniais de outrem.

Por meio das construções legais e teóricas supramencionadas, surge uma autêntica obrigação de renegociar o contrato,[151] tornando possível ao contratante impossibilitado materialmente de adimplir com o pactuado requerer a renegociação, para readaptação do vínculo e sua manutenção, ou a ruptura da avença em razão da impossibilidade material subjetiva, o que deve ser resguardado pelos operadores jurídicos, como imperativo jurídico e ético na proteção de um sujeito hipervulnerável.

Embora todos os fatores aqui apresentados estejam lastreados na lei, na doutrina e na jurisprudência, além de sinalizarem os melhores paradigmas hermenêuticos, o que se espera dos operadores jurídicos é a coragem que sempre norteou a caminhada do homenageado Ruy Rosado, de julgar com a lei quando possível, e de tencionar o sistema, construindo o direito de vanguarda, quando necessário.

Referências bibliográficas

AGUIAR JUNIOR, Ruy Rosado. *Comentários ao Novo Código Civil*: da extinção do contrato. Vol. IV, Tomo II, Forense: São Paulo, 2011.

——; *Extinção dos Contratos por Incumprimento do Devedor*. 2 ed. Rio de Janeiro: AIDE, 2004.

ALEXY, Robert. *Teoría de los derechos fundamentales*. Madrid: Centro de Estudios Constitucionales, 1997.

AMARAL NETO, Francisco dos Santos. A Autonomia Privada como Princípio Fundamental da Ordem Jurídica: perspectivas estrutural e funcional. *Revista de Informação Legislativa*, Brasília, Senado Federal, n. 102, p. 207-230, abr.-jun. 1989.

AZEVEDO, Antônio Junqueira de. Princípios do novo direito contratual e desregulamentação de mercado, direito nas relações contratuais de fornecimento, função social do contrato e responsabilidade aquiliana do terceiro que contribui para o inadimplemento contratual. RT, n. 750, abr. 1998.

——. Natureza Jurídica do Contrato de Consórcio. Classificação dos Atos Jurídicos quanto ao Número de Partes e quanto aos Efeitos. Os Contratos Relacionais. A Boa-Fé nos Contratos Relacionais. Contratos de Duração. Alteração das Circunstâncias e Onerosidade Excessiva. Sinalgma e Resolução Contratual. Resolução Parcial do Contrato. Função Social do Contrato. *Revista dos Tribunais*, n. 832, p. 113-137, fev. 2005.

---

[150] Esta constatação encontra eco nos elementos axiológicos fundantes e fundamentais do novo *codex* civilista, que se apresenta como uma experiência axiológica e fundamentalmente cultural (culturalismo de Miguel Reale). Sem aventar os pressupostos de ordem metodológica (sistematicidade e operabilidade), tem-se a *socialidade*, que veio a modificar o princípio básico do individualismo por meio da socialização dos modelos jurídicos, significando a prevalência dos valores coletivos sobre os individuais, sem que os valores inerentes à pessoa sejam desconsiderados. Miguel Reale chega a afirmar que *"se não houve a vitória do socialismo, houve o triunfo da socialidade"* (REALE, Miguel. *O projeto do novo Código Civil*. 2. ed. São Paulo: Saraiva, 1999, p. 7). Ademias, cumpre frisar a eticidade, onde as regras jurídicas deixam de serem consideradas um dado prévio para se tornarem elementos construídos no processo histórico e social, que se perfaz sob o jugo da cultura, remetendo à chamada ética da situação (MARTINS-COSTA, 2000, p. 247).

[151] MIRAGEM, 2005, p. 42.

BATTELLO, Silvio Javier. A (In)Justiça dos Endividados Brasileiros: uma análise evolutiva. In: MARQUES, Cláudia Lima; CAVALLAZZI, Rosângela Lunardelli. *Direitos do Consumidor Superendividado*: superendividamento e crédito. São Paulo: Revista dos Tribunais, p. 211-229, 2006.

BERTONCELLO, Karen Rick Danilevicz. Bancos de Dados e Superendividamento do Consumidor: cooperação, cuidado e informação. *Revista de Direito do Consumidor*, n. 50. p. 36-57, 2004.

——; LIMA, Clarissa Costa de. Adesão ao Projeto Conciliar é Legal – CNJ: Projeto Piloto: tratamento das situações de superendividamento do consumidor. *Revista de Direito do Consumidor*, n. 63, p. 173-201, jul.-set. 2007.

BOBBIO, Norberto. *Teoria do Ordenamento Jurídico*. 10 ed. Brasília: Universidade de Brasília, 1997.

BRASIL. *III Diagnóstico da Defensoria Pública no Brasil*. Disponível em: <http://www.defensoria.sp.gov.br/dpesp/ repositorio/0/III%20Diagn%C3%B3stico%20Defensoria%20P%C3%BAblica%20no%20Brasil.pdf> Acesso em: 11.09.2013.

——. IBGE. Disponível em: <http://seriesestatisticas.ibge.gov.br/series.aspx?vcodigo=IU30&t= rendimento-familiar-capita> Acesso em: 29.09.2013.

CANARIS, Claus-Wilhelm. *Pensamento Sistemático e Conceito de Sistema na Ciência do Direito*. Lisboa: Calouste, 1989.

CANOTILHO, J. J. Gomes. *Direito Constitucional e Teoria da Constituição*. Coimbra: Almedina, 2001.

CARPENA, Heloisa. CAVALLAZZI, Rosangela Lunardelli. Superendividamento: propostas para um estudo empírico e perspectiva de regulação. *Revista de Direito do Consumidor*, n. 55, p. 120-148, jul.-set. 2005.

CASADO, Márcio Mello. Os Princípios Fundamentais como Ponto de Partida para uma Primeira Análise do Sobreendividamento no Brasil. *Revista de Direito do Consumidor*, n. 33, p. 130-142, jan-mar. 2000.

CAVALLAZZI, Rosângela Lunardelli. O Perfil do Suprendividamento: referências no Brasil. In: MARQUES, Cláudia Lima; CAVALLAZZI, Rosângela Lunardelli. *Direitos do Consumidor Superendividado*: superendividamento e crédito. São Paulo: Revista dos Tribunais, p. 384-398, 2006.

CENTRO de Estudos Sociais da Faculdade de Economia da Universidade de Coimbra. *Endividamento e Sobreendividamento das Famílias Conceitos e Estatísticas para a sua Avaliação*. Disponível em: <http://www.oec.fe.uc.pt/biblioteca/pdf/pdf_estudos_realizados/estudo_parte2%20cap_1.pdf> Acesso em: 17.06.2006.

CONSALTER, Rafaela. Novas Tendências da Atuação da Defensoria Pública na Defesa do Consumidor Necessitado. In: MARQUES, Cláudia Lima; CAVALLAZZI, Rosângela Lunardelli. *Direitos do Consumidor Superendividado*: superendividamento e crédito. São Paulo: Revista dos Tribunais, p. 355-370, 2006a.

——. O Perfil do Superendividado no Estado do Rio Grande do Sul. Disponível em: <http://www.adpergs.org.br/restrito/arq_artigos30.pdf> Acesso em: 09.05.2006b.

COSTA, Geraldo de Faria Martins da. *A Proteção do Consumidor de Crédito em Direito Comparado Brasileiro e Francês*. São Paulo: Revista dos Tribunais, 2002a, 142 p.

——. O Direito do Consumidor e a Técnica do Prazo de Reflexão. *Revista de Direito do Consumidor*, n. 43, p. 258-272, 2002b.

——. Superendividamento: solidariedade e boa-fé. In: MARQUES, Cláudia Lima; CAVALLAZZI, Rosângela Lunardelli. *Direitos do Consumidor Superendividado*: superendividamento e crédito. São Paulo: Revista dos Tribunais, p. 230-254, 2006.

COVER, Robert M. Nomos and Narrative. In: *Harvard Law Review*. V. 97, 1983.

EFING, Antônio Carlos. O Dever do Banco Central do Brasil de Controlar a Atividade Bancária e Financeira: aplicando as sanções administrativas previstas no Sistema de Proteção do Consumidor. *Revista de Direito do Consumidor*, v. 26, abr.-jun. 1998, p. 18-26.

——. Responsabilidade Civil do Agente Bancário e Financeiro Segundo as Normas do Código de Defesa do Consumidor. *Revista de Direito do Consumidor*, v. 18, p. 105-124, abr.-jun. 1996a.

——. Sistema Financeiro e o Código de Defesa do Consumidor. *Revista de Direito do Consumidor*, v. 17, p. 65-84, jan.-mar. 1996b.

DANZ, Erich. *La Interpretación de los Negocios Jurídicos*. 3 ed. Madrid: Editorial Revista de Derecho Privado, 1955, 396 p.

DELGADO, José. O Contrato no Código Civil e a sua Função Social. *Revista Jurídica*, n. 322, 2004.

DICKERSON, Mechele. *Superendividamento do Consumidor*: uma perspectiva norte-americana. Aula Magna proferida no Seminário Internacional *Repensando o Direito do Consumidor (MJ-PNUD): os desafios atuais no Brasil e nos EUA*. Salão Nobre da Faculdade de Direito da UFRGS, 02.10.2007.

ENNECCERUS, Ludwig; KIPP, Theodor; WOLFF, Martin. *Tratado de Derecho Civil*, tomo II, v. 2, Barcelona: Bosch, 1954.

FABIAN, Christoph. O Dever de Informar no Direito Civil. São Paulo: RT, 2002.

FACHIN, Luiz Edson. *Estatuto Jurídico do Patrimônio Mínimo*. Rio de Janeiro: Renovar, 2000.

FACCHINI NETO, Eugênio. A Função Social do Direito Privado. *Revista Jurídica*, n. 349, Porto Alegre: Notadez, p. 53-92, nov. 2006.

FERRARA, Francesco. *Interpretação e Aplicação das Leis*. 4. ed. Coimbra: Armênio Amado, 1987.

FERREIRA DA SILVA, Jorge Cesa Ferreira da. Princípios de direito das obrigações no novo Código Civil. SARLET, Ingo Wolfgang (org.). *O novo Código Civil e a Constituição*. Porto Alegre: Livraria do Advogado, 2003.

FRADE, Catarina; MAGALHÃES, Sara. Sobreendividamento: a outra face do crédito. MARQUES, Cláudia Lima; CAVALLAZZI, Rosângela Lunardelli. *Direitos do Consumidor Superendividado*: superendividamento e crédito. São Paulo: Revista dos Tribunais, p. 23-43, 2006.

FRADERA, Vera Maria Jacob de. Enunciado: o credor poder ser instando a mitigar o próprio prejuízo. AGUIAR JUNIOR, Ruy Rosado (org.) *Jornada de Direito Civil*, Brasília: Conselho da Justiça Federal, p. 168-178, 2005.

FREITAS, Juarez. *A Interpretação Sistemática do Direito*. 3. ed. São Paulo: Malheiros, 2002.

GLANZ, Semy. Responsabilidade Civil das Instituições Financeiras pela Má Concessão de Crédito. *Revista da EMERJ*, n. 1-2, p. 105-114, 1998.

GOMES, Joaquim B. Barbosa. O poder de polícia e o princípio da dignidade da pessoa humana na jurisprudência francesa. Disponível em: <http://www.artnet.com.br/~lgm/down6.doc> Acesso em: 22.08.2006.

GRAU, Eros. *Ensaio e Discurso Sobre a Interpretação/Aplicação do Direito*. São Paulo: Malheiros, 2003.

GRONDIN, Jean. *Introdução à Hermenêutica Filosófica*. São Leopoldo: Unisinos, 1999.

HÄBERLE, Peter. *Hermenêutica Constitucional. A Sociedade Aberta dos Intérpretes da Constituição*: contribuição para a interpretação pluralista e "procedimental" da Constituição. Porto Alegre: Sérgio Antonio Fabris, 1997.

HESSE, Konrad. *Elementos de Direito Constitucional da República Federal da Alemanha*. Porto Alegre: Sergio Antonio Fabris, 1998.

JAYME, Eric. Direito internacional privado e cultura pós-moderna. In: Cadernos do Programa de Pós-Graduação em Direito – PPG-Dir UFRGS, Porto Alegre, v. 1, n. 1, p. 59-68, mar. 2003, p. 62.

──. Identité culturalle et intégration le droit internationale privé postmoderne. In: Recueil des Cours de L´Académie de Droit International. v. 2. Haye, 1995.

KELSEN, Hans. *Teoria Pura do Direito*. São Paulo: Martins Fontes, 1998.

KILBORN, Jason J. Comportamentos Econômicos, Superendividamento; estudo comparativo da insolvência do consumidor: buscando as causas e avaliando soluções. In: MARQUES, Cláudia Lima; CAVALLAZZI, Rosângela Lunardelli. *Direitos do Consumidor Superendividado*: superendividamento e crédito. São Paulo: Revista dos Tribunais, p. 66-104, 2006.

KLOEPFER, Michael. Auf dem Weg zum Umweltstaat? Die Umgestaltung des politischen und wirtschaftlichen Systems der Bundesrepublik Deutschland durch den Umweltschutz insbesondere aus rechtswissenschaftlicher Sicht. Umweltrecht. 3. Aufl. München: Verlag, 2004.

LAMEGO, José. *Hermenêutica e Jurisprudência*. Lisboa: Fragmentos, 1990.

LARENZ, Karl. *Metodologia da Ciência do Direito*. 2. ed. Lisboa: Calouste, 1989, 620 p.

LIMA, Clarissa Costa de. A resolução do contrato na nova teoria contratual. *Revista de Direito do Consumidor*, n. 55, p. 85-105, jul.-set. 2005.

──. BERTONCELLO, Karen Rick Danilevicz. Tratamento do Crédito ao Consumo na América Latina e Superendividamento. MARQUES, Cláudia Lima; CAVALLAZZI, Rosângela Lunardelli. *Direitos do Consumidor Superendividado*: superendividamento e crédito. São Paulo: Revista dos Tribunais, p. 191-210, 2006.

LORENZETTI, Ricardo Luis. Esquema de uma Teoria Sistemica del Contrato. *Revista de Direito do Consumidor*. n. 33, São Paulo: Revista dos Tribunais, p. 51-77, jan.-mar. 2000.

──. *Fundamentos do Direito* Privado. São Paulo: Revista dos Tribunais, 1998a.

──. Redes Contractuales: conceptualización jurídica, relaciones internas de colaboracion, efectos frente a terceiros. *Revista de Direito do Consumidor*, n. 28, p. 22-58, out-dez 1998b.

──. *Tratado de los Contratos*. Buenos Aires: Rubinzal-Culzoni, 1999.

MACEDO JÚNIOR, Ronaldo Porto. *Contratos Relacionais e Direito do Consumidor*. São Paulo: Max Limonad, 1999.

MARQUES, Cláudia Lima. *Contratos no Código de Defesa do Consumidor*. São Paulo: Revista dos Tribunais, 2002.

──. *Dezesseis Anos do Código de Defesa do Consumidor*. Palestra proferida no Meeting Jurídico Federasul, 23.08.2007.

──; Diálogo entre o Código de Defesa do Consumidor e o Novo Código Civil: do "diálogo das fontes" no combate às cláusulas abusivas. Revista de Direito do Consumidor. n. 45, São Paulo: Revista dos Tribunais, jan/mar 2003.

──; CAVALLAZZI, Rosângela Lunardelli. *Direitos do Consumidor Superendividado*: superendividamento e crédito. São Paulo: Revista dos Tribunais, 2006.

──. Novos Temas na Teoria dos Contratos: confiança e o conjunto contratual. *Revista da AJURIS*, ano XXXII, n. 100, p. 73-97, dez. 2005a.

──. Sugestões para uma Lei sobre o Tratamento do Superendividamento de Pessoas Físicas em Contratos de Créditos de Consumo: proposições com base em pesquisa empírica de 100 casos no Rio Grande do Sul. *Revista de Direito do Consumidor*, n. 55, p. 11-52, jul.-set. 2005b.

MARQUES, Maria Manuel Leitão; NEVES, Vitór; FRADE Catarina; LOBO, Flora; PINTO, Paula; CRUZ, Cristina. O Endividamento dos Consumidores. Coimbra: Almedina, 2002.

MARTINS-COSTA, Judith. *A Boa-Fé no Direito Privado*. São Paulo: Revista dos Tribunais, 2000, 544 p.

──. Novas Reflexões Sobre o Princípio da Função Social dos Contratos. *Estudos de Direito do Consumidor:* separata. n. 7, Coimbra: Faculdade de Direito de Coimbra, 2005a.

──. O Método da Concreção e a Interpretação dos Contratos: primeiras notas de uma leitura suscita pelo Código Civil. DELGADO, Mário Luiz; ALVES, Jones Figueirêdo (org.). *Novo Código Civil*: questões controvertidas. v. 4, São Paulo: Método, 2005b.

──. O Novo Código Civil Brasileiro: em busca da 'Ética da Situação'. *Revista da Faculdade de Direito da UFRGS*, Porto Alegre, v. 20, p. 211-260, 2001.

MATTIETTO, Leonardo. O Direito Civil Constitucional e a Nova Teoria dos Contratos. TEPEDINO; Gustavo (org.) *Problemas de Direito Civil-Constitucional.* São Paulo: Renovar, p. 163-186, 2000.

MELLO, Heloísa Carpena Vieira de. A boa-fé como parâmetro de abusividade no direito contratual. TEPEDINO; Gustavo (org.) *Problemas de Direito Civil-Constitucional.* São Paulo: Renovar, p. 307-324, 2000.

MIRAGEM, Bruno. Diretrizes interpretativas da função social do contrato. *Revista de Direito do Consumidor,* n. 56, p. 22-45, out.-dez. 2005.

MIRANDA, Jorge. Manual de direito constitucional. v. 2, 2. ed. Coimbra: Coimbra, 1988.

MOSSET ITURRASPE, Jorge. *Contratos Conexos: grupos y redes de contratos.* Buenos Aires: Rubinzal-Culzoni, 1999.

NEGREIROS, Teresa. *Teoria do Contrato: novos paradigmas.* Rio de Janeiro: Renovar, 2006.

OLIBONI, Marcella Lopes de Carvalho Pessanha. O Superendividamento do Consumidor Brasileiro e o Papel da Defensoria Pública: criação da comissão de defesa do consumidor superendividado. *Revista de Direito do Consumidor,* n. 55, p. 168-176, jul.-set. 2005.

PAISANT, Gilles. A Reforma do Procedimento de Tratamento do Superendividamento pela Lei de 1º de Agosto de 2003 sobre a Cidade e a Renovação Urbana. *Revista de Direito do Consumidor,* n. 56, p. 221-242, out.-dez. 2005a.

———. El Tratamiento del Sobreendeudamiento de los Consumidores em Derecho Francês. *Revista de Direito do Consumidor,* n. 42, p. 9-26, abr.-jun. 2002.

———. A Reforma do Procedimento de Tratamento do Superendividamento pela Lei de 29 de Julho de 1998, Relativa a Luta contra as Exclusões. *Revista de Direito do Consumidor,* n. 55, p. 239-258, jul/set 2005b.

PEREIRA, Wellerson Miranda. *Serviços Bancários e Financeiros na Europa: as diretivas e normas aplicáveis.* Ensaio apresentado na Cadeira "Direito do Consumidor e Mercosul" no PPGDir UFRGS, 2005.

———. Superendividamento e Crédito ao Consumidor: reflexões sob uma perspectiva de direito comparado. MARQUES, Cláudia Lima; CAVALLAZZI, Rosângela Lunardelli. *Direitos do Consumidor Superendividado*: superendividamento e crédito. São Paulo: Revista dos Tribunais, p. 158-190, 2006.

PERLINGIERI, Pietro. Equilíbrio Normativo e Principio di Proporzionalitá nei Contratti. *Revista Trimestral de Direito Civil,* v. 12. Rio de Janeiro: PADMA, p. 131-151, out.-dez. 2002.

REALE, Miguel. Experiência e Cultura. Campinas: Bookseller, 1999;

———. Filosofia do Direito. 20. ed. São Paulo: Saraiva, 2002.

———. O Direito como Experiência. São Paulo, 1968.

———. *O Projeto de Código Civil:* situação atual e seus problemas fundamentais. Saraiva, São Paulo, 1986.

———. Teoria e Prática do Direito: concubinato e sociedade concubinária. São Paulo: Saraiva, 1984.

RIBEIRO, Joaquim de Sousa. A Constitucionalização do Direito Civil. *Boletim da Faculdade de Direito,* Coimbra, v. LXXIV, p. 729-755, 1998.

ROPPO, Enzo. O *Contrato.* Coimbra: Almedina, 1988, 371 p.

SARLET, Ingo Wolfgang. A Eficácia do Direito Fundamental à Segurança Jurídica: dignidade da pessoa humana, direitos fundamentais e proibição de retrocesso social no direito constitucional brasileiro. Revista Trimestral de Direito Público, v. 39, p. 53-86. 2002.

———. Direitos fundamentais sociais, mínimo existencial e direito privado: breves notas sobre alguns aspectos da possível eficácia dos direitos sociais nas relações entre particulares. In: SARMENTO, Galdino; GALDINO, Flávio (Org.). *Direitos fundamentais.* Rio de Janeiro: Renovar, p. 551-602, 2006.

SCAFF, Fernando Facury. Reserva do Possível, Mínimo Existencial e Direitos Humanos. Revista Interesse Público, n. 32, p. 213-226, 2005.

SCHMIDT NETO, André Perin. *Revisão dos Contratos com Base no Superendividamento*: do código de defesa do consumidor ao código civil. Curitiba: Juruá, 2012.

SCHULTE, Bernd. Direitos Fundamentais, Segurança Social e Proibição de Retrocesso. *Revista da Associação dos Juízes do Estado do Rio Grande do Sul (AJURIS).* n. 99, p. 259-279, 2005.

SEN, Amartya. *Desenvolvimento como Liberdade.* 3. ed. São Paulo: Companhia das Letras, 2000.

SILVA, Clóvis Veríssimo do Couto e. *A Obrigação como Processo.* São Paulo: Bushatsky, 1976.

SILVA, Luis Renato Ferreira da. A Função Social do Contrato no Novo Código Civil e sua Conexão com a Solidariedade Social. SARLET, Ingo Wolfgang. *O Novo Código Civil e a Constituição.* Porto Alegre: Livraria do Advogado, p. 127-150, 2003.

———. *Revisão dos Contratos: do Código Civil ao Código do Consumidor.* Rio de Janeiro: Forense, 2001, 165 p.

SOMBRA, Thiago Luís Santos. A Eficácia dos Direitos Fundamentais nas Relações Jurídico-Privadas: a identificação do contrato como ponto de encontro dos direitos fundamentais. Porto Alegre: Sérgio Antônio Fabris Editor, 2004.

STEINMETZ, Wilson. Direitos fundamentais e relações entre particulares: anotações sobre a teoria dos imperativos de tutela. Revista da Associação dos Juízes do Estado do Rio Grande do Sul (AJURIS), n. 103, set. 2006.

STRECK, Lenio Luiz. *Hermenêutica Jurídica e(m) Crise*: uma exploração hermenêutica da construção do direito. Porto Alegre: Livraria do Advogado, 2002.

TIPKE, Klaus. Moral Tributaria del Estado y de los Contribuintes. Madrid. Marcial Pons, 2002.

TORRES, Ricardo Lobo. A Metamorfose dos Direitos Sociais em Mínimo Existencial. SARLET, Ingo Wolfgang. *Direitos Fundamentais Sociais: estudo de direito constitucional, internacional e comparado*. Renovar: Rio de Janeiro, p. 1-46, 2003.

——. O Mínimo Existencial e os Direitos Fundamentais. *Revista de Direito da Procuradoria Geral do Estado do Rio de Janeiro*. n. 42, p. 69-78, 1990.

VENOSA, Sílvio de Salvo. *Direito civil*. v. 2, 5. ed. São Paulo: Atlas, 2005.

VIOLA, Francesco; ZACCARIA, Giuseppe. *Diritto e Interpretazione*: lineamenti di teoria ermeneutica del diritto. Roma: Laterza, 1999.

WARAT, Luiz Alberto. In: *Introdução Geral ao Direito*. v. 1, Porto Alegre: Sergio Antonio Fabris, 1994.

WEBER, Max. A Ética Protestante e o Espírito do Capitalismo. São Paulo: Editora Martin Claret, 2002.

ZACCARIA, Giuseppe. *Questioni di Interpretazione*. Padova: Casa Editrice Dott. Antonio Milani (CEDAM), 1996.

— 12 —

Da efetividade dos Órgãos de Defesa do Consumidor

FLÁVIA DO CANTO PEREIRA[1]

Sumário: I – Introdução; II – Da política nacional de relações de consumo; III – A educação para o consumo como ferramenta de garantia dos direitos; IV – Da efetividade dos órgãos de defesa do consumidor e o processo administrativo como instrumento sancionatório.; Considerações finais; Referências bibliográficas.

I – Introdução

A Lei 8.078/90, Código de Defesa do Consumidor, é uma legislação protetiva e de resolução e harmonização das relações consumeristas que pouco necessita de reforma, mas sim de adaptação pela própria evolução social.

Então, por que os consumidores são tão desrespeitados? Por que o fornecedor não cumpre com a legislação? Por que há a necessidade de um órgão de defesa do consumidor interferir na relação de consumo para que esta seja resolvida?

Pois bem, o grande problema está na educação e digo educação para o consumo, tanto do consumidor quanto do fornecedor. O estudo dos direitos dos consumidores é precário no país e há pouco tempo não tínhamos como disciplina obrigatória nas universidades, portanto, como exigir o cumprimento e o respeito à lei consumerista se nenhuma das partes envolvidas tem noção do que deva ser feito?

Ainda, nessa linha de pensamento, o Código em sua funcionalidade prevê a política nacional das relações de consumo, ou seja, ações governamentais que visam à defesa dos consumidores e para que isso ocorra há que se ter um esforço pelos entes públicos na inserção dessa matéria na educação básica, pois só assim vislumbro uma sociedade de consumo mais respeitosa.

A intervenção dos órgãos de Proteção e Defesa dos consumidores dá-se justamente pelo não cumprimento das normas de direito do consumidor. E,

---
[1] Mestre em Direito e Professora de Direito do Consumidor e Processo Civil no Curso de Direito da Pontifícia Universidade Católica do Rio Grande do Sul. Advogada, Diretora Executiva do Procon Municipal de Porto Alegre – RS.

assim, somente através do processo administrativo, temos como exigir o cumprimento forçado das normas, através do poder de polícia administrativo e suas sanções previstas no Código de Defesa do Consumidor.

O presente estudo visa a analisar os fenômenos que levam o fornecedor ao descumprimento da lei e a analise do grau de efetividade do Procon, através das sanções administrativas com vistas à solução dos conflitos.

II – Da política nacional de relações de consumo

O consumidor que antes do advento do Código de Proteção e Defesa do Consumidor, apenas contava com a lei civil[2] hoje tem direitos que sequer eram contemplados, como a proteção nas duas órbitas de direito do consumidor a físico-psíquica e econômica do consumidor que tem por objetivo uma relação de consumo harmoniosa.[3]

A teoria da qualidade adotada pela lei consumerista busca aquilo que o Código Civil não trazia em sua redação, ou seja, a defesa dos consumidores em ambas as esferas de proteção.

Mas, para que o consumidor veja o atendimento a política nacional de consumo a norma do artigo 4º do CDC prevê princípios de ordem social e constitucional que devem ser aplicados de forma a atender a vulnerabilidade do consumidor no mercado de consumo.[4]

Além da exposta vulnerabilidade do consumidor como principio, de acordo com o inciso I do artigo 4º do CDC, cito a ação governamental no sentido de proteger efetivamente o consumidor, inciso II, art. 4º por meio dos órgãos de defesa do consumidor como caminho necessário a harmonização das relações de consumo.

A defesa dos consumidores através dos órgãos que fazem a política nacional de consumo (Procons, Ministério Público, Delegacia do Consumidor ...) se põe como o marco que difere a defesa dos vulneráveis perante o fornecedor

---

[2] PASQUALOTTO, Adalberto. Defesa do Consumidor, artigo publicado *Doutrinas Essenciais direito do consumidor*, volume I, organizadores Claudia Lima Marque e Bruno Miragem, revista dos tribunais, p. 26: "A proteção ao consumidor é feita através deum conjunto de regras jurídicas, que compõem um sistema interdisciplinar. Concorrem para esse sistema, o Direito Civil, especialmente contratos; o Direito Comercial, nas relações de consumo que envolvem comerciantes, como participantes de negócios mistos; o Direito Administrativo, quanto ao exercício do poder de polícia, v.g, sobre preços e pela condição de consumidores dos usuários dos serviços públicos; o Direito Penal, sancionando condutas consideradas de maior gravidade; o Direito Processual, assegurando a tutela judicial do consumidor".

[3] BENJAMIN, Antonio Herman V., *Manual de Direito do Consumidor*, p. 100: "No direito do consumidor é possível enxergar duas órbitas distintas – embora não absolutamente excludentes – de preocupações. A primeira centraliza suas atenções na garantia da incolumidade físico-psíquica do consumidor, protegendo sua saúde e segurança, ou seja, preservando sua vida e integridade contra os acidentes de consumo provocados pelos riscos de produtos e serviços. Esta órbita, pela natureza do bem jurídico tutelado, ganha destaque em relação à segunda. A segunda esfera de inquietação, diversamente, busca regrar a incolumidade econômica do consumidor em face de incidentes de consumo capazes de atingir seu patrimônio".

[4] MARQUES, Cláudia Lima, *Manual de Direito do Consumidor*, p. 54: "O art. 4º do CDC é uma norma narrativa, expressão criada por Erik Jayme para descrever estas normas renovadoras e abertas, que trazem objetivos e princípios, e evitar de chama-las de normas programa ou normas programáticas, que não tinham eficácia prática e por isso não eram usadas".

e a aplicabilidade do sistema de princípios básicos dessa política na prática de mercado.

Em face da harmonização das relações de consumo exige-se uma ação governamental por parte de todos que compõe o sistema nacional de relações de consumo mais efetivo e menos conciliatório.

A harmonização e a transparência nas relações de consumo deve ser uma obrigação no mercado de consumo, mas não é a realidade. Apesar do instrumento normativo adequado (Lei 8.078/90) sem a intervenção estatal não se tem a garantia dos princípios e nem o atendimento das necessidades dos consumidores frente ao fornecedor.

Assim, a política nas relações de consumo não pode ser dissociada da política econômica e pública[5] justamente para o equilíbrio na relação entre consumidor e fornecedor. O artigo 170 da Constituição Federal trata da ordem econômica e social e impõe a defesa do consumidor e a partir dessa norma que se deu a criação da Lei de defesa dos consumidores.

Diante dessa nova realidade em termos de defesa dos consumidores no Brasil, o Estado através de seus diversos órgãos de defesa dos consumidores implementa uma política pública e uma política de relação de consumo que visa a aplicação dos princípios à luz do artigo 4º do CDC.

Nessa esteira o Código de Defesa do Consumidor, artigo 5º *caput* e incisos, instituiu a execução para a política nacional das relações de consumo, como a criação de órgãos de defesa dos consumidores, delegacias do consumidor, promotorias especializadas, juizados especiais e varas especializadas e a assistência ao consumidor carente. Todas as formas de execução são válidas e instrumentos preciosos para efetiva proteção das órbitas de proteção ao consumidor.

A Política econômica, social e consumerista dá acesso aos cidadãos seja individualmente ou coletivamente em um primeiro momento com normas jurídicas de direito, normas claras sob o aspecto de proteção ao vulnerável e em um segundo momento a execução das normas através de mecanismos administrativos ou judiciais. Nesse momento, se dá a execução da política na prática.

Pensa-se um consumidor que adquire um produto essencial, a exemplo da geladeira, com vício de qualidade, com garantia legal de 90 dias para reclamação esse individuo procura o fornecedor e este é omisso.[6] Nesse caso já se tem o direito dele tutelado na lei o que ocorre é a negativa de atendimento por

---

[5] BRASIL. Constituição (1988). *Constituição da República Federativa do Brasil: promulgada em 5 de outubro de 1988*. Art. 170, inciso V da Constituição Federal.. Disponível em: <http://www.planalto.gov.br/ccivil_03/constituição/constitui%C3%A7ao.htm>. Acesso em: 23 de Setembro de 2013.

[6] Art. 18. Os fornecedores de produtos de consumo duráveis ou não duráveis respondem solidariamente pelos vícios de qualidade ou quantidade que os tornem impróprios ou inadequados ao consumo a que se destinam ou lhes diminuam o valor, assim como por aqueles decorrentes da disparidade, com a indicações constantes do recipiente, da embalagem, rotulagem ou mensagem publicitária, respeitadas as variações decorrentes de sua natureza, podendo o consumidor exigir a substituição das partes viciadas. Art. 26. O direito de reclamar pelos vícios aparentes ou de fácil constatação caduca em: I – trinta dias, tratando-se de fornecimento de serviço e de produtos não duráveis; II – noventa dias, tratando-se de fornecimento de serviço e de produtos duráveis.

parte do fornecedor, sendo assim, tem-se a execução real da política pública seja através dos Procons ou do Poder Judiciário para garantir a defesa do consumidor.

É um típico caso de relação de consumo com muita incidência nos Procons[7] e que apenas através da política nacional de relação de consumo há o atendimento adequado ao consumidor através do poder público.

O poder público com vistas a um atendimento mais abrangente aos consumidores cria Procons nos Estados e também nos Municípios e a ideia da municipalização dos Procons é um mecanismo essencial para um melhor atendimento da população, mas além dos órgãos de defesa e dessa política pública de assistência integral ao indivíduo é necessária a educação de ambos os sujeitos dessa relação: o consumidor e o fornecedor.[8]

III – A educação para o consumo como ferramenta de garantia dos direitos

A educação ao consumo é princípio regulado na política nacional de relações de consumo, artigo 4º, inciso IV do Código de Proteção e Defesa dos Consumidores[9] e preocupação constante das entidades que compõe a política nacional das relações de consumo.

Assim, em 15 de março de 2013, a presidenta da República instituiu o Plano Nacional de Consumo e Cidadania através do Decreto nº 7.963 e uma das diretrizes do plano é a educação para o consumo previsto no art. 2º do referido Decreto.[10]

Para que haja uma transparência nas relações de consumo, tanto consumidor como fornecedor, tem que pedagogicamente utilizar a educação como base para uma aplicação adequada tanto de direitos quanto de deveres.

O estado através de política pública deve garantir a educação ao consumo a todos por meio de iniciativas adequadas, mas ainda não basta, pois a solução aos conflitos inerentes ao mercado de consumo que são postos hoje ultrapassa a esfera pública e entra também no escopo privado em que todos devem se informar e se educar.

---

[7] "A década de 70 contemplou um marco no país. Em 1976, pelo Governo do Estado de São Paulo foi criado o primeiro órgão público de proteção ao consumidor que recebeu o nome de Grupo Executivo de Proteção ao Consumidor, mais conhecido como PROCON". Fonte: <http://www.procon.sp.gov.br>, acesso em 23 de setembro de 2013.

[8] FILOMENO, José Geraldo. Código Brasileiro de Defesa do Consumidor comentado pelos autores do anteprojeto, 9 edição, Forense Universitária, 2007, pg. 72: "Desde 1985, por outro lado, o PROCON tem desenvolvido programa de descentralização dos serviços públicos de proteção ao consumidor, mediante o incentivo, junto às prefeituras municipais, de sistemas municipais de proteção ao consumidor (conselho e órgão executivo = PROCON municipal), tudo por leis municipais que também autorizam o estabelecimento de convênios com a mencionada Secretaria, que então treina os funcionários locais para o atendimento ao público e encaminhamento das questões que lhe serão levadas pelos consumidores".

[9] "Art. 4º, inciso IV: educação e informação de fornecedores e consumidores, quanto aos seus direitos e deveres, com vistas à melhoria do mercado de consumo".

[10] Decreto nº 7.963/2013, art. 2º "São diretrizes do Plano Nacional de Consumo e Cidadania: I – educação para o consumo".

Para que o direito tutelado seja exigido o consumidor deve sabê-lo sob pena de ser enganado e de igual forma o fornecedor deve se educar e se informar com vistas à melhoria do mercado de consumo.

A sociedade de consumo muitas vezes supre os aborrecimentos da vida social da qual todos querem se evadir: o tédio, a inveja e a competição, o desemprego, as decepções e frustrações diárias. E o remédio deste século tem sido o consumo, com vistas à satisfação pessoal para suprir os infortúnios cotidianos.[11]

Esse consumismo excessivo é a realidade do século em que se vive em que só há realização pessoal se há aquisição de bens. Além disso, a quantidade de oferta na mídia atrai o consumidor mesmo sem a necessidade concreta para aquisição do produto, mas ele é induzido a isso.

A cadeia de oferta e consumo é vasta. De um lado, o fornecedor traz a informação e faz o *marketing* para a venda e, de outro, o consumidor com todas as suas questões pessoais que internamente influenciam na decisão de adquirir produto e serviço sem os devidos cuidados.

O consumidor deveria ser educado para consumir adequadamente, a pesquisar preços, a exigir os direitos e garantias previstas no Código de Defesa do Consumidor.

A educação ao consumo eu vejo como um dos maiores problemas que se enfrenta na área do direito do consumidor, pois perpassa gerações e ao longo dos anos é preocupação constante das entidades de defesa dos consumidores.

Consumidor desinformado é consumidor facilmente enganado.

Rizzato Nunes, sobre o tema, afirma que "um dos grandes problemas do consumidor na sociedade capitalista é a sua dificuldade em se expressar e se defender publicamente contra tudo o que lhe fazem mal".[12]

Quando enganado, o consumidor procura os órgãos de defesa ou procura um advogado, isso porque o número de ofertas no mercado de consumo é crescente.

A técnica do fornecedor para atrair o consumidor é o "chamariz", uma modalidade de enganação que usa a propaganda como meio. Por exemplo, o anúncio de liquidação, com grandes descontos, e quando o consumidor chega na loja, a liquidação é restrita a uma prateleira ou produto específico.[13]

Observa-se no mercado a variedade de técnicas de atração ao consumo exacerbado e como evitar? Isso não há como evitar, mas a educação ao consumo é a ferramenta para coibir os abusos.

A educação orienta, a educação informa, e as relações se tornam mais transparentes. Exemplo é o estudo do direito do consumidor nas universidades que até hoje é disciplina eletiva em alguns currículos,[14] o próprio bacharel

---

[11] SANTOS, Andréia Mendes; GROSSI, Patricia Kriegger. Infancia comprada: hábitos de consumo na sociedade contemporânea. *Revista Virtual e Contextos*, nº 8, dez. 2007, p. 1 e 2.

[12] NUNES, Rizzato. Publicidade e Consumo. *Revista Jurídica Consulex*, p. 25.

[13] Idem, p. 26.

[14] Brito, José Geraldo menciona que "em nível superior, registra-se que o primeiro curso de Direito a introduzir, por nossa iniciativa, o Direito do Consumidor em sua grade curricular, como disciplina obrigatória,

em direito por vezes não estuda a matéria por opção curricular. Que bom que essa realidade está mudando, e universidades já contam com o direito do consumidor como disciplina obrigatória.

Se todos soubessem da importância desse conhecimento específico, ajudaria a melhorar as relações dentro do mercado e creio que até mesmo nas escolas a matéria seria obrigatória.

Saliento aqui a importância da criança que é multiplicadora de conhecimentos, uma vez esta entende os seus direitos desde a infância ela leva como bagagem cultural a seus familiares e há o fenômeno da disseminação de informação na sociedade. A criança aprende mais fácil, leva o aprendizado como regra, assim como ela aprende os sinais de transito, a educação ambiental, ela deve ter a educação para o consumo.

A inclusão da matéria de direito do consumidor ainda é um sonhar, um querer e depende do interesse político. Quem sabe essa inclusão ocorra e, no futuro, o mercado modifique.

Nesse diapasão, os esforços dos órgãos de defesa se multiplicam. Os Procons visam à educação consumerista através de ações tais como distribuição de manuais informativos, Códigos de Defesa dos Consumidores e palestras.

O Procon Municipal de Porto Alegre/RS tem o projeto que visa à educação para o consumo nas escolas. Esse projeto conta com palestras ministradas pelos funcionários do órgão às crianças de séries diferenciadas e didática própria para um fácil entendimento.[15]

O projeto de educação para o consumo se torna uma ferramenta na garantia dos direitos dos consumidores é parte do objetivo traçado pelo sistema nacional de defesa do consumidor (SNDC).[16] A atuação de todos frente à educação evoluiu desde a criação da Lei 8.078/90; inúmeros projetos estão em andamento e a união de todos os membros se dá com vistas à proteção e à garantia dos direitos regulados no CDC e por vezes desconhecido da população.

José Geraldo Brito Filomeno relata uma das atividades precípuas dos órgãos de Defesa do Consumidor: a educação, mediante a educação formal do

---

e não meramente optativa, em 1998, mas com planejamento formulado em 1993, foi o da FMU (Faculdades Metropolitanas Unidas), atualmente UNIFMU (Centro Universitário Faculdades Metropolitanas Unidas), de São Paulo, Capital". (Manual de Direitos do Consumidor, p. 163.)

[15] Matéria do *site*: <http://www2.portoalegre.rs.gov.br/procon/default.php?p_noticia=160884&PROCON+PROMOVE+ATIVIDADES+SOBRE+EDUCACAO+PARA+O+CONSUMO>.Acesso em 26/09/2013: "*Procon promove atividades sobre Educação para o Consumo:* Uma série de palestras sobre Educação para o Consumo será promovida em escolas municipais, estaduais e particulares pelo Procon Porto Alegre. Nesta terça-feira, 28, as atividades começam a partir das 8h50 no Colégio Israelita Brasileiro com apresentações para alunos das séries finais dos ensinos Fundamental e Médio. 'Nosso objetivo é qualificar o ensino dos estudantes por meio do conhecimento dos conceitos básicos do Código de Defesa do Consumidor, utilizando uma linguagem de fácil entendimento', destaca a diretora executiva do Procon Porto Alegre e palestrante, Flávia do Canto Pereira. Os alunos receberão informações relativas a conceitos sobre produtos, serviços, defeitos, garantia, prazos de validade, apresentação de rótulos e embalagens das mercadorias. Também faz parte do conteúdo a importância da nota fiscal, como identificar propagandas enganosas e fraudes comuns, o direito à troca dos produtos, bem como o direito de arrependimento. As palestras se destinam a alunos com idade acima de 12 anos. 'Pretendemos ensinar os conteúdos sobre o mercado de consumo de forma que eles atuem como agentes multiplicadores de conhecimentos, influenciando positivamente a vida familiar', argumenta Flávia".

[16] Art. 105. Integram o Sistema Nacional de Defesa do Consumidor (SNDC), os órgãos federais, estaduais, do Distrito Federal e municipais e as entidades privadas de defesa do consumidor

consumidor, notadamente da criança consumidora, e menciona os trabalhos já desenvolvidos nos Estados de Rio Grande do Sul e São Paulo em torno da educação do consumidor nas escolas como objetivo à formação de cidadãos conscientes e críticos frente à sociedade que os rodeia tem inevitavelmente de incorporar nas tarefas docentes a formação da criança, do jovem e do adulto como consumidores.[17]

Cabe ao sistema nacional de defesa do consumidor coordenar uma política pública cabendo-lhe informar, conscientizar e motivar o consumidor através de diferentes meios de comunicação, assim como prestar aos consumidores orientação permanente sobre seus direitos e garantias.[18]

Sendo assim, a garantia para efetividade dos direitos garantidos pelo Código de Defesa do Consumidor inicia na educação de consumidores e fornecedores para uma atuação mínima dos Procons na mediação de conflitos.

IV – Da efetividade dos órgãos de defesa do consumidor e o processo administrativo como instrumento sancionatório

A intervenção administrativa se dá através da fiscalização do órgão administrativo e está previsto no artigo 55 do CDC que em caráter concorrente a União, os Estados e o Distrito Federal e nas suas áreas de atuação administrativa, baixarão normas relativas à produção, distribuição e consumo de produtos e serviços.[19]

O §1º do artigo 55 do CDC atribui aos três entes políticos incluindo os municípios competência para fiscalizar e controlar o fornecimento de bens e serviços, no interesse da preservação da vida, saúde, segurança, informação e bem-estar do consumidor, baixando normas que se fizerem necessárias. Normas regulamentares de fiscalização[20] e controle no mercado de consumo que podem ser editadas por quaisquer entes políticos e que expressa o poder de polícia administrativa.[21]

A inobservância das normas contidas na Lei 8078/90 e das demais normas de defesa do consumidor gera a penalidade administrativa ao fornecedor.

---

[17] BRITO, José Geraldo. *Manual de Direitos do Consumidor*. São Paulo: Atlas, 2012, p. 162.

[18] Art. 106, incisos III e IV do CDC. Art. 106. *O Departamento Nacional de Defesa do Consumidor, da Secretaria Nacional de Direito Econômico* (MJ), ou órgão federal que venha substituí-lo, é organismo de coordenação da política do Sistema Nacional de Defesa do Consumidor, cabendo-lhe: III – prestar aos consumidores orientação permanente sobre seus direitos e garantias; IV – informar, conscientizar e motivar o consumidor através dos diferentes meios de comunicação.

[19] Art. 55. A União, os Estados e o Distrito Federal, em caráter concorrente e nas suas respectivas áreas de atuação administrativa, baixarão normas relativas à produção, industrialização, distribuição e consumo de produtos e serviços.

[20] A exemplo das legislações federais, estaduais e municipais em matéria de direito do consumidor: "Decreto 5903/2006 – Regulamentação Afixação de Preços; Decreto 6523/2008 – Regulamentação Serviço de Atendimento ao Consumidor – SAC; Lei 8.078/1990 – Código de Defesa do Consumidor; Lei 1.0671/2003 – Estatuto de Defesa do Torcedor; 1.0741/2003 – Estatuto do Idoso; Lei 8.192/98 (Municipal)".

[21] *Código Brasileiro de Defesa do Consumidor Comentado pelos Autores do Anteprojeto*, vol. I, 10ª ed. Rio de Janeiro: Forense, p. 664.

As penalidades administrativas estão elencadas no artigo 56 do CDC e no art. 18 do Decreto 2.181/97.

Sem prejuízo das sanções de natureza civil, penal e outras definidas em normas específicas, o fornecedor poderá incorrer em sanções administrativas tais como: multa, apreensão de produto; inutilização do produto; cassação de registro do produto junto ao órgão competente; proibição de fabricação do produto; suspensão de fornecimento de produtos ou serviço; suspensão temporária de atividade; revogação de concessão ou permissão de uso; cassação de licença do estabelecimento ou de atividade; interdição, total ou parcial, de estabelecimento; de obra ou de atividade; intervenção administrativa e imposição de contrapropaganda.

Essa norma reflete no poder de polícia administrativo[22] em defesa ao consumidor que garante a efetividade do processo administrativo e intervenção do Estado na mediação de conflitos.

O poder de polícia está a legitimar o ordenamento das atividades econômicas, sendo indelegável, exclusivo da Administração Pública como Poder Público. Assim, a premissa não pode ser descartada em relação a tutela administrativa nas relações de consumo.[23]

Bruno Miragem leciona que o poder de polícia administrativo, no que toca à defesa do consumidor, responde pela presença da Administração ou relações jurídicas que seriam de direito privado, mas que a intervenção do ente público transfere à égide do regime público.[24]

---

[22] PROCESSO CIVIL. CONSUMIDOR. EMBARGOS À EXECUÇÃO FISCAL. MULTA APLICADA PELO PROCON. DIVERGÊNCIA JURISPRUDENCIAL. AUSÊNCIA DE SIMILITUDE FÁTICA. NÃO CONHECIMENTO. OMISSÃO. INEXISTÊNCIA. DOSIMETRIA DA SANÇÃO. VALIDADE DA CDA. REEXAME DE MATÉRIA FÁTICA. SÚMULA 07/STJ. COMPETÊNCIA DO PROCON. ATUAÇÃO DA ANATEL. COMPATIBILIDADE. RECURSO ESPECIAL N. 1.138.591 – RJ (2009/0085975-1). Os Procons foram concebidos como entidades ou órgãos estaduais e municipais de proteção ao consumidor, criados no âmbito das respectivas legislações competentes para fiscalizar as condutas infrativas, aplicar as penalidades administrativas correspondentes, orientar o consumidor sobre seus direitos, planejar e executar a política de defesa do consumidor nas suas respectivas áreas de atuação, entre outras atribuições. Portanto, o exercício da atividade de polícia administrativa é diferido conjuntamente a órgãos das diversas esferas da federação, sujeitando os infratores às sanções previstas no art. 56 do Código de Defesa do Consumidor, regulamentadas pelo Decreto 2.181/97. Entre as sanções aplicáveis aos que infringirem as normas consumeristas, pode-se citar: multa, apreensão do produto, cassação do registro do produto junto ao órgão competente, suspensão de fornecimento de produtos ou serviços, suspensão temporária de atividade, interdição, total ou parcial, de estabelecimento, de obra ou de atividade, imposição de contrapropaganda. O § 1º do art. 18 do mencionado Decreto esclarece que poderá ser apenado pelas infrações administrativas contra as relações de consumo aquele que, por ação ou omissão, der causa à prática infrativa, concorrer para a prática ou dela se beneficiar. Destarte, sempre que condutas praticadas no mercado de consumo atingirem diretamente o interesse de consumidores, é legítima a atuação do Procon para aplicar as sanções administrativas previstas em lei, no regular exercício do poder de polícia que lhe foi conferido no âmbito do Sistema Nacional de Defesa do Consumidor. Tal atuação, no entanto, não exclui nem se confunde com o exercício da atividade regulatória setorial realizada pelas agências criadas por lei, cuja preocupação não se restringe à tutela particular do consumidor, mas abrange a execução do serviço público em seus vários aspectos, a exemplo, da continuidade e universalização do serviço, da preservação do equilíbrio econômico-financeiro do contrato de concessão e da modicidade tarifária.

[23] LAZZARINI, Álvaro. . Doutrinas Essenciais Direito do Consumidor. Organizadores: Cláudia Lima Marques e Bruno Miragem, vol. VI, ED. *Revista dos Tribunais, artigo Tutela Administrativa e Relações de Consumo*, p. 912.

[24] MIRAGEM, Bruno. Doutrinas Essenciais Direito do Consumidor. Organizadores: Cláudia Lima Marques e Bruno Miragem, vol. VI, ED. *Revista dos Tribunais, artigo: "A Defesa Administrativa do Consumidor no Brasil – alguns aspectos"*, p. 956.

O poder de polícia do órgão administrativo foi lhe conferido pelo Sistema Nacional de Defesa do Consumidor e deve ser aplicado com rigor ao fornecedor que descumpre as normas.

A fiscalização pelo Poder Público competente para exercer o poder de polícia na atividade administrativa tem atributos de discricionariedade, auto-executoriedade e o da coercibilidade.

A discricionariedade diz respeito a valoração das atividades policiadas como a gradação das sanções administrativas, mas dentro dos limites impostos pela lei.[25]

A auto-executoriedade do ato administrativo importa na produção imediata de seus efeitos independentemente de autorização do Poder Judiciário.

Quanto à coercibilidade, vejo aqui a mais importante função do poder de polícia administrativo, pois é um ato imperativo, isto é, obrigatório ao fornecedor que se a cumprir ensejará o emprego da força pública para o seu cumprimento.[26]

O procedimento administrativo adequado ao exercício do poder de polícia administrativo nas relações de consumo dá-se através do processo administrativo regulado pelo Decreto 2.181/97.

As práticas infrativas às normas de proteção e defesa do consumidor serão apuradas mediante processo administrativo, conforme já mencionado. O processo inicia-se por ato, por escrito, da autoridade competente, lavratura de auto de infração ou reclamação.[27]

O procedimento administrativo é célere e efetivo. Célere porque seu instrumento é conciso e permite apenas uma defesa e um recurso a autoridade competente o que facilita a rápida tramitação administrativa.[28] Sua efetividade

---

[25] Art. 23. Os serviços prestados e os produtos remetidos ou entregues ao consumidor, na hipótese prevista no inciso IV do art. 12 deste Decreto, equiparam-se às amostras grátis, inexistindo obrigação de pagamento. Art. 24. Para a imposição da pena e sua gradação, serão considerados: I – as circunstâncias atenuantes e agravantes; II – os antecedentes do infrator, nos termos do art. 28 deste Decreto.

[26] LAZZARINI, Álvaro. . Doutrinas Essenciais Direito do Consumidor. Organizadores: Cláudia Lima Marques e Bruno Miragem, vol. VI, ED. *Revista dos Tribunais, artigo Tutela Administrativa e Relações de Consumo"*, pg. 914.

[27] Art. 33. As práticas infrativas às normas de proteção e defesa do consumidor serão apuradas em processo administrativo, que terá início mediante: I – ato, por escrito, da autoridade competente; I – lavratura de auto de infração; III – reclamação.

[28] Art. 43 , 44, 45, 46 e 49 dec. 2181/97. Art. 43. O processo administrativo decorrente de Auto de Infração, de ato de ofício de autoridade competente, ou de reclamação será instruído e julgado na esfera de atribuição do órgão que o tiver instaurado. Art. 44. O infrator poderá impugnar o processo administrativo, no prazo de dez dias, contados processualmente de sua notificação, indicando em sua defesa: I – a autoridade julgadora a quem é dirigida; II – a qualificação do impugnante; III – as razões de fato e direito que fundamentam a impugnação; IV – as provas que lhe dão suporte. Art. 45. Decorrido o prazo da impugnação, o órgão julgador determinará as diligências cabíveis, podendo dispensar as meramente protelatórias ou irrelevantes, sendo-lhe facultado requisitar do infrator, de quaisquer pessoas físicas ou jurídicas, órgãos ou entidades públicas as necessárias informações, esclarecimentos ou documentos, a serem apresentados no prazo estabelecido. Art. 46. A decisão administrativa conterá relatório dos fatos, o respectivo enquadramento legal e, se condenatória, a natureza e gradação da pena. Art. 49. Das decisões da autoridade competente do órgão público que aplicou a sanção caberá recurso, sem efeito suspensivo, no prazo de dez dias, contados da data da intimação da decisão, a seu superior hierárquico, que proferirá decisão definitiva.

se deve à atuação do poder de polícia frente ao fornecedor, através dos órgãos de defesa dos consumidores.[29]

Dentre as sanções administrativas algumas ganham destaque pela eficácia educativa e sancionatória aos fornecedores, por exemplo, a suspensão temporária de atividades (art. 56, inc. VII do CDC) e a imposição de contrapropaganda (art. 56, inc. XII). O prejuízo econômico e a mídia negativa que os fornecedores têm ao serem penalizados por essas práticas infrativas levam a maior rapidez na resolução do conflito.

À guisa de exemplo, cumpre salientar a atuação do Procon Municipal de Porto Alegre[30] em medida inédita no país de imposição de suspensão de atividade temporária as empresas de telefonia móvel em julho de 2012 e também a imposição de contrapropaganda para fins de informação aos consumidores de telefonia quanto a abrangência e cobertura de sinal das operadores no Município, esta foi veiculada em jornais de grande circulação a época e teve um resultado positivo para os consumidores.

Essa medida do Procon de Porto Alegre se deu em função do número excessivo de reclamações no órgão municipal e também reclamações de advogados, representados pela OAB/RS que através do procedimento administrativo previsto no artigo 56 do Código de Defesa do Consumidor, parágrafo único prevê a possibilidade de medida cautelar administrativa antecedente ao procedimento administrativo.[31]

Instrumento esse de grande efetividade prática, uma vez que verificado o *"fumus boni iuris"* requisito das medidas cautelares judiciais e aplicado a cautelar administrativa, ou seja, a plausibilidade, a possibilidade ou probabilidade de existência do direito invocado presente na infração consumerista. E, ainda, a urgência da medida cautelar antecedente de processo administrativo é medida eficaz quando há a probabilidade de haver dano para uma das partes. No caso já mencionado anteriormente, fundamentou-se a ordem já que o consumidor, hipossuficiente e vulnerável na relação de consumo, necessitava de urgência, pois o perigo na demora de eventual provimento acarretaria sérios danos econômicos em razão da comercialização de novas habilitações de telefonia móvel e internet 3G da operadora à população em geral.

---

[29] Conforme Bruno Miragem: "As sanções decorrentes do processo administrativo de defesa do consumidor tem seu elenco estabelecido no art. 56 do Código de Defesa do Consumidor e tem finalidade precípua assegurar a efetividade do direito do consumidor. São elas: a) pecuniárias; b) objetivas e c) subjetivas. Distinguem-se por se constituírem da imposição de multa (pecuniárias), serem relativas a produtos ou serviços (objetivas), ou ainda relativas à atividade do fornecedor (subjetivas). Sua aplicação deve observar, naturalmente, prévio processo administrativo, em que se oportunize o contraditório e a ampla defesa do acusado da infração contra os direitos do consumidor". (*Curso de Direito do Consumidor*. 3ª ed. Revista dos tribunais, p. 627).

[30] LEI COMPLEMENTAR n° 563, de 30 de janeiro de 2007. Organiza, no âmbito da Administração Centralizada da Prefeitura Municipal de Porto Alegre, o *Sistema Municipal de Proteção e Defesa dos Direitos do Consumidor – SMDC –, institui o Serviço de Proteção e Defesa dos Direitos do Consumidor – Procon/PMPA –, o Conselho Municipal de Proteção e Defesa dos Direitos do Consumidor – Condecon – e o Fundo Municipal dos Direitos Difusos – FMDD.*

[31] Art. 56, § único CDC: "As sanções previstas neste artigo serão aplicadas pela autoridade administrativa, no âmbito de sua atribuição, podendo ser aplicadas cumulativamente, inclusive por medida cautelar, antecedente ou incidente de procedimento administrativo".

Nessas medidas, basta que o perigo de dano seja plausível e provável, ainda que não certo. O fundado receio, no entanto, há de ser objetivo, isto é, fundado em motivos sérios e não em temor de um fato subjetivo ou dúvida pessoal.

Veja-se, portanto, que há meios punitivos e sancionatórios aos que descumprem com as normas consumeristas e que basta somente a aplicação efetiva dos Procons para que se tenha a garantia dos direitos preservada.

Muito se questiona quanto a atuação dos órgãos de defesa dos consumidores se essa é efetiva e qual o grau de resolutividade nas ações feitas.

A realidade do mercado de consumo nos demonstra alguns dados importantes como o índice de resolução e mediação dos conflitos e atendimentos realizados nos Procons, isso através de dados vinculados ao SINDEC (Sistema Nacional de Informações de Defesa do Consumidor).

Para exemplificar vejamos os números registrados no SINDEC do Procon Municipal de Porto Alegre antes e depois da primeira medida administrativa cautelar em julho de 2012.

Após um levantamento dos atendimentos realizados pelo PROCON Municipal de Porto Alegre desde 01/01/2008 até 02/10/2013, verificou-se um total de 69.839 registros de reclamações. Tem-se mantido a média de 12.000 atendimentos por ano com um percentual de 80% de êxito através da mediação sem a necessidade de abertura de processos administrativos.

Dos 20% restantes, cerca de 14.000 foram necessárias à abertura de CIPs – Carta de Investigação Preliminar –, procedimento que dá início ao Processo Administrativo. Observou-se que dessas 14 mil CIPs abertas, pelo menos 70% dos casos foram resolvidos.

Em suma, das quase 70 mil pessoas que buscaram o PROCON Municipal de Porto alegre, desde 2008, pelo menos 4.200 reclamações não foram resolvidas, o que representa 6% do total de registros.

Esse foi o reflexo da atuação do instrumento sancionatório adequado que foi utilizado pelo Procon e que vem utilizando aqueles fornecedores que descumprem as regras de direito do consumidor.

O processo administrativo regulado pelo Código de Defesa do Consumidor e Decreto 2.181/97 é instrumento efetivo de aplicabilidade prática que deve sempre ser utilizado pelos Procons a fim de punir as práticas infrativas no mercado de consumo.

Não há harmonização sem uma atuação mais rigorosa do órgão de defesa dos consumidores a fim de solucionar os conflitos e evitar a reincidência.

Considerações finais

1. Através do que instituiu a Lei 8.078/90 em seu artigo 4º, a política nacional de relações de consumo é norma de extrema importância para a garantia dos direitos dos consumidores em seu âmbito judicial e administrativo.

2. O objetivo traçado pelo legislador ao implantar a política nacional de relações de consumo é justamente o atendimento aos consumidores frente às necessidades que se encontram no mercado.

3. A defesa dos consumidores através dos órgãos que fazem a política nacional de consumo (Procons, Ministério Público, Delegacia do Consumidor..) se põe como o marco que difere a defesa dos vulneráveis perante o fornecedor e a aplicabilidade do sistema de princípios básicos dessa política na prática de mercado.

4. Em face da harmonização das relações de consumo, exige-se uma ação governamental por parte de todos que compõem o sistema nacional de relações de consumo mais efetivo e menos conciliatório.

5. A educação ao consumo é princípio regulado na política nacional de relações de consumo, artigo 4º, inciso IV do Código de Proteção e Defesa dos Consumidores e preocupação constante das entidades que compõe a política nacional das relações de consumo.

6. Para que haja uma transparência nas relações de consumo, tanto consumidor como fornecedor tem que, pedagogicamente, utilizar a educação como base para uma aplicação adequada tanto de direitos quanto de deveres.

7. Sendo assim, a garantia para efetividade dos direitos garantidos pelo Código de Defesa do Consumidor inicia na educação de consumidores e fornecedores para uma atuação mínima dos Procons na mediação de conflitos.

8. A intervenção administrativa se dá através da fiscalização do órgão administrativo e está previsto no artigo 55 do CDC que em caráter concorrente a União, os Estados e o Distrito Federal e nas suas áreas de atuação administrativa, baixarão normas relativas à produção, distribuição e consumo de produtos e serviços.

9. A inobservância das normas contidas na Lei 8.078/90 e das demais normas de defesa do consumidor gera a penalidade administrativa ao fornecedor. As penalidades administrativas estão elencadas no artigo 56 do CDC e no art. 18 do Decreto 2.181/97.

10. O procedimento administrativo é célere e efetivo. Célere porque seu instrumento é conciso e permite apenas uma defesa e um recurso a autoridade competente, o que facilita a rápida tramitação administrativa. Sua efetividade se deve a atuação do poder de polícia frente ao fornecedor, através dos órgãos de defesa dos consumidores.

Referências bibliográficas

BRASIL. Constituição (1988). *Constituição da República Federativa do Brasil*: promulgada em 5 de outubro de 1988. Art. 170, inciso V da Constituição Federal.. Disponível em: <http://www.planalto.gov.br/ccivil_03/ constituição/constitui%C3%A7ao.htm>. Acesso em: 23 de Setembro de 2013

CARVALHO FILHO, Jose dos santos. *Manual de direito administrativo*. 21º ed. Rio de Janeiro: Lumen juris, 2009, 1177 p.

——; ——. (orgs.) *Direito do consumidor*: fundamentos do direito do consumidor. São Paulo: Revista dos Tribunais, 2011. (Coleção doutrinas essenciais; v.6)

CAVALIERI FILHO, Sergio. *Programa de Direito do Consumidor*. ESTADO: Atlas, 2011.

FILOMENO, José Geraldo Brito. *Manual de direitos do consumidor*. 11. ed. São Paulo: Atlas, 2012.

GASPARINI, Diógenes. *Direito administrativo*. 15. ed. São Paulo: Saraiva, 2010.

GRINOVER, Ada Pellegrini; WATANABE, Kazuo; JUNIOR, Nelson Nery. *Código de Defesa do Consumidor comentado pelos autores do anteprojeto*. 10. ed. Rio de Janeiro: Forense.

—— *et al. Código brasileiro de defesa do consumidor*. 10. ed. Revista, atualizada e reformulada – Rio de Janeiro: Forense, 2011, vol. 1, Direito Material (arts. 1.º a 80 e 105 a 108).

—— *et al. Código brasileiro de defesa do consumidor*. 9. ed. Rio de Janeiro: Forense Universitária, 2007.

—— *et al. Código brasileiro de defesa do consumidor*. 10. ed. Revista, atualizada e reformulada – Rio de Janeiro: Forense, 2011, vol. 2, Processo Coletivo (arts. 81 a 104 e 109 a 119).

MARQUES, Cláudia lima. *Contratos no Código de defesa do Consumidor*. 7. ed. São Paulo: Atlas, 2004.

——; MIRAGEM, Bruno. (orgas.) *Direito do consumidor*: fundamentos do direito do consumidor. São Paulo: Revista dos Tribunais, 2011. (Coleção doutrinas essenciais; v.1)

MEIRELLES, Hely Lopes. *Direito administrativo brasileiro*. 32. ed. São Paulo: Malheiros, 2006.

MIRAGEM, Bruno. *Curso de direito do consumidor* 3. ed rev., atual. e ampl. São Paulo: Revista do Tribunais, 2012.

NISHIYAME, Adolfo Mamoru. *A proteção constitucional do consumidor*. 2. ed. rev. atual. e ampl. São Paulo: Atlas, 2010.

NUNES, Rizzatto. *Curso de Direito do Consumidor*. 6. ed. São Paulo: Saraiva, 2010.

THEODORO JÚNIOR, Humberto, *1938 – Direitos do consumidor*: a busca de um ponto de equilíbrio entre as garantias do Código de Defesa do Consumidor e os princípios gerais do direito civil e do direito processual civil. 6. ed. Rio de Janeiro: Forense, 2009.

— 13 —

O salário em garantia de obrigações no âmbito do Sistema Financeiro Nacional[1]

GERSON LUIZ CARLOS BRANCO[2]

Sumário: Introdução; 1. Do salário como garantia de obrigações bancárias; 2. Da proteção ao salário e devido processo legal como limites ao autopagamento e a irrevogabilidade da autorização do desconto em folha; Conclusão; Referências bibliográficas.

Introdução

A garantia é um dos elementos da obrigação. Consiste na responsabilidade patrimonial do devedor, cuja eficácia jurídica submete integralmente o seu patrimônio às ações do credor para realização de seu crédito. Como é limitada a possibilidade de a garantia recair sobre a liberdade do devedor, sendo exceção a possibilidade de prisão do devedor de alimentos, cabe ao credor exercitar a sua garantia contra o patrimônio do devedor.

Não obstante a "totalidade" do patrimônio do devedor responda por suas dívidas, segundo o que determina o art. 391 do Código Civil,[3] o legislador instituiu uma série de exceções para evitar que a execução das dívidas civis promova a destruição econômica do devedor, com consequências nefastas sob o ponto de vista social.

Assim, considera-se que é em demasia gravosa a penhora das ferramentas de trabalho do devedor para pagamento de dívidas civis, pois ainda que não tenha outros bens, a limitação a possibilidade do exercício de uma atividade profissional provoca a redução da capacidade futura de geração de renda, inclusive para pagamento do débito, assim como das obrigações que possui com sua família, por exemplo. Da mesma maneira, o constituinte considerou como Direito Fundamental a impenhorabilidade da propriedade rural quando os débitos forem provenientes do desenvolvimento de sua atividade produtiva.[4]

---

[1] Este artigo em homenagem ao Prof. Ruy Rosado do Aguiar Júnior é fruto de pesquisa realizada sobre garantias contratuais, a qual já foi objeto de publicação em artigo da RDT no ano de 2013.
[2] Doutor em Direito Privado. Professor de Direito Empresarial da UFRGS.
[3] "Art. 391. Pelo inadimplemento das obrigações respondem todos os bens do devedor".
[4] Art. 5º, da Constituição Federal: "XXVI – a pequena propriedade rural, assim definida em lei, desde que trabalhada pela família, não será objeto de penhora para pagamento de débitos decorrentes de sua atividade produtiva, dispondo a lei sobre os meios de financiar o seu desenvolvimento".

As regras a respeito da impenhorabilidade não protegem o devedor da insolvência, pois aquele que somente possui bens impenhoráveis é insolvente.[5] O objetivo da norma é proteger a sociedade, pois em razão do caráter assistencial que o Estado é obrigado a prestar, a realização de um crédito de forma extremamente onerosa pode repassar custos para a sociedade, já que alguém que não possui recursos suficientes para pagar suas dívidas e ainda tem o bem em que reside com sua família expropriado, acabará nas filas da assistência social ou até mesmo sob as pontes de nossas metrópoles.

Ou seja, por detrás da proteção de um "mínimo existencial" está a proteção da pessoa e de sua dignidade, valores que o ordenamento considera superiores à proteção dos interesses do credor.[6]

Essas razões de caráter social criam uma dualidade no patrimônio do devedor,[7] pois parte do patrimônio não responde pelas dívidas civis, com as devidas exceções, como por exemplo as elencadas no art. 3º da Lei 8.009, de 29 de março de 1990, que permite a penhora da residência familiar para garantir o pagamento dos débitos com os empregado domésticos, condomínio, impostos sobre o imóvel, fiança em contrato de locação, etc.

Na parte em que o legislador tornou uma exceção a impenhorabilidade do imóvel residencial quando for outorgada fiança para garantir contrato de locação está uma característica peculiar de *reforço da garantia*. O crédito de aluguéis imobiliários garantido por fiança bancária tem melhor garantia do que outros créditos.

O privilégio para tais créditos teve como razão de ser a necessidade que "o mercado imobiliário" possuía na época em que foi editada a Lei 8.241, de 18 de outubro de 1991, de fomentar aos proprietários de imóveis que disponibilizassem a propriedade imobiliária para locação, pois mais interessa a sociedade a circulação econômica a ampliação da oferta e redução geral dos preços da locação, do que a proteção da residência do fiador.

Em outras palavras, o imperativo social determinante do reforço da garantia a essa modalidade de crédito prende-se ao fato de que existem fatos econômicos que vistos sob o ponto de vista macroscópico produzem um efeito benéfico para a sociedade, ainda que no caso concreto se esteja privilegiando

---

[5] Esclareça-se, desde já, que o conceito de insolvência acima é o "clássico" do Direito Civil, pois a insolvência sob o ponto de vista do Direito Empresarial é a impontualidade, que prova a falta de liquidez, como se depreende do artigo da Lei 11.101/2005.

[6] A respeito do mínimo existencial, ver texto de GUERRA, Sidney e EMERIQUE, Lilian Márcia Balmant. O princíio da dignidade da pessoa humana e o mínimo existencial. *Revista da Faculdade de Direito de Campos*, Ano VII, nº 9 – Dezembro de 2006, p. 379 – 397. A perspectiva do artigo é a de criação de um rol de direitos que comporiam um "mínimo vital" e assegurariam direitos a prestações perante o Estado. A relevância de tal texto para este artigo está relacionada a sua vinculação da preservação de um mínimo existencial como condição necessária para realização do princípio da dignidade da pessoa.

[7] Toma-se como excluído do "patrimônio" o conjunto de bens que são atributos da personalidade do devedor, ou seus Direitos da Personalidade, que embora sejam bens, não são bens que se incorporam ao seu patrimônio, pois indissociáveis da sua condição humana. Há direitos da personalidade, como por exemplo, o direito sobre a própria imagem ou os direitos autorais, que possuem estimação econômica. Embora o fundo do direito esteja vinculado a personalidade, os efeitos patrimoniais decorrentes dos contratos celebrados ou da exploração econômica são separáveis da pessoa e por isso passa a integrar o patrimônio.

a parte "socialmente" mais forte da relação, que é o locador, geralmente proprietário do bem locado.

Essa análise foi recentemente desenvolvida por Judith Martins-Costa em artigo que tratou do modelo dos juros no Direito brasileiro, justificando a necessidade de tratamento diferenciado das instituições financeiras.[8] Essa análise a partir de uma "perspectiva macrojurídica" leva em consideração os efeitos da regulamentação "na economia global da sociedade", abandonando-se uma visão baseada na justiça comutativa adstrita às relações individuais e unitariamente consideradas.[9]

Esse pressuposto é tomado em consideração tendo em vista que o Direito Privado moderno não pode ser examinado em uma esfera limitada do sujeito, seja pela pura análise da estática relação crédito e débito, seja porque a relação obrigacional quando vista como totalidade não pode ser dissociada dos seus fins. E os fins não são unicamente determinados pelo vínculo obrigacional, mas também pelos valores consubstanciados na norma jurídica que disciplina o modelo jurídico.

Na mesma perspectiva tem-se a análise da Lei n. 10.820, de 17 de dezembro de 2003,[10] que passou a dar garantia aos bancos contra as reiteradas decisões dos Tribunais de permitir que os empréstimos cujo pagamento fosse feito mediante desconto em folha pudessem ser cancelados.

Em outras palavras, a Lei n. 10.820, de 17 de dezembro de 2003, e a Lei n. 10.953, de 27 de setembro de 2004, criaram uma garantia especial para as insti-

---

[8] "Evidencia-se então, o fato de o tratamento jurídico dos juros ter direta relação com o desenvolvimento do País, com o crescimento da sua atividade produtiva ou, contrariamente (se os juros são excessivamente altos), com o empobrecimento e com as dificuldades da atividade produtiva, pois é favorecida a especulação, e a roda da "ciranda financeira" se põe a girar em detrimento da produção. Subjacente a perspectiva macrojurídica está a ideia de justiça distributiva. Admite-se que o Direito Privado não se esgota nas relações privadas intersubjetivas, mas mantém relações diretas e reflexas com a comunidade, lócus de atuação dos interesses meta individuais ou transubjetivos". MARTINS-COSTA, Judith. O regime dos juros no novo Direito Privado brasileiro. Revista da AJURIS, v. 105, março de 2007, Porto Alegre, p. 241 e ss, p. 245.

[9] MARTINS-COSTA, Judith. O regime dos juros no novo Direito Privado brasileiro. *Revista da AJURIS*, v. 105, março de 2007, Porto Alegre, p. 241 e ss. "Evidencia-se então, o fato de o tratamento jurídico dos juros ter direta relação com o desenvolvimento do País, com o crescimento da sua atividade produtiva ou, contrariamente (se os juros são excessivamente altos), com o empobrecimento e com as dificuldades da atividade produtiva, pois é favorecida a especulação, e a roda da "ciranda financeira" se põe a girar em detrimento da produção. Subjacente a perspectiva macrojurídica está a idéia de *justiça distributiva*. Admite-se que o Direito Privado não se esgota nas relações privadas intersubjetivas, mas mantém relações diretas e reflexas com a comunidade, *lócus* de atuação dos interesses meta individuais ou transubjetivos", p. 245.

[10] "Art. 1º Os empregados regidos pela Consolidação das Leis do Trabalho – CLT, aprovada pelo Decreto-Lei nº 5.452, de 1º de maio de 1943, poderão autorizar, de forma irrevogável e irretratável, o desconto em folha de pagamento dos valores referentes ao pagamento de empréstimos, financiamentos e operações de arrendamento mercantil concedidos por instituições financeiras e sociedades de arrendamento mercantil, quando previsto nos respectivos contratos".
Esta Lei foi alterada pela Lei n. 10.953, de 27 de setembro de 2004, para permitir que os aposentados vinculados ao INSS também fiquem autorizados a dar em garantia os seus benefícios: "Art. 6º Os titulares de benefícios de aposentadoria e pensão do Regime Geral de Previdência Social poderão autorizar o Instituto Nacional do Seguro Social – INSS a proceder aos descontos referidos no art. 1º desta Lei, bem como autorizar, de forma irrevogável e irretratável, que a instituição financeira na qual recebam seus benefícios retenha, para fins de amortização, valores referentes ao pagamento mensal de empréstimos, financiamentos e operações de arrendamento mercantil por ela concedidos, quando previstos em contrato, nas condições estabelecidas em regulamento, observadas as normas editadas pelo INSS".

tuições financeiras: o salário dos trabalhadores e a aposentadoria dos aposentados do INSS.

1. Do salário como garantia de obrigações bancárias

Essa nova garantia às instituições financeiras foi constituída em razão de uma "necessidade" do mercado de reduzir o *spread* bancário, no qual o inadimplemento se constitui em elemento de extrema relevância, com o objetivo final de reduzir o "preço" do crédito para aquelas pessoas que não possuem bens, mas somente o seu salário ou aposentadoria.

Essas pessoas acabavam ficando à margem do sistema de concessão de crédito por não terem garantias patrimoniais e muitas vezes pela existência de restrições cadastrais. Com a edição da Lei tais pessoas foram integradas no mercado do crédito porque passaram a contar com um bem extremamente valioso, que é o seu fluxo financeiro futuro derivado do salário ou aposentadoria para oferecer em garantia.

A ideia de fortalecimento do sistema financeiro tem por fundamento a circunstância de que os bancos e as instituições financeiras, em geral, não emprestam seu capital próprio, mas os recursos advindos da poupança popular. Em outras palavras, "o segmento econômico bancário funciona basicamente como um intermediário entre os poupadores e os tomadores de empréstimo".[11]

Nessa perspectiva macrojurídica, a doutrina tem considerado que a "responsabilidade econômica" pelas altas taxas de juros praticadas pelo sistema financeiro é fundamentalmente provocada pela alta inadimplência e demora no processo de recuperação judicial dos créditos.[12] A análise dos dados fornecidos pelo Banco Central do Brasil sobre o perfil do *spread bancário* médio indica que na década passada o custo com a inadimplência representava 35% do *spread* bancário. Cem por cento do provisionamento das instituições financeiras são revertidos para elevação das taxas de juros praticadas para determinado produto financeiro.[13]

Nessa linha, é importante a observação feita pelo Min. do STJ João Noronha a respeito da fragilidade do sistema de garantias existentes no Direito brasileiro. Conforme sua manifestação no XII Congresso Internacional de Direito Comparado, o sistema de garantias deveria ser reescrito. Neste sentido, a Lei n. 10.953, de 27 de setembro de 2004, foi de extrema importância para fornecer ao sistema financeiro uma garantia "real" sobre os salários dos funcionários públicos.

---

[11] THEODORO JÚNIOR, Humberto. A Cédula de Crédito Bancário como Título Executivo Extrajudicial no Direito Brasileiro. www.americajurídica.com.br, em 21.11.2006.

[12] Idem, ibidem.

[13] "High taxation levels and the costs of non-performing loans also affect bank spreads between interest rates on deposits and interest rates on loans". CARDOSO, Eliana. *Implicit and explicit taxation of financial intermediaries in Brazil*: The effect of reserve requirements on bank spreads. Georgetown University. Paper prepared for the April 8th, 2002 World Bank conference on "Taxation of Financial Intermediaries. March 27, 2002, <www.worldbank.com>, em 21.11.2006, p. 02, 14 e 23.

Embora festejada pelo sistema financeiro e também pelos que tem sede de crédito, tal garantia precisa ser examinada sob a ótica do texto constitucional, para que se verifique sua compatibilidade com o sistema de proteção dos direitos fundamentais, tendo em vista que parte da doutrina e da jurisprudência afirmam a impenhorabilidade do salário por força do mandamento constitucional do art. 1º, III, da Constituição Federal, do art. 7º, X, dispositivos constitucionais que instituem o princípio adotado expressamente no art. 649, IV, do Código de Processo Civil. Além disso, também recai sobre tal lei a dúvida a respeito da necessidade de tal matéria ter sido objeto de lei complementar, tendo em vista o disposto no art. 192 da Constituição Federal.[14]

O constituinte, porém, tratou da irredutibilidade do salário, assim como da *proteção do salário* na forma da lei, constituindo crime sua retenção dolosa, mas não dispôs de forma expressa regra similar a do art. 649, IV do Código de Processo Civil. Isso, porém não afasta a impenhorabilidade do salário e a inserir tal norma no elenco dos direitos fundamentais do cidadão, já que a disposição do CPC nada mais faz do que tornar explícita uma condição ínsita do salário, que está associado de maneira direta e inafastável da força de trabalho.

A força de trabalho do assalariado e a aposentadoria não podem ser consideradas como riqueza ou bens despreendidos da natureza humana e da condição humana, pois a sua percepção tem origem numa atividade básica ligada ao *animal laborans*, que corresponde ao processo biológico do corpo humano e as suas necessidades básicas, na sua luta constante para consumir e com isso sobreviver.

Fazendo-se a distinção proposta por Hannah Arendt, segundo quem há que se distinguir o *labor*,[15] como atividade que se esgota nela própria, nada remanescendo após a sua realização, do trabalho, como atividade humana produtora de coisas e da reificação que elas significam, chega-se à conclusão de que o assalariado, ainda que não represente mais o conceito de operário do século XIX ou do início do século XX, continua tendo como seu principal bem a força de trabalho e o salário como fruto que lhe permite consumir e sobreviver.

Mesmo que o assalariado esteja vinculado a uma atividade de reificação, as coisas produzidas, o conhecimento acumulado que impregna as coisas que fabrica, pode garantir a cultura e a memória sobre o que o homem foi no passado, mas não garante a apropriação de tais coisas. É preciso do salário para manter a vida, já que o trabalho para o assalariado não é uma contingência, mas uma necessidade.[16]

---

[14] "Os produtos do *labor*, produtos do metabolismo do homem com a natureza, não duram no mundo o tempo suficiente para se tornarem parte dele, e a própria atividade do *labor*, concentrada exclusivamente na vida e em sua manutenção, é tão indiferente ao mundo que é como se este não existisse". ARENDT, Hannah. *A Condição Humana*. Rio de Janeiro: Forense Universitária; Rio de janeiro: Salamandra; São Paulo: USP, 1981, p. 130.

[15] Segundo Hannah Arendt o homo faber, que realiza o trabalho e não mero labor, tem no mercado o lugar das trocas, "no qual ele pod

[16] A jurisprudência mais antiga do Supremo Tribunal Federal negava a possibilidade de negócios indiretos, principalmente pela forte doutrina de Eduardo Espínola, como se pode ver no Recurso Extraordinário n. 60.699/Guanabara, 2ª Turma, Rel. Min. Aliomar Baleeiro, j. 08.11.1966, Audiência de publicação em

Apesar de o assalariado ser visto como proprietário, dono de sua força de trabalho, não há possibilidade jurídica de se transferir o produto de sua atividade futura como garantia do pagamento de uma dívida sem atentar contra a sua condição humana, pois a sua existência biológica é condição inafastável do exercício do trabalho. E, para o aposentado essa condição se reproduz, pois este tecnicamente já não tem condição de vender sua força de trabalho, remanescendo da atividade o direito à percepção de proventos para manutenção da sua existência, decorrente do sistema de distribuição de riscos e de previdência social organizado pelo Estado.

Em certas circunstâncias a condição biológica não permite que o salário seja recebido ou impõe a necessidade de uso do salário para manutenção de sua vida biológica e sua integridade física.

É nessa perspectiva que o constituinte instituiu a norma genérica de *proteção ao salário,* tendo em vista todas as circunstâncias que de alguma maneira retirem do trabalhador a sua fonte de manutenção, pois vincular o salário ao pagamento de obrigações específicas representa em certa medida "escravizar" o assalariado, já que o resultado do seu trabalho futuro não servirá para sua manutenção, mas para pagamento de uma dívida.

A questão que se põe é saber até que ponto as razões do legislador para instituir tal garantia em benefício das instituições financeiras se sustenta sob o prisma da disposição constitucional da *proteção ao salário.*

Embora a Constituição Federal não trate da impossibilidade de se dar em garantia do pagamento de um a dívida o salário, mas da genérica cláusula geral de *proteção ao salário,* a interpretação a ser feita não pode deixar de considerar o conjunto de regras que além da irredutibilidade, proibição à redução análoga a condição de escravo e da impenhorabilidade como modelos jurídicos que dão certo significado para tal direito fundamental social.

16.11.1967. A decisão considerou a matéria sob o ponto de vista da "utilidade": "Sem dúvida, um negócio fiduciário, como sustentam as doutas decisões de f., pode ser lícito para o fim pretendido pelas partes nestes autos, – o de garantir dívida periclitante da firma comercial de que era sócio o Recorrente varão. Lícito, mas inútil, porque há meios mais eficazes e adequados no Direito positivo do Brasil, para tal objetivo. Só não há é meio lícito de ficar o credor com o objeto da garantia se não for pago. Isso lhe não é permitido nem extensivamente, nem pela simulação duma cessão de direitos de promessa de venda, porque contraria princípio de ordem pública do artigo 765 do C.Civ. E então, segundo os melhores doutrinadores, como Eduardo Espínola, ou como Ferrara, citados pelas venerandas decisões, desaparece o negócio aparente para que prevaleça a realidade dissimulada e condenada pela lei, – no caso o citado artigo 765 do C.Civ.". A visão do referido acórdão e a necessidade de proximidade do direito com a realidade é reconhecida no acórdão por menção à situação fática ainda presente na realidade brasileira: "O Sr. Ministro Aliomar Baleeiro: – Não sei se os eminentes Ministros notaram, nos jornais (o jornal 'é uma janela aberta sobre a vida'), que há sujeitos que anunciam: 'Empresto dinheiro sob hipoteca e também com pacto de retrovenda'. Pois bem, é muito comum simular-se a hipoteca num pacto de retrovenda, para maior desembaraço do credor. Se o devedor não paga, ele fica logo com o bem". No acórdão, embora tenha sido admitido o negócio fiduciário, não foram atribuídos os efeitos pretendidos pelas partes, mas somente os admitidos pelo ordenamento, no caso, foi declarada a impossibilidade do credor ficar com a propriedade do bem transferido em garantia. Decisão em sentido contrário foi proferida no julgamento do Recurso Extraordinário n. 82.447, Rel. Min. Moreira Alves, que admite o negócio fiduciário salvo quando o "escopo" for fraudar lei imperativa. Ou seja, o "controle do escopo", mediante a confrontação da finalidade prevista pelo tipo jurídico e a finalidade a ser alcançada pelas partes, indica se o negócio é indireto e se busca fraudar lei imperativa. No referido acórdão Moreira Alves admite a celebração do negócio fiduciário, tendo em vista que não foi visualizada a violação de lei imperativa, no caso a Lei da Usura.

2. Da proteção ao salário e devido processo legal como limites ao autopagamento e a irrevogabilidade da autorização do desconto em folha

A proteção ao salário, no caso, não pode se dar pela proibição da penhora, pois o mecanismo criado pela Lei n. 10.953, de 27 de setembro de 2004 outorga ao credor uma *ação de direito material*, permitindo a realização do crédito independentemente da intervenção do Poder Judiciário.

Ou seja, trata-se de uma hipótese extremamente nova no contexto do Direito Privado brasileiro, pois estabeleceu uma duplicidade de efeitos.

O *primeiro* efeito foi a de transformar o salário em garantia da obrigação contraída no âmbito do Sistema Financeiro da Habitação.

E o *segundo* efeito foi permitir que o credor fique com o objeto da garantia.

A compreensão da dupla eficácia é imprescindível para o enfrentamento da problemática envolvendo, em primeiro lugar, a compatibilidade da transformação do salário em garantia de obrigações perante instituições financeiras com a disposição do direito fundamental à proteção do salário e, por outro lado, se no ordenamento jurídico pátrio é possível que o credor fique com o objeto da garantia.

A lógica da criação dessa dupla eficácia está em um aspecto prático, que é a transformação da folha de pagamentos em "meio de pagamento", com o objetivo de facilitar o pagamento das dívidas. É de conhecimento público o baixo custo de implantação dos descontos em folha de pagamento, pois facilita a atuação das instituições financeiras e contribui para a redução do *spread* bancário pela redução dos custos administrativos.

Esse aspecto prático também poderia ser considerado em outras situações, como por exemplo, no caso da hipoteca, do penhor ou da alienação fiduciária em garantia. E daí a pergunta: o sistema jurídico pátrio admite que o credor fique com o objeto da garantia?

A resposta dada tanto pela doutrina quanto pela jurisprudência é negativa e também encontra fundamento constitucional.

São clássicas as decisões do STF (no período anterior a 1988) que deram origem à proibição do *pacto comissório ilícito*, por violação do princípio jurídico que estava insculpido no art. 765 do Código Civil de 1916. Embora a jurisprudência brasileira admita que a compra e venda pode ser mista ou conter disposições que não sejam exatamente próprias da compra e venda, não se tem admitido que a compra e venda seja utilizada como instrumento para constituição de garantia de recebimento de determinada quantia emprestada. Também não há uma rejeição direta e expressa de autorização para realização de negócios jurídicos indiretos e fiduciários,[17] embora sua eficácia seja limitada.[18]

---

[17] A doutrina brasileira debate-se constantemente com esse problema, havendo muitos estudos tratando sobre a possibilidade de negócios jurídicos fiduciários e indiretos principalmente com o objetivo de admitir tipos contratuais do direito estrangeiro que são incompatíveis com o sistema pátrio – caso do *trust* ou de determinadas modalidades de garantia. Uma análise acurada sobre o conceito de negócios indiretos, a diferença entre estes e os negócios simulados e sobre as dificuldades estruturais para a adoção do *trust* no direito brasileiro é feita por MARTINS-COSTA, Judith. Os negócios fiduciários. Considerações sobre a

Desde a década de 1940, a jurisprudência tem proferido decisões em torno da regra do art. 765 do Código Civil de 1916, estendendo a eficácia de tal artigo para outros casos, convertendo tal regra em princípio jurídico do Direito Privado.

O fundamento para a consagração de tal regra como princípio geral tem por razão de ser a *ratio* da norma, pois o que tal regra sempre visou evitar é a apropriação pelo credor do bem objeto da garantia sem qualquer avaliação ou obediência a princípios como o devido processo legal e contraditório.[19]

Ou seja, a impossibilidade de o credor ficar com o objeto da garantia tem como fundamento último o direito fundamental previsto no art. 5º, LIV, segundo o qual ninguém será privado da liberdade ou de seus bens sem o devido processo legal: a tradição do Direito Privado brasileiro consagrou princípio que é verdadeira eficácia de direitos fundamentais estruturantes do estado democrático de direito.

Ainda que no caso em análise o legislador tenha andado na contramão da tradição – aproveitando-se da inexistência de proibição expressa – a lei não consegue fugir da tradição civil e constitucional: somente se pode bem interpretar as disposições legais e verificar sua constitucionalidade a partir de um conjunto de ferramentas institucionais, discursivas, comunicacionais construídas ao longo da história e que formam os parâmetros legitimadores dos modelos jurídicos.[20]

---

possibilidade de acolhimento do *trust* no direito brasileiro. *Revista dos Tribunais*, v. 657, julho de 1990, p. 37 e s. Ver também SALOMÃO NETO, Eduardo. *O trust e o direito brasileiro*. São Paulo: LTr, 1996. Outra importante obra sobre o tema é a de CHALHUB, Melhim Namem. Trust – *perspectivas do direito contemporâneo na transmissão da propriedade para administração de investimentos e garantia*. Rio de Janeiro-São Paulo: Renovar, 2001. CHALHUB, Melhim Namem. *Negócio fiduciário*. São Paulo: Renovar, 2006.

[18] Superior Tribunal de Justiça, REsp n. 2216/SP, 3ª Turma, Rel. Nilson Naves, j. 28.05.1991, DJ. 01.07.1991, REsp 475.040/MG, 3ª Turma, Rel. Min. Ari Pargendler, j. 24.06.2003, DJ. 13.10.2003, REsp 2216/SP, etc. Para os fins deste estudo deixa-se de fazer uma análise mais aprofundada de opiniões no sentido da irrelevância da função típica dos contratos, defendendo, por exemplo, ser possível a utilização da compra e venda como instrumento de garantia. "Se tomarmos como objeto de reflexão a compra e venda e se aceitarmos que ela se caracteriza pelo consenso em trocar uma coisa por certo preço, verificaremos que, em princípio, isto é, nas hipóteses normais, não há necessidade da distinção que fizemos, entre elemento categorial a integrar o objeto, e causa, definida, conforme geralmente se faz, como função prático-social do negócio, ou como função econômico-social, pois haverá total correspondência entre ambos. Todavia, nada impede que se use a compra e venda, já não mais com a finalidade de circulação de bens, mas como a função diversa, por exemplo, com escopo de garantia, como acontece na compra e venda com pacto de retrovenda. Aí muda a função, e se realmente fosse esta que determinasse *diretamente* o tipo do negócio e respectivo regime jurídico, estes também mudariam. Tal não ocorre, nem nesse caso (o negócio, ainda que a função seja outra, continua a ser compra e venda), nem em todas as outras hipóteses de negócio indireto, justamente porque é o elemento categorial inderrogável, e não a função, que fixa o tipo e o regime jurídico de cada negócio". AZEVEDO, Antonio Junqueira de. *Negócio jurídico – existência, validade e eficácia*, p. 148.

[19] Ferramentas no sentido utilizado por HESPANHA, António Manuel. *Panorama histórico da cultura jurídica europeia*. Lisboa: Europa-América, 1997, p. 26 e 27 "a tradição não representa um resultado, uma norma; mas uma série de ferramentas (...) com as quais são produzidos novos resultados. Na verdade, o trabalho de produção de novos efeitos jurídicos (novas normas, novos valores, novos dogmas) é levado a cabo com ferramentas recebidas da tradição: ferramentas institucionais (instituições, papéis sociais), ferramentas discursivas (linguagem técnica, tópicos, modelos de argumentação e de prova, conceitos e dogmas), ferramentas comunicacionais (bibliotecas, redes académicas ou intelectuais). É desta forma que o passado modela o presente. Não pela imposição directa de valores e de normas, mas pela disponibilização de uma grande parte da utensilagem social e intelectual com que se produzem novos valores e novas normas".

[20] A busca da função está relacionada ao 'aspecto causativo': "Ela assume uma disciplina segundo a sua causa, a qual é expressão da sua disciplina: o aspecto funcional e aquele causativo exprimem a mesma exigência,

Por isso é preciso contextualizar social e historicamente a possibilidade de o credor apropriar-se do objeto da garantia ou realizar um autopagamento e analisar as suas duas dimensões: estrutural e funcional. A dimensão estrutural evidencia a relação entre crédito e débito, com um caráter neutro em relação aos sujeitos. A dimensão funcional, por sua vez, estabelece uma vinculação entre essa relação e sua origem, a sua causa e, por isso, a partir da função prático-social a que corresponde, há a definição dos direitos, obrigações, poderes do credor.[21]

Quanto à análise funcional, não se pode perder de vista o sentido histórico da funcionalização dos modelos jurídicos do Direito Privado, a fim de evitar uma funcionalização arbitrária, tendo em vista que qualquer limitação da autonomia privada que não seja justificável em termos de utilidade social é arbitrária e inconstitucional.[22] Por outro lado, o sentido histórico de funcionalização dos modelos jurídicos fornece limites dogmáticos que evitam (1) o excesso de abstrações generalizantes e a falta de conexão das soluções jurídicas com a realidade e (2) reduzem o risco de subjetivismo e empirismo nas decisões judiciais.

Por isso, para compreender tais fins e valores, bem como sua compatibilidade com o sistema constitucional, sem perder a perspectiva macrojurídica, o tema é enfrentado através de uma análise dos (I) antecedentes históricos para então ver sua (II) regulamentação legal (dimensão estrutural) e, na última parte (III) verificar a relação entre a estrutura legal e a funcionalidade do modelo jurídico em questão.[23]

Poder-se-ia argumentar que o trabalhador necessita de crédito, e o crédito é um mecanismo de transferência de rendas, duplicação de riquezas, de facilitação de acesso aos bens, etc. Porém, concessão de crédito é operação econômica pela qual o credor, antecipadamente, sabe que o devedor não dispõe

---

isto é, individuar e completar uma relação entre situações subjetivas. O credor, segundo seja a causa uma ou outra, tem, ou não, determinados poderes, obrigações…". PERLINGIERI, Pietro, tradução de Maria Cristina de Cicco. *Perfis do Direito Civil. Introdução ao Direito Civil Constitucional*. 2. ed. Rio de Janeiro: Renovar, 2002, p. 117.

[21] Ver JHERING, Rudolf von. *A finalidade do Direito*. Edição histórica. Tradução de José Antônio Faria Correa. Rio de Janeiro: Editora Rio, 1979. JHERING, Rudolf von. *Do lucro nos contratos e da suposta necessidade do valor patrimonial das prestações obrigatórias*. In: Questões e Estudos de Direito. Campinas: LZN Editora, 2003. CIMBALI, Enrico. *Opere complete*. Torino: Unione Tipográfico-editrice Torinese, 1907. GOMES, Orlando. Lineamentos gerais do anteprojeto de reforma do Código Civil. *Revista Forense*, v. 206, 1964. GOMES, Orlando. *Transformações Gerais do Direito das Obrigações*. 2. ed. São Paulo: RT, 1980. BETTI, Emilio. Negozio Giuridico. *Novíssimo Digesto Italiano*, p. 209 e ss. ASCARELLI, Tullio. *Panorama do Direito Comercial*. São Paulo: Saraiva, 1947. DUGUIT, Leon. *Las transformaciones generales del Derecho Privado desde el Código de Napoleón*. 2. ed. Madrid: Francisco Beltran, Libreria española y extranjera, 1920, p. 69-74. RENNER, Karl. *Gli istituti del diritto privato e la loro funzione giuridica. Un contributo alla critica del diritto civile*. Bologna: Società editrice il Mulino, 1981. Tradução da edição de 1929, por Cornelia Mittendorfer. Realizei estudo sobre as origens doutrinárias da função social dos contratos na obra "As origens doutrinárias da função social dos contratos no Código Civil", tese de doutorado defendida em junho de 2006 na UFRGS, no prelo, a ser publicada pela Editora Saraiva, São Paulo, em 2008.

[22] Modelo no sentido que já abordamos no livro BRANCO, Gerson Luiz Carlos e MARTINS-COSTA, Judith. *Diretrizes Teóricas do Código Civil*. São Paulo: Saraiva, 2002.

[23] Como diz Jorge Miranda, a regra constitucional da não discriminação impede que o legislador estabeleça discriminações entre concretos sujeitos econômicos como elemento essencial do Direito de Iniciativa. MIRANDA, Jorge. Iniciativa Econômica. In: *Escritos Vários sobre Direitos Fundamentais*. São João do Estoril: Principia, 2006, p. 173-185.

de recursos e que conta com a possibilidade de futuramente satisfazê-lo. Isso significa que o trabalhador perde o poder de disposição sobre a sua força de trabalho futura, já que seu salário está "empenhado" nas mãos do credor, com o beneplácito do Estado.

Os direitos fundamentais da *proteção ao salário, do devido processo legal e do contraditório* asseguram claramente que não é possível instituir um mecanismo em que o devedor não tem outra alternativa que a subjugação aos interesses do credor.

Se a jurisprudência pátria tem considerado que a apropriação de bens por parte do credor não é lícita, mais grave é a situação quando o bem diz respeito ao mínimo existencial proporcionado pelo salário ou pela aposentadoria, ambos como forte proteção constitucional e vinculados a proteção da dignidade da pessoa.

Além disso, o direito não pode ignorar que o Brasil é um pais com uma grande população de baixo poder aquisitivo em que o salário é a principal senão a única fonte de renda, essencial para manutenção da saúde, alimentação, transporte e educação, direitos também previstos no mesmo artigo e que o Estado brasileiro ainda não conseguiu suprir, seja por meios diretos ou indiretos.

Ainda que seja extremamente respeitável o argumento da necessidade de solidez do sistema financeiro nacional, de ampliação e reforço da eficácia das garantias em favor dos credores, não se pode chegar ao ponto de usar o único bem da população mais pobre que é o salário para tal fim. Embora propicie a socialização do crédito, em um primeiro momento, logo a seguir propicia a transferência de renda das mãos dos mais pobres para os mais ricos.

Os mais ricos não são somente as instituições financeiras, mas aqueles que adquirem CDBs, CDIs, quotas de fundos de investimento, etc., e que recebem os polpudos juros do sistema financeiro nacional. Esses que representam a "poupança popular" precisam ser preservados, mas jamais os fins justificam quaisquer meios. E, nesse sentido, não se pode sacrificar direitos fundamentais para fins econômicos de razão útil, mas que a médio e longo prazo contribuem para a concentração da renda e que no curto prazo ferem de morte princípios que integram o estado democrático de direito.

Não se pode deixar de considerar, também, que a "guerra" das instituições financeiras e a ampliação do crédito encontrou limites nas classes média e alta, razão pela qual tem ampliado o fenômeno da popularização do crédito, crescendo substancialmente o crédito de pequena monta, tais como o crédito para aquisição de alimentos, vestuário, telefones celulares, etc.

Deixando de lado as considerações econômicas e jurídico-políticas, não se está afirmando que é nula a autorização para desconto em folha. É nula a cláusula que estabelece que tal autorização é irrevogável.

Porém, ela não tem por efeito a irrevogabilidade, que pode se dar a qualquer momento por meio de declaração unilateral do empregado, tendo em vista as normas constitucionais segundo as quais é assegurado *proteção ao salário*, assim como é garantido que *ninguém será privado de seus bens sem o devido processo legal*.

Ou seja, não há como realizar qualquer processo de expropriação ou bloqueio sem a concordância do devedor ou sem a intervenção do Poder Judiciário.

O texto constitucional é expresso ao afastar a possibilidade de intervenção administrativa como asseguradora de créditos privados em favor de instituições financeiras contra as disposições constitucionais acima mencionadas.

Conclusão

Do estudo realizado, chega-se à conclusão que a crise do sistema de garantias deve ser preservada, mas não a qualquer custo.

Assim como não se admite a prisão civil como garantia de dívidas, os princípios constitucionais estruturados sob a forma de Direitos Fundamentais que garantem o *devido processo legal* e a *proteção do salário* afastam a validade da regra que torna irrevogável a autorização para desconto em folha como forma de pagamento de obrigações contraídas no âmbito do Sistema Financeiro Nacional.

Não há autorização da Constituição Federal para que o legislador conceda aos particulares o direito potestativo de autopagar-se mediante o desconto em folha de assalariados e aposentados sem que se fira de morte os direitos fundamentais antes mencionados, já que não se trata simplesmente de "autorizar" a "penhora", mas de retirar as condições para a preservação do mínimo existencial que dá dignidade ao ser humano.[24]

Pelo contrário, a autonomia privada concede o poder de os particulares autorregularem suas relações, dando-se regras a si próprios. Vinculado ao poder geral de autodeterminação (liberdade da pessoa em decidir o seu destino, conforme suas preferências), a autonomia privada trata da liberdade de autovinculação, de constituição de relações jurídicas a partir de atos autônomos e não heterônomos.[25] Jamais a autonomia privada pode ser interpretada como

---

[24] Sobre a problemática dos limites entre autodeterminação e autonomia privada, ver RIBEIRO, Joaquim de Sousa. *O problema do contrato as cláusulas contratuais gerais e o princípio da liberdade contratual*. Coimbra: Almedina, 2003 p. 21 e ss. A diferença marcada pelo autor português pode ser sintetizada na natureza instrumental da conexão entre os dois conceitos: "a autonomia privada relaciona-se com a autodeterminação como um meio para o seu fim (um dos seus fins) (...) a autonomia privada não é uma componente da autodeterminação, mas apenas uma técnica de criação jurídica ajustada à autodeterminação", p. 30.

[25] O sistema constitucional pressupõe a autonomia privada a partir de uma série de comandos que devem ser compreendidos em conjunto, entre eles os incisos do art. 5°, acima citados, que tratam da liberdade geral, liberdade profissional, liberdade de associação, e que garantem eficácia ao ato jurídico perfeito e, portanto, a eficácia obrigatória e a irretratabilidade dos negócios jurídicos. Há opinião contrária, como por exemplo, a de Ana Prata que afirma não se poder considerar a autonomia privada como manifestação da liberdade individual, porque isso representa "erigir em ordem natural aquilo que é ordem econômica históricamente referenciada". PRATA, Ana. *A tutela constitucional da autonomia privada*. Coimbra: Almedina, 1982, p. 78.

O equívoco da afirmação de Ana Prata é a confusão entre o Direito Fundamental da liberdade e um pressuposto Direito Natural à liberdade, que não estão em debate na atualidade, tendo em vista a incontestável natureza histórica dos próprios Direitos Fundamentais. Sua proposição é a de que a solução constitucional não é de uma "tutela constitucional da autonomia privada", mas de que a Constituição é restritiva da liber-

instrumento para constituição de garantias que violem regras básicas do ordenamento constitucional que protegem a pessoa e atributos que lhe são caros, como é o caso do salário como fonte de manutenção de um mínimo existencial.

O princípio da autonomia privada, que decorre do art. 5º, I, XIII, XVII, e XXXVI, e do art. 171 da Constituição Federal[26] fica aleijado, sendo suprimido pela possibilidade de autopagamento das instituições financeiras, pois a cada mês deve o assalariado ou o aposentado ter a liberdade de decidir o destino que vão dar à remuneração recebida naquele período, sendo absolutamente incoerente com nosso sistema constitucional a indisponibilidade futura de salário que ainda não foi adquirido.

Quanto a esse ponto, a Lei instituidora do desconto em folha e da impossibilidade de seu cancelamento viola o *substantial due process of Law*,[27] pois a norma tem caráter contraditório e teratológico, não obedecendo aos princípios constitucionais da razoabilidade e proporcionalidade no ponto em que atribui a possibilidade de autopagamento e de permissão que o credor fique com o objeto da garantia.

Não se pode negar a soberania do legislador, mas ele não pode ser arbitrário ao ponto de distorcer a tradição e a história de proteção dos devedores contra os abusos e o excesso de poder constituído por atos voluntários, pois quando o legislador tenta mudar a tradição com subversão da lógica de proteção dos direitos fundamentais, subvertendo a lógica inerente à própria cultura e a todo o conhecimento acumulado, inclusive invariantes axiológicas que estão por detrás da construção do conceito de autonomia privada, há evidente violação do *substancial due process of law*, como já decidiu o Supremo Tribunal

---

dade negocial, reordenando o seu significado clássico, colocando-a como acessório da liberdade de iniciativa e do direito de propriedade, (p. 215 e 216) argumento que não resiste a natural e indiscutível proteção da liberdade de contratar posta nas divesas disposições constitucionais, não obstante a autora portuguesa esteja correta no sentido de que a Constituição "reordena" a autonomia privada para afastar o conceito clássico tal qual foi concebido por Savigny. Embora a referência à Constituição referida por Ana Prata seja a portuguesa, nesse aspecto não há notas ou traços que sejam de gritante distinção com a Constituição brasileira.

[26] Sobre a concepção substancial do princípio ver OLIVEIRA, Maria Rosynete. *Devido processo legal*. Porto Alegre: Fabris, 1999, p. 200 – 208. O enfoque substantivo do *due process of law* significa que o Estado não pode privar arbitrariamente certos direitos fundamentais, ainda que seja observada a sequência de etapas de um procedimento. O procedimento previsto pelo legislador, por competência constitucional, não pode estabelecer procedimentos que não garantam direitos ou a essência de direitos, como o direito à vida, liberdade e propriedade. Acolhido inicialmente por decisões dos Ministros Moreira Alves e Themístocles Cavalcanti, o Supremo Tribunal Federal "acentua a presença no devido processo legal de um conteúdo de razoabilidade, capaz de sindicar os atos estatais que se afigurem aberrantes da razão". Isso significa que pode ser reconhecida a inconstitucionalidade de leis que aberrantes da razão firam indiretamente direitos constitucionais. O devido processo legal substantivo exige senso de justiça e enquadramento nos preceitos constitucionais. No mesmo sentido o clássico texto SAN TIAGO DANTAS, F.C. de. *Problemas de Direito Positivo*. Rio de Janeiro: Forense, 1953, p. 37-64.

[27] Entre outras, veja-se a recente decisão considerando inconstitucional Lei do Estado do Rio Grande do Sul por ter violado o *substantial due process of law*: Supremo Tribunal Federal, ADI n. 2806/RS, Tribunal Pleno, Rel. Min. Ilmar Galvão, j. 23.04.2003, DJ. 27.06.2003. Veja-se ainda a decisão Supremo Tribunal Federal, ADI-MC 2667/DF, Tribunal Pleno, Rel. Min. Celso de Mello, j. 19.06.2002, DJ. 12.03.2004: "As normas legais devem observar, no processo de sua formulação, critérios de razoabilidade que guardem estrita consonância com os padrões fundados no princípio da proporcionalidade, pois todos os atos emanados do Poder Público devem ajustar-se à cláusula que consagra, em sua dimensão material, o princípio do *substantive due process of law*.

Federal[28] na esteira da tradição democrática trilhada pela Suprema Corte Norte-Americana.

O legislador pode modificar conceitos, mas não pode fazê-lo ao arrepio do texto constitucional, das invariantes axiológicas, da lógica e da própria cultura em que está inserido o modelo jurídico. Exemplo recente disso é o debate que ocorre nos países da *comon law* a respeito dos limites do legislador na fixação das normas privadas mesmo sem uma constituição formal.

Referências bibliográficas

AGUIAR JÚNIOR, Ruy Rosado de. Projeto do Código Civil. As obrigações e os contratos. *Revista dos Tribunais*, n. 775, maio de 2000, ano 89.

——. *Extinção dos Contratos por Incumprimento do Devedor*. Rio de Janeiro: Ed. Aide, 1991.

——. Interpretação. *Ajuris*, v. 16, n. 45, pp. 7 – 20, mar. 1989.

ARENDT, Hannah. *A Condição Humana*. Rio de Janeiro: Forense Universitária; Rio de janeiro: Salamandra; São Paulo: Ed. USP, 1981.

ASCARELLI, Tullio. *Corso de Diritto Commerciale. Introduzione e Teoria dell'impresa*. Milano: Giuffrè, 1962.

——. *Panorama do Direito Comercial*. São Paulo: Saraiva, 1947.

BOBBIO, Norberto. *Dalla struttura alla funzione*. Milão: Edizioni di Comunità, 1977.

BRANCO, Gerson Luiz Carlos. *As origens doutrinárias e a interpretação da função social dos contratos no Código Civil brasileiro*. São Paulo: Saraiva, 2008.

——. Limites da atuação judicial na aplicação da função social dos contratos. In: NICOLAU JÚNIOR, Mauro (org.) e Outros. *Novos Direitos*. Curitiba: Juruá, 2007, p. 133 – 153.

——; MARTINS-COSTA, Judith. *Diretrizes Teóricas do Código Civil*. São Paulo: Saraiva, 2002.

BROWNSWORD, Roger. Contract law and the Human Rights Act 1998. *Contract Law – themes for the twenty-first century*. Oxford: Oxford University Press, 2006.

CARDOSO, Eliana. Implicit And Explicit Taxation Of Financial Intermediaries In Brazil: The Effect Of Reserve Requirements On Bank Spreads. Georgetown University. Paper prepared for the April 8th, 2002 World Bank conference on "Taxation of Financial Intermediaries. March 27, 2002, www.worldbank.com, em 21.11.2006, p. 02, 14 e 23.

CHALHUB, Melhim Namem. *Negócio fiduciário*. São Paulo: Renovar, 2006.

——. *Trust – perspectivas do direito contemporâneo na transmissão da propriedade para administração de investimentos e garantia*. Rio de Janeiro-São Paulo: Renovar, 2001.

CIMBALI, Enrico. *Opere complete*. Torino: Unione Tipográfico-editrice Torinese, 1907.

DATZ, Marcelo Davi Xavier da Silveira. *Risco Sistêmico e Regulação Bancária no Brasil*. Dissertação de Mestrado apresentada na Fundação Getúlio Vargas, Rio de Janeiro, 2002, sob orientação de Renato Fragelli Cardoso, acessado em <www.bacen.gov.br>, em 21.05.2007.

DUGUIT, Leon. *Las transformaciones generales del Derecho Privado desde el Código de Napoleón*. 2ª ed. Madrid: Francisco Beltran, Libreria española y extranjera, 1920.

FRADERA, Véra Maria Jacob de. O direito dos contratos no século XXI: a construção de uma noção metanacional de contrato decorrente da globalização, da influência regional e sob influência da doutrina comparatista. In: DINIZ, Maria Helena. *O Direito Civil no século XXI*. São Paulo: Saraiva, 2003, p. 547 – 570.

——. Os contratos autônomos de garantia. *Revista Ajuris*. Porto Alegre, v. 53, p. 238 – 251.

GOLDFAJN, Ilan. *Transformações em Curso no Sistema Financeiro*. Março de 2002, <www.bacen.gov.br>, em 21.11.2006.

GOMES, Orlando. Lineamentos gerais do anteprojeto de reforma do Código Civil. *Revista Forense*, v. 206, 1964.

---

[28] BROWNSWORD, Roger. Contract law and the Human Rights Act 1998. *Contract Law – themes for the twenty-first century*. Oxford: Oxford University Press, 2006, p. 241-272. Ainda a esse respeito ver, entre outros, texto que trata sobre a constitucionalização do direito privado na Escócia, cujo parlamento data de 1999, inserido no sistema da Grã-Bretanha, mas cuja tradição de proteção dos direitos civis fez nascer o debate a respeito dos limites "constitucionais" ao legislador. The Honourable Lord Reed. The Constitutionalisation Of Private Law: Scotland. *Electronic Journal Of Comparative Law*, (May 2001), <http://www.ejcl.org/52/art52-4.html>. Deve-se observar, também, que assim como no Brasil, há resistências a esse movimento, como a que é apresentada no texto: Smits, Jan M., Private Law and Fundamental Rights: A Sceptical View. In: Tom Barkhuysen & Siewert Lindenbergh (eds.), *Constitutionalisation of Private Law*. Leiden/Boston: Martinus Nijhoff Publishers / Brill Academic (May 2006), 2006, p. 9-22.

GOMES, Orlando. *Transformações Gerais do Direito das Obrigações*. 2 ed. São Paulo: RT, 1980.

GUERRA, Sidney e EMERIQUE, Lilian Márcia Balmant. O princíio da dignidade da pessoa humana e o mínimo existencial. *Revista da Faculdade de Direito de Campos*, Ano VII, nº 9 – Dezembro de 2006, p. 379 – 397.

HESPANHA, António Manuel. *Panorama histórico da cultura jurídica europeia*. Lisboa: Europa-América, 1997

JHERING, Rudolf von. *A finalidade do Direito*. Edição histórica. Tradução de José Antônio Faria Correa. Rio de Janeiro: Editora Rio, 1979.

——. Do lucro nos contratos e da suposta necessidade do valor patrimonial das prestações obrigatórias. In: *Questões e Estudos de Direito*. Campinas: LZN Editora, 2003.

MARTINS-COSTA, Judith. O regime dos juros no novo Direito Privado brasileiro. *Revista da AJURIS*, v. 105, março de 2007, Porto Alegre, p. 241 e ss, p. 245.

——. O regime dos juros no novo Direito Privado brasileiro. *Revista da AJURIS*, v. 105, março de 2007.

——. Os negócios fiduciários. Considerações sobre a possibilidade de acolhimento do *trust* no direito brasileiro. *Revista dos Tribunais*, v. 657, julho de 1990, p. 37 e s.

MIRANDA, Jorge. Iniciativa Econômica. In: *Escritos Vários sobre Direitos Fundamentais*. São João do Estoril: Principia, 2006, p. 173 – 185.

——. Iniciativa Econômica. In: *Escritos Vários sobre Direitos Fundamentais*. São João do Estoril: Principia, 2006, p. 173 – 185.

OLIVEIRA, Jorge Rubem Folena de. A lei (10.820/2003) do empréstimo consignado e a sua inconstitucionalidade. *Revista de Informação Legislativa*. Brasília, a. 43, n. 172, out./dez; 2006.

OLIVEIRA, Maria Rosynete. *Devido processo legal*. Porto Alegre: Fabris, 1999.

PERLINGIERI, Pietro, tradução de Maria Cristina de Cicco. *Perfis do Direito Civil. Introdução ao Direito Civil Constitucional*. 2 ed. Rio de Janeiro: Renovar, 2002.

PRATA, Ana. *A tutela constitucional da autonomia privada*. Coimbra: Almedina, 1982.

RENNER, Karl. *Gli istituti del diritto privato e la loro funzione giuridica. Un contributo alla critica del diritto civile*. Bologna: Società editrice il Mulino, 1981.

RIBEIRO, Joaquim de Sousa. *O problema do contrato as cláusulas contratuais gerais e o princípio da liberdade contratual*. Coimbra: Almedina, 2003.

SALOMÃO NETO, Eduardo. *O trust e o direito brasileiro*. São Paulo: LTr, 1996.

SAN TIAGO DANTAS, F.C. de. *Problemas de Direito Positivo*. Rio de Janeiro: Forense, 1953, p. 37 – 64.

STEINMETZ, Wilson. *A vinculação dos particulares a Direitos Fundamentais*. São Paulo: Malheiros, 2004.

THE Honourable Lord Reed. The Constitutionalisation Of Private Law: Scotland. *Electronic Journal Of Comparative Law*, (May 2001), http://www.ejcl.org/52/art52-4.html.

THEODORO JÚNIOR, Humberto. *A Cédula De Crédito Bancário como Título Executivo Extrajudicial no Direito Brasileiro*. <www.americajurídica.com.br>, em 21.11.2006.

TOM Barkhuysen & Siewert Lindenbergh (eds.), *Constitutionalisation of Private Law*. Leiden/Boston: Martinus Nijhoff Publishers / Brill Academic (May 2006), 2006.

— 14 —

O inadimplemento contratual na visão de Ruy Rosado: juiz e doutrinador[1]

LUIS RENATO FERREIRA DA SILVA[2]

Sumário: 1. Introdução e objeto do presente trabalho; 2. Os princípios norteadores e o elemento teleológico do adimplemento: a pontualidade e as formas de inadimplemento; 3. Os princípios norteadores e o elemento teleológico do adimplemento: a boa-fé objetiva e o interesse do credor; 4. A teoria do adimplemento substancial e suas modalidades quantitativa e qualitativa; 5. O papel do juiz e do doutrinador.

1. Introdução e objeto do presente trabalho

Túlio Ascarelli, em conferência proferida em 1955, no Instituto Cultural Italo-Chileno,[3] em Santiago do Chile, examina as peças *Antígona* e *O Mercador de Veneza* e referindo-se à primeira, afirma que o núcleo da peça é o homem, homem que *"non può accettare la regola sociale solo perchè osservata o imposta da una forza superiore; ne ricerca una giustificazione che non può essere data dalla semplice frequenza della sua osservanza o dalla efficienza della forza che ne assicura una effettiva sanzione; vuole ricondurla a un ordine la cui ultima giustificazione pur si ritrova in una concezione e in una credenza che segna il giusto e l'ingiusto"*.[4] A superação se dá, na tragédia grega, pelo sacrifício de Antígona.

Já n'*O Mercador de Veneza*, a superação entre a norma contratual posta e a sua justificação é buscada na sutileza do intérprete que tangencia o resultado revoltante à consciência com uma interpretação integrativa, isso porque, segue Ascarelli, *"Il rapporto tra la legge e la sua interpretazione non è quello che corre tra*

---

[1] O presente artigo reproduz palestra proferida no Simpósio em homenagem ao Ministro Ruy Rosado de Aguiar Jr. realizado na PUCRS entre os dias 23 e 25 de setembro de 2013. Mais uma vez agradeço ao Acadêmico Pedro Ricco Deos, cuja sólida carreira acadêmica tem sabido aliar teoria e prática, a valiosa pesquisa jurisprudencial que ilustra o trabalho. Também sou devedor da atenta revisão e crítica do Professor Guilherme Carneiro Monteiro Nitschke.
[2] Professor Adjunto na Faculdade de Direito da UFRGS – Mestre em Direito pela UFRGS – Doutor em Direito pela USP – Advogado.
[3] Devo o conhecimento do trabalho de Ascarelli à referência da Professora Judith Martins-Costa no artigo "O adimplemento e o inadimplemento das obrigações no novo Código Civil e o seu sentido ético e solidarista" *in* "O Novo Código Civil, Estudos em Homenagem ao Prof. Miguel Reale". São Paulo: LTr, 2003, p. 331-359.
[4] Antigone e Porzia *in* Problemi Giuridici, Tomo I, Milão: Giuffrè, 1959, p. 150.

una realtà e il suo specchio, ma quello che corre tra il seme e la pianta e perciò la legge vive solo con la sua interpretazione e applicazione".[5]

Esse pensamento, que reconhece a atividade jurídica dividida, em vários momentos, entre a regra positivada e a consciência social, reconhece a inexistência de um maniqueísmo em casos de solução ambígua, enaltece a função do intérprete e, mais que isso, nobilita quem a exerce.

Para poder exercer tal atividade, deve-se ter a percepção de que "o Juiz não é servo da lei, nem escravo de sua vontade, mas submetido ao ordenamento jurídico vigente, que é um sistema aberto afeiçoado aos fins e valores que a sociedade quer atingir e preservar, no pressuposto indeclinável de que essa ordem aspira à Justiça",[6] nas palavras do Professor Ruy Rosado.[7]

Dentre as muitas questões jurídicas que podem conduzir o aplicador do direito a uma encruzilhada entre a norma estrita e a necessária equidade, o tema do adimplemento e do inadimplemento é propício para exercitar-se a arte do *ius dicere*, aquilo que abre o Digesto no excerto de Ulpiano definindo o que é o Direito: "*(ut eleganter Celsus definit) ius est ars boni et aequi*".[8]

Não à toa, um jurista da extirpe do Professor Ruy Rosado dedicou boa parte de sua obra doutrinária ao tema da resolução, consequência que pode decorrer do inadimplemento, para cujo enfrentamento é imprescindível estudar em profundidade a teoria do adimplemento e seu reverso, a teoria do inadimplemento.

Assim, da profícua obra doutrinária e jurisprudencial do Professor Ruy Rosado, este trabalho em sua homenagem vai examinar especificamente o ponto do adimplemento, com ênfase na modalidade do adimplemento substancial por ser, na minha ótica, paradigmático do que, mais uma vez nas palavras de Ascarelli: "*Il pensiero giuridico ha ripetutamente cercato di superare* [isto é] *il contrasto negando la qualifica di giuridica alla norma ingiusta*".[9]

2. Os princípios norteadores e o elemento teleológico do adimplemento: a pontualidade e as formas de inadimplemento

O Professor Ruy Rosado trata do tema do inadimplemento de forma sistemática em duas obras: "Extinção dos Contratos por Incumprimento do De-

---

[5] Ob. cit., p. 158.
[6] Aguiar Jr., Ruy Rosado de. "Interpretação" *in Ajuris* 45, p. 17.
[7] Seja-me permitido eleger este entre os tantos títulos do homenageado porque para mim, antes de promotor de justiça, antes de juiz exemplar (em todos os Tribunais nos quais judicou, desde o extinto Tribunal de Alçada do Rio Grande do Sul, passando pelo Tribunal de Justiça Gaúcho, até o Superior Tribunal de Justiça), antes do atilado e percuciente parecerista que é, antes mesmo do doutrinador de obras fundamentais do direito nacional, Ruy Rosado foi o professor que me deu o norte, a ideia e a estrutura de minha dissertação de mestrado quando fui seu aluno na cadeira de teoria dos contratos no curso de Mestrado da Universidade Federal do Rio Grande do Sul, e como professor que é desempenhou o papel mais meritório nessa carreira: o de formar técnica e moralmente um aluno. Por me considerar um aluno devedor em grande parte ao Professor Ruy Rosado pela minha formação é que assim o homenageio.
[8] Digesto, I, 1,1: "*(tal como Celso elegantemente o define) o Direito é a arte do bom e do equitativo*" (em tradução livre).
[9] Ob. cit., p. 151

vedor (Resolução)" e nos "Comentários ao Novo Código Civil: da extinção dos contratos – artigos 472 a 480".

O primeiro é o resultado da sua dissertação de mestrado no Curso no qual depois lecionou no Pós-Graduação da Faculdade de Direito da Universidade Federal do Rio Grande do Sul.

Ali desenvolveu conceitos que haviam sido lançados pela mente privilegiada do Professor Clóvis V. do Couto e Silva, e acabou não só sistematizando-os mas tornando-os realidade no direito positivo, pois foram os acórdãos pioneiros de lavra do Professor Ruy Rosado que sedimentaram o caminho para decisões que hoje se incorporaram na jurisprudência pátria.

Se é verdade que foi nas lições do Professor Clóvis que o Professor Ruy Rosado se baseou para suas decisões,[10] não menos verdadeiro é que foi graças ao seu trabalho que as referidas lições ganharam vida, deixando de ser o *law in books* para ser o *law in action* celebrado no clássico artigo de Roscoe Pound.[11]

Ao tratar do adimplemento, ele é caracterizado por dois princípios informativos: (a) a pontualidade e (b) a boa-fé objetiva.

A pontualidade representa o elemento objetivo na medida em que traduz a ideia de realizar-se o cumprimento da obrigação ponto por ponto, de modo a que sejam atendidas todas as obrigações e deveres – principais, secundários e/ou laterais – estabelecidos no programa contratual.

Como ensina o Professor Ruy Rosado – traduzindo a ideia de que adimplir é cumprir o programa contratual: "O conceito de adimplemento está ligado ao de obrigação. Sendo esta um complexo de deveres e direitos principais, acessórios, secundários e laterais, que reúne credor e devedor a ambos impondo condutas tendentes a garantir a validade e a eficácia da relação obrigacional – um verdadeiro programa que se desenvolve com dinâmica própria –, é evidente que o adimplemento consiste na realização desse programa".[12]

Não cumprir alguma dessas obrigações enseja graus de inadimplemento que estarão ligados ao ponto que foi descumprido. Assim, o não atendimento ao dever principal ou primário (como o pagamento do preço ou a entrega da coisa na compra e venda, por exemplo) ensejará o inadimplemento mais grave, pois além de impontual ainda desatenderá o interesse da contraparte que foi o móvel ou a causa (em sentido finalista) para contrair-se a obrigação.

Se o descumprimento decorre de algum dever secundário (assim entendidos aqueles que derivam de lei ou de cláusula contratual expressa), como o não pagamento das despesas de tradição para o vendedor de coisa móvel ou de transmissão da propriedade para vendedor (tal qual estabelecido em regra dispositiva no artigo 490 do Código Civil), em regra o inadimplemento é de menor gravidade e pode ser sanado com uma indenização, visto que o

---

[10] O que ele próprio refere: "A partir da década de 1980, por influência das lições de Couto e Silva, há diversos julgados de minha relatoria no Tribunal de Justiça do Rio Grande do Sul" (nota 50, p. 71, *Comentários ao novo Código Civil*).

[11] Roscoe Pound, *Law in Books and Law in Action*, 44 AM. L. REV. 12 (1910).

[12] *Comentários...*, p. 16.

interesse principal das partes foi atendido, deixando-se de observar uma obrigação preparatória da principal.

Se se trata de descumprimento de dever lateral ou anexo (assim entendidos os que decorrem da incidência do princípio da boa-fé objetiva), como a falta de informação sobre o uso do produto vendido (dever de informar) ou a ausência de providência para a legalização do bem alienado, como a obtenção da correta licença de importação no caso de compra e venda de bem vindo do exterior (dever de cooperação), ter-se-á a situação de que houve o adimplemento, mas este não foi bem feito. A violação dá-se porque adimplida de forma imperfeita (adimplemento ruim ou quebra positiva do contrato).

Essa última modalidade pode ocorrer até mesmo em um momento posterior ao adimplemento formal do contrato quando algum desses deveres produz uma pós-eficácia contratual, lançando seus efeitos para momento após o cumprimento das obrigações principais e acessórias.

É o caso julgado pela 5ª Câmara Cível do Tribunal de Justiça do Estado do Rio Grande do Sul, de relatoria do Professor Ruy Rosado na apelação cível 589073956. Nesse caso, o comprador de pequena loja de confecção pediu para continuar fazendo pedidos junto aos fornecedores valendo-se do então CGC (hoje CNPJ) da vendedora até que o comprador regularizasse sua situação junto aos órgãos competentes. Após a tradição da loja, a vendedora cancelou os pedidos já feitos e impediu o uso do CGC, o que fez com que o comprador ficasse sem estoque na loja.

O contrato não continha cláusula prevendo tal obrigação, mas nada obstante o voto condutor identificou deveres laterais cuja observância se impunha, a partir dos dados do caso concreto. Disse o relator:

> Por força da lealdade a que as partes reciprocamente estão coligadas, não se permite que o comportamento prévio de uma delas, gerador de justificada expectativa, seja contrariado posteriormente, em prejuízo da outra. No caso, a ré foi auxiliar o comprador, nos primeiros dias depois da celebração do negócio, e ali efetuou pedidos de novas mercadorias, alguns deles em seu próprio nome e fornecendo o seu CGC, apesar de já transferido o negócio (documento de fls. 57 e 58, assinado pela ré). Quem assume essa conduta, evidencia estar autorizando os pedidos assim formalizados; não pode, logo depois, sem outra razão aparente, ordenar o seu cancelamento.

Além de reconhecer o dever decorrente da boa-fé que gerou o dever de indenizar (e não a resolução ou o desfazimento do negócio), o acórdão constrói o raciocínio por concreção, ou seja, partindo do exame dos deveres laterais genericamente existentes, aplica-os ao caso concreto pelo exame da situação real. Sabendo-se que a origem dos deveres é uma cláusula geral (atualmente o artigo 422 do Código Civil) e à época, um princípio implícito, os conceitos indeterminados que os formam carecem de preenchimento.

Como ensina o Professor Ruy Rosado, a cláusula exige atividade judicante que, sem mediações normativas, deixa o juiz face a face com o princípio que a cláusula acolhe, e com o valor que o princípio quer realizar. Sua aplicação depende de uma técnica judicial apropriada, que não se limita ao simples trabalho de subsunção do fato à norma, ordinariamente adotado no ato de julgar (verificação do fato e da lei vigente que o regula), mas exige do juiz um procedimento especial, que passa pelo trabalho preliminar de definir a regra de conduta que – de acordo com o princípio – deveria ter sido obedecida pelas partes, nas circunstâncias do caso.[13]

Em outras circunstâncias, pode ocorrer que o inadimplemento não ocorra em momento posterior ao adimplemento, mas a ele se antecipe. Há situações em que, mesmo não havendo formalmente o momento para o adimplemento, existem circunstâncias fáticas suficientes indiciárias de que o inadimplemento irá ocorrer. Trata-se da chamada quebra antecipada do contrato. *É possível o inadimplemento antes do tempo, se o devedor pratica atos nitidamente contrários ao cumprimento ou faz declarações expressas nesse sentido, acompanhadas de comportamento efetivo contra a prestação, de tal sorte se possa deduzir, conclusivamente, dos dados objetivos existentes que não haverá o cumprimento.*[14]

Tal possibilidade deriva, em alguma medida, da sequência da regra do artigo 477 do Código Civil. Nesse está previsto a exceção de inseguridade, na nomenclatura de Pontes de Miranda.[15] Em um contrato de execução diferida no qual uma das partes se obriga a prestar antes a sua parcela, não lhe é lícito invocar a *exceptio non adimpleti contractus* visto que a outra parte não está no momento de cumprir. Entretanto, temendo que o cumprimento futuro não ocorra por motivos determinados (a regra estabelece a (i) diminuição patrimonial, (ii) comprometedora ou (iii) que torne duvidosa a prestação) pode a parte que deve prestar pode sustar a sua prestação até ter a segurança de que haverá o adimplemento.

Esse tipo de exceção – que Serpa Lopes[16] denomina de exceções substanciais – caracteriza-se por terem um caráter positivo sobre o adimplemento. Com isto quero dizer que a sua alegação não visa a impedir que o contrato chegue ao fim, mas apenas garantir o seu bom cumprimento. Assim, a alegação de que não se irá cumprir até ter a segurança é uma alegação em busca do adimplemento, afirmando-o (daí o caráter positivo). Se, entretanto, a ameaça ou o temor de não cumprimento for tão grande que não adiante apenas a garantia, a exceção assume um caráter negativo, e passa a atuar como resolução.

Essa é a construção parcialmente proposta por Judith Martins-Costa, embora a fundamentar na exceção do contrato não cumprido ou na *exceptio non rite adimpleti contractus*.[17]

O Professor Ruy Rosado, julgando já na condição de Ministro do Superior Tribunal de Justiça, no REsp. 309.626-RJ, julgado em 07 de junho de 2001, caso em que uma construtora, tendo prometido a entrega da obra para novembro de 1999, sequer a começara em julho do ano anterior reconheceu o direito de quebra antecipada, afirmando:

---

[13] *Comentários...*, ob. cit., p. 177.
[14] *Extinção...*, ob. cit., p. 126.
[15] *Tratado de Direito Privado*, Tomo XXVI, § 3.129, p. 109
[16] *Exceções substanciais: exceção do contrato não cumprido*. Freitas Bastos, RJ, 1959, *passim*.
[17] "Com efeito, cabe a analogia com a modelagem da exceptio non adimpleti contractus e, de modo especial, da exceptio non rite adimpleti contractus, uma ou outra devendo ser , conforme o caso, conectada com o princípio da boa-fé objetiva", *Comentários ao novo Código Civil – Do Inadimplemento das Obrigações*. Rio de Janeiro: Forense, 2003, vol. V, T. II, p. 159

> O caso é de descumprimento antecipado de contrato de promessa de imóvel a ser construído, porquanto as circunstâncias reconhecidas pelas instâncias ordinárias evidenciaram que a construtora, até a data do ajuizamento da demanda, não iniciara as obras, embora já decorridos dois anos, e faltando apenas um para o término do prazo contratual. Quando a devedora da prestação futura toma atitude claramente contrária à avença, demonstrando firmemente que não cumprirá o contrato, pode a outra parte pleitear a sua extinção.[18]

Em todas essas circunstâncias, a solução reparadora pode, portanto, ir em um crescendo indenizatório até a própria resolução do contrato.

3. Os princípios norteadores e o elemento teleológico do adimplemento: a boa-fé objetiva e o interesse do credor

É para definir até que ponto o inadimplemento pode ser enquadrado em alguma das hipóteses acima que opera o princípio da boa-fé, como meio para estabelecer *os limites da pontualidade e o conteúdo da conduta devida, permitindo identificar a fronteira – ou as diversas fronteiras – entre o adimplemento e o inadimplemento.*[19]

Em sua primeira obra sobre o tema, o Professor Ruy Rosado já assinalava a ideia de quebra positiva do contrato em caso de violação dos deveres anexos ou laterais, sustentando, na linha das lições do Professor Clóvis do Couto e Silva, a necessidade, segundo os ditames da boa-fé objetiva, então princípio implícito no ordenamento civil, de cumprir-se a obrigação cabalmente.

Assim, ao elencar as hipóteses de inadimplemento parcial, para além da mora, ainda vislumbrava-se o cumprimento imperfeito ou adimplemento ruim. Que poderia em algumas hipóteses em que ferisse mais do que a mera impontualidade, mas também a boa-fé objetiva na sua função criadora de deveres anexos ou laterais, ensejar a resolução, tal qual preconizado no vigente Código Civil na regra do parágrafo único do artigo 395.[20]

Note-se que o elemento teleológico (satisfação do credor) deve estar presente em conjunto com a pontualidade porque a eventual satisfação do credor pode advir de outro meio que não o adimplemento (como no sempre lembrado exemplo de Pontes de Miranda[21] acerca do desabamento natural do prédio que deveria ser demolido pelo devedor).

O verdadeiro adimplemento deve advir da satisfação por ato pontual do devedor, do contrário estar-se-á diante do inadimplemento.

Importante também ter presente as modalidades possíveis de inadimplemento e sua correlação com os efeitos por ele produzidos. Aqui não se trata

---

[18] Nesse caso o primeiro precedente, também do Tribunal de Justiça do Rio Grande do Sul, deve-se ao então Desembargador, depois Ministro do STJ Athos Gusmão Carneiro, no acórdão da apelação cível 582000378, julgada em 08 de fevereiro de 1982, publicado na Revista de Jurisprudência do Tribunal de Justiça do Rio Grande do Sul, 97/397.

[19] FERREIRA DA SILVA, Jorge Cesa. *Adimplemento e Extinção das Obrigações*. São Pualo: RT, 2007, p. 64.

[20] "O descumprimento da [obrigação] acessória pode motivar a resolução quando tornar impossível ou gravemente imperfeita a prestação principal", AGUIAR JR., *Extinção...*, ob. cit., p. 93.

[21] *Tratado de Direito Privado*. 3. ed. São Paulo: RT, 1984, tomo XXIV, p. 73.

mais de graduação conforme o dever violado (que é critério advindo da noção de pontualidade), mas de classificação que considera o interesse do credor (ou seja, o elemento teleológico considerado para aferir-se a higidez do adimplemento).

No que tange a esse ponto, fala-se, geralmente em inadimplemento definitivo (ou absoluto) e inadimplemento não definitivo (ou relativo). O primeiro, por sua vez, pode resultar da impossibilidade da prestação ou da sua inutilidade para o credor. No segundo, ainda *persistem a possibilidade, a exigibilidade e o interesse do credor, mas a prestação não é efetuada no tempo, modo ou lugar convencionados, ou há violação a dever secundário ou quebra antecipada do contrato.*[22]

Em todas essas modalidades, o comportamento do credor também releva, considerando a noção de relação contratual como processo e igualmente por conta da incidência da boa-fé.

Assim, há alguns comportamentos do credor que não podem ser tolerados sob pena de estar-se diante de violação à boa-fé superando-se seja o próprio inadimplemento, sejam as consequências dele.

Quero dizer que, analisando-se o comportamento do credor pode ser afastada a consideração do inadimplemento, dando azo, por exemplo, à exceção do contrato não cumprido. A hipótese aventada pelo Professor Ruy Rosado é a da doutrina na mitigação (*doctrine of mitigation*), *porquanto o credor deve colaborar, apesar da inexecução do contrato, de sorte que não agrave, pela sua ação ou pela omissão, o resultado danoso decorrente do incumprimento.*[23] A parcela se agravou e incrementou o dano por comportamento descuidado do credor que pensa que, já que haverá a indenização, "pouco se me dá" o incremento do dano.

No outro extremo deve-se dimensionar se o inadimplemento alegado, ao invés de incrementado pelo comportamento do credor, não carece de significação e está sendo exigido sem consideração à boa-fé ou atentando contra o interesse no adimplemento contratual. Trata-se da teoria do adimplemento substancial.

4. A teoria do adimplemento substancial e suas modalidades quantitativa e qualitativa

A teoria do adimplemento substancial tem origem no direito anglo saxônico, e é entendida, nas palavras de Clóvis do Couto e Silva, como *"um adimplemento tão próximo ao resultado final, que, tendo-se em vista a conduta das partes, exclui-se o direito de resolução, permitindo tão somente o pedido de indenização"*.[24]

---

[22] *Tratado de Direito Privado*. 3. ed. São Paulo: RT, 1984, tomo XXIV, p. 94.

[23] Idem, p. 136.

[24] "O Princípio da Boa-fé no direito Português e Brasileiro" in *Estudos de Direito Civil Brasileiro e Português* (I Jornada Luso-Brasileira de Direito Civil). São Paulo: RT, 1980, p. 56.

Sobre o ponto, o jurisprudência pioneira foi a do Professor Ruy Rosado.[25] O primeiro julgado que encontrei compendiado é a apelação cível 588012666, julgada em 12 de abril de 1988,[26] assim fundamentada:

> A Ação de rescisão de contrato improcede porque a compradora cumpriu substancialmente a sua obrigação, não podendo ser o atraso na última prestação causa justificadora para a resolução do negócio, assim como pretendido na inicial. O desfazimento caracterizaria gravíssima injustiça, desatendendo a uma exigência do moderno Direito das Obrigações, onde pontifica o princípio do adimplemento substancial, segundo o qual o cumprimento próximo do resultado final exclui o direito de resolução, facultando apenas o pedido de adimplemento e o de perdas e danos; mas não se permitiria o pedido de resolução, se essa pretensão viesse ferir o princípio da boa fé.

Tratava-se de incumprimento cujo critério de substancialidade era quantitativo. No caso concreto, depois de pagarem todas, menos a última das prestações, os vendedores tentaram resolver por inadimplemento, com a particularidade de que houvera atraso na penúltima prestação e os vendedores retiraram as duas últimas notas promissórias que estavam no banco para cobrança. Quando os compradores foram pagar a penúltima constataram as retiradas mas conseguiram pagar a penúltima mostrando o recibo de cobrança que haviam recebido do Banco. Não conseguiram entretanto pagar a última o que resultou na demanda de resolução.

Modernamente, a doutrina tem se inclinado a perceber que não se trata só de casos em que há um número significativo de parcelas cumpridas até porque, isso pode gerar incongruências, com decisões indecisas sobre o percentual, mormente quando a parcela adimplida oscila entre 60% e 70%.[27] A tendência que se coaduna com os princípios vetores do adimplemento – pontualidade e boa-fé – devem considerar o elemento teleológico já referido – o interesse do credor. Assim o fazendo estar-se-á, no caso do adimplemento substancial que considere a qualidade do adimplemento e não a sua quantidade, atendendo ao interesse e não à mera pontualidade.

Não é outra a posição, também pioneira na época, do Professor Ruy Rosado. Na apelação cível 591052931, da 5ª Câmara Cível, relator o Professor Ruy Rosado, tratava-se de lide na qual um engenheiro que fora contratado por 10 anos para produzir determinado invento em troca de comissões buscava co-

---

[25] Hoje há uma relativamente farta bibliografia em artigos e livros sobre o adimplemento substancial mas a divulgação da doutrina nasceu no Curso de Mestrado em Direito da UFRGS e espraiou-se pelas decisões do Prof. Ruy Rosado. Basta ver que quando se trata de elencar os primórdios da divulgação as obras citadas são O Princípio da Boa-fé no direito Português e Brasileiro (de 1980, reproduzindo palestra de 1979) do Professor Clóvis do Couto e Silva, referida na nota anterior; depois um trabalho de autoria da Professora Vera Maria Jacob de Fradera apresentado no Mestrado em 1989, que só veio a ser publicado em 1996, intitulado "O conceito de inadimplemento fundamental do contrato no artigo 25 da Lei Internacional sobre Vendas da Convenção de Viena de 1980"; na sequência, o livro do Professor Ruy Rosado ("Extinção ...", ob. cit. de 1991), e ainda, o artigo de Anelise Becker na *Revista da Faculdade de Direito da UFRGS*, nº 9, p. 60, m- 77, "A doutrina do Adimplemento Substancial no direito brasileiro e em perspectiva comparativista", de 1993.

[26] No julgamento da Apelação Cível 588016147, em data anterior – 03 de abril de 1988 – faz-se menção ao fato da obrigação ter sido cumprida substancialmente, mas a aplicação não é da teoria da *substantial performance* mas sim do inadimplemento de obrigação secundária que não atinge o interesse do credor.

[27] "...com base no mesmo critério percentual – e às vezes no mesmo percentual em si – as cortes brasileiras têm negado aplicação da teoria ao argumento de que 'o adimplemento de apenas 55% do total das prestações assumidas pelo promitente comprador não autoriza o reconhecimento da execução substancial do contrato'", Schreiber, Anderson. A tríplice transformação do adimplemento, *RTDC* v. 32, p. 3- 27, ora in *Direito Civil e Constituição*. São Paulo: Atlas, 2013, p. 97-118.

brar as comissões que não lhe foram pagas e, em contrapartida, a empresa de engenharia buscava a resolução do contrato por culpa do engenheiro que teria inadimplido com algumas das suas obrigações, em especial as de seguir as normas técnicas que permitiriam o registro do produto, bem como a presença de defeitos no produto produzido. Ao examinar o caso, a 5ª Câmara Cível do Tribunal de Justiça do Estado do Rio Grande do Sul entendeu que efetivamente ocorrera a descumprimento por parte do engenheiro e que o produto da sua invenção não atendera aos itens referidos. Nada obstante, a empresa de engenharia prosseguiu com a fabricação e comercialização do produto. A solução foi no sentido de atender-se ao inadimplemento mas compreendendo como não invalidante do interesse do credor, o que impediria a drástica consequência da resolução, mas restringiria a pretensão da empresa à indenização do que não fora adimplido.

Disse o relator, Professor Ruy Rosado:

(...) a inexecução do engenheiro contratado foi apenas parcial, não atingiu o objeto principal do contrato, que de qualquer modo realizou-se com a fabricação do aparelho. Houve, portanto, adimplemento substancial.

Devo, porém, reconhecer que o fato do atendimento do pacto ajustado apenas em parte, pelo engenheiro eletrônico, causou à empresa os prejuízos decorrentes da falta de projeto com todas as especificações técnicas, o que lhe permitiria melhor controle de qualidade, facilidades para posterior aperfeiçoamento do projeto e, principalmente, para obter seu registro no órgão competente.

Esse incumprimento, insuficiente para determinar a resolução do contrato, deve determinar a correspondente indenização dos danos causados à B K.

O que se tem é típica hipótese de descumprimento qualitativamente avençado. A "quantidade" de obrigações descumpridas poderia resultar na inutilidade da prestação se sem as documentações e obediências às normas técnicas específicas a empresa de engenharia não pudesse produzir e comercializar o bem. Como isso foi possível, as mesmas obrigações descumpridas resultaram em adimplemento incompleto mas qualitativamente satisfatório. O adimplemento resultou impontual, mas de boa-fé atendeu ao interesse do credor, logo, não pode (i) ser ignorado, mas tampouco (ii) gerar a drástica consequência da resolução imputável.[28]

A noção de que o inadimplemento de pequena monta, que não afeta a utilidade da prestação e, consequentemente, o interesse do credor, não era estranho ao nosso direito. As Ordenações Filipinas, no Livro IV, Titulo XVI, ao tratar da compra e venda de escravos, afirmava: "se a doença que o scravo tiver, for tão leve, que lhe não impida o serviço, e o vendedor o calar ao tempo da venda, não poderá o comprador engeitar o scravo, nem pedir o que menos vai por causa de tal doença".

Esse mesmo princípio está subjacente em regra nova do Código Civil de 2002 em matéria de evicção. A evicção pode ser de duas ordens. Ou total, havendo perda da totalidade do bem objeto do contrato oneroso que acarrete a

---

[28] É bem verdade que no caso concreto houve a resolução por iniciativa do próprio engenheiro mas a Câmara entendeu que a mesma não lhe era imputável, o que resultaria, pelo que se percebe do caso concreto uma certa culpa concorrente. A matéria acabou não sendo examinada porque não houve reconvenção de parte do engenheiro, impedindo eventual compensação de culpas.

transferência da posse ou da propriedade de um bem; ou parcial, na hipótese de apenas uma parcela ter sido atingida pela perda, remanescendo objeto a ser possuído ou ter a propriedade titulada. Na primeira situação, só resta ao evicto demandar o desfazimento do contrato com os consectários indenizatórios.

A evicção, sendo parcial, pode gerar tanto o desfazimento do contrato quanto eventual indenização pela parte que se evenceu, haja vista que o evicto pode vislumbrar alguma utilidade na parte remanescente. Como, entretanto, não recebeu a totalidade do bem, merece compensação. O critério codificado para tanto é a qualidade do que se perdeu. Tanto que o artigo 455 diz, *in verbis*: "Se parcial, mas considerável, for a evicção, poderá o evicto optar entre a rescisão do contrato e a restituição da parte do preço correspondente ao desfalque sofrido. Se não for considerável, caberá somente o direito a indenização".

O parâmetro legal é ser *considerável ou não* a parcela perdida. Isso não remete necessariamente à quantidade, mas pode estar ligado à qualidade. Imagine-se a compra e venda de uma área de 100 hectares de terras rurais na qual um vizinho alega usucapião de 10 hectares. Se estes 10 hectares se encontrarem num ponto da área próxima ao vizinho, que não afete a continuidade da área, que não atinja área central, por exemplo, certamente os 90% remanescentes são consideráveis e a área perdida não o é. Houve adimplemento substancial e só a indenização é cabível. Agora, se os 10 hectares perdidos corresponderem à área onde estejam localizadas as benfeitorias principais do imóvel como a sede da fazenda ou os silos ou os estábulos, certamente os 10% são consideráveis e podem gerar a extinção do contrato. Trata-se, portanto, de uma *questão de qualidade e não de quantidade*.

Em todos os casos e soluções acima expostas, o que se vê são situações nas quais se debatem a norma rígida (pontualidade) e a sua flexibilização (a boa-fé). A ideia de que se possa não retirar as últimas consequências do inadimplemento *tout court* reconhecendo-se situações em que deve predominar a conservação do contrato cuja intenção comum é, inegavelmente, o que polariza o comportamento das partes, a saber o adimplemento.

5. O papel do juiz e do doutrinador

Como disse o Professor Clóvis do Couto e Silva, como que antevendo o divulgador de suas ideias que seria o Professor Ruy Rosado:

> (...) aos juízes compete a decisão: é a sua matéria-prima. Mas aos juristas, cabe, por igual, o controle da fundamentação judicial. Inexistente o segundo elemento, de que resulta o equilíbrio no desenvolvimento das instituições jurídicas, é possível que impere o arbítrio, ou, pelo menos, a errônea concepção de ser o direito tudo o que resulta das decisões dos juízes".[29]

Denominei essa conferência como "O Inadimplemento Contratual na Visão de Ruy Rosado: Juiz e Doutrinador", porque um tema dessa importância para o direito das obrigações, com todas as ilações que dele se podem retirar nessa ambiguidade de rigor e flexibilidade do direito poderia ser tratado de

---

[29] *O Princípio...*, ob. cit. p. 51. Da Boa Fé no Direito Brasileiro e Português" *in Estudos de Direito Civil Brasileiro e Português* (I Jornada Luso-Brasileira de Direito Civil). São Paulo: RT, 1980, p. 43-72.

forma pedestre, não tivéssemos, no direito brasileiro, tido a sorte de tê-lo como objeto de estudo de um jurista completo que, quando julgador, fundamentou suas decisões no que permitiu o desenvolvimento das instituições.

Também por isso, obrigado Professor Ruy Rosado de Aguiar Junior.

— 15 —

Codificação e consumo: dos elementos aos fundamentos. Breves apontamentos

LUIZ EDSON FACHIN[1]

Sumário: Introdução; 1. Proteção legal; 2. Sujeito do consumo; 3. Direitos básicos; 4. As normas servirão para atingir as seguintes necessidades; 4.1. Proteção da vida, saúde e segurança; 4.2 Educação; 4.3 Informação sobre produtos e serviços; 5. Práticas comerciais; 5.1 Cláusulas abusivas; 6. Reparação de danos; 6.1. Acesso à justiça e prova; 7. Garantias materialmente constitucionais; 8. Notas sobre a marcha do hiperconsumo; Conclusão.

Introdução

O encargo principal do qual o presente texto se reveste apreende três motes fundamentais: expor informações, analisar uma travessia que se operou do direito do consumidor aos direitos fundamentais, e por último problematizar a própria sociedade de consumo. Por isso, ocupa-se de reflexão crítica e construtiva ao resgatar elementos históricos e normativos que se projetam na contemporaneidade, e assim expõe ideias e dilemas que desafiam a compreensão do direito do consumidor.

O singelo exame, ao recolher notas e reflexões, se propõe a sistematizá-las e a contribuir com o debate sobre os limites e possibilidades do direito do consumidor na perspectiva da vida concreta dos sujeitos de direito no Brasil contemporâneo.

1. Proteção legal

A primeira etapa dessa caminhada se caracteriza pela emergência da necessidade de proteção dos consumidores. O palco da normatividade jurídica abriu a cena para os hipossuficientes.

Não se trata de tema recente. Alterações no cenário econômico mundial, encadeadas pela própria Revolução Industrial, escancararam crescente desequilíbrio nas relações de consumo, acentuado, hodiernamente, pela grande

---
[1] Professor Titular de Direito Civil da Faculdade de Direito da Universidade Federal do Paraná.

concentração de poder e renda. Esse nó que arrebatou clássicas análises da economia política também se projetou para o ordenamento jurídico mais recente.

As codificações oitocentistas descuraram de proteção mais específica aos direitos dos consumidores, haja vista o seu próprio contexto e bem assim o panorama liberal que à época se erigia com a inserção das corporações e sociedades mercantis como principais agentes econômicos. Esse cenário se alterou, arrostando a disciplina contratual arquitetada nas codificações civil e comercial. Como se registrou em doutrina:

> A aceleração nos negócios, impulsionada pela evolução tecnológica nos campos da comunicação e da informática, modificou sensivelmente a vida na sociedade, que, a cada passo, sofre transformações de vulto, sempre sobre o domínio de novas e sofisticadas técnicas e da concentração de capitais e de empresas na produção e na distribuição de bens de consumo, que uma publicidade ampla e agressiva põe ao conhecimento de toda a coletividade, em cada centro consumidor.[2]

Esse repto jogou as cartas da normatividade para o surgimento de legislações especiais que abarcassem essa realidade alheia aos corpos jurídicos então codificados. Nos diplomas tradicionais, foi inicialmente no plano penal que se instituiu a proteção ao consumidor.[3]

Contudo, o caminho do estatuto próprio seguiu paulatina conscientização da necessidade de uma legislação específica de defesa do consumidor. De tal modo que se esboçou a concepção de Código próprio para a matéria, pois as legislações ordinárias ou esparsas, até então em órbita no universo jurídico, não alcançaram seu objetivo primordial de edificação de uma prática de defesa aos consumidores que concretizasse o discurso teórico que já havia sido construído.

A promulgação do Código de Defesa do Consumidor remete a um capítulo histórico em que tomou assento uma tentativa de resposta, não exatamente de ruptura na seara privada, nem como apanágio de uma crise que abarcava todo o sistema jurídico moderno, mas sim demonstrou o valor jurídico de situações fáticas as quais o Direito não conseguiu, com sua configuração codificada, envolver. Assim:

> (...) a desigualdade (entre consumidores e os grandes detentores capitais) não encontra, nos sistemas jurídicos oriundos do liberalismo, resposta eficiente para a solução de problemas que decorrem de crises de relacionamento e de lesionamentos vários que sofrem os consumidores, pois os Códigos se estruturam com base em uma noção de paridade entre as partes, de cunho abstrato. Teceram-se sob o prisma patrimonial (...) e sob a égide de iniciativa privada como fator de propulsão da economia.[4]

São os estatutos especiais, ou os microssistemas,[5] que emergem como atestado da falência e do depauperamento da relação dos corpos codificados com

---

[2] BITTAR, Carlos Alberto. *Direitos do Consumidor*. Rio de Janeiro: Forense Universitária, 1991, p. 10.

[3] Lei destinada a punir fraudes e falsificações de mercadorias, crimes contra organização do comércio e publicidade enganosa.

[4] BITTAR, Carlos Alberto. Op. cit., p. 3.

[5] A esse respeito, Nelson Nery Júnior opta pela expressão "microssistema das relações de consumo" apesar de, segundo este mesmo autor, tratar-se de legislação codificada dada sua abrangência. In: EFING, Carlos Antônio. *Contratos e Procedimentos Bancários à Luz do Código de Defesa do Direito do Consumidor*. São Paulo: RT, 1999, p.19.

a faticidade. Foi um passo importante para o direito e para as relações sociais de um modo geral nos países do *civil law*. O Brasil foi exemplar nesse sentido metodológico.

Os microssistemas emergem por meio de leis extravagantes, haja vista as pressões e reivindicações sociais daqueles que não possuíam, no texto do Código, a proteção necessária. Ou seja, em geral, tais estatutos visam a proteger os socialmente excluídos, parte economicamente mais fraca, já que afastados do cenário arquitetado pelo viés patrimonialista.

Não apenas por isso, mas especialmente por tal fato, a promulgação de um número expressivo destas regras – das quais o Código de Defesa do Consumidor é representante maior – provocou um deslocamento no centro irradiador do sistema jurídico de direito privado, *"excluindo o monismo consagrado no código civil, em atendimento às emergências sociais"*.[6]

Impende registrar a concomitância, neste influxo, do *movimento da descodificação* que recolocara a Carta Maior de 1988 como elemento unificador do ordenamento jurídico. Em consonância com lição do professor Gustavo Tepedino, opera-se uma *"inversão hermenêutica"* na qual há *"a perda da centralidade do Código Civil no sistema de fontes normativas (...) e numerosas leis especiais passaram a regular setores relevantes do ordenamento..."*. Assim, conclui o eminente professor: *"o movimento de descodificação, na experiência brasileira reservou à Constituição de 1988 o papel reunificador do sistema"*.[7]

Destarte, no Brasil, é a paisagem constitucional que fixa os fundamentos nos quais se estabelecerá a proteção do consumidor. De acordo com Carlos Antônio Efing: *"a proteção do consumidor só adquiriu aspecto relevante com a promulgação da Carta Magna de 1988, assumindo neste momento, estado de garantia constitucional e princípio norteador da atividade econômica"*.[8] Sua consagração explícita encontra-se nos artigos 5, inc. XXXII; 24, inc. VIII; 170, inc. V, e ainda artigo 48 das disposições transitórias.

Atenta aos fatos e circunstâncias, a norma constitucional de 1988 consagra tanto as conquistas já obtidas por outros países no cenário do direito comparado,[9] quanto fornece elementos da atuação promocional da intervenção estatal. Dúvida não havia (nem há) desse papel a ser exemplarmente desempenhado pelo Estado-legislador. Como afirmou James Marins:

A inclusão constitucional (...) coaduna-se com a função do Estado de intervir em situações de desigualdade e desequilíbrio social que não poderiam ser satisfatoriamente acomodadas ou corrigidas com o uso de instrumentos meramente políticos ou econômicos.[10]

---

[6] Ensina-nos, por essa via, a professora Carmem Lúcia Silveira Ramos no texto "A Constitucionalização do Direito Privado e a Sociedade sem Fronteiras". In: FACHIN, Luiz Edson. *Repensando Fundamentos do Direito Civil Brasileiro Contemporâneo*. Rio de Janeiro: Renovar, 1998, p. 7.

[7] TEPEDINO, Gustavo. *A Parte Geral do Novo Código Civil*: estudos na perspectiva civil-constitucional. In: ———. *Crise de Fontes normativas e técnica legislativa na Parte Geral do Código Civil de 2002*, p. XVII.

[8] EFING, Carlos Antônio. Op. cit., p. 23.

[9] Foi nos Estados Unidos da América do Norte e depois na Europa Ocidental que surgiram as primeiras normas próprias de direito do consumidor.

[10] MARINS, James. *Responsabilidade da Empresa pelo Fato do Produto*. São Paulo: RT, 1993, p. 26.

Do espaço preenchido por novas regras ao estatuto dos princípios foi feita a ponte que culminou nessa travessia a defesa ao consumidor. Firmou-se, pois, como um princípio constitucional. Colhe-se de Antônio Carlos Efing:

> Eros Roberto Grau sustenta que se trata de um *princípio constitucional impositivo* (Canotilho), a cumprir dupla função, como instrumento para a realização do fim de assegurar a todos existência digna e objetivo particular a ser alcançado. No último sentido, assume função de *diretriz* (Dworkin) – *norma-objetivo* – dotada de caráter constitucional conformador, justificando a reivindicação pela realização de políticas públicas.[11] (destaque no original)

O reconhecimento destes preceitos constitucionais concretizados pelo Código de Defesa do Consumidor, em conjunto com a arquitetura do Sistema Nacional de Defesa do Consumidor, desvela um novo momento do direito do consumidor brasileiro com a passagem do discurso teórico para a efetividade prática das respectivas normas, intentando superar, desta maneira, o fosso abissal entre teoria e práxis.

2. Sujeito do consumo

Sopesado concretamente por seus direitos básicos, o consumidor se eleva no espaço de demarcação dos sujeitos a quem os direitos subjetivos se reportam. A delimitação da figura do consumidor veio ao início estampada na codificação:

> Art. 2º Consumidor é toda pessoa física ou jurídica que adquire ou utiliza produto ou serviço como destinatário final.
>
> Parágrafo Único – Equipara-se a consumidor a coletividade de pessoas, ainda que indetermináveis, que haja intervindo nas relações de consumo.

A terminologia adotada pelo legislador não receber interpretação que se restrinja a um conceito estritamente econômico de consumidor, situando-o como indivíduo que consome ou adquire bens na sociedade de consumo em que vivemos. Seu critério diferenciador tem por escopo a inserção, ou não, em dada relação de consumo.

Por esta via, relevantes também são o conceito sociológico – "consumidor é qualquer indivíduo que frui e se utiliza bens ou serviços e pertence a determinada classe social" – e o psicológico para o qual "consumidor é o indivíduo sobre o qual se estudam as reações a fim de se individualizarem os critérios para a produção e as motivações internas que o levam ao consumo".[12]

O CDC traz consigo quatro conceitos de consumidor: o *standard* (art. 2º) que o identifica como destinatário final; a coletividade de pessoas (art. 2º, par. único) que possibilita o emprego das denominadas *class actions*; as vítimas de acidente de consumo (art. 17) e aqueles expostos às práticas abusivas de qualquer natureza (art. 29).[13]

---

[11] EFING, Antônio Carlos. Op. cit., p. 33.

[12] FILOMENO, José Geraldo et al. *Código Brasileiro de Defesa do Consumidor Comentado pelos Autores do Anteprojeto*. São Paulo: Forense Universitária, 1999, p. 26/27.

[13] EFING, Antônio Carlos. Op. cit., p. 53.

No concernente a esta disciplina, identifica Cláudia Lima Marques[14] duas correntes quanto à definição do sujeito do consumo: a primeira, denominada *finalista,* segundo a qual a figura do consumidor encontra-se restrita àqueles de feição não profissional, ou seja, que efetivam o consumo com o escopo teleológico próprio ou de seus familiares. A segunda vertente, maximalista, por sua vez, provoca uma abertura epistêmica da posição jurídica do consumidor, ampliando-a para decair sobre o maior número possível de situações jurídicas.

Antônio Carlos Efing, mais próximo da teoria maximalista, crê que "o CDC veio para introduzir nova linha de conduta entre os partícipes da relação jurídica de consumo". Em conclusão afirma que são "as normas do CDC o novo regulamento do mercado de consumo brasileiro".[15]

Ao seu turno, Cláudia Lima Marques[16] advoga por uma interpretação finalista e, segundo a autora, essa ordem de ideias estaria em acordo com o espírito excepcional da tutela e o fim almejado pelo CDC. Por meio deste exercício hermenêutico, seriam consumidores aqueles que pertençam a um grupo mais vulnerável da sociedade.

Nesta toada, acrescenta José Geraldo Brito Filomeno: "o traço marcante da conceituação de consumidor está na perspectiva que se deve adotar, ou seja, no sentido de se o considerar como hipossuficiente ou vulnerável (...)".[17]

Cumpre, sem embargo, avançar ainda mais, como o fez Fábio Konder Comparato ao ensinar que "consumidores são aqueles que não dispõem de controle sobre bens e produção e, por conseguinte, devem se submeter ao poder dos titulares deste (...), isto é, os empresários".[18]

Diversos são, por conseguinte, os olhares que tal normatividade oferta. Frente a esta multiplicidade conceitual, erigem-se critérios para a observância de consumidores em determinadas relações jurídicas. A saber: os bens adquiridos devem ser de consumo, e não de capital; que haja entre fornecedor e consumidor um descompasso que beneficie o primeiro; vulnerabilidade econômica e uso não profissional dos produtos e serviços.[19] Deste modo, provoca-se uma inversão hermenêutica porque o conceito de consumidor é obtido a partir dos baldrames fixados para as relações de consumo.

Por fim, de acordo com o parágrafo único deste artigo segundo, ressalta-se a possibilidade de uma *coletividade de consumidores* à luz dos interesses difusos (artigo 81, inc. I) os quais possuem titularidade indeterminada conectada pelas vicissitudes do fato. É uma espécie de sujeito plural de consumo.

Assim se edifica o que vem nessa base informativa do regramento jurídico das relações de consumo, e que compõe um primeiro segmento do presen-

---

[14] MARQUES, Claudia Lima. *Contratos no Código de Defesa do Consumidor.* São Paulo: RT, 1992, p. 67/68.
[15] EFING, Antônio Carlos. Op. cit., p. 46.
[16] Ibid. p. 74.
[17] FILOMENO, José Geraldo Brito, Op. cit., p. 29. A partir desta problemática edifica-se a possibilidade de delimitação da pessoa jurídica como consumidora. A equiparação, como regra, se sustenta mesmo.
[18] COMPARATO, Fábio Konder. *Apud*: FILOMENO, José Geraldo Brito. Op. cit., p. 29.
[19] Ibid., p. 29-32.

te estudo. Antes de prosseguir, todavia, soa imprescindível ressaltar que é a análise do caso concreto elemento necessário à incidência das regras do Código de Defesa do Consumidor; entretanto, deve sempre fulgurar como aspecto teleológico a defesa contumaz da igualdade vincada na diferença, ou seja, do tratamento diferente aos desiguais.

Delimitado, assim, o elemento subjetivo passar-se-á para uma segunda parte desta reflexão que versa especificamente acerca dos direitos básicos dos consumidores.

3. Direitos básicos

Os direitos básicos fundamentais dos sujeitos da relação de consumo se arquitetam como resposta às demandas sociais de um Estado ainda imerso em uma perspectiva econômica liberal e, por consequência, jungido por regras jurídicas tradicionais.

Ao lado da autonomia da vontade e da liberdade negocial impõe-se um instrumental regulador em defesa dos consumidores porque é a parte mais fragilizada. Assim se fez, e de tal modo mesmo se manteve diante da migração (ao menos teórica) para o modelo do Estado Social.

São diversas as normas dedicadas à proteção do consumidor, em consequência desta realidade multifacetada. Há, portanto, dificuldade em delimitar a seara à qual se destinam estas regras. De acordo com José Geraldo Brito Filomeno, *"tudo hoje em dia é direito do consumidor"*.[20]

Sem prejuízo de tal debate, calha prosseguir nesse viés informativo que a presente análise expõe, nesta parte, *quantum satis*.

É no seu artigo 6º que o corpo normativo protetivo dos consumidores elenca seus direitos básicos. É uma enunciação que informa e se projeta ao longo de todo o Código, tanto no que diz respeito aos pressupostos materiais quanto aos processuais concatenados a partir do artigo 8º.

O rol de direitos apresentado remonta à Resolução de número 39/284, de 10.04.1985, da ONU na qual, em seu item 3, acena às normas de proteção aos consumidores:

4. As normas servirão para atingir as seguintes necessidades

a) proteger o consumidor quanto a prejuízos à saúde e à segurança;

b) fomentar e proteger os interesses econômicos dos consumidores;

c) fornecer aos consumidores informações adequadas para capacitá-los a fazer escolhas acertadas de acordo com as necessidades e desejos individuais;

d) educar o consumidor;

e) criar a possibilidade de real ressarcimento do consumidor;

---

[20] Ibid., p. 118.

f) garantir a liberdade para formar grupos de consumidores e outros grupos ou organizações de relevância e oportunidades para que estas organizações possam apresentar seus enfoques nos processos decisórios a ela referentes.[21]

Posteriormente, foi aprovado pelo Conselho das Comunidades Europeias o "Programa Preliminar da CEE para uma Política de Proteção aos Consumidores". Neste documento, estabeleceram-se cinco grandes categorias fundamentais dos direitos dos consumidores, a citar:

a) direito à proteção saúde e segurança;

b) direito à proteção dos interesses econômicos;

c) direito à reparação de prejuízos;

d) direito à informação e à educação;

e) direito à representação (direito de ser ouvido).[22]

Sobre este agrupamento, manifesta-se Arruda Alvim:

> Os cinco itens acima sistematizam, em nosso sentir, com precisão quais os direitos básicos dos consumidores. Pode-se dizer ainda que os nove incisos do artigo 6 do Código de Defesa do Consumidor representam a explicitação desses direitos e, em última análise, uma emanação abrangente dos princípios que elencamos como essenciais, e que representam o cerne principiológico do artigo 4 (do CDC).[23]

Neste diapasão, o CDC, a rigor, não "inovou" em matéria de direitos básicos dos consumidores, mas quiçá, a grande novidade trazida, seja no campo processual, a inversão do ônus da prova à parte hipossuficiente. Isto porque o Código reflete os princípios constitucionais, a exemplo da boa-fé e da dignidade da pessoa humana, que já possuíam espaço na cena jurídica. Segue o originário artigo 6º do CDC:

Capítulo III – Dos Direitos Básicos do Consumidor

Art. 6º São direitos básicos do consumidor:

I – a proteção da vida, saúde e segurança contra os riscos provocados por práticas no fornecimento de produtos e serviços considerados perigosos ou nocivos;

II – a educação e divulgação sobre o consumo adequado dos produtos e serviços, asseguradas a liberdade de escolha e a igualdade nas contratações;

III – a informação adequada e clara sobre os diferentes produtos e serviços, com especificação correta de quantidade, características, composição, qualidade e preço, bem como sobre os riscos que apresentem;

IV – a proteção contra a publicidade enganosa e abusiva, métodos comerciais coercitivos ou desleais, bem como contra práticas e cláusulas abusivas ou impostas no fornecimento de produtos e serviços;

V – a modificação das cláusulas contratuais que estabeleçam prestações desproporcionais ou sua revisão em razão de fatos supervenientes que as tornem excessivamente onerosas;

VI – a efetiva prevenção e reparação de danos patrimoniais e morais, individuais, coletivos e difusos;

---

[21] Constante da Resolução do Conselho de 14 de abril de 1975.
[22] ARRUDA ALVIM, et al. *Código do Consumidor Comentado*. São Paulo: RT, 1995, p. 60.
[23] Ibidem.

VII – o acesso aos órgãos judiciários e administrativos com vistas à prevenção ou reparação de danos patrimoniais e morais, individuais, coletivos ou difusos, assegurada a proteção Jurídica, administrativa e técnica aos necessitados;

VIII – a facilitação da defesa de seus direitos, inclusive com a inversão do ônus da prova, a seu favor, no processo civil, quando, a critério do juiz, for verossímil a alegação ou quando for ele hipossuficiente, segundo as regras ordinárias de experiências;

IX – (Vetado);

X – a adequada e eficaz prestação dos serviços públicos em geral.

Além destes direitos acima elencados, alerta José Geraldo Brito Filomeno que se traceja, no cenário internacional, outro direito de proteção ao consumidor a ser somado a estes já existentes, que é o direito ao chamado consumo sustentável.[24] Segue este mesmo autor: "o próprio consumo de produtos e serviços, em grande parte, pode e deve ser considerado como atividade predatória dos recursos naturais".[25]

O consumo sustentável representa o diálogo e a tentativa de equilíbrio entre a sociedade de consumo e o meio ambiente, haja vista que as necessidades de consumo humanas são ilimitadas enquanto os recursos naturais disponíveis para sua satisfação são findáveis e, em muitos casos, não renováveis. É em busca deste balanceamento que se estruturou essa ordem de ideias pertinente à ponderação.

Entretanto, poderia ser "pueril"[26] a estrutura dos direitos básicos do consumidor, pois, vários elementos que conformam a política nacional das relações de consumo, elencadas no artigo 4 do mesmo Código, estão ausentes. Tem, nada obstante, ao menos efeitos pedagógicos.

Passaremos, a seguir, à análise sistemática de cada um dos direitos básicos do consumidor:

4.1. Proteção da vida, saúde e segurança

Daí nasce o direito incontroverso que têm os consumidores de não serem expostos a situações de temeridade a sua integridade física por práticas condenáveis no fornecimento de produtos e serviços. A vida (e sua dignidade) constituem o bem supremo.

O conceito de direito à segurança, porém, poderia aí se mostrar de maneira mais ampla que a proteção da vida e da integridade física, já que também abarca interesses de natureza patrimonial dos consumidores.[27]

Ainda que seja por via diversa, é direito fundamental dos consumidores que daí deriva, e este dispositivo se irradia para o corpo codificado, elencando normas, e.g., que exijam a devida informação, de maneira clara, dos riscos e perigos que determinado produto ou bem possa oferecer, como é o caso dos

---

[24] FILOMENO, José Geraldo Brito. Op. cit., p. 120/121.
[25] Ibid., p. 20.
[26] ZENUN, Augusto. *Comentários ao Código do Consumidor*. Rio de Janeiro: Forense, 1999, p. 18.
[27] Ibid., p. 61.

artigos 8º ao 10 do CDC. Ou, além destas, normas que preveem a retirada dos produtos, comunicação das autoridades e indenização dos consumidores em virtude de produtos nocivos a sua incolumidade física. É o caso, por exemplo, dos artigos 10, 12 e 14.

Neste diapasão, assinala Parra Lucán:

> Los problemas de salud y seguridad son de los más importantes que plantea la protección del consumidor. En última instancia la protección de la salud y la seguridad de los consumidores es un corolario del propio derecho a la vida (y a la integridad física) de la persona humana, reconocido en los textos internacionales y constitucionales de nuestro entorno.[28]
>
> Em realidade, o inciso primeiro retransmite a mensagem constitucional contida no artigo 5º, quando eleva à categoria de direitos fundamentais o direito à vida, à saúde e à proteção destes.

4.2. Educação

O conceito de educação a que se refere à norma se projeta em uma concepção dual: a educação formal, ou seja, aquela executada concomitantemente ao desenvolvimento da caminhada escolar; e a educação informal feita pelos meios de comunicação por intermédio da publicidade e do *marketing*.

Este último viés tem como objetivo informar o consumidor sobre as características dos produtos e serviços já disponíveis no mercado – ou ainda, dos não disponíveis, bem como, dos órgãos de proteção e defesa do consumidor frente aos abusos dos fornecedores.

Nesta seara, é de notória percepção que as orientações caminham em direção ao campo educacional informal já que, especialmente em relação ao ensino público fundamental, não há o desenvolvimento suficiente das disciplinas curriculares quanto mais de disciplinas voltadas à formação de uma consciência cidadã, como seria esta em questão.

4.3. Informação sobre produtos e serviços

Refere-se ao dever de informar o público consumidor de todas as características relevantes referentes aos produtos e serviços para que se possa adquiri-los ou contratá-los com plena ciência de suas implicações.

Consubstancia-se neste item o "princípio da veracidade", diante do qual o fornecedor deve sempre prestar esclarecimentos sobre o produto ou serviço oferecido, que exerce papel complementar ao denominado "dever de informar".

As substâncias referentes, sobretudo, à educação, informação e publicidade são fulcro de um número amplo de dispositivos do Código de Defesa do Consumidor, o que transparece a cautela e precisão com as quais deverá o assunto ser lidado.

---

[28] PARRA LUCÁN, M. A. *Daños por productos y protección del consumidor*. Barcelona: Bosch Editor, 1990, p. 27. *Apud*: ARRUDA ALVIM, et al. *Código do Consumidor Comentado*. São Paulo: RT, 1995, p. 61.

5. Práticas comerciais

No CDC, o tratamento desta matéria desenrola-se do artigo 30 em diante, que conecta a oferta à força vinculativa, um dos aspectos mais relevantes do mercado de consumo, sendo, deste modo, oferta como forma vinculativa. Qualquer informação publicitária, desta maneira, está inscrita no contrato. Ou seja, conforme afirma José Geraldo Britto Filomeno:

> Tudo o que se diga a respeito a um determinado produto ou serviço deverá corresponder exatamente à expectativa despertada no público consumidor, com as conseqüências elencadas no livro das práticas comerciais do CDC.[29]

De modo consoante, afirma Arruda Alvim:

> As informações constantes da oferta publicitária, devem ser precisas sob todos os aspectos de interesse para o consumidor, vinculando o fornecedor que se obriga através destas informações prestadas, com a proibição expressa de que tal oferta seja enganosa – ou seja, falsa, comissiva ou omissivamente – ou abusiva – que explore medo, superstição, que incite a violência, etc.[30]

Este artefato transluz o princípio constitucional contratual da boa-fé pelo qual se compreende que as relações de consumo devem pautar-se pela transparência que, neste caso, revela-se no direito à informação do consumidor perante publicidade enganosa e abusiva.

A publicidade, em virtude de sua grande relevância para a temática do direito do consumidor, ganhou para si um capítulo especial de regulação, pois é tratada como uma das possíveis espécies de oferta.

5.1. Cláusulas abusivas

O item em voga consubstancia um feixe de proteção contratual dual dos consumidores.

A primeira modalidade de proteção deriva da aplicação do princípio da conservação das cláusulas contratuais, segundo o qual a norma garante o direito de modificação das cláusulas contratuais ou de sua revisão quando o contrato estabelecer prestação desproporcional frente ao consumidor. Assim, basta observar a desproporção entre prestação e contraprestação decorrente do próprio contrato, e, em outras palavras, já existente.[31]

Nesta toada, enseja a proteção contratual do consumidor, em especial, no tocante aos contratos de massa, ou seja, aqueles que se desenvolvem por adesão. Em virtude de sua extensa utilização cotidiana, estes contratos por adesão negam o espaço próprio da autonomia da vontade na seara contratual não havendo a possibilidade da discussão e individualização contratual.

---

[29] ARRUDA ALVIM, et al. *Código do Consumidor Comentado*. São Paulo: RT, 1995, p. 125.
[30] Ibid., p. 63.
[31] Ibid., p. 65.

Anote-se, a propósito, que o Código Civil, neste mesmo influxo, prevê, em seu artigo 478, a resolução contratual por meio de sentença judicial,[32] em virtude da onerosidade excessiva.

A segunda modalidade protecionista aos consumidores coloca-se de maneira paralela à teoria da imprevisão. Válido é, e nem poderia deixar de ser, o princípio da *pacta sunt servanda*. Mas há imenso espaço deferido à cláusula *rebus sic standibus*. Na lição de Arruda Alvim:

> Assim, eventos supervenientes à avença contratual que tenham o condão de desequilibrar o que inicialmente havia sido aceitavelmente ajustado, trazendo onerosidade excessiva ao consumidor, autorizam a revisão do primitivo contrato, a fim de restabelecer a almejada igualdade na contratação.[33]

Deste modo, persistem os acordos de vontade desde que estáveis as condições.

6. Reparação de danos

Neste ponto inicia-se a edificação da temática processual do direito do consumidor, pois se trata da defesa dos interesses do consumidor, como se dá na pretensão indenizatória de natureza tanto particular quanto coletiva. Ressalta-se, neste inciso, a titularidade difusa ou coletiva deste direito, pois, consoante afirma Augusto Zenun, "às vezes – e muitas vezes – o conflito se dá entre massas...".[34] Destarte:

> Todo o sistema processual criado pelo Código de Defesa do Consumidor leva em seu bojo a finalidade de possibilitar uma efetiva atividade processual e conseqüente proteção judiciária às relações de consumo, de forma a tornar possível a concreta e efetiva realização de todos os direitos outorgados ao consumidor e a real reparação de danos sofridos pelo consumidor (...).[35]

Mais importante é o campo da prevenção do dano, atitude que os próprios fornecedores possuem frente a determinados produtos e serviços para que estes não incorram em dano. Tal espaço e procedimento ganham especial relevância. Destaca José Geraldo Britto Filomeno a importância do recall feito pelas empresas frente a produtos defeituosos.E assevera que "se falham tais mecanismos, todavia, há ainda o instrumento processual, sobretudo no âmbito das cautelares, para que ainda, preventivamente, evite-se o *eventus damni*".[36]

Ao lado destas ações preventivas, colocam-se as ações repressivas que são marcadas pelas sanções penais e administrativas. Novamente, matiza José Geraldo Britto Filomeno:

---

[32] "Estas alterações deverão ser feitas preferencialmente de modo suasório, pelo comum acordo entre os partícipes da relação de consumo objeto da relação contratual, todavia, em se mostrando necessária a provocação da função jurisdicional do Estado...". ARRUDA ALVIM, *et al*. *Código do Consumidor Comentado*. São Paulo: RT, 1995. p. 66.
[33] ARRUDA ALVIM *et al*. Op. cit., p. 66.
[34] ZENUN, Augusto. Op. cit., p. 23.
[35] ARRUDA ALVIM *et al*. Op. cit., p. 68.
[36] Ibid., p. 127.

No âmbito da reparação, o que o Código prontifica fazer é dotar o consumidor, sobretudo organizado, de instrumentos processuais dos mais modernos e eficazes, para que se dê a prevenção de danos, bem como sua reparação. E, nesse sentido, além de pleitos individuais merecem destaque as ações coletivas que, de modo geral, visam à tutela dos chamados "interesses difusos" dos consumidores.[37]

Sobreleva ponderar que o poder público, por meio de seus órgãos de fiscalização, possui uma importante tarefa na área da prevenção e minimização de danos causados por bens ou serviços defeituosos.

6.1. Acesso à justiça e prova

Constitui direito básico do consumidor o acesso à tutela jurídica com todas as implicações derivadas desta. Assim sendo, aqui se entende como acesso amplo não apenas aos órgãos da estrutura judiciária do Estado como também da organização administrativa de modo que se conceda ao consumidor a tutela efetiva de seu direito.

O CDC admite a adoção da prática de inversão do ônus da prova sempre que o consumidor constituir-se como parte hipossuficiente ou sua afirmação for plausível. Trata-se da aplicação do princípio constitucional da isonomia já que a igualdade se perfaz vincada nas diferenciações. Assim, "em virtude do princípio da vulnerabilidade do consumidor" a inversão do ônus da prova é adotada para "procurar equilibrar a posição das partes, atendendo aos critérios de verossimilhança do alegado pelo consumidor, ou sendo este hipossuficiente".[38]

A previsão processual do ônus da prova é requerida no artigo 333 do CPC que se impõe "ao autor quanto a fato constitutivo de seu direito" e ao réu "quanto à existência de fato extintivo, modificativo e constitutivo do direito do autor". Todavia, no CDC este princípio é regido de maneira dissonante de modo que poderá o juiz efetuar a inversão do *onus probandi* se constatar hipossuficiência do consumidor ou verossimilhança em seu relato.

A introdução deste princípio no diploma legal se embasa no princípio constitucional da isonomia uma vez que as partes não se encontram em patamar de igualdade para a instrução probatória, daí por que a relevância desta inversão.

Perante o CDC, o poder público também está consagrado como produtor de bens ou prestador de serviços. Nesta toada, deverá o poder público submeter-se às mesmas exigências que os fornecedores particulares, quando não mais rígidas, para a eficácia plana dos direitos básicos dos consumidores.

7. Garantias materialmente constitucionais

Mirado o cenário protetivo dos direitos do consumidor é necessário, nesse derradeiro momento, refletirmos acerca das relações privadas – tuteladas

---

[37] ARRUDA ALVIM *et al*. Op. cit.
[38] Ibid., p. 69.

pela Constituição e pelo Código Civil – e a proteção dos direitos dos consumidores.

Consoante acima evidenciado, o sistema de amparo às relações de consumo surge em consonância com a axiologia e principiologia constitucional com o escopo de auferir concretude ao princípio da igualdade material.

Destarte, os direitos básicos fixados no Código de Defesa do Consumidor são normas materialmente constitucionais (em que pese não se situarem topograficamente no texto constitucional) fundamentais (já que baldrames da tutela jurídica dos hipossuficientes, neste caso, os consumidores).

Ingo Wolfgang Sarlet acentua esta nota da fundamentalidade ao assegurar que "não há como desconsiderar a especial relevância dos direitos fundamentais na ordem constitucional, decorrente justamente deste elemento qualificativo – a fundamentalidade – na sua dupla vertente formal e material".[39]

O giro[40] operado pela carta constitucional de 1988 irradia nova luz às cognominadas relações de direito privado já que estas também respondem, em maior ou menor grau, aos direitos fundamentalmente constitucionais.

Deste *nó* fundante abrolha a importância do presente diálogo. O Código Civil, em vigor desde 2003, não traz em suas raízes este viés constitucional – quiçá poderíamos dizer, inclusive, democrático – já que negado durante o regime ditatorial brasileiro, anterior, inclusive, à discussão da própria Constituinte.

Nesta toada, faz-se imperioso, face à cena legislativa hodierna, refletir acerca da vinculação dos particulares aos direitos fundamentais. É justamente neste influxo que se abre eficácia *horizontal* dos direitos fundamentais.

Os direitos fundamentais, expressa ou implicitamente constitucionais, "exprimem determinados valores que o Estado não apenas deve respeitar, mas também promover e proteger, valores estes que, de outra parte, alcançam uma irradiação por todo ordenamento jurídico – público e privado".[41]

Não obstante a ausência de previsão expressa do texto constitucional, Ingo Sarlet aponta que "todos os direitos fundamentais à exceção dos que vinculam exclusivamente o poder público – vinculam, de alguma forma, diretamente os particulares".[42]

Conscientes da inexistência de uma resposta absoluta para esta problemática, destacam García-Torres e Jiménez-Blanco que "a eficácia dos direitos fundamentais nas relações jurídico-privadas significa bem mais do que um mero esclarecimento de sentido no âmbito de um projeto geral de sentido dos direitos fundamentais, representando, isto sim, algo como um novo horizon-

---

[39] SARLET, Ingo Wolfgang. *A Constituição Concretizada:* construindo pontes entre o público e o privado. Porto Alegre: Livraria do Advogado, 2000, p. 108.

[40] Ver o nosso *Repensando Fundamentos do Direito Civil Brasileiro Contemporâneo*. Rio de Janeiro: Renovar, 1998, p. 317.

[41] HESSE, Konrad. *Apud:* SARLET, Ingo Wolfgang. Ibid., p. 119.

[42] Ibid. p. 147.

te hermenêutico, implicando uma leitura completamente nova do sentido das normas constitucionais definidoras de direitos e garantias fundamentais".[43]

É, portanto, sob este enfoque da *eficácia horizontal* dos direitos constitucionais fundamentais dos consumidores que este entrelace entre as relações tuteladas pelo Código Civil e as relações de consumo devem guiar-se.

Os dias presentes, sem embargo, são desafios diante da nova e pungente realidade do hiperconsumo.

8. Notas sobre a marcha do hiperconsumo

Nossos dias traduzem imperativa necessidade de se refletir sobre sociedade de risco e sociedade de consumo. Da Societé du Spectacle narrada por Debord, contempla-se uma sociedade que encena seu próprio espetáculo. Em lugar da pós-modernidade, a hipermodernidade, que acabou por inundar o campo social e o moldou para ser também ator, e não apenas palco.

Um dos maiores contributos ao debate em cotejo é percebido nas ideias de Gilles Lipovetsky, cuja análise acerca da sociedade hodierna conduziu à constatação do novel e sobredito prefixo à modernidade ao debruçar-se necessariamente sobre a característica *consumista* do campo social. *Ersatz* do *consumo*, o *hiperconsumo* é a ambiência potencializada que serve de palco às relações sociais ao mesmo passo que *interfere* e *interage* com as mesmas. Por conta desta perspectiva é que as ponderações objetivadas por Lipovetsky em *"A Felicidade Paradoxal: Ensaio sobre a Sociedade de Hiperconsumo"* são imprescindíveis ao (re)pensar das características da *sociedade de consumo* bem como suas implicações na *sociedade de risco*.

É que a *sociedade de hiperconsumo*, fruto desses tempos *hipermodernos*, promoveu diversas alterações no comportamento e movimentação percebidos em seu interior. Mais do que nunca, pela sua intensidade e velocidade, na sociedade germina uma série de eventos que, dada tais características, subtraem-nos a verdadeira oportunidade de tentar *apreendê-los*. Assim, no espaço social da *hipermodernidade*, onde o consumo passou a significar *hiperconsumo*, os riscos bailam ao mesmo passo que os atores deste espetáculo encenam suas relações cotidianas, pelo fio condutor que perpassa, sem exclusões, por todos nós.

Nesta medida, pensar em *sociedade de riscos* por meio das mudanças havidas na senda social, encetadas pela *hipermodernidade*, importa o deslocamento de nossas lentes para outro ponto que nos permita observar a *responsabilidade civil* – e o próprio direito, vez que estaremos, portanto, a tratar de riscos e seus danos consectários – sob ângulo diverso.

Nunca os riscos estiveram tão disseminados por todas as ambiências sociais, e nunca a sociedade apresentou uma dinamicidade tão notória, às vezes real e simbólica, outras apenas ficcionais. Assim, é preciso que o direito, e suas desinências, também passem por uma ressignificação, sob pena de direcionar o olhar para um sítio onde a sociedade não mais se encontra.

---

[43] *Derechos Fundamentales e Relaciones entre particulares*, p. 140-142. *Apud:* SARLET, Ingo. Ibid., p. 160.

O ordenamento ainda tremula diante dos desafios abertos pelas trilhas que culminam na compreensão da alteração da *sociedade de consumo* para *sociedade de hiperconsumo*.

A constatação da *hipermodernidade* e suas implicações na *sociedade de consumo* (que a informa, hoje, como *sociedade de hiperconsumo*) não escorrem das conclusões do presente, pelo contrário: mostra-se como a resultante de todo um caminhar histórico, que se inicia no entreato transitório do século XIX ao século XX e ainda encontra-se em curso.

Seguindo esta linha histórica, Lipovetsky indica que o sobredito desdobramento paradigmático objetiva-se em "três fases distintas do capitalismo de consumo": a formação da *sociedade de consumo* no principiar do século XX; sua transformação em *sociedade de consumo de massa* nos dois decênios que sucederam o fim da 2ª Guerra Mundial; e a potencialização abrupta desta última perspectiva, característica essencial da hodierna *sociedade de hiperconsumo* de nossos dias.[44]

Logo, se com a exaltação da felicidade privada consumia-se cada vez menos com vistas a asseverar certas feições de *status*, na era do *hiperconsumo* a estratificação da sociedade de consumo *pretende* ser cada vez mais transparente. É dizer: se o consumo anteriormente poderia ser concebido como forma de manifestação da corrida à posição social, na *sociedade de hiperconsumo* ele olvida totalmente a "rivalidade de *status* sociais", relegando tal lógica ao segundo plano. *Consumo pela emoção e compensação das frustrações da vida*: esta é a sinopse do espetáculo individualista da *hipermodernidade* e sua sociedade de (hiper)consumo.[45]

Esta mercantilização do que se sente e do que se busca sentir é o reflexo de um consumo cada vez mais desprovido de barreiras, de linhas limítrofes, sejam elas físicas ou ideológicas. Na era do *"consumo-mundo"*, mesmo aquilo que em aparência parece escapar da mercantilização, é apanhado e objetivado por este novo *ethos* consumista que, ao encorajar a busca pela satisfação, culmina também na realização de frustrações e de inúmeros paradoxos, incongruências estas que afetam a todos os atores e espectadores deste espetáculo.

Diante disto, é possível perceber que, de modo lógico, os *paradoxos da felicidade* propostos pela sociedade de consumo hodierna se misturam à *socialização dos riscos*: não se pode olvidar que a tela social em sua atual moldura gerou

---

[44] LIPOVETSKY, Gilles. *A Felicidade Paradoxal. Ensaio sobre a Sociedade de Hiperconsumo*. São Paulo: Companhia das Letras, 2007, p. 23.

[45] Gilles Lipovetsky, *A Felicidade Paradoxal*, cit., p. 38-42. "Exaltando os ideais de felicidade privada, os lazeres, a publicidade e as mídias favoreceram condutas de consumo menos sujeitas ao primado do julgamento do outro. Viver melhor, gozar os prazeres da vida, não se privar, 'dispor do supérfluo' apareceram cada vez mais como comportamentos legítimos, finalidades em si. O culto do bem-estar de massa celebrado pela fase II começou a minar a lógica dos dispêndios com vista à consideração social, a promover um modelo de consumo de tipo individualista. (...) O consumo ordena-se cada dia um pouco mais em função de fins, gostos e de critérios individuais. Eis chegada a época do *hiperconsumo*, fase III da mercantilização moderna das necessidades orquestrada por uma lógica desinstitucionalizada, subjetiva, emocional. (...) O consumo 'para si' suplantou o consumo 'para o outro', em sintonia com o irresistível movimento de individualização das expectativas, dos gostos e dos comportamentos".

aquilo que se tem por *responsabilidade sem culpa*, sendo o risco disseminado na senda social.

Desigualdade global, vulnerabilidade local: esta é a amálgama que simboliza a sociedade de nossos dias.[46]

Neste "universo de eventos" individuais, quiçá *solidariedade* e *corresponsabilidade* sejam os mecanismos para a contenção das figuras míticas e lúdicas que povoam a *sociedade de hiperconsumo*, narrada por Lipovetsky. É necessário desconsiderar os receios e sobressaltos que o debate sobre a socialização dos riscos costuma causar. Assim, a repartição de responsabilidades pode vir a encetar um exercício de alteridade que importe no tratamento da *hipertrofia* do individualismo, da indiferença e da exclusão a que hoje assistimos.

Conclusão

Tendo sido percorrido o caminho proposto, o trabalho aponta para o conjunto das conclusões que emergem do texto apresentado, no que tange aos novos delineamentos do direito do consumidor.

Para além do exposto, espera-se que o artigo tenha logrado êxito na tarefa de demonstrar o caminho entre os elementos teóricos e os fundamentos da prática efetiva da proteção aos consumidores, exigindo um crescente aprofundamento crítico.

Entrever por outro ângulo a estruturação da responsabilidade civil como direito à reparação dos danos (a partir da vítima) pode ser *verso* e *anverso* da *sociedade de hiperconsumo* hoje consolidada.

Se este singelo contribuir para a percepção da problematização de alguns dos aspectos suscitados, terá, então, cumprido seu papel, ainda que limitado aos horizontes expostos.

---

[46] ULRICH, Beck. *La Sociedad del Riesgo Mundial*. En busca de la seguridad perdida. Barcelona: Paidós Ibérica, 2008, p. 219.

— 16 —

A causa do contrato[1]

MARIA CELINA BODIN DE MORAES[2]

Sumário: Introdução; 1. A imprescindibilidade do elemento causal; 2. Autonomia privada e ordenamento jurídico; 3. A noção de causa em sentido subjetivo; 4. A teoria objetiva e o conceito polivalente de causa; 5. A necessária distinção entre tipo, causa abstrata e causa concreta; 6. Causa e correspectividade; 7. Aplicação jurisprudencial da noção; Conclusão.

*O fim dos conceitos jurídicos é
o de simplificar as coisas.*

François Gény

Introdução

No direito contratual, as cláusulas gerais da boa-fé objetiva e da função social do contrato e os diversos instrumentos de proteção do equilíbrio entre os contratantes revelam-se expressões da busca por um direito civil mais justo e solidário.[3] Trata-se de um profundo repensar do direito brasileiro acerca dos contratos civis,[4] iniciado principalmente com o início das atividades do Superior Tribunal de Justiça – Corte que, como se sabe, vem desempenhando notável papel renovador em matéria de direito civil, em especial de direito obrigacional. As mudanças acabaram criando um ambiente de debates que justificou reanimar a discussão em torno do velho problema da causa contratual.[5]

O momento também se revela auspicioso para o resgate da investigação sobre a causa do contrato por um motivo mais específico: o convite de contri-

---

[1] Versão alterada e atualizada de artigo intitulado "A causa dos contratos", publicado na *Revista Trimestral de Direito Civil*, n.21, p. 95-119, 2005. Agradeço a Eduardo Nunes de Souza, professor e doutorando em direito civil na UERJ, pelo empenho e dedicação para a publicação dessa versão, visando esclarecer o pensamento originalmente exposto.
[2] Professora Titular de Direito Civil da Faculdade de Direito da UERJ e Professora Associada do Departamento de Direito da PUC-Rio. Diretora da revista eletrônica de direito civil civilistica.com.
[3] A respeito, cf. MORAES, Maria Celina Bodin de. *O princípio da solidariedade. Na medida da pessoa humana*. Rio de Janeiro: Renovar, 2010.
[4] NEGREIROS, Teresa. *Teoria do contrato*: novos paradigmas. 2. ed. Rio de Janeiro: Renovar, 2006, especialmente p. 105-276.
[5] O procedimento de qualificação dos contratos e a dupla configuração do contrato de mútuo no direito civil brasileiro. *Revista Forense*, vol. 309, 1990, p. 33-61.

buição para esta obra, em homenagem ao Min. Ruy Rosado de Aguiar Junior, responsável por tantas decisões pioneiras na renovação do direito civil brasileiro ao longo de sua atuação como magistrado. Se alguma evidência do legado deixado pelas decisões do Min. Ruy Rosado fosse necessária ao leitor, bastaria lembrar o caso paradigmático da qualificação do contrato de *leasing*, abordado neste estudo.[6]

Diante desta confluência de razões, optou-se pela reedição do presente artigo, acrescido de mudanças e atualizações, na convicção de que o tema continua necessário ao projeto de releitura do direito civil pelo prisma solidarista constitucional e permanece mal compreendido em seu alcance e em suas potencialidades.

De fato, a noção de causa do contrato continua a ser tida como das mais difíceis e complexas em todo o direito civil. Há quem a acuse de excessiva vagueza e quem a considere desproposidata mesmo nos ordenamentos jurídicos que a codificaram, tais como o francês e o italiano.[7] Muito mais desconhecida ainda, evidentemente, é a causa naqueles sistemas cujos códigos a ignoraram, como é o caso do Código Civil brasileiro e do BGB, dentre outros. Por que então tratar do tema? Que contribuição pode trazer este misterioso elemento para o aprimoramento científico dos conceitos civilísticos nacionais?

A resposta pode ser encontrada no trabalho de outros tantos autores, que consideram a causa o mais importante elemento do negócio jurídico,[8] o elemento que verdadeiramente o justifica, sob o ponto de vista técnico, e ainda o que permite colocar freios à liberdade individual – aliás, chegou-se mesmo a afirmar ser a causa "um dos pilares mais evidentes do ordenamento jurídico privado".[9] Justamente por isso deve ser bem examinada: seja pelo aspecto controvertido que sempre a acompanhou, seja pela extrema utilidade que o conceito apresenta, seja, enfim, porque, como se verá, sua investigação se torna útil à luz do Código Civil.

1. A imprescindibilidade do elemento causal

Ao tempo do Código de 1916, a doutrina nacional parecia mais preocupada em manter-se no terreno da mera classificação dos contratos do que, propriamente, em investigar a função dos negócios jurídicos e, desta forma, por meio do exame de sua eficácia essencial, proceder à qualificação e, consequentemente, ao juízo de merecimento de tutela que é imperioso realizar em relação a cada negócio.

É possível que a lacuna se deva a motivações de ordem psicológica, com a recusa sistemática em dar atenção a um elemento – a causa[10] – ao qual nossos

---

[6] V. item 7.

[7] Código Civil francês, art. 1.108; Código Civil italiano, art. 1.325.

[8] DE NARDO, Valentino. *Sui fondamenti del diritto*. Padova: Cedam, 1996, *passim*.

[9] GIORGIANNI, Michele. *La causa del negozio giuridico*. Milano: Giuffrè, 1974, p. 7.

[10] Entre as obras monográficas nacionais, v. CAMPOS FILHO, Paulo Barbosa de. *O problema da causa no código civil brasileiro*. São Paulo: Max Limonad, s.d.; CASTRO, Torquato. *Da causa do contrato*. Recife: Jornal do

Códigos – tanto o de 1916[11] quanto o de 2002 – não fizeram menção; anticausalismo atribuído, mais do que à consistência lógica da noção, às dificuldades de se fixarem o conceito e o papel jurídico da causa.[12]

Todavia, este comportamento, advertiu Pontes de Miranda, seria equivalente ao de um professor de Obstetrícia que, chegando à unidade onde estivessem internadas parturientes, exigisse que todos os bebês nascessem sem pernas.[13] Na mesma medida, a "extirpação do elemento causal" resultava "inoperante", segundo Pontes, frente ao próprio Código Civil de 1916, cujo sistema já se encontrava fundado naquela noção.[14] Diante do Código Civil de 2002, especificamente de seu art. 421 – que consagra a função social como essencial a todo e qualquer contrato – a posição anticausalista se revela ainda mais inadequada.

Fato é que o Código Civil de 1916, ao deixar de referir o elemento causal em termos expressos, ensejou o quase completo desinteresse por parte da doutrina brasileira em examiná-lo; embora tenha, reconheça-se, suscitado alguma crítica quanto à perda de oportunidade em restringir "moralmente" as contratações entre os privados, o que teria sido possível através da noção de causa.[15]

O direito brasileiro ignorou não apenas o exame da causa em concreto, como condição para a validade de um determinado negócio jurídico, mas, principalmente, a análise da causa em abstrato – elemento de qualificação e de diferenciação dos tipos negociais –, da função do negócio em tese, elemento

---

Comércio, 1947; AZEVEDO, Antônio Junqueira de. *Negócio jurídico.* Existência, validade e eficácia. São Paulo: Saraiva, 1974. Na melhor manualística, apenas GOMES, Orlando. *Contratos.* 26. ed. Rio de Janeiro: Forense, 2009; PEREIRA, Caio Mário da Silva. *Instituições de direito privado.* vol. I, 25. ed., Rio de Janeiro: Forense, 2012, p. 421 e ss. e AMARAL, Francisco. *Direito civil.* Introdução. 6. ed. Rio de Janeiro: Renovar, 2008, p. 429 e ss. explicitam a noção, defendendo sua importância e utilidade. Quanto aos artigos publicados sobre o tema, v. MARTINS-COSTA, Judith. A teoria da causa em perspectiva comparatista: a causa no sistema francês e no sistema civil brasileiro. *Ajuris*, n. 45, 1989, p. 213-244 e SIEBENEICHLER, Fabio de Andrade, Causa e *consideration. Ajuris*, n. 53, 1991, p. 276 e ss. V., tb., o substancioso artigo de PENTEADO, Luciano de Camargo. Causa concreta, qualificação contratual, modelo jurídico e regime normativo: notas sobre uma relação de homologia a partir de julgados brasileiros. *Revista de Direito Privado*, n. 20, out./dez. 2004, p. 235-265 bem como o livro intitulado *Doação com encargo e causa contratual.* 2. ed. São Paulo: RT, 2013.

[11] Era comum a opinião de que o termo "causa", presente no art. 90 do CC de 1916, confundia-se com a noção de "motivo": v. por todos, CAMPOS FILHO, P. Barbosa de, *O problema da causa*, cit., p. 63 e ss. O Código Civil de 2002, neste ponto, consolidou a posição, passando a dispor no art. 140 que "O falso motivo só vicia a declaração de vontade quando expresso como razão determinante".

[12] JUNQUEIRA, A. *Negócio jurídico*, cit., p. 173.

[13] PONTES DE MIRANDA. *Tratado de direito privado*, t. 3, São Paulo: Revista dos Tribunais, 1984, 3. ed., p. 100.

[14] PONTES DE MIRANDA, *o.l.u.c.*, segundo o qual eram muito poucos os casos da abstração da causa no Código Civil de 1916. Advertem também quanto à inexorabilidade do elemento JUNQUEIRA, Antônio. *Negócio jurídico*, cit., p. 172 e ss., espec. p. 181; COMPARATO, Fabio Konder. *Ensaios e pareceres de direito empresarial.* Rio de Janeiro: Forense, 1978, p. 395 e ss.; LEME, Lino de Moraes. *Do erro de direito em matéria civil.* São Paulo: Revista dos Tribunais, 1936, p. 109 e ss., o qual afirma ser a causa "um daqueles princípios imanentes do direito, que não precisam estar escritos nas leis, para que sejam reconhecidos".

[15] Assim PEREIRA, Caio Mário da Silva, *Instituições*, cit., p. 509. Em direção distinta coloca-se Serpa Lopes. *Curso de direito civil.* vol. I, São Paulo: Freitas Bastos, 2. ed., p. 476 e ss., para quem "a ausência do requisito da causa, como elemento do negócio jurídico, nunca se tornou empecilho à jurisprudência quando tem de anular os contratos, em todas aquelas circunstâncias onde há motivos correspondentes aos que, nos Códigos causalistas, permitem aos tribunais julgar no mesmo sentido". JUNQUEIRA, A. *Negócio jurídico*, cit., p. 175, afirma que a jurisprudência, em certos casos de falta de causa, quando é impossível o recurso à falta de objeto, usa a noção de causa, a fim de alcançar soluções equânimes.

que oferece a sua justificação normativa e desvenda a natureza jurídica propriamente dita do ato.[16]

A causa também serve para isto: é através dela que se individualizam os elementos essenciais a um determinado contrato e a partir daí se pode proceder à investigação da presença (ou ausência) de tais elementos no concreto regulamento de interesses estabelecido pelas partes.[17] A causa permite, portanto, que se qualifique o negócio jurídico. Desta forma, ainda que o elemento causal, como requisito do contrato, não esteja expresso no ditado do Código Civil, ele lhe é inerente uma vez que "a causa é a função que o sistema jurídico reconhece a determinado tipo de ato jurídico, função que o situa no mundo jurídico, traçando-lhe e precisando-lhe a eficácia".[18]

A necessidade de qualificação dos institutos não é apenas um problema de sistematização dogmática. A causa releva, por exemplo, quando se tem que saber a que negócio jurídico pertence o efeito que se analisa.[19] Somente ao se estabelecer o nexo de causalidade entre o efeito e o negócio é que se pode determinar, com pertinência, a disciplina a ele aplicável. Importa ainda, particularmente, na análise dos chamados contratos mistos e dos contratos coligados, ou conexos.[20]

Entretanto, o procedimento de qualificação através da causa torna-se tortuoso quando se atenta para o que se entende efetivamente por "causa do contrato". De fato, com relação a esta noção, como já se observou, a única referência unânime diz respeito à dificuldade de sua conceituação. Ainda onde superada a tendência anticausalista, e positivado o conceito, continuou ele a ser objeto de acirradas discussões, animadas por resultados de tal forma contraditórios que se chegou mesmo a pensar ser impossível atribuir um significado útil a um termo *"pericolosamente indeterminato, equivoco, polivalente"*.[21]

2. Autonomia privada e ordenamento jurídico

Na elaboração da teoria do negócio jurídico, a doutrina alemã, frente ao então tormentoso dilema da causalidade jurídica, viu-se obrigada a responder

---

[16] PUGLIATTI, Salvatore. *Diritto civile*. Metodo – Teoria – Pratica. Milano: Giuffrè, 1951, p. 75 e ss. V. item 5, *infra*.

[17] Concede tal função a um chamado "elemento categorial inderrogável" e o distingue da causa JUNQUEIRA, A. *Negócio jurídico*, cit., p. 169.

[18] PONTES DE MIRANDA. *Tratado*, cit., t. 3, p. 78. Com efeito, não se pode negar que todo e qualquer instituto jurídico há de ter uma função própria para que se possa justificar a sua presença no ordenamento jurídico, seja de modo típico, seja de modo atípico, isto é, permitido implicitamente pelo sistema.

[19] Neste sentido, especificamente, PONTES DE MIRANDA. *Tratado*, cit., t. 3, p. 81.

[20] Sobre o tema, v. FRÍAS, A. *Los contratos conexos*. Barcelona: Bosch, 1994; ITURRASPE, J. M. *Contratos conexos*: grupos y redes de contratos. Buenos Aires-Santa Fé: Rubinzal-Culzoni Editores, 1999; LENER, Giorgio. *Profili del collegamento negoziale*. Milano: Giuffrè, 1999; e LORENZETTI, Ricardo. *Tratado de los contratos*. t. 1. Buenos Aires-Santa Fé: Rubinzal – Culzoni Editores, 1999.

[21] BESSONE, Mario; ROPPO, Enzo. Causa e contratto. *Il controllo sociale delle attività private*. In: AMATO, G.; CASSESE, A.; e Rodotà, S. (orgs.). Geneva: E.C.I.G., 1972, p. 231. Em tema de causa, são tantas as dificuldades que Giovanni Batista Ferri depois de considerar aceitáveis as inúmeras teorias e, todas, também, pouco convincentes, concluiu ser a opção por uma ou outra teoria *mais uma questão de gosto do que de lógica*. (*Causa e tipo nella teoria del negozio giuridico*. Milano: Giuffrè, 1966, p. 68).

à seguinte indagação: a fonte geradora de efeitos jurídicos é a previsão legal de um acontecimento (ou de um comportamento) ou é a determinação da vontade do sujeito?[22]

Os doutrinadores germânicos deram prevalência à vontade, concluindo ser o negócio jurídico a manifestação da vontade produtiva dos efeitos jurídicos.[23] Tal construção dogmática foi consequência dos sentimentos liberais que permearam o final do século XVIII. A elevadíssima conceituação que a liberdade individual (*la liberté*) conquistara serviu como ponto de confluência das duas correntes mais importantes do pensamento jurídico da época: o iluminismo e o historicismo. O encontro deu-se justamente na concepção da vontade individual privada como a fonte única de efeitos jurídicos obrigacionais.[24]

Pouco a pouco, opiniões contestatórias a este entendimento ganharam relevo. Em uma primeira fase, foram assinaladas numerosas incongruências diante de hipóteses de divergência entre a vontade interna e sua manifestação exterior, nas quais o ordenamento jurídico dava preeminência à manifestação externa;[25] ou, ainda, nas situações em que não se podia reconhecer e proteger a vontade "real" do agente, por se tratar, por exemplo, de agente incapaz que, não obstante, era sujeito de direitos; ou, finalmente, nos casos em que o ordenamento jurídico vinculava aos efeitos queridos pelas partes consequências por elas indesejadas.[26]

Contudo, a mencionada concepção havia de tal modo se enraizado no pensamento da doutrina prevalecente que se buscou, apesar das graves críticas, adaptar as novas exigências àquele entendimento, ignorando-se, através da reprodução dos mesmos princípios liberais consolidados, problemas evidentes, mantendo em situação absolutamente privilegiada a vontade individual no âmago do conceito de negócio jurídico.[27]

Somente em momento bem posterior pôde-se romper com tais elaborações. Embora continuando a reputar, acertadamente, o negócio como ato da autonomia privada, no qual o sujeito regula seu próprio comportamento e seus interesses, passou-se a sustentar que o ordenamento o toma em consideração não porque emanante da vontade privada, mas por pertencer ao mundo jurídico.[28] Deu-se partida, dali em diante, a uma radical inflexão nas posições voluntaristas, contestando-se, diretamente, o "dogma da vontade" ao se afrontar o problema dos limites à autonomia privada.[29]

---

[22] Nos termos relatados por MIRABELLI, Giuseppe. Negozio giuridico (Teoria). *Enciclopedia del diritto*, XXVIII, Milano, Giuffrè, 1974, p. 2.

[23] V., por todos, SAVIGNY, *System des Heutigen Römischen Rechts*, II, invocado por MIRABELLI, *Negozio giuridico*, cit., p. 1.

[24] MIRABELLI, *Negozio giuridico*, cit., p. 2.

[25] Embora no Código de 1916 não houvesse previsão expressa contra a reserva mental, a doutrina majoritária já a distinguia. Sobre o instituto, v. o art. 110 do Código de 2002.

[26] MIRABELLI, op. cit., p. 6 e ss.

[27] CASELLA, M. Negozio giuridico (Interpretazione del). *Enciclopedia del diritto*. v. XXVIII, Milano, Giuffrè, p. 16 e ss.

[28] PUGLIATTI, *Diritto civile*, cit., p. 97-98, espec. n. 51. Sobre o tema, v. tb. RODOTÀ, S. (org.). *Il diritto privato nella società moderna*. Bologna, Il mulino, 1971, p. 233 e ss.

[29] BETTI, Emilio. *Teoria generale del negozio giuridico*. Torino, Utet, 1943, p. 111 e ss.

O negócio jurídico, no direito contemporâneo, deve representar, além do interesse individual de cada uma das partes, um interesse prático que esteja em consonância com o interesse social e geral. A tipicidade de certos contratos já pressupõe cumprida, em abstrato, tal exigência.[30] Porém, abandonada a tipicidade do direito romano clássico – o qual, como se sabe, predispunha rígidos esquemas negociais e tipos fixos de causa –, mostrava-se claramente inaceitável que o ordenamento devesse reconhecer como válido e eficaz o simples acordo de vontades, qualquer que fosse o seu conteúdo, desde que o objeto seja lícito, o consentimento adequado e a eventual forma respeitada. O próprio art. 425 do Código Civil de 2002, ao expressar a licitude dos contratos atípicos, assim o faz ressaltando a necessidade de se observarem as normas gerais fixadas no Código, dentre as quais se pode lembrar a regra prevista no art. 187, referente ao abuso do direito, aí incluído, pois, o abuso da liberdade contratual.

O princípio, tantas vezes repetido, segundo o qual "o que não é proibido, é permitido" há muito não corresponde aos valores que presidem as relações jurídicas de matriz privada.[31] A liberdade dos privados mudou: encontra-se hoje circunscrita por todos os lados, contida em limites estritamente demarcados por princípios os mais diversos, a começar pelos valores constitucionais, dentre os quais primam a solidariedade e a dignidade humana. Além disso, limitam a vontade privada institutos tais como o já aludido abuso do direito, a fraude à lei, os princípios da boa-fé, da probidade bem como da função social dos contratos, dentre outros.

A propósito, justamente por isto o art. 421 do Código de 2002 explicita que "a liberdade de contratar será exercida *em razão* e *nos limites* da função social do contrato". Aliás, a maneira pela qual um direito é exercido também é determinante para sua licitude (art. 187, CC) e para consideração de ser digno de tutela jurídica. A razão jurídica garantidora da tutela reside exatamente no fato de que o negócio deve ser celebrado por *razões* que o ordenamento jurídico considera admissíveis e merecedoras de tutela, de proteção.

Nos países em que o elemento causal está codificado, como requisito de validade do negócio jurídico, essas razões jurídicas identificam-se com ele; tais razões jurídicas, porém, permanecem imprescindíveis nos ordenamentos que não previram expressamente o elemento porque correspondem, na realidade, ao *porquê* e ao *para quê* serve o ato de autonomia privada.[32] No fundo, o problema central da causa é o problema do reconhecimento jurídico do negócio: é o problema do porquê existe o negócio, de qual é a sua razão (jurídica) de ser, em suma, a sua *causa*.[33]

A principal utilidade da análise do elemento causal é apontada, exatamente, no serviço que presta como meio de recusa de proteção jurídica a negócios sem justificativa ou sem significação social.[34] Assim é que o negócio pode

---

[30] BETTI, Emilio. *Causa del negozio giuridico. Novissimo digesto italiano*, III, Torino, Utet, 1961, p. 38 e 39.
[31] V. MORAES, Maria Celina Bodin de. Constituição e direito civil: tendências. *Revista dos Tribunais*, vol. 779, p. 55.
[32] BETTI, Emilio, *Causa del negozio giuridico*, cit., p. 3.
[33] Ibid.
[34] GOMES, O. *Contratos*, cit., p. 20.

ter como requisitos de validade apenas a declaração de vontade, o objeto e a forma (art. 104, CC 2002); mas, a causa – ou a especificação da *função* que desempenha – é o elemento que o define, que lhe é próprio e único, e que serve a diferenciá-lo de qualquer outro negócio, típico ou atípico. É, portanto, também o elemento que lhe dá – ou nega – juridicidade.

3. A noção de causa em sentido subjetivo

Como se sabe, o Código Civil de 1916 optara por omitir o elemento causal[35] quando dispusera sobre as condições de validade do ato jurídico (art. 82, CC 1916). Clovis Bevilaqua afirmou, ao justificar a exclusão, que o ingresso do termo no Código francês se devera ou a um equívoco,[36] ou a uma falsa ideia.[37]

Ocorre que no Código Civil francês a noção de causa refere-se à causa da obrigação (arts. 1.108 e 1.131). Em uma codificação fundada no princípio de que o consenso tem efeitos reais, o imediato efeito do consenso foi identificado com o nascimento da obrigação e, nesse contexto, entendeu-se a causa como o escopo que move o sujeito a se obrigar. Deste modo, de fato, a causa torna-se de difícil distinção do motivo,[38] do interesse concreto, nos contratos bilaterais, de cada contratante em conseguir a prestação da outra parte.

Consistia o problema da causa, com efeito, para tal corrente subjetiva, criada à luz do *Code*, exclusivamente, em determinar o fundamento da obrigação contratual, a razão (interna) pela qual ela é contraída.[39] Considerando a vontade dos contratantes como o elemento principal do contrato, a causa constituía, apenas, fator de reconhecimento, no plano jurídico, daqueles efeitos desejados pelas partes.

---

[35] Diversamente, porém, o disposto no também já revogado art. 129, inciso III do antigo Código Comercial brasileiro.

[36] Trabalhos da Comissão Especial, vol. V, p. 354-356, onde se encontra a resposta de Clovis à crítica de Amaro Cavalcanti quanto à ausência, no Projeto, do elemento causal. CAMPOS FILHO, P. Barbosa de. *O problema da causa*, cit., p. 30, assim expõe aquela resposta: "Sustentou [Clóvis] arrimando-se na conhecida afirmação de Huc, que a noção havia entrado para o Código Napoleão em virtude de verdadeiro *qui pro quo* filológico. Ainda no século XIII quisera dizer Beaumanoir que não se constituía obrigação sem objeto, ou sem que o tivesse lícito. E empregara para isso, o termo *cose*, do francês anterior ao de Racine, no sentido comum de 'cousa' material, ou de *res*. O termo, porém, nas expressões *sans cose*, *sur une fausse cose*, ou *sur cose illicite*, juristas posteriores o teriam traduzido por 'causa', ensejando a Domat oportunidade e elementos para a complicada teoria que então construiu, tivesse embora, para isso, que torturar e deformar os textos romanos". Cf. BEVILAQUA, Clovis. *Direito das obrigações*. São Paulo: Freitas Bastos, 1940, 5. ed., p. 159-160; Idem. *Código civil dos Estados Unidos do Brasil comentado*. vol. I, Rio de Janeiro: Ed. Rio, s.d., ed. hist., p. 339.

[37] Refere-se, aqui, à célebre tese de Jean Domat, *Lois civiles*. Liv. I, Tít. I. S. I, n. 5, o criador da teoria da causa, que encontrou nos textos romanos numerosas referências à noção. Todavia, afirmou-se ser falsa tal concepção porque o ponto de vista dos romanos era muito diferente, já que dizia respeito não ao direito das obrigações, mas à posse e à propriedade, isto é, ao fato de ninguém poder conservar como sua coisa sobre a qual não detivesse título jurídico: cf. BEVILAQUA, *Código civil*, cit., p. 339.

[38] Sobre a exigência expressa pelo art. 1.108 do *Code*, requerendo, como condição de validade dos contratos, uma causa lícita para a obrigação, BEVILAQUA, *Direito das obrigações*, cit., p. 159, afirma: "É ociosa essa cláusula e somente própria para gerar confusões, em um assunto, jurídica e psicologicamente, claro. Se a causa de que se trata pode ser distinta do motivo do contrato, o que é já um pouco sutil, em que poderá consistir?".

[39] GOMES, Orlando. *Introdução ao direito civil*. Rio de Janeiro: Forense, 2007, 19. ed., p. 419 e ss. Como afirma PUGLIATTI, *Diritto civile*, cit., p. 105, se se adere à concepção subjetivista, nada resta além de identificar causa e motivo.

A experiência francesa manteve-se, desta forma, ligada à concepção subjetiva de causa,[40] entendimento que torna o elemento causal prescindível. Teria tido razão, pois, o legislador pátrio[41] em afastar-se do que, justamente, se considerava noção "pouco exata e pouco jurídica".[42]

O Código Civil de 2002, neste ponto, traz novos subsídios para o estudo da causa, na medida em que, como já assinalado, vincula a liberdade contratual à função social do contrato (art. 421) – noção que é reafirmada, na Parte Geral, pelo art. 187, que veda o abuso do direito, qualificando como tal o exercício que excede manifestamente os limites impostos pelo fim econômico ou social do direito, pela boa-fé ou pelos bons costumes.

Como se tratará no próximo item, a função econômico-social do contrato é elemento desenvolvido por Emilio Betti em estreita conexão com o conceito objetivo de causa.[43]

4. A teoria objetiva e o conceito polivalente de causa

A teoria antivoluntarista, ou da declaração, opera, principalmente, através da noção de causa, considerando-a "objetiva". Através dela, a função do negócio é colocada em primeiro plano, em lugar da vontade.[44] Aquela que a doutrina tradicional considerava vontade do conteúdo do negócio vem agora reduzida à consciência do significado objetivo da declaração emanada e do específico valor social do comportamento, isto é, de um interesse objetivo, socialmente controlável, considerado digno de tutela pelo ordenamento.[45]

Nessa medida, o negócio jurídico pode ser produtivo de efeitos jurídicos somente se e quando avaliado pelo ordenamento como socialmente útil. Se, de fato, todo efeito jurídico é previsto pela lei, não sendo suficiente a declaração de vontade para que se produza, a causa do negócio encontra-se na função econômico-social, reconhecida e garantida pelo Direito. A ordem jurídica, afirma-se, aprova e protege a autonomia privada não como representativa de um *capriccio momentaneo*, mas porque apta a perseguir um objetivo interesse voltado a funções sociais merecedoras de tutela.[46]

---

[40] V., por todos, JOSSERAND, Louis. *Les mobiles dans les actes juridiques du droit privé*. Paris: Dalloz, 1928, p. 140 e ss., espec. p. 158-159.

[41] V., sobre o assunto, e à luz ainda do Código Civil de 1916, as considerações de CAMPOS FILHO, P. Barbosa de, *O problema da causa*, cit., p. 70 e ss., segundo o qual "andou bem nosso Código deixando de fazer da 'causa' condição de validade do ato jurídico, pois a 'causa', que então se conhecia, era a indefinida do Código Napoleão e seus primeiros intérpretes. Adotá-la teria sido, na melhor hipótese, transplantar para o nosso Direito, as invencíveis dificuldades que então os afligiam". (p. 159).

[42] LAURENT, citado por BEVILAQUA, *Direito das obrigações*, cit., p. 160.

[43] Predominante também no Brasil é o sentido objetivo de causa, isto é, como função econômico-social ou como função prático-social: cf. JUNQUEIRA, A. *Negócio jurídico*, cit., p. 173, n. 228; CAMPOS FILHO, P. Barbosa de. *O problema da causa*, cit., p. 109 e ss.; CHAMOUN, Ebert. *Instituições de direito romano*. Rio de Janeiro: Ed. Revista Forense, 1954, 2. ed., p. 74-75.

[44] BETTI, Emilio. *Negozio giuridico*. *Novíssimo digesto italiano*, XI, Torino, Utet, 1965, p. 208.

[45] Segundo PUGLIATTI, *Diritto civile*, cit., p. 79, "*non è la volontà dell'agente che dà valore alla causa, ma è la causa che costituisce il fondamento del negozio, e quindi il sostegno della volontà*".

[46] BETTI, *Negozio giuridico*, cit., p. 209.

Se à vontade não se podem mais conectar os efeitos jurídicos, o ordenamento necessita de um instrumento objetivo de verificação, através do qual possa determinar se o negócio de autonomia merece ser tutelado. É a função do negócio, dada pelo ordenamento, que permite, por um lado, esse controle objetivo e, por outro, serve para delimitar os traços característicos – o seu conteúdo mínimo, necessário –, na medida em que todo e qualquer negócio pode ter, apenas, uma função.[47]

Um negócio concluído (em concreto) é qualificável, segundo esta doutrina, como negócio jurídico de um determinado tipo – por exemplo, compra e venda ou locação – se cumpre a função econômico-social que caracteriza o tipo.[48] Tal função, característica do tipo que se considera e que o Direito protege, é, exatamente, a sua causa. Nesta medida, os elementos essenciais do tipo são os elementos essenciais da causa: elementos constantes e invariáveis em cada negócio concreto que esteja (ou que possa estar) inserido naquele tipo e, portanto, elementos indispensáveis à sua identificação.[49] De modo que a causa, sendo diferente para cada tipo de negócio, serve para diferenciar um tipo de outro.[50]

Duas ordens de críticas foram formuladas em oposição a esta corrente. Afirmou-se, por um lado, que a teoria objetiva da causa tenta eliminar a importância do elemento subjetivo da vontade;[51] por outro lado, levada às últimas consequências, postularia a implantação do *numerus clausus* no direito contratual, admitindo-se apenas a realização de negócios típicos.[52]

Quanto ao primeiro aspecto, objeta-se que apenas a declaração (de vontade) deve ser considerada elemento essencial do negócio jurídico. Assim, ainda que o ordenamento deva se preocupar, para atingir o justo ponto de equilíbrio, ora com as razões do declarante, ora com as do destinatário da declaração, isto ocorre em razão da discrepância, nos casos dos chamados vícios de consentimento, entre a vontade declarada e a vontade hipotética (isto é, a vontade que teria sido declarada não fosse o erro, o dolo, a coação, o estado de perigo ou a lesão),[53] e não pela admissão de um caráter essencial atribuível à vontade interna.

Mesmo que se pudesse, através do exame das disposições legais pertinentes, percorrer o caminho traçado pelo legislador civil brasileiro quanto à relevância atribuída à vontade, do ponto de vista teórico, o resultado encontra-se prejudicado pelo conceito, hoje dominante, de que a vontade, ainda que seja o *quid* que dá vida ao negócio, se se mantém interiorizada, pouco importa para o ordenamento.[54] No novo Código Civil, esta posição ganha ainda mais

---

[47] BETTI, *Causa del negozio giuridico*, cit., p. 35.
[48] Ibid..
[49] Ibid. Para a aplicação desta teoria no estudo da alienação fiduciária, com a aceitação de uma *causa fiduciae*, v. GOMES, Orlando. *Alienação fiduciária em garantia*. São Paulo: RT, 1970, p. 61-68.
[50] BETTI, op. cit., p. 36.
[51] STOLFI. Il negozio giuridico è un atto di volontà. *Giurisprudenza italiana*, 1948, IV, p. 41.
[52] GOMES, O. *Introdução*, cit., p. 419 e ss..
[53] TRABUCCHI, Alberto. *Istituzioni di diritto civile*. Padova: Cedam, 1985, 27. ed., p. 146.
[54] Ibid, p. 145.

força. Basta lembrar o disposto no atual art. 138, que, conceituando o erro capaz de ensejar a anulação do negócio, passou a expressamente exigir que, além de substancial, se trate de erro perceptível "por pessoa de diligência normal, em face das circunstâncias do negócio", criando um novo requisito, designado como o da cognoscibilidade do erro.[55] Não basta, como antes, alegar a distorção entre a vontade real e a declarada; agora é necessário também que o receptor pudesse ter percebido que o declarante se encontrava em erro para que o negócio seja passível de anulação. A opção do novo Código sacrifica claramente o valor da "vontade interna" do declarante.

O outro aspecto crítico apontado, relativo ao fato de que, subtraindo da causa qualquer liame com a vontade e colocando-a sob o exclusivo domínio do ordenamento, seria corolário obrigatório a adoção do *numerus clausus* nos contratos, foi resolvido – através de uma previsão específica[56] – pelo Código Civil italiano que, como se sabe, acolheu a teoria objetiva da causa. Mas de fato, à primeira vista, poderia parecer que a concepção da causa como função econômico-social seria incorreta por requerer, aprioristicamente, a tipicidade das causas, quando é princípio geral, nos ordenamentos modernos, que a autonomia privada pressupõe a liberdade de criar contratos atípicos.

Em contrapartida, sustentou-se que, no seu significado recente, as causas dos negócios são típicas no sentido de que, ainda que não taxativamente enumeradas em lei, devem, em princípio, ser admitidas pela consciência social como referentes a um interesse social durável e recorrente.[57] Esta valoração exige, necessariamente, além da configuração por tipos, uma tipificação logicamente antecedente à conclusão do negócio.[58]

No lugar da rígida tipicidade legislativa, baseada no *numerus clausus* de denominações, como no direito romano, surge uma outra tipicidade, que cumpre o papel de limitar e endereçar a autonomia privada e que atua mediante a utilização de avaliações econômicas e éticas da consciência social; a ela denominou-se *tipicità sociale*.[59]

Em resumo, para que negócios atípicos sejam reconhecidos e adquiram valor perante o ordenamento, exige-se que realizem interesses considerados merecedores de tutela jurídica, sendo insuficiente, embora necessário, que não contrariem as normas inderrogáveis, o bom costume e a ordem pública.

Então, embora a causa seja una, ela cumpre três papéis diferentes mas interdependentes, daí a confusão em que se vê envolvido o termo: i) serve a dar juridicidade aos negócios, em especial a contratos atípicos, mistos e coligados;

---

[55] V. NEVARES, Ana Luiza Maia. O erro, o dolo, a lesão e o estado de perigo no Código Civil de 2002. In: TEPEDINO G. (org.). *A parte geral do novo Código Civil*. 2. ed. Rio de Janeiro: Renovar, 2003, p. 255-298; TEPEDINO, G.; BARBOZA; H. H.; MORAES, M. C. Bodin de et al. *Código Civil interpretado conforme a Constituição da República*. v. 1, Rio de Janeiro: Renovar, 2004, p. 269 e ss.

[56] Dispõe o art. 1.322, 2 do Código Civil italiano: "*Le parti possono anche concludere contratti che non appartengano ai tipi aventi una disciplina particolare purché siano diretti a realizzare interessi meritevoli di tutela secondo l'ordinamento giuridico*". No direito brasileiro, veja-se o já mencionado art. 421, que trata da função social do contrato, articulado ao art. 425, que trata da atipicidade – ambos do Código Civil de 2002.

[57] BETTI, *Causa del negozio giuridico*, cit., p. 39.

[58] Ibid.

[59] Ibid.

ii) serve a delimitá-los através do exame da função que o negócio irá desempenhar no universo jurídico; iii) serve, enfim, a qualificá-los, distinguindo seus efeitos e, em consequência, a disciplina a eles aplicável.

5. A necessária distinção entre tipo, causa abstrata e causa concreta

À doutrina até aqui exposta vincula-se outra, igualmente objetiva, que entende a causa, em lugar de função econômico-social, como função exclusivamente jurídica.[60] Visa esta elaboração a eliminar mais do que a mera "contaminação" com elementos metajurídicos (como aqueles suscitados pela noção de causa como função econômico-social).[61]

Entendendo-se a causa como a função econômico-social do negócio, considera-se que esta é dada pela síntese de seus *elementos* essenciais.[62] Indagou-se, então, criticamente, quais seriam tais elementos. Do ponto de vista do direito positivo italiano, são eles o acordo de vontades, a causa e a forma. Todos, porém, para o fim da investigação causal, têm que ser excluídos: a vontade, porque foi refutada pela própria doutrina que se critica; a forma, porque, sob este aspecto, não tem qualquer relevância; e a causa, porque é o próprio elemento que se quer definir.[63] Restariam, assim, apenas e tão somente elementos extrajurídicos. Como consequência lógica, a função *jurídica* de um negócio seria dada, exclusivamente, por elementos não jurídicos.

Sugeriu-se, então, considerar um outro aspecto negocial – não mais os seus elementos característicos, mas os seus *efeitos*. Nesta perspectiva, sendo a causa elemento inderrogável do negócio, e considerando-se, por outro lado, que não pode existir negócio que, em abstrato, no seu esquema típico, seja desprovido de efeitos jurídicos, entendeu-se que todo e qualquer negócio tem uma causa e que esta é, precisamente, a síntese dos seus efeitos jurídicos essenciais.[64]

Os efeitos jurídicos essenciais, em sua síntese, constituem no dizer desta doutrina a "mínima unidade de efeitos" que o negócio está juridicamente apto a produzir. Assim compreendida a causa, porém, passou a ser necessário distinguir a eficácia prevista pelo *tipo* nos contratos nominados da *causa do contrato* propriamente dita – vale dizer, os efeitos previstos pelas partes em seu regulamento contratual –, que não necessariamente são coincidentes. Assim, por exemplo, a função típica da compra e venda se resolve na entrega da coisa *versus* o pagamento do preço. Nada mais. Se o vendedor assumir também a obrigação de prestar garantia, este será um efeito previsto no regulamento de interesses específico, mas o contrato continuará sendo de compra e venda, ainda que em ausência da previsão de garantia. O efeito jurídico "garantia" não é,

---

[60] PUGLIATTI, *Diritto civile*, cit., p. 75 e ss.
[61] Ibid., p. 109.
[62] Assim BETTI, *Causa del negozio giuridico*, cit., p. 35.
[63] PUGLIATTI, *Diritto civile*, cit., p. 110.
[64] Assim PUGLIATTI, op. cit., p. 119.

pois, essencial ao cumprimento da função (isto é, nesse caso também, do tipo) compra e venda.

Todavia, faz-se ainda necessário distinguir – mesmo que apenas momentânea e ficticiamente – dois aspectos do elemento causal: um abstrato e outro concreto.[65] A função abstrata releva, como se viu, porque dela se extrai o conteúdo mínimo do negócio especificamente estipulado, aqueles efeitos mínimos essenciais sem os quais não se pode – ainda que assim se tenha idealizado –, alcançar aquele tipo, mas talvez um outro, ou mesmo nenhum. No exemplo da compra e venda, se falta o preço, de compra e venda não se tratará mas, talvez, de doação. A causa abstrata do negócio estipulado, porém, abarcou, em nosso exemplo, também o efeito garantia. Conforme os efeitos previstos pelas partes, ter-se-á sempre três possibilidades: identidade com certo tipo, (re)qualificação como outro tipo (como no exemplo da "compra e venda a preço vil" que deve ser considerada doação), independentemente do *nomen juris*, ou então um contrato atípico. Já a função concreta diz respeito à *eficácia concretamente produzida* pelo contrato, que está, como bem sabemos, sujeito às mais diversas vicissitudes, fáticas ou jurídicas, que podem alterar, muitas vezes radicalmente, os efeitos originalmente pactuados pelas partes.

A distinção entre tipo e causa abstrata permite inferir que não se pode, *a priori*, estabelecer que efeitos são essenciais, e quais não o são, em um particular negócio. Para a qualificação do negócio será necessário examinar cada particularidade do regulamento contratual porque uma cláusula aparentemente acessória pode ser o elemento individualizador da função daquele contrato. Supera-se, desta forma, a técnica da subsunção, da forçada inserção do fato na norma e da premissa menor na premissa maior, obtendo-se, como resultado, uma qualificação-interpretação compatível com a manifestação de vontade das partes.[66] E, em uma dinâmica atividade contratual, admite-se, a qualquer momento, a requalificação deste mesmo negócio, se sua causa concreta (os efeitos que concretamente produza) comece a se distanciar do original regulamento de vontades.

A principal crítica aposta à causa como síntese dos efeitos essenciais é a de que tal conceituação admite um conceito de causa que valeria também para negócios ditos sem causa, como os negócios abstratos,[67] os quais também produzem efeitos jurídicos.[68] Mas com facilidade se rejeita a objeção: os negócios abstratos não são negócios sem causa. A abstração significa apenas que a causa pode ser irrelevante ou relevar somente sucessivamente (isto é, após a celebração

---

[65] PUGLIATTI, op. cit., p. 119.

[66] Ibid., p. 262.

[67] Adverte GOMES, O. *Introdução*, cit., p. 303: "Entre nós não se admitem negócios abstratos puros. Todos os negócios translativos são causais. E, até, nos títulos de crédito, apontados geralmente como negócios abstratos, a abstração da causa é relativa".

[68] O relevo crítico é de FERRARA, Cariota. *Il negozio giuridico*, cit., p. 598.

do negócio), sem impedir a eficácia do negócio.[69] Em tais negócios tem-se, mais propriamente, uma relevância indireta da causa.[70]

A crítica apontada suscita, todavia, uma observação. Se é verdade que todo pressuposto fático (*fattispecie*) prevê efeitos jurídicos, apenas para aqueles que são verdadeiros negócios pode-se falar em uma causa, porque somente para estes nasce o problema do limite à autonomia privada.[71] A causa assume, então, a posição de *limite* imposto pelo ordenamento jurídico (através dela) à vontade negocial. Não fosse assim, a vontade privada seria absolutamente livre para criar quaisquer esquemas contratuais, estabelecendo quaisquer efeitos, por mais repugnantes que fossem à consciência social.[72]

Por outro lado, qualquer interesse social, merecedor de tutela por parte do ordenamento jurídico, pode cumprir o papel de função idônea a justificar o ato de autonomia privada. Aproximam-se as duas noções – causa como função social e causa como síntese dos efeitos essenciais – quando se pensa que a causa do contrato (*rectius*, do negócio contratado) se constitui, efetivamente, do encontro do real regulamento das partes com os efeitos essenciais previstos pelo tipo (ou, no caso dos contratos atípicos, da essencialidade que é atribuída pela própria autonomia negocial). Não subsiste qualquer relação de prioridade lógica entre interesse e efeito porque são a resultante do procedimento de interpretação-qualificação do negócio concreto (aliás, o único que na verdade existe).[73]

Expostos os dois aspectos da causa, o abstrato (ou hipotético) e o concreto (ou histórico), percebe-se como a causa em abstrato não possa, segundo esta teoria, jamais faltar na configuração legal do contrato, e como, diversamente, a falta da causa no sentido concreto significa que o negócio não está apto a produzir efeitos, a desempenhar uma função. Falta causa, por exemplo, quando, em um contrato classificado como de seguro, não há risco a ser coberto ou quando se compra uma coisa já própria. São exemplos de ilicitude de causa a doação em recompensa de serviços ilícitos, o empréstimo feito ao jogador para que continue no jogo, o pagamento de menor preço ao receptador.[74]

Na prática, só muito excepcionalmente a causa falta, porque na normalidade dos casos os negócios são feitos para produzir efeitos; a função que o negócio realiza é que poderá ser considerada diversa daquela nominada pelas partes. Nestes casos, será necessário "requalificar" o negócio, independentemente do *nomen juris* atribuído pelas partes, tomando-se por base a causa concreta.[75]

---

[69] TRABUCCHI. *Istituzioni*, cit., p. 168; SANTORO-PASSARELLI. *Dottrine generali*, cit., p. 175.

[70] Assim, SANTORO-PASSARELLI. *Dottrine generali*, cit., p. 175. Segundo GOMES, O. *Introdução*, cit., p. 302, tanto os negócios abstratos (relativos) não prescindem inteiramente da causa que podem ser paralisados ou neutralizados pela ação de enriquecimento. No mesmo sentido, PEREIRA, Caio Mário da Silva. *Instituições*, I, cit., p. 509.

[71] PUGLIATTI. *Diritto civile*, cit., p. 117.

[72] Ibid.

[73] PERLINGIERI. *Manuale*, cit., p. 363-364.

[74] CASTRO, Federico *apud* GOMES, O. *Contratos*, cit., p. 55.

[75] V. item 7, *infra*.

6. Causa e correspectividade

O aprofundamento da perspectiva antes delineada suscita importantes distinções quanto aos efeitos do negócio, designadamente quanto às conhecidas classificações da bilateralidade e da unilateralidade do contrato, bem como da correspectividade (isto é, seu caráter sinalagmático) e não correspectividade entre as prestações.

O Código Civil francês, seguido depois por numerosas legislações, contribuiu para que se tivesse da bilateralidade uma noção insuficiente.[76] A sua caracterização da bilateralidade coincide com a etimologia da palavra (*bis latus*) e restringe-se, sendo por isto insatisfatória, à indicação da existência de obrigações recíprocas.[77]

Nosso ordenamento jurídico atribuiu diversos efeitos jurídicos específicos e de relevo à bilateralidade. Tais consequências, porém, exigiam, conforme demonstrou a doutrina,[78] além da reciprocidade entre as obrigações, outras características, isto é, que as recíprocas obrigações fossem principais e correlatas.

Não era, pois, bastante a bilateralidade definida pelo *Code* para a atribuição das consequências que, em contraposição à disciplina dos contratos unilaterais, o ordenamento necessitava impor e que são a própria justificativa da distinção. Esta, de fato, perde valor se nada altera em um contrato apenas a presença de obrigações recíprocas entre as partes. Em contrapartida, importará indagar, para a aplicação das normas que dizem respeito à bilateralidade, como se verá, se entre as obrigações principais existe nexo de funcionalidade, isto é, se uma é a razão jurídica da outra.

Com o intuito de evitar a imprecisão conceitual e para neutralizar qualquer utilização do paradigma representado pelas disposições do *Code*, optou o legislador italiano por especificar a característica saliente – que revela a necessidade da classificação – através da caracterização dos contratos com prestações correspectivas e contratos com prestação a cargo de uma só parte.[79]

A distinção se impõe também entre nós. De fato, usa-se o termo bilateralidade para designar três diversas noções: na classificação do negócio quanto à sua formação e na classificação quanto aos seus efeitos, em que se desdobra em bilateralidade quanto às obrigações e quanto às prestações.

Com relação à primeira classificação, o contrato pode ser bilateral ou plurilateral, isto é, exigir o acordo de duas ou mais partes para a sua formação. Quanto à bilateralidade das obrigações, ressalta-se que a doutrina, já há muito, entende os contratos como sendo sempre bilaterais.[80] De fato, de todo e qualquer contrato surgem efeitos, vínculos jurídicos para as partes, além dos

---

[76] Dispõe, nos arts. 1.102 e 1.103, o legislador francês: "*Le contrat est synallagmatique ou bilatéral lorsque les contractants s'obligent réciproquement les uns envers les autres. Il est unilatéral lorsqu'une ou plusieurs personnes sont obligées envers une ou plusieurs autres, sans que de la part de ces dernières il y ait d'engagement*".

[77] Cf. BESSONE, Darcy. *Do contrato*. Teoria geral. 3. ed. Rio de Janeiro: Forense, 1987, p. 90.

[78] Ibid., p. 91.

[79] V., por exemplo, arts. 1.467 e 1.468 do Código Civil italiano.

[80] V. MENDONÇA, M. I. Carvalho de. *Contratos no direito civil brasileiro*. v. I, Rio de Janeiro: Forense, 1955, 3. ed., p. 125 e PONTES DE MIRANDA. *Tratado*, cit., t. 46, p. 137.

deveres gerais de boa-fé, de diligência e de cooperação. No contrato de comodato, por exemplo, não obstante a afirmação corrente de que gera obrigações somente para o comodatário, incumbe ao comodante, entre outras, a obrigação de não retirar a coisa comodada antes do tempo previsto, a de reembolsar as despesas extraordinárias e urgentes, a de indenizar os prejuízos.

Quanto ao terceiro aspecto, que é o que releva para o que se deseja clarificar, os contratos podem conter prestações correspectivas (ou "bilaterais"), como a compra e venda, e prestação a cargo de uma só parte (ou "unilaterais"), como o comodato.

O Código Civil brasileiro não define a noção. Utiliza-se dela ao dispor, no art. 476, que "nos contratos bilaterais, nenhum dos contratantes, antes de cumprida a obrigação, pode exigir o implemento da do outro". E no art. 475 prevê "A parte lesada pelo inadimplemento pode pedir a resolução do contrato, se não preferir exigir-lhe o cumprimento, cabendo, em qualquer dos casos, indenização por perdas e danos".

A *ratio* destas normas impõe o sentido de que um dos contraentes não pode exigir o cumprimento da obrigação do outro se, e somente se, a sua obrigação (não cumprida) é a causa da outra. Mais ainda: o disposto no art. 475 corrobora esta interpretação, já que não teria razão jurídica a resolução se as obrigações pudessem ser independentes entre si. Com efeito, apresenta-se inexplicável a resolução senão considerando que somente o inadimplemento de uma obrigação essencial e correspectiva pode acarretar a ruptura do vínculo contratual. Soma-se a isso o fato de o legislador, no novo Código Civil, ter reforçado a ideia, cominando, junto à resolução contratual, a possibilidade de indenização por perdas e danos.

Sob este ponto de vista, parece desnecessário justificar com o princípio da conservação do negócio o fato de ser indispensável que a inexecução atinja obrigação correspectiva para acarretar a resolução, sendo suficiente afirmar que o seu descumprimento, porque essencial para o negócio o adequado cumprimento, rompe o vínculo de correspectividade (ou de sinalagmaticidade), retira a "justificativa causal" do negócio e impede a realização dos efeitos dele decorrentes.

O conceito de correspectividade, insista-se, refere-se ao nexo que liga indissoluvelmente as prestações contratuais de modo que cada uma é causa da outra. A correspectividade foi definida como *"scambio in senso giuridico"* e revela a recíproca transferência de bens ou serviços em um único engenho negocial.[81]

Utilizando a noção de causa como a síntese dos efeitos essenciais do negócio, deve-se ressaltar que tal síntese abrange a maneira – correspectiva ou não – como se interligam aqueles efeitos. Na compra e venda, por exemplo, considera-se como efeito essencial a obrigação de transferir um direito por um determinado preço. Não obstante, será possível imaginar, por hipótese, um negócio que, em concreto, produza o pagamento de uma soma e a obrigação

---

[81] BISCONTINI, Guido. *Onerosità, corrispettività e qualificazione dei contratti*. Il problema della donazione mista. Napoli: ESI, 1984, p. 71.

de transferência de um direito sem que, contudo, deva ser definido como compra e venda, porque tais efeitos não estão incindivelmente ligados entre si, em forma correspectiva, e são o resultado, portanto, de uma diversa função prático-jurídica.[82]

A interdependência funcional entre os efeitos essenciais serve, de modo especial, a determinar a função negocial. De fato, observou-se que o nexo de sinalagmaticidade, isto é, a particular coligação jurídica entre os efeitos do contrato, é índice do nexo funcional existente entre os recíprocos interesses contratantes.[83]

A correspectividade, se não é critério suficiente para a especificação dos contratos ditos unilaterais (porque, nesse caso, o que releva é, exatamente, a sua ausência), coloca-se, nos contratos com prestações correspectivas, como elemento indicador da causa do contrato, na medida em que indica entre quais prestações corre o nexo de sinalagmaticidade, permitindo, desta forma, que se identifiquem os efeitos essenciais em cada tipo.

Se sobre a essência e o fundamento da correspectividade não restam dúvidas, um aspecto deve ainda ser resolvido: em que hipóteses, em concreto, se tem efetivamente um contrato com prestações correspectivas. O problema surge quando a estrutura negocial é complexa, como ocorre em contratos coligados ou conexos, ou quando o legislador não prevê a correspectividade, ou, ainda, quando se trata de contrato atípico e absolutamente novo na prática econômica e social.

A resolução do contrato por inadimplemento, nesta perspectiva, conduz a resultados significativos quanto à qualificação do ato negocial, porque é índice de correspectividade no contrato.[84] Com efeito, o negócio poderá ser qualificado como de prestações correspectivas se for possível a resolução por inadimplemento contratual. Isto porque a previsão da resolução, como remédio aplicável somente às hipóteses de correspectividade entre as prestações, demonstra a escolha – e, consequentemente, a regulamentação contratual – acordada entre as partes.[85]

De modo que, mesmo tendo presente que uma sanção não possa modificar a figura negocial abstratamente prevista, é preciso, para a adequada qualificação do contrato – e superada completamente a subsunção normativa –, ter em especial consideração o concreto regulamento de interesses estipulado pelas partes, inclusive os eventuais meios de tutela por elas previstos.

7. Aplicação jurisprudencial da noção

Em decisão bastante conhecida, o Superior Tribunal de Justiça teve ocasião de utilizar explicitamente o conceito de causa no âmbito da discussão so-

---

[82] Assim PERLINGIERI. *Il diritto civile*, cit., p. 259.
[83] BISCONTINI. *Onerosità*, cit., p. 69 e ss.
[84] Ibid., cap. I.
[85] Ibid.

bre a qualificação do contrato de *leasing* (arrendamento mercantil financeiro), discussão que também se fazia presente na doutrina.[86]

O *leading case* foi representado pelo REsp 181.095, com voto condutor do Min. Ruy Rosado de Aguiar, assim ementado: "*Leasing*. Financeiro. Valor residual. Pagamento antecipado. (...) A opção de compra, com o pagamento do valor residual ao final do contrato, é uma característica essencial do *leasing*. A cobrança antecipada dessa parcela, embutida na prestação mensal, desfigura o contrato, que passa a ser uma compra e venda a prazo (art. 5º, c, combinado com o art. 11, § 1º, da Lei n. 6.099, de 12.09.74, alterada pela Lei n. 7.132, de 26.10.83), *com desaparecimento da causa* do contrato e prejuízo ao arrendatário".[87]

Em 2002, tão consolidada estava a decisão sobre a desfiguração da causa do *leasing* que ela foi sumulada pela Segunda Seção – Enunciado n. 263 da Súmula do STJ – nos seguintes termos: "A cobrança antecipada do valor residual (VRG) descaracteriza o contrato de arrendamento mercantil, transformando-o em compra e venda a prestação". Todavia, em reviravolta raras vezes vista em nossa jurisprudência, a Corte Especial do STJ pouco tempo depois aprovou entendimento exatamente oposto. De fato, atualmente vigora o enunciado da Súmula n. 293 (2004), que estabelece: "A cobrança antecipada do valor residual garantido (VRG) não descaracteriza o contrato de arrendamento mercantil".

Independentemente do ocorrido para a mudança radical no rumo da jurisprudência sobre o tema, a verdade é que ambas as súmulas cuidam da qualificação do contrato através da causa, a primeira (263) considerando que certo elemento (a cobrança antecipada do VRG) desqualifica o contrato de *leasing*, transformando-o em compra e venda, e a segunda (293) revogando a nova qualificação, entendendo que a causa continua, apesar daquela cobrança antecipada, a ser de arrendamento mercantil financeiro.

O problema pode ser resumido da seguinte maneira: para os defensores da alteração causal, não há verdadeira *opção* de adquirir o bem ao final da operação, porque o valor residual já foi cobrado, e pago, ao longo do contrato, ocorrendo assim a descaracterização da causa porque "a verdadeira causa, o escopo permanente do negócio é justamente essa alternativa deixada à escolha do arrendatário. É ela, como elemento *in obligatione* – e não apenas *in executione* – que diferencia substancialmente o *leasing* de todos os demais negócios jurídicos típicos".[88] Para os que têm a opinião contrária – consolidada[89] pela dicção da Súmula n. 293 do STJ –, a inclusão do valor residual nas prestações não elimina a opção de compra ao final, ainda que o valor pago ao final seja

---

[86] V., por todos, de um lado, COMPARATO, Fabio Konder. O irredentismo da nova contabilidade e as operações de *leasing*. *Revista de Direito Mercantil*, vol. 68, 1987, p. 50-62 e RIZZARDO, Arnaldo. *O leasing – arrendamento mercantil – no direito brasileiro*. São Paulo: Revista dos Tribunais, 2000, p. 81 e ss.; de outro, CARNEIRO, Athos Gusmão. O contrato de *leasing* financeiro e as ações revisionais. *Revista de Direito Bancário*, vol. 2, p. 30 e ss.

[87] STJ, 4ª T., REsp 181.095, Rel. Min. Ruy Rosado de Aguiar, julg. 18.03.1999, publ. DJ 09.08.1999, v.m. Grifou-se. Para a análise da jurisprudência acerca do tema, v. Luciano de Camargo Penteado, Causa concreta, cit., *passim*.

[88] COMPARATO F. Konder, op. cit., p. 58.

[89] O entendimento encontra-se plenamente consolidado, como indicam os julgados mais recentes do STJ. A respeito, v., exemplificativamente: STJ, AgRg nos EDcl no REsp 675.184, 4ª T., Rel. Min. Raul Araújo, julg. 6.8.2013; STJ, REsp 1099212 / RJ, 2ª S., Rel. Min. Massami Uyeda, Rel. p/Ac. Min. Ricardo Villas Bôas Cueva, julg. 27.02.2013.

simbólico, estando pois presentes todos os elementos essenciais ao contrato de arrendamento mercantil.[90]

A propósito, em posição frontalmente crítica à segunda súmula, parece mesmo não haver qualquer real opção de compra se o valor residual é meramente *simbólico*. Esta é a conclusão a que necessariamente se chega por meio de uma análise funcional do contrato em exame. A decisão pelo cancelamento da primeira súmula parece, porém, ter se baseado em um critério mais econômico do que jurídico, ao levar em conta as consequências tributárias da qualificação. De fato, ao propor o cancelamento da Súmula n. 263, em setembro de 2003, manifestou-se o Min. Rel. Antônio de Pádua Ribeiro da seguinte forma:

> (...) as turmas de direito privado, componentes da Segunda Seção do Superior Tribunal de Justiça sempre sustentaram que o pagamento antecipado do valor residual implicaria descaracterização do contrato de arrendamento mercantil, transformando-o em compra e venda a prazo. Tal orientação jurisprudencial deu origem à Súmula 263/STJ. Entendimento diverso, contudo, veio a ser adotado pelas turmas de direito público, que, examinando a questão sob o prisma tributário, consideram ser possível a antecipação do pagamento do valor residual, sem qualquer desvirtuamento do contrato. Essa foi a orientação que veio a prevalecer quando do julgamento do EREsp 213.828 pela Corte Especial, em 07.05.2003.[91]

Outro exemplo de uso jurisprudencial da causa, com relevante efeito prático, deu-se numa hipótese de contrato de mandato. No HC 11.551, a qualificação equivocada do mandato em depósito havia ensejado a possibilidade da prisão civil da contratante. O ilustre Relator, ao corrigir a qualificação, afirmou:

> Ora, na espécie em debate, a paciente não recebera os veículos para guardá-los (...). A qualificação precisa da avença celebrada pelas partes é a de que houve mandato simplesmente. A detenção dos automóveis em poder da paciente não passou de desempenho seu no cumprimento desse mandato. Achava-se ela encarregada de dar às coisas uma determinada aplicação e não apenas guardá-las. Eis por que não se caracterizou, na espécie, o contrato de depósito, motivo pelo qual inadmissível era a propositura pela interessada da ação de depósito. Claro está que ela optou por tal via em razão de obter uma solução rápida para a controvérsia que aflorara. Mas é inegável que, por tratar-se substancialmente de contrato de mandato, mais adequado seria a prestação de contas, seguida da execução por quantia certa, em sendo o caso. Escolhendo o remédio mais célere, fê-lo, porém, erroneamente, sendo, pelas razões todas acima expostas, descabida a prisão civil da paciente à falta da regular e específica pactuação de depósito.[92]

Um terceiro caso de requalificação, através do exame da causa contratual, independeu do *nomen juris* atribuído pelas partes. A discussão referia-se a uma

---

[90] V. STJ, 1ª T., REsp 174.031, Rel. Min. José Delgado, julg. 15.10.1998, publ. DJ 01.03.1999, v.u., em cuja ementa se lê: "1. O contrato de *leasing*, em nosso ordenamento jurídico, recebe regramento fechado pela via da Lei nº 6.099, de 1974, com a redação que lhe deu a Lei nº 7.032, de 1983, pelo que só se transmuda em forma dissimulada de compra e venda quando, expressamente, ocorrer violação da própria lei e da regulamentação que o rege. 2. Não havendo nenhum dispositivo legal considerando como cláusula obrigatória para a caracterização do contrato de *leasing* e que fixe valor específico de cada contraprestação, há de se considerar como sem influência, para a definição de sua natureza jurídica, o fato das partes ajustarem valores diferenciados ou até mesmo simbólico para efeitos da opção de compra. 3. Homenagem ao princípio de livre convenção pelas partes quanto ao valor residual a ser pago por ocasião da compra. [...]". No sentido da última expressão, v. o voto minoritário do Min. Ari Pargendler no REsp 196.209, 3ª T., Rel. Min. Waldemar Zveiter, julg. 09.11.1999 e publ. DJ 18.12.2000: "Não havendo lei, no âmbito do direito privado, proibindo a antecipação do valor residual garantido, as partes podiam, sim, dispor a respeito, como simples decorrência da liberdade contratual".

[91] STJ, 2ª Seção, REsp 443.143, Rel. Min. Antônio Pádua Ribeiro, julg. 10.09.2003.

[92] STJ, 4ª T., HC 11.551, Rel. Min. Barros Monteiro, julg. 21.03.2000, publ. DJ 05.06.2000.

avença, designada por troca, em que as partes combinaram a entrega de dez mil sacas de soja para recebimento de quinze mil alguns meses após. As instâncias ordinárias mantiveram o entendimento mas o STJ, através do culto voto da lavra do Min. Eduardo Ribeiro, qualificou o contrato como sendo de mútuo, limitando-o assim aos juros de 12% ao ano:

> A troca pressupõe que se dê alguma coisa para receber outra diferente. Se um dos contratantes obriga-se a devolver aquilo que recebeu, a hipótese será de empréstimo e não de troca. Claro que, tratando-se de coisas fungíveis, não serão restituídas exatamente as mesmas que foram recebidas, mas outras, da mesma espécie e qualidade. Procedendo-se à devolução após algum prazo, como normalmente ocorre, poder-se-á estabelecer seja feita com um acréscimo, que corresponderá aos juros. Estes não se referem apenas ao empréstimo de dinheiro mas aos mútuos em geral, como evidencia o disposto no artigo 1.262 do Código Civil. (...) Sendo a hipótese de mútuo e representando juros o acréscimo, incide o disposto no Decreto 22.626, cujas normas proibitivas referem-se aos mútuos em geral e não apenas aos empréstimos em dinheiro.[93]

Embora a doutrina e a jurisprudência brasileiras raramente adotem o conceito de causa do contrato, há utilidade no que toca à qualificação do contrato, aqui em particular na polêmica acerca do *leasing* financeiro.

Conclusão

Duas são, normalmente, as maneiras de se analisarem os fenômenos jurídicos. Uma, primeira, tendente a individuar as linhas reconstrutivas do dado positivo, atendo-se à normativa existente em um ordenamento determinado; outra, diversa, voltada para a extração de conceitos lógico-formais, procedendo a uma construção geral no âmbito de um conjunto de categorias lógico-abstratas, preconcebidas, ou mesmo independentes, em relação ao dado positivo.

O caminho aqui percorrido para a compreensão do elemento causal, dada a escolha do Código Civil por um não expresso causalismo, foi o de realizar o trabalho de reconstrução da categoria, buscando verificar a generalidade, a lógica, a necessidade, bem como a utilidade do elemento.

Dos três papéis antes referidos ao conceito, que se designou "polivalente" – quais sejam, o seu papel de qualificar os contratos, o de dar (ou negar) juridicidade ao acordo[94] e o de limitar a autonomia privada[95] –, o primeiro, embora raro, é o de aplicabilidade mais frequente na prática jurisprudencial brasileira.

Quanto ao segundo papel, relativo à juridicidade do acordo, ele é normalmente abstraído, sendo, no mais das vezes, assimilado ao próprio negócio jurídico ou substituído pela noção de *objeto*.[96] Não deixa de ter sentido esta opção, uma vez que o Código não indicou expressamente a causa como requisito de validade do negócio (art. 104, CC).

---

[93] STJ, 3ª T., REsp 44.456, Rel. Min. Eduardo Ribeiro, julg. 22.03.1994, publ. DJ 16.05.1994.
[94] V. item 4, *supra*.
[95] V. item 2, *supra*.
[96] Segundo COMPARATO, F. Konder. *Ensaios*, cit., p. 395, "pela leitura apressada e superficial do art. 82 do Código [de 1916], corroborada pela opinião de seus primeiros comentadores, em especial do maior deles e autor do Projeto – Clovis Bevilaqua – muitos concluíram, precipitadamente, que o direito privado brasileiro aboliu a causa como elemento do negócio jurídico, dada a sua indistinção relativamente ao objeto".

Não são poucos os autores nacionais que adotam a identificação da causa com a noção de objeto. Todavia, como bem observa Orlando Gomes:

> A *causa* se confundiria com o *objeto* do contrato se a noção de *objeto* se confundisse com a de *conteúdo*, como tal se entendendo, com Betti, o complexo de todos os elementos do contrato, *do comportamento negocial ao resultado potencial*. [...] *Objeto* do contrato é o conjunto dos atos que as partes se comprometeram a praticar, singularmente considerados, não no seu entrosamento finalístico, ou, por outras palavras, as *prestações* das partes, não o *intercâmbio* entre elas, pois este é a *causa*.[97]

Já a terceira utilidade do termo causa, agora enfim como elemento de restrição da autonomia dos privados, como a função propriamente social do negócio, esta tende a se consolidar com a mais apurada interpretação de alguns dispositivos do Código de 2002, em particular, a melhor compreensão do teor do art. 421.[98]

A este respeito, propõe-se a seguinte interpretação: quando a lei determina que "a liberdade de contratar será exercida *em razão* e *nos limites* da função social do contrato", a expressão "em razão" serve a opor justamente autonomia privada à utilidade social. Assim, a liberdade de contratar não se dará, pois, *em razão* da *vontade privada*, como ocorria anteriormente, mas *em razão* da *função social* que o negócio está destinado a cumprir. Do mesmo modo, os limites da liberdade de contratar não mais estão, como já se tratou de explicar,[99] na autonomia dos privados, mas são estabelecidos pelo ordenamento, estando a lei encarregada de prescrever, ou recepcionar, justamente a função social dos institutos jurídicos.

Quando a causa é típica, é porque foi previamente determinada e aprovada pela lei; quando é atípica, deve obedecer às normas gerais do Código (art. 425, CC) bem como à tipicidade social (*tipicità sociale*, segundo BETTI), contida na tábua axiológica constitucional.

O legislador de 2002 manifestou-se de modo tão ponderoso no que tange à função social do contrato que retornou ao tema nas disposições transitórias. Ao regular o direito intertemporal em matéria, reafirmou no parágrafo único do art. 2.035: "Nenhuma convenção prevalecerá se contrariar preceitos de ordem pública, tais como os estabelecidos por este Código para assegurar a função social da propriedade e dos contratos".

Isto, na verdade, confirma que o ordenamento civil brasileiro não dá qualquer guarida a negócios abstratos, isto é, a negócios que estejam sujeitos, tão somente, à vontade das partes, exigindo, ao contrário, que os negócios jurídicos sejam causais, cumpridores de uma função social. Nesta linha de raciocínio, teria o legislador exteriorizado, através dos termos da cláusula geral do art. 421, o princípio da "causalidade negocial". Embora nós talvez continuemos a dizer, simplesmente, que determinado negócio "não cumpre a sua função social".

---

[97] GOMES, O. *Contratos*, cit., p. 56. Grifos no original.

[98] V., sobre a interpretação da cláusula geral da função social do contrato, as observações de TEPEDINO, G. Crise das fontes normativas e técnica legislativa na parte geral do Código Civil de 2002. In: ——. (org.). *Código Civil na perspectiva civil-constitucional*. Rio de Janeiro: Renovar, 2013.

[99] V. item 2, *supra*.

— 17 —

Tratamento à informação sobre (in)adimplemento e bancos de cadastro positivo: registro, esquecimento e ilicitude

MARIA CLÁUDIA CACHAPUZ[1]

Sumário: Introdução; 1. O tratamento dispensado à proteção de dados e os bancos cadastrais positivos; 2. As liberdades colidentes contemporâneas e a solução jurídica ao ilícito; Considerações finais; Referências.

Introdução

A inserção de dados pessoais do cidadão em bancos de informações tem se constituído em uma das preocupações do Estado moderno, onde o uso da Informática e a possibilidade de controle unificados das diversas atividades da pessoa, nas múltiplas situações de vida, permite o conhecimento de sua conduta pública e privada, até nos mínimos detalhes, podendo chegar à devassa de atos pessoais, invadindo área que deveria ficar restrita à sua intimidade; ao mesmo tempo, o cidadão, objeto dessa indiscriminada colheita de informações, muitas vezes, sequer sabe da existência de tal atividade, ou não dispõe de eficazes meios para conhecer o seu resultado, retificá-lo ou cancelá-lo. E assim como o conjunto dessas informações pode ser usado para fins lícitos, públicos ou privados, na prevenção ou repressão de delitos, ou habilitando o particular a celebrar contratos com pleno conhecimento de causa, também pode servir ao Estado ou ao particular para alcançar fins contrários à moral ou ao Direito, como instrumento de perseguição política ou opressão econômica (AGUIAR JR., Ruy Rosado. STJ, 4ª Turma, REsp. nº 22.337-8-RS, julgado em 13.02.1995).

A tônica forte, empregada na argumentação exposta pelo Ministro Ruy Rosado de Aguiar Jr., em julgamento ainda no ano de 1995, no Superior Tribunal de Justiça, revela a preocupação existente, já nas últimas décadas do século XX, por doutrina e jurisprudência, com a proteção de direitos de personalidade mesmo antes de uma consolidação segura da interpretação mais correta às disposições do Código de Defesa do Consumidor (Lei nº 8.078/90) ou da codificação de uma nova lei civil, por meio da edição da Lei nº 10.406/02. Uma situação que não se esperava diversa à testagem de normatividade junto às Cortes superiores do país, tratando-se de uma época ainda próxima à expe-

---
[1] Doutora em Direito Civil pela UFRGS; Juíza de Direito no RS; Professora da Faculdade de Direito da Unilasalle e ESM/Ajuris.

riência jurídica brasileira de reserva de informações sob a alegação estatal de proteção a um interesse público mais relevante ou de preservação a situações de segurança nacional.

Não era, na oportunidade, difícil se encontrarem situações como a do jovem João Carlos Gabrois, que conheceu o pai, militante político, pela primeira vez, aos 19 anos de idade. O encontro ocorreu em meio a pastas de documentos numa sala da Secretaria de Cultura do Estado de São Paulo, em março de 1992. A foto de André Gabrois, integrante do Partido Comunista do Brasil e morto no incidente conhecido como Guerrilha do Araguaia em 1973, era apenas uma entre as centenas espalhadas na mesa. Como muitos outros familiares de desaparecidos, João Carlos apenas revelava o desejo de saber onde se encontravam os restos mortais do pai, para proporcionar-lhe "um sepultamento normal, desses que todas as famílias fazem".[2]

O relato oferecido pela família Gabrois era semelhante, à época, ao de outras famílias também vítimas do desconhecimento de dados e informações sobre parentes desaparecidos no período dos governos militares no Brasil. Também não se diferenciava de narrativas decorrentes de episódios históricos semelhantes presenciados, há algumas décadas, no continente americano.

A falta de acesso a informações privilegiadas – por vezes, sob a alegação de preservação de um interesse público mais relevante, de soberania nacional –, mesmo após o período de chamada abertura democrática, demonstra o nítido reflexo de que uma das formas mais efetivas de domínio sobre o indivíduo – e, especificamente, sobre o exercício da autonomia privada – se dá pelo controle da privacidade ou do exercício de uma liberdade de ser deixado só. Não foram poucas as famílias que ficaram sem enterrar ou reverenciar seus mortos por desconhecerem o paradeiro dos mesmos. Em contrapartida, o silêncio privilegiou a situação político-jurídica de quem contribuiu para que pessoas desaparecidas não fossem enterradas por seus próprios familiares.

Em que pese se possa hoje reconhecer uma superação do episódio inicialmente narrado pelo sacrifício dos próprios cofres públicos no pagamento de indenizações pelos ilícitos reconhecidos no passado político brasileiro e pela publicação de uma normativa ampla em relação ao acesso de informações públicas (Lei nº 12.527, de 18.11.2011), muito há ainda que ser feito em relação à interpretação da normatividade posta, de forma a garantir-se efetividade e correta aplicação aos enunciados dogmáticos editados.

A proposta de análise do conceito de *autodeterminação informativa* nesse contexto visa a compreender uma situação jurídica corriqueiramente levada à apreciação dos tribunais: o enfrentamento da tutela da privacidade quando em discussão o registro, o armazenamento e a transmissão de dados pessoais. A questão de fundo é, na essência, o problema do "impulso à autoexposição" (Arendt, 1993, p. 28), não apenas porque a pessoa participa de uma vida comum com os demais, compartilhando experiência tecnológica e informações

---

[2] Relato reproduzido em trecho da reportagem "Uma luz no porão", de autoria de Antônio Carlos Padro e Luís Fernando Sá, publicada na Revista Isto É/Senhor, nº 1173, de 25.03.1992. Sobre a matéria já dediquei parcial estudo no texto "Informática e proteção de dados: Os freios necessários à automação", in Revista da Ajuris, AJURIS, Porto Alegre, nº 70, 1997, p. 374-409.

próprias a seu tempo, mas, fundamentalmente, porque também o indivíduo deseja *aparecer* e, em determinada medida, fazer-se visto, "por feitos e palavras" (Arendt, 1993, p. 28), pelos demais.[3]

A ação e reação sistemática ao avanço da ciência, especialmente em áreas de maior desenvolvimento tecnológico, revela a tendência do homem contemporâneo de aprender a lidar com a sua individualidade sem necessariamente abdicar de um benefício tecnológico que lhe facilita o contato com uma esfera pública de relacionamento. Paul Virilio menciona o exemplo de uma pessoa que "para lutar contra os fantasmas que pareciam persegui-la" (Virilio, 1999, p. 61) instala câmeras de vídeo na residência, permitindo que os visitantes de seu espaço de divulgação na Internet possam auxiliá-la no combate a eventuais fantasmas, num exercício não muito diferente daquele usufruído por quem explora a própria imagem em espaços destinados a efetivos diários de confissão pública, como o *Facebook*. Poder-se-ia, portanto, questionar em que medida a esfera pública – ou aquilo que a represente no mundo das aparências (Arendt, 1993) – tem-se traduzido em espaço de reflexão ao indivíduo – na essência, resguardado ao privado –, ou mesmo até que ponto se pode reconhecer uma nova concepção de liberdade para o desenvolvimento (livre) da personalidade na sociedade contemporânea.

Em sentença de 15 de dezembro de 1983,[4] o Tribunal Constitucional Federal da Alemanha, ao analisar a extensão de questionamento possível ao cidadão por meio de uma legislação censitária, reconheceu a possibilidade de uma autodeterminação informativa a todo indivíduo, de forma que toda e qualquer informação pessoal só se tornasse pública se tutelada por um determinado interesse público, porque conhecida do titular a sua existência e com quem é compartilhada. Isso significa compreender que informações compartilhadas só podem permanecer públicas porque existente o conhecimento do titular acerca de sua extensão. Ainda assim, a liberdade de autorização individual ao que se faz divulgado permite restrições, considerando o Tribunal Constitucional que "a autodeterminação é uma condição elementar de funcionamento de uma comunidade democrática fundada sobre capacidade de agir conjuntamente de seus cidadãos. [...] A informação, ainda quando relacionada a pessoa, apresenta uma figuração da realidade social, a qual não pode ser exclusivamente subordinada ao afetado".[5]

Ao afirmar a liberdade de conduta, embora esta não se encontre insuscetível de restrição, o Tribunal Constitucional permite, abstratamente, uma reciprocidade de conduta na esfera pública (confiança externa) para conhecer e tornar conhecido o que é intimo e privado. Possibilita o Tribunal Constitucional que se compatibilizem princípios de liberdade e de dignidade humana, reconhecendo tanto o livre-arbítrio ao indivíduo – e, assim, a possibilidade de discutir uma vontade no âmbito público – como a proteção ao que é de sua essência (a dignidade). Daí a possibilidade de se "garantizar la esfera personal

---

[3] Ver estudo sobre liberdade e acesso à informação, pela análise da "autodeterminação informacional", em Tércio Sampaio Ferraz Júnior (2001, p. 242).
[4] BVerfGE 65,1.
[5] BVerfGE 65,1, em tradução livre da versão alemã.

estricta de la vida y la conservación de sus condiciones básicas" (Alexy, 2001, p. 356) sem que se abdique de uma concepção igualmente ampla de liberdade ao indivíduo e, mais especificamente, de livre desenvolvimento de sua personalidade.

A concepção de autodeterminação informativa, nos termos como acolhida pelo tribunal alemão, autoriza, então, o critério de objetivação da vontade em relação à conduta de tornar público aquilo que pertence, com exclusividade e reserva, ao indivíduo. Segue, de forma muito próxima, a condição de universalização da conduta, como critério de igualdade num plano ideal, a fim de justificar, por uma figura abstrata, a restrição de um direito de liberdade individual. Ou seja, persegue a ideia de que para agir de forma livre é necessário que o indivíduo possa determinar a sua ação numa esfera pública – o que só se torna possível na medida em que exista também uma autolimitação.[6]

Ao fundo, trata-se do acolhimento do que Kant desenhou, segundo Luc Ferry (2012, p. 14), como o "reino dos fins", em que funda o humanismo moderno, seja no plano moral, seja no plano político-jurídico, "na única vontade dos homens, contanto que eles aceitem se autolimitar, compreendendo que sua liberdade deve às vezes parar onde começa a do outro".[7] A possibilidade de restrição à liberdade assegurada em abstrato – ainda que exigida uma ponderação por razões sérias a toda a restrição que seja efetuada –, em outras palavras, é o que assegura a efetiva possibilidade de exercício de um direito de liberdade, potencializando a autonomia do indivíduo.[8] Num espectro mais amplo, é o que garante a não violação de direitos humanos, na medida em que permite, a todo o momento, o exame de uma gênese crítica pela reserva do espaço próprio ao pensar.

Como a concepção de uma autodeterminação informativa reforça a estrutura das esferas para o exame do que é privado também em relação às informações referentes à personalidade, o destaque conferido à situação de um direito mais concreto – acesso, armazenamento e transmissão de dados informativos – dentre os demais direitos de personalidade, contribui para a precisão de conceitos indeterminados e cláusulas gerais hoje presentes nas codificações civis (Consumidor e Civil) e permite analisar, de forma específica, a situação empírica que corriqueiramente se dispõe, cada vez mais, à análise dos tribunais.

---

[6] Seguindo o pensamento de Galuppo, "isso reconduz, inevitavelmente, à questão do imperativo categórico: devemos buscar aquilo que universalmente pode ser reconhecido como direito de todos para fundamentar a limitação da liberdade, que só pode ser, como já disse, *auto*limitação, pois esta limitação surge exatamente para garantir a coexistência de direitos legítimos, que só podem ser os direitos universalizáveis" (GALUPPO, 2002, p. 95).

[7] Na avaliação de Luc Ferry, esse novo "cosmos" proposto por Kant tem como princípio supremo "o respeito pelo outro, que é a coisa menos natural do mundo e que supõe um esforço sobre si mesmo, uma vontade que se desvencilha das inclinações egoístas. Eis a razão para o fato de a lei moral impor-se a nós sob a forma de um *imperativo*, de um dever: justamente porque ela não é natural, porque não é evidente, mas supõe esforços ou, como diz Kant, a 'boa vontade' e até mesmo uma 'vontade boa'" (FERRY, 2012, p. 14).

[8] É o que acentua Gadamer, referindo-se à tarefa assumida pelo Direito na realização de uma ideia de justiça: "El 'derecho' es, en el fondo, el gran ordenamiento creado por los hombres que nos pone limites, pero también nos permite superar la discordia y, cuando no nos entendemos, nos malinterpretamos o incluso maltratamos, nos permite reordenar todo de nuevo e insertalo numa realidad común. Nosotros no 'hacemos' todo esto, sino que todo esto nos sucede" (GADAMER, 1997, p. 102).

Não muito diferente da argumentação apresentada pelo Ministro Ruy Rosado de Aguiar Jr., há quase vinte anos, e desde a edição da Lei n° 12.414/11, após período de vigência da Medida Provisória n° 518, muito se tem discutido juridicamente sobre a configuração de bancos de cadastros de consumidores, especialmente no que diz respeito à abrangência cadastral das informações por gestores de bancos de dados, inclusive para a formação de bancos positivos de informações. O fato é que o ordenamento jurídico, mais recentemente, inclusive ao regrar a constituição dos cadastros positivos – no caso, por meio da Lei n° 12.414/11 –, estabeleceu restrições à liberdade de configuração de tais bancos gestores de informações, descrevendo, normativamente, a forma como deve restar estabelecido o armazenamento de dados sobre o adimplemento do cadastrado, de forma a permitir a visualização do histórico de crédito do consumidor. Para tanto, reconheceu a Lei a possibilidade de que haja o agrupamento de informações relativas a adimplemento de crédito, seja para a realização de análise de risco de crédito do cadastrado, seja para subsidiar a concessão ou extensão de crédito e a realização de venda a prazo ou outras transações comerciais e empresariais que impliquem risco financeiro ao consulente (art. 7°) – em regra, comerciante. No entanto, estabeleceu, concomitantemente, o resguardo a princípios pertinentes à autodeterminação informativa,[9] justamente para oferecer a proteção ao titular dos dados relativamente ao acesso, à correção e à veracidade da informação armazenada.

A controvérsia mais recente – e que ora se fará objeto de investigação científica – que tem sido encaminhada aos tribunais, de forma específica, corresponde à suposta ilicitude da abertura e manutenção de registro de dados cadastrais positivos por gestores privados, na medida em que desconhecidos, por parte dos titulares dos dados, elementos e critérios considerados para a análise de risco de crédito – situação que desafia, de forma direta, disposições civil e constitucionais. Mais ainda, na maior parte dos casos encaminhados ao debate judicial – principalmente por meio de ações cautelares exibitórias –, a discussão judicial tem sido estabelecida em torno da negativa de conhecimento e acesso às informações armazenadas e disponibilizadas a comerciantes. Sustentam os cadastrados que os registros constantes nesses bancos de informações são de cunho confidencial, não lhe sendo oportunizado o conhecimento e discussão do conteúdo, não obstante a alegação de inexistência de pendências financeiras em seu nome.

Necessário, portanto, que inicialmente sejam destacadas algumas noções prévias sobre a questão do armazenamento de informações nominativas em bancos cadastrais, para que se possa, em seguida, avaliar a situação de ilicitude

---

[9] Tércio Sampaio Ferraz Júnior, citando Wolfgang Hoffmann-Riem, esclarece que o que denomina como "autodeterminação informacional" não é um "direito de defesa privatístico do indivíduo que se põe à parte da sociedade, mas objetiva possibilitar a cada um uma participação em processos de comunicações. Os outros (seres humanos) constituem o âmbito social, em cujas lindes a personalidade de cada um se expande: a autonomia, e não a anomia, do indivíduo é a imagem diretora da Constituição. A autonomia deve ser possível em espaços vitais socialmente conectados, nos quais a liberdade de comunicação – ou melhor: liberdade em comum – não pode ser orientada para um conceito limitador da proteção à expansão egocêntrica, mas deve ser entendida como exercício da liberdade em reciprocidade" (FERRAZ JR., 2001, p. 242).

discutida nos tribunais, com eventuais reflexos no âmbito da responsabilização civil em face do ilícito alegado como existente.

1. O tratamento dispensado à proteção de dados e os bancos cadastrais positivos

Em relação ao tratamento dispensado à proteção de dados nominativos,[10] matéria que desafia a comunidade jurídica contemporânea relativamente à questão da privacidade, o conceito de autodeterminação informativa tem igualmente contribuído para orientar a atividade do intérprete, ao reconhecer a autonomia do indivíduo tanto dirigida ao controle e à transmissão de informações personalíssimas, como encaminhada à possibilidade de acesso a qualquer informação. Dessa forma, fundamental para identificar uma efetiva proteção às informações pessoais dos indivíduos numa sociedade informatizada é a possibilidade de que o controle sobre o armazenamento e a transmissão de dados possa ser realizado pelo titular da informação de modo amplo, permitindo ao cadastrado uma supervisão tanto em relação à justificação conferida por um interesse público no armazenamento de dados, como em relação à justificação de uma transmissão do conteúdo informativo a terceiros. Reconhece-se, como de regra, a possibilidade de interferência do indivíduo no processo de acesso e de correção de dados.

Isto se vê reconhecido, num primeiro momento, a partir do estabelecimento – inclusive legislativo – de um amplo direito de acesso dos indivíduos às suas informações nominativas. O próprio armazenamento de dados pessoais está informado por um princípio de acesso amplo aos titulares das informações, seja para o reconhecimento de existência do próprio registro, seja para a verificação da extensão, veracidade e correção das informações armazenadas.

Novamente, aqui, a autorização e o interesse público na criação de um banco cadastral interferem na própria extensão a ser considerada para um direito de acesso. Há bancos cadastrais que dispensam a comunicação ao titular da informação, pelo simples fato de que o armazenamento é pressuposto pelo tipo de atividade que desenvolvem num setor público ou privado. Isto ocorre, por exemplo, em relação a bancos cadastrais de organismos associativos

---

[10] Consideram-se dados nominativos aquelas informações relativas às pessoas físicas identificadas ou identificáveis (no caso, uma identificação direta ou indireta, que possa ser promovida a partir dos dados que se apresentam processados separadamente ou conjuntamente). Os dados nominativos devem corresponder a informações capazes de permitir uma identificação de seus titulares. Ou seja, capazes de criar uma relação de associação a uma pessoa determinada ou determinável em concreto, autorizando, em contrapartida, uma garantia protetiva à sua intimidade e vida privada. Mais recentemente, a doutrina espanhola tem reforçado uma categoria especial de tratamento aos dados denominados como "sensíveis" em face das motivações apresentadas na Diretiva 95/46/EC, especialmente em seu item 33. Conferir a discussão específica da matéria em doutrina atualizada de ORTIZ, 2002, p. 139.

Especificamente para os fins da Lei nº 12.414/11, são considerados dados armazenáveis as "informações objetivas, claras, verdadeiras e de fácil compreensão, que sejam necessárias para avaliar a situação econômica do cadastrado" (art. 3º, § 1º). Não são passíveis de armazenamento, para o intuito da Lei, as informações consideradas "sensíveis, assim consideradas aquelas pertinentes à origem social e étnica, à saúde, à informação genética, à orientação sexual e às convicções políticas, religiosas e filosóficas" (art. 3º, § 3º, inc. II).

(seguridade social, clubes privados), aos quais o indivíduo, de forma deliberada, forneceu informações pessoais bastante precisas tendo em vista uma finalidade associativa determinada. Neste caso, a relevância do acesso não se fará tão evidente quanto à existência do registro propriamente, mas sim quanto à veracidade, correção e manutenção das informações armazenadas. Diferente, contudo, é a situação de configuração de bancos de cadastro positivo de crédito, gerados a partir de interesses não diretamente estabelecidos pelo cadastrado.

Por isso, ressalta-se a relevância de uma previsão normativa específica, como a existente nas Leis nº 8.078/90 (art. 43, § 2º) e 12.414/11 (art. 4º), impondo a comunicação de registro de dados pessoais do consumidor em cadastro de consumo e crédito. No caso de formação de banco cadastral para o qual não fornece o indivíduo pessoalmente o conteúdo informativo – quanto mais, referindo-se, em regra, ao armazenamento de dados desfavoráveis a seus integrantes pela constatação de uma situação de inadimplência no mercado de consumo (art. 43, §§ 4º e 5º, da Lei 8.078/90) –, fundamental é o titular da informação ter, desde logo – e, portanto, desde o momento do armazenamento de uma informação –, ciência de que integra uma listagem informativa. Nesse sentido, inclusive, observa-se o conteúdo da normatização mais recente referente à formação de bancos de cadastro positivo de crédito – referentes a adimplemento e risco de crédito –, esclarecendo que toda a abertura de cadastro requer autorização prévia do potencial cadastrado mediante consentimento informado por meio de assinatura em instrumento específico ou em cláusula própria (art. 4º da lei 12.414/11).

Se o direito de acesso é marcado, inicialmente, por um princípio de conhecimento acerca do armazenamento de dados, é pelo princípio da transparência ou da publicidade que atinge a realização plena de um conceito de autodeterminação informativa. Agostinho Eiras chega a afirmar que um direito mais concreto à autodeterminação informativa se desdobra em outros tantos direitos que visam assegurar a atuação do indivíduo frente a seu patrimônio informativo:

> O direito à autodeterminação informacional é um superconceito que se desdobra em vários outros, a saber: a) o direito de acesso aos ficheiros, que confere ao cidadão o direito a tomar conhecimento de quaisquer registros por forma compreensível, em linguagem clara, isenta de codificação e em prazo razoável; b) o direito de, em certos casos, se opor ao registro de dados e a que essa oposição fique registrada; c) o direito a ser informado acerca do motivo por que lhe é recusado o direito de acesso; d) o direito de ser esclarecido acerca do objectivo que determinou a inserção dos dados no ficheiro; e) o direito de contestação, que engloba [...] a faculdade de exigir a rectificação dos dados armazenados inexactos, a faculdade de exigir a correção dos dados que estejam desactualizados, a faculdade de exigir a eliminação de dados constantes dos registros contra regras ou princípios constitucionais, a faculdade de exigir o cancelamento de dados decorrido determinado período (direito ao esquecimento) (Eiras, 1992, p. 78).

É que não basta saber sobre a existência de um registro de informações pessoais, se, em concreto, não é fornecida ao titular das informações a possibilidade de fiscalização do conteúdo existente em registro. De fato, ainda que tolerável a formação de bancos de dados com informações negativas em relação ao seu titular – porque considerada relevante a proteção das relações de crédito sob um princípio de lealdade contratual entre os integrantes de um mercado de negócios e de consumo –, não se concebe que essas informações ignorem a realidade factual mais verídica possível, guardada a mesma tônica de confiança – abstratamente considerada – exigida aos relacionamentos privados. Por isso a necessidade para o indivíduo, como garantia de um amplo direito de acesso às informações pessoais armazenadas em bancos cadastrais, de que não só ele tenha conhecimento quanto à existência de inscrição em banco de dados – conhecendo os elementos e critérios de análise disponíveis para o cruzamento de informações –, como tenha ainda a possibilidade de alterar o conteúdo de um registro não condizente à realidade descrita, independentemente da sua natureza – se de crédito, de consumo, de associação (ideológica, política, religiosa, cultural).

Assim, é também resultante de um amplo direito de acesso o exame da medida de extensão do registro de informações pessoais efetuado. Mais precisamente, aborda-se aqui não apenas a possibilidade de uma restrição sobre o conteúdo informativo, como também a hipótese de pertinência do registro sobre determinado interesse público, pela qualidade da informação. A ideia de qualidade da informação aparece, via de regra, como uma das condições de sustentação e proteção de uma esfera de privacidade, quando analisados modernos sistemas de interconexão de dados pessoais por bancos cadastrais.

A qualidade da informação importa ainda no reconhecimento de um princípio com atuação simultânea, e não menos relevante, relacionado ao tempo de registro das informações pessoais. Fala-se, por isso, no princípio do esquecimento,[11] orientado pela ideia de que o próprio gestor do banco cadastral se compromete a manter atualizados os registros, fiscalizando o tempo de sua permanência. Não por outra razão, disciplina a Diretiva 95/46/EC, de 24 de outubro de 1995, destinada aos países membros da Comunidade Europeia, em seu artigo 6º, alínea 'e', que o registro de um dado pessoal deve ser armazenado de tal forma que possibilite a identificação da própria relevância de sua manutenção. Vê-se a obrigação, inclusive, de que sejam promovidas formas de resguardo das informações que tenham de ser registradas por um longo período, em razão de sua importância histórica, estatística ou científica.

---

[11] Como antes já havia anotado, "a disciplina decorre da compreensão de que informações desfavoráveis sobre determinada pessoa não podem permanecer armazenadas em caráter perpétuo, a ponto de prejudicarem outras relações de convívio da pessoa atingida – principalmente relações de consumo –, tendo em vista dados antigos, até mesmo coletados de forma equivocada e sobre os quais não foi exercitado o direito de retificação. A Lei brasileira de Defesa do Consumidor, neste ponto, é específica, prevendo duração máxima de cinco anos para as informações negativas cadastradas em bancos de dados sobre consumo" (CACHAPUZ, 1997, p. 389). Assim, também, de forma embrionária, em ordenamentos jurídicos de outros países – sendo, na oportunidade, analisada a Lei francesa de 06.08.1978, relativa à Informática, Fichários e Liberdades, bem como o Decreto francês de 17.07.1978, antes mesmo do estabelecimento de uma diretiva comunitária específica à matéria –, verifica-se uma certa tendência a privilegiar-se um princípio de esquecimento como forma de exigir um controle sempre atual sobre os registros de dados nominativos, principalmente quando existe a possibilidade de identificar-se um tempo certo de durabilidade à hipótese de formação de um banco de dados para a finalidade inicialmente proposta: "Em homenagem ao direito ao esquecimento, prevê a Lei de 1978 a possibilidade de que a manutenção de dados nominativos seja restrita ao período previsto na autorização ou declaração (conforme seja tratamento automatizado requerido por serviço particular ou público) conferidas para a criação dos bancos de dados. Procura a Lei, com isso, atender à própria finalidade para a qual foram criados os tratamentos automatizados" (CACHAPUZ, 1997, p. 389).

No caso dos bancos de registro cadastral de dados positivos de crédito – ainda que utilizados para efeito de análise de risco econômico –, a questão é predisposta, especificamente, no art. 14 da Lei 12.414/11, que prevê um tempo de quinze anos de manutenção das informações. Apesar de longo, não se trata de um tempo que permita restaurar situações pretéritas de inadimplemento já alcançadas pela prescrição. É que, no caso, não se pode, em tal espécie de banco, considerar-se o registro de informações negativas relativamente ao inadimplemento contratual que, pelo mesmo princípio de esquecimento, tenham já sido afastadas de armazenamento em bancos cadastrais de inadimplentes. Uma vez prescrita a dívida – o que poderá ocorrer em tempo inferior –, não poderá tal circunstância do passado permanecer onerando uma análise de crédito do cadastrado. Tal tempo de armazenamento só pode ser contabilizado para as obrigações ainda em curso, dependentes de um adimplemento futuro pela própria característica da forma de execução, diferida no tempo.

Também se encontra relacionada a um direito mais amplo de acesso às informações nominativas do indivíduo – que se vejam registradas em banco cadastral – a característica essencial da veracidade do conteúdo informativo armazenado. Isto corresponde, em resumo, à ideia de que todo registro deve preservar uma nota de autenticidade em relação ao seu conteúdo. Ou seja, as informações armazenadas devem ser não apenas precisas como completas.

Nesse sentido, a preocupação da Lei 12.414/11 dirige-se tanto ao conteúdo do que existe informado (os elementos de análise), como em relação aos critérios utilizados para a análise de risco que venha a ser efetuada (as variáveis utilizadas para o cruzamento de informações). Isto é fundamental para que o cadastrado possa compreender eventual situação de restrição à sua liberdade de comércio por terceiros (consulentes), mesmo quando inexistente registro de inadimplemento.

Por fim, é também relacionada à ideia de um direito amplo de acesso a informações nominativas registradas em bancos cadastrais a própria concepção de correção dos dados. Ou seja, não basta que o registro corresponda a uma situação factual, e, sim, que a informação esteja de acordo com o momento atual de registro, em especial, sobretudo, na hipótese de um parcial pagamento de dívida pelo consumidor, que imponha a atualização dos valores informados ao banco cadastral de relação de consumidores inadimplentes. A correção dos dados informativos é característica complementar à de veracidade das informações, remetendo também a uma possibilidade de retificação de conteúdo informativo quando evidenciado qualquer equívoco em concreto.[12]

---

[12] Em relação à correção de dados nas transmissões de informações realizadas nas relações internas dos países, tratamento mais correto tem sido encontrado dentro do sistema alemão de proteção de informações pessoais armazenadas em bancos cadastrais, ao propor a visualização de três efeitos distintos a partir da interferência do indivíduo no controle positivo das informações de que é titular – ou seja, a sua atuação através da retificação propriamente dita, do bloqueio e da supressão ou cancelamento das informações que contenham equívocos. A inovação reside na possibilidade de bloqueio de dados, sempre em caráter temporário, quando duvidosa a correção de determinadas informações ou a permanência de uma finalidade específica para a manutenção dos registros. Enquanto a retificação visa a uma correção e a supressão, o cancelamento efetivo das informações registradas de forma equivocada ou sem atender a uma finalidade específica – e aqui se ressalva novamente a aproximação à característica da "extensão" da informação registrada – o bloqueio não possibilita mais o aproveitamento das informações para qualquer fim, ainda que haja discussão sobre a

Como a concepção de autodeterminação informativa apropria-se de conceitos relacionados tanto a um espaço de interferência marcante do direito de liberdade (esfera privada) como de interferência mais acentuada do direito de igualdade (esfera pública), identifica-se também num direito de acesso a dados informativos a possibilidade de o indivíduo ter acesso a informações que lhe sejam justificadamente importantes ou de revelação essencial. Abstratamente, a hipótese responde ao conceito de autodeterminação informativa como trabalhado pelo Tribunal Constitucional Federal da Alemanha, pois exige a reciprocidade de conduta a quem se dispõe à liberação dos dados e a quem pretende obter determinado acesso. Ou seja, permite-se, pelo exercício da ponderação, a partir da análise de situações concretas envolvendo direitos fundamentais, que dados nominativos sejam tornados públicos quando suficientemente evidenciada a sua relevância ao interessado. Isto ocorre porque mesmo interesse ideal de acesso atinge toda a coletividade. O exemplo trazido pela Diretiva Europeia de outubro de 1995 é o registro de dados históricos, estatísticos ou científicos que, por suas características peculiares, devam ter adequado acesso, útil e rápido, a qualquer indivíduo.[13]

Em decisão proferida na Sexta Turma do Superior Tribunal de Justiça, relativamente à medida de "autoexposição" (Arendt, 1993, p. 28) pretendida pelo indivíduo, entendeu-se que descabe a empresas de telefonia divulgar dados pessoais de seus assinantes quando não consentida tal ação, pela relação estritamente contratual estabelecida entre as partes. A divulgação é injustificável sob a alegação de prestação de um serviço de atendimento à comunidade. Lê-se em trecho do acórdão:

> Quando uma pessoa celebra contrato especificamente com uma empresa e fornece dados cadastrais, a idade, o salário, o endereço, é evidente que o faz a fim de atender às exigências do contratante. Contrata-se voluntariamente. Ninguém é compelido ou é obrigado a ter aparelho telefônico tradicional ou celular. Entretanto, aquelas informações são reservadas, e aquilo que parece ou aparentemente é algo meramente formal, pode ter conseqüências seríssimas. Digamos, uma pessoa, um homem, resolve presentear uma moça com linha telefônica que esteja em seu nome. Não deseja, principalmente se for casado, que isto venha a público. Daí, é o próprio sistema da telefonia tradicional, quando a pessoa celebra contrato, que estabelece, como regra, que seu nome, seu endereço e o número constarão no catálogo; entretanto, se disser que não o deseja, a companhia não pode, de modo algum, fornecer tais dados.[14]

Espera-se, a partir da concepção de uma autonomia informativa, que haja uma reciprocidade ideal de comportamento na esfera pública de todos os que participem de um movimento de troca de informações. Primeiro, porque toda restrição à liberdade de transmissão de informações, apoiada em princípios de conhecimento, qualidade, esquecimento, veracidade e correção dos dados

---

correção dos dados registrados. Excepciona-se apenas a possibilidade de uma utilização da informação que se traduza absolutamente necessária, quando para fins pacíficos, para a superação de uma falha de prova ou com autorização específica da pessoa atingida, por exemplo. A hipótese legislativa restou evidenciada ainda na Lei Federal sobre Proteção de Dados ou *Bundesdatenschutzgesets (BDSG)* de 1º.01.1978.

[13] Conforme o texto do § 34 do preâmbulo da Diretiva 95/46/EC, os Estados membros se encontram autorizados a promoverem o armazenamento de dados sensíveis, cujo registro se encontre justificado pelo interesse público relevante em áreas como a de saúde pública e promoção social, especialmente quando necessários para o aprimoramento de serviços públicos de assistência.

[14] BRASIL. STJ, RHC 8493/ SP. Relator: Min. Luiz Vicente Cernicchiaro. Brasília, DJ de 02.08.1999, p. 224.

informativos, não interessa exclusivamente ao titular da informação, e, sim, a toda coletividade, para ter acesso aos dados armazenados. Segundo, porque a exigência de reciprocidade envolve tanto o interesse, puro e simples, de restrição de uma liberdade, como a promoção de uma conduta responsável a todo aquele que se dispõe, reciprocamente, a participar do espaço de troca de informações.

> A pessoa só consegue constituir um centro de vida interior e só percebe a sua identidade, na medida em que se expõe simultaneamente a relações interpessoais construídas pela comunicação e em que se deixa envolver numa rede cada vez mais densa e subtil de vulnerabilidades recíprocas e de necessidades explícitas de protecção. Sob este ponto de vista antropológico, podemos conceber a moral como um dispositivo de protecção que compensa uma ameaça constitucional inerente à própria forma de vida sociocultural. [...] A integridade da pessoa individual reclama a estabilização de um tecido de relações simétricas de reconhecimento, no qual os indivíduos inalienáveis só reciprocamente e enquanto membros de uma comunidade poderão assegurar a sua precária identidade (Habermas, 1991, p. 215).

Desta realidade decorre a compreensão de que todo o armazenamento de dados pressupõe transparência dos dados existentes e franca possibilidade de acesso ao cadastrado. Tal conduta por parte de gestores de bancos de dados – principalmente quando privados e com nítido intuito econômico – é o que autoriza o reconhecimento pelo Estado de que terceiros detenham e trabalhem com a informação de dados nominativos alheios, de forma a interferir na liberdade de comércio ou de negócios em sociedade. A ausência de transparência, como verificado na própria fundamentação por vetos parciais à redação originária da Lei nº 12.414/11, é motivo suficiente a afastar a pretensão de interferência do gestor sobre dados alheios, responsabilizando-o, na medida da necessidade, pelo exercício arbitrário de posição jurídica desempenhada.

2. As liberdades colidentes contemporâneas e a solução jurídica ao ilícito

No caso, muito embora se conheça o âmbito de discussão existente acerca desta matéria mais recentemente no Tribunal de Justiça do Rio Grande do Sul – especialmente, em face das divergências de compreensão sobre a questão, como expostas, exemplificativamente, na Apelação Cível nº 70038911400 –, não há como se afastar, quando ausente a observância em concreto de um direito de acesso às informações (elementos e critérios de análise de risco de crédito por inscrição em banco cadastral positivo de adimplemento), do reconhecimento claro de situação de ilicitude civil, suficientemente caracterizada pela aplicação específica do disposto no art. 187 do Código Civil brasileiro. Trata-se de ilicitude não decorrente da verificação de uma antijuridicidade por força de observação de conduta culposa por parte do gestor de banco cadastral (art. 186 do CC) – aparentemente no exercício de uma liberdade de armazenamento, tratamento e divulgação de informação –, mas justamente de uma ilicitude decorrente do excesso cometido no exercício de uma determinada posição jurídica. Explica-se.

O art. 187 – ao contrário do que se vê exigido pelo art. 186 do CC –, como hipótese de fonte de obrigação civil, preocupa-se em disciplinar caso de conduta ilícita gerada a partir de uma restrição de liberdade imposta pelo caso concreto e só aferível após a solução resultante da análise de um conflito de liberdades. Pelo art. 187 do Código Civil, não se trata, portanto, de caracterizar circunstância abrangida pelo conceito de abuso de direito[15] – construído, na doutrina, como conceito dogmático residual, para abranger situações de fato não enquadráveis no ordenamento jurídico –, mas de definir causa de ilicitude capaz de servir como fonte de obrigações civis.

Dispensa-se, portanto, a ideia do abuso de direito – com natureza jurídica, progressivamente, construída sobre a ideia de limitação do exercício de direitos –, na medida em que o art. 187 do novo Código Civil passa a disciplinar sobre o desequilíbrio do exercício de posições jurídicas pela caracterização da conduta ilícita em si mesma. Confere-se, assim, força à construção da hipótese de ilicitude como causa originária de obrigação civil. Um ato ilícito, no caso, não identificado a partir de um elemento subjetivo relacionado ao agente – a culpa –, mas configurado por uma situação objetiva e concreta, decorrente do exame da conduta humana a partir das condições fáticas e jurídicas impostas pela realidade do caso e tendentes à configuração de uma restrição à liberdade do homem.

Prefere-se entender, portanto, que, enquanto o art. 186 descreve a situação tradicional de configuração de ilicitude civil, o art. 187 inova sobremaneira no CC, tratando de acolher caso de restrição a uma liberdade subjetiva, com força a caracterizar uma hipótese de ilicitude civil e gerar obrigação civil em concreto – mesmo que não necessariamente se trate esta de uma obrigação de indenizar (art. 927, CC).

Uma vez que se reconhece, para o enunciado normativo do art. 187 do CC, hipótese de ilicitude em que se vislumbra a ocorrência de uma restrição a determinada liberdade jurídica com capacidade de gerar obrigações civis, passa-se a questionar se é possível definir os elementos que condicionam, de forma ideal, a análise da conduta avaliada em concreto no enunciado normativo. Ou seja, indaga-se se há como descrever, antecipadamente, o que se torna esperado da conduta humana em determinada situação de conflito de liberdades, no sentido de que venha ela (a conduta), concretamente, a atender o que seja definido por fim econômico ou social, por boa-fé ou por bons costumes. Para que se compreenda o sentido de tutela à exclusividade e à situação de experiência

---

[15] Num estudo comparado ao art. 334 do Código Civil português, vê-se que neste, ao contrário da interpretação estimulada pela doutrina brasileira, o tratamento dispensado para o abuso de direito é reservado ao campo das invalidades dos atos jurídicos, não servindo, especificamente, à caracterização do ato ilícito. Tal decorre do fato de que, historicamente, procurou a doutrina portuguesa – seguindo uma tradição francesa –, por meio do conceito de abuso de direito, abarcar-se uma série de situações que não encontravam resposta na sistemática clássica do Direito Civil. Assim se observa na construção de uma tipologia de atos abusivos para situações, inicialmente, não acolhidas normativamente no ordenamento jurídico, como nos casos de *exceptio doli*, posteriormente abrangida pela aplicação do princípio da boa-fé; *venire contra factum proprium*, hoje traduzido pela impossibilidade de contradição no discurso jurídico; abusividades negociais propriamente ditas, referentes a "inalegabilidades formais" (MENEZES CORDEIRO, 2000, p. 255); *supressio* e *surrectio* e desequilíbrio do exercício de posições jurídicas, atualmente atendido, de forma suficiente, no caso brasileiro, pelo art. 187.

singular pressuposta ao indivíduo, é fundamental que os elementos da boa-fé, dos bons costumes e do fim econômico e social sejam analisados, do ponto de vista externo, como condicionantes à própria possibilidade de restrição a uma liberdade subjetiva, quando visualizado o conflito prático de interesses. O que o art. 187 do Código Civil determina é que, para a caracterização de uma ilicitude, torna-se essencial examinar em que medida restou ameaçada a confiança depositada pelo indivíduo numa relação de convivência, pela análise de seu impulso de autoexposição e da extensão do seu *querer aparecer* (boa-fé). É uma confiança que se fará determinada, igualmente, por dados empíricos da tradição (bons costumes) e das características especiais e determinadas pelo caso concreto trazido à apreciação do intérprete (fim econômico e social).

Se há a pretensão doutrinária de potencializar um direito geral de liberdade e de compreender que os conceitos jurídicos devem estar abertos à experiência jurídica,[16] cumpre que se confira força ao conceito de ilicitude como proposto de forma ampla no art. 187 do CC, identificando nele fonte de obrigações civis. No caso, não exclusivamente fonte de uma obrigação indenizatória, para a qual se exige, além do ilícito, a ocorrência do dano (art. 927 do CC). Mas, inclusive, fonte de obrigação civil que resulte em tutela diversa, seja de caráter inibitório, seja de caráter mandamental.

Assim, na espécie, entende-se que a conduta dos gestores de bancos de dados de cadastros positivos, ao realizarem o cadastro, sem autorização e conhecimento do cadastrados – titulares dos dados inscritos –, por meio de informações não divulgadas e baseada em elementos e critérios não especificados, e, principalmente, ao disponibilizá-lo a seus associados (consulentes), como instrumento na avaliação para concessão do crédito, configura-se num exercício arbitrário e excessivo de uma determinada posição jurídica, permitindo a caracterização de uma conduta ilícita para os fins do que dispõe o artigo 187 do CC. Reconhece-se, na hipótese, que a ausência de transparência e publicidade ao banco de dados – ausente livre acesso inclusive para a correção de informações cadastrais de caráter nominativo do indivíduo –, aliada a inexistência de qualquer controle ao armazenamento da informação – inclusive para efeito de aplicação de um princípio de esquecimento –, permite a distorção da informação de forma indevida, possibilitando ao juiz, independentemente de exame do conteúdo da informação cadastrada, o pronto reconhecimento quanto à necessidade de exclusão do nome do cadastrado de qualquer banco cadastral de crédito.

Ademais, não se trata de sistematização de dados em banco cadastral que tenha sido elaborada em caráter reservado para consumo final pelo próprio detentor da informação – o que ingressaria em sua esfera única de liberdade contratual. Aqui se está a tratar de comércio e troca de informações nominativas potencialmente desabonadoras ao consumidor – estabelecendo pontuação ao consumidor conforme a regularidade de seu crédito –, para as quais se des-

---

[16] Não se pode exigir do ordenamento jurídico – sob pena de fechar-se a estrutura normativa à própria ideia de diversidade cultural – que deduza de casos hipotéticos uma premissa jurídica universal. A ideia deve ser, ao contrário, permitir que o conhecimento empírico contribua, pela experiência jurídica trazida em concreto, à universalidade, mas não que a determine.

conhece a plena publicidade por parte do órgão gestor, nessa medida responsável pelo controle e organização das informações de forma ampla. Daí a sua responsabilidade pelo ilícito cometido, nos termos da Lei 12.14/11, sem prejuízo do que igualmente dispõe o art. 43 da Lei n° 8.078/90 e independentemente do próprio alcance atingido pela informação no âmbito externo.

Não há, contudo, pelo simples reconhecimento de um ilícito, que se compreenda a existência de um dano indenizável para as hipóteses de reconhecimento de violação ás disposições normativas da Lei n° 12.414/11. Tratando-se de hipótese de ilícito fundado no art. 187 do CC, em que dispensada é a caracterização do elemento da culpa – circunstância jurídica própria à caracterização da ilicitude prevista no art. 186 do CC –, vê-se que, para fins indenizatórios, imprescindível é que seja identificado, em face do caso concreto, um dano inequívoco a ensejar a pretensão indenizatória para os fins do art. 927 do CC.

O que se torna essencial ao cadastrado prejudicado com a ausência de conhecimento do registro de seus dados, é que demonstre, pelo fato de ter ocorrido a publicização do tratamento da informação, uma perda significativa e efetiva no mercado financeiro ou de trabalho em face da manutenção de seus dados em cadastro positivo de análise de crédito. O simples armazenamento, sem publicização ampla e sem demonstração de geração de um dano específico, é incapaz de autorizar o reconhecimento de uma violação a direito de personalidade próprio, afastando, por consequência, a pretensão indenizatória exposta na inicial. Ademais, se basta o ilícito do art. 187 do CC para possibilitar a exclusão do nome do demandante de banco cadastral como o referido, é pressuposto ao dever de indenizar, nos termos do art. 927 do CC, a ocorrência do dano. Não demonstrada a publicização ampla e aberta dos registros ou mesmo a comprovação de uma perda de chance em caráter específico, não há como se acolher qualquer pretensão indenizatória específica.

Considerações finais

Analisada a realidade normativa nova que se impôs com o texto da Lei n° 12.414/11, espera-se, em verdade, a partir da concepção de uma autonomia informativa, que haja uma reciprocidade ideal de comportamento na esfera pública de todos os que participem de um movimento de troca de informações. E principalmente quando se configura hipótese de armazenamento de dados em bancos cadastrais que visam a estabelecer um tratamento especial à informação, observada a autorização legal para o cruzamento de dados e a avaliação de crédito com base em elementos e critérios eleitos pelo próprio gestor do banco cadastral.

Tal realidade impõe a necessidade de transparência ao processo de armazenamento, tratamento e divulgação dos dados. Primeiro, porque toda restrição à liberdade de transmissão de informações, apoiada em princípios de conhecimento, qualidade, esquecimento, veracidade e correção dos dados informativos, não interessa exclusivamente ao titular da informação, e, sim, a toda coletividade, para ter acesso aos dados armazenados. Segundo, porque a exigência de reciprocidade envolve tanto o interesse, puro e simples, de restrição de uma liberdade, como a promoção de uma conduta responsável a todo aquele que se dispõe, reciprocamente, a participar do espaço de troca de informações.

Referências

ALEXY, Robert. *Teoria de los derechos fundamentales*, 2. ed. Madrid, CEPC, 2001.

ARENDT, Hannah. *A vida do espírito: o pensar, o querer, o julgar*, 2. ed. Rio de Janeiro, Relume Dumará, 1993.

CACHAPUZ, Maria Cláudia. *Informática e proteção de dados. Os freios necessários à automação.* Ajuris, ano XXIV, vol. 70, julho 1997.

CORDEIRO, Antônio Manuel da Rocha e Menezes. *Tratado de Direito Civil português*, tomo I, Parte Geral, 2ª edição. Coimbra: Livraria Almedina, 2000.

EIRAS, Agostinho. *Segredo de justiça e controlo de dados pessoais informatizados.* Coimbra, Coimbra Editora, 1992.

FERRAZ JR., Tércio Sampaio. *A liberdade como autonomia de acesso à informação.* In: GRECO, Marco Aurélio; MARTINS, Ives Gandra da Silva (org.). *Direito e Internet:* relações jurídicas na sociedade informatizada. São Paulo, Revista dos Tribunais, 2001.

FERRY, Luc. *Kant. Uma leitura das três "críticas".* 3. ed. Rio de Janeiro, DIFEL, 2012.

GADAMER, Hans-Georg. Histórica y linguaje: uma respuesta. In: KOSELLECK, Reinhart; GADAMER, Hans-Geor. *Historia y hemenêutica.* Barcelona. Ediciones Piados, 1997.

GALUPPO, Marcelo Campos. *Igualdade e diferença. Estado democrático de Direito a partir do pensamento de Habermas.* Belo Horizonte, Mandamentos, 2002.

HABERMAS, Jürgen. *Comentários à ética do discurso.* Lisboa, Instituto Piaget, 1991.

ORTIZ, Ana Isabel Herrán. *El derecho a la intimidad en la nueva Ley Orgánica de Protección de Datos Personales.* Madrid, Dykinson, 2002.

VIRILIO, Paul. *A bomba informática.* São Paulo. Estação Liberdade, 1999.

— 18 —

O princípio da exatidão no contexto da relação jurídica obrigacional complexa

MAURO FITERMAN[1]

Sumário: 1. Introdução; 2. O princípio da exatidão: definição e alcance; 3. Da relação jurídica obrigacional complexa e seus reflexos no adimplemento obrigacional; 4. Da incidência do princípio da boa-fé objetiva, em face do princípio da exatidão, a partir da complexidade da relação jurídica obrigacional; 5. Da nova concepção acerca do princípio da exatidão no plano tópico-sistemático; 6. Conclusões.

1. Introdução

A evolução do estudo do Direito Obrigacional, não obstante as grandes modificações reconhecidas no Direito Civil pátrio nas últimas décadas, ainda se demonstra tímida em comparação com a evolução que se constata em outras áreas do mesmo ramo do Direito.

Observam-se intensas movimentações acerca de premissas de compreensão, novas definições e aberturas conceituais no âmbito do Direito de Família, do Direito Contratual e dos Direitos Reais, exemplificativamente falando. Contudo, no Direito Obrigacional, o que se vê é uma acomodação que não combina com essa trajetória geral da civilística pátria.

Um dos fatores que de certa forma coopera para que essa situação se instaure é a inexplicável falta de alteração da redação da maior parte dos dispositivos legais quando do advento do atual do Código Civil. Em uma comparação rápida, pode-se afirmar que menos de 10% dos artigos de lei sofreram alterações no Livro do Direito das Obrigações.

A partir dessa constatação, o ideal, seguramente, seria uma ampla e total revisão acerca das premissas que compreendem o Direito Obrigacional. Essa porém, não é – nem poderia ser – a proposta do presente ensaio, já que se trata de uma missão que não comportaria tão rápida digressão.

O presente artigo enfoca um dos temas que envolvem a questão posta e que simboliza parte das mudanças que devem ser procedidas, qual seja, a

---

[1] Advogado no Rio Grande do Sul. Professor de Direito Civil – PUC/RS. Mestre em Direito – Instituições de Direito do Estado – PUC/RS.

análise do consagrado Princípio da Exatidão a partir de uma concepção contemporânea.

2. O princípio da exatidão: definição e alcance

A partir do que dispunha o artigo 863[2] do Código Civil de 1916, consagrou-se no Direito Civil pátrio o denominado Princípio da Exatidão. A doutrina pátria, a partir da dicção desse dispositivo legal, elegeu esse princípio como basilar das relações jurídicas obrigacionais:

> [...] Uma regra geral, resultante do art. 863, é a de que o credor de coisa certa não pode ser obrigado a receber outra, ainda que mais valiosa: *aliud pro aliu, invito creditore, solvi non postet* (L. 2, par. 1, ff, de Reb. Cred.). Por outro lado, o devedor não pode ser compelido pelo credor a pagar uma outra coisa que não a devida. [...][3]

Ou seja, a exatidão, dizendo com o objeto da obrigação, como algo rígido a disciplinar as relações jurídicas obrigacionais. Seguramente, uma base sólida para a busca da estabilidade jurídica dessas relações.

Tratava-se, à época, de uma legislação com nítida influência da filosofia liberal que norteou o Código Beviláqua, um pensamento formal, de índole dogmática. Eis a posição de Gustavo Tepedino acerca dessa matéria:

> O Código Civil, bem se sabe, é fruto das doutrinas individualista e voluntarista que, consagradas pelo Código de Napoleão e incorporadas pelas codificações do século XIX, inspiraram o legislador brasileiro quando, na virada do século, redigiu o nosso código Civil de 1916. Àquela altura, o valor fundamental era o indivíduo. O direito privado tratava de regular, do ponto de vista formal, a atuação dos sujeitos de direito, notadamente o contratante e o proprietário, os quais, por sua vez, a nada aspiravam senão ao aniquilamento de todos os privilégios feudais: poder contratar, fazer circular as riquezas, adquirir bens como expansão da própria inteligência e personalidade, sem restrições ou entraves legais. Eis a filosofia do século XIX, que marcou a elaboração do tecido normativo consubstanciado no Código Civil.[4]

Com a vigência da atual codificação civil, mas, essencialmente, pelo fato de essa vigência dar-se após o advento da Constituição Federal de 1988, que impulsionou uma nova concepção normativa, esperava-se que a legislação acompanhasse essas transformações.

Entretanto, no Direito Obrigacional, não é demasia afirmar-se que as alterações legislativas foram tímidas. No que concerne ao artigo 863 da codificação civil anterior, o atual código, no artigo 313, seguiu a mesma redação, sem qualquer tipo de alteração.

Ou seja, o Princípio da Exatidão passou a ser visualizado a partir de uma nova legislação, em um período pós-Constituição Federal de 1988, da mesma forma que antes era observado. Para exemplificar, nada melhor do que obser-

---

[2] Art. 863. O credor de coisa certa não pode ser obrigado a receber outra, ainda que mais valiosa.

[3] SERPA LOPES, Miguel Maria de. *Obrigações em Geral*. Vol. II, 6.ed. Rio de Janeiro: Freitas Bastos, 1995, p. 183.

[4] TEPEDINO, Gustavo, Premissas Metodológicas para a Constitucionalização do Direito Civil. In: *Temas de Direito Civil*. Rio de Janeiro: Renovar, 1999, p. 2.

var a doutrina manifestando-se acerca do tema, já na vigência da atual codificação civil.

> O Objeto do pagamento deverá ser o conteúdo da prestação obrigatória (*solutio est praestatio eius quod est in obligatione*). O objeto do pagamento é, pois, a prestação. O devedor não estará obrigado a dar qualquer coisa distinta da que constitui o conteúdo da prestação. E não poderá liberar-se cumprindo uma prestação de conteúdo diverso.
>
> Dispõe, com efeito, o art. 313 do Código Civil que "*o credor não é obrigado a receber prestação diversa da que lhe é devida, ainda que mais valiosa*". O devedor só se libera entregando ao credor exatamente o objeto que prometeu dar (*obligatio dandi*), ou realizando o ato a que se obrigou (*obligatio faciendi*), sob pena de a obrigação converter-se em perdas e danos, como foi comentado quando do estudo do Título I concernente às modalidades das obrigações. [...][5]

No mesmo sentido aponta a doutrina de Paulo Nader ao tratar das obrigações de dar coisa certa:

> [...] Nas relações obrigacionais de *dar coisa certa*, o adimplemento se verifica apenas quando o *debitor* entrega determinado objeto, previamente caracterizado, ao *creditor*. [...] O credor não é obrigado a aceitar qualquer outro bem, ainda que mais valioso, conforme dispõe o art. 313 da lei Civil. O *reus debendi* não pode alterar, *sponte sua*, qualquer cláusula contratual, seja para substituir o objeto da prestação ou qualquer outro tipo de ajuste.[6]

Portanto, a doutrina seguiu o rumo da legislação infraconstitucional, repetindo, a partir de um exame formal, a rigidez imposta pela análise dogmática do denominado Princípio da Exatidão. Nesse sentido, tal postura não deve prosperar, pois, à evidência, nega as transformações normativas havidas nas últimas décadas, bem como o avanço jurisprudencial e doutrinário, os quais foram pautados nas transformações sociais constatadas.

3. Da relação jurídica obrigacional complexa e seus reflexos no adimplemento obrigacional

Dentre os tantos avanços doutrinários ocorridos no plano do Direito Obrigacional, o de maior relevância, sem dúvida, foi o reconhecimento de que a relação jurídica obrigacional assumia uma condição complexa. A complexidade, por sua vez, derivava do reconhecimento de componentes outros no contexto do vínculo obrigacional, que não se encontravam apenas no débito e no crédito.

> Um conjunto de novos estudos bem como a análise jurisprudencial ofereceram à doutrina alemã a constatação de que a relação obrigacional não podia ser reduzida a um simples vínculo de débito e crédito.[7]

A evolução, nesse caso, foi justamente no sentido de compreender a existência de outros deveres:

---

[5] GONÇALVES, Carlos Roberto. *Direito Civil Brasileiro*. Vol. 2, 7. ed. Teoria Geral das Obrigações. São Paulo: Saraiva, 2010, p. 270.
[6] NADER, Paulo. *Curso de Direito Civil: Obrigações*. Vol. 2, 4.ed. São Paulo: Forense, 2006, p. 59.
[7] SILVA, Jorge Cesa Ferreira da. *A Boa-fé e a Violação Positiva do Contrato*. Rio de Janeiro/São Paulo: Renovar, 2002, p. 61-62.

O conteúdo da relação obrigacional é dado pela autonomia privada e integrado pela boa-fé. Com isto, estamos afirmando que a prestação principal do negócio jurídico (dar, fazer e não fazer) é um dado decorrente da vontade. Os deveres principais da prestação constituem o núcleo dominante, a alma da relação jurídica obrigacional. Daí que sejam eles que definem o tipo do contrato. [...]

Todavia, outros deveres impõem-se na relação obrigacional, completamente desvinculados da vontade dos seus participantes. Trata-se dos deveres de conduta, também conhecidos na doutrina como deveres anexos, deveres instrumentais, deveres laterais, deveres acessórios, deveres de proteção e deveres de tutela.

Os deveres de conduta são conduzidos pela boa-fé ao negócio jurídico, destinando-se a resguardar o fiel processamento da relação obrigacional em que a prestação integra-se. Eles incidem tanto sobre o devedor como sobre o credor, a partir de uma ordem de cooperação, proteção e informação, em via de facilitação do adimplemento, tutelando-se a dignidade do devedor, o crédito do titular ativo e a solidariedade entre ambos.[8]

A partir dessa concepção moderna acerca da relação jurídica obrigacional, que nitidamente é compreendida a partir da incidência do Princípio da Boa-fé Objetiva, verifica-se a necessidade de uma verdadeira revisitação da hermenêutica no campo obrigacional.

Com base na incidência do Princípio da Boa-fé Objetiva, com as consequências antes explicitadas, o intérprete, na análise das questões obrigacionais, passará a verificar o adimplemento obrigacional por um viés que supera a clássica noção de cumprimento ou não de obrigações principais e acessórias. Diante do reconhecimento dos deveres laterais, há "um alargamento unificador da noção do adimplemento".[9]

Além disso, no plano do solidarismo obrigacional, passará a empreender, no plano do adimplemento, exigência de uma nova postura ao sujeito ativo.

Ainda que não distinga os deveres gerais de conduta (salvo quando se refere à boa-fé) dos que denomina de deveres acessórios de conduta, reconhece Antunes Varela que estes tanto recaem sobre o devedor como afetam o credor, a quem incumbe evitar que a prestação se torne desnecessariamente mais onerosa para o obrigado e proporcionar ao devedor a cooperação de que ele razoavelmente necessite, em face da relação jurídica obrigacional, para realizar a prestação devida. Entendemos, porém, que a cooperação não é efeito secundário dos deveres acessórios, mas dever geral de conduta que transcende a prestação devida para determinar a obrigação como um todo.

O dever de cooperação resulta em questionamento da estrutura da obrigação, uma vez que, sem alterar a relação de crédito e débito, impõe prestações ao credor enquanto tal. Assim, há dever de cooperação tanto do credor quando do devedor, para o fim comum [...]".[10]

No mesmo sentido:

Abandonando el conceptualismo dogmático e inspirados en uma concepción *solidarista* del orden social, juristas y pensadores afirman que la relación de obligación es um instrumento jurídico destinado a promover y concretar uma efectiva cooperación social mediante el intercambio de bienes y servicios. Esta afirmación, inspirada por la visión de uma sociedad fraterna y solidaria, halla

---

[8] FARIAS, Cristiano Chaves de; ROSENVALD. Nelson. *Direito das Obrigações*. Rio de Janeiro: Lumen Juris, 2006, p. 49-50.

[9] SILVA, Jorge Cesa Ferreira da. *A Boa-fé e a Violação Positiva do Contrato*. Rio de Janeiro/São Paulo: Renovar, 2002, p. 81.

[10] LÔBO, Paulo Luiz Netto. *Teoria Geral das Obrigações*. São Paulo: Saraiva, 2005, p. 102-103.

sustento em el hecho – comprobado – de que em toda comunidad es imperioso que sus miembros se presten *recíproca asistencia*.[11]

Cabe, portanto, ao credor a imposição de um ônus que não representa, efetivamente, uma prestação (continua com a posição de detentor do direito subjetivo à realização material de seu crédito), mas passa a ter de cooperar mediante deveres:

> La situación jurídica del acreedor es compleja. Conforme las nuevas directivas que imparte la idéia de *cooperación*, y las pautas de valorización de la conducta que proporciona el princípio jurídico de buena fe (art. 1198, Cod. Civil), el acreedor há dejado de ser el sujeto investido *exclusivamente* de poderes y facultades, para convertirse em *sujeito pasivo* de ciertos deberes de conducta jurídicamente obligatorios.[12]

Assim, pode-se afirmar que, com o reconhecimento da relação jurídica obrigacional complexa, parte-se para uma nova compreensão acerca do tema do adimplemento e do inadimplemento obrigacionais, o que passa a ter reflexo em situações jurídicas que se vinculam a tais premissas.

4. Da incidência do princípio da boa-fé objetiva, em face do princípio da exatidão, a partir da complexidade da relação jurídica obrigacional

Diante do reconhecimento da relação jurídica obrigacional como complexa, a partir da incidência do princípio da boa-fé objetiva, bem como dos reflexos hermenêuticos decorrentes dessas premissas, não há como deixar de afirmar que o Princípio da Exatidão exige necessariamente um novo olhar.

Não se está dizendo aqui, frise-se, que se defende uma revogação desse princípio. O que se pode afirmar, com facilidade, é que esse princípio passa a merecer uma investigação diversa daquela que o Direito Civil clássico operacionalizava, com base em um exame formal e absoluto.

Ocorre que a visão de que a prestação obrigacional, uma vez pactuada, deve ser aquela a ser cumprida, sendo vedado ao devedor cumprir de forma diversa, ainda que alcançando ao credor uma mais valiosa, por vezes, no plano da incidência do princípio da boa-fé objetiva, poder demonstrar-se merecedora de relativização. Nesse sentido, a melhor doutrina específica sobre o tema:

> Como regra geral concernente ao adimplemento, tem-se que a imodificabilidade do objeto, isto é, da própria natureza, qualidade, quantidade, identidade do que é devido, diz respeito às obrigações nascidas de fonte negocial ou não. Porém, a regra não é absoluta: por vezes, é a própria lei que a excepciona, por outras, o princípio da boa-fé objetiva, por outras, os usos do tráfego jurídico.[13]

É perfeita a assertiva supra, no que tange à possibilidade de relativização, eventual, dessa "regra" codificada. Não raras vezes, a exigência do recebimento apenas da prestação pactuada, sem a admissão de substituição por outra, se

---

[11] WAYAR, Ernesto C. *Derecho Civil: Obligaciones*. 2.ed. Buenos Aires: Lexis Nexis Depalma, 2004, p. 18-19.
[12] Idem, p. 27-28.
[13] MARTINS COSTAS, Judith. *Comentários ao Novo Código Civil*. Volume V, Tomo I. Rio de Janeiro: Forense, 2003, p. 169.

configurará em abuso do direito, por conta de que deporá contra a finalidade obrigacional. Nessa perspectiva, a peculiar afirmação da doutrina preconiza:

> Todavia, podemos concluir junto com Alvino Lima, no que se refere à função teleológica dos direitos, ou seja, que todos os direitos se destinam a uma finalidade e que os critérios para a constatação do abuso do direito precisam apurar este desvio.[14]

Partindo para o exame prático das questões, vale transcrever os exemplos que a doutrina oferece nesse tocante:

> Os usos do tráfego jurídico, expressamente consagrados como fonte de normatividade e como cânone hermenêutico) art. 113), podem conduzir, por igual, à modificação do objeto, como no caso do chamado '*upgrade*' concedido, por vezes, pelas companhias aéreas na prestação de serviços de transporte, ou por empresas locadoras de veículos aos seus clientes mais assíduos. [...][15]

Nos exemplos supracitados, denota-se que, por vezes, a concessão de prestação "mais valiosa" por parte do devedor obrigará o credor ao recebimento da prestação, ao contrário do exposto na literalidade do disposto no artigo 313 do Código Civil. Assim, não haverá inadimplemento obrigacional, de parte do devedor, quando assim se posicionar na relação jurídica estabelecida.

5. Da nova concepção acerca do princípio da exatidão no plano tópico-sistemático

O exposto no tópico anterior dá conta de que, efetivamente, há de existir séria reflexão acerca do Princípio da Exatidão no contexto das relações jurídicas obrigacionais contemporâneas. Porém, cumpre, a fim de que se possam delinear os limites e as possibilidades decorrentes da proposta de exame da possibilidade de relativização do Princípio da Exatidão no sistema jurídico pátrio, proceder a um exame detalhado da posição que o intérprete deve assumir no exame dessas questões.

Como antes exposto, a doutrina já admite potencialmente a relativização do Princípio da Exatidão, ponderando como condição para tal proceder à oferta de prestação "mais valiosa" ao credor, com vistas a evitar-se que o não recebimento de tal prestação importe em abuso do direito.

Contudo, o exame dessa matéria exige um passo à frente, sob pena de que, por uma índole formal, retome-se a posição dogmática antes consagrada, mas por um viés oposto. Aliás, esse é o perigo decorrente das falsas transformações que se promovem no Direito na atualidade, isto é, mudam-se os beneficiados, porém continuam os benefícios, ou vice-versa, sendo mantidas as distorções. Esse passo à frente, que delimita a nova concepção acerca do tema em voga, decorre da necessidade da aplicação de uma hermenêutica tópica e sistemática.

O Direito Civil brasileiro, como se sabe, vem historicamente sendo pautado por um exame formal, um exame de abstrações, com o esquecimento das

---

[14] FERNANDES NETO, Guilherme. *O Abuso do Direito no Código de Defesa do Consumidor*. Brasília: Jurídica, 1999, p. 91.

[15] MARTINS-COSTA, Judith. *Comentários ao Novo Código Civil*. Volume V, Tomo I. Rio de Janeiro: Forense, 2003, p. 171.

peculiaridades dos casos concretos. Tal modelo, decorrente da origem da codificação no Brasil, modelou-se através de posturas conceituais. A esse respeito, manifesta-se Luiz Edson Fachin:

> A crítica se volta contra a abstração excessiva que se deu sobre o conceito no modelo privado, que desaguou diretamente no Código Civil brasileiro. E é por isso que, não raro, nos elementos da relação jurídica coloca-se o sujeito, e aí se revela claramente que a pessoa não precede ao conceito jurídico de si próprio, ou seja, só é pessoa quem o direito define como tal.
> [...]
> No sistema clássico, a primazia é colocar acima do que se verifica concretamente a previsão do modelo da relação jurídica. Para evitar que isso turbasse a compreensão da relação jurídica abstratamente considerada, o que interessa é um paradigma abstrato, que recolhe a realidade e faz com que a relevância jurídica dos dados se amoldem a essa ordem previamente estabelecida. É nisso que se visualizam os elementos básicos que integram a relação jurídica, o sujeito, o objeto, o fato jurídico constitutivo e, por último, a chamada garantia.
> É como se a resposta sempre estivesse formulada antes da elaboração da própria pergunta. Enfeixa-se aia a aleteia conceitual da parte geral, nas codificações e na teoria geral da doutrina tradicional, concebida como represa e vertedouro das questões suscitadas sob suas categorias e premissas.[16]

Interessa chamar a atenção para o fato de que essas características históricas da codificação civil brasileira, que utilizam como fundamento a ideia pragmática da busca da estabilidade jurídica, são comuns em outras codificações da América do Sul, consoante se verifica no Direito argentino:

> En la Argentina há existido tradicionalmente um dominante consenso acerca de la utilidad de la codificación para organizar la vida civil de sus habitantes, por ello, entre nosotros, há sido muy dominante el éxito del critério de Thibaut en su polémica con Savigny. [...] La defensa de la codificación arguyó con la necesidad de que lãs normas fueran estables, orgánicas y sistémicas para contribuir a alcanzar la seguridad jurídica. [...][17]

Trata-se, portanto, um fenômeno comum, diante da grande influência que o Código de Napoleão exerceu sobre as legislações civis em inúmeros países na Europa e na América.

Todavia, ao ultrapassar-se esse modelo codificado – que impõe um sistema fechado no âmbito do Direito Civil, na procura de uma estabilidade jurídica que, não raras vezes, não revela uma estabilidade social –, há de se examinar uma evolução, já consagrada na doutrina pátria, que decorre da hermenêutica contemporânea.

A hermenêutica contemporânea dá conta da impossibilidade de manter-se o ideário codificado no passado, que pretendia fazer parecer possível a aplicação dessas regras como um sistema fechado. A evolução deu conta de que a unidade do sistema jurídico,[18] como totalidade axiológica, remete a um viés diverso mediante um exame sistemático.

---

[16] FACHIN, Luiz Edson. *Teoria Crítica do Direito Civil*. Rio de Janeiro/São Paulo: Renovar, 2000, p. 85 e 93.

[17] ALTERINI, Jorge Horacio. *La Codificación: Raíces y Prospectiva – El Derecho*. Buenos Aires: Universidad Catolica Argentina, 2005, p. 191.

[18] PASQUALINI, Alexandre. Sobre a Interpretação Sistemática do Direito. *Revista do Tribunal Regional Federal da 1ª Região*, Brasília, v. 7, n. 4, p. 96-97, 1995.

Cabe frisar que não se desconhece, aqui, a existência de posicionamentos divergentes no plano metodológico; porém, nesse aspecto agora enfocado, pode-se afirmar que tais divergências não são capazes de alterar o rumo das ideias aqui debatidas.

A verdade é que, seja diante de uma hermenêutica sistemática, seja diante dos posicionamentos em parte divergentes, atualmente não há quem negue a aplicação das normas constitucionais nas questões de Direito Civil, isolando o Direito Civil ao espaço de um código, como ocorrera no passado.

É nessa questão que se faz relevante o exame de um passo à frente na questão em voga no presente ensaio, qual seja, a relativização do Princípio da Exatidão. Como antes exposto, já existe uma conquista evidente, amparada pela doutrina, no plano da relativização desse princípio, com fulcro na aplicação do princípio da boa-fé objetiva e da necessidade de repressão ao abuso de direito. No entanto, o exame dessa questão há de ser, além de sistemático, um exame tópico.

Note-se que mesmo a melhor doutrina acerca do tema,[19] antes transcrita, limita-se, em seu exame, ao reconhecimento da relativização do princípio; porém, no exame concreto dos fatos, acaba por admitir uma abstração que se entende por indevida. E explica-se.

Não há como revelar a melhor aplicação do princípio da boa-fé objetiva, bem como da própria teoria do abuso do direito, a partir de uma interpretação que não seja tópica. Portanto, é no mínimo perigoso admitir-se como referência interpretativa a figura do "homem médio".[20]

A questão é simples: o "homem médio", ao mesmo tempo em que é "todos", também não é "ninguém". Torna-se bastante confortável justificar tal posicionamento pelas premissas que embasaram as novas concepções do Direito Civil contemporâneo, uma vez que, sejam quais forem as correntes de pensamento que incidam, pode-se afirmar que restou vencida a ideia de que se possa presumir as pessoas como iguais, a partir da ultrapassada posição acerca da igualdade formal entre os indivíduos, baseada em um sujeito em abstrato.[21]

No plano da igualdade material a ser verificada, por conta de evidente aplicação de normas constitucionais, a abstração perde espaço e ganha prestígio o exame tópico, do sujeito em concreto, no específico caso concreto, o que redunda em exame tópico-sistemático.

Essa é a proposta do presente estudo: demonstrar que a relativização ao Princípio da Exatidão está diretamente vinculada ao exame tópico sistemático,

---

[19] MARTINS-COSTA, Judith. *Comentários ao Novo Código Civil*. Volume V, Tomo I. Rio de Janeiro: Forense, 2003, p. 171.

[20] Interessa aqui ressaltar que não se está afirmando que não exista mais espaço para a utilização do "homem médio" como referência interpretativa no Direito. Apenas se entende que, no tema em voga, essa figura não deve ser admitida.

[21] FACHIN, Luiz Edson. *Teoria Crítica do Direito Civil*. Rio de Janeiro/São Paulo: Renovar, 2000, p. 55: "Inicialmente, se faz necessário compreender como o sistema clássico trata do sujeito, ou seja, das pessoas. O sujeito de direito e as pessoas são captados por uma abstração do mais elevado grau. O sujeito *in concreto*, o homem comum da vida, não integra esta concepção, e o Direito imagina um sujeito *in abstrato* e cria aquilo que a doutrina clássica designou de 'biografia do sujeito jurídico'".

como única forma de atingir-se a finalidade obrigacional, a qual estará fundamentada, então, na aplicação do sistema jurídico pátrio, como totalidade axiológica, em face de um caso concreto.

Avança-se, a partir dessa premissa, ao passo importante que a doutrina já havia conquistado. Por exemplo, no caso antes declinado, atinente ao *up grade* em situações de compra de passagens aéreas. Em uma análise abstrata e rápida, qual seria a resposta acerca da indagação: pode o comprador da passagem negar-se a receber o *up grade* e exigir a sua poltrona classe econômica? A resposta seria, à evidência, não.

Mas, veja-se o exame do caso concreto. E se essa pessoa estivesse viajando com uma criança de cinco anos de idade ao seu lado e somente tivesse sido ofertado o *up grade* para um? A resposta seria a mesma? Evidente que não, pois ninguém imagina que uma criança de cinco anos de idade possa viajar sem seus pais ou responsáveis ao lado.[22]

E se a viagem fosse uma viagem de "lua de mel" para um local distante, com doze horas de vôo? Será que seria razoável que os nubentes viajassem em separado? A resposta seria não.[23]

Ou seja, sem o exame tópico, sem verificar-se "quem", "onde", "quando" e "como", não se está procedendo uma interpretação adequada. Somente, portanto, a partir de uma interpretação tópico-sistemática que se procederá à correta relativização do Princípio da Exatidão, quando efetivamente ela deva ocorrer.

6. Conclusões

Do presente ensaio, podem-se alcançar algumas conclusões, que muito mais servem de provocação ao debate, tendo em vista o relevante momento histórico ora vivido.

1. O Direito obrigacional, na comparação entre as regras do Código Civil de 1916 e o Código Civil de 2002, sofreu poucas alterações. E essas alterações não são suficientes para dar conta da tutela das novas questões sociais.

2. O Princípio da Exatidão, esculpido, hoje, no artigo 313 do Código Civil, é um dos exemplos de tema que recebeu tratamento idêntico ao que recebia na legislação civil anterior, de parte da legislação, bem como da doutrina majoritária.

---

[22] Nos termos da lição de Ruy Rosado Aguiar Júnior, *in* Extinção dos Contratos por Incumprimento do Devedor, Aide, 1991, Rio de Janeiro, há de se atender às legítimas expectativas decorrentes da contratação: "[...] Como o princípio da boa fé impõe aos contratantes o dever de agir de modo a assegurar à contraparte a plena realização das legítimas expectativas derivadas de contrato, é possível exigir-se das partes, para depois da prestação principal, uma certa conduta, desde que indispensável à fruição da posição jurídica adquirida pelo contrato. [...]".

[23] Para que reste claro, em nenhum momento se está afirmando que a doutrina anterior defenderia que uma criança deveria viajar desacompanhada, nem mesmo que um casal em "Lua de Mel" viajasse separado, o que se está afirmando é que a falta de um exame tópico-sistemático, mediante uma abstração, bem como de uma postura formal às avessas, dá ensejo para interpretações como essas.

3. Não se pode negar a aplicação do Princípio da Exatidão no sistema jurídico brasileiro, diante da positivação mantida na legislação civil vigente.

4. Reconhecer a aplicação desse princípio, porém, não significa que deva-se proceder uma leitura formal quando da aplicação do mesmo.

5. A aplicação do Princípio da Exatidão em consonância com outros princípios que integram o sistema jurídico brasileiro, em especial o Princípio da Boa-fé Objetiva, implica, muitas vezes, a relativização do primeiro.

6. A relativização desse princípio se opera em razão de um observar da realidade, a ser tutelado, de modo que não se proceda uma análise dogmática acerca do tema, tendo como finalidade, acima de tudo, a estabilidade social.

7. A relativização, entretanto, deve se dar a partir da hermenêutica contemporânea, sistemática. E, além de sistemática, a interpretação deve ser tópica, excluindo o abstracionismo que, não raras vezes, impera no proceder dos intérpretes do Direito.

── 19 ──

A autonomia privada e a equivalência material do contrato: a lesão e a revisão contratual

PLÍNIO MELGARÉ[1]

Sumário: 1. Introdução; 2. O Direito Civil Patrimonial e o contrato como negócio jurídico; 3. O contrato como fonte de obrigação; 4. Autonomia privada e as exigências do equilíbrio contratual: a revisão do contrato; 5. A lesão como defeito do negócio jurídico; 6. Alteração superveniente das circunstâncias que afetam a realidade contratual; 7. Considerações finais.

1. Introdução

Preliminarmente, parte-se da compreensão de que o contrato, além de sua natureza preceptiva – como um preceito de autonomia privada –, como uma ordenação a qual a conduta das partes se submete, é também um dos modos constitutivos da normatividade jurídica. O vínculo jurídico-normativo formado a partir do contrato decorre da sua inclusão e pertinência a um ambiente jurídico-comunitário, que, embora preestabelecido, mantém sua tessitura e densidade axiológica aberta. Então, compreende-se, acompanhando sempre de perto o magistério do Professor Castanheira Neves,[2] que o encontrado na específica normatividade dos contratos, com sua interpretação e seus valores próprios, *é uma determinante individualização constitutiva, através das posições dos contratantes, dos valores, princípios ou padrões normativos gerais que fundamentam a vinculação jurídica em geral*. Daí a se perceber – e lembrar – que o contrato integra o sistema jurídico,[3] e suas raízes fixam-se no mesmo substrato de validade em que repousa todo o direito.

Portanto, na relação entre sistema jurídico e contrato, aquele se estabelece como um anterior e um pressuposto deste. E o contrato, com sua normatividade específica, subordina-se aos princípios estruturantes da ordem jurídica

---

[1] Mestre em Direito (Universidade de Coimbra), Professor da Faculdade de Direito da Pontifícia Universidade Católica do Rio Grande do Sul e da Fundação do Ministério Público/RS, palestrante da Escola Superior da Magistratura (AJURIS) e Escola Superior da Magistratura Federal (Esmafe/Ajufergs).
[2] *Digesta – escritos acerca do direito, do pensamento jurídico, da sua metodologia e outros*. Vol. 2. Coimbra, 1995, p. 82 e seguintes.
[3] A compreensão de sistema jurídico aqui apresentada é sempre a de um sistema aberto, com um sentido axiológico e composto por princípios, que se afirmam como fundamentos do próprio sistema.

geral.[4] O contrato é um *actus* constitutivo de normatividade jurídica, uma fonte de normas destinadas ao comportamento das pessoas que as vinculam juridicamente. Portanto, há de ser considerado como integrante do sistema jurídico, conectado aos valores e à principiologia desse sistema. Afinal, o sistema jurídico é a razão fundante do agir contratual.

A partir desses pressupostos, analisar-se-á, neste pequeno artigo, o princípio[5] da autonomia privada e seus corolários, como a liberdade contratual, a força obrigatória dos contratos e as limitações derivadas da exigência da igualdade nas relações entre privados. Nessa seara, sobressai o princípio da equivalência material dos contratos, cenário onde a normatividade jurídica transita no rumo de uma justiça material, reconhecendo-se o instituto da lesão como defeito do negócio jurídico, o que possibilita a revisão contratual, além da incidência de outros dispositivos legais delimitadores do exercício da autonomia privada.

2. O Direito Civil Patrimonial e o contrato como negócio jurídico

Conforme propõe o eminente autor espanhol Luis Díez-Picazo,[6] pode-se pensar o direito civil como a seara do ordenamento jurídico constituído por um sistema de normas e de instituições que se encontra voltado à tutela da pessoa e de seus fins dentro da comunidade. Ademais, em uma perspectiva subjetiva, o direito civil normatiza as relações jurídicas recíprocas estabelecidas entre os sujeitos privados ou aquelas estabelecidas com o Estado, desde que haja uma situação de igualdade. Em uma perspectiva objetiva, o direito civil abrange as matérias pertinentes às pessoas, à família e ao patrimônio. A partir dessa compreensão, é possível recortar, como uma de suas partes, um denominado direito civil patrimonial, compreendido como *aquele setor do direito civil que contempla as normas e instituições através das quais são realizadas e ordenadas as atividades econômicas do homem.*[7]

Nos termos da lição de Pinto Oliveira,[8] duas funções são passíveis de se encontrar nesse direito civil patrimonial:

1. *tornar possível à pessoa o adquirir*: essa função se encontra nas normas que disciplinam a criação e a circulação de bens, relacionadas, no mais amplo sentido, à autonomia privada e, em um sentido mais restrito, aos contratos; e

---

[4] Essa subordinação pode ser percebida, por exemplo, com a disciplina das nulidades, que operam como instância garantidora da conexão harmoniosa entre o contrato e a normativa axiológica do sistema jurídico.

[5] Adota-se neste trabalho a compreensão de Robert Alexy, a saber: *princípios son normas que ordenan que algo sea realizado en la mayor medida posible, dentro de las possibilidades jurídicas y reales existentes. Por lo tanto, los princípios son mandatos de optimización, que están caracterizados por el hecho de que pueden ser cumplidos em diferente grado (...). Teoria de los derechos fundamentales,* trad. Ernesto garzón Valdés. Madri: Centro de Estudios Constitucionales, 1997, p. 86

[6] *Fundamentos del derecho civil patrimonial I – introducción: teoria del contrato* 6. ed. Madri: Civitas, 2007, p. 47.

[7] Idem, ibidem.

[8] Cfe. OLIVEIRA, Nuno Manuel Pinto. *Princípio de direito dos contratos.* Coimbra: 2011, p. 103.

2. *assegurar o possuir justificado:* que se encontra a partir de normas que garantem que os bens adquiridos somente podem ser distribuídos por meios conformes à normatividade jurídica. Nesse campo, encontra-se uma relação com a responsabilidade civil.

De fato, com essa *distinção funcional*, são estabelecidas duas esferas: 1) a esfera socioeconômica do contrato e 2) a esfera socioeconômica do ilícito.

A primeira esfera permite a aquisição por meio do contrato, que se tornará seguro pela esfera socioeconômica da ilicitude. Ainda, na primeira esfera, normatiza-se a circulação de bens, na segunda, a proteção dos bens; na primeira esfera, o direito conforma o futuro, enquanto na segunda esfera garante-se o presente.[9]

Em termos gerais, o negócio jurídico, como fato jurídico lícito, encontra-se vinculado ao princípio da autonomia privada, ou seja, àquele poder de autorregulação dos próprios interesses, reconhecido aos sujeitos privados e tutelado pelo direito, a partir da prática de atos privados com força jurídico-normativa. Logo, considera-se presente a autorização jurídica para a prática de atos, dotados de força vinculante, que digam respeito ao exercício das faculdades humanas. O negócio jurídico, como exercício da autonomia privada, é, pois, compreendido como o meio, o instrumento, através do qual as pessoas exercem o poder de criar regras para si, regulando juridicamente, assim, os seus interesses e vontade. É o negócio jurídico um *meio de actuação do princípio da autonomia privada*,[10] com natureza preceptiva e vinculante, que, ao fim e ao cabo, possibilita aos sujeitos particulares ordenarem, dentro do quadro jurídico-normativo, as relações jurídicas que pretendem estabelecer. Há de se observar, contudo, que a normatividade jurídica valora essa atuação privada e os objetivos por ela pretendidos.[11] Uma valoração que passa pela análise da sua socialidade, de sua relevância social, bem como pela própria axiologia posta pela ordem jurídica. Assim, a ordem jurídica conforma o exercício da autonomia privada, fixando condicionantes e limites ao seu próprio exercício.

Nessa perspectiva de fato jurídico lícito, o negócio jurídico igualmente se caracteriza por permitir aos sujeitos que dele fazem parte selecionar os efeitos que desejam que o ato praticado produza. Assim, é reconhecida não só a *autonomia de celebrar* o negócio jurídico, como a *autonomia de estipular*, isto é, aquela autonomia que permite as partes celebrantes de um negócio estipular os efeitos pretendidos.[12] Portanto, é dado aos sujeitos da relação negocial, em razão de suas vontades, selecionarem os efeitos pretendidos pelo negócio celebrado. Os efeitos são produzidos porque queridos pelas partes. São efeitos *ex*

---

[9] Nesse sentido, OLIVEIRA, Nuno Manuel Pinto, obra citada.

[10] Cfe. PINTO, Carlos Alberto da Mota. *Teoria geral do direito civil*, 4. ed., Coimbra: 2005, p. 104.

[11] No dizer de Emilio Betti, a ordem jurídica atua como um árbitro, valorando as finalidades pretendidas pelas partes de acordo com a relevância social. *Teoria generale del negozio giuridico*. 2. ed. Torino: Torinese, 1960, p. 44 e seguintes.

[12] Especificamente nesse aspecto repousa uma distinção entre os negócios jurídicos e os atos jurídicos em sentido estrito. Nestes é reconhecida apenas a autonomia de celebrar, ou seja, a autonomia que os sujeitos tem de praticar um ato jurídico em conformidade com a sua vontade.

voluntate, no sentido de que a vontade das partes e o seu poder de deliberação permitem a seleção dos efeitos[13] que o negócio pode gerar.

Pelo visto e ponderado, nada obstante as abstrações próprias de uma conceituação, define-se o negócio jurídico como o ato com eficácia constitutiva – porque dirigido à realização real e concreta de efeitos – pelo qual as pessoas, nas relações que com os outros estabelecem, regulam os seus interesses. Sobre esse ato o direito atua, vinculando efeitos que se harmonizam à sua funcionalidade socioeconômica.

3. O contrato como fonte de obrigação

A principal fonte[14] das obrigações,[15] em termos gerais, é o negócio jurídico, e, em um sentido mais específico, o contrato.[16] Se a ordem jurídica concede a um sujeito, denominado de ativo, a possibilidade jurídica, o direito de exigir de uma determinada pessoa ou de um grupo de pessoas o dar, o fazer ou deixar de fazer algo, está-se diante de um direito obrigacional. Os contratos, como atos jurídicos, são merecedores da tutela jurídica, assim como a relação contratual. Note-se que há uma distinção entre contrato e relação contratual: enquanto aquele é o ato ou ação dos interessados que ajustam seus interesses, esta vem a ser a situação que as partes se colocam após a celebração do contrato.

No dizer de Caio Mário,[17] o contrato pode ser definido como "um acordo de vontades, na conformidade da lei, e com a finalidade de adquirir, resguardar, transferir, conservar modificar ou extinguir algum direito". Conforme Díez-Picazo, o contrato é o negócio jurídico bilateral, do qual derivam efeitos que criam, modificam ou extinguem uma relação jurídica patrimonial. Além de um ato celebrado pelos contratantes, o renomado civilista espanhol destaca o contrato como norma, isto é, como um preceito, uma regra de conduta constitutiva de uma ordenação a qual submete a própria conduta dos sujeitos.[18]

De um modo mais objetivo, compreende-se o contrato como o acordo de vontades cujo objetivo é a produção de efeitos jurídicos. Ademais, é possível a identificação de duas funções específicas e distintas desempenhadas pelos contratos. Funções que ora são concomitantes, ora atuam separadas,[19] quais sejam: 1. o modo de aquisição da propriedade e outros direitos reais, como o meio, o instrumental jurídico para o tráfico, a circulação de bens; e 2. como fon-

---

[13] Decerto que esses efeitos são previstos pela ordem jurídica, não sendo, pois, decorrentes de uma escolha absolutamente arbitrária das partes.

[14] Toma-se aqui o sentido de fonte dado por Arnaldo Rizzardo: no sentido humano determinante da relação negocial. *Contratos*. 6. ed. Forense: Rio de Janeiro, 2006, p. 2.

[15] Por obrigação, conforme a definição de Ruy Rosado de Aguiar Jr, entende-se *um específico dever jurídico por força do qual um sujeito, dito devedor, é adstrito a uma determinada prestação patrimonial para satisfazer o interesse de um outro sujeito, dito credor*. Comentários ao novo Código Civil. vol. VI, t. II. Rio de Janeiro: Forense, 2011, p. 6.

[16] Aliás, desde o período romano, é estabelecido que as obrigações jurídicas derivam dos contratos.

[17] *Instituições de direito civil*, vol. III, 3. ed. Forense: Rio de Janeiro, 1975, p. 35.

[18] Obra citada, p. 139.

[19] Por exemplo: em uma compra e venda, tanto se transfere a propriedade quanto há a obrigação de pagar o preço estabelecido. Em um contrato de transporte, em contrapartida, há apenas o nascimento de uma obrigação.

te obrigacional, isto é, como instrumento através do qual, *a posteriori*, é buscado o direito a uma prestação.

4. Autonomia privada e as exigências do equilíbrio contratual: a revisão do contrato

Afirmada como um dos pilares do direito privado,[20] em especial do direito civil, tem-se a autonomia privada[21] como uma outorga feita pelo ordenamento jurídico aos particulares, para que se autodeterminem.

Nessa direção, possibilita-se ao sujeito privado, por um ato seu, alterar a sua situação jurídica, conformando-a aos seus interesses. É, pois, o poder privado de se dar normas, com uma natureza preceptiva e vinculante. É o poder do qual os particulares são dotados que os legitima a, diante das relações intersubjetivas, regular os seus interesses, atendendo assim suas necessidades e seus quereres.

Conforme leciona Ana Prata, o princípio da autonomia privada traduz-se, pois, no poder reconhecido pela ordem jurídica ao homem, prévia e necessariamente qualificado como sujeito jurídico, de juridicizar a sua atividade (designadamente, a sua actividade econômica), realizando livremente negócios jurídicos e determinando os respectivos efeitos.[22] Note-se que esse poder é revestido de juridicidade, portanto, oferece uma estabilidade aos sujeitos privados, sendo, inclusive, reconhecido socialmente. De outra parte, oportuno destacar que a autonomia privada – e o poder que dela decorre – oferece, inclusive, existência social à pessoa.[23]

Esse poder privado de atuação se desenvolve dentro dos limites jurídico-normativos, composto por um amplo quadro normativo, pois, conforme o magistério de Clóvis do Couto e Silva, *"sobre a faculdade dispositiva das partes, existe o ordenamento jurídico (...)"*.[24] Por via de consequência, a autonomia privada atua estremada por limites legislativos e também por outros princípios. Note-se que os próprios requisitos de validade estabelecidos no artigo 104 do CCB limitam a autonomia privada. Nesse sentido, independente do interesse e da vontade das partes, as mesmas devem respeitar, por exemplo, a forma estabelecida – ou ao menos não proibida – pela lei. O aspecto limitativo que a normatividade jurídica desempenha atua no momento em que o contrato é concluído e na disciplina das cláusulas contratuais. Vai daí a possibilidade de

---

[20] Em termos históricos, vincula-se a autonomia privada ao desenvolvimento do Estado liberal clássico e o modelo capitalista, que reconhece a todos a capacidade negocial – nem que seja para negociar a sua força laboral.

[21] Observa-se que a autonomia privada encontra previsão normativa na própria Constituição Federal, quando esta protege a liberdade individual (art. 5º da Constituição Federal) e a livre iniciativa econômica (art. 170 da Constituição Federal).

[22] *A tutela constitucional da autonomia privada*. Coimbra: Almedina, 1982, p. 11.

[23] Nesse sentido, ver Karl Larenz, *Derecho de obligaciones*, T.I. trad. Jaime Santos Briz. Madri: Revista de Derecho Privado, 1958, p. 65.

[24] *A obrigação como processo*. reimpressão da 1ª ed. FGV: Rio de Janeiro, 2007, p. 26.

intervenção do Estado, pela atuação jurisdicional, no âmbito das regulações que os sujeitos privados entre si estabelecem.

Nesse sentido, como ilustração, tem-se a legislação que fixa um limite para as consignações facultativas e obrigatórias dos servidores públicos. Veja-se a jurisprudência: *Por um lado, a norma (...) possibilita ao consumidor que tome empréstimos, obtendo condições e prazos mais vantajosos, em decorrência da maior segurança propiciada ao agente financeiro. Por outro lado, por meio de salutar dirigismo contratual, impõe limitações aos negócios jurídicos firmados entre os particulares, prevendo, na relação privada, o respeito à dignidade humana, pois impõe, com razoabilidade, limitação aos descontos que incidirão sobre a verba alimentar, sem menosprezar a autonomia da vontade.*[25] Com essa limitação, pretende-se, considerando a natureza alimentícia do salário, um equilíbrio entre o contrato firmado pelo servidor e a instituição financeira e a preservação da dignidade humana.

Como um desdobramento da autonomia privada, surge o princípio da liberdade contratual.[26] Sem embargo, esse princípio consiste em legitimar, no âmbito dos contratos, um poder de atuação dos sujeitos privados conforme a sua autonomia. De acordo com o Ministro Paulo de Tarso Sanseverino, *a liberdade contratual representa o poder conferido às partes de escolher o negócio a ser celebrado, com quem contratar e o conteúdo das cláusulas contratuais.*[27] Desse poder de atuação desdobram-se duas perspectivas: 1. uma extensão positiva da liberdade de conclusão do contrato: o sujeito delibera e decide se celebrará um contrato ou não. Ao mesmo tempo que isso se afirma, em contrapartida, tem-se; 2. uma extensão negativa: a ninguém é dado concluir um contrato caso não queira.

Essa liberdade reside no fato de as pessoas poderem celebrar um contrato. Dentro dessa liberdade, desenvolve-se, igualmente, a liberdade de definir o conteúdo do contrato, bem como escolher a outra parte da relação contratual. É a liberdade, reconhecida aos particulares, para concluir um contrato. Então, desdobra-se a liberdade contratual em dois aspectos: 1. a liberdade de conclusão do contrato; e 2. a liberdade de conformação do contrato.[28]

---

[25] AgRg no RMS 30820 / RS. 2009/0214554-4. Rel. Ministro Luis Felipe Salomão, Quarta Turma. Data do Julgamento: 15/05/2012. Sublinhe-se que a jurisprudência se refere à autonomia da vontade – e não autonomia privada. De fato, constata-se, por vezes, o uso dessas expressões como sinônimas. Todavia, autonomia da vontade se vincula a um aspecto psicológico do agente, enquanto que autonomia privada se associa àquele poder negocial que *significa o poder particular de criar relações jurídicas de que se participa. Assim, é o poder que nós, particulares, temos, de regular juridicamente as nossas relações, dando-lhes conteúdo e eficácia juridicamente reconhecidos*, conforme magistério de Francisco Amaral, em *Autonomia privada*, Revista CEJ, V. 3 n. 9 set./dez. 1999, disponível em <http://www2.cjf.jus.br/ojs2/index.php/revcej/article/viewArticle/235/397>.

[26] Nada obstante o que aqui se escreve, há na doutrina brasileira autores que estabelecem uma distinção entre liberdade de contratar e liberdade contratual. Esta seria a liberdade de celebrar um contrato, enquanto aquela seria a liberdade de definir o conteúdo do contrato, assim como o liberdade de escolher o outro contratante.

[27] REsp. 1.158.815/RJ, Terceira Turma, Rel. Min. Paulo de Tarso Sanseverino. DJe 17/02/2012.

[28] A título de exemplo, o Código Civil Português, em seu artigo 405, faz menção explícita à liberdade de conformação do contrato, ao estabelecer que Artigo 405º (Liberdade contratual)1. Dentro dos limites da lei, as partes têm a faculdade de fixar livremente o conteúdo dos contratos, celebrar contratos diferentes dos previstos neste código ou incluir nestes as cláusulas que lhes aprouver. 2. As partes podem ainda reunir no mesmo contrato regras de dois ou mais negócios, total ou parcialmente regulados na lei.

Quanto à liberdade de conformação do contrato, compreende-se como sendo a possibilidade de as partes contratantes definirem o conteúdo do contrato, bem como a possibilidade de ajustarem seus interesses em contratos tipificados, ou, ainda, em contratos atípicos, isto é, contratos que escapam da roupagem, do modelo, legal. Ainda, no âmbito da liberdade de conformação, os contratantes podem formar contratos mistos, nos quais as partes conjugam normas aplicáveis a dois ou mais contratos típicos.

Deriva da autonomia privada, ainda, o princípio da força obrigatória dos contratos.[29] Nos termos desse princípio, que prestigia ao máximo o contrato e seu vínculo, as partes estão obrigatoriamente ligadas ao pactuado. Ainda que anterior à modernidade, pois é um princípio inerente à própria ideia de contrato, é inegável que o *pacta sunt servanda* se intensificou com a visão moderno-individualista, típica do Estado liberal clássico, que, com as codificações da época, instituíram a mundividência burguesa.[30]

Tal princípio parte, como pressuposto, da ideia de um homem livre e igual aos demais. Assim, a obrigação livremente assumida deverá ser cumprida. Acompanhando-se Perelman,[31] *os indivíduos, na medida em que lhes é reconhecida certa autonomia, e desde que respeitem as regras do grupo, podem, ademais, assumir compromissos que deverão então respeitar: pacta sunt servanda*. Claro que, à evidência, a força obrigatória do contrato reflete uma própria justiça contratual, no sentido de se dar efetividade às palavras empenhadas e constitutivas do próprio vínculo jurídico.

Decerto que essa obrigatoriedade do contrato não decorre apenas da força preceptiva da declaração de vontade dos contratantes. Em causa igualmente está a confiança despertada nas partes a partir da conclusão de um contrato, afinal, quem contrata desperta no outro a justa expectativa de cumprimento daquilo que se acordou. Conforme leciona Paulo Lôbo,[32] dois relevantes efeitos pretendidos pelas partes estão radicados no princípio da força obrigatória dos contratos: a estabilidade, que será atingida com o cumprimento do pactuado, assim como a previsibilidade, pois o contrato projeta-se no porvir, no futuro, e o comportamento das partes será regulado pelas cláusulas estabelecidas no contrato.

Por fim, a corroborar a relevância da confiança diante da força obrigatória dos contratos – e, em última sede, à própria autonomia privada – o magistério de Canaris: *o complexo regulativo da autonomia privada (...) só se entende a partir de uma acção conjunta dos princípios da auto-determinação, da auto-responsabilidade e da proteção do tráfego e da confiança*.[33]

---

[29] Como desdobramento do princípio da autonomia privada, igualmente sobressai o princípio da relatividade dos contratos. Nesse sentido, ver REsp. 1.158.815/RJ, Terceira Turma, Rel. Min. Paulo de Tarso Sanseverino. DJe 17/02/2012.

[30] Vale lembrar, como nota de ilustração, a parte inicial do artigo 1134 do Código Napoleônico: *Les conventions légalement formée tiennent lieu de lois à ceux qui les ont fait.*

[31] *Ètica e direito*. trad.Maria Ermantina Galvão G. Pereira. São Paulo: Martins Fontes, 1996, p.151.

[32] *Contratos*. Saraiva: São Paulo, 2011, p. 63.

[33] *Pensamento sistemático e conceito de sistema na ciência do direito*. 2. ed. trad. António Manuel Menezes Cordeiro. Fundação Calouste Gulbenkian: Lisboa, 1996, p. 84.

Por conseguinte, independente da relevância do reconhecimento da autonomia privada e seus desdobramentos, *verbi gratia*, a liberdade contratual e a força obrigatória dos contratos, importa perceber as delimitações que a normatividade jurídica estabelece. Afinal, como observa o Ministro Ruy Rosado, desvelando a sua sempre vinculação aos valores mais caros à vida humana digna, *a igualdade e a liberdade sofrem necessariamente processos corretivos. A liberdade, sem concessões à igualdade é desumana, pois escraviza o homem ao homem.*[34] Nesse diapasão, lembra-se da clássica lição de Canaris[35] que, ao caracterizar os princípios e as suas funções na formação do sistema jurídico, estabelece que o próprio sentido dos princípios se define mediante um ajustamento entre a sua complementariedade e a sua restrição. De modo inequívoco, a razão e o propósito de um princípio – e a justeza de sua concretização – se afirmam pela mediação com outro(s) princípio(s). E essa compreensão igualmente é válida para definir-se a extensão de um princípio, *i. e.* qual a extensão da autonomia privada? Qual o alcance da licitude de um contrato? Qual o limite para a força obrigatória dos contratos?

Aprioristicamente, a resposta a essas questões é tarefa difícil – senão impossível. Sem embargo, apenas diante do caso concreto é que se poderá minimamente precisar esse alcance – e isso se dará por meio de combinação entre os princípios constituintes da normatividade jurídica.

Nessa seara, sobressai o princípio da equivalência material do contrato, que, em rápidas linhas, quer alcançar e efetivar a harmonia real, verdadeira, entre direitos e deveres ajustados em um contrato, afivelado, decerto, às exigências da justiça comutativa.

Tal princípio desenvolve-se em duas perspectivas: 1. Subjetiva: parte-se da situação fática dos sujeitos, considerando-se a sua vulnerabilidade – ainda que decorrente de uma presunção, como a vulnerabilidade do consumidor. 2. Objetiva: essa perspectiva da equivalência se faz presente quando há uma proporção nas prestações assumidas, no sentido de que não haja vantagens ou onerosidades demasiadas a serem suportadas pelas partes. Essa equivalência estará presente tanto na conclusão do contrato quanto em sua execução.

Com o equilíbrio contratual quer-se a realização dos interesses legítimos das partes, evitando-se que o contrato sirva como um instrumento de vantagens excessivas, desmesuradas de um dos sujeitos, prejudicando o outro contratante. Sem olvidar a dimensão econômica do contrato, almeja-se uma proporção na distribuição dos direitos e obrigações assumidas pelos contraentes. Não se pensa em uma equivalência plena, absoluta, senão que a construção de uma

---

[34] *Comentários ao novo Código Civil.* v. VI. t. III. Sálvio de Figueiredo Teixeira (coord.). Rio de Janeiro: Forense, p. 136. Em outra oportunidade, o Ministro Ruy Rosado asseverou: *Os princípios fundamentais que regem os contratos deslocaram seu eixo do dogma da autonomia da vontade e do seu corolário da obrigatoriedade das cláusula, para considerar que a eficácia dos contraos decorre da lei, a qual os sanciona porque são úteis, com a condição de serem justos (Guestin, Traité de Droit Civil, LDGJ, 1988, 2/181). Nessa ótica, continua-se a visualizar o contrato como uma oportunidade para o cidadão, atuando no âmbito da autonomia privada, dispor sobre os seus interesses, de acordo com a sua vontade, mas essa manifestação de vontade não pode por si só prevalecer, se dela resultar iniquidade ou injustiça. O primado não é da vontade, é da justiça* (...).REsp. N. 45666-5/SP. Rel. Min. Barros Monteiro. Data do julgamento: 17/05/1994.

[35] Obra citada, p. 92 e seguintes.

relação contratual justa, isto é, a partir de prestações e contraprestações dentro de um padrão de paridade, nos termos, por exemplo, propostos por Teresa Negreiros,[36] em que as prestações recíprocas assumidas pelos contratantes alcancem um patamar de proporcionalidade, afastando-se da cena contratual a demasiada desconformidade entre as obrigações assumidas.

O CCB, no que diz respeito ao desequilíbrio contratual, estabelece uma disciplina sancionatória, a partir da previsão do instituto da (1) *lesão* como defeito do negócio jurídico (prevista no artigo 157 do CCB) e da (2) *alteração superveniente das circunstâncias que afetam a realidade contratual*. Desde já, observa-se que, diante desequilíbrio econômico-material do contrato, o Código de 2002 prevê, como consequência: 1. a invalidade; 2. a resolução; 3. a revisão contratual e 4. a reparação por danos.[37]

5. A lesão como defeito do negócio jurídico

Preliminarmente, convém entender-se que, topograficamente, a figura da lesão no Código Civil de 2002[38] localiza-se no capítulo dos defeitos do negócio jurídico.[39] De um modo mais específico, a lesão é um vício de consentimento que inquina o ato de invalidade, tornando-o anulável. De acordo com o escólio do nosso Homenageado, *a lesão resulta da quebra do princípio da igualdade nos contratos (...). A lesão é um vício que está presente na celebração do contrato.*[40] Entende-se, portanto, que há uma deficiente formação da vontade do sujeito que pratica o ato. A vontade forma-se, é suficiente para dar existência ao ato jurídico; contudo, nesse seu processo de formação, há uma mácula que a afeta, retirando a idoneidade do ato jurídico para produzir, de modo irreversível, os efeitos visados pelas partes.

Ocorre a lesão quando há acentuado desequilíbrio entre a prestação e a contraprestação assumidas, consubstanciando um negócio iníquo, ante o prejuízo material de uma das partes. Caracteriza-se a lesão por: uma desproporção entre as prestações recíprocas[41] – um elemento objetivo –, uma necessidade

---

[36] Obra citada, p. 166.

[37] Assim em CHAVES, Cristiano; ROSENVALD, Nelson. *Curso de direito civil – direito dos contratos*, v. 4, 2. ed. Salvador: Juspodium, 2012, p.232.

[38] Para uma visão histórica do instituto da lesão, sugere-se, entre outros, a leitura de Humberto Theodor Júnior, *Comentários ao novo Código Civil*, v. III, t.I, coord. Sálvio de Figueiredo Teixeira. Forense: Rio de Janeiro, assim como o artigo de lavra do nosso homenageado, intitulado *Cláusulas abusivas no Código do Consumidor*, disponível em documento eletrônico <http://webcache.googleusercontent.com/search?q=cache:fK1ocZ03q7QJ:www.stj.jus.br/internet_docs/ministros/Discursos/0001102/Cl%25C3%25A1usulas%2520abusivas%2520no%2520C%25C3%25B3digo%2520do%2520Consumidor.doc+&cd=1&hl=en&ct=clnk>.

[39] Decerto que não se pode deixar de aqui se fazer uma crítica ao legislador de 2002, na medida em que inseriu no campo dos defeitos do negócio jurídico tanto os denominados vícios sociais (fraude contra credores) quanto os vícios do consentimento (erro, dolo, lesão, estado de perigo e coação). Enquanto nestes a vontade do agente, pelo influxo de diversas circunstâncias, se forma de modo incorreto, naqueles a declaração de vontade do agente não foge do propósito do agente, sem que haja, portanto, diferenças entre o que o agente quer e o que ele declara.

[40] *Comentários ao novo Código Civil*. v. VI. t. III. Coord. Sálvio de Figueiredo Teixeira. Rio de Janeiro: Forense, p. 125 e seguintes.

[41] A avaliação da desproporção, nos moldes do artigo 157, § 1°, do CCB, deve ser feita em conformidade com os valores que vigoravam à época da celebração do negócio.

econômica ou inexperiência da parte, que se evidenciam como elementos subjetivos, além do nexo causal entre a deficiência da formação da vontade e o concretizar do ato negocial.

Na lesão, o ato, que se revela iníquo, só é praticado em razão da premente necessidade patrimonial da parte ou por sua inexperiência. No expressivo dizer de Cifuentes, no quadro da lesão, *el sujeto está presionado, debilitado em su discrecionalidad de obrar, porque no puede superar ese estado deficitário que tiene relación com la carência material o espiritual que padece.*[42] Note-se, pois, que na lesão há uma deficiência na formação volitiva do agente, que o leva a celebrar um negócio que, ao fim e ao cabo, acaba por lhe ser prejudicial.

Conforme referido em linhas anteriores, uma vez caracterizada a lesão, tem-se a invalidade do ato. Cumpre destacar, todavia, que essa não é a consequência exclusiva da lesão, vez que o negócio pode vir a ser revisado, de acordo com a previsão do artigo 157, § 2º, do CCB. Acompanhando-se o magistério de Teresa Negreiros, entende-se que a revisão do contrato independe da concordância do sujeito lesado. Justifica-se esse entendimento, sobretudo, em nome da conservação do negócio jurídico. Uma vez retirada a desproporção e a iniquidade do negócio, o mesmo deve ser tido por válido, afinal, defende-se que *o negócio ferido de lesão subsista, mediante redução do elemento quantitativo que constitui uma das prestações. Só esta, por excessiva, é considerada inválida, e deve ser reduzida por forma a tornar o contrato justo e, por conseguinte válido.*[43]

De outra parte, advoga-se como pertinente à normatividade jurídica a possibilidade de o sujeito vítima da lesão postular a revisão do contrato – e não somente a sua anulação. Nessa hipótese, há de se permitir ao réu de uma ação revisional com base na lesão, que se oponha à revisão. Para tanto, deve provar que a revisão contratual desnatura a finalidade socioeconômica do contrato, apontando, então, como justa solução a anulação do contrato.[44]

Da jurisprudência,[45] recorta-se uma ilustrativa situação: o caso diz respeito à contratação de serviços advocatícios, cujo objeto envolvia a propositura de uma ação para que se reconhecesse o direito da parte, perante o INSS, ao recebimento da pensão deixada por seu falecido marido. Os honorários foram acordados em 50% sobre a quantia a ser recebida pela constituinte. Releva observar, conforme palavras do Ministro Massami Uyeda, *a pactuação de cláusula quota litis, ou seja, o constituinte se compromete a pagar ao seu patrono uma porcentagem calculada sobre o resultado do litígio, se vencer a demanda; o risco é inerente a essa cláusula, pois se o constituinte não lograr êxito na demanda, o seu patrono nada receberá.*

Entrementes, o caso apresentava algumas peculiaridades, tais como a baixa instrução da parte que contratou os serviços advocatícios, a sua condição de

---

[42] *Negocio jurídico.* 2. ed. Buenos Aires: Astrea, 2004, p 601.
[43] Obra citada, p. 185.
[44] Nesse sentido, ver THEODOR JÚNIOR, Humberto. *Comentários ao novo Código Civil*, v. III, t.I, Sálvio de Figueiredo Teixeira (coord.).Rio de Janeiro; Forense, p. 237 até 238.
[45] REsp 1155200 / DF. 3ª. Turma. Rel. Min. Massami Uyeda. Rel. para acórdão: Min. Nancy Andrighi. DJe 02/03/2011.

necessidade econômica no momento da contratação e o alto valor de seu crédito, aproximadamente um milhão de reais ao final do processo. De acordo com trazido à baila no processo, a parte que alegava a lesão encontrava-se, à época, em estado periclitante, e experienciava vexatória situação econômico-financeira – sendo ameaçada de despejo, pois não vinha honrando o pagamento dos aluguéis do imóvel em que residia há vários meses. Tudo, conforme o alegado, em razão de seu filho ser dependente químico, que lhe forçava a contribuir diretamente para a aquisição de drogas, sob o risco de sofrer espancamentos.

Nos termos do voto condutor do acórdão, prolatado pela Ministra Nancy Andrighi (acompanhada pelos Ministros Paulo de Tarso Sanseverino e Sidnei Beneti), *honorários em montante de mais de R$ 500.000,00, equivalentes a 50% do benefício econômico total do processo, para a propositura de uma única ação judicial, cobrados de uma pessoa em situação de penúria financeira, não pode ser considerada uma medida razoável. Há claro exagero na fixação dos honorários e, portanto, também o requisito objetivo da lesão se encontra presente.* De outra parte, acrescentou a Ministra: *A aceitação de referido contrato, tendo em vista as circunstâncias pessoais da recorrente, premida por um lado pela falta de recursos e pela ameaça de despejo que então sofria (...). As circunstâncias da causa permitem aferir o nexo causal necessário para a caracterização da lesão. Uma pessoa que tem apenas instrução primária não teria condições de compreender o exagero da contraprestação a que se obrigou (...).*

Como decisão final, inclusive nos termos do que se apresentou nesse trabalho, a Terceira Turma do Superior Tribunal de Justiça entendeu cabível que a parte lesada buscasse a revisão do contrato maculado pela lesão – e não a sua anulação. Conforme a Ministra Nancy Andrighi, *em princípio, a lesão conduz à anulabilidade do negócio jurídico. Contudo, a doutrina majoritária tem entendido que, na esteira da faculdade disciplinada para o devedor no art. 157, § 2º, do CC/02, é possível também reconhecer também à vítima a opção pelo requerimento de mera revisão do contrato, em lugar de sua anulação.* E o contrato foi revisado.

6. Alteração superveniente das circunstâncias que afetam a realidade contratual

Outra possibilidade de se delimitar a autonomia privada e os princípios que dela decorrem, como a força obrigatória dos contratos, nos termos da nossa legislação civil, se dá quando há uma alteração posterior à formação do contrato que atinge a sua proporcionalidade. A teoria tradicional do direito dos contratos afirma a noção segundo a qual o contrato faz lei entre as partes, estabelecendo uma quase intangibilidade ao conteúdo contratual. A título de ilustração, cita-se o artigo 1.134 do Código Civil napoleônico,[46] que assim estabelecia: *as convenções legalmente formadas tomam o lugar da lei para aqueles que as fizeram*. Nessa mesma direção, o Código Civil Brasileiro de 1916 sustentava de modo vigoroso o lema do *pacta sunt servanda*, não reconhecendo, por regra, a legitimidade da intervenção do Estado-juiz naquilo que fora livremente pactuado pelas partes.

---

[46] Citado anteriormente em nota de rodapé.

Com a legislação civil de 2002, novos valores e princípios foram trazidos à luz, colorindo o cenário do direito civil com as imposições da justiça material, relativizando, inclusive, a força obrigatória dos contratos (compreendida pela expressão *pacta sunt servanda*). Tudo em consonância com a axiologia constitucional, que dialoga com o direito civil e faz valer, também nas relações entre sujeitos privados, as exigências decorrentes do princípio da dignidade humana.

O tema da revisão contratual, *grosso modo*, está relacionado ao rompimento da justiça contratual, considerando o aspecto objetivo do respectivo contrato, ou seja, no que concerne ao desequilíbrio que se dá entre os interesses, prestações e contraprestações ajustados no próprio contrato. Ao acolher a possibilidade de revisar o contrato, o sistema jurídico trata de conservar o negócio constituído a partir de uma nova arquitetura contratual.

Não obstante, destaca-se o artigo 317 do CCB,[47] que modera a força do contrato,[48] permitindo a correção dos valores a serem pagos, desde que presentes alguns requisitos: I – motivos imprevisíveis; II – não imputabilidade; III – consequente desproporção da prestação em relação ao momento da execução; IV – o contrato deve ser de execução diferida ou continuada.[49]

A expressão *motivos imprevisíveis*, presente no artigo 317, segundo melhor entendimento doutrinário,[50] alcança tanto situações que geram a desproporção manifesta por motivo imprevisível como, igualmente, causas previsíveis, mas de resultados imprevisíveis.

Conforme destaca Judith Martins-Costa,[51] o termo *imprevisível* que consta no artigo 317 do CCB merece uma interpretação diferente do que adquire na linguagem específica, onde possui um caráter absoluto. Imprevisível, nos termos do artigo 317 do CCB, é o que *não poderia ser legitimamente esperado pelos contratantes, de acordo com a sua justa expectativa, a ser objetivamente avaliada, no momento da conclusão do ajuste*. De outra parte, consoante o magistério de Jorge Cesa Ferreira da Silva,[52] a tônica do artigo 317 é dada ao aspecto *desproporção manifesta* – e não à ideia de imprevisão.

Há de se considerar que o contrato, no momento em que é celebrado, é envolto por circunstâncias específicas, que definem o próprio acordo de vontades, bem como o próprio equilíbrio de direitos e deveres – o que se

---

[47] Art. 317. *Quando, por motivos imprevisíveis, sobrevier desproporção manifesta entre o valor da prestação devida e o do momento de sua execução, poderá o juiz corrigi-lo, a pedido da parte, de modo que assegure, quanto possível, o valor real da prestação.*

[48] Importante a doutrina de Renan Lotufo, a sustentar que o referido artigo abrange toda e qualquer obrigação e não apenas os contratos. *Código Civil Comentado – Obrigações*. São Paulo: Saraiva, 2004, v. 2. P. 226.

[49] É de execução diferida aquele contrato cujo cumprimento se dá em apenas uma vez só no futuro (p.ex.: compra e venda com pagamento em data posterior a entrega da coisa – pagamento com "cheque pós-datado"). Por sua vez, o contrato de execução continuada (ou de trato sucessivo) é aquele pacto de longa duração cujo cumprimento se dá de forma sucessiva, que se prolonga no tempo (p. ex., o contrato de locação)

[50] Nesse sentido, o enunciado 17 da 1ª. Jornada de Direito Civil, promovido pelo CJF.

[51] *Comentários ao Novo Código Civil*: do direito das obrigações, do adimplemento e da extinção das obrigações. Rio de Janeiro: Forense, v. 5, t. I, p. 253.

[52] *Adimplemento e extinção das obrigações*. In: REALE JR., Miguel; MARTINS-COSTA, Judith. *Biblioteca de Direito Civil – Estudos em homenagem ao Professor Miguel Reale*. São Paulo: RT, 2007, v. 6, p. 179.

pode denominar como base negocial. Contudo, diante da própria dinâmica da vida, algumas situações, exteriores ao contrato (portanto, situações que não são produzidas por uma das partes), e que se revelam posteriormente à celebração do contrato, podem afetar severamente o desejado equilíbrio negocial. Assim, onera-se excessivamente um dos sujeitos, forjando uma relação desproporcional ensejadora da revisão contratual e da devida da correção do contrato. A correção da obrigação, então, a pedido da parte, será feita pela via judicial.

Para se aplicar a revisão contratual com base no artigo 317 do CCB, ainda se faz necessário que o referido evento gerador da onerosidade excessiva não seja imputável a uma conduta culposa por parte do agente que pretende revisar o contrato – ou seja: há de haver a ausência de culpa do devedor.[53] Noutros termos: que o contraente não seja culpado pelo evento que onerou demasiadamente a execução do contrato.

Os artigos 478 e 479 do CCB[54] igualmente preveem a afetação da relação contratual por circunstâncias supervenientes à formação do contrato. O artigo 478, voltado aos contratos de execução continuada ou diferida,[55] prevê a possibilidade de resolução do contrato diante da onerosidade excessiva,[56] que proporcione extrema vantagem a um dos contraentes, em razão de acontecimentos supervenientes que sejam extraordinários e imprevisíveis.

No campo da onerosidade excessiva,[57] recolhendo-se os ensinamentos de Francesco Messineo, vale a distinção feita pelo Ministro Ruy Rosado[58] entre a onerosidade direta e a indireta. Enquanto aquela atinge a prestação não cumprida na sua objetividade, esta é decorrente da desvalorização da contraprestação que ainda é devida em decorrência de uma prestação também não cumprida. Nesses termos, a onerosidade excessiva não se restringe apenas a

---

[53] Conforme Judith Martins-Costa, *é necessário, pois, que a causa do evento seja estranha à conduta daquele que o invoca.* Obra citada, p. 255.

[54] Art. 478. *Nos contratos de execução continuada ou diferida, se a prestação de uma das partes se tornar excessivamente onerosa, com extrema vantagem para a outra, em virtude de acontecimentos extraordinários e imprevisíveis, poderá o devedor pedir a resolução do contrato. Os efeitos da sentença que a decretar retroagirão à data da citação.*
Art. 479. *A resolução poderá ser evitada, oferecendo-se o réu a modificar equitativamente as condições do contrato.* Nitidamente, esse artigo implementa a conservação do negócio jurídico, prevê a possibilidade de se evitar a resolução do contrato. Para tanto, por exemplo, diante da ação judicial que postula a resolução do contrato, o réu oferta a possibilidade de alterar equitativamente a cláusula geradora da onerosidade excessiva, adequando-as às exigências socioeconômicas. Aqui se está diante de um direito potestativo do réu.

[55] *Nótese que el remédio contra los efectos de la excesiva encuentra su razón de ser em la distancia de tempo corriente entre la estipulacón del contrato y el momento de su ejecución.* Doctrina general del contrato. t. II. trad. S. Santis Melendo *et al.* Buenos Aires: Europa America, 1986, p. 377.

[56] Observa-se que o tema da onerosidade excessiva não se confunde com a lesão, tratada anteriormente. Isso se dá tanto por um aspecto temporal – a lesão é concomitante à formação do negócio, enquanto a onerosidade excessiva origina-se por uma circunstância superveniente. Nesse sentido, ver *Comentários ao novo Código Civil.* v. VI. t. III. Coord. Sálvio de Figueiredo Teixeira. Rio de Janeiro: Fosense, p. 881.

[57] Releva destacar que a resolução por onerosidade excessiva não pode ser postulada se a parte está em mora quando a mesma se manifesta. Nesse sentido, ver Enzo Roppo, *O contrato.* trad. Ana Coimbra e M. Januário Gomes. Coimbra: Almedina, 2009, p. 264.

[58] *Comentários ao novo Código Civil.* v. VI. t. III. Sálvio de Figueiredo Teixeira (coord.). Rio de Janeiro: Forense, p. 904 e seguintes. Outrossim, nosso Homenageado salienta que a onerosidade pode ser tão somente parcial, *atingindo, por exemplo, um dos três produtos a serem fornecidos.* Nessa hipótese, não há um desvirtuamento total do contrato, exigindo, pois, uma tutela jurisdicional igualmente parcial.

algo que pode afetar a prestação, mas, igualmente, pode atingir a contraprestação.

Definir o que seja onerosidade excessiva não é tarefa fácil. Nessa compreensão, transita-se por um conceito um tanto vago, que abstratamente não pode ser identificado. Um conceito que se entende por determinável (e não indeterminado), a exigir, para o seu concretizar, o operar tópico do magistrado diante da análise do caso concreto.[59]

Nada obstante, é possível indicar-se um norte para a necessária caracterização do que se entende por onerosidade excessiva. Recolha-se, pois, o magistério do Ministro Ruy Rosado:[60] *Excessiva é a onerosidade que está além da álea normal do contrato.* E o que seria a álea normal do contrato? Legítimo recorrer-se ao magistério de Enzo Roppo:[61] seriam os riscos tipicamente conexos com a operação econômica que o contrato reveste e que estão insertos no regular tráfico daquele mercado.

Pelo visto e ponderado, a normatividade jurídica protegerá o contratante diante de riscos que escapam daqueles inerentes e próprios de cada contrato. A tutela jurídica dar-se-á em face de riscos *que nenhum cálculo racional econômico permitiria considerar*, como bem define Roppo.[62] Por fim, a caracterização da onerosidade excessiva deve ser feita com base em critérios objetivos, considerando-se o aumento sofrido pelo próprio valor da prestação, aferindo-se que a mesma se tornou excessivamente onerosa em si mesma – e não em relação a determinado devedor.[63]

Na compreensão do que seja extraordinário e imprevisível, de modo pragmático, conforme salienta o nosso Homenageado,[64] *a verdade é que os dois conceitos são tratados como se tivessem o mesmo significado.* Então, imprevisível é algo que acompanha, nos dizeres do Ministro Ruy Rosado, *a idéia da probabilidade (...). Não basta que os fatos sejam possíveis (...), nem mesmo certos (a morte). (...). É imprevisível o fato que, segundo um juízo razoável fundado na experiência, provavelmente não aconteceria de modo eficiente sobre o contrato.*[65]

Importa, ainda, ao se observar os aspectos que giram em torno do artigo 478 do CCB, que nesse dispositivo legal estaria reconhecida a *teoria da imprevisão*. Historicamente, destaca-se que, após a Primeira Guerra Mundial, diversas situações excepcionais surgiram e afetaram as relações contratuais existentes. Fez-se necessário, então, mitigar o princípio do *pacta sunt servanda*. Em 1918,

---

[59] Como destaca Messineo, *la ley no há determinado cuándo la onerosidade há de considerarse excessiva; es um punto librado al prudente arbítrio del juez del hecho. Doctrina general del contrato.* t. II. trad. S. Santis Melendo *et al.* Buenos Aires: Europa America, 1986, p. 375.

[60] *Comentários ao novo Código Civil.* v. VI. t. III. Coord. Sálvio de Figueiredo Teixeira. Rio de Janeiro: Forense, p. 906.

[61] *O contrato.* trad. Ana Coimbra e M. Januário Gomes. Coimbra: Almedina, 2009, p. 262.

[62] Idem, ibidem.

[63] Conforme Francesco Messineo, *Doctrina general del contrato.* t. II. trad. S. Santis Melendo *et al.* Buenos Aires: Europa America, 1986, p. 377.

[64] *Comentários ao novo Código Civil.* v. VI. t. III. Coord. Sálvio de Figueiredo Teixeira. Rio de Janeiro: Forense, p. 900.

[65] Idem, ibidem.

na França, surge a *Loi Faillot*, que permitia a resolução do contrato nos casos em que as prestações tornaram-se excessivamente onerosas aos contratantes em razão da Guerra.

Ora bem, os elementos necessários para a configuração da teoria da imprevisão podem assim ser estabelecidos, conforme magistério de Luis Renato Ferreira da Silva:[66] *(a) tratar-se de um contrato de execução continuada; (b) existir uma onerosidade excessiva; (c) ocorrer um evento extraordinário e imprevisível; e (d) colocar-se o dano fora da álea normal do contrato*. Destaca-se, contudo, que o CCB, em seu artigo 478, estabelece outro requisito: a extrema vantagem de uma das partes, que deve ser tida por presumida, conforme leciona o Ministro Ruy Rosado.[67]

A referida teoria da imprevisão pode ser percebida como uma vertente da tradicional cláusula latina *rebus sic stantibus (permanecendo as coisas como estavam antes)*,[68] desenvolvida pelos juristas medievais.[69] O que se estabelece é o seguinte: os contratos de execução diferida ou continuada devem ser cumpridos no pressuposto de que as condições externas ao contrato mantenham-se inalteradas desde a sua celebração. Sinteticamente, a cláusula *rebus sic stantibus* pode ser compreendida como uma cláusula implícita nos contratos de trato sucessivo ou execução continuada, a partir da qual os contraentes estão vinculados ao seu cumprimento desde que as circunstâncias que cercam o contrato permaneçam inalteradas no momento da execução do contrato, isto é, que sejam as mesmas presentes no momento da celebração do contrato.

Sublinhe-se que a teoria da imprevisão se distingue da cláusula *rebus sic stantibus*, vez que exige a imprevisibilidade do evento. Não basta, pois, a mera alteração das circunstâncias e a onerosidade excessiva, senão que se deve conjugar a esses aspectos a imprevisibilidade do evento e a sua excepcionalidade.

No campo da revisão contratual diante de eventos supervenientes, releva referir a construção da doutrina alemã, sobretudo pela obra de Karl Larenz, conhecida como teoria da base do negócio jurídico. Nos termos dessa doutrina, quando as partes celebram um contrato, consideram aspectos de natureza geral, como o poder aquisitivo da moeda e a situação socioeconômica do país. Tais circunstâncias são incontornáveis para a própria realização da finalidade do contrato. Pois bem. Se tais circunstâncias se alteram de tal modo a impedir que o contrato alcance a sua finalidade, legitima-se a sua revisão ou resolução. Conforme ensina Paulo Lôbo,[70] pode-se aplicar essa teoria quando: *a) a relação de equivalência entre prestação e contraprestação se destruiu em tal medida que não se pode falar racionalmente em contraprestação; b) a finalidade objetiva, expressada no*

---

[66] *Revisão dos contratos: do Código Civil ao Código do Consumidor*. Rio de Janeiro: Forense, 1999, p. 108.

[67] *Comentários ao novo Código Civil*. v. VI. t. III. Sálvio de Figueiredo Teixeira (coord.). Rio de Janeiro: Forense: p. 911.

[68] A cláusula *rebus sic stantibus*, de fato, é uma redução da fórmula *contractus qui habent tractum sucessivum et depeentiam de futuro rebus sic stantibus intelliguntur*, que significa: nos contratos de trato sucessivo ou a termo, o vínculo obrigatório entende-se subordinado à continuação daquele estado de fato vigente ao tempo da estipulação, conforme leciona Arnaldo Rizzardo. *Contratos*. 6. ed. Rio de Janeiro: Forense, 2006, p. 138.

[69] Nesse sentido, e para ampliar o tema, Miguel Maria de Serpa Lopes, *Curso de Direito Civil*, v. 3, 3. ed. Rio de janeiro: Freitas Bastos, 1961, p. 111 e seguintes.

[70] Obra citada, p. 205.

seu conteúdo, resultou inalcançável, ainda quando a prestação do devedor seja possível. Dispensa-se, então, o pressuposto da imprevisibilidade, sendo suficiente a quebra do equilíbrio do contrato em razão da alteração objetiva das circunstâncias que deram sentido ao próprio contrato.

Sob essa perspectiva, o contrato é compreendido por uma dimensão objetiva, tornando-se independente de uma mera projeção subjetiva. Conforme lição de Ricardo Lorenzetti,[71] nos termos do magistério de Karl Larenz, a base do negócio jurídico – pense-se contrato –, pode ser percebida em um duplo sentido: 1. a base subjetiva: as partes formam uma representação mental no momento em que concluem um contrato. Essa representação influi decisivamente na razão de se celebrar o contrato. 2. a base objetiva: aqui está em causa o conjunto de circunstâncias cuja existência ou manutenção são pressupostas ao próprio contrato e, caso não mais persistam, retiram a sua finalidade.

Conforme o magistério de Karl Larenz,[72] "el que concluye un contrato piensa y obra partiendo de una situación dada, que no es preciso se represente claramente, que, tal vez, ni siquiera estaba en condiciones de abarcar, pero cuyos sedimentos penetran en el contrato en forma de presuposiciones inmanentes". De fato, a base objetiva do contrato desfaz-se a partir de duas circunstâncias: 1. Perda efetiva da relação de equivalência entre a prestação e contraprestação pressupostas ao contrato; e 2. Inalcançabilidade do propósito objetivo comum no contrato, isto é, a frustração da finalidade do contrato.

7. Considerações finais

Ao fim e ao cabo, considerada a autonomia privada como um princípio capital do direito civil, estabeleceram-se algumas possibilidades de limitação desse princípio. Nesse caminho, discorreu-se, ainda que em rápidas linhas, acerca da figura da lesão como defeito do negócio jurídico, e das possibilidades de revisão do contrato diante de circunstâncias supervenientes à sua formação. Decerto que a possibilidade de se revisar o contrato, hipótese prevista pela legislação, faz sentido a partir de uma preocupação do direito civil com os aspectos materiais que entretecem a relação contratual. Portanto, necessário compreender que a extensão da autonomia privada se justifica a partir da sua inter-relação com outros princípios, como o da equivalência material.

Com essa compreensão, advoga-se que a constituenda normatividade jurídica ultrapasse os limites de uma estrutura meramente formal, afirmando-se por uma intencionalidade que se vincula a um fundamento de ordem axiológica, mesmo diante das relações estabelecidas pelos sujeitos privados. Sem olvidar que esse fundamento axiológico, que também encontra sede na Constituição, integra-se à concretude do caso concreto, caracterizando, pois, o comportamento que deva ser validado pela juridicidade.

---

[71] *Tratado de lós contratos – parte general.* Buenos Aires: Rubinzal-Culzoni, 2010, p. 509 e seguintes.
[72] *Apud* LORENZETTI, obra citada, p. 510.

— 20 —

Uma nova fonte de obrigação?

RENAN LOTUFO[1]

Normalmente o estudo do Direito das Obrigações nos manuais e mesmo nos livros coletivos específicos começa falando das fontes das obrigações, como se vê, por exemplo, do livro "Obrigações", de minha coordenadoria junto com Giovanni Ettore Nanni, no trabalho de Maria Alice Zaratin Lotufo.[2]

A grande maioria abandona o estudo quadripartido do direito romano, em razão da inadmissão do "quase" referido a contrato e a delito.

O mestre Agostinho Alvim gostava de referir as fontes das obrigações como quatro, mas sob outra visão: 1 – o ato jurídico; 2 – o ato ilícito; 3 – a culpa contratual; e 4 – o dano independente de culpa.

Este elenco ele apresentava anteriormente ao código vigente, o qual prescindiu de referência expressa às fontes.[3]

Nesse sentido estão de acordo Álvaro Villaça Azevedo,[4] Caio Mario da Silva Pereira[5] e outros contemporâneos, nos quais me incluo.[6]

Porém, dessa referência à origem das obrigações por dano independente de culpa, é que tivemos a ideia de tratar de hipótese pouco versada.

O tema remete à figura muito cara para nós da PUC/SP, ou seja, ao autor do anteprojeto do Código Civil vigente, o Professor Agostinho Alvim.

Sua escolha se deveu ao fato de o professor Agostinho Alvim ser não só um homem de conhecimento teórico sólido, com uma série de obras – particularmente obras monográficas – editadas e à época em circulação, como os clássicos *Da Inexecução das Obrigações e suas Consequências*, *Comentários ao Código Civil*, *Da Doação*, *Da Compra e Vende e da Troca*, além de artigos, mas

---

[1] Mestre e Doutor em Direito pela PUCSP. Professor de Direito Civil da Graduação e da Pós-Graduação da PUCSP. Coordenador de Cursos de Pós-Graduação da Escola Paulista da Magistratura. Desembargador aposentado do TJSP. Advogado e consultor jurídico.
[2] *Obrigações*. Atlas e IDP, 2011, p. 68 e ss.
[3] "Exposição de Motivos" do Anteprojeto original p. 21: "O Anteprojeto não cogita das fontes das obrigações, matéria mais didática do que normativa. E sobretudo polêmica".
[4] "Teoria Geral das Obrigações". *Curso de direito Civil*, 10ª ed., Atlas.
[5] "Instituições de Direito Civil". *Teoria Geral das Obrigações*, 20ª ed., Forense, 2004.
[6] "Código Civil Comentado". *Obrigações*, Saraiva, 2003.

também por ser dotado de experiência prática do Direito, visto que era advogado militante.

Afora tais qualidades, o mestre foi, durante muito tempo, colaborador efetivo da Revista dos Tribunais, que, à época era a revista jurídica mais importante editada em São Paulo, com circulação nacional.

Mas, a grande obra teórica do professor era exatamente a ligada ao Direito das Obrigações, ou seja, *Da Inexecução das Obrigações e suas Consequências*, que merecera o reconhecimento nacional e já alcançara cinco edições.

Nesta obra se observa a análise crítica do Código de 1916 e o prenúncio das modificações que acabaram sendo acolhidas no Código vigente. Problemas de taxionomia, como de ordem teórica estão expostos e o que se vê de crítica se encontra como proposta de alteração, ou de inovação, no anteprojeto de sua autoria.

Muitas das novas disposições sugeridas já tinham sido postas à discussão do mundo acadêmico em artigos publicados na Revista dos Tribunais, quer referindo à purga da mora, ainda que relativa à locação de imóveis, quer da inexistente figura do enriquecimento sem causa.

Sua distinção de mora e inadimplemento absoluto alcançou repercussão internacional e veio a se tornar clara no novo direito positivo.

Suas colocações sobre o fortuito interno e o fortuito externo ensejaram melhor desenvolvimento quanto à responsabilidade objetiva, que acabou consagrada no novo código.

A honestidade intelectual ensejou a publicação restrita de obras – as quais, mesmo assim, se tornaram-se clássicas –, que não tiveram as necessárias reedições, que tanta falta fazem no momento atual. Basta lembrar seu único volume de *Comentários ao Código Civil*, as monografias *Da Doação* e *Da Compra e Venda e da Troca*, além de seu estudo sobre a locação de imóveis.

Foi em cada estudo na busca do que existia de melhor na literatura jurídica internacional e nacional, expondo com clareza e síntese, de modo a sempre evitar as frases intercaladas, expressando-se na forma direta.

Sua defesa do projeto ganhou publicação pelo Instituto dos Advogados do Brasil, que complementa a apresentação do anteprojeto.

Ali se tem ensinamento em resposta tanto às críticas infundadas quanto às críticas apressadas.

O que mais marcou sua participação no projeto foi sua postura científica, ou seja, sua abertura às críticas e sugestões sérias, e um envolvimento total com a obra, como foi o seu envolvimento com a criação e desenvolvimento da Faculdade Paulista de Direito, que veio a se tornar a PUC/SP.

Era um homem de tamanha dignidade que só se deu o direito de morrer quando cumpriu seu dever frente ao projeto no dia em que acabou de responder às emendas da Câmara dos Deputados comunicou o fato ao Prof. Miguel Reale. Sua relação com o novo código é, pois, uma relação perene.

Por ver nele um dos esteios dessa obra que enseja o reestudo do nosso Direito Civil é que me sinto honrado em coordenar a coleção com seu nome, que hoje já alcança trinta obras monográficas, muitas já em novas edições.

Em decorrência das circunstâncias de as obras do mestre não terem alcançado reedições, *post mortem*, minha atenção foi despertada pela tese de doutoramento de Leonardo Estevam de Assis Zanini, orientando do prof. Antonio Carlos Morato, da USP.

A tese, fundamentada em sólida pesquisa, aborda o tema pouco usual do "Direito de Autor na perspectiva dos direitos da personalidade", mas que originalmente era denominada "Os direitos da personalidade póstumos na perspectiva do Direito de Autor".

A análise se propõe a tratar "do regime jurídico a ser considerado quando da morte do autor", desenvolvendo, nas suas palavras: "uma visão moderna e repersonalizada do Direito de Autor. Todavia, não seguiremos, pelo menos em parte, o que vem sendo majoritariamente defendido pela doutrina nacional, pois o objetivo é o aprofundamento da proteção da personalidade do autor, que deve ser tratado como protagonista da tutela em questão e não como mero coadjuvante".

Daí o meu interesse em analisar se há, ou não, *obrigação dos sucessores de autor de obra de interesse público, verdadeiro patrimônio da cultura jurídica, em não obstar a reedição, ou até sua atualização, para o devido conhecimento do público* que a ela não teve acesso, nem consegue ter, a não ser por raros exemplares encontrados em sebos.

Conforme os estudiosos do direito de autor, a denominada Convenção de Berna foi o instrumento mais antigo de caráter multinacional a proteger os direitos das denominadas obras do espírito.

Com sua abertura para a adesão de países além dos europeus, superou, também, limitações políticas e ideológicas.

Assim é que o Brasil, em 04 de janeiro de 1913, aderiu à Convenção através da Lei 2.738 e de posteriores alterações. Dentre as mais significativas está a de Roma, em 1928, quando se chegou a entender, pelo artigo 6 bis, que, independentemente dos direitos patrimoniais os direitos de autor eram direitos da personalidade, pois mesmo depois de cedidos os patrimoniais, ele conservava os direitos de reivindicar a paternidade da obra e se opor a qualquer modificação que causasse dano à mesma, ou prejudicasse sua honra ou reputação.

Já a proteção *post mortem* veio no § 2º do mesmo artigo, parágrafo que foi introduzido na revisão de Bruxelas, em 1948. É de se observar que tal introdução tem sua aplicabilidade contestada como geral, dada a divergência quanto à adoção da convenção por parte dos norte-americanos. Mesmo assim, no correr do tempo houve a consolidação da convenção de Berna.

O que diretamente interessa, no caso presente, é o regime jurídico quanto aos direitos não patrimoniais, após a morte do autor.

Segundo os estudiosos do tema, o direito de modificação do conteúdo da obra é do autor, conforme o art. 24, V, da Lei 9.610/98 e, de acordo com o § 1º desse artigo os direitos previstos nos incisos I a IV, no caso de morte do autor, são transmitidos aos seus sucessores.

Da doutrina nacional, pela concisão do comentário, traz-se o texto de João Henrique da Rocha Fragoso, em seu "Direito Autoral: Da Antiguidade à Internet": "a modificação da obra, na medida em que esta representa a manifestação da personalidade do autor, o modo como este a concebeu e a compôs, não pode ser deixada ao arbítrio de terceiros que o sucederam, não sendo este direito transmissível, seja *mortis causa*, seja por ato *inter vivos*".[7]

Em sentido oposto é a posição de Leonardo Zanini, que de maneira enfática, afirma que: "é falacioso o raciocínio empregado pelo posicionamento doutrinário dominante acerca da transmissibilidade *mortis causa* de alguns direitos da personalidade do autor e da intransmissibilidade do direito de modificar, de retirar de circulação e de acesso ao exemplar único e raro".

De um modo geral, a Obrigação é extremada do Dever Jurídico, máxime em razão do problema terminológico, pois em muitos países Dever e Obrigação ganharam sinonímia, o que impede uma distinção precisa.

O conceito clássico das Obrigações, advindo das institutas, tem servido de base a todos os estudos: *"obligatio est vinculum iuris quo necessitatis adstringimur alienus solvendae rei, secundum nostrae civitatis iura"*.

Examinando o conceito com profundidade, os tratadistas da matéria conseguiram dar uma precisão no tocante à Determinabilidade dos Sujeitos, ao caráter Patrimonial da prestação, que é o objetivo da obrigação, à Transitoriedade do vínculo, resultando no consenso de que é eminentemente uma relação de Crédito e Débito.

A caracterização da relação Crédito-Débito é, inclusive, realçada em face da distinção dos demais deveres jurídicos, como se vê em Paul Roubier,[8] cumprindo, aqui, transcrever um trecho elucidativo, de p. 102:

Devoir juridique et dette proprement dite.[9]
Il reste maintenant à dire quelle est la différence exacte qui sépare les devoirs juridiques de la dette proprement dite. Nous avons déjà appelé l'attention sur ce fait que, à la différence de cette dernière, le devoir juridique ne peut être compté au passif du patrimoine de celui qui en est tenu.

A evolução dos estudos das Obrigações tem aduzido outros aportes de enorme significação e que são necessários para o esclarecimento da Situação Jurídica Obrigacional.

A primeira observação, não contida, no que se vê dos clássicos é a referente à *liberdade*.

Carnelutti contribuiu de maneira preponderante para que se fizesse a análise da Liberdade no denominado Direito das Obrigações.

Sua conclusão de que a *Liberdade é pressuposto das Obrigações,* iludiu a muitos que pensaram exclusivamente em termos de vontade, e, mais particular-

---

[7] *Direito autoral*: da antiguidade à internet, Quartier Latin, 2012, p. 214.
[8] PAUL ROUBIER. *Droits Subjectifs et Situations Juridiques"*, Paris: Dalloz, 1963, p. 99/103.
[9] Tradução livre: Dever jurídico e dívida propriamente dita.

mente da vontade, como liberdade pressuposta, para a formação do vínculo obrigacional e contratual.

Muito ao contrário do que se pensou a liberdade não está presente só na formação das obrigações voluntárias.

A afirmação é plenamente válida, porque a *Liberdade* é extremamente relevante no momento oposto, ou seja, no da extinção da *Obrigação*.

Emílio Betti, um dos grandes teóricos do Direito das Obrigações, que realça a Solidariedade e a Cooperação, como fundamento das Obrigações, salienta o caráter liberatório do adimplemento, como se vê na análise sobre o Dever Jurídico na *Enciclopedia del Diritto*, v. 14, p. 58:

> Deve-se ainda dizer qual é a diferença exata que separa os deveres jurídicos da dívida propriamente dita. Nós temos chamado a atenção sobre este fato que diferentemente desta última, o dever jurídico não pode ser levado ao passivo do patrimônio daquele que a assumiu. "Per quanto concerne, infine, l´estinzione del dovere, è da distinguere fra doveri che s´inquadrano in rapporti d´obbligazione – per il qualli vale la regola che si estinguono con l´adempimento – e quei doveri che siano, come i poteri, l'esplicazioni della capacità legittimazione, posizione che ne costituisce il fondamento. Questi altri doveri hanno carattere perenne e permangono identici attraverso ogni sucessivo adempimento".[10]

Fica parecendo que é o aspecto transitório das obrigações que leva à diferença, pelo que essa diferença estaria só no aspecto temporal.

Em tudo e por tudo, prefiro, à restrição da liberdade a um conceito implícito de transitoriedade, falar em que o que há é a reconquista da liberdade.

Se for verdade que repele ao Direito das Obrigações o caráter de permanência, de eternização, não menos verdade é que a Liberdade é o ponto fundamental deste instituto do Direito.

Assim é porque na medida em que se dá o Pagamento, aqui tomado como termo técnico do Direito, pelo Devedor, nenhum vínculo mais subsiste juridicamente com o Credor. Este não tem mais qualquer recurso jurídico para tentar constranger o devedor.

Isto está implícito tanto no caráter de determinabilidade dos Sujeitos quanto da Prestação.

Neste sentido da precisa delimitação, a lição de Fabilo Konder Comparato:[11]

> 24. – Il y a néanmoins une autre précision à donner: la dette est um devoir spécial et non pas un devoir général. Dans l´obligation est débiteur une personne déterminée devant accomplir une certaine prestation en faveur d´une autre.
>
> La dette ne saurait se confondre avec les devoirs généraux pesant sur tous les membres de la communauté sociale, dans l´intérêt de tous, et dont le contenu consiste, d´une façon générale, à ne pas causer de tor à autrui. Ceux-ci constituent des régles formant en quelque sorte le fonde-

---

[10] Tradução livre: "No que concerne, finalmente, à extinção do dever, é de distinguir entre deveres que se enquadram em relações obrigacionais – para os quais vale a regra que se extinguem com o adimplemento – e aqueles deveres que são, como os poderes – a explicação da capacidade de legitimação, posição que constitui o fundamento, Estes outros deveres têm o caráter perene e permanecem idênticos através de todo sucessivo adimplemento".

[11] COMPARATO, Fabio Konder. *Essai D´analyse Dualiste de L´obligation en Drot Privé*. Paris: Dalloz, p. 42.

ment de l'ordre juridique; leur objet n'est pas une prestation délimitée, leurs sujets ne sont pas des personnes déterminées".[12]

Neste sentido, com precisão e síntese, Orozimbo Nonato:[13]

> A obrigação, falando pela via ordinária, é meio dinâmico para a consecução de um resultado: exaure-se com o seu cumprimento.

Com sua atividade ao executar o adimplemento o devedor se liberta do vínculo que o prendia ao credor.

Portanto, na medida em que se tem o adimplemento pelo devedor, tem-se a extinção do denominado vínculo jurídico, quer seja a obrigação de fazer, de não fazer, ou de dar.

O aspecto temporal, a nosso ver, é mais restrito, ainda que ligado à liberdade, por uma questão histórica. Na evolução das obrigações, passou-se a não admitir, particularmente no campo das obrigações denominadas voluntárias, os vínculos permanentes ou perpétuos.

É por essa razão que no campo contratual há a crescente interferência de normas proibitivas do estabelecimento de prazos muito longos, ou tendentes à perpetuidade. É porque a liberdade dificilmente seria alcançada.

A transitoriedade em si só, porém, só pode servir de elemento diferenciador na medida em que se recorde que está ligada geneticamente à Liberdade.

Quando se fala na determinabilidade dos sujeitos na relação obrigacional, tem-se outro ponto referido diretamente à Liberdade.

Enquanto uma Potestade, via de regra, é contra todos os previamente qualificados, e que praticamente só são individualizados na medida em que transgridam o dever e fiquem, por isso, sujeitos à aplicação da sanção, tem-se que, nas Obrigações, os sujeitos são identificados, ou identificáveis, desde o nascimento do vínculo, e, portanto, uma relação diretamente pessoal.

Nesse sentido, ainda uma vez Orozimbo Nonato:[14]

> Como quer que seja, como em toda e qualquer obrigação, assim na múltipla, como na simples, existe um direito de exigir, em dever de prestar, haverá sempre um credor, titular daquele direito, e um sujeito em que pese aquele dever. O sujeito passivo e o sujeito ativo da obrigação determinam-se pela individuação respectiva.

O débito imputado ao devedor é para com pessoa certa, tanto quanto o crédito o é.

A disponibilidade do crédito pode implicar em liberação voluntária por parte do credor, mas, além disso, tornando-se impossível a prestação, também aí o devedor estará livre.

---

[12] Tradução livre: "Não há nenhuma outra precisão da dar: a dívida é um dever especial e não um dever geral. Na obrigação é devedor uma pessoa determinada que deve cumprir uma certa prestação em favor de outra. A dívida não deve ser confundida com os deveres gerais que pesam sobre todos os membros da comunidade social, no interesse de todos, e cujo conteúdo consiste, de maneira geral, em não causar prejuízo a outrem. Estes constituem as regras que formam basicamente o fundamento da ordem jurídica, seu objeto não é uma prestação delimitada, seus sujeitos não são pessoas determinadas".

[13] NONATO, Orozimbo. *Curso de Obrigações*. Rio de Janeiro: Forense, 1959, vol. I, p. 72.

[14] Idem, p. 130.

São hipóteses em que adquire a liberdade não por ato próprio, mas ato do credor, ou por fato.

É de se acrescer outra característica das Obrigações, a transmissibilidade, ou seja, a possibilidade de se transmitir a outrem tanto a situação creditícia, quanto a debitória.

São plenamente conhecidas as figuras de *Cessão de Crédito*, quanto da *Assunção de Dívida*, sendo certo que esta última passou a ter tratamento legislativo no Código Civil vigente.

A transmissibilidade das obrigações não era conhecida nas origens, como bem lembra Caio Mario da Silva Pereira:[15]

> O instituto recebeu a sua construção dogmática mais precisa no direito moderno, de vez que o Romano não o havia estruturado com perfeição. Razão disto era o caráter nimiamente personalista da obrigação (a que por mais de uma vez nos temos referido), que se mostrava incompatível com a transferência de um dos termos da obrigação e o exercício dos poderes respectivos, por outrem que não o seu titular. Primitivamente, a obrigação era totalmente intransmissível...

O Direito Romano jamais admitiu a figura da cessão de débito, e nem podia mesmo conceber-se, naquele direito, dado o caráter estritamente pessoal da obrigação, que o sujeito passivo transferisse a outrem o dever de prestar. O direito moderno, herdando os princípios clássicos, por muito tempo fixou a impossibilidade de transferir o devedor os seus encargos. Coube à doutrina alemã a sua construção dogmática (*Schuldubernahme*), e sua disciplina nos arts. 414 e 419 do BGB, e depois veio o Código Federal Suíço das Obrigações, arts. 175 e segs., segundo as deduções lógicas assentadas por Delbruch. Posteriormente à sua disciplina no Código Alemão, Saleilles, em monografia (*La Cession des Dettes*), espraiou-se na sua defesa, e na sua análise.

A substituição é sempre possível nas obrigações porque há a possibilidade de alguém, livremente, satisfazer ou o crédito, ou o débito, sem que se extinga o vínculo jurídico.

O fato de maior significação aqui é que as hipóteses de transmissão não implicam em liberação do devedor, se não por ato seu, ou nas exceções da renúncia do direito pelo credor, ou pela impossibilidade material, física da prestação.

Concorre, ainda, de forma decisiva, para a importância da Liberdade nas Obrigações, o sistema sancionatório.

O caráter patrimonial, geralmente salientado tão somente quanto à prestação, ganha realce no tocante à sanção, e, volta-se a frisar, com pressuposto na Liberdade.

Assim é que na evolução do Direito das Obrigações, desde o advento da *Lex Poetelia Papiria*, editada em 428 a.C., não se admite sanção pessoal contra o devedor, mas, exclusivamente quanto ao seu patrimônio.

Isto, que foi uma verdadeira revolução em termos de conceito, implica que a liberdade pessoal do devedor não pode ser atingida.

---

[15] PEREIRA, Caio Mario da Silva. *Instituições de Direito Civil*. Vol. II. 3. ed. Rio de Janeriro: Forense, 1972, p. 302, 316.

A referência, pois, à patrimonialidade não deve ser entendida restritivamente, mas, muito pelo contrário, em sentido amplo e conectado com o de liberdade do indivíduo.

A consagração disto temos no próprio texto Constitucional, uma vez que hoje já é um Direito e uma Garantia Individual, como se vê do art. 153, § 17:

> Art. 153. A Constituição assegura aos brasileiros e aos estrangeiros residentes no País a inviolabilidade dos direitos concernentes à vida, à liberdade, à segurança e à propriedade, nos termos seguintes:
> (...)
> § 17. Não haverá prisão civil por dívida, multa ou custas, salvo o caso de depositário infiel ou do responsável pelo inadimplemento de obrigação alimentar, na forma da lei.

Estes traços distintivos, todos ligados à liberdade, levaram à construção da chamada Teoria Geral dos Contratos, onde se vê a imputação recíproca de Direitos e Obrigações aos participantes do vínculo.

Aqui se observa outra evolução em termos históricos, pois um grande passo no sentido de se buscar a igualdade.

Se for verdade que por pressupostos filosóficos a teoria contratualista tendeu a supervalorizar a vontade, não menos certo é que todo o esforço desenvolvido pela doutrina mais recente está em demonstrar que o Negócio Jurídico tem conotações com a vontade, mas não se admite erigi-la em Deus Supremo.

Importa, sim, na análise da relação contratual, verificar bem as situações subjetivas e conotá-las com o fator tempo, uma vez que o nascimento de uma obrigação prevista normativamente pode ser condicionado, exatamente ao cumprimento anterior da obrigação alheia.

Portanto, um sistema tendente a impor atividades recíprocas, e não situações estáveis de supremacia.

Sistema dinâmico por excelência, o obrigacional, ganhou maior expressão no contratual, sem, contudo, nele se resumir.

Bem por isto, por quebrar a estratificação, por impor a atividade, o denominado sistema contratual tem ganho projeção cada vez maior no direito positivo.[16]

Importa, aqui, aduzir algo que tem chamado, e muito, a atenção da doutrina no campo obrigacional, isto é, a pertinência, ou não, da teoria dualista.

Antes que haja qualquer aprofundamento na análise, cumpre ressaltar que, embora estudada de maneira direta pelo campo das Obrigações, a dicotomia decorrente dos estudos da Responsabilidade Civil tem que ser submetida às três fases de análises, para que não se confunda e se chegue a resultados absurdos, ou contraditórios, quando menos.

A partir da colocação de Brinz, vê-se um grande impulso da denominada teoria dualista das obrigações, tanto quanto crescente oposição à mesma.

---

[16] RODOTÁ, Stefano. *Il Diritto Privato Nella Società Moderna*. Bolonha: Il Mulino, 1971.

A respeito a análise das teorias em Orozimbo Nonato,[17] bem como a obra de Fabio Konder Comparato,[18] tem-se exposição elucidativa.

Cumpre, pois, antes de tudo, precisar bem o que é a teoria dualista para que se possa, depois, apoiá-la, ou rejeitá-la, tanto tentar, ou não, aplicá-la.

O ponto crucial da doutrina dualista está na distinção entre *schuld* e *haftung*, ou seja, entre *débito* e *responsabilidade*.

Assim, entre os sujeitos de uma relação jurídica obrigacional ocorre um *schuldverhalms*, isto é, uma relação de dívida por parte do devedor para com o credor, que tem um *bexommensolen*, isto é, o credor tem a faculdade de receber.

Consequentemente, a relação fica bipartida em dois elementos dissociáveis: o *schuld*, de caráter pessoal, a dívida, e o *haftung*, que é a responsabilidade, que surge com o inadimplemento do devedor e se destina a reparar a lesão ao direito do credor em receber.

O normal é que ambos se concentrem numa só pessoa, a do devedor, quando temos, então, o que denominamos obrigação pura.

Pode ocorrer, no entanto, que incidam sobre pessoas, sujeitos distintos, com o que, evidentemente, teremos dissociação plena, pois, em tal hipótese, a responsabilidade pode existir sem débito, e, logicamente, débito sem responsabilidade.

Como a sanção obrigacional é eminentemente patrimonial, verifica-se que, pelo inadimplemento, pode surgir o que é típico dela, o constrangimento do patrimônio, mediante a execução forçada.

A distinção, quanto à teoria monista da obrigação está em que esta não diferencia a execução voluntária, o adimplemento, da execução forçada.

Sendo a execução forçada existente só na hipótese de descumprimento, e mediante a intervenção judicial, parece-nos lógico que a distinção deve ser feita.

O que importa salientar, basicamente, é que a responsabilidade abrange um estado de sujeição, ou seja, o responsável fica sujeito a uma intervenção forçada em seu patrimônio fica, portanto, em subordinação.

Portanto, como salientam os defensores mais avançados da teoria dualista, não se está pura e simplesmente diante de dois momentos sucessivos, mas, sim, diante de efeitos completamente distintos, ainda que, via de regra, o débito seja condição de existência de responsabilidade.

Há, pois, uma dissociação entre débito e responsabilidade e, mesmo entre os monistas, todos entendem que na responsabilidade temos uma *sujeição*.

Quanto à Sujeição na Responsabilidade, tem-se que, mesmo as grandes expressões da teoria monista, há concordância.

---

[17] NONATO, op. cit.
[18] COMPARATO, op. cit.

A fim de deixar provado o que se afirma, citaremos uma das maiores autoridades no campo obrigacional, Enneccerus,[19] com a atualização de outro grande nome, Henrich Lehmann:

> § 2 (§ 226). SUJECIÓN. DEUDAS CON SUJECIÒN O RESPONSABILIDAD LIMITADA.
>
> I. El crédito otorga al acreedor el derecho a exigir la prestación y obliga al deudor a hacerla. Así, pues, de un lado hay un poder exigir y de otro un deber prestar. Pero ambos no son sino aspectos distintos de un concepto unitario que, según acentuemos más el aspecto activo o el pasivo, podemos denominar crédito o deuda.
>
> II. Sí el deudor no hace la prestación, el acreedor tiene derecho a dirigirse contra el patrimonio del deudor, derecho que puede ejercitar mediante el auxilio de la autoridad (demanda y ejecución forzosa). ..., pero no va implícito en el derecho de crédito como contenido inmediato. El contenido del derecho de crédito se agota en el poder exigir y en el poder prestar. Po tanto, el derecho a dirigirse contra el patrimonio puede estar muy diversamente configurado y experimentar profundas alteraciones sin que el contenido y ni siquiera la identidad del crédito se modifiquen. ...
>
> I. El estar sometido el patrimonio o ciertas partes del mismo a la agresión del acreedor puede calificarse de sujeción (Haftung). Pero esta sujeción no es otra cosa que El aspecto pasivo del derecho de agresión, dicho de outro modo: la situación jurídica en que se hallan los objetos de estar expuestos al derecho de agresión. Según el antiguo derecho alemán, la sujeción (el derecho de agresión) sólo surgía en virtud de una promesa especial; pero esta situación imperfecta ha sido superada desde hace mucho tiempo y en la actualidad es la consecuencia regular del crédito.
>
> II. La palabra "Haftung" (sujeción, responsabilidad, afectación) se emplea en alemán en muy distintos sentido. Muy frecuentemente significa, como ya hemos visto, el estado de sumisión de un objeto a la agresión del acreedor, y esta sujeción puede referirse a todo el patrimonio del deudor o a ciertas partes integrantes del patrimonio del mismo (una cosa que pertenece al deudor o una herencia que le es deferida) a también a partes del patrimonio que no pertenecen al deudor (sujeción pignoraticia por deuda...ajena). Pero con igual frecuencia Haftung (responsabilidad) significa la obligación del deudor mismo, a su vez en diversos aspectos, tanto según su contenido (responsabilidad por los representantes, auxiliares, responsabilidad del fiador, del obligado a vigilancia), como finalmente también según la causa de su nacimiento (responsabilidad delictual, contractual, por culpa). Correlativamente a estas últimas significaciones puede hablarse también en distinto sentido de deudas con responsabilidad limitada.

Ainda neste sentido a lição de Fabio Konder Comparato,[20] no trechos que nos permitimos traduzir:

> (...) Nós estamos manifestamente em presença de duas relações de direito distintas, tanto pelo objeto como pela natureza.
>
> (...) Débito e responsabilidade se distinguem por sua natureza jurídica.
>
> Na primeira destas relações, devedor e credor estão, ainda, em um pé de igualdade, eles se encontram sobre o mesmo plano jurídico. Nós estamos aqui no domínio da *vontade* e da *liberdade*, (...)
>
> Em contraposição, na responsabilidade esta posição de equilíbrio ou de igualdade entre as partes não se encontra mais.
>
> O dever de cumprir a prestação cede passo à *sujeição*, a legítima expectativa da prestação se transforma em *poder de constrangimento*.

---

[19] ENNECCERUS; KIPP; WOLFF. T*ratado de Derecho Civil*. Vol. 1º – Das Obrigações. 2. ed. Barcelona: Bosch, 1954. Tradução da 35ª edição alemã.

[20] COMPARATO, op. cit., p. 162/9.

Portanto, tem-se uma situação jurídica completamente diferente da de *débito*.

Assim, à situação de Sujeição, a que corresponde a ativa de potestade, em que se enquadra a figura do responsável, ter-se-á aplicação de regime jurídico diverso.

Precisado fica, diante do mandamento constitucional, e da definição legal, que à situação obrigacional cabe regime jurídico totalmente diverso do que cabe à situação de potestade-sujeição.

Como o Direito é uno, incindível, as consequências no sistema, da incidência de uma norma, levam o intérprete a dar-lhe aplicação.

Decorre, portanto, que no estudo das situações obrigacionais, teremos que atentar para as de Crédito-Débito e as de Potestade-Sujeição, que emergem da Responsabilidade.

Diante do exposto, tem-se que os sucessores de autor falecido têm direitos relativos à obra, mas a dúvida que se põe é se têm obrigações.

O desafio coincide com a ideia lançada por Luís Renato Ferreira da Silva:[21]

(...) o exercício e o desfio que se impõem é o de busca, dentre as variadas modalidades obrigacionais, dentre as obrigações derivadas de várias fontes, quais os princípios constante e permanente, independentemente das circunstâncias de cada obrigação em especial.

O que se põe em discussão é se obras de reconhecido valor, que constituam verdadeiro patrimônio cultural, podem ser suprimidas de circulação pela só vontade ou pela absoluta inércia dos sucessores dos direitos autorais do falecido.

Dentre nós, no mundo jurídico temos as obras de Agostinho Alvim, de Clóvis do Couto e Silva, dentre os mais recentes e de papel relevante na elaboração do Código Civil vigente.

Interesse social é evidente em que haja reedições das obras, como "Da Inexecução das Obrigações e suas Consequências", como da "Obrigação como Processo", que de há muito estão esgotadas e não foram reeditadas.

É de se ver que o direito de retirada da obra pelo autor está regulamentada no art. 24, VI, da Lei 9.610/98, que restringe às hipóteses de afronta à reputação e à imagem do mesmo.

Leonardo Zanini propõe que o autor seja autorizado, também quando a utilização não mais se ajuste às convicções do mesmo, e lembra que autores há que entendem necessária justificação objetiva para a retirada, com o que não concorda.

Importa salientar que o direito de retirada é entendido como personalíssimo e, por isso intransmissível aos herdeiros. É uma das importantes conclusões da tese a que se remete a Zanini, na página 378, trabalho ainda não publicado em formato de livro, diz:

---

[21] In: *Princípios do Direito das Obrigações*, p. 48.

O legislador brasileiro parece ter adotado tal entendimento, uma vez que se partirmos da interpretação a *contrario sensu* do art. 24, § 1º, da Lei 9.610/98, chegaríamos à conclusão de que somente os direitos previstos nos inciso I a IV da mesma disposição poderiam ser transmitidos em caso de morte do autor, oque excluiria a transmissão do direito de retirada.

O raciocínio encontra ressonância nos ensinamentos de Bittar, o qual admite que os direitos morais do autor, à exceção daqueles ligados à própria pessoa do titular, como o direito de modificação e o de retirada de circulação, são transmitidos por sucessão. Não diverge Ascensão, que afirma ser "seguro que este direito não cabe aos herdeiros".

Se assim é, a sucessão dos direitos de autor há que ser exercida com a devida função social, tal qual a propriedade, o contrato e a empresa, ou seja, obras de evidente interesse cultural e educacional não devem ficar sem circulação e longe do acesso dos interessados no desenvolvimento dos estudos e da ciência.

No caso do Direito, conforme referido acima, obras como as de Agostinho Alvim e Clóvis do Couto e Silva, dentre outras, não podem ficar no esquecimento, mas, sim na acessibilidade por todos.

Afigura-se como *obrigação* dos sucessores o permitir a reedição das obras, sob pena de considerar-se como ato atentatório ao interesse social e cultural

Conforme a CF art. 205 a colaboração da sociedade é prevista para o desenvolvimento da cultura, com maior razão a participação os sucessores de autores de obras paradigmáticas. Há que se entender como dever obrigacional dos sucessores o ensejar a reedição das obras para preservação do patrimônio cultural do País.

Esta obrigação nasce da exigibilidade do comportamento, que na medida em que não enseja a reedição acaba sendo abusivo, conforme o art. 187 do CC.

Como tive oportunidade de escrever na atualização dos *Comentários ao Código Civil*, Parte Geral, para sua 3ª edição, ainda não publicada:

> A par desses princípios, eticidade, socialidade e operatividade, "data venia", diviso outro princípio no novo código, o da atividade.
>
> Este é um código que exige atores, não meros espectadores, ou detentores de status, isto é, exige que cada pessoa atue na conquista e na preservação do seu direito, sob pena de vê-lo suprimido, invalidado pela ineficácia decorrente da inércia.

Logo, não se pode pretender que os sucessores se quedem com seu *status* de titulares do direito, como os antigos proprietários de imóveis, que remanesciam inertes prejudicando o desenvolvimento social.

Pode-se dizer que fia caracterizado um comportamento disfuncional, para se utilizar a nomenclatura de Menezes Cordeiro:[22]

> (...) o abuso de direito se caracteriza por uma disfuncionalidade intra-subjetiva, ... em que a ação traduz os aspectos do comportamento que concernem diretamente ao sistema; o sistema social postula uma interação de ações em termos ordenados com certa persistência; o indivíduo atuante integra-se no sistema à medida que os seus comportamentos sejam ações no sentido exposto. A

---

[22] CORDEIRO, Antonio Manuel da Rocha e Menezes. *Da boa-fé no direito civil*. v. 1. Coimbra: Almedina, 1984.

ação desviada é disfuncional. A possibilidade de desvios nos comportamentos implica mecanismos de controle social, que é uma ordem normativa.

(...) a não-funcionalidade é pressionada para o sistema e a disfuncionalidade é combatida. Mas a essa tendência opõem-se forças contrárias, como se pode dizer do abuso de direito, que é uma aspiração de atuação não funcional de direitos subjetivos no interno da sociedade.

Assim, ações contrárias às situações de confiança, ou contra situações protegidas pelo Direito, são disfuncionalidades perante o sistema.

Portanto, quem tem um direito, cujo exercício é do interesse geral, ao não usá-lo acaba tendo um comportamento abusivo, frente ao que dispõe o art. 187 do Código Civil:

> Também comete ato ilícito o titular de um direito que, ao exercê-lo, excede manifestamente os limites impostos pelo seu fim econômico ou social, pela boa-fé ou pelos bons costumes.

Deste abuso nasce uma obrigação que visa a corrigir o comportamento inerte.

Portanto, parece claro que o comportamento omissivo, que equivale à retirada de circulação de obra de relevo para a cultura jurídica, enseja a execução forçada de obrigação de fazer, consentimento suprível.

É a reflexão que trago para compor a justa homenagem ao grande jurista Ruy Rosado, que enquanto Ministro do STJ tanto contribuiu para o progresso do nosso Direito, e que continua como mestre a contribuir.

— 21 —

A equidade no Código do Consumidor

SERGIO CAVALIERI FILHO[1]

Sumário: 1. Introdução; 2. Conceito multissignificativo; 3. Funções da equidade; 3.1. Equidade valor; 3.2. Equidade integrativa; 3.3. Equidade corretiva; 4. Limites ao emprego da equidade.

1. Introdução

O Código do Consumidor refere-se à equidade em dois momentos. Primeiramente, no artigo 7º, ao dispor que: "Os direitos previstos neste Código não excluem outros decorrentes de tratados ou convenções internacionais de que o Brasil seja signatário, da legislação interna ordinária, de regulamentos expedidos pelas autoridades administrativas competentes, bem como dos que derivem dos princípios gerais do direito, analogia, costumes e *equidade*". No artigo 51, ao tratar das cláusulas abusivas, dispõe o CDC serem nulas de pleno direito "as cláusulas contratuais relativas ao fornecimento de produtos e serviços que (...) estabeleçam obrigações consideradas *iníquas*, abusivas, que coloquem o consumidor em desvantagem exagerada, ou sejam incompatíveis com a boa-fé ou a *equidade*".

Em face da pluralidade de significados atribuídos à equidade e dos vários contextos em que a palavra é utilizada (Teixeira de Freitas[2] já observava que o vocábulo *equidade* é uma das palavras mais utilizadas pelos operadores do direito, sem que consigam, contudo, satisfazer o seu verdadeiro sentido), este estudo tem por finalidade contribuir para a identificação do sentido da equidade no Código do Consumidor.

2. Conceito multissignificativo

Desde os seus primórdios, a equidade relaciona-se com justiça, liberdade, igualdade, adequação, proporção, retidão, simetria, razão pela qual é impossível lhe dar uma definição rigorosa.

---
[1] Desembargador aposentado do TJRJ. Professor Emérito da EMERJ. Procurador-Geral do TCE/RJ. Professor de Responsabilidade Civil e Direito do Consumidor.
[2] FREITAS, Teixeira de, *Vocabulário jurídico*: com apêndices. Rio de Janeiro: B. L. Garnier, 1883. Verbete *equidade*, p. 66

O termo grego *epiekeia* significa o que é reto, equilibrado, justo. Por sua vez, termo latino *aequitas* vai no mesmo sentido. De modo abrangente, é correto dizer que equidade é o valor inspirador do Direito, seu substrato ou própria essência, correspondente ao modelo ideal de justiça.

Com sentido de *direito justo*, a equidade foi utilizada por Celso: "Direito é a arte do bom e do equitativo".[3] Celso, ao definir assim o *ius*, quis chamar a atenção para a circunstância de que o Direito era intimamente penetrado pela *aequitas*: trata-se de um Direito justo. Cícero também considerava a *aequitas* como a regra moral do direito, afirmando que "o direito é a equidade estabelecida".[4]

Modernamente, a equidade repousa sobre a ideia fundamental da igualdade real, de justa proporção; indica o sentimento de justiça fundado no equilíbrio, na equanimidade, na serenidade, na imparcialidade, na retidão. Sintetiza princípios superiores de justiça que possibilitam ao legislador e ao juiz criar e aplicar o Direito com igualdade e razoabilidade, estabelecer igualmente o direito de cada um. Em suma, a equidade é a justiça, não da lei, mas a justiça como ideia, noção ou princípio.

3. Funções da equidade

Ao se falar em equidade da lei, equidade da justiça, equidade valor, equidade integrativa, equidade corretiva, equidade interpretativa, equidade quantitativa, esses e outros sentidos atribuídos à equidade na realidade indicam as funções que ela pode exercer. Dentre tantas, três merecem destaque: a *valorativa*, a *integrativa* e a *corretiva*.

3.1. Equidade valor

Como já destacado, a equidade é valor imanente do modelo ideal de justiça, umbilicalmente ligado ao conceito de Direito. Na sua função valorativa, a equidade permeia todos os princípios do Direito, é fundamento da sua coesão e harmonia social. *É instrumento do legislador na elaboração da lei*, exigindo que este, ao estabelecer a norma jurídica, escolha meios adequados, necessários e proporcionais (razoabilidade).

No Direito Romano, a *equidade valor* foi o fundamento da elaboração do *direito honorário*, que permitiu se desenvolvesse e se humanizasse o velho *ius quiritium*, insulado no hermetismo de prejuízos de origem. O mesmo aconteceu na Inglaterra, por volta do século XVI, com a criação das Cortes de Chancelaria, que, sob a invocação da equidade, contribuíram para a formação de um complexo de princípios (*rules of equity*) transformados em corpo de normas jurídicas.[5]

---

[3] MOREIRA ALVES, Jose Carlos Moreira. *Direito Romano*. v. 1. 7ª ed. Rio de Janeiro: Forense, p. 96
[4] Idem, ibidem.
[5] PEREIRA, Caio Mário da Silva. *Instituições de Direito Civil*. v. I, 20ª ed. Rio de Janeiro: Forense, 2004, p. 76

Há muito que se coloca ser a equidade um instrumento do juiz para integrar o Direito ou para ajustá-lo à realidade. *Mas a equidade é antes de tudo parâmetro para a atividade legislativa, ideal condutor de todo o ordenamento jurídico. As leis devem ser justas e para serem justas não podem se afastar do ideal de justiça (equidade).* Para haver congruência entre a norma e suas condições externas de aplicação – causa, suficiência, vinculação à realidade – é preciso se harmonizar com o ideal de justiça.

Essa a oportuna lição de Sílvio Venosa: "Tratamos aqui da equidade na aplicação do Direito e em sua interpretação, se bem que o legislador não pode olvidar os seus princípios, em que a equidade necessariamente deve ser utilizada para que a lei surja no sentido da justiça".[6] Agostinho Alvim refere-se também à equidade valor, embora a denominando de equidade legal, *verbis*: "No segundo caso – equidade legal – a justiça seria aproximada, pois ocorre quando o próprio legislador minudencia a regra geral, especificando diversas hipóteses de incidência da norma. Haveria uma aproximação ao caso concreto, mas não uma justiça perfeita (...) a equidade está no direito e não fora dele".[7] Washington de Barros Monteiro lembra que "A equidade, como ideal ético de justiça, deve entrar na formação mesma da lei".[8] Nas palavras de Ferreira Borges: "a lei sem equidade é nada; os que não veem o que é justo ou injusto senão através da lei, nunca se entendem tão bem, como os que o veem pelos olhos da equidade".[9]

Em suma, justiça e equidade (valor) são inseparáveis. A justiça é uma virtude que consiste em dar a cada um o que é seu. Representa basicamente uma preocupação com a igualdade e com a proporcionalidade. A primeira implica uma correta aplicação do Direito, de modo a evitar o arbítrio; a segunda significa tratar de modo igual os iguais e de modo desigual os desiguais, na proporção de sua desigualdade e de acordo com seu mérito. Equivalência e proporção.[10]

Temos como certo que o legislador valeu-se abundantemente da *função valorativa da equidade* ao estabelecer a vulnerabilidade do consumidor como pedra de toque de todo o sistema consumerista, bem como na modificação e revisão de cláusulas contratuais excessivamente onerosas, na proteção contra as práticas e cláusulas abusivas e na inversão do ônus da prova entre os direitos básicos do consumidor. O próprio princípio da *equivalência contratual*, núcleo dos contratos de consumo, tem por fundamento a equidade. O desequilíbrio do contrato, a desproporção das prestações das partes, ofendem o princípio da equidade.

---

[6] VENOSA, Silvio. *Direito Civil, Parte Geral*, 12ª ed. São Paulo: Atlas: 2012, p. 26

[7] ALVIM, Agostinho. Da equidade. In: *Revista dos Tribunais*, vol. 797, mar., p. 767-770

[8] MONTEIRO, Washington de Barros. *Curso de Direito Civil*, Parte Geral, 1º v. 25ª ed. São Paulo: Saraiva, p. 44.

[9] BORGES, Ferreira. *Diccionário jurídico-comercial*. Pernambuco: Typographia de Santos e Companhia, 1843, v. I. Verbete *equidade*, p. 150

[10] AMARAL NETO, Francisco dos Santos. A Equidade no Código Civil Brasileiro, *R. CEJ*, Brasília, n. 25, p. 17, abr/jun. 2004

Enfim, estes e outros revolucionários institutos do CDC foram consagrados em busca do modelo ideal de justiça nas relações de consumo, ou, como está expresso no próprio Código, com base na "harmonização dos interesses dos participantes das relações de consumo, na compatibilização da proteção do consumidor com a necessidade de desenvolvimento econômico e tecnológico (...), na boa-fé e *equilíbrio nas relações entre consumidores e fornecedores*" (art. 4, III).

3.2. Equidade integrativa

A lei, por necessidade lógica, é genérica e universal, ou, como observa Ruggiero, "[o] direito positivo, na verdade, não pode proceder senão por preceitos e disposições de caráter geral, pois que não pode observar cada caso individualmente e as circunstâncias particulares de cada relação de fato; regula o que sucede normal e geralmente (*id quod plerumque accidit*) e, baseando-se na medida dos casos que sucedem mais frequente e vulgarmente, formula por abstração e quase como uma operação estatística a norma fixa e universal à qual todos os casos que se verifiquem no futuro devem obedecer".[11]

Entretanto, por mais abrangente e minuciosa que seja, a lei não pode prever todas as circunstâncias particulares que se verificam na vida real. Não é raro ocorrer que o caso concreto apresenta peculiaridades diversas das previstas ou que não foram previstas na lei. É aí que tem lugar *a função integrativa da equidade*, a mais conhecida e usual. Uma vez que a lei falhou por excesso de simplicidade, *caberá ao juiz suprir a omissão estabelecendo a regra que o próprio legislador teria estabelecido se tivesse conhecimento do caso*.

Aristóteles, um dos primeiros filósofos gregos a tratar da equidade integrativa, na sua obra a *Retórica* disse que: "quando houver um vazio ou uma lacuna na lei, pode o juiz usar da equidade não para corrigir a norma existente, mas para suprir uma lacuna. Essa *equidade integradora*, que o juiz vai empregar no vazio da lei, é alcançada mediante o exame das circunstâncias do caso e o encontro de uma solução que esteja de acordo com o ordenamento e realize a justiça".[12]

Desde Aristóteles, portanto, a equidade integrativa tem por função permitir ao juiz, havendo lacuna ou omissão na lei, resolver o caso, sem chegar ao ponto de criar uma norma, como se fosse o legislador. Como bem arremata Amaral Neto, a equidade é para Aristóteles "o método de aplicação de lei não escrita para remediar a aplicação da lei escrita".[13]

Temos também como certo que a equidade a que se refere o CDC no seu art. 7º – "[o]s direitos (...) que derivem dos princípios gerais do direito, analogia, costumes e *equidade*" –, é a equidade em sua função integrativa, no caso de lacuna no sistema consumerista. Deve então o juiz procurar expressar, na

---

[11] RUGGIERO, Roberto de, *Instituições de Direito Civil*, v. I. 3ª ed. São Paulo: Saraiva, 1971, p. 27
[12] apud AGUIAR JÚNIOR, Ruy Rosado de. *Comentários ao Novo Código Civil*, arts. 472 a 480, Vol. VI, Tomo II, Rio de Janeiro: Gen/ Forense p. 155
[13] Ob. cit., p. 19

solução do caso, aquilo que corresponda a uma ideia de justiça da consciência média, que está presente na sua comunidade. Será, em suma, a justiça do caso concreto, um julgamento justo, temperado, fundado no sentimento comum de justiça.

3.3. Equidade corretiva

Além da equidade integrativa, ou além dessa função da equidade, Aristóteles se refere à *equidade corretiva* na *Ética a Nicômaco*, aquela que o juiz vai aplicar quando tiver necessidade de afastar uma injustiça que resultaria da aplicação estrita da lei. É uma espécie de correção à regra geral, que deixa de ser aplicada diante da peculiaridade da espécie. Na sempre lembrada lição de Caio Mário: "Considerado o sistema de direito positivo, ainda ocorre a presença da *equidade,* com a ideia de amenização do rigor da lei. Equiparada ou aproximada ao conceito de justiça ideal, a equidade impede que o rigor dos preceitos se converta em atentado ao próprio direito, contra o que Cícero já se insurgia ao proclamar *"summum ius, summa injuria".*[14]

Na sua função corretiva, a equidade permite ao juiz ir além da lei para garantir a aplicação do justo. Por outras palavras, o direito, que é obra da justiça para estabelecer uma relação de igualdade e equilíbrio entre as partes, na justa proporção do que cabe a cada um, permite ao juiz aplicar, em certos casos, a equidade corretiva. Essa equidade vai além da lei, porque procura garantir a aplicação do espírito da lei. Lembra o Mestre Ruy Rosado a lição de São Tomás, segundo a qual "a equidade não é contra o justo em si, mas contra a lei injusta; quando ao juiz é permitido o uso da equidade, ele pode ir além da lei, para garantir a aplicação do justo. O direito, que é obra da justiça para estabelecer uma relação de igualdade entre as partes, na justa proporção do que cabe a um e a outro, permite ao juiz julgar com equidade".

"Para aplicar a equidade ao caso concreto", prossegue o Ministro Ruy Rosado, "nesse sentido de que é preciso afastar a lei injusta para obter a aplicação do princípio de justiça, disse ainda Aristóteles que o juiz deve usar a régua dos arquitetos de Lesbos, flexível e maleável, que permite ao engenheiro, ao medir o objeto, acompanhar os contornos desse objeto. Essa, diz ele, é a régua da equidade. Essa sempre é a régua do juiz, pois, ao tratar de aplicar a lei, deve o julgador usar uma régua que lhe permita ajustar a sua decisão à hipótese em exame, ajustá-la àquele caso, para fazer a justiça do caso concreto. Nesse sentido, a equidade é um princípio e uma técnica de hermenêutica, sempre presente em toda aplicação da lei".[15]

Temos igualmente como certo que é à *equidade corretiva* que se refere o CDC quando, no inciso IV do art. 51, fulmina de nulidade as cláusulas contratuais que sejam incompatíveis com a equidade. A norma dá ao juiz a possibilidade de valoração da cláusula contratual, invalidando-a (total ou parcialmente) naquilo que for contrária à equidade e boa-fé. O juiz não julgará por equidade

---
[14] Ob. cit., p. 76
[15] Ob. cit., p. 154

(como no caso de equidade integradora), mas dirá o que não está de acordo com a equidade no contrato sob seu exame, dele excluindo o que for necessário para restabelecer o equilíbrio e a justiça contratual no caso concreto.

4. Limites ao emprego da equidade

Por todo o exposto, é de se concluir que o emprego da equidade pelo juiz deve se limitar às hipóteses previstas no CDC. Em sua função integrativa, permite ao juiz suprir a omissão do legislador, preencher eventual lacuna do sistema consumerista. Por sua função corretiva, permitido será ao juiz afastar obrigações iníquas, abusivas, que coloquem o consumidor em desvantagem exagerada, anular cláusulas contratuais excessivamente onerosas, etc., em busca de uma solução equitativa.

A equidade, entretanto, em nenhuma hipótese poderá ser fundamento para afastar o direito positivo e se fazer livremente a justiça do caso concreto. De Page, citado por Caio Mário, já advertia que a equidade "não pode servir de motivo de desculpa à efetivação das tendências sentimentais ou filantrópicas do juiz (…) pois que *a própria norma já contem os temperos que a equidade naturalmente aconselha*".[16]

Por último, observa Caio Mário que a equidade "É, porém, arma de dois gumes. Se, por um lado, permite ao juiz a aplicação da lei de forma a realizar o seu verdadeiro conteúdo espiritual, por outro lado pode servir de instrumento às tendências legiferantes do julgador, que, pondo de lado o seu dever de aplicar o direito positivo, com ela acoberta sua desconformidade com a lei. O juiz não pode reformar o direito sob pretexto de julgar por equidade, nem lhe é dado negar-lhe vigência sob fundamento de que contraria o ideal de justiça. A observância da equidade, em si, não é um mal, porém a sua utilização abusiva é de todo inconveniente. Seu emprego há de ser moderado, como temperamento do rigor excessivo ou amenização da crueza da lei".[17]

---

[16] Ob. cit., p. 77
[17] Ob. cit., p. 76/77

— 22 —

Novos paradigmas da responsabilidade civil. Cláusulas limitativas e de exclusão da responsabilidade

SÍLVIO DE SALVO VENOSA[1]

Sumário: 1. Novos paradigmas; 2. Obrigação de reparar o dano independentemente de culpa (art. 927, parágrafo único); 3. Extensão do dano e reparação equitativa (art. 944, parágrafo único); 4. Cláusulas de não indenizar e limitativas da responsabilidade.

1. Novos paradigmas

Há dois campos no direito civil que sofrem transformações mais acentuadas no final do século XX e início deste século: o da responsabilidade civil e o da família. O direito de família transformou-se principalmente entre nós após a Constituição de 1988, não tendo o Código Civil de 2002 dado resposta à altura dos anseios sociais. A doutrina e a jurisprudência vêm suprindo as omissões legislativas com o maior empenho.

Por outro lado, na responsabilidade civil o mais recente diploma civil introduziu disposições que alteram paradigmas do passado na esfera do estatuto de 1916, como quase dogmas. Assim, podem ser apontados com maior ênfase os textos dos arts. 927, parágrafo único, 928, 931, 936, 944, parágrafo único, e 945. Aqui vamos tecer algumas considerações sobre os parágrafos dos arts. 927 e 944. Os tribunais ainda levarão algum tempo para assentar interpretações mais sólidas sobre esses dispositivos. Também trazemos à baila o tema das cláusulas de não indenizar e limitativas da responsabilidade que sempre aguçam aqueles que trabalham em torno dos contratos.

2. Obrigação de reparar o dano independentemente de culpa (art. 927, parágrafo único)

Ao se analisar a teoria do risco, mais exatamente do chamado risco criado, nesta fase de responsabilidade civil de pós-modernidade, o que se leva em conta é a potencialidade de ocasionar danos; a atividade ou conduta do agente

---

[1] Foi juiz no Estado de São Paulo por 25 anos. Aposentou-se como juiz do Primeiro Tribunal de Alçada Civil, passando a integrar o corpo de profissionais da Demarest e Almeida Advogados na capital do Estado.

que resulta por si só na *exposição a um perigo*, noção introduzida pelo Código Civil italiano de 1942 (art. 2.050). Leva-se em conta o perigo da atividade do causador do dano por sua natureza e pela natureza dos meios adotados. Nesse diapasão, poderíamos exemplificar com uma empresa que se dedica a produzir e apresentar espetáculos com fogos de artifício. Ninguém duvida de que o trabalho com pólvora e com explosivos já representa um perigo em si mesmo, ainda que todas as medidas para evitar danos venham a ser adotadas. Outro exemplo que parece bem claro diz respeito a espetáculos populares, artísticos, esportivos, etc. com grande afluxo de espectadores: é curial que qualquer acidente que venha a ocorrer em multidão terá natureza grave, por mais que se adotem modernas medidas de segurança. O organizador dessa atividade, independentemente de qualquer outro critério, expõe as pessoas presentes inelutavelmente a um perigo. A legislação do consumidor é exemplo mais recente de responsabilidade objetiva no ordenamento, dentro do que estamos expondo. Podemos afirmar, como faz Sérgio Cavalieri Filho (*Programa de responsabilidade civil*, 2. ed. São Paulo: Malheiros, 2000:28), que o Código de Defesa do Consumidor (Lei nº 8.078/90) introduz uma nova área de responsabilidade no direito brasileiro, a responsabilidade nas relações de consumo, *"tão vasta que não haveria nenhum exagero em dizer estar hoje a responsabilidade civil dividida em duas partes: a responsabilidade tradicional e a responsabilidade nas relações de consumo"*. Pode-se mesmo dizer que o próprio direito contratual encontra um divisor de águas no Código de Defesa do Consumidor: após a edição dessa lei, a interpretação dos contratos, não importando se dentro ou fora do âmbito consumerista, sofre verdadeira revolução no direito brasileiro. A noção de parte vulnerável ou vulnerabilidade no contrato assume uma posição de destaque nos exames dos contratos em geral. Muitos dos novos princípios contratuais e de responsabilidade inseridos no Código de 2002 já figuravam como princípios expressos ou implícitos no Código de Defesa do Consumidor.

A teoria da responsabilidade objetiva bem demonstra o avanço da responsabilidade civil nos séculos XIX e XX. Foram repensados e reestruturados muitos dogmas, a partir da noção de que só havia responsabilidade com culpa. O âmbito da responsabilidade sem culpa aumenta significativamente em vários segmentos dos fatos sociais. Tanto assim é que culmina com a amplitude permitida pelo acima transcrito art. 927, parágrafo único, do Código.

Na responsabilidade objetiva, há, em princípio, pulverização do dever de indenizar por um número amplo de pessoas. A tendência prevista é de que no contrato de seguro se encontrará a solução para a amplitude de indenização que se almeja em prol da paz social. Quanto maior o número de atividades protegidas pelo seguro, menor será a possibilidade de situações de prejuízo restar irressarcidas.

Ainda, quanto à responsabilidade objetiva, é importante mencionar que os tribunais passaram a admitir o que a doutrina atualmente denomina *responsabilidade objetiva agravada*. Diz respeito a riscos específicos que merecem uma indenização mais ampla, de evidente cunho punitivo. Como regra, não existem princípios com específica referência a ela nos textos legais, sendo uma criação jurisprudencial, mormente no âmbito da responsabilidade da Administração.

Fernando Noronha dá como exemplo dessa modalidade na lei a hipótese da responsabilidade do transportador por acidente com passageiro por culpa de terceiro, ainda que o transportador tenha ação regressiva (art. 735, que reproduziu Súmula do STF) (*Direito das obrigações*. São Paulo:Saraiva, 2002, p. 488). Essa responsabilidade agravada representa mais um marco na evolução da história da responsabilidade civil, essencialmente dinâmica, como apontamos de início.

Reitera-se, contudo, que o princípio gravitador da responsabilidade extracontratual no Código Civil ainda é o da responsabilidade subjetiva, ou seja, responsabilidade com culpa, pois esta também é a regra geral traduzida no Código em vigor, no *caput* do art. 927. Não nos parece, como apregoam alguns, que o estatuto de 2002 fará desaparecer a responsabilidade com culpa em nosso sistema. A responsabilidade objetiva, ou responsabilidade sem culpa, somente pode ser aplicada quando existe lei expressa que a autorize ou no julgamento do caso concreto, na forma facultada pelo parágrafo único do art. 927. Portanto, na ausência de lei expressa, a responsabilidade pelo ato ilícito será subjetiva, pois esta é ainda a regra geral no direito brasileiro. Em casos excepcionais, levando em conta os aspectos da nova lei, o juiz poderá concluir pela responsabilidade objetiva no caso que examina. No entanto, advirta-se, o dispositivo questionado explicita que somente pode ser definida como objetiva a responsabilidade do causador do dano quando este decorrer de "*atividade normalmente desenvolvida*" por ele. O juiz deve avaliar, no caso concreto, a atividade costumeira do ofensor e não uma atividade esporádica ou eventual, qual seja, aquela que, por um momento ou por uma circunstância, possa ser um ato de risco. Não sendo levado em conta esse aspecto, poder-se-á transformar em regra o que o legislador colocou como exceção.

A teoria da responsabilidade objetiva não pode, portanto, ser admitida como regra geral, mas somente nos casos contemplados em lei ou sob o novo aspecto enfocado pelo Código de 2002. Levemos em conta, no entanto, que a responsabilidade civil é matéria viva e dinâmica na jurisprudência. A cada momento estão sendo criadas novas teses jurídicas como decorrência das necessidades sociais. Os novos trabalhos doutrinários da nova geração de juristas europeus são prova cabal dessa afirmação. A admissão expressa da indenização por dano moral na Constituição de 1988 é tema que alargou os decisórios, o que sobreleva a importância da constante consulta à jurisprudência nesse tema, sobretudo do Superior Tribunal de Justiça, encarregado de uniformizar a aplicação das leis.

A noção clássica de culpa foi sofrendo, no curso da História, constantes temperamentos em sua aplicação. Nesse sentido, as primeiras atenuações em relação ao sentido clássico de culpa traduziram-se nas "*presunções de culpa*" e em mitigações no rigor da apreciação da culpa em si. Os tribunais foram percebendo que a noção estrita de culpa, se aplicada rigorosamente, deixaria inúmeras situações de prejuízo sem ressarcimento. No decorrer de nossa exposição, são examinadas muitas dessas situações de culpa presumida, criações da jurisprudência. Não se confunde a presunção de culpa, onde culpa deve existir, apenas se invertendo os ônus da prova, com a responsabilidade sem culpa ou objetiva, na qual se dispensa a culpa para o dever de indenizar. De qualquer forma, as presunções de culpa foram importante degrau para se chegar à responsabilidade objetiva.

A jurisprudência, atendendo a necessidades prementes da vida social, ampliou o conceito de culpa. Daí ganhar espaço o conceito de responsabilidade sem culpa. As noções de risco e garantia ganham força para substituir a culpa. No final do século XIX, surgem as primeiras manifestações ordenadas da teoria objetiva ou teoria do risco. Sob esse prisma, quem, com sua atividade ou meios utilizados, cria um risco deve suportar o prejuízo que sua conduta acarreta, ainda porque essa atividade de risco lhe proporciona um benefício. Nesse aspecto, cuida-se do denominado *risco-proveito*. A dificuldade está em evidenciar o proveito decorrente da atividade, que nem sempre fica muito claro. Pode-se pensar nessa denominação para justificar a responsabilidade sem culpa, desde que não se onere a vítima a provar nada mais além do fato danoso e do nexo causal.

A teoria do risco aparece na história do Direito, portanto, com base no exercício de uma atividade, dentro da ideia de que quem exerce determinada atividade e tira proveito direto ou indireto dela responde pelos danos que ela causar, independentemente de culpa sua ou de prepostos. O princípio da responsabilidade sem culpa ancora-se em um princípio de equidade: quem aufere os cômodos de uma situação deve também suportar os incômodos. O exercício de uma atividade que possa representar um risco obriga por si só a indenizar os danos causados por ela.

No direito mais recente, a teoria da responsabilidade objetiva é justificada tanto sob o prisma do *risco* como sob o do *dano*. Não se indenizará unicamente porque há um risco, mas porque há um dano e, neste último aspecto, em muitas ocasiões dispensa-se o exame do risco.

A explicação dessa teoria objetiva justifica-se também sob o título *risco profissional*. O dever de indenizar decorre de uma atividade laborativa. É o rótulo que explica a responsabilidade objetiva nos acidentes do trabalho. Outros lembram do *risco excepcional*: o dever de indenizar surge de atividade que acarreta excepcional risco, como é o caso da transmissão de energia elétrica, exploração de energia nuclear, transporte de explosivos, etc. Sob a denominação *risco criado*, o agente deve indenizar quando, em razão de sua atividade ou profissão, cria um perigo. Esse, aliás, deve ser o denominador para o juiz definir a atividade de risco no caso concreto segundo o art. 927, parágrafo único, qual seja, a criação de um perigo para terceiros em geral.

Todas as teorias e adjetivações na responsabilidade objetiva decorrem da mesma ideia, como expusemos anteriormente ao presente tópico. Qualquer que seja a qualificação do risco, o que importa é sua essência: em todas as situações socialmente relevantes, quando a prova da culpa é um fardo pesado ou intransponível para a vítima, a lei opta por dispensá-la. O princípio do risco repousa na necessidade de segurança jurídica. Por esse prisma, deve existir uma imputação ao agente, quer responda ele por culpa, na responsabilidade subjetiva, quer responda pelo risco de sua atividade, na responsabilidade objetiva. Sem imputação da responsabilidade não haverá indenização.

A doutrina refere-se também à teoria do *risco integral*, modalidade extremada que justifica o dever de indenizar até mesmo quando não existe nexo causal. O dever de indenizar estará presente tão só perante o dano, ainda que com culpa exclusiva da vítima, fato de terceiro, caso fortuito ou força maior. Trata-se de modalidade que não resiste a maiores investigações, embora seja defendida excepcionalmente para determinadas situações.

O parágrafo único do art. 927 teve como inspiração textos dos códigos português e italiano, sem identidade de redação, porém: "Haverá obrigação de reparar o dano, independentemente de culpa, nos casos especificados em lei, ou quando a atividade normalmente desenvolvida pelo autor do dano implicar, por sua natureza, risco para os direitos de outrem".

A insuficiência da fundamentação da teoria da culpabilidade levou à criação da teoria do risco, a qual sustenta que o sujeito é responsável por riscos ou perigos que sua atuação promove, ainda que coloque toda diligência para evitar o dano. Trata-se da denominada teoria do risco criado ou do risco benefício. O sujeito obtém vantagens ou benefícios, e em razão dessa atividade deve indenizar os danos que ocasiona. Cuida-se da responsabilidade sem culpa em inúmeras situações nas quais sua comprovação inviabilizaria a indenização para parte presumivelmente mais vulnerável. A legislação dos acidentes do trabalho é exemplo emblemático desse aspecto.

A inovação presente no parágrafo sob exame requer extrema cautela na sua aplicação. Por esse dispositivo, a responsabilidade objetiva aplica-se, além dos casos descritos em lei, também "quando a atividade normalmente desenvolvida pelo autor do dano implicar, por sua natureza, risco para os direitos de outrem". Por esse dispositivo o julgador poderá definir como objetiva a responsabilidade do causador do dano no caso concreto. Esse alargamento da noção de responsabilidade constitui realmente a maior inovação deste Código em matéria de responsabilidade e requererá, sem dúvida, um cuidado extremo dos tribunais. É discutível a conveniência de uma norma genérica nesse sentido. Melhor seria que se mantivesse nas rédeas do legislador a definição da teoria do risco. As dificuldades começam pela compreensão da atividade de *risco*. Em princípio, toda atividade gera um risco. É fato, por outro lado, que o risco por si só não gera o dever de indenizar se não houver dano.

O dispositivo explica que somente pode ser definida como objetiva a responsabilidade do causador do dano quando este decorrer da "atividade normalmente desenvolvida por ele". O juiz deve avaliar, no caso concreto, a atividade costumeira e não uma atividade esporádica ou eventual do agente, ou seja, aquela conduta que por um momento ou por uma circunstância possa ser considerada um ato de risco. Não sendo levado em conta esse aspecto, poder-se-á transformar em regra o que o legislador colocou como exceção. De qualquer modo, alargar o campo da responsabilidade objetiva com uma norma aberta, sem um critério concreto, causa extrema instabilidade e pode ser colocada a serviços de espíritos insinceros, aventureiros ou toscos. Com isso há fundado receio que a os tribunais realcem o elemento dano, preterindo a constatação de culpa de forma geral, deixando uma das partes simplesmente sem defesa. Ao aplicar esse desditoso parágrafo, "o juiz, pensamos, não deve contentar-se em usar de sua experiência pessoal como bom pai de família para aferir se está ou não diante de atividade que por sua natureza implique risco para os direitos de outrem, mas sim recorrer às publicações especializadas, decisões contidas no direito comparado, convenções internacionais, *sites* jurídicos e peritos, em razão da velocidade com que as atividades passam a incluir-se ou excluir-se dessa condição de *risco acentuado* (ou simplesmente **perigo**, se adotarmos o conceito antes referido, por força do estado da técnica" (Rui Berford Dias. Atualizador da obra de Aguar Dias, Da responsabilidade Civil, 11. ed. Rio de janeiro: Renovar, 2006:659).

3. Extensão do dano e reparação equitativa
(art. 944, parágrafo único)

Dispõe o art. 944: "A indenização mede-se pela extensão do dano". Parágrafo único. "Se houver excessiva desproporção entre a gravidade da culpa e o dano, poderá o juiz reduzir, equitativamente, a indenização".

Para fins de indenização, importa verificar se o agente agiu com culpa civil, em sentido lato, pois, como regra, a intensidade do dolo ou da culpa não deve graduar o montante da indenização, embora o presente Código apresente nesse artigo a possibilidade de ser contrariada a regra geral.

A indenização deve ser balizada pelo efetivo prejuízo. O Código deste século inova nessa matéria. De fato, estabelece esse diploma, como regra geral, *"a indenização mede-se pela extensão do dano"*. No entanto, acrescentou o legislador no parágrafo único: *"Se houver excessiva desproporção entre a gravidade da culpa e o dano, poderá o juiz reduzir, equitativamente, a indenização"*. Portanto, nesse aspecto, a medida do prejuízo pode deixar de ser o valor da indenização. Rompe-se, assim, uma regra tradicional do sistema anterior, essencialmente patrimonialista. Nessa dicção fica claro que o julgador deve necessariamente debruçar-se sobre a problemática da gradação da culpa: levíssima, leve ou grave. Não é, porém, o único caso do ordenamento.

Outra conclusão que decorre do parágrafo é que somente deverá ser reduzida equitativamente a indenização quando houver desproporcionalidade da culpa e o dano. O texto do parágrafo não pode ser convertido em regra geral, sendo de interpretação restritiva. Trata-se de mais uma norma aberta no Código como se percebe e não se deve entender o verbo "pode" tendo o juiz como sujeito como "deve", embora pareça que a jurisprudência já aponte o contrário. Isso significa que mesmo perante essa desproporcionalidade, o juiz tem a faculdade de reduzir a indenização, não estando a isso obrigado. Há quem conclua diferentemente. Imagine-se, por exemplo, a hipótese de um trabalhador rural que inadvertidamente joga cigarro acesso à margem de uma rodovia e ocasiona um vultoso incêndio em vasta plantação: inútil condená-lo a ressarcir a totalidade do dano se o agente tem mínimas posses. Daí porque cabe sempre ao juiz analisar o caso concreto para que sua decisão, nesse exame de proporcionalidade, não fique afastada da realidade. O *quantum* da redução também é aspecto para o caso concreto. A situação econômica do ofensor deve, destarte, ser necessariamente levada em consideração nessas premissas.

Assim, embora não pareça justo que alguém que ocasione dano a patrimônio alheio não indenize, situações comezinhas da vida explicam o alcance dessa norma. Mais uma razão para que se sustente que cada vez mais o seguro tomará conta de todas as atividades humanas.

Como parece curial, o texto do parágrafo não se amolda às indenizações por dano moral, cujas premissas valorativas são diversas. Também não se aplica aos casos de responsabilidade objetiva, quando nãos e avalia o grau de culpa.

Nesses novos paradigmas começam nossos tribunais a dar as primeiras linhas de julgamento. Muito há de se percorrer ainda em torno dessas inovações no sistema brasileiro trazidas pelo atual Código Civil.

4. Cláusulas de não indenizar e limitativas da responsabilidade

Essa questão diz respeito precipuamente à esfera contratual. As partes contratuais acordam em limitar o valor de eventual indenização ou mesmo excluir esse direito. Em sede de empresa e de responsabilidade contratual, há sempre uma noção de prevenção do risco e as consequências de um dano. Limitar ou excluir a responsabilidade prende-se exatamente a essa dinâmica contratual.

Em monografia sobre o tema, afirma Wanderley Fernandes:

Podemos partir do princípio de que toda empresa ou agente econômico busca adequar sua expectativa de retorno de seus empreendimentos em função dos riscos que assume (Cláusulas de exoneração e de limitação de responsabilidade. São Paulo: Saraiva, 2013, p.55).

Acrescenta ainda o monografista:

Como não é possível prever todas as hipóteses de danos, pois os contratos são incompletos, e não temos controle sobre ocorrência de eventos futuros, resta-nos atuar sobre os seus efeitos, alocando entre as partes e definindo os danos ressarcíveis ou não, bem como estabelecendo limites ou prefixando o valor da reparação (ob.cit., p. 98).

Trata-se, pois, da cláusula pela qual uma das partes contratantes declara que não será responsável por danos emergentes do contrato, seu inadimplemento total ou parcial. Essa cláusula tem por função alterar o sistema de riscos no contrato. Trata-se da exoneração convencional do dever de reparar o dano. Nessa situação, os riscos são contratualmente transferidos para a vítima. Sob o prisma do risco-proveito, o risco incorpora-se ao preço e essas cláusulas atuam em torno dessa problemática. A questão é mais ampla pois liga-se ao chamado dano social, que exige a socialização do risco, em torno dos seguros e outras estratégias como a ora estudada.

Alguns autores distinguem a *cláusula de não indenizar* da *cláusula de irresponsabilidade*. A segunda exclui a responsabilidade, e a primeira, afasta apenas a indenização. Em princípio, somente a lei pode excluir a responsabilidade em determinadas situações. No campo negocial, melhor que se denomine o fenômeno de *cláusula de não indenizar*. Essa cláusula não suprime a responsabilidade, mas suprime a indenização.

Muito se discute a respeito da validade dessa cláusula. Muitos entendem que se trata de cláusula nula, porque imoral e contrária ao interesse social. No campo dos direitos do consumidor, essa cláusula é em princípio, nula (art. 51, I). O Código de Defesa do Consumidor admite nesse mesmo artigo a limitação da responsabilidade indenizatória *"em situações justificáveis"*, quando o consumidor for pessoa jurídica. Em se tratando de consumidor, pessoa natural, não se admite qualquer cláusula que o restrinja ou exonere do dever de indenizar.

A verdade é que, por tradição, hoje um pouco enfraquecida em razão de influência de doutrinas estrangeiras, principalmente no direito norte-americano em que é largamente utilizada, essa cláusula é vista com certa antipatia pelo direito brasileiro. O Decreto nº 2.681, de 1912, que regula a responsabilidade das estradas de ferro, considera nula qualquer cláusula que tenha por objetivo diminuir a responsabilidade das ferrovias. Em matéria de transportes, é conhecida a Súmula 161 do Supremo Tribunal Federal: "Em contrato de transporte, é inoperante a cláusula de não indenizar".

Com sua proibição nos contratos por adesão, protege-se a parte mais vulnerável na relação negocial. Há, porém, em princípio, que se admitir a cláusula em contratos de adesão se ela foi livremente discutida pelos interessados e constar em destaque. Também não se admite a cláusula quando se trata de crime ou ato lesivo doloso, pois, além de constituir condição meramente potestativa (art. 122), nesse caso haveria um salvo-conduto para o agente praticar ato contra o Direito ou contra o dever estabelecido. Também não pode ser admitida a cláusula de não indenizar em conflito com a ordem pública, matéria que não pode ser objeto de transação pela vontade individual. Em tese, pode essa cláusula ser admitida quando a tutela do interesse for meramente individual, desde que não esbarre em direitos do consumidor, como vimos.

Entende a doutrina que a cláusula deve ser admitida, com restrições, como decorrência da autonomia da vontade negocial. Muitos na doutrina superam a questão da vontade individual para analisar a natureza do contrato. O Código de 2002 não cuidou da matéria, perdendo excelente oportunidade de aclarar a questão.

No entanto, ainda que admitida, deve essa cláusula decorrer de contrato livremente negociado, sem a imposição do contrato por adesão, conforme aqui expusemos. Desse modo, porque não negociada, não é válida a cláusula normalmente aposta nos estacionamentos: *"Não nos responsabilizamos por furto e danos do veículo"*. Essa cláusula, imposta ao consumidor, hoje por expressa disposição de lei, é írrita. No mesmo sentido, é nula a cláusula unilateral do hoteleiro de não se responsabilizar por furtos das bagagens dos hóspedes de seu hotel. Essa imposição não conta com o assentimento do hóspede e contraria o art. 649 (Rodrigues, 2000: 181).

O mestre lusitano Antônio Pinto Monteiro, em obra sobre o tema, pontua:

As cláusulas limitativas e de exclusão exigem, numa palavra, que se encontre um ponto de equilíbrio entre a liberdade individual e as necessidades sociais de proteção do lesado, entre a autonomia privada e a ordem pública, pendendo o prato da balança (isto é, um regime de favor, ou, ao invés, de desconfiança), para um ou outro lado, consoante o momento histórico que se considere.

Ao destacar a posição dessas cláusulas em contrato de adesão, conclui o autor:

> As cláusulas de irresponsabilidade integram, com efeito, o conteúdo mais típico e relevante destes contratos, celebrados mediante "adesão" do particular às "condições gerais" predeterminadas pela empresa, constituindo essas cláusulas, pode dizer-se, o conteúdo standard dos contratos standard" (Cláudulas limitativas e de exclusão de responsabilidade civil. Lisboa: Almedina, 2003, p. 69).

Sintetizando o exposto, podemos concluir que a cláusula de não indenizar possui dois requisitos básicos: a bilateralidade do consentimento e a não colisão com preceito cogente de lei, ordem pública e bons costumes. Acrescenta-se, ainda, não poder ser admitida, em princípio, em contratos por adesão e no sistema do consumidor como anteriormente apontado.

José de Aguiar Dias (*Da responsabilidade civil*. 6.ed. Rio de Janeiro:Forense, 1979, p. 247), em sua clássica monografia sobre a matéria, conclui:

> Deve a cláusula de irresponsabilidade ser declarada válida, como contrapeso ao vulto excessivo que a vida moderna trouxe aos encargos da reparação do dano. Trata-se de um fator de equilíbrio, corretor da descompensação produzida pela agravação dos riscos.

Sua admissão, em qualquer caso, dependerá da não infringência das exceções aqui enumeradas. Há outra observação a ser feita: essa cláusula não pode pretender nulificar a obrigação essencial do contrato, mas apenas elementos de cumprimento das obrigações em geral, que podem ser entendidas como acessórias. Por exemplo: em um contrato de locação, não pode o locador ficar dispensado de entregar a posse da coisa locada, nem pode o locatário ficar isento de devolvê-la ao final do contrato. Nesse sentido, Sérgio Cavalieri Filho (ob. cit., p. 394) lembra de entendimento do Tribunal de Justiça do Rio de Janeiro que tem declarado a invalidade da cláusula de não indenizar constante de contrato de aluguel de cofre bancário, porque excludente da obrigação essencial do contrato (2000: 394).

Nesse mesmo sentido julgado do Tribunal de Justiça de São Paulo:

> A cláusula contratual que exclua a responsabilidade do estacionamento por danos eventualmente ocorridos no bem ali depositado não pode prevalecer, pois contraria a essência e ao próprio objeto da convenção (RT 670/73).

Trata-se, portanto, de uma cláusula perplexa que não deve ser admitida como excludente, pois seu objetivo é excluir obrigação essencial do contrato, o que implicaria "suprimir-se o próprio objeto do contrato" (Antônio Pinto Monteiro. *Cláusulas limitativas e de exclusão da responsabilidade*; Lisboa: Almedina, 2003, p. 127).

Note, porém, que a cláusula excludente de responsabilidade não exime o devedor de cumprir o contrato. O credor mantém o direito de exigir seu cumprimento. A cláusula de irresponsabilidade deixa intactas as obrigações descritas no contrato.

Pode-se concluir que a tendência contemporânea "é no sentido de restringir consideravelmente neste campo, a liberdade contratual, submetendo as cláusulas de irresponsabilidade a um apertado controle: proíbem-se, não só em caso de dolo mas também de culpa grave; subordinam-se à mesma disciplina, que se trate de atos próprios do devedor ou de atos dos seus auxiliares, atribuindo-se-lhes relevo especial ao fixar-se a disciplina legislativa de controle dos atos de adesão; por último, não se admitem pura e simplesmente, em certas áreas, por razões de ordem pública" (Antônio Pinto Monteiro, ob. cit., p.76).

Interessante observar que, de certa forma, a problemática em torno da cláusula de não indenizar e das cláusulas limitativas da responsabilidade faz revolver os conceitos de culpa grave, por vezes tido como anacrônico no direito contemporâneo. É fato que essas cláusulas exonerativas, ainda que válidas em um contrato, serão ineficazes perante o dolo ou a culpa grave do agente. Nesses termos, mesmo com a existência da cláusula, provado o dolo ou culpa grave em sua conduta, o causador do dano deve indenizar. Leve-se em conta, também, que princípios de ordem pública podem levar à impossibilidade de imposição da cláusula.

Se, por um lado, a admissão da cláusula de não indenizar apresenta alguns desses entraves, menciona-se também a questão referente à cláusula limitativa da responsabilidade, com utilização análoga à cláusula de não indenizar. Aqui, as partes não excluem, mas limitam a responsabilidade decorrente de um ato ilícito ou inadimplemento até determinado valor. Nessa cláusula, limita-se, antecipadamente, a soma que o devedor pagará a título de perdas e danos. Distingue-se da cláusula penal, porque na limitação estará ausente a noção de pena. Seu conteúdo é exclusivamente indenizatório. Trata-se, sem dúvida, de elemento dinamizador dos negócios. Pode, porém, servir de burla aos direitos do credor. Também somente poderá ser admitida se livremente pactuada e falece também perante a ocorrência de dolo ou culpa grave. Essas cláusulas não podem nunca servir de salvo-conduto para o mau contratante.

A modalidade mais usual das cláusulas limitativas é aquela que restringe a extensão da responsabilidade, mediante avença contratual, responsabilizando o devedor até determinado limite ou restringindo sua responsabilidade apenas a certos danos. São cláusulas cada vez mais frequentes no universo negocial. No entanto, é possível encontrar-se também cláusulas limitativas mais sofisticadas como aquelas que restringem prazos de prescrição ou caducidade ou limitam a garantia patrimonial, restringindo a possibilidade de excussão a apenas parte dos bens do devedor. Essas cláusulas devem ter sua validade e eficácia analisadas em concreto. Não se pode afirmar que, em princípio, sejam sistematicamente inválidas.

Em princípio, os mesmos óbices, com maior mitigação, apresentam-se na limitação: a cláusula de não indenizar não é válida contra a ordem pública, em caso de dolo, nas relações de consumo, etc. Como regra geral, em contrato negociado, deve ser admitida. No entanto, há mais um aspecto aqui a ser examinado: se a limitação da responsabilidade for de tal monta que torne a indenização irrisória, equivale a uma cláusula de não indenizar. Se a cláusula de não indenizar é vedada, como no caso dos transportes, a limitação da indenização não passaria de mero subterfúgio para contornar a proibição.

Se admitida como fraude ao direito do credor, nesse sentido, não pode ser considerada válida.

Observa, no entanto, José de Aguiar Dias (ob. cit, p. 130): "A fixação arbitrária, entretanto, quando guarde justas proporções, é até louvável, porque assegura a solvabilidade do responsável perante os prejudicados, afastando a sobrecarga das indenizações amplas".

Continuam oportunas as palavras do grande mestre.

Impressão:
Evangraf
Rua Waldomiro Schapke, 77 - POA/RS
Fone: (51) 3336.2466 - (51) 3336.0422
E-mail: evangraf.adm@terra.com.br